El Evangelio según Juan

VOLUMEN SEGUNDO

Edición revisada

El Evangelio según Juan

VOLUMEN SEGUNDO

Edición revisada

Leon Morris

editorial clie

EDITORIAL CLIE
Ferrocarril, 8
08232 VILADECAVALLS (Barcelona)
E-mail: libros@clie.es
http://www.clie.es

El EVANGELIO SEGÚN JUAN, VOL. 2
Edición en dos volúmenes
Leon Morris

Publicado originalmente en inglés con el título *The Gospel According To John, Revised ed.*

Director de la colección: Dr. Matt Williams

Traducción:
Dorcas González Bataller

Equipo editorial (revisión y corrección):
Nelson Araujo Ozuna
Anabel Fernández Ortiz
Dorcas González Bataller

Diseño de cubiertas: Ismael López Medel

ISBN: 978-84-8267-430-8

Clasifíquese:
222 COMENTARIOS DEL NT: Epístolas de Juan
C.T.C. 01-02-0222-12

Referencia: 22.46.01

COLECCIÓN TEOLÓGICA CONTEMPORÁNEA:
libros publicados

Estudios bíblicos

Michael J. Wilkins & J.P. Moreland (editores), *Jesús bajo sospecha*, Colección Teológica Contemporánea vol. 4, 2003.

F.F. Bruce, *Comentario de la Epístola a los Gálatas*, Colección Teológica Contemporánea vol. 7, 2004.

Peter H. Davids, *La Primera Epístola de Pedro*, Colección Teológica Contemporánea vol. 10, 2004.

Estudios teológicos

Richard Bauckham, *Dios Crucificado: Monoteísmo y Cristología en el Nuevo Testamento*, Colección Teológica Contemporánea vol. 6, 2003.

G.E. Ladd, *Teología del Nuevo Testamento*, Colección Teológica Contemporánea vol. 2, 2003.

Leon Morris, *Jesús es el Cristo: Estudios sobre la Teología Joánica*, Colección Teológica Contemporánea vol. 5, 2003.

N.T. Wright, *El verdadero pensamiento de Pablo*, Colección Teológica Contemporánea vol. 1, 2002.

Clark H. Pinnock, *Revelación bíblica: el fundamento de la teología cristiana*, Colección Teológica Contemporánea vol. 8, 2004.

Estudios ministeriales

Michael Green & Alister McGrath, *¿Cómo llegar a ellos? Defendamos y comuniquemos la fe cristiana a los no creyentes*, Colección Teológica Contemporánea vol. 3, 2003.

Wayne. A. Grudem, ed., *¿Son vigentes los dones milagrosos? Cuatro puntos de vista*, Colección Teológica Contemporánea vol. 9, 2004.

Presentación de la
Colección Teológica Contemporánea

Cualquier estudiante de la Biblia sabe que hoy en día la literatura cristiana evangélica en lengua castellana aún tiene muchos huecos que cubrir. En consecuencia, los creyentes españoles muchas veces no cuentan con las herramientas necesarias para tratar el texto bíblico, para conocer el contexto teológico de la Biblia, y para reflexionar sobre cómo aplicar todo lo anterior en el transcurrir de la vida cristiana.

Esta convicción fue el principio de un sueño: la "Colección Teológica Contemporánea." Necesitamos más y mejores libros para formar a nuestros estudiantes y pastores para su ministerio. Y no solo en el campo bíblico y teológico, sino también en el práctico –si es que se puede distinguir entre lo teológico y lo práctico–, pues nuestra experiencia nos dice que por práctica que sea una teología, no aportará ningún beneficio a la Iglesia si no es una teología correcta.

Sería magnífico contar con el tiempo y los expertos necesarios para escribir libros sobre las áreas que aún faltan por cubrir. Pero como éste no es un proyecto viable por el momento, hemos decidido traducir una serie de libros escritos originalmente en inglés.

Queremos destacar que además de trabajar en la traducción de estos libros, en muchos de ellos hemos añadido preguntas de estudio al final de cada capítulo para ayudar a que tanto alumnos como profesores de seminarios bíblicos, como el público en general, descubran cuáles son las enseñanzas básicas, puedan estudiar de manera más profunda, y puedan reflexionar de forma actual y relevante sobre las aplicaciones de los temas tratados. También hemos añadido en la mayoría de los libros una bibliografía en castellano, para facilitar la tarea de un estudio más profundo del tema en cuestión.

En esta "Colección Teológica Contemporánea," el lector encontrará una variedad de autores y tradiciones evangélicos de reconocida trayectoria. Algunos de ellos ya son conocidos en el mundo de habla hispana (como F.F. Bruce, G.E. Ladd y L.L. Morris). Otros no tanto, ya que aún no han sido traducidos a nuestra lengua (como N.T. Wright y R. Bauckham); no obstante, son mundialmente conocidos por su experiencia y conocimiento.

Todos los autores elegidos son de una seriedad rigurosa y tratan los diferentes temas de una forma profunda y comprometida. Así, todos los libros son el reflejo de los objetivos que esta colección se ha propuesto:

1. Traducir y publicar buena literatura evangélica para pastores, profesores y estudiantes de la Biblia.
2. Publicar libros especializados en las áreas donde hay una mayor escasez.

La "Colección Teológica Contemporánea" es una serie de estudios bíblicos y teológicos dirigida a pastores, líderes de iglesia, profesores y estudiantes de seminarios e institutos bíblicos, y creyentes en general, interesados en el estudio serio de la Biblia. La colección se dividirá en tres áreas:

> Estudios bíblicos
> Estudios teológicos
> Estudios ministeriales

Esperamos que estos libros sean una aportación muy positiva para el mundo de habla hispana, tal como lo han sido para el mundo anglófono y que, como consecuencia, los cristianos –bien formados en Biblia y en Teología– impactemos al mundo con el fin de que Dios, y solo Dios, reciba toda la gloria.

Queremos expresar nuestro agradecimiento a los que han hecho que esta colección sea una realidad, a través de sus donativos y oraciones. "Tu Padre... te recompensará".

Dr. MATTHEW C. WILLIAMS
Editor de la Colección Teológica Contemporánea
Profesor en IBSTE (Barcelona) y Talbot School of Theology
(Los Angeles, CA., EEUU)

Lista de títulos

A continuación presentamos los títulos de los libros que publicaremos, DM, en los próximos tres años, y la temática de las publicaciones donde queda pendiente asignar un libro de texto. Es posible que haya algún cambio, según las obras que publiquen otras editoriales, y según también las necesidades de los pastores y de los estudiantes de la Biblia. Pero el lector puede estar seguro de que vamos a continuar en esta línea, interesándonos por libros evangélicos serios y de peso.

Estudios bíblicos

Nuevo Testamento
D.A. Carson, Douglas J. Moo, Leon Morris, *Una Introducción al Nuevo Testamento* [*An Introduction to the New Testament*, rev. ed., Grand Rapids, Zondervan, 2005]. Se trata de un libro de texto imprescindible para los estudiantes de la Biblia, que recoge el trasfondo, la historia, la canonicidad, la autoría, la estructura literaria y la fecha de todos los libros del Nuevo Testamento. También incluye un bosquejo de todos los documentos neotestamentarios, junto con su contribución teológica al Canon de las Escrituras. Gracias a ello, el lector podrá entender e interpretar los libros del Nuevo Testamento a partir de una acertada contextualización histórica.

Jesús
Michael J. Wilkins & J.P. Moreland (editores), *Jesús bajo sospecha*, Terrassa: CLIE, Colección Teológica Contemporánea, vol. 4, 2003. Una defensa de la historicidad de Jesús, realizada por una serie de expertos evangélicos en respuesta a "El Seminario de Jesús," un grupo que declara que el Nuevo Testamento no es fiable y que Jesús fue tan solo un ser humano normal.

Robert H. Stein, *Jesús, el Mesías: Un Estudio de la Vida de Cristo*, Downers Grove, IL; Leicester, England: InterVarsity Press, 1996 *[Jesus the Messiah: A Survey of the Life of Christ]*. Hoy en día hay muchos escritores que están adaptando el personaje y la historia de Jesús a las demandas de la era en la que vivimos. Este libro establece un diálogo con esos escritores, presentado al Jesús bíblico. Además, nos ofrece un estudio tanto de las enseñanzas como de los acontecimientos importantes de la vida de Jesús. Stein enseña Nuevo Testamento en Bethel Theological Seminary, St. Paul, Minnesota, EE.UU. Es autor de varios libros sobre Jesús, y ha tratado el tema de las parábolas y el problema sinóptico, entre otros.

Juan

Leon Morris, *Comentario del Evangelio de Juan [Commentary on John]*, 2nd edition, New International Commentary on the New Testament. Grand Rapids, MI: Wm. B. Eerdmans Publishers, 1995. Los comentarios de esta serie, *New International Commentary on the New Testament*, están considerados en el mundo anglófono como unos de los comentarios más serios y recomendables. Analizan el texto de forma detallada, deteniéndose a considerar temas contextuales y exegéticos, y el sentido general del texto.

Romanos

Douglas J. Moo, *Comentario de Romanos [Commentary on Romans]*, New International Commentary on the New Testament. Grand Rapids, MI: Wm. B. Eerdmans Publishers, 1996. Moo es profesor de Nuevo Testamento en Wheaton College. Los comentarios de esta serie, *New International Commentary on the New Testament*, están considerados en el mundo anglófono como unos de los comentarios más serios y recomendables. Analizan el texto de forma detallada, deteniéndose a considerar temas contextuales y exegéticos, y el sentido general del texto.

Gálatas

F.F. Bruce, *Comentario de la Epístola a los Gálatas*, Terrassa: CLIE, Colección Teológica Contemporánea, vol. 7, 2003.

Filipenses

Gordon Fee, *Comentario de Filipenses [Commentary on Philippians]*, New International Commentary on the New Testament. Grand Rapids, MI: Wm. B. Eerdmans Publishers, 1995. Los comentarios de esta serie, *New International Commentary on the New Testament*, están considerados en el mundo anglófono como unos de los comentarios más serios y recomendables. Analizan el texto de forma detallada, deteniéndose a considerar temas contextuales y exegéticos, y el sentido general del texto.

Pastorales
Leon Morris, *1 & 2 Tesalonicenses [1 & 2 Thessalonians]*, rev. ed., New International Commentary on the New Testament. Grand Rapids, MI: Wm. B. Eerdmans Publishers, 1991. Los comentarios de esta serie, *New International Commentary on the New Testament*, están considerados en el mundo anglófono como unos de los comentarios más serios y recomendables. Analizan el texto de forma detallada, deteniéndose a considerar temas contextuales y exegéticos, y el sentido general del texto.

Primera de Pedro
Peter H. Davids, *La Primera Epístola de Pedro [The First Epistle of Peter]*, New International Commentary on the New Testament. Grand Rapids, MI: Wm. B. Eerdmans Publishers, 1990. Los comentarios de esta serie, *New International Commentary on the New Testament*, están considerados en el mundo anglófono como unos de los comentarios más serios y recomendables. Analizan el texto de forma detallada, deteniéndose a considerar temas contextuales y exegéticos, y el sentido general del texto. Davids enseña Nuevo Testamento en Regent College, Vancouver, Canadá.

Apocalipsis
Robert H. Mounce, *El Libro del Apocalipsis [The Book of Revelation]*, rev.ed., New International Commentary on the New Testament. Grand Rapids, MI: Wm. B. Eerdmans Publishers, 1998. Los comentarios de esta serie, *New International Commentary on the New Testament*, están considerados en el mundo anglófono como unos de los comentarios más serios y recomendables. Analizan el texto de forma detallada, deteniéndose a considerar temas contextuales y exegéticos, y el sentido general del texto. Mounce es presidente emérito de Whitworth College, Spokane, Washington, EE.UU., y en la actualidad es pastor de Christ Community Church en Walnut Creek, California.

Estudios teológicos

Cristología
Richard Bauckham, *Dios Crucificado: Monoteísmo y Cristología en el Nuevo Testamento*, Terrassa: CLIE, Colección Teológica

Contemporánea, vol. 6, 2003. Bauckham, profesor de Nuevo Testamento en St. Mary's College de la Universidad de St. Andrews, Escocia, conocido por sus estudios sobre el contexto de los Hechos, por su exégesis del Apocalipsis, de 2ª de Pedro y de Santiago, explica en esta obra la información contextual necesaria para comprender la cosmovisión monoteísta judía, demostrando que la idea de Jesús como Dios era perfectamente reconciliable con tal visión.

Teología del Nuevo Testamento

G.E. Ladd, *Teología del Nuevo Testamento*, Terrassa: CLIE, Colección Teológica Contemporánea, vol. 2, 2003. Ladd era profesor de Nuevo Testamento y Teología en Fuller Theological Seminary (EE.UU.); es conocido en el mundo de habla hispana por sus libros *Creo en la resurrección de Jesús*, *Crítica del Nuevo Testamento*, *Evangelio del Reino* y *Apocalipsis de Juan: Un comentario*. Presenta en esta obra una teología completa y erudita de todo el Nuevo Testamento.

Teología Joánica

Leon Morris, *Jesús es el Cristo: Estudios sobre la Teología Joánica*, Terrassa: CLIE, Colección Teológica Contemporánea, vol. 5, 2003. Morris es muy conocido por los muchos comentarios que ha escrito, pero sobre todo por el comentario de Juan de la serie *New International Commentary of the New Testament*. Morris también es el autor de *Creo en la Revelación*, *Las cartas a los Tesalonicenses*, *El Apocalipsis*, *¿Por qué murió Jesús?*, y *El salario del pecado*.

Teología Paulina

N.T. Wright, *El verdadero pensamiento de Pablo*, Terrassa: CLIE, Colección Teológica Contemporánea, vol. 1, 2002. Una respuesta a aquellos que dicen que Pablo comenzó una religión diferente a la de Jesús. Se trata de una excelente introducción a la teología paulina y a la "nueva perspectiva" del estudio paulino, que propone que Pablo luchó contra el exclusivismo judío y no tanto contra el legalismo.

Teología Sistemática

Millard Erickson, *Teología sistemática [Christian Theology]*, 2nd edition, Grand Rapids: Baker, 1998. Durante quince años esta teología sistemática de Millard Erickson ha sido utilizada en muchos lugares como una introducción muy completa. Ahora se ha revisado este clásico teniendo en cuenta los cambios teológicos, al igual que los muchos cambios intelectuales, políticos, económicos y sociales.

Teología Sistemática: Revelación/Inspiración
   Clark H. Pinnock, *Revelación bíblica: el fundamento de la teología cristiana*, Prefacio de J.I. Packer, Terrassa: CLIE, Colección Teológica Contemporánea, vol. 8, 2004. Aunque conocemos los cambios teológicos de Pinnock en estos últimos años, este libro, de una etapa anterior, es una defensa evangélica de la infalibilidad y veracidad de las Escrituras.

Estudios ministeriales

Apologética/Evangelización
   Michael Green & Alister McGrath, *¿Cómo llegar a ellos? Defendamos y comuniquemos la fe cristiana a los no creyentes*, Terrassa: CLIE, Colección Teológica Contemporánea, vol. 3, 2003. Esta obra explora la evangelización y la apologética en el mundo postmoderno en el que nos ha tocado vivir, escrito por expertos en evangelización y Teología.

Discipulado
   Gregory J. Ogden, *Discipulado que transforma: el modelo de Jesús* [*Transforming Discipleship: Making Disciples a Few at a Time*, Downers Grove, IL: InterVarsity Press, 2003]. Si en nuestra iglesia no hay crecimiento, quizá no sea porque no nos preocupamos de las personas nuevas, sino porque no estamos discipulando a nuestros miembros de forma eficaz. Muchas veces nuestras iglesias no tienen un plan coherente de discipulado, y los líderes creen que les faltan los recursos para animar a sus miembros a ser verdaderos seguidores de Cristo. Greg Ogden habla de la necesidad del discipulado en las iglesias locales y recupera el modelo de Jesús: lograr un cambio de vida invirtiendo en la madurez de grupos pequeños para poder llegar a todos. La forma en la que Ogden trata este tema es bíblica, práctica e increíblemente eficaz; ya se ha usado con mucho éxito en cientos de iglesias.

Dones/Pneumatología

Wayne. A. Grudem, ed., *¿Son vigentes los dones milagrosos?* Cuatro *puntos de vista,* Terrassa: CLIE, Colección Teológica Contemporánea, vol. 9, 2004. Este libro pertenece a una serie que se dedica a exponer las diferentes posiciones que hay sobre diversos temas. Esta obra nos ofrece los argumentos de la perspectiva cesacionista, abierta pero cautelosa, la de la Tercera Ola, y la del movimiento carismático; cada una de ellas acompañadas de los comentarios y la crítica de las perspectivas opuestas.

Hermenéutica/Interpretación

J. Scott Duvall & J. Daniel Hays, *Entendiendo la Palabra de Dios* [*Grasping God's Word,* rev. ed., Grand Rapids: Zondervan, 2005]. ¿Cómo leer la Biblia? ¿Cómo interpretarla? ¿Cómo aplicarla? Este libro salva las distancias entre los acercamientos que son demasiado simples y los que son demasiado técnicos. Empieza recogiendo los principios generales de interpretación, y luego aplica esos principios a los diferentes géneros y contextos para que el lector pueda entender el texto bíblico y aplicarlo a su situación.

Soteriología

J. Matthew Pinson, ed., *Cuatro puntos de vista sobre la Seguridad de la Salvación [Four Views on Eternal Security],* Grand Rapids: Zondervan, 2002. ¿Puede alguien perder la salvación? ¿Cómo presentan las Escrituras la compleja interacción entre la Gracia y el Libre albedrío? Este libro pertenece a una serie que se dedica a exponer las diferentes posiciones que hay sobre diversos temas. En él encontraremos los argumentos de la perspectiva del calvinismo clásico, la del calvinismo moderado, la del arminianismo reformado, y la del arminianismo wesleyano; todas ellas acompañadas de los comentarios y la crítica de las posiciones opuestas.

Mujeres en la Iglesia

Bonnidell Clouse & Robert G. Clouse, eds., *Mujeres en el ministerio. Cuatro puntos de vista [Women in Ministry: Four Views],* Downers Grove: IVP, 1989. Este libro pertenece a una serie que se dedica a exponer las diferentes posiciones que hay sobre diversos temas. Esta obra nos ofrece los argumentos de la perspectiva tradicionalista, la que aboga en pro del liderazgo masculino, en pro del ministerio plural, y la de la aproximación igualitaria; todas ellas acompañadas de los comentarios y la crítica de las perspectivas opuestas.

Vida cristiana

Dallas Willard, *Renueva tu Corazón: Sé como Cristo [Renovation of the Heart: Putting on the Character of Christ]*, Colorado Springs: NavPress, 2002. No "nacemos de nuevo" para seguir siendo como antes. Pero: ¿Cuántas veces, al mirar a nuestro alrededor, nos decepcionamos al ver la poca madurez espiritual de muchos creyentes? Tenemos una buena noticia: es posible crecer espiritualmente, deshacerse de hábitos pecaminosos, y parecerse cada vez más a Cristo. Este *bestseller* nos cuenta cómo transformar nuestro corazón, para que cada elemento de nuestro ser esté en armonía con el reino de Dios.

Índice

PRIMER VOLUMEN

17

Prefacio a la primera edición

Hace más de diez años que el ilustre N. B. Stonehouse me animó a escribir esta obra. No puedo decir que haya trabajado de forma continua en este comentario desde entonces. He tenido que cumplir con muchos otros compromisos y me he mudado en dos ocasiones, una de Australia a Inglaterra y, luego, de nuevo a Australia, circunstancias que han sido un impedimento para la concentración y la producción literaria. Además, mi cargo como director de un departamento universitario y teológico me ha mantenido muy ocupado. No obstante, a lo largo de todos estos años esta obra ha sido una de mis prioridades, y me he dedicado a ella siempre que las circunstancias me lo han permitido. Ahora que va a publicarse, soy consciente de que mi trabajo está lejos de la perfección. Pero también es cierto que he podido contar con la ayuda de muchas personas de gran valor.

En las notas a pie de página indico las principales fuentes de las que me he beneficiado. He aprendido mucho del fantástico comentario de Westcott. Y nunca olvidaré que lo que despertó en mí el interés y entusiasmo por el estudio del pensamiento joánico fueron los dos volúmenes del arzobispo Bernard, publicados en la serie *International Critical Commentary*. Las obras más recientes que me han inspirado y servido son los comentarios de Sir Edwin Hoskyns y de C. K. Barrett. El interés de un grupo de amigos y de algunos de mis estudiantes también han sido para mí de estímulo y de mucha ayuda. A todos, aunque aquí no caben sus nombres, mi más sincera gratitud.

Quiero expresar mi agradecimiento también al profesor Stonehouse por su ayuda y gentileza. Me honra que me encargara la realización de esta obra, y aprecio muchísimo la comprensión que mostró cuando tuve que posponer su publicación. Tuve la oportunidad de consultar algunos aspectos con él, y este comentario sería aún mejor si hubiera tenido la oportunidad de consultarle más a menudo. Fue un erudito cristiano excelente y quiero reconocer por escrito lo mucho que le debo.

Deseo acabar con unas palabras de reconocimiento hacia el sucesor de Stonehouse, el conocido F. F. Bruce, por la comprensión que ha mostrado cuando me demoraba, por las valiosas sugerencias y mejoras que ha aportado a esta obra, y por el apoyo y el ánimo que me ha otorgado.

Leon Morris

Prefacio a la edición revisada

La demanda de que se publicara una segunda edición de este comentario me ha dado la oportunidad de revisarlo a la luz de las obras más recientes. Así, he realizado algunas modificaciones y he añadido nuevos aspectos. Y siempre es bueno considerar los argumentos que uno usó en el pasado. Aunque he realizado algunos pequeños cambios esta segunda edición tiene, esencialmente, el mismo posicionamiento que la primera. Me he beneficiado mucho de las obras sobre el Evangelio de Juan que se han publicado en los más de veinte años que han pasado desde que este comentario salió a la luz. Mi deseo es que parte de ese beneficio llegue a los lectores de su segunda edición.

LEON MORRIS

Principales abreviaturas

AA	Matthew Black, *An Aramaic Approach to the Gospels and Acts* (Oxford, 1946)
Abbott	Edwin A. Abbott, *Johannine Grammar* (London, 1906)
ABR	*The Australian Biblical Review*
Amplified	*The Amplified New Testament* (Grand Rapids, 1958)
ANF	Ante-Nicene Fathers (American repr. of the Edinburgh edn.; Grand Rapids, n.d.)
AO	C. F. Burney, *The Aramaic Origin of the Fourth Gospel* (Oxford, 1922)
ARV	*The American Revised Version* (or, *The American Standard Version*)
AS	G. Abbott-Smith, *A Manual Greek Lexicon of the New Testament* (Edinburgh, 1954)
Augustine	*Homilies on the Gospel of John, Homilies on the First Epistle of John, and Soliloquies,* The Nicene and Post-Nicene Fathers (American repr. of the Edinburgh edn.; Grand Rapids, 1956), first series, vol. VII
BA	*The Biblical Archaeologist*
BAGD	Walter Bauer, *A Greek-English Lexicon of the New Testament,* trans. and rev. W. F. Arndt and F. W. Gingrich, 2nd edn. rev. F. W. Gingrich and F. W. Danker (Chicago and London, 1979)
Bailey	R. F. Bailey, *Saint John's Gospel* (London, 1957)
Barclay	William Barclay, *The Gospel of John,* 2 vols. (Edinburgh, 1956)
Barrett	C. K. Barrett, *The Gospel according to St. John,* 2nd edn. (Philadelphia, 1978)

BDF	F. Blass and A. Debrunner, *A Greek Grammar of the New Testament,* trans. R. W. Funk (Chicago and Cambridge, 1961)
Beasley-Murray	George R. Beasley-Murray, *John,* Word Biblical Commentary (Waco, 1987)
Berkeley	*The Holy Bible, The Berkeley Version* (Grand Rapids, 1959)
Bernard	J. H. Bernard, *A Critical and Exegetical Commentary on the Gospel according to St. John* (Edinburgh, 1928)
BJRL	*The Bulletin of the John Rylands Library*
BNT	W. D. Davies and D. Daube, eds., *The Background of the New Testament and Its Eschatology* (Cambridge, 1956)
Brown	Raymond E. Brown, *The Gospel according to John* (New York, I [i-xii], 1966; II [xiii-xxi], 1970)
Bruce	F. F. Bruce, *The Gospel of John* (Grand Rapids, 1983)
BS	A. Deissmann, *Bible Studies* (Edinburgh, 1901)
BT	*The Bible Translator*
Bultmann	Rudolf Bultmann, *The Gospel of John* (Philadelphia, 1971)
Calvin	John Calvin, *The Gospel according to St. John,* trans. T. H. L. Parker (Grand Rapids, I, 1959; II, 1961)
Carson, *Friends*	D. A. Carson, *Jesus and His Friends* (Leicester, 1986)
Carson, *John*	D. A. Carson, *The Gospel According to John* (Grand Rapids, 1991)
Cassirer	Heinz W. Cassirer, *God's New Covenant: A New Testament Translation*
CBQ	*The Catholic Biblical Quarterly*
Chrysostom	*Homilies on the Gospel of St. John and Hebrews,* Nicene and Post-Nicene Fathers (American repr. of the Edinburgh edn.; Grand Rapids, 1956), first series vol. XIV
CQR	*The Church Quarterly Review*
Danby	H. Danby, *The Mishnah* (Oxford, 1933)
Dods	Marcus Dods, *The Gospel of St. John,* The Expositor's Greek Testament (London, 1897)
DSS	Millar Burrows, *The Dead Sea Scrolls* (London, 1956)

EB	*Encyclopaedia Biblica,* ed. T. K. Cheyne and J. S. Black (London, 1956)
ERE	*Encyclopaedia of Religion and Ethics,* ed. J. Hastings, 12 vols. (Edinburgh, 1908-21)
ExT	*The Expository Times*
FF	Ferrar Fenton, *The Holy Bible in Modern English* (London, 1922)
FG	Hugo Odeberg, *The Fourth Gospel* (Uppsala, 1929)
FGRCI	W. F. Howard, *The Fourth Gospel in Recent Criticism and Research,* rev. C. K. Barrett (London, 1955)
Field	F. Field, *Notes on the Translation of the New Testament* (Cambridge, 1899)
Filson	F. V. Filson, *Saint John,* The Layman's Bible Commentaries (London, 1963)
Findlay	J. Alexander Findlay, *The Fourth Gospel* (London, 1956)
GNB	*Good News Bible, Today's English Version*
GNT	*The Greek New Testament Being the Text Translated in the New English Bible 1961,* ed. R. V. G. Tasker (Oxford and Cambridge, 1964)
Godet	F. L. Godet, *Commentary on the Gospel of John,* 2 vols. (Grand Rapids, n.d.)
Goodspeed	Edgar J. Goodspeed, *The New Testament: An American Translation (Chicago, 1923)*
Grammatical	N. Turner, *Grammatical Insights into the New Testament Insights* (Edinburgh, 1965)
GThJ	*Grace Theological Journal*
GT	*A Greek-English Lexicon of the New Testament,* being Grimm's Wilke's Clavis Novi Testamenti, trans. and rev. J. H. Thayer (Edinburgh, 1888)
Guthrie	D. Guthrie, *Exploring God's Word: Bible Guide to John's Gospel (London, 1986)*
Haenchen	Ernst Haenchen, *John,* Hermeneia, 2 vols. (Philadelphia, 1984)
Hamilton	William Hamilton, *John,* The Modern Reader's Guide to the Gospels (London, 1966)
Harner	Philip B. Harner, *The "I Am" of the Fourth Gospel* (Philadelphia, 1970)

HDB	*A Dictionary of the Bible,* ed. James Hastings, 5 vols. (Edinburgh, 1898)
HDCG	*A Dictionary of Christ and the Gospels,* ed. James Hastings, 2 vols. (Edinburgh, 1906)
Hendriksen	William Hendriksen, *Exposition of the Gospel according to John,* 2 vols. (Grand Rapids, 1953)
Hengel	Martin Hengel, *The Johannine Question* (London and Philadelphia, 1989)
HHT	John Lightfoot, *Horae Hebraicae et Talmudicae* (London, 1823)
Hoskyns	Sir Edwyn Hoskyns, *The Fourth Gospel,* ed. F. N. Davey (London, 1947)
HTFG	C. H. Dodd, *Historical Tradition in the Fourth Gospel* (Cambridge, 1963)
HTR	*The Harvard Theological Review*
Hunter	A. M. Hunter, *The Gospel according to John,* The Cambridge Bible Commentary (Cambridge, 1965)
IB	*The Interpreter's Bible,* vol. 8, *The Gospel according to St. John,* Introduction and Exegesis by W. F. Howard, Exposition by A. J. Gossip (New York, 1952)
IBNTG	C. F. D. Moule, *An Idiom Book of New Testament Greek* (Cambridge, 1953)
IDB	*The Interpreter's Dictionary of the Bible,* 4 vols. (Nashville, 1962); supp. vol. (1976)
IFG	C. H. Dodd, *The Interpretation of the Fourth Gospel* (Cambridge, 1953)
ISBE	*The International Standard Bible Encyclopedia,* rev. edn., 4 vols. (Grand Rapids, 1979-88)
JB	*The Jerusalem Bible*
JBL	*The Journal of Biblical Literature*
Johnston	G. Johnston, *The Spirit-Paraclete in the Gospel of John* (Cambridge, 1970)
JThS	*The Journal of Theological Studies*
KJV	*The King James Version*
Kleist-Lilly	James A. Kleist and Joseph L. Lilly, *The New Testament* (Milwaukee, 1956)
Knox	Ronald Knox, *The Holy Bible: A Translation from the Latin Vulgate* (London, 1955)

Kysar	Robert Kysar, *The Fourth Evangelist and His Gospel* (Minneapolis, 1975)
LAE	A. Deissmann, *Light from the Ancient East* (London, 1927)
Lagrange	M. J. Lagrange, *Évangile selon Saint Jean* (Paris, 1936)
Law	J. Duncan M. Derrett, *Law in the New Testament* (London, 1970)
LB	*The Living Bible, Paraphrased* (Wheaton, 1971)
Lenski	R. C. H. Lenski, *The Interpretation of St. John's Gospel* (Columbus, 1956)
Lightfoot	R. H. Lightfoot, *St. John's Gospel* (Oxford, 1956)
Lindars	Barnabas Lindars, *The Gospel of John,* New Century Bible (London, 1972)
Loyd	Philip Loyd, *The Life according to S. John* (London and Oxford, 1936)
LS	*A Greek-English Lexicon,* compiled by H. G. Liddell and R. Scott, new edn. H. S. Jones and R. McKenzie, 2 vols. (Oxford, 1940)
LT	A. Edersheim, *The Life and Times of Jesus the Messiah,* 2 vols. (London, 1890)
Luther	*Luther's Works* (St. Louis, n.d.)
Lüthi	Walter Lüthi, *St John's Gospel* (Edinburgh and London, 1960)
M, I	J. H. Moulton, *A Grammar of New Testament Greek,* I, *Prolegomena* (Edinburgh, 1906)
M, II	*Ibíd.,* II, *Accidence and Word Formation,* ed. W. F. Howard (Edinburgh, 1919)
M, III	*Ibíd.,* III, *Syntax* by Nigel Turner (Edinburgh, 1963)
M, IV	*Ibíd.,* IV, *Style* by Nigel Turner (Edinburgh, 1976)
McClymont	J. A. McClymont, *St. John,* The Century Bible (Edinburgh, 1901)
MacGregor	G. H. C. MacGregor, *The Gospel of John,* Moffatt New Testament Commentary (London, 1928)
Moloney	F. J. Moloney, *The Johannine Son of Man* (Rome, 1976)
Mantey	G. A. Turner and J. R. Mantey, *The Gospel according to John,* The Evangelical Commentary (Grand Rapids, n.d.)

Metzger | Bruce M. Metzger, *A Textual Commentary on the Greek New Testament* (London and New York, 1971)

Michaels | J. Ramsey Michaels, *John,* A Good News Commentary (San Francisco, 1984)

MiM | W. Milligan and W. F. Moulton, *Commentary on the Gospel of St. John* (Edinburgh, 1898)

ML | Millar Burrows, *More Light on the Dead Sea Scrolls* (London, 1958)

MM | J. H. Moulton and G. Milligan, *The Vocabulary of the Greek Testament* (London, 1914-29)

MNTC | The Moffatt New Testament Commentary

Moffatt | James Moffatt, *The New Testament: A New Translation* (London, n.d.)

Moods | E. de W. Burton, *Syntax of the Moods and Tenses in New Testament Greek*

Morgan | G. Campbell Morgan, *The Gospel according to John* (London and Edinburgh, 1951)

MS(S) | Manuscript(s)

MT | The Massoretic Text

Murray | J. O. F. Murray, *Jesus according to S. John* (London, 1936)

NBD | *The New Bible Dictionary,* ed. J. D. Douglas et al. (London, 1961)

NEB | *The New English Bible* (Oxford and Cambridge, 1970)

Newbigin | Lesslie Newbigin, *The Light Has Come* (Grand Rapids, 1982)

NewDocs. | G. H. R. Horsley, *New Documents Illustrating Early Christianity,* 5 vols. (Macquarrie University, 1981-89)

NICNT | The New International Commentary on the New Testament

NIDNTT | C. Brown, ed., *The New International Dictionary of New Testament Theology,* 3 vols. (Exeter, 1975-78)

NIV | *New International Version*

NovT | *Novum Testamentum*

NPNF | The Nicene and Post-Nicene Fathers (American repr.; Grand Rapids, 1956)

NRSV | *New Revised Standard Version*

NTS	*New Testament Studies*
NTT	E. Stauffer, *New Testament Theology* (London, 1955)
ODCC	F. L. Cross, ed., *The Oxford Dictionary of the Christian Church* (London, 1958)
Phillips	J. B. Phillips, *The Gospels in Modern English* (London, 1957)
Pilcher	C. Venn Pilcher, *The Gospel according to St. John* (Sydney, n.d.)
Plummer	A. Plummer, *The Gospel according to S. John,* Cambridge Greek Testament (Cambridge, 1882)
de la Potterie	I. de la Potterie, *The Hour of Jesus* (Middlegreen, 1989)
Priority	J. A. T. Robinson, *The Priority of John* (London, 1985)
REB	*The Revised English Bible*
Reynolds	H. R. Reynolds, *The Gospel of St. John,* The Pulpit Commentary, 2 vols. (London, 1888)
Richardson	Alan Richardson, *The Gospel according to Saint John,* The Torch Bible Commentaries (London, 1959)
Rieu	E. V. Rieu, *The Four Gospels* (Penguin Books, 1952)
Robertson	A. T. Robertson, *A Grammar of the Greek New Testament in the Light of Historical Research* (London, n.d.)
RSV	*The Revised Standard Version*
RThR	*The Reformed Theological Review*
Ryle	John Charles Ryle, *Expository Thoughts on the Gospels, St. John,* 3 vols. (London, 1957)
SBk	H. L. Strack und P. Billerbeck, *Kommentar zum Neuen Testament aus Talmud und Midrasch,* 4 vols. (München, 1922-28)
Schnackenburg	Rudolf Schnackenburg, *The Gospel according to St John,* Herder's Theological Commentary on the New Testament, 3 vols. (New York, I, 1968; II and III, 1982)
Schonfield	H. J. Schonfield, *The Authentic New Testament* (London, 1956)
SDSS	T. H. Gaster, *The Scriptures of the Dead Sea Sect* (London, 1957)

SE, I	*Studia Evangelica*, I, ed. K. Aland et al. (Berlin, 1959)
SE, II	*Ibíd.*, II, ed. F. L. Cross (Berlin, 1964)
SE, III	*Ibíd.*, III, ed. F. L. Cross (Berlin, 1964)
SFG	Leon Morris, *Studies in the Fourth Gospel* (Grand Rapids, 1969)
SJT	*The Scottish Journal of Theology*
SNT	K. Stendahl, ed., *The Scrolls and the New Testament* (London, 1958)
Strachan	R. H. Strachan, *The Fourth Gospel* (London, 1955)
Tasker	R. V. G. Tasker, *The Gospel according to St. John,* Tyndale New Testament Commentaries (London and Grand Rapids, 1960)
TDNT	*Theological Dictionary of the New Testament,* being a translation by G. W. Bromiley of *Theologisches Wörterbuch zum Neuen Testament* (Grand Rapids, 1964-76)
Temple	William Temple, *Readings in St. John's Gospel* (London, 1947)
Tenney	Merrill C. Tenney, *John, The Gospel of Belief* (Grand Rapids, 1948)
Tenney,	*EBC* Merrill C. Tenney, "The Gospel of John," in Frank E. Gaebelein, ed., *The Expositor's Bible Commentary,* IX (Grand Rapids, 1981)
Torrey	C. C. Torrey, *The Four Gospels: A New Translation* (London, n.d.)
Turner	G. A. Turner and J. R. Mantey, *The Gospel according to John,* The Evangelical Commentary (Grand Rapids, n.d.)
TWBB	A. Richardson, ed., *A Theological Word Book of the Bible* (London, 1950)
Twentieth Century	*The Twentieth Century New Testament* (London and New York, 1904)
v.l.	*varia lectio* (variant reading)
Westcott	Brooke Foss Westcott, *The Gospel according to St. John* (Grand Rapids, 1954)
Weymouth	R. F. Weymouth, *The New Testament in Modern Speech* (London, 1907)

Williams, C. B. Charles B. Williams, *The New Testament: A Translation in the Language of the People* (Chicago, 1950)

Williams, C. K Charles Kingsley Williams, *The New Testament: A New Translation in Plain English* (London, 1952)

Wright C. J. Wright, *Jesus the Revelation of God* (London, 1950)

WThJ *The Westminster Theological Journal*

Wuest Kenneth S. Wuest, *The New Testament: An Expanded Translation* (London, 1961)

ZATW *Zeitschrift für die Alttestamentliche Wissenschaft*

ZNTW *Zeitschrift für die Neutestamentliche Wissenschaft*

Texto, Exposición y Notas

Juan 8

O. EL SEXTO DISCURSO – LA LUZ DEL MUNDO (8:12-59)

Normalmente se cree que el contexto de este capítulo sigue siendo la Fiesta de los Tabernáculos (como en el cap. 7). En la celebración judía de esta fiesta, la simbología tanto del agua como de la luz era muy importante, y en esta sección se hace mucho hincapié en la luz. Pero muchas veces se pasa por alto que, mientras en el capítulo 7 la multitud se menciona ocho veces, aquí no se menciona en absoluto (de hecho, no se vuelve a mencionar hasta el 11:42; NVI contiene "la gente", pero en griego tan solo pone "ellos"). En esta sección del Evangelio Jesús se tiene que enfrentar a sus adversarios, y no a la gran multitud. Todo esto parece indicar que la fiesta había llegado a su fin y que la multitud ya se había dispersado. Quizá ya hacía bastante tiempo que se había acabado, y lo único que ocurría es que el significado e importancia de las ceremonias aún continuaban presentes en las mentes de la gente.

La discusión empieza como consecuencia de la declaración de Jesús: "Yo soy la luz del mundo". La primera reacción de sus enemigos ataca el testimonio de Jesús. Luego, la discusión pasa a tratar el destino de morir en pecado (vv. 21-24), la relación entre el Padre y el Hijo (vv. 25-30), y el hecho de que los enemigos de Jesús son esclavos del pecado (vv. 31-47). Concluye con un apartado sobre la gloria que el Padre da al Hijo (vv. 48-59). Así que en esta sección se trata de temas muy variados.

1. El testimonio del Padre (8:12-20)

12 Jesús les habló otra vez, diciendo: Yo soy la luz del mundo; el que me sigue no andará en tinieblas, sino que tendrá la luz de la vida. 13 Entonces los fariseos le dijeron: Tú das testimonio de ti mismo; tu testimonio no es verdadero. 14 Respondió Jesús y les dijo: Aunque yo doy testimonio de mí mismo, mi testimonio es verdadero, porque yo sé de dónde he venido y adónde voy; pero vosotros no sabéis de dónde vengo ni adónde voy. 15 Vosotros juzgáis según la carne; yo no juzgo a nadie. 16 Pero si yo juzgo, mi juicio es verdadero; porque no soy yo solo, sino yo y el Padre que me envió. 17 Aun en vuestra ley está escrito que el testimonio de dos hombres es verdadero. 18 Yo soy el que doy testimonio de mí mismo, y el Padre que me envió da testimonio de mí. 19 Entonces le decían: ¿Dónde está tu Padre? Jesús respondió: No me conocéis a mí ni a mi Padre. Si me conocierais a mí, conoceríais también a mi Padre. 20 Estas palabras las pronunció en el [lugar del] tesoro, cuando enseñaba en el templo; y nadie le prendió, porque todavía no había llegado su hora.

Jesús acaba de hacer una declaración increíble. Logra provocar a los fariseos y hacer que su odio crezca, por lo que deciden acusar a Jesús de que su testimonio no es válido. El testimonio no es un tema nuevo. Jesús ya ha dicho que el Padre da testimonio de Él (5:37). Ha dicho que es ese testimonio el que le da validez, y que no le hace falta ningún otro tipo de testimonio (5:34), aunque también deja claro que sus enemigos no van a aceptarlo. Aquí no vuelve a explicarles esa postura, pero, en respuesta a la acusación de que Él es el único que da testimonio de sí mismo (testimonio que no tiene validez jurídica), Jesús insiste en que, de hecho, sí que hay Otro que da testimonio de Él. Los fariseos no aceptan el testimonio del Padre; eso es un hecho. Y ese hecho es importante. Juan no se centra solo en sutilezas legales, sino que deja claro que el testimonio que se da de Jesús es completamente válido.

12 Ha finalizado la discusión del capítulo 7[1]. Juan no nos dice cuándo ocurrió este episodio, pero sí nos dice dónde: "en el lugar del tesoro", como pone en otras versiones, "en el lugar de las ofrendas" (v. 20). Las palabras con las que Jesús abre su discurso son impresionantes: "Yo soy la luz del mundo". "Yo soy" categórico. Como ya vimos anteriormente en este evangelio, es la forma que Dios usa para presentarse (ver el comentario de 6:35). Ha habido mucho debate sobre el origen de la

---

[1] El aoristo ἐλάλησαν significa "pronunció un discurso" más que "estaba enseñando".

expresión "la luz del mundo" (cf. 9:5; 12:46, donde aparece repetida esta idea, aunque con alguna pequeña variación)[2]. Muchos creen que hacía referencia a las celebraciones de la Fiesta de los Tabernáculos que estaban llenas de luces, y han sugerido que Jesús conscientemente estaba trayendo el cumplimiento del simbolismo que aquellas luces representaban. Esto podría ser cierto, especialmente si Jesús pronunció esas palabras relativamente cerca del tiempo de dicha fiesta. Las fiestas eras muy importantes para los judíos, que se deleitaban en la observancia de los ritos y se regocijaban en el simbolismo de la celebración[3]. Y para los cristianos era importante que el Cristo fuera el cumplimiento de todas las verdades espirituales que la fiesta representaba. Los grandes candelabros solo se encendían al principio de la fiesta; no se sabe exactamente cuántas noches se realizaba el rito de la iluminación, pero lo que está claro es que al final de la fiesta ya no se realizaba. Ya no había luces cuando Jesús dijo ser la Luz, lo que debió hacer que su sentencia fuera aún mucho más impresionante. Además, los candelabros se encendían en el atrio de las mujeres, que era el atrio más concurrido y también el lugar en el que Jesús pronunció su discurso.

No obstante, del mismo modo que el agua en el capítulo 7 nos recuerda a la roca en el desierto más que al recipiente dorado y al derramamiento de agua que se producía en la fiesta, la luz podría ser una referencia a la columna de fuego en el desierto. En el capítulo 6 vimos la referencia al maná, así que parece ser que en tres capítulos consecutivos la simbología del desierto se usa para ilustrar aspectos de la persona y la obra de Jesús[4]. Tenemos que tener en cuenta que la luz es un tema muy común tanto en el Antiguo como en el Nuevo Testamento, así que no tenemos necesidad de buscar la fuente de las palabras de

---

[2] En cuanto a la costumbre de Juan de variar las frases o sentencias que se repiten – aunque sin que esas modificaciones supongan una gran diferencia de significado – ver el comentario de 3:5. Tanto aquí como en 9:5 a Jesús se le llama "la luz del mundo", pero el orden de las palabras es diferente en griego y la partícula enfática ἐγώ no aparece en 9:5. En 12:46 leemos que vino "al mundo como luz".

[3] Filón cree que el tiempo en el que se celebraba la Fiesta de los Tabernáculos era significativo. El primer día de la fiesta, la luna sucedía al sol sin ningún intervalo en medio, por lo que no había un interludio de oscuridad (*De Spec. Leg.* 2.210). Puede que este tipo de simbolismo sugiriera "la luz del mundo". La fuerza de la iluminación en la Fiesta de los Tabernáculos también era significativa: la Misná dice que no había patio en todo Jerusalén que no estuviera generosamente iluminado por la luz de grandes velas y antorchas (*Sukk.* 5:3).

[4] Cf. el capítulo titulado "The Light of the World and the Three Gifts" en T.F. Glasson, *Moses in the Fourth Gospel* (Londres, 1963), p. 60s.

Jesús en un contexto extrabíblico[5]. En muchos otros lugares se dice que Dios es luz (1 Jn. 1:5), y Jesús mismo dijo que sus seguidores son "la luz del mundo" (Mt. 5:14; la expresión es la misma que se usa aquí)[6]. Pablo también define a los cristianos como "luminares en el mundo" (Fil. 2:15)[7]. Queda claro que estos términos no se aplican por igual a los creyentes y a Cristo. Él es la fuente fundamental de la iluminación del mundo. Ellos, habiendo encendido sus antorchas en la potente llama de Cristo, muestran al mundo parte de la luz de Dios.

Bultmann cree que el énfasis está en la certidumbre de que el mundo ya tiene la luz (p. 343), y no tanto en que Jesús es diferente a otros personajes que también dicen dar luz. La luz no es una posesión natural del ser humano. Solo viene de Cristo. Así, la luz no se puede separar de su fuente. No podemos hacernos con la luz como si fuera un elemento aislado, independiente. Jesús es la luz. Tener la luz es tener a Jesús. La luz no puede ser hallada fuera de una correcta relación con Cristo[8].

---

[5] Barrett muestra en una larga nota que el trasfondo de esta declaración es muy complejo. Cree que está en las ceremonias de la Fiesta de los Tabernáculos, en las religiones paganas (sobre todo en la literatura hermética), en el judaísmo, y en los Evangelios Sinópticos. Concluye: "Juan se mantiene al lado de la tradición cristiana primitiva (...) Sin embargo, es bastante probable que en la formulación de esta declaración recibiera la influencia tanto de la religión helena como del pensamiento judío sobre la Sabiduría y la Ley (...) No obstante, para Juan, 'la luz del mundo' describe lo que es esencialmente una función soteriológica más que un estatus cosmológico". Mac-Gregor ve en esta expresión un eco del Prólogo, y niega que haya una referencia a la simbología de la Fiesta de los Tabernáculos. La luz es uno de los principales temas de los manuscritos de Qumram. Al buen espíritu le llaman "el príncipe de las luces" y a los hombres buenos les llaman "hijos de la luz". También recogen una referencia a "la luz de la vida" (1QS 3:7; DSS, p. 373). Como suele ocurrir, vemos una similitud en la terminología y en las ideas, pero también una gran diferencia en el concepto base. Los manuscritos no contienen nada parecido a la declaración de Cristo de que Él es "la luz del mundo".

[6] Esto no debería ensombrecer la singularidad de la declaración de Cristo. La afirmación de que Él es la luz del mundo quiere decir que Él es la fuente de luz de todo el mundo y eso le diferencia de todos los demás. Decir que sus seguidores son juntamente la luz del mundo es decir que, a diferencia de cualquier otra comunidad, la Iglesia transmite luz al mundo. Pero su luz es derivada. Viene de Cristo y no es más que un reflejo de la luz que fluye de Él.

[7] La palabra que Pablo usa es φωστῆρες, mientras que aquí en Mateo el término es φῶς. φωστῆρ se usa primeramente para hablar de los cuerpos celestiales, y parece ser que significa "portadores de luz", aunque la luz es una de sus acepciones secundarias.

[8] Los rabíes a veces usaban "Luz" para designar al Mesías, y puede que esto apunte a la misma verdad (SBk, I, p. 67).

Este es el momento cumbre del uso que Juan hace en este evangelio de la idea de la luz. Empezó a mencionarla ya en el Prólogo (ver el comentario de 1:4), y ha ido desarrollando la idea hasta aquí. En los primeros versículos asociaba la vid y la luz con el *Logos*. Ahora, todo el mundo[9] se abastece de la luz de Jesús, y volvemos a ver que los conceptos de luz y vida están relacionados. Esta declaración no quiere decir que todo el mundo recibe la luz de forma indiscriminada. La luz no pertenece a la raza humana. Solo aquellos que siguen a Jesús son libertados de la oscuridad y pueden, así, disfrutar de la luz; de aquí se desprende que el mundo, de por sí, está en tinieblas. No deberíamos pasar por alto el participio presente, ya que implica que hay que seguir a Jesús de una forma continua. Jesús está hablando de un discipulado comprometido, y no de una militancia superficial (cf. 1:37 y la nota al pie). El seguidor de Jesús "nunca andará en tinieblas". Esto podría referirse a las tinieblas del mundo o a las tinieblas de Satanás. Quizá no deberíamos hacer una distinción demasiado abismal entre esos dos conceptos, ya que cuando se libra a los creyentes se les libra de ambos. Ya no estarán limitados por las tinieblas, sino que tendrán "la luz de vida"[10]. "La luz del mundo" no solo da un pequeño rayo de luz, sino que ilumina todos los aspectos de la vida. "Tendrá" apunta a una posesión continua. La venida de esa luz supone una transformación permanente. En cuanto a "vida", ver el comentario de 1:4 y de 3:15. Marsh nos recuerda que "la luz, en un sentido, da testimonio de sí misma, mientras que el resto de objetos de este mundo necesitan a la luz para dar testimonio de sí mismos. La luz siempre ilumina; no le hace falta que algo la ilumine" (p. 351). La luz es única.

13 Los líderes de los enemigos de Jesús son los fariseos. Ni siquiera se dignan a comentar la declaración que Jesús acaba de hacer. No men-

---

[9] No deberíamos pasar por alto las implicaciones del uso de κόσμος. Juan no está hablando de una salvación provinciana, un evangelio para un grupo pequeño y restringido (como Israel). Jesús es la luz para nada más y nada menos que todo el mundo.

[10] El significado del genitivo en τὸ φῶς τῆς ζωῆς no está muy claro. Podría querer decir "la luz que da vida", "la luz que es vida", "la luz que emana de la vida" o "la luz que ilumina la vida". O puede que, al estilo joánico, todos estos significados estuvieran incluidos. La expresión se encuentra también en los manuscritos de Qumrán, donde leemos que el hombre cuyos pecados son expiados "mirará la luz de la vida" (1QS 3:7; DSS, p. 373). Esto favorecería la primera de las sugerencias. Schnackenburg cree que quiere decir "la luz que libera a las personas de la esfera de la muerte" y, por descontado, que esta idea también está incluida.

cionan ni la luz ni las tinieblas. Y, típico de ellos, se aferran a un tec-
nicismo jurídico. Dicen que Jesús está dando testimonio de sí mismo
(ver comentario de 1:7), por lo que su testimonio "no es verdadero".
Esto no quiere decir necesariamente que sea falso[11]. Lo que están diciendo es que no tiene valor jurídico[12]. Por lo que no pueden aceptarlo
(cf. 5:31). La reacción de los fariseos ante las palabras de Jesús que
apuntaban a que Él era la luz es, de hecho, la respuesta que toda la gente
da cuando no quiere creer: "Yo no lo veo así. No hay pruebas suficientes". Pero la luz da evidencia de sí misma; no lo hace presentando
argumentos a su favor, sino brillando. Tenemos que aceptar la luz por
lo que es, y no hacer caso a las objeciones de los que están ciegos[13].

14 Jesús insiste en que su testimonio es verdadero (cf. Rieu: "'¿Qué
si lo soy?', dijo Jesús. 'Las evidencias que presento son serias'"). En
5:31 dijo: "Si yo solo doy testimonio de mí mismo, mi testimonio no
es verdadero", queriendo decir que su testimonio tenía que ser secunda-
do por alguien para poder ser considerado aceptable (ver la nota al pie).
Allí estaba de acuerdo con los fariseos en que un testimonio que no
es corroborado por una segunda persona no tiene valor jurídico. Él
no quiso decir que sus palabras no fueran verdad. Lo eran. Pero si nadie
apoyaba su testimonio, nadie podía aceptarlo. Llegado este punto, tiene
dos aclaraciones que hacer: una, que Él está cualificado para dar testimonio y sus enemigos no, y la otra, que, de todos modos, su testimonio
sí tiene quién lo respalde. El Padre da testimonio de Él. Jesús se contras-

[11] Hubiera sido normal que los fariseos hubieran dicho que el testimonio de Jesús
era falso. Puede que esta sea otra de las tantas ocasiones en las que Juan usa una palabra
con más de un significado. Pero la fuerza principal del pasaje es claramente que el
testimonio de Jesús no cumple con los requisitos jurídicos para que un testimonio pueda
ser considerado como válido.

[12] En la Misná leemos: "No se puede creer a alguien que testifique de sí mismo
(...) Nadie puede dar testimonio de sí mismo" (*Ket.* 2:9).

[13] Cf. Wright: "hay tipos de la llamada apologética religiosa que, desconfiando en
las evidencias intrínsecas a la religión, intentan encontrar 'evidencias externas' y 'apoyo
institucional'. ¿De qué otra forma va a convencernos la luz de que es luz, sino a través
de lo que hace por nosotros? Nosotros no demostramos que la luz es luz mediante
tratados, o analizando los rayos que la componen. Para nosotros, solo es *luz* cuando
nos ilumina". También dice: "Todo el mundo puede decir, *para su propia satisfacción*,
que no cree que la Belleza exista porque no la ve; también puede decir que no
cree que exista la Bondad, porque no la oye; o que tampoco cree que exista la Verdad,
porque no la conoce. Pero el hombre no *crea* la Verdad, la Bondad o la Belleza, y decir
que no puede *ver* esas virtudes es condenarse a sí mismo, y no condenarlas a ellas".
Lo mismo ocurre con la Luz.

ta con los fariseos. Él sabe su origen y su destino[14], pero ellos no saben ninguno de los dos[15]. Así que no están en posición de pronunciarse sobre su testimonio. No tienen ni idea de las grandes verdades celestiales.

15 Jesús sigue demostrando que ellos no están cualificados. Ellos[16] juzgan, y solo pueden juzgar según criterios humanos (NVI), es decir, "según la carne"[17]. La naturaleza de la carne es débil e incompleta, así que esta expresión delata que su juicio es débil e imperfecto. Solo puede ser defectuoso y parcial. Después de una afirmación así esperamos algo como "Yo no juzgo según la carne". Pero, en cambio, Jesús dice: "Yo no juzgo a nadie". Se trata de una aseveración contundente, construida con una doble negación. Sin embargo, su significado nos presenta un problema debido a que en versículos anteriores él mismo ha afirmado que sí juzga. Pero hay dos cosas que deberíamos tener en cuenta: (1) Jesús no vino a juzgar; ese no era su propósito, y (2) el tipo de juicio en el que Él toma parte no es ni mucho menos lo que los fariseos entienden por ese término. Los conceptos que tienen son tan diferentes que la misma palabra no sirve para describirlos a los dos. El juicio "según la carne", de hecho, no es un juicio. Y, si tenemos en mente la idea de juicio que los fariseos tenían, entonces es verdad que Jesús no juzga[18]. Así, la contradicción entre nuestro versículo y "Yo vine a

---

[14] Cf. Westcott: "En el pasado están los múltiples elementos que han dado forma al presente; y en el futuro está la revelación de lo que el presente contiene de forma implícita. Él puede dar testimonio de sí mismo porque conoce su propio ser". En cuanto al uso joánico de ὑπάγω, ver el comentario de 7:33.

[15] Hay un cambio del aoristo ἦλθον, "he venido", al presente ἔρχομαι, "vengo". Puede que Jesús estuviera contrastando el conocimiento que Él tiene de un evento definido con la continua incertidumbre de los fariseos. MiM comenta: "Lo que ha ocurrido en el pasado ('he venido') no es algo que los fariseos pudieran saber, excepto por inferencia: la misión presente que el Padre le ha dado ('vengo') todos deberían haber sido capaces de discernirla al ver las obras que hacía y al oír las cosas que decía". Jesús usa καί, mientras que los fariseos, ἤ. Él conoce ambos, y ellos, ninguno de los dos.

[16] Se hace un contraste entre ὑμεῖς y ἐγώ.

[17] κατὰ τὴν σάρκα. La paráfrasis de la NVI saca a la luz el error de los fariseos, pero no consigue reflejar la debilidad y la idea de incompleto que el griego sugiere. Ocurre lo mismo con muchas otras traducciones o versiones.

[18] Bernard nos recuerda que Jesús no juzgó durante su ministerio en la tierra. De hecho, la gente le acusaba de no juzgar lo suficiente, ya que se juntaba con los publicanos y los pecadores (Mr. 2:16; Lc. 15:2) y no rechazó a la pecadora de la casa de Simón (Lc. 7:39), y además se negó a condenar a la mujer adúltera (Jn. 8:11).

este mundo para juicio" (9:39) es solo aparente. Ahí, el juicio es la consecuencia natural de la venida de Jesús. Porque es lo que sucede, su venida causa división: unos le aceptan y otros le rechazan. Su venida es, de hecho, un juicio en sí misma. Pero aquí se nos presenta otra verdad. Jesús está dejando claro de forma firme e incuestionable que Él no practica la clase de juicio de los fariseos. Él vino para salvar, y no para juzgar (3:17; 12:47).

16 Jesús habla ahora de los momentos en los que sí juzga[19], y se justifica. Podríamos pensar que "Pero si yo juzgo" está haciendo referencia al día final. Pero, como suele ocurrir en este evangelio, el contexto tiene que ver con el juicio presente y es así como deberíamos entender estas palabras. Jesús continúa con la idea de que su juicio no es como el de los fariseos. No es "según la carne", sino que es "verdadero" (cuando nuestra versión dice "mi juicio es verdadero", la NVI dice "mis decisiones son acertadas"), porque nace de su relación con el Padre. Si Jesús insiste en que no está solo es para mostrar que este punto es verdad. Puede que a los fariseos les parezca un personaje solitario, pero la verdad es que el Padre está con Él (cf. v. 29; 16:32)[20]. Esto valida su juicio, ya que cualquier juicio por alguien que está en la misma presencia del Padre y en armonía con Él tiene que ser un juicio válido. Como en otras ocasiones, Jesús añade una referencia a su misión. Él ha sido enviado (ver el comentario de 3:17), pero enviado de forma que el Padre que le ha enviado no le ha abandonado; aún sigue con Él. Algunos buenos manuscritos omiten "el Padre" de este versículo[21], y solo recogen "yo y el que me envió". Si (como sería probable) esta es la forma correcta de interpretar el pasaje, el énfasis no está en la relación entre Padre e Hijo, sino en la misión de Jesús. Él es el Enviado. Y el que le ha enviado no le ha abandonado. Su juicio está respaldado por el estrecho contacto que tiene con Aquel que le ha enviado.

---

[19] δέ aparece muy al final de la frase (en cuarto lugar) y eso no es muy normal; va con καί para darle el sentido de "*incluso* si".

[20] En la última parte del versículo no aparece ningún verbo: "yo y el Padre que me envió", colocando a Jesús y al Padre juntos con una sencillez que impresiona.

[21] Estas palabras no aparecen en ℵ* D syr^{s.c}.

17 Jesús ahora apela a la ley que los judíos decían guardar. Al decir "vuestra"[22], se distancia de ellos. La expresión es la que los gentiles usaban para referirse a la ley en los diálogos que aparecían en la literatura rabínica[23]. La ley se aplica a ellos de manera diferente a la que se aplica a Él. Jesús está con Dios, y ellos, con el pueblo. No obstante, no podemos llevar este argumento demasiado lejos ya que Jesús también era un judío. La primera cosa que Jesús destaca es que esta es la ley a la que han apelado (cf. Nicodemo: "nuestra ley", 7:51). Es la ley que tienen que obedecer y aceptar. Esa ley recogía que dos testigos son suficientes para que un testimonio sea válido (Dt. 19:15), incluso para un caso tan serio como una ejecución (Dt. 17:6)[24]. En vista de lo que sigue, podría ser significativo el hecho de que Jesús no cita Deuteronomio de forma literal. En el libro veterotestamentario se habla de "dos testigos" y éste, de "dos hombres", que además coloca en la frase en una posición enfática. La ley acepta el testimonio de dos *hombres*. ¿Qué diremos, pues, del testimonio del Padre y del Hijo?

18 Jesús afirma que su testimonio es válido porque cumple con los requisitos necesarios: cuenta con dos testigos. Además es bastante contundente. Puede que usara la fórmula "Yo soy" para que la gente le asociara con Dios; pero sea como sea, al menos le da a la declaración un aire de solemnidad y grandeza[25]. Los dos verbos que expresan la idea de "dar testimonio" están en tiempo continuo. El testimonio que

---

[22] La expresión es ἐν τῷ νόμῳ δὲ τῷ ὑμετέρῳ. La palabra γέγραπται que aparece después significa "sigue estando escrito" (ver el comentario de 2:17, sobre el método de citación joánico). "Vuestra ley"no es una expresión nada común (aunque cf. 10:34; 15:25). No debe interpretarse que Jesús repudiaba la autoridad de la Ley. Más bien es un *argumentum ad hominem*. Sus propios principios y la misma ley de la que se jactaban y enorgullecían demostraban que ellos estaban equivocados. Este es otro ejemplo de la ironía joánica. Los judíos querían que la gente siguiera aquella ley que ellos aceptaban. Jesús les ofrece el testimonio no solamente de uno bajo la ley como ellos mismos, sino del mismo dador de la ley. Sin embargo, ellos siguen sin aceptarlo.

[23] *IFG*, p. 82.

[24] Núm. 35:30 dice que un testigo no es suficiente. Los judíos se lo tomaban tan en serio que interpretaban que cuando en las Escrituras se menciona un testigo, quería decir que tenía que haber "dos testigos", a no ser que se especificara explícitamente que solo hacía falta uno (SBk, I, p. 790).

[25] La expresión aparece en Is. 43:10 (donde se usa para referirse a Yahveh) en relación con el tema de los testigos.

Jesús da de sí mismo[26] es continuo, y el testimonio que el Padre da de Él también es continuo (cf. Brown, "En los vv. 31-39 Jesús lista una serie de formas en las que el Padre *ha dado* testimonio (v. 37): Juan el Bautista; las obras de Jesús; las palabras que permanecen en los corazones de los oyentes; las Escrituras"). Según Jesús, contar con el testimonio de otro que no fuera el Padre no sería suficiente. Si Jesús realmente tiene con el Padre la relación de la que está hablando, ningún ser humano está en la posición de dar testimonio de Él. Ningún ser humano puede autentificar una relación divina. Es por eso por lo que Jesús apela al Padre y a su propia palabra[27], y fuera de ellos dos no hay nadie más a quien pueda apelar. Una vez más se describe al Padre en relación con el hecho de que Él es quien ha enviado al Hijo.

19 Como es natural, los judíos quieren saber dónde está ese Padre del que Jesús habla[28]. La respuesta de Jesús añade que ellos no tienen acceso al Padre. La única forma para conocer al Padre[29] es conociendo a Jesús, porque Jesús es la revelación del Padre. La idea de que el Hijo es la única y exclusiva revelación del Padre es uno de los puntos clave de la doctrina de este evangelio. Nadie ha visto a Dios jamás. El Hijo es el que "le ha dado a conocer" (1:18). Esta idea es básica. Si alguien llega a conocer a Jesús, entonces también conocerá al Padre, y reconocerá que el Padre da testimonio del Hijo. Los dos van unidos (cf. Weymouth, "Conocéis al Padre tan poco como me conocéis a mí"). Pero el que rechaza a Jesús, no consigue ver el testimonio divino. En un sentido, los fariseos sí conocen a Jesús, pero no en el sentido correcto (ver el comentario de 7:28). Como consecuencia de no entender la

---

[26] Field defiende la versión de la *KJV*: "En la lengua inglesa para resaltar los dos testimonios, deberíamos decir: 'Estoy yo que doy testimonio de mí mismo, y está el Padre'. Pero la expresión griega que traducimos por 'Estoy yo' o 'Yo soy' no es ἐστὶν ἐγώ, sino ἐγώ εἰμι (6:20)" (p. 93).

[27] Entre los judíos, si los dos testigos que se presentaban eran padre e hijo, ese testimonio no siempre era válido (Misná, *Rosh. Hash.* 1:7). Pero eso no aparece en la ley, y Jesús está haciendo referencia a la ley y no a la tradición.

[28] Tenney comenta: "Es difícil saber si la pregunta de los fariseos es un reflejo de sus dudas o un insulto intencionado. En la cultura occidental la primera opción sería la más probable. En la oriental, cuestionar la paternidad de un hombre es un insulto a su legitimidad. Quizá no sería sabio ver la pregunta como un ataque; aunque más adelante vuelve a surgir la misma idea (v. 41)" (EBC).

[29] Abbott nos recuerda que en este evangelio ἄν siempre aparece detrás de una palabra enfática, así que Juan está haciendo más énfasis en "mi Padre" que en "conocéis".

importancia de Jesús ni la de su misión y mensaje, eran incapaces de percibir el testimonio que el Padre daba de Él. Se enorgullecían y jactaban del conocimiento que tenían de su Dios, pero Jesús les dice que no le conocen en absoluto.

20 Juan añade otro de esos pequeños matices que indican que tiene un conocimiento exacto de las circunstancias. Nos cuenta que Jesús decía estas cosas "en el lugar del tesoro". Sin embargo, no creemos que Jesús enseñara en la misma cámara del tesoro; lo más seguro es que la palabra se refiera a la parte del templo donde la gente depositaba las ofrendas. Probablemente esta zona estaba en el atrio de las mujeres, llamado así porque era la zona donde las mujeres podían entrar (Mr. 12:41-43). Allí había trece cofres con forma de trompeta donde se depositaban las ofrendas, y en cada una de ellas había una inscripción que decía para qué se iba a usar el dinero recogido[30]. En ningún otro documento aparece la expresión "el lugar del tesoro" en relación con el atrio de las mujeres, pero no parece haber otra manera de interpretar las palabras de Juan. Este atrio era un lugar muy concurrido, por lo que era un lugar muy adecuado para ponerse a enseñar. Es interesante percatarse de que estaba muy cerca del lugar donde se reunía el Sanedrín y que, aún así[31], nadie se atrevió a arrestar a Jesús. Sabiendo la forma en que las autoridades odiaban a Jesús, quizá lo que nos habría parecido más normal hubiese sido que le arrestaran. Juan explica que si no pudieron conseguir su propósito era debido a la voluntad de Dios, y no a que no tuvieron una oportunidad o el empeño necesario. La "hora" de Jesús (o "tiempo" de Jesús; ver el comentario de 2:4) aún no había llegado. Y hasta que ese momento llegara, sus enemigos no podían hacerle ningún daño.

2. Morir en pecado (8:21-24)

21 Entonces les dijo de nuevo: Yo me voy, y me buscaréis, y moriréis en vuestro pecado; adonde yo voy, vosotros no podéis ir. 22 Por eso, los judíos decían: ¿Acaso se va a suicidar, puesto que dice: «Adonde yo voy, vosotros no podéis ir»? 23 Y [Jesús] les decía: Vosotros sois

---

[30] El contenido de las inscripciones aparece en la Misná, *Shek.* 6:5.
[31] καί se usa en el sentido de καίτοι (ver el comentario de 1:5).

de abajo, yo soy de arriba; vosotros sois de este mundo, yo no soy de este mundo. 24 Por eso os dije que moriréis en vuestros pecados; porque si no creéis que yo soy, moriréis en vuestros pecados.

Parece ser que el versículo anterior denota una pausa en el proceso de la acción. Es imposible decir cuándo pronunció Jesús las palabras que aparecen a continuación. Parece que sucede a lo anterior de forma natural, pero eso no quiere decir necesariamente que lo dijera en la misma ocasión. No hay ninguna marca temporal que indique de qué época del año se está hablando desde 7:37 cuando aún se está celebrando la Fiesta de los Tabernáculos, hasta 10:22, donde se dice que eran los días de la Fiesta de la Dedicación. El período entre ambas fiestas es de dos meses, y no hay forma de saber a qué altura de ese período podemos situar estos sucesos. Esta sección parece ser un poco posterior a la anterior, pero tampoco podemos determinar cuánto tiempo pasó entre la una y la otra.

Las ideas que aquí aparecen son muy importantes. Así, Wright dice de los versículos del 21 al 30: "Estos profundos versículos desarrollan y desdoblan el pensamiento principal de Jesús en este evangelio; por tanto, no pueden entenderse aparte del resto del Evangelio como un todo". Juan escribe en todo momento de Aquel que es el único que tiene una relación especial con el Padre, de aquel que es la Revelación Suprema del Padre. El tema principal de este pasaje es, precisamente, esa relación que acabamos de mencionar.

21 "De nuevo" no concuerda demasiado con las palabras anteriores; no significa que estemos ante una escena que ocurrió inmediatamente después de la escena anterior. Jesús empieza diciéndole a los judíos que les dejará y ellos no podrán seguirle allí adonde va (cf. 7:33-34; ver nota al pie). Las palabras de Jesús son bastante misteriosas, pero de todos modos está bastante claro que, de nuevo, se está refiriendo a su partida para estar con el Padre[32]. Contrasta su muerte con la muerte de los judíos. Ellos morirán en su pecado[33], y eso les impedirá ir adonde

[32] Cuando Juan usa ὑπάγω en relación con Jesús normalmente se refiere a su retorno al Padre; en otras palabras, se trata de una referencia a su muerte.
[33] Si el hecho de que ἁμαρτία aparezca en singular aquí y en plural en el v. 24 tiene alguna importancia, quizá sea centrar nuestra atención en el pecado por antonomasia, el de rechazar a Jesús (como dice Barrett), el de no creer en Él (cf. 16:9). Aparece

Él va. No define el concepto de "morir en pecado". Se trata de una expresión veterotestamentaria, pero en el Antiguo Testamento tampoco se define (Pr. 24:9, Septuaginta; Ez. 3:18; 18:18). Apunta a una situación tan horrorosa que no hay palabras para describirla. Morir sin haberse arrepentido de los pecados y, por tanto, sin que estos hayan sido expiados, es una enorme catástrofe (*Amplified* traduce "[bajo la maldición de] su pecado"). Jesús no explica por qué iban a buscar a los judíos. Podría entenderse como la implacable persecución con que le acosaban, que iba a continuar incluso después de que Él se hubiese ido. O quizá Jesús se refería a que solo iban a entender cuando ya fuera demasiado tarde. Después de crucificarle se darían cuenta de quién era. Y entonces toda búsqueda ya no serviría de nada. En toda esta sección los pronombres personales enfáticos se usan mucho para demostrar la diferencia abismal que hay entre Jesús y los judíos.

22 La forma en la que está construida la pregunta demuestra que la respuesta esperada era un "No"[34]. El sentido sería "No se irá a suicidar, ¿no?". Los judíos no creen que Jesús se vaya a suicidar[35], pero sí que entienden que detrás de sus palabras hay una referencia a la muerte. La despedida de la que está hablando es final. Algunos exegetas sugieren que los judíos están riéndose de Él, y que sus palabras quieren decir algo como "Si vas a lo más profundo del Hades, ¡claro que no vamos a poder seguirte!" Cuando mencionan las palabras de Jesús al final de su pregunta lo hacen citándolas textualmente, de forma exacta, y lo mismo ocurre en 13:33[36]. En 7:34 encontramos una expresión parecida, que los judíos vuelven a retomar de forma exacta en 7:36. En este evangelio lo más común es la variación, repetir la misma idea

---

antes del verbo, lugar que le confiere cierto énfasis, mientras que en el versículo 24 la idea prominente es la muerte. Pero es costumbre de Juan hacer repeticiones e introducir pequeñas variaciones, y podríamos tener aquí otro ejemplo de esta costumbre (ver el comentario de 3:5). Esta palabra aparece 6 veces en este capítulo y 3 veces más en el capítulo 9, pero no vuelve a aparecer hasta el discurso del aposento alto.

[34] Μήτι ἀποκτενεῖ ἑαυτόν.

[35] Los judíos veían muy mal el suicidio. Por eso, Josefo dice: "Pero a aquellos que han puesto la mano del hombre sobre sí mismos, que las regiones más oscuras del mundo infernal reciba sus almas" (G. 3.375). Solo en algunas ocasiones como en el caso de Sansón (Jue. 16:30) y los judíos que murieron en Masada en el año 73 dC., era visto como algo digno de alabar, pero, en general, estaba muy mal visto.

[36] Esta es la vez que en este evangelio una frase se repite tres veces usando las mismas palabras. Ver *SFG*, cap. 5.

con palabras diferentes (p. ej. 1:48, 50; 16:14, 15, etc; ver el comentario de 3:5), así que la repetición exacta de estas palabras nos hace pensar que para Juan tenían una importancia especial.

23-24 Jesús establece una clara diferencia entre Él y los judíos llamando la atención sobre un par de contrastes[37]. "Les tiene que recordar que hay otras cosas que dividen a los hombres aparte de la muerte" (Murray). Hace un cuadro de la situación de sus enemigos. Ellos son "de abajo" y "de este mundo"[38]. En un sentido, estas palabras pueden aplicarse a todo el mundo. Pero, en otro sentido, la actitud de las personas es muy importante, más aún, es decisiva. Estos judíos no solo eran humanos, sino que eran de este mundo, de esta tierra, terrenales. Sus pensamientos se centraban en las cosas de este mundo, y no en las cosas de arriba ni en hacer la voluntad del Padre (contrasta con Col. 3:1-2). No obstante, aunque Jesús incluye en su discurso esta idea, el tema principal es otro: la diferencia básica que les distingue es su ser. Jesús viene "de arriba"; no es "de este mundo"[39]. Es un ser de un orden diferente; por eso, cuando él decida dejarles, todo intento de los judíos por perseguirle será en vano. Y es ese aspecto de la naturaleza de los judíos a la que Jesús hace referencia cuando les dice que van a morir en sus pecados. Ellos pertenecen al mundo, el mundo que yace bajo el poder de Satanás (1 Jn. 5:19). Por eso, (conjunción que la NVI omite)[40], cuando mueran, morirán en sus pecados. Solo existe una manera de evitar ese sino: creer[41] en Jesús. Y para ello hay que tener una correcta comprensión de la identidad de Jesús. Es importante creer que "Yo

---

[37] El imperfecto ἔλεγεν le sugiere a Bernard que esta era una frase que el Señor repetía muchas veces. Lagrange cree que en el uso de καὶ ἔλεγεν – y no de ἔλεγεν οὖν – hay una indicación de que Jesús no responde a la pregunta de los judíos, sino que simplemente sigue su discurso.

[38] Aquí tenemos una variación del orden de las palabras. "Este mundo" es τούτου τοῦ κόσμου cuando se usa en relación con los judíos, pero al final del versículo tenemos τοῦ κόσμου τούτου. Esta última ordenación es la forma joánica normal, por lo que la primera podría ser enfática. Este es el único lugar en todo el Nuevo Testamento en el que οὗτος precede al sustantivo en la expresión "este mundo". Así que el énfasis está en *este* mundo.

[39] La preposición ἐκ denota origen en cada caso. En cuanto a εἶναι ἐκ, ver el comentario de 3:31.

[40] Este es uno de los pocos ejemplos en este evangelio del uso de οὖν en los discursos de Jesús (ver el comentario de 6:62). Une la frase de que morirán en sus pecados con lo que sigue a continuación.

[41] El aoristo πιστεύσητε quiere decir "hacer un acto de fe", "empezar a creer".

soy"[42] (NVI, "Yo soy el que afirmo ser"). De nuevo, detrás de esta declaración está la presentación que Dios hace de sí mismo en el Antiguo Testamento. Detrás del verbo copulativo no aparece ningún atributo, que sería lo normal. La misma expresión griega aparece en varias ocasiones (4:26; 6:20; 8:18, 28, 58; 13:19; 18:5, 6, 8, y, claro está, aparece otras tantas acompañado de un atributo; ver el comentario de 6:35). Pero no es fácil ver qué atributo podría usarse aquí (la versión de la NVI no es demasiado convincente). La respuesta de los judíos muestra algo de perplejidad. Quizá deberíamos entenderla en la línea de la expresión similar que aparece en la Septuaginta, que es al estilo de la presentación que Dios hacía de sí mismo en el Antiguo Testamento (cf. Is. 43:10)[43]. El uso de esta expresión dice mucho de la identidad de Cristo y de su persona (ver el comentario del v. 58). Esto le da a la fe cierto matiz intelectual. Básicamente, la fe es confianza. Pero en nuestro deseo de rechazar que la fe no es más que una aceptación firme de unas proposiciones intelectuales, debemos procurar no irnos al otro extremo y decir que solo se trata de una relación personal. Es imposible tener el tipo de fe del que Juan está hablando si no se tiene un alto concepto de Cristo. A menos que creamos que Él es más que un simple hombre, nunca podremos confiar en Él con esa fe de la que Juan habla, con esa fe que salva.

3. El Padre y el Hijo (8:25-30)

25 Entonces le decían: Tú, ¿quién eres? Jesús les dijo: ¿Qué os he estado diciendo [desde] el principio? 26 Tengo mucho que decir y juzgar de vosotros, pero el que me envió es veraz; y yo, las cosas que oí de Él, éstas digo al mundo. 27 Y no comprendieron que les hablaba del Padre. 28 Por eso Jesús dijo: Cuando levantéis al Hijo del Hombre, entonces sabréis que yo soy y que no hago nada por mi cuenta, sino que hablo estas cosas como el Padre me enseñó. 29 Y El que me envió está conmigo; no me ha dejado solo, porque

---

[42] Temple sostiene que esta idea no puede trasladarse fácilmente al castellano, porque detrás de la expresión "Yo soy" hay tres significados: (a) yo soy el que digo ser – la luz del mundo; (b) Yo soy Él – el Mesías prometido; (c) Yo soy – el uso transitivo, el nombre de Dios. Estos tres significados están presentes en la expresión de Jesús". *GNB* traduce: "Yo soy el que soy".

[43] Ver la nota al pie núm. 117.

siempre hago lo que le agrada. 30 Al hablar estas cosas, muchos creyeron en Él.

Las frases anteriores derivan en una discusión sobre la identidad de Cristo y su relación con el Padre. Vemos una fuerte corroboración de la unión que hay entre ellos, y también una referencia a la muerte de Cristo. Este concepto de la muerte en la cruz de alguien que era uno con el Padre es el gran tema de este evangelio.

25 Los judíos no supieron percibir todas las implicaciones de las palabras de Jesús. Son unas palabras bastante misteriosas, y el misterio que las define solo puede desvelarse mediante la fe. No obstante, entendieron lo suficiente como para discernir que Jesús estaba haciendo un reclamo muy serio, y el escándalo que aquellas palabras suponían (según ellos) les llevó a proferir de una vez el contenido: "Tú, ¿quién eres?". El pronombre personal, en palabras de Plummer, enfatiza el desprecio que le tienen: "Tú, ¿quién te crees que eres para decir todas esas cosas?". El significado de la respuesta de Jesús no es nada claro[44]. La expresión traducida "desde el principio" no corresponde con la forma natural de formular esa idea[45]. De hecho, quiere decir "en el principio", pero es difícil saber qué quiere decir exactamente esta expresión en este contexto. Cuando Barret analiza las palabras por separado dice que significan "*en* el principio", pero luego, cuando habla del significado de toda la frase, traduce "*desde* el principio". Y lo cierto es que estos dos sintagmas preposicionales no quieren decir exactamente lo mismo. Barrett dice lo siguiente: "Tenemos que elegir entre las siguientes traducciones: (a) Soy desde el principio lo que os he dicho, y (b) Soy lo que os he dicho desde el principio". Él cree que (a) podría ser correcta. La traducción (b) es la que aparece en *GNB* y Philips. Pero parece que nadie ha conseguido mostrar que la expresión siempre signifique "desde

---

[44] Encontrará un buen comentario de este pasaje en E.R. Smothers, *HTR*, LI [1958], pp. 111-22.

[45] La expresión es τὴν ἀρχήν. La fórmula más normal en el Nuevo Testamento es ἀπ' ἀρχῆς, que quiere decir – como aquí se traduce – "desde el principio"; a veces algún autor prefiere ἐν ἀρχῇ o ἐξ ἀρχῆς. Pero este es el único lugar en todo el Nuevo Testamento en que τὴν ἀρχήν se usa con función adverbial, aunque el acusativo sí que aparece en otros lugares, como LS muestra. Este léxico tiene el significado de "para empezar, en primer lugar". No es normal tener un tiempo presente con una expresión así, y eso aumenta la dificultad interpretativa que encontramos en este pasaje.

el principio"[46]. Si sustituimos la expresión de Barrett "en el principio", ninguna de estas propuestas es válida. Hacer que esa concuerde con el tiempo presente es muy difícil. Ahora bien, una forma de salvar esa dificultad es volver a la comprensión de la expresión que los Padres defendían, es decir, algo así como "en conjunto"[47]. Otra forma de entenderlo sería ver la respuesta de Jesús como una pregunta (*NRSV, NEB,* Cassirer, Goodspeed, Knox, etc.), que significaría algo así como: "Para empezar, ¿por qué me molesto en hablar con vosotros?". Y parece que tiene sentido. Teniendo en cuenta el continuo rechazo al que los judíos sometían a Jesús, ¿de qué sirve seguir hablando con ellos? No obstante, este sentido no concuerda bien con la idea del contexto, especialmente la del versículo siguiente, en el que Jesús dice que tiene mucho que decir de ellos. Además, la estructura de esta pregunta no es nada común en todo el Nuevo Testamento, y no aparece en ningún otro pasaje del Evangelio de Juan[48]. Es por ello por lo que otros entienden la respuesta de Jesús como una exclamación: "¡Y yo me molesto en hablarles!". Pero, de nuevo, el contexto no es favorable a esta interpretación. Además, parece ser que esta idea de "molestarse en hacer algo" nunca aparece como estructura afirmativa [(*N. de la T.*) Es decir, siempre aparece acompañada de una partícula de negación: "no molestarse"][49]. Según Hoskyns, "principio" es una palabra tan importante para Juan, que no permitiría que esta palabra se perdiera completamente, como ocurre en algunas de las sugerencias anteriores. Tanto el principio de la Creación

---

[46] Puede que sea posible derivar este significado a partir del acusativo adverbial.

[47] Cf. Crisóstomo: "Lo que dijo, viene a ser algo así: 'Vosotros no sois dignos de escuchar mis palabras; mucho menos aprehender quién soy'" (53.1; p. 191).

[48] ὅ τι se usa, obviamente, en interrogativas indirectas, pero no es nada común en las interrogativas directas. BDF cita ejemplos de la Septuaginta, de Marcos, y de la literatura cristiana primitiva, y cree que esta construcción es "una pieza de 'griego bíblico'". En nuestro pasaje favorece la lectura de p⁶⁶ (εἶπον ὑμῖν τὴν ἀρχήν), aunque recordemos que Barrett no está de acuerdo (300[2]). Abbott no cree que ὅ τι sea interrogativa en este pasaje en concreto (2155). Si interpretamos que ὅ τι introduce una pregunta, entonces el significado será "¿por qué?" (a menos que lo leamos como ὅτι, "que").

[49] Ver Abbott, 2154, 2154c. Hendriksen acepta este significado, pero no cita ningún ejemplo de este uso que no lleve una partícula negativa (dice que "en algún lugar hay algún paralelo", ¡pero no cita ninguno de esos paralelos!). Dods es de la misma opinión, pero tampoco da ningún ejemplo. Jacob Elsner cita unos cuantos, pero interpreta la expresión en el sentido de *initio, a principio* (*Observationes Sacrae* [Jacob van Poolsum, 1720], pp. 319-21). Claramente, esta construcción es muy poco común, y esa es la mayor objeción. Estamos ante una interpretación del texto nada natural.

como el principio del ministerio de Jesús son para el evangelista muy importantes, y si está pensando en esos dos principios al pronunciar estas palabras (recordemos su tendencia a usar el doble sentido) puede que eso haya complicado la estructura gramatical. Otra interpretación es la que surge de lo que aparece en el papiro Bodmer (p[66]) – no hay ningún otro documento que contenga la misma versión: "En el principio os decía lo que también os digo"[50]. Esta es mucho mejor que las otras lecturas, y la única dificultad que presenta es por qué – en el caso de que sea original – ha afectado tan poco a los manuscritos que forman parte de la tradición. Barrett, por ejemplo, no lo considera un texto importante, sino una simple ampliación del texto original[51].

Estamos pues ante un problema bastante complejo, y no es de sorprender que muchos exegetas concluyan que con la poca información que tenemos no vamos a encontrar ninguna solución. Si pudiéramos aceptar la lectura que nos ofrece p[66] no habría ningún problema. Una vez que eso falla, la sugerencia de Hoskyns, es decir, que estamos ante una frase compleja debido al doble sentido que el autor tenía en mente, parece ser la mejor. Si no pudiéramos aceptar ninguna de estas dos opciones, entonces estaríamos ante una primitiva corrupción del texto de tal magnitud que es imposible recuperar el original. Así, puede que la mejor traducción que podemos conseguir sea "Lo que os dije en el principio"[52].

26 A continuación, Jesús dice que tiene mucho que decir "de" o "sobre" ellos (no "a" ellos), cosas por las que les va a juzgar. El juicio

---

[50] En el texto de p[66] aparece una marca para mostrar una omisión justo antes de τὴν ἀρχήν, y en el margen pone εἶπον ὑμῖν. El Profesor V. Martín, el editor de dicho papiro, cree que la corrección al margen fue hecha por el escriba original, y dice que durante todo el papiro pueden verse muchos ejemplos. R. W. Funk aboga por el texto de este documento (*HTR*, LI [1958], pp. 95-100), y J.R. Michaels también la defiende (*BT*, 8 [1957], p. 154).

[51] *ExT*, LXVIII (1956-57), pp. 176-77. Él traduce lo siguiente: "Os dije en el principio lo que os estoy diciendo (ahora), puesto que tengo mucho que decir y juzgar de vosotros". Concluye: "No sé si esto es una mejora del texto o no; más bien es una paráfrasis".

[52] Aunque se han sugerido otros significados. Rieu, por ejemplo, traduce "Así que volvemos adónde empezamos", y Barclay, "Lo que os estoy diciendo es solo el principio". Black cree que se trata de una mala traducción de una expresión aramea. Pero realiza muchos cambios para reordenar el texto sin explicar en qué consiste, según él, el error (*AA*, p. 172s.). Torrey cree que el ἔτι, originalmente era un ὅτι, por lo que traduce "Aún estoy en el principio de todas las palabras que tengo para vosotros". Pero para mí, ninguna de estas propuestas es satisfactoria.

aparece necesariamente en toda correcta enseñanza y acción y, sobre todo, cuando tiene que ver con la misión del Hijo. En su función como Juez de todos nosotros no puede pasar por alto una conducta como la de sus enemigos. Pero aún no es el momento ni el lugar adecuado para decir tales cosas. Hay ciertas cosas que Jesús dice ahora, y un buen grupo de ellas habla de su íntima relación con el Padre[53]. Una vez más vemos que lo que dice está estrechamente relacionado con su misión. El Padre es "el que le envió" (como ya vimos en 3:17). De nuevo, presenta su mensaje como totalmente fiable porque descansa en su relación con el Padre. El Padre es "veraz"; ver la Nota Adicional D. En otros pasajes Jesús dice que Él es "la verdad" (14:6), y que las cosas que dice solo son las cosas que ha oído del Padre[54]. Su mensaje es para "el mundo"[55]; no es un mensaje restringido.

27-28 Los judíos no supieron ver la alusión al Padre. Como no reconocían el origen celestial de Jesús, para ellos no tenía ninguna importancia que Él les hablara de aquel que le había enviado, y que éste fuera verdadero. No se nos dice lo que los judíos pensaron de aquellas palabras que estaban oyendo, ya que Jesús continúa con su discurso. La expresión "levantar" es bastante curiosa, pero con toda seguridad es una referencia a la cruz, como ya hemos visto en otros pasajes de este evangelio (ver el comentario de 3:14)[56]. No era normal usar este verbo para hablar de una crucifixión, y ningún otro autor neotestamentario

---

[53] ἀλλ' transmite esa idea. No es fácil entender por qué elige esta enfática conjunción adversativa. Quizá el autor quiere establecer un contraste entre lo que los judíos pensaban del origen de Cristo, y los hechos que Jesús presenta. El significado también podría ser "Pero ahora no es la hora. Eso tiene que esperar a que llegue la hora que el Padre ha determinado".

[54] κἀγώ pone a Jesús al lado o al mismo nivel del mensaje del Padre. El aoristo ἤκουσα concuerda con la costumbre que hay en este evangelio cuando se hace referencia a que lo que Cristo dice haber oído del Padre (3:32; 8:26, 40; 15:15). Puede que Juan tenga en mente "ese mensaje que Jesús oyó cuando descendió del Padre para salvar a la Humanidad" (Abbott, 2451, comentario de 3:32). Cf. también Dt. 18:18.

[55] A no ser que entendamos que εἰς τὸν κόσμον es equivalente a ἐν τῷ κόσμῳ. Este es el único lugar en Juan en el que aparece la construcción λαλέω εἰς (en el resto del Nuevo Testamento, solo aparece en 1 Co. 14:9). Ocasionalmente, λέγω va seguido de εἰς, como en Lucas 22:65; Hechos 2:25; Ef. 5:32, pero entonces el significado es "con referencia a".

[56] "Aquí tenemos una sugerencia penosa de que los judíos le iban a ayudar en su camino hacia la exaltación: y decimos 'penosa', porque lo iban a hacer matándolo" (Hunter).

lo usa con este significado. El significado normal es "exaltar". Juan probablemente lo usa para reflejar un doble sentido. Jesús fue "levantado" en la cruz, y también fue exaltado en un sentido más profundo, ya que su mayor gloria está en que aceptó la vergüenza y la humillación de la cruz para poder así ofrecer la salvación a los pecadores. Aquí está diciendo que los judíos no van a entender quién es antes de crucificarle[57]. Vemos que ya hay algún apunte revelador referente a la cruz, y los que después de la crucifixión reflexionan en Él, estarán en posición de apreciar que Jesús en verdad es más que un hombre[58]. Quizá debiéramos poner un punto después de "yo soy" (NVI, "yo soy el que afirmo ser"), para que lo que viene a continuación no sea una afirmación de lo que los judíos llegarán a descubrir, sino de lo que Jesús hace constantemente (en griego no aparece la partícula "que"). Él no actúa por su propia cuenta. No hace nada por iniciativa propia. Vuelve a afirmar, como ya hizo en el versículo 26, que lo que dice a la gente son las cosas que el Padre le ha enseñado. Su mensaje no tiene origen humano, sino divino.

29 A continuación encontramos una declaración sobre la íntima comunión que siempre existe entre Jesús y el Padre. De nuevo, encontramos la idea de "la misión" (esta es la cuarta referencia que aparece en este discurso a "ser enviado"; ver también vv. 16, 18, 26). El que le ha enviado está con Él, lo que quizá es parte de la consecuencia de haberle enviado. Dios no abandona ni va a abandonar al que ha enviado como su mensajero. Jesús no está abandonado. Y las palabras que siguen indican que la razón está en que Jesús de forma continuada hace lo que al Padre le agrada. También podríamos pensar que estamos ante una elipsis: "(Yo puedo decir eso) porque siempre hago lo que le agrada". Las obras de Jesús eran una evidencia de que el Padre estaba en Él. Algunos se oponen al concepto de la "no pecaminosidad de Jesús"

---

[57] Bultmann nos recuerda que la profecía de Jesús tiene significado para todos, y no solo para la gente que estaba escuchando a Jesús: "esa profecía se aplica a todos los que se niegan a creer en el Revelador, en todo momento y en todo lugar donde se predica la palabra; a todos los que, en su incredulidad, se identifican con los judíos que crucificaron a Jesús. La cruz fue la respuesta última y definitiva de los judíos a la palabra de revelación de Jesús, y cada vez que el mundo da su respuesta de incredulidad, 'levanta' al Revelador y le convierte en su juez" (p. 350).

[58] Dodd cree que probablemente esto sea una referencia a Is. 43:10 y añade: "Es difícil no ver aquí una alusión al nombre divino אֲנִי הוּא" (*IFG*, p. 95).

debido a que se trata de un concepto negativo. Pues bien, aquí tenemos la vertiente positiva: Jesús se dedica a hacer lo que le agrada al Padre. Siempre.

30 Brevemente, Juan se dispone a explicarnos el resultado de todo lo comentado. Mientras Jesús estaba hablando[59] todas estas cosas, muchos decidieron poner su confianza en Él (ver en el comentario de 1:12 la importancia de esta construcción). No se nos dice quiénes eran esos "muchos". Puede que fueran algunos de los que perseguían a Jesús, o puede que se trate de gente que estaba en la calle observando la discusión. Fueran quienes fueran, entendieron lo suficiente como para concluir que valía la pena creer en Él.

4. Esclavos del pecado (8:31-47)

31 Entonces Jesús decía a los judíos que habían creído en Él: Si vosotros permanecéis en mi palabra, verdaderamente sois mis discípulos; 32 y conoceréis la verdad, y la verdad os hará libres. 33 Ellos le contestaron: Somos descendientes de Abraham y nunca hemos sido esclavos de nadie. ¿Cómo dices tú: «Seréis libres»? 34 Jesús les respondió: En verdad, en verdad os digo que todo el que comete pecado es esclavo del pecado; 35 y el esclavo no queda en la casa para siempre; el hijo [sí] permanece para siempre. 36 Así que, si el Hijo os hace libres, seréis realmente libres. 37 Sé que sois descendientes de Abraham; y sin embargo, procuráis matarme porque mi palabra no tiene cabida en vosotros. 38 Yo hablo lo que he visto con [mi] Padre; vosotros, entonces, hacéis también lo que oísteis de [vuestro] padre³. 39 Ellos le contestaron, y le dijeron: Abraham es nuestro padre. Jesús les dijo: Si sois hijos de Abraham, haced las obras de Abrahamᵇ. 40 Pero ahora procuráis matarme, a mí que os he dicho la verdad que oí de Dios. Esto no lo hizo Abraham. 41 Vosotros hacéis las obras de vuestro padre. Ellos le dijeron: Nosotros no nacimos de fornicación; tenemos un Padre, [es decir,] Dios. 42 Jesús les dijo: Si Dios fuera vuestro Padre, me amaríais, porque yo salí de Dios y vine [de Él], pues no he venido por mi propia iniciativa, sino que Él me envió.

---

[59] Estamos ante un genitivo absoluto, αὐτοῦ λαλοῦντος, aunque el participio podría concordar con αὐτόν.

43 ¿Por qué no entendéis lo que digo? Porque no podéis oír mi palabra. 44 Sois de [vuestro] padre el diablo y queréis hacer los deseos de vuestro padre. Él fue un homicida desde el principio, y no se ha mantenido en la verdad porque no hay verdad en Él. Cuando habla mentira, habla de su propia naturaleza, porque es mentiroso y el padre de la mentira. 45 Pero porque yo digo la verdad, no me creéis. 46 ¿Quién de vosotros me prueba [que tengo] pecado? Y si digo verdad, ¿por qué vosotros no me creéis? 47 El que es de Dios escucha las palabras de Dios; por eso vosotros no escucháis, porque no sois de Dios.

a. 38 O *en la presencia del Padre. Por tanto, haced lo que habéis oído del Padre*

b. 39 Algunos manuscritos dicen: *Si fueseis hijos de Abraham, entonces haríais...*

Esta sección del discurso está dirigida a los que creen, pero no como se debe creer. Este grupo de gente creía que lo que Jesús decía era verdad, pero no estaban dispuestos a entregarse totalmente y vivir con esa fidelidad que se deriva de la verdadera confianza. Lo que acabamos de definir es un estado espiritual muy peligroso[60]. Reconocer que la verdad está en Jesús y no hacer nada al respecto le lleva a uno a formar parte de los enemigos de Jesús. Además, implica que hay por en medio una poderosa fuerza espiritual que está impidiendo que el creyente en potencia reaccione como debería. Cualquiera que se encuentre en esa situación no está en libertad, sino que es un esclavo. Jesús deja bien claro que sus adversarios son esclavos del pecado y tienen una relación estrecha con el maligno. La verdadera liberación se encuentra en la libertad que Cristo ofrece. Al oponerse a Jesús, estos judíos están subrayando que están bajo el poder del maligno[61].

---

[60] Cf. Temple: "Al leer las severas palabras que aparecen a continuación, no nos preguntemos cómo el Señor de Amor pudo hablar así a los judíos, sino que nos preguntemos si nosotros merecemos que el Señor de Amor nos hable así a nosotros. Sobre todo, recordemos, y observemos, cómo la resistencia de aquellos que se oponen a lo que reconocemos como correcto y noble, tiene un efecto de endurecimiento y enfado en ellos mismos, y eso pone sus almas en peligro mortal".

[61] Wright dice que "Las respuestas de Jesús aumentan la confusión, porque el interés de los judíos no es serio ni sincero, sino que está marcado por una determinación ciega que afecta a toda su naturaleza. Esa confusión se endurece hasta convertirse en una hostilidad exasperada y, al final del capítulo, en una clara violencia.

31 El significado exacto de "habían creído en Él"[62] no está claro del todo. Normalmente Juan usa este verbo para referirse a la confianza en Jesús, esa confianza que lleva a la gente de muerte a vida. Sobre todo cuando la construcción quiere decir "creer en" (como en el v. 30), pero, como vimos en la Nota Adicional E, generalmente no es posible establecer una clara distinción entre las diferentes construcciones que contienen este verbo. Al ver la forma en la que empieza este discurso, lo normal es pensar que está dirigido a discípulos genuinos, pero a medida que va avanzando nos damos cuenta de que aquellos judíos estaban muy lejos de ser unos seguidores sinceros. Es por ello por lo que muchos comentaristas creen que hay un cambio. Algunos creen que el versículo 30 se refiere a unos creyentes genuinos, y el 31, a aquellos que no hacían más que pensar en hacer una profesión externa. Otros creen que en los dos versículos se refiere a creyentes de verdad, pero sostienen que el "ellos" del versículo 33 se refiere a otro grupo, a los enemigos de Jesús[63]. Pero en la narración no aparece ninguna indicación de que en esos versículos se esté haciendo referencia a diferentes grupos de personas. Esta dificultad lleva a algunos expositores a pensar que el pasaje es una composición y atribuyen algunas de las palabras a un redactor. Sin embargo, esto lleva a una dificultad mayor: un redactor hubiera intentado facilitar la lectura, y no habría dejado la confusión y la ambigüedad que ha causado a lo largo de los siglos el quebradero de cabeza de tantos comentaristas. Es más lógico pensar que Juan está hablando de un grupo de gente que había hecho una profesión de fe, pero una fe nacida de una comprensión incompleta. Así, el objetivo de las palabras de Jesús es que las personas con un interés inicial comprendan el verdadero significado del discipulado. Cuando en la gente nace una pequeña chispa de fe, es importante que comprendan lo que la verdadera fe implica. Aunque el uso de la partícula "entonces" en este

---

[62] τοὺς πεπιστευκότας αὐτῷ Ἰουδαίους. Como sugiere Abbott (2506), puede ser que el tiempo perfecto se deba al hecho de que no hay un participio perfecto activo, y Juan quiere indicar algo más que un simple pasado. Ciertamente el contexto elimina la posibilidad de entenderlo como una fe continua. El uso del dativo suele referirse a dar crédito a algo de forma puntual, y no tanto a poner la confianza en una persona; así que el cambio a esta construcción a partir del εἰς + acusativo del versículo anterior puede que sea muy significativo. Pero Juan no parece hacer mucha distinción entre los dos (ver Nota Adicional E) y, en todo caso, parece ser que se habla de las mismas personas. Tampoco deberíamos pasar por alto el hecho de que εἰς + acusativo se usara para describir una fe defectuosa (cf. 2:23-24; 12:42).

[63] San Agustín, por ejemplo, cree que aquí hay un cambio (41.2; p. 230).

evangelio no suele indicar gran cosa (NVI la omite en este versículo), puede que en este lugar en concreto su uso tenga bastante sentido. Como muchos se asociaban con Jesús, "entonces" el Señor procede a desarrollar lo que esa asociación implica. La palabra clave de este versículo es "permanecéis" (el griego es "permanecéis en mi palabra"; NVI, "si os mantenéis fieles a mi enseñanza"). Es fácil sentirse atraído por Jesús, por ese personaje tan extraordinario. Lo difícil es "permanecer". Los únicos discípulos genuinos son los que perseveran. Vemos que hay cierto énfasis en "vosotros", como diciendo "vosotros, los que habéis creído, incluso vosotros podéis llegar a ser discípulos de verdad si obedecéis". "Mi palabra" se refiere a toda la enseñanza de Jesús (cf. 5:24; 14:23, etc.). Esta idea se repite varias veces en este capítulo (vv. 37, 43, 51, 52; cf. v. 55). Probablemente sea bastante significativo que Jesús no dice "seréis" en tiempo futuro, sino que dice "sois" mis discípulos. No está exponiendo una condición del discipulado, sino que les está explicando en qué consiste este discipulado. Cuando una persona permanece en la palabra de Cristo, entonces es un verdadero discípulo[64].

32 Ahora Jesús empieza a hablar en futuro. Todo discípulo verdadero conocerá la verdad, y todo este discurso se centra mucho en el concepto de verdad; se menciona siete veces (dos aquí, vv. 40, 44 [dos veces], 45, 46). La verdad está estrechamente relacionada con la persona de Cristo (1:17; 14:6), así que el conocimiento de la verdad se asocia de forma natural con ser su discípulo. Jesús transmite a sus seguidores aquello que forma parte de su ser (ver el comentario de 1:14). Jesús dice a continuación que "la verdad" libera, afirmación que debe entenderse dentro del contexto de este evangelio. No significa que la verdad en un sentido filosófico ejerce una función liberadora, por lo que la adherencia a la escuela de Jesús ofrece la adquisición de tal comprensión intelectual que hace que las personas sean liberadas de los lazos de la ignorancia. Ciertamente, sí hay un sentido en el que es verdad que la única libertad genuina está en rendirse ante los hechos, ya sea

---

[64] Burton dice lo siguiente sobre el tipo de sintagma condicional que tenemos aquí: "Si Juan hubiera añadido algún otro sintagma como *entonces se haría evidente que*, el sentido se habría transmitido de una forma más completa, pero eso le habría restado a esta frase parte de la fuerza que tiene" (*Moods*, 263). No dice nada sobre si esta condición se cumple o no, pero explica cuál es el resultado cuando éste se cumple.

en la filosofía, en la ciencia, o en cualquier otro campo. Pero esa no es la cuestión que se trata en este versículo[65]. La verdad de la que Juan escribe es la verdad que está ligada a la persona y a la obra de Jesús. Es la verdad salvadora. Es la verdad que salva a la gente de la oscuridad del pecado, y no la que les salva de la oscuridad del error (aunque en cierto sentido los que están en Cristo han sido liberados de *el error* en términos generales; este evangelio tiene mucho que decir sobre el conocimiento). Lucas nos dice que Jesús vio que su ministerio venía a cumplir la profecía de que "Él me ha enviado a proclamar libertad a los cautivos" (Lc. 4:18). Este es el tipo de libertad del que Juan está escribiendo. Normalmente, la gente no se da cuenta de que está en cautividad. Suele descansar en algún tipo de posición privilegiada, ya sea nacional, social o religiosa. Así, aquellos judíos, orgullosos de su religión, no se daban cuenta de que necesitaban ser liberados.

33 Responden haciendo referencia a la relación que les une a Abraham. Estar emparentados con el gran ancestro de la raza era un gran privilegio y, según ellos, esa posición era incompatible con la esclavitud. Ignorando por completo la historia de su pueblo en Egipto y Babilonia, y la realidad en la que se encuentran (están bajo el yugo del Imperio Romano), sostienen enfáticamente[66] que nunca han estado

---

[65] Por eso diremos que no es acertado ver paralelos en el hecho de que los estoicos decían que la sabiduría libera. Ni tan siquiera χάρις καὶ φιλία ἐλευθεροῖ (Pr. 25:10a, Septuaginta; no en hebreo) puede considerarse un paralelo. Quizá el acercamiento más cercano lo encontramos en Epicteto, filósofo que le decía al tirano: "¿Cómo puedes ser tú mi Señor? Zeus me ha liberado" (1.19.9; Loeb edn. I, p. 131); "nadie tiene autoridad sobre mí. Dios me ha liberado. Conozco sus mandamientos, así que nadie tiene el poder de hacer de mí un esclavo" (4.7.16-17; Loeb edn. II, p. 367). Pero esto solo es la expresión de una autosuficiencia arrogante. Epicteto también dice: "Yo solo presto atención a mí mismo. Pero si quieres que diga que también te presto atención a ti, te diré que también lo hago, pero solo cuando presto atención a mi cazuela" (1.19.10). Esto está muy lejos del espíritu de Jesús.

[66] La situación en que οὐδενί está colocada le da cierto énfasis. δεδουλεύκαμεν está en tiempo perfecto, lo que apunta a un estado de esclavitud continuo. Según cómo analicemos su expresión, su afirmación es técnicamente correcta. Nunca habían sido hecho esclavos. (Sin embargo, también deberíamos notar que Jesús aún no ha usado el término δοῦλος). Pero el odio que tenían hacia los romanos era una evidencia de que eran conscientes de la presión que el Imperio Romano ejercía sobre ellos. Quizá también sea importante la forma en que usan el pronombre enfático σύ, "¿Cómo dices *tú*. «Seréis libres»?".

sujetos a nadie[67]. Por tanto, preguntan de forma triunfante cómo van a ser liberados aquellos que nunca han sido esclavos[68].

34 Jesús antecede su respuesta con el solemne "En verdad, en verdad os digo" (ver el comentario de 1:51), lo que anuncia que la declaración que sigue es muy importante. La frase "todo el que comete pecado" está construida con un participio que revela que está hablando de un estado continuo (cf. 1 Jn. 3:6). Jesús no está diciendo que cada pecado que se comete trae esclavitud (aunque, en un sentido, eso también es verdad). Lo que está diciendo es que aquel que continúa en pecado – definición de pecador – es un esclavo[69]. Calvino explica que puede que la gente no se dé cuenta de la verdadera situación en la que se encuentra: "cuantos más vicios tenga una persona, más fácil le es creer que goza de libertad o de libre albedrío". Aquellos que pecan son esclavos de su pecado se den cuenta o no. Eso quiere decir que no pueden escapar de su propio pecado[70]. Para lograrlo, necesitan la ayuda de alguien más poderoso que ellos.

---

[67] Ryle comenta: "El poder del autoengaño en la persona inconversa es infinito. Estos judíos no eran más ciegos que mucha de la gente de hoy en día, que dice: 'No estamos muertos en el pecado; tenemos la gracia, tenemos la fe, hemos sido regenerados, tenemos al Espíritu', mientras sus vidas son una prueba de que están totalmente equivocados".

[68] Algunos sugieren que lo que ellos quieren decir es lo siguiente: "Nunca hemos sido esclavos de otros dioses" o "Nunca hemos perdido nuestra libertad de espíritu", y no "Nunca hemos sido esclavos de un conquistador", lo cual está muy lejos de la verdad. Además, "la verdad" no liberaría a alguien de este último tipo de esclavitud. No obstante, si el significado es el que algunos sugieren, estamos ante una forma un poco extraña de expresarlo. La manera más natural de interpretar las palabras de aquellos judíos es que se estaban refiriendo a una esclavitud externa. Pero sea como sea, la respuesta de Jesús aclara las cosas. Una defensa orgullosa de su autosuficiencia es en sí una prueba de la esclavitud de la que está hablando. Josefo cita un discurso de Eleazar en el que dice: "Desde entonces, mis valientes, decidimos no servir (δουλεύειν) a los romanos y a nadie más excepto a Dios" (G... 7.323; también cita a los seguidores de Judá el galileo, que sostenían que Dios es su único Señor y Gobernante, *A.* 18.23-25). El Talmud recoge que "R. Simeon b. Gamaliel, R. Simeon, R. Ishmael y R. Akiba sostienen que los miembros del pueblo de Israel son hijos del Rey" (*Shab.* 128a; Soncino edn. p. 637).

[69] Las palabras τῆς ἁμαρτίας no aparecen en D *b d* syr⁸ Cl Cypr. Si esta es la lectura correcta, estamos ante una frase bien escueta. Pero independientemente de que la lectura que se acepta sea la breve o la más extensa, el significado es esencialmente el mismo.

[70] San Agustín dice que la esclavitud del pecado es peor que otras formas de esclavitud: "a veces el esclavo de un hombre, cansado de las órdenes de un señor insensible, encuentra descanso en la huida. ¿A dónde puede huir el esclavo del pecado? Aunque intente escapar, se lo lleva consigo mismo allá donde vaya. Una mala con-

35-36 Jesús destaca la diferencia que hay entre la relación del esclavo con la casa y la del hijo con la casa, para así demostrar que Él puede darle a la gente la libertad que necesitan y que no pueden alcanzar por sus propios medios. Los judíos sostenían que eran hijos de Dios. Además, presumían de derechos que, siendo esclavos como eran, no les pertenecían. La ubicación del esclavo es temporal. Aunque podría estar toda la vida en la misma casa, no tiene derechos, ni ningún tipo de beneficio. En cualquier momento le pueden vender o trasladar a otra parte de la propiedad[71]. Ciertamente, un hijo puede marcharse o ser expulsado de casa (aunque cualquiera de las dos sería poco usual). Pero tiene el estatus de hijo, cosa que nada ni nadie puede alterar. Pertenece a ese lugar. Tiene derechos. Típico del estilo joánico, vemos que se parte de un significado general, para ir a lo más concreto. Lo principal para Juan no es hablar de *un* hijo, sino hablar d*el* Hijo[72]. "El hijo permanece para siempre" en el sentido de existencia eterna. Como es lo que es, puede darnos la libertad de la que nos habla[73]. Tiene derechos que se derivan de la casa celestial a la que pertenece. Solo porque es quien es capaz de darnos libertad verdadera[74]. Es posible que tengamos aquí una alusión a las palabras "Yo seré un padre para él, y él será un hijo para mí... lo confirmaré en mi casa y en mi reino para siempre, y su

---

ciencia no puede escaparse de sí misma; no tiene a dónde ir; persigue al que la posee. El hombre no puede deshacerse de esa mala conciencia, porque el pecado que comete está dentro de él. Ha cometido pecado para obtener el placer del cuerpo. Pero el placer pasa, y el pecado permanece. Aquello que complacía se ha marchado; pero el aguijón se queda con él. ¡Esclavos del mal!" (41.4; p. 231).

[71] En el Nuevo Testamento οὐ... εἰς τὸν αἰῶνα quiere decir "nunca". Si interpretamos esta expresión con su sentido normal, el pasaje, después de decir que el pecador es un esclavo, pasa a afirmar que, como es un esclavo, el pecador nunca tendrá la seguridad que ofrece la casa. Porque es una casa para el pueblo de Dios, de esa gente a la que Dios ha hecho libre. Ningún esclavo, especialmente ningún esclavo del pecado, tiene acceso a la casa de Dios.

[72] Juan normalmente usa υἱός para referirse a Cristo, y no al creyente (para lo que prefiere τέκνον). Cf. He. 3:5 donde hay un contraste entre Moisés como siervo (θεράπων) y Cristo como el Hijo de la casa.

[73] Este es otro ejemplo del extraño uso que Juan hace de οὖν en discursos de Jesús (ver el comentario de 6:62). Debido a que es el Hijo el que libera, tenemos la seguridad de que seremos libres.

[74] Este es el único lugar en todo este evangelio en el que aparece ὄντως. Westcott cree que parece expresar "la realidad en esencia, que emana del interior, por contraposición a la realidad visible y conocida (ἀληθῶς ...)". Carson comenta acertadamente: "La verdadera libertad no es la libertad para hacer todo aquello que nos plazca, sino la libertad para hacer aquello que debemos; y se trata de una libertad genuina ya que ahora hacer lo que debemos nos place".

trono será establecido para siempre" (1 Cr. 17:13-14)[75]. Si esto es así, vemos aquí un apunte a la majestad de Cristo, a la vez que una mención de los derechos que tiene sobre la casa del Señor.

37 Jesús reconoce que son descendientes de Abraham, pero les recrimina que quieran matarle, lo que prueba que el espíritu de ellos es diferente al espíritu de Abraham (cf. Lc. 3:8). La razón de su hostilidad es la "palabra" de Jesús, es decir, todo su mensaje (cf. v. 31), la cual no tiene cabida en ellos (o, quizá, en medio de ellos). No hay lugar para ella[76]. El privilegio religioso no garantiza una actitud correcta ante las cosas de Dios.

38 En este versículo hay una serie de contrastes. Se establece una diferencia entre Jesús y los judíos: Él "ha visto" y ellos "oyeron", Él habla de su Padre y del padre de ellos[77], Él habla y ellos hacen[78]. Jesús insiste, como siempre, en que su mensaje le ha sido dado. Es el mensaje del Padre. Él ha vislumbrado la visión de Dios, y habla según las cosas que ha visto en Él. Ellos, por el contrario, no tienen ningún tipo de visión de Dios. Son hijos de su padre, y hacen lo que oyen de él. "Hablar" y "oír" están en tiempo continuo. Jesús se refiere así a su mensaje coherente, y a la práctica persistente de los judíos. Asumimos así que la traducción de la NVI es correcta. Pero puede que el griego que se ha traducido por "hacéis" sea un imperativo. En ese caso, hay que

---

[75] S. Aalen cree que "no hay ninguna duda de que estamos ante esa alusión" (*NTS*, VIII [1961-62], p. 237).

[76] El verbo χωρεῖ, normalmente transitivo (como en 2:6), se usa aquí de forma intransitiva. Tasker rechaza la traducción "no tenía vía libre entre vosotros" y dice lo siguiente: "no obstante, el significado no es que estos judíos han recibido la palabra pero no han permitido que ésta progrese, sino que ni siquiera han dejado que les llegue".

[77] En א C K Θ f1 f13 etc., aparece ὑμῶν detrás de τοῦ πατρός, pero no lo encontramos en p66 p75 B L W Or etc. En el griego heleno proliferan los pronombres personales, pero a veces el Nuevo Testamento sigue el uso clásico y emplea solo el artículo. Esto no deja lugar a la ambigüedad. En este versículo, por ejemplo, no hay nada que apunte a que el Padre de Jesús es el mismo que el padre de los judíos. La estructura de la frase apunta a que hay una diferencia, y no una identificación. Moulton argumenta que es debido a la ausencia de un pronombre posesivo que se refiere a "*el* Padre" (es decir, a Dios) (M, I, p. 85), pero parece ser que eso no constituye una prueba suficiente.

[78] También hay una diferencia en los casos, παρὰ τῷ Πατρί de Dios, y παρὰ τοῦ πατρός del maligno. Abbott cree que hay una diferencia "entre la claridad con la que el Hijo 've' las cosas *en* la Casa de su Padre, y la poca claridad con la que los hombres reciben un estímulo *de lo* invisible, ya sea para hacer el bien o para hacer el mal" (2359).

interpretar que el "Padre" en ambas partes del versículo se refiere a Dios, y que Jesús está exigiendo a sus enemigos que hagan lo que el Padre les dice. Aunque sería posible hacer esta lectura, no está en armonía con el resto del contexto. Además, no corresponde con la traducción más normal y directa del griego[79].

39-40 Ellos responden para reiterar su parentesco con Abraham, lo que es un poco extraño ya que Jesús había admitido esta realidad (v. 37). Pero quizá ellos han discernido en sus últimas palabras que hay una referencia a que ellos pertenecen a otra familia, a otra familia espiritual, que anula lo que la descendencia física del gran patriarca les otorgaba. Dios llamó a Abraham "mi amigo" (Is. 41:8) y hablaba con Moisés como con un amigo (Éx. 33:11). Los judíos creen que al estar emparentados con Abraham, también son amigos de Dios. Jesús contesta que los hechos hablan más que su árbol genealógico (cf. Lc. 3:8; Ro. 9:6-7). Si verdaderamente eran hijos de Abraham, tenían que hacer el tipo de obras que Abraham hacía[80]. Estas obras se resumen en su intento de matar a Jesús. El plan de asesinato que están planeando nace de una hostilidad hacia Dios[81]. Llegado este punto, se describe a sí mismo como "un hombre[82] que os ha dicho la verdad". La verdad es un concepto que se repite mucho en este capítulo (ver el comentario del

---

[79] En cuanto al extraño uso de οὖν en palabras de Jesús ver el comentario de 6:62. Abbott cree que la conjunción que aquí encontramos significa "que hay una correspondencia entre la conducta de Cristo y la de sus perseguidores. Ellos están entregados al mal en la misma medida en la que Cristo está entregado al bien" (2194).

[80] Tanto el texto como la interpretación son difíciles. En el primer sintagma no hay duda de que el verbo sea ἐστε, aunque en algunos manuscritos aparece ἦτε. La dificultad más grande la encontramos en el segundo sintagma, ya que encontramos ποιεῖτε en p[66] B* 700 lat syr[s], ἐποιεῖτε en p[75] (vid) א* D W Θ 070 13 22 28 etc., o incluso ἐποιεῖτε ἄν en א[c] C K L. Gramaticalmente lo normal sería ... ποιεῖτε ο ἦτε... ἐποιεῖτε ἄν. La probabilidad transcriptural favorece ἐστε... ἐποιεῖτε, ya que sería muy normal que los escribas se vieran tentados a modificar esta expresión, y todas las demás lecturas podrían derivar de ésta. Como contamos con un buen número de manuscritos que la apoyan, parece ser que ésta es la interpretación que deberíamos aceptar. Entonces, el significado sería "Si sois... haríais". Si optáramos por el original donde aparece ποιεῖ τε, sería posible entenderlo como un imperativo. Pero lo más probable es que se trate de un indicativo. Además, el νῦν δέ que aparece a continuación concuerda mejor con un indicativo.

[81] Dods parafrasea: "no sois culpables de un asesinato cualquiera, sino que lo peor es que vuestro desprecio contra mí se debe a que os he hablado la verdad que oí de Dios. Así que es un asesinato que nace del odio hacia Dios".

[82] En cuanto al uso joánico de "hombre" aplicado a Jesús ver el comentario de 4:29.

v. 32). Y, como ya va siendo normal, volvemos a ver que Jesús basa su mensaje en Dios. Él no está anunciando su propia verdad. La verdad de la que habla la oyó de Dios. La conducta de Abraham no fue la que están mostrando sus descendientes.

41 Jesús repite que sus enemigos hacen las obras de su padre (del padre de ellos) pero, de nuevo, no dice quién es este padre. Está claro, tanto en este versículo como en el versículo 38, que no se refiere a Abraham, aunque no se hace explícito. La conclusión es que sus obras malas derivan de aquel que es su padre. Gramaticalmente hablando, sería posible entender "hacéis"como un imperativo ("haced"), y "vuestro padre" como Dios. Pero para eso haría falta que los judíos supieran cuáles son sus propias obras, y según el contexto parece ser que eso no es así (cf. v. 43; el no reconocer que Jesús ha sido enviado por Dios muestra que no conocen los caminos de Dios). Así que lo mejor es traducir el verbo en indicativo y "vuestro padre" como el maligno. Se dirá explícitamente que su padre es el diablo (v. 44), por lo que no tiene sentido entenderlo aquí de forma distinta. Ellos contestan que "no son hijos ilegítimos" o que "no nacieron de fornicación", lo cual es una respuesta un poco extraña. Estaban injuriando a Jesús. Aunque seguro que no hubieran consentido la doctrina cristiana sobre el nacimiento virginal, los judíos debían de saber que el nacimiento de Jesús tenía algo de inusual y, por eso, hablaban como lo hacían de ese acontecimiento[83]. El enfático "nosotros" apunta a que se están distanciando de alguien que, según ellos, sí ha nacido de esa forma ("de fornicación"). Sin embargo, ellos sí son hijos de Dios (más adelante le acusan de ser samaritano [v. 48], por lo que seguro que lo que tenían en mente era que los samaritanos no eran judíos legítimos; cf. 2 R. 17:24). Apenas habían percibido el sentido del discurso de Jesús. Al hablar del padre de ellos, no se estaba refiriendo a la paternidad física. Aparentemente, los judíos acaban entendiendo lo que Jesús quiere decir, y lo que hacen es reclamar para ellos la mejor de todas las paternidades espirituales. No solo son descendientes de Abraham, sino que además, en cuanto a las cosas espirituales, están estrechamente relacionados con Dios. Su ascendencia, tanto espiritual como física, es impecable (cf. Knox: "El

---

[83] Obviamente, corría entre los judíos la difamación de que Jesús había nacido fuera del matrimonio (ver los pasajes citados en R. Travers Herford, *Christianity in Talmud and Midrash* [Londres, 1903], p. 35s.), aunque, según la información disponible, eso ocurrió más adelante, y no en el tiempo que ahora estamos considerando.

único Padre que reconocemos es Dios"). Por otro lado, es posible entender estas palabras en el sentido que normalmente encontramos en el
Antiguo Testamento, donde en muchas ocasiones Dios abandona cuando ha habido fornicación o adulterio. Así, los judíos estarían afirmando
que no son apóstatas, sino que están fuertemente asidos a la religión
verdadera[84].

42 La forma del condicional niega el contenido de las dos proposiciones: "Si Dios fuera vuestro Padre (es decir, no lo es), me amaríais
(es decir, no lo hacéis)". La prueba está en la actitud de esos judíos
hacia Jesús. Él "salió y vino de[85] Dios" (el tiempo verbal apunta a un
momento concreto en el tiempo, la Encarnación) y "no ha venido por
su propia iniciativa" (en este caso, el tiempo verbal indica una acción
continua). La misión de Jesús no nació de su propia iniciativa. Fue el
Padre[86] el que le envió (ver el comentario de 3:17). Una vez más vemos
que la misión de Jesús está caracterizada por el concepto de dependencia. Esta idea aparece en muchos lugares de este evangelio.

43 Cada elemento de este versículo depende del contraste que se
hace entre "mi lenguaje" (lit. "mi discurso". *N. de la T.* O, en nuestra
versión [LBLA], "lo que digo" o "mi manera de hablar") y "lo que les
digo" ("mi palabra")[87]. La primera se refiere a la forma de expresión,
la estructura externa del discurso, mientras que la última se refiere más
bien al contenido. Cf. Rieu: "¿Por qué no entendéis mi lenguaje? Porque
no podéis comprender mi pensamiento". Constantemente, Jesús acusa
a los judíos de no escuchar su enseñanza. Están tan controlados por sus

---

[84] Odeberg cree que esta es la explicación: "Los judíos siguen ciegos ante el origen
divino de Jesús: así, son llevados del mundo de Dios hacia el mundo de 'otro'.
Naturalmente, una sentencia así sería para una mente rabínica una acusación de
idolatría... De ahí la vehemencia de su respuesta: 'Nosotros no nacimos de fornicación;
uno es nuestro Padre, es decir, Dios'" (*FG*, p. 302; en una nota al pie explica que "la
fornicación es el símil tanto rabínico como veterotestamentario de la idolatría").

[85] La preposición es ἐκ, que denota origen. Dodd ve que es diferente de οὐδὲ γὰρ
ἀπ' ἐμαυτοῦ ἐλήλυθα, ya que ἀπό habla solo de la misión: "La venida de Cristo no fue
iniciativa propia, no vino ἀπ' ἐμαυτοῦ, sino ἀπὸ τοῦ θεοῦ, ya que el Padre le envió;
pero no solo eso sino que su origen está en el ser del Padre" (*IFG*, p. 259). Es muy
probable que éste sea el significado, pero también debemos recordar que a Juan le gusta
ir variando de vocabulario sin que esto suponga una alteración importante del sentido
(ver el comentario de 3:5).

[86] "Él" es la traducción del enfático ἐκεῖνος; ver el comentario de 1:8.

[87] λαλιά y λόγος.

propios prejuicios que no alcanzan a ver la verdad de esa enseñanza. Les repele. "Vemos aquí la horrible realidad, la esclavitud en la que se encuentra la voluntad humana, y esto tiene tanto que ver con los cristianos del siglo veinte como con los judíos del primer siglo o los primeros cristianos apóstatas" (Newbigin, p. 112). Phillips traduce: "No podéis soportar oír lo que os estoy diciendo realmente". Y porque no perciben el contenido principal, no entienden el discurso en el que les presenta su mensaje. Pero Jesús está hablando básicamente de la ceguera espiritual, y no de una ceguera intelectual. Los judíos no hacen caso alguno de lo que Jesús dice porque no tienen ninguna noción de lo que representa. Debemos tener en cuenta este detalle al interpretar las malas interpretaciones tan frecuentes que encontramos en este evangelio sobre la identidad de Jesús. Si ya hay una falta de comprensión de lo básico, es inevitable que cualquier acción o palabra sean malinterpretados.

44 Llegado este punto, Jesús dice claramente que el padre de sus enemigos es Satanás. Ya lo había dejado entrever, pero ahora lo dice de forma explícita. Todo lo que son deriva del diablo, su padre[88]. En consecuencia, quieren hacer sus diabólicos deseos. Voluntariamente eligen hacer la voluntad del diablo. "Hacer" está en tiempo continuo y apunta a una actitud. El obstáculo ante el cual se encontraban los judíos era principalmente espiritual, y no tanto intelectual. La palabra que en nuestras versiones se ha traducido por "deseo", en algunos casos se usa para reflejar un deseo bueno (p. ej. 1 Ts. 2:17), aunque este uso es muy poco frecuente en el Nuevo Testamento. La acepción más normal de esta palabra es un deseo muy fuerte dirigido en la dirección errónea ("lujuria"). Aquí, claramente se refiere a los malos deseos. Concretamente, Jesús les ha acusado de querer matarle (v. 40; cf. 7:25), y además, ya ha dicho que al final lo conseguirán (v. 28). Y acusa a Satanás de ser la raíz de todo este mal. "Desde el principio" puede estar refiriéndose al homicidio de Abel (cf. 1 Jn. 3:12), aunque es más probable que se refiera a que Adán pasó a ser inmortal por la intervención de Satanás (Ro. 5:12s.; cf. Sabiduría 2:24). Satanás se convirtió así en el homicida de toda la raza humana. Aunque el diablo existía antes de ese tiempo, el ser humano no existía, así que antes de eso no podía ha-

---

[88] Aquí, ἐκ denota origen, igual que en los vv. 23 y 42. En cuanto a εἶναι ἐκ, ver el comentario de 3:31.

berse mostrado como un "homicida de humanos". Encontramos una vez más una referencia a la verdad[89]. La verdad tiene que ver con Dios y con Cristo. A Satanás no le interesan ni ellos ni la verdad. Su habitat natural es la mentira[90]. Cuando habla mentira (NVI: "miente"), expresa su propia naturaleza[91]. No nos coge por sorpresa. Sabemos que es un mentiroso y que es el padre de la mentira[92]. Por tanto, los que viven entregados a la falsedad, como estaban haciendo los enemigos de Jesús, están anunciando que son hijos del diablo. Hay ahora un cambio de tiempo verbal: Satanás "fue" desde el principio un homicida, y no se mantuvo en la verdad. Pero también se nos dice que no "hay" verdad en él; así que esta característica del diablo es presente y continua[93].

[89] Del diablo se dice οὐκ ἕστηκεν, es decir, no estaba fuertemente asido a la verdad. Todo apunta más bien al tiempo imperfecto de στήκω, y no al perfecto de ἵστημι, por lo que nos quedamos con el significado de "no se mantuvo en la verdad" y no con "no se mantiene en la verdad".

[90] Harold Blair apunta a este pasaje indicando que el pecado fundamental no es tanto el orgullo, como se afirma tantas veces, sino la mentira (*The Ladder of Temptations* [Londres, 1960], p. 79).

[91] ἐκ τῶν ἰδίων λαλεῖ = "habla de lo que le es natural a su condición" o "habla sus propias cosas", según entendamos ἰδίων, si masculino o neutro. El significado que aquí encontramos es parecido al de Mateo. 12:34: "Porque de la abundancia del corazón habla la boca", donde también tenemos ἐκ. En el sintagma anterior, ὅταν λαλῇ apunta a una acción simultánea: "cada vez que habla mentira, en cada uno de esos momentos se muestra como es".

[92] Parece ser que éste es el significado de αὐτοῦ. Torrey se apoya en el arameo: "'Mentiroso' era *b'el sh'qar*, 'maestro de falsedad'; lo que explica el pronombre, 'el padre de ella' [*N. de la T.* Véase la nota en el lateral de nuestra versión, LBLA] al final del versículo". Es posible entender la frase de la siguiente manera: "él es un mentiroso, lo mismo que su padre", por lo que algunos eruditos concluyen que hay una referencia al concepto gnóstico de que el Dios del Antiguo Testamento era el padre del diablo. Pero no hay ninguna razón aparente para ver aquí tal alusión, y mucho menos una aceptación de dicho concepto. Las Escrituras no hacen ninguna referencia al padre de Satanás. Algunos sostienen que deberíamos entender que "alguien" es el sujeto de λαλῇ, y que la frase correcta es: "cuando alguien miente... es mentiroso, lo mismo que su padre" (es decir, lo mismo que el diablo). No está muy claro que la gramática griega permita esta traducción, pero en todo caso, es más sencillo entender que αὐτοῦ se refiere a las cosas falsas. También, hay los que creen que el diablo es un mentiroso y el padre del mentiroso. Esto es posible, pero no parece tan probable como el significado por el que yo abogo.

[93] Los manuscritos de Qumrán contraponen el "espíritu de verdad" al "espíritu de error" (1QS, 3:19). La primera expresión es raro encontrarla fuera de estos manuscritos y fuera de los textos joánicos, y es una de las evidencias que se utilizan para señalar cierta relación entre los dos textos (ver el comentario de 14:17). Pero la segunda expresión, "el espíritu de error" no aparece en Juan; sin embargo, este versículo muestra que nuestro evangelista cree que Satanás está totalmente en contra de la verdad.

45 Esta relación entre los enemigos de Jesús y el diablo, y a su vez la del diablo con la mentira, era el obstáculo que impedía que los judíos creyeran en Jesús. La razón es que Jesús y sus enemigos se encontraban en campos totalmente opuestos. Nótese que Jesús dice "porque[94] yo digo la verdad", y no *aunque* yo digo la verdad". Siendo lo que eran, es normal que los judíos no respondieran positivamente ante la verdad.

46 Se pone en evidencia la superficialidad de la actitud de los judíos. La primera parte del versículo es una impactante aseveración de que Jesús está libre de pecado, ante la cual ellos no son capaces de reaccionar. La mayoría de las veces estamos tan centrados en el hecho de que los judíos no encontraron ningún cargo por el cual acusar a Jesús, que pasamos por alto que lo verdaderamente sorprendente es el hecho de que Jesús se pronuncie como lo hace y les desafíe[95]. Eso habla de una conciencia serena y tranquila. El único que podía hacer algo así era alguien que disfrutaba de una comunión íntima con el Padre. No podemos imaginarnos a otra figura histórica pronunciando unas palabras como estas. Al no poder acusarle de ningún pecado, aún se hace más patente la ineptitud que mostraban los judíos al negarse a creer en Él. Si no había pecado en Él, estaba hablando la verdad, y si estaba hablando la verdad, ¿por qué no creían en Él?

47 Jesús ofrece la respuesta a las preguntas que Él mismo hace. Para poder escuchar las palabras de Dios, uno tiene que ser de Dios[96]. Sus enemigos no son de Dios. Ya ha dicho más adelante que son de su padre el diablo (v. 44). Y como no tienen ningún tipo de relación con el cielo, no prestan atención a las palabras que de allí proceden.

---

[94] En cuando a ὅτι, ver el comentario de 1:50.

[95] Cf. Godet: "La *perfecta* santidad de Cristo queda probada en este pasaje, no por el silencio de los judíos, quienes quizá no podían saber si su interlocutor había pecado o no, sino por la seguridad con la que Jesús les lanza la pregunta".

[96] Cf. Barclay: "es posible que un hombre no tenga ese algo esencial que hay que tener para disfrutar de esa experiencia. Un hombre sin oído musical no puede experimentar la belleza de la música. Un daltónico tampoco puede apreciar un cuadro en su totalidad... a menos que el Espíritu de Dios esté en el corazón del hombre, éste no podrá reconocer la verdad de Dios aunque la tenga ante sus propias narices".

5. La Gloria que el Padre le da al Hijo (8:48-59)

48 Contestaron los judíos, y le dijeron: ¿No decimos con razón que tú eres samaritano y que tienes un demonio? 49 Jesús respondió: Yo no tengo ningún demonio, sino que honro a mi Padre, y vosotros me deshonráis a mí. 50 Pero yo no busco mi gloria; hay Uno que [la] busca, y juzga. 51 En verdad, en verdad os digo que si alguno guarda mi palabra, no verá jamás la muerte. 52 Los judíos le dijeron: Ahora sí sabemos que tienes un demonio. Abraham murió, y [también] los profetas, y tú dices: «Si alguno guarda mi palabra no probará jamás la muerte.» 53 ¿Eres tú acaso mayor que nuestro padre Abraham que murió? Los profetas también murieron; ¿quién crees que eres? 54 Jesús respondió: Si yo mismo me glorifico, mi gloria no es nada; es mi Padre el que me glorifica, de quien vosotros decís: «Él es nuestro Dios.» 55 Y vosotros no le habéis conocido, pero yo le conozco; y si digo que no le conozco seré un mentiroso como vosotros; pero [sí] le conozco y guardo su palabra. 56 Vuestro padre Abraham se regocijó esperando ver mi día; y [lo] vio y se alegró. 57 Por esto los judíos le dijeron: Aún no tienes cincuenta años, ¿y has visto a Abraham? 58 Jesús les dijo: En verdad, en verdad os digo: antes que Abraham naciera, yo soy. 59 Entonces tomaron piedras para tirárselas, pero Jesús se ocultó y salió del templo.

Juan concluye esta sección llevándola a un clímax muy sonoro: Jesús dice ser Dios. Los judíos reconocen lo que ha ocurrido, y lo niegan de forma terminante. El resultado lógico es el intento fallido de apedrearle. Pero Juan siempre predica que a Jesús no le puede llegar ningún mal antes de que llegue "su hora". Así que se ocultó, y salió del templo.

48 Los judíos siguen con la incredulidad que les caracteriza. La acusación de que Jesús era un samaritano es bastante sorprendente[97], pero seguro que responde al poco rigor con el que Jesús, según ellos,

---

[97] Algunos expositores creen que aquí hay una referencia a samaritanos como Simón el Mago y Dositeo, pero estos personajes son posteriores a Jesús. Hoskyns cree que 2 Reyes 17:24s. podría interpretarse como la unión entre gentiles y mujeres israelitas, y los judíos en este punto estarían diferenciando entre su nacimiento legítimo de la "irregularidad del nacimiento de Jesús". Pero yo diría que eso es leer mucho más allá de lo que nos dice el texto.

observaba los preceptos del judaísmo. Quizá tenían en mente que Jesús no observaba las tradiciones de los ancianos; y es que, para ellos, eso suponía infidelidad hacia la fe. Él solo observaba las partes de su religión que los herejes samaritanos observaban, y por eso lo clasificaban como uno de ellos. O quizá porque se negaba a decir con los judíos que ellos, y solo ellos, eran hijos de Abraham (cf. vv. 39-40). Los samaritanos se oponían a esta afirmación, y puede que los enemigos de Jesús estuvieran diciendo: "¡No eres mejor que los samaritanos!"[98]. "¿No decimos con razón...?" parece querer decir que se trataba de una acusación bien fundamentada, pero no conocemos ningún otro episodio en el que se le hiciera a Jesús la misma acusación[99]. La acusación de estar poseído por un demonio aparece en 7:20; 8:52; 10:20. También la encontramos en los Sinópticos, donde está calificada de atroz, ya que aparece relacionada con el pecado imperdonable (Mt. 12:24s.; Mr. 3:22s.; cf. Mt. 9:34; 11:18, etc.).

49 Jesús hace caso omiso de la acusación por samaritano (seguro que para Él eso tenía mucha menos importancia que para ellos), y tranquilamente niega tener un demonio. Por el contrario[100], lo que Él busca es honrar a su Padre, práctica que, obviamente, está bien lejos de lo que hacían los endemoniados. Junto con esta idea, no se nos puede pasar por alto que los judíos le estaban deshonrando a Él. Rieu lo dice aún con más fuerza: "y vosotros me insultáis" (demasiado exagerado quizá). Jesús está diciendo que Él rinde honor al que lo merece, y ellos

---

[98] Edersheim cree que lo que pasó es que se malinterpretó la palabra *shomroni*. *Shomroni* quiere decir "samaritano", pero también se utiliza como equivalente de *Ashmedai*, uno de los nombres del jefe de los demonios. "Samaritano", entonces, debió de ser usado para decir algo así como "aquí tenemos un demonio" (*LT*, II, pp. 174-75). Esto iría apoyado por el hecho de que Jesús refutó el cargo de estar poseído por un demonio, pero no dijo nada acerca de ser samaritano o no. Esta hipótesis es bastante atractiva, pero parece ser que esta acepción de *Shomroni* no es lo suficientemente antigua como para asegurar la credibilidad de esta interpretación. Matthew Black cree que "la palabra 'samaritano' se acabó usando con el sentido de 'hereje'" (*The Scrolls and Christian Origins* [Londres, 1961], p. 70).

[99] Hay un pasaje en el Talmud que dice: "Está dicho: Si uno ha aprendido las Escrituras y la Misná pero no escucha a los maestros rabínicos, R. Eleazar dice que es un 'Am ha-arez; R. Samuel b. Nahmani dice que es un palurdo; R. Jannai dice que es un samaritano" (Sot. 22a; Soncino edn., pp. 109-10). Habría una ínfima posibilidad de relacionarlo con 7:15, donde se dice que Jesús no había aprendido en las escuelas.

[100] Jesús hace una marcada diferencia entre Él mismo y sus enemigos utilizando ἐγώ y ὑμεῖς. La fuerte conjunción adversativa ἀλλά sirve para hacer un fuerte contraste entre lo que Jesús hace, honrar al Padre , y lo que ellos sugieren: que está endemoniado.

no. Esta negligencia por parte de los judíos es lo que les lleva a hacer tantas declaraciones erróneas.

50 Inmediatamente, Jesús pasa a dejar claro que Él no está buscando nada para sí mismo. Las palabras que acaba de pronunciar podrían ser malinterpretadas, como si Él buscara su gloria. Pero ese no es su objetivo. Les recuerda a sus oyentes que hay Uno que la busca. En este contexto, es casi evidente que eso quiere decir que "busca gloria". Jesús no está interesado en que la gente le dé la gloria que merece; ese es el papel de Dios. Él es el que busca la gloria que la gente otorga, y no solo busca lo que la gente hace, sino que también lo juzga. Puede que los oyentes de Jesús actúen como si ellos fueran la justicia suprema. Pero, de hecho, ellos van a ser juzgados. Así que la cuestión de a quién van a dar la gloria no debería dejarles indiferentes. Dios examina lo que hacen, y juzga en función de ello. El tiempo presente muestra que, como también vemos en el resto del Evangelio, el juicio ocurre aquí y ahora. Quizá estemos también ante la ironía tan típica de Juan. Equivocadamente, los judíos continuamente "buscaban" a Jesús en su celo por dar la gloria a Dios, y el objetivo de esa búsqueda – objetivo que lograron – era matar a Jesús (5:18; 7:1, 19, 25, 30; 8:37, 40; 10:31, 39; 11:8; 18:3). Pero en un sentido más profundo, Dios es quien hizo la verdadera búsqueda. Y no perseguía el trato que los judíos buscaban darle a Jesús, sino su propia gloria. Además, esta búsqueda significa juicio para aquellos que, cegados por el celo, se oponen a los propósitos de Dios. Y la ironía más audaz consiste en que, aunque los judíos buscaban la muerte de Jesús, el resultado de esa muerte iba a ser la verdadera gloria de Dios.

51 En este versículo tenemos el clímax de este breve discurso, tal y como anuncia el solemne "En verdad, en verdad os digo" (ver el comentario de 1:51). Como ya hemos visto en este mismo capítulo, "palabra" significa todo el mensaje de Jesús (vv. 31, 37 y 43). Vemos que se hace cierto hincapié en el pronombre posesivo "mi"[101]. Los judíos lo han definido como un samaritano endemoniado. Sin embargo, Él dice

---

[101] La expresión es τὸν ἐμὸν λόγον. Juan normalmente coloca el pronombre posesivo después del sustantivo, añadiendo un artículo, como en el v. 43. La forma que aquí encontramos es mucho menos común, y parece ser que se ha usado con el propósito de añadir un cierto énfasis. En cuanto al uso joánico de los posesivos, ver el comentario de 3:29.

que el que quiera entrar en la vida, debe guardar su palabra[102]. Jesús elige pronunciar su declaración de forma negativa: "no verá jamás la muerte". En el original, la ubicación de la palabra "muerte" le confiere un énfasis importante: "La muerte no verá jamás". Esta construcción se debe quizá a la idea que se acaba de plasmar de que los judíos van a ser juzgados. Pero la muerte no puede con aquellos que guardan el mensaje de Jesús[103].

52 Los judíos creen que Jesús acaba de corroborar la afirmación que ellos habían hecho anteriormente. Solo un endemoniado podía decir aquellas cosas. Le recuerdan que Abraham, el gran patriarca de la raza, murió. Los profetas, los gigantes espirituales de la raza, también murieron. Y, sin embargo, Jesús (el uso que aquí se le da al pronombre "tú" tiene connotaciones de desprecio) se atreve a decir que los que guardan la "palabra" evitarán a la muerte[104]. Obviamente, su razonamiento tiene razón de ser, ya que Jesús está hablando de algo que ni siquiera los grandes hombres de Dios del pasado han logrado. Aunque su razonamiento y percepción les digan lo contrario, eso no significa que la declaración de Jesús tenga que ser falsa.

---

[102] Calvino enfatiza este verbo: "Así en ese pasaje, Cristo promete vida eterna a sus discípulos, pero demanda discípulos que no asientan a sus enseñanzas como se dice sí a los tontos, o que digan de palabra que aprueban sus enseñanzas, sino que quieran guardarla como un precioso tesoro. Este verbo se usa 18 veces en este evangelio, 7 en 1ª Juan y 11 en el Apocalipsis, mientras que el libro testamentario no joánico que más veces lo contiene es Hechos, donde solo aparece 8 veces. La frecuencia joánica muestra que para nuestro evangelista era muy importante hacer hincapié en el cumplimiento de los mandamientos de Dios o de Cristo. Una minoría de pasajes de los textos joánicos hablan de cómo Dios o Cristo guardan a los creyentes.

[103] Temple admite que esa traducción es demasiado exagerada, y lo vemos al leer su versión: "no se percatará de la muerte". Explica que si la mente de alguien está puesta en la palabra de Dios, no prestará atención a la muerte. También podría decirse que esa persona no 'experimentará' la muerte porque, aunque le llegará, no la notará más de lo que notaría la caída de una hoja del árbol bajo el cual está sentado, leyendo un libro. La muerte le llega, pero él ni la ve ni la nota". Parece que lo mejor aquí es interpretar "muerte" como la muerte espiritual, pero cito a Temple como descripción a tener en cuenta de la actitud del creyente ante la muerte física.

[104] Hay unos pequeños cambios entre lo que Jesús dijo, y lo que los judíos dijeron que había dicho: τὸν λόγον μου por τὸν ἐμὸν λόγον, γεύσηται por θεωρήσῃ y θανάτου en una posición menos enfática que θάνατον. Puede que estos cambios no sean muy significativos, ya que Juan suele realizar pequeños cambios cuando repite declaraciones (ver el comentario de 3:5). Sin embargo, Abbott dice que "ver la muerte" se refiere a la muerte espiritual y "probar la muerte", a la muerte física (2576).

53 Así que le piden a Jesús que reflexione sobre las palabras que acaba de pronunciar. La estructura de su pregunta nos informa de que esperaban una respuesta negativa: "No". He aquí otro ejemplo de ironía joánica. La verdadera situación es bien diferente a la que las palabras de los judíos presuponen. ¿Es él mayor que Abraham que murió[105]? Y los profetas también murieron. El uso del tiempo aoristo en ambas proposiciones habla de la inevitabilidad de estos acontecimientos. La muerte le llega a todo el mundo, y también les llegó a aquellas grandes figuras. Por tanto, ¿qué quiere decir que Jesús puede hacer que otras personas sean inmunes a la muerte? Obviamente, Jesús se está adjudicando un poder sobrenatural. Los judíos piensan: ¿Jesús? ¿Poder para hacer que la gente no muera? ¡Esa gesta es imposible, pero más aún si es Él quien la quiere realizar! No se dan cuenta de que Jesús sí es consciente de las implicaciones de sus palabras y, aún así, no se desdice. Cabría recordar que los judíos siempre estaban acusando a Jesús de "hacerse pasar por Dios" (5:18; 10:33; 19:7). Pero este evangelio subraya la continua dependencia que Jesús tiene del Padre (5:19, etc.). Es consciente de su gran dignidad, pero habla de ella en términos de obediencia y servicio. Él no ve que su dignidad necesite ser subrayada o sacada a la luz a través de declaraciones grandilocuentes sobre su identidad. Al final de este versículo, la NVI traduce "¿Quién te crees que eres?", pero intentando ser más fieles al original vendría a ser algo así como "¿Quién *pretendes* ser?" (Bruce, p. 203).

54 De momento, Jesús deja el tema de Abraham y vuelve al concepto de la gloria. Si Él se glorificara a sí mismo (y ya ha dejado claro que no es así, v. 50), esa gloria no contaría para nada. Pero eso no significa que Jesús no sea glorificado. El Padre le glorifica. Los judíos están intentando demostrar que Jesús no es nadie. Así que, antes de tratar el tema de Abraham que ellos acaban de sacar, quiere dejar claro que Él también recibe gloria. Es más, no la recibe de sí mismo, sino que la recibe de Dios. Cuando se refiere a Dios le llama "mi Padre", y luego

---

[105] Probablemente tenga sentido usar el relativo de calidad ὅστις (este es el único lugar de este evangelio en el que aparece en masculino; la forma neutra aparece en varias ocasiones). Destaca la idea de que Abraham (y por inferencia todo el mundo, incluso los grandes), por naturaleza – por su calidad –, tenían que morir. BDF lo ve como un ejemplo de un buen uso de ὅστις "en referencia con una persona definida donde la proposición relativa expresa la calidad general ... 'quien a pesar de todo no era más que un hombre que murió, como es natural'" (293).

pasa a establecer la diferencia que hay entre la relación que Él tiene con Dios (le llama "Padre") y la relación que ellos tienen con Dios (no le llaman "Padre", sino que le llaman "Dios")[106].

55 Aunque realmente, Él no es su Dios. No le han conocido. Aquí se incluyen quizá dos ideas: que no le han conocido en el pasado, y que no le conocen ahora en el presente. Aquí estamos ante dos situaciones diferentes. Jesús sí conoce a Dios (ver el comentario de 4:18), y decir lo contrario sería reducirle al tipo de mentirosos al que pertenecen los judíos. Ellos dicen que conocen a Dios, mientras que no es cierto. Además, solo hace falta observar los hechos: Jesús no solamente le conoce, sino que además guarda su palabra. Es decir, actúa de acuerdo con todo lo que Dios ha revelado sobre sí mismo.

56 Jesús vuelve al tema de Abraham, argumento que tanto les importaba a los judíos. Abraham, lejos de oponerse a Jesús, se regocijó esperando ver su "día"[107]. A Abraham se le define como "vuestro padre". Así que vemos que en este versículo se destaca tanto la relación que hay entre Abraham y los judíos, como su gozo en Cristo. Por tanto, queda claro que los judíos ¡no estaban haciendo honor a su ancestro! No habían sabido interpretar al gran patriarca. El significado de la palabra original que traducimos como "se regocijó" tiene mucho sentimiento; podríamos parafrasearlo como "no cabía en sí mismo de tanta alegría que le embargaba"[108]. Llegado este punto, hay dos puntos que deberíamos considerar: el momento en el que Abraham se regocijó, y el significado del día de Cristo. Empezaremos por el último. "Mi día" no va acompañado de ningún tipo de definición. En las Escrituras, "el día de Cristo" siempre hace referencia a la segunda venida y al juicio final (Fil. 1:10; 2:16). Pero lo más probable es que aquí tengamos una referencia a la Encarnación. Parece que lo que se tiene en mente es toda

---

[106] Esto es así incluso si leemos ἡμῶν (p[75] A B [2]W Θ) en vez de ὑμῶν (ℵ B* D; G.D. Fee prueba que p[66] apoya esta lectura, *JBL*, LXXXIV [1965], p. 69. El elemento importante es el sustantivo, y no el posesivo.

[107] ἵνα ἴδῃ es difícil, ya que ἵνα parece no tener fuerza final. Abbott cree que "esta exultante creencia era un don de Dios *con vistas a* (ἵνα) el cumplimiento del propósito divino", y cita Romanos 4:18 (2689). BDF prefiere el significado "esperaba con deseo, se alegró de que iba a..." (392[1a]); cf. NRSV: "se alegró porque iba a..."). Moule cree que denota satisfacción, alegría (*IBNTG*, p. 145-46), y parece ser que esta es la interpretación adoptada por la mayoría.

[108] ἠγαλλιάσατο

la obra de Cristo por la Humanidad, entendida de forma completa. El momento en el que Abraham se regocijó es difícil de averiguar. Algunos lo interpretan como presente, y creen que ya en el Paraíso, Abraham se regocijó por la obra de Cristo en la Tierra. Sin embargo, esta teoría pasa por alto el uso de los tiempos verbales en pasado (cf. la referencia similar sobre Isaías la cual, definitivamente, está ubicaba en los días del profeta, 12:41). El pensamiento judío sugiere varias posibilidades, aunque deberíamos tener en cuenta que los rabíes estaban más interesados en la previsión que Abraham pudiera hacer de los acontecimientos finales que en su alegría. Así, algunos de ellos apuntaban a la promesa "En ti serán benditas todas las familias de la tierra" (Gn. 12:3) y sostenían que Abraham se regocijó ante la perspectiva de que el Mesías fuera a nacer de entre sus descendientes[109]. Otros ponen su atención en la visión de Génesis 15, y creen que ahí Abraham predijo el futuro de la nación y, por tanto, del Mesías[110]. Otra teoría que, más bien se debe a la mala interpretación de las Escrituras, dice que la risa de Génesis 17:17 no se debe a la incredulidad, sino que se debe a la alegría de saber que el nacimiento de aquel niño llevaría al nacimiento del Elegido de Dios[111]. Y también existe una parte muy curiosa de exégesis rabínica que relaciona toda esta cuestión con Génesis 24:1: "Abraham... entrado en años", que literalmente sería "entrado en días". Esto algunos lo interpretaban como que Abraham había entrado en los días del futuro[112]. Aunque todo esto a nosotros nos suena fantasioso y hasta irrisorio, nos muestra que para los judíos, la idea de que Abraham esperaba

---

[109] Barclay cree que ésta es la interpretación judía, aunque no cita ninguna fuente o autoridad. Wright la toma como su propia interpretación de este versículo. Cf. Bultmann: "Abraham sabía que él mismo no era el cumplimiento del propósito salvífico de Dios, ni tampoco el patrón o medida para juzgar la grandeza de la revelación divina; esperaba con ganas el cumplimiento en el Mesías, y también el día en que él mismo sería juzgado por alguien más grande que él" (p. 326).

[110] SBk cita a R. Eleazar, R. Natán y otros, con perspectivas en esta línea (II, pp. 525-26). Beasley-Murray cita a Schlatter: "decir entre los maestros judíos que Abraham vio al Mesías no era ni nuevo ni ofensivo; lo que quedaba al margen de la credibilidad era que esas palabras se aplicasen a Jesús".

[111] En Jub. 16:19 se nos dice que Abraham y Sara se regocijaron "con gran alegría" ante la perspectiva del nacimiento de Isaac. Filón cree que el mismo nombre de Isaac ya refleja esa alegría, ya que significa "la mejor de todas las emociones, la alegría, el Isaac que es la risa del corazón, un hijo de Dios" (*De Mut. Nom.* 131). E. Nestle señala que el Targum sobre Génesis 17:17 traduce la voz hebrea צחק ("reir"), "no como חדך ("se rió"), como en 18:12, 13, 15 y 19:14, sino por חרי, ("alegrarse"), como en 21:9" (*ExT*, XX [1908-09], p. 477).

[112] SBk cita *Tanch. B* (loc. Cit.).

ansioso el día del Mesías y se regocijaba en él no era nada extraña. No obstante, no podemos inclinarnos con certeza por ninguna de estas teorías en cuanto a la ocasión en la que Abraham se regocijó, puede que debiéramos tener en cuenta que Jesús mismo no se refirió a ninguna ocasión en concreto[113]. Dicho de otra forma, probablemente Jesús se refirió a que la actitud general de Abraham ante la perspectiva de ese día era una actitud de gozo, y no se estaba refiriendo a un momento concreto de la vida del patriarca.

57 La incredulidad de los judíos les hace seguir diciendo tonterías: ¡ahora hacen referencia a la edad de Jesús! Claro, es obvio. Un hombre que aún no tenía cincuenta años no podía haber visto a Abraham. Es extraño que usaran el número cincuenta. Lucas nos dice que Jesús tenía "unos treinta años" (Lc. 3:23) cuando empezó su ministerio, y todo parece indicar que su ministerio duró no más de tres años. No puede ser que Juan estuviera presentándonos una creencia de diferencia sobre la edad de Jesús[114]. Lo más probable es que "cincuenta" era considerado como una buena edad, quizá la edad en la que ya se había cumplido con la etapa laboral de la vida, y se entraba en la vejez. A esa edad, los levitas acaban su servicio (Núm. 4:3). Marsh cree que viene a decir algo como: "Tú, que ni te has jubilado, ¿te crees tan viejo como para haber visto a Abraham?" (p. 371). O quizá el objetivo era contrastar la insignificancia de la media de vida con los siglos y siglos que habían pasado desde los días de Abraham. Sea lo que sea, no podemos pasar por alto que, como dice Lagrange, aquellos judíos creían que Jesús no estaba cuerdo. Es obvio que no tenían la intención de discutir su edad con precisión[115]. Jesús aún era joven. Ni siquiera podría aspirar a ser uno de los ancianos. Así pues, ¿cómo podía haber visto a Abraham?

[113] Cf. Lagrange, "Jesús se detiene en argumentos, no cita ningún texto".

[114] Strachan cree que "estas palabras hacen referencia a que era bastante joven. Sus enemigos judíos interpretan la respuesta de Jesús de forma prosaica e irónica, como si significara que Abraham vio a alguien que aún se tenía que forjar una reputación, y que aún era un desconocido".

[115] Crisóstomo traduce: "tú aún no tienes cuarenta años" (60.2; p. 198). Ireneo argumenta que Jesús debía de tener más de cuarenta años, porque si hubiera tenido menos habrían dicho "tú aún no tienes cuarenta años" (*Adv. Haer.* 2.22.6). G. Ogg examina esta cuestión y concluye que Jesús empezó a enseñar cuando tenía cuarenta años, y que su nacimiento debe de ser anterior a lo que normalmente se ha creído (*NTS*, V [1958-59], pp. 294-96).

Nótese que los judíos no citan a Jesús con exactitud: Él habla de que Abraham vio su día, y los judíos, de que Él no ha podido ver a Abraham.

58 Ahora llegamos al punto climático de este capítulo, porque Jesús declara: "Antes que Abraham naciera, yo soy". Juan empezó su evangelio hablando de la preexistencia del Verbo. Por tanto, esta declaración no aporta más información. Eso sería imposible. Pero lo que sí hace es sacar a la luz el significado de esa preexistencia de una forma más impactante. ¡Jesús existía ya antes de los tiempos del gran patriarca! De nuevo, la expresión "En verdad, en verdad os digo" anuncia que estamos ante una declaración importante (ver el comentario de 1:51). Hay versiones que traducen "antes que Abraham fuera" (*KJV*) y otras que prefieren "antes que Abraham naciera" (NVI). Pero sea como sea, el significado es "existiera" o "empezara a existir", como indica el aoristo[116]. Aquí se hace un contraste entre un estado de existencia que tiene un comienzo definido y otro que es eterno. "Yo soy" encierra un gran significado porque es la forma en la que Dios se presenta (ver el comentario de los vv. 24 y 28). Es también "una referencia a su eternidad" (Haenchen)[117]. No es fácil traducir al griego algunos pasajes hebreos como Éxodo 3:14, pero los traductores de la Septuaginta optaron por la forma que aquí tenemos[118]. Se trata de un modismo enfático que normalmente no se usaba. Eso apunta a que los oyentes enseguida lo reconocerían como la frase utilizada por Dios[119]. En los versículos 24 y 28 había quedado relativamente, pero aquí ya no hay duda alguna. Está perfectamente claro cuando Jesús afirma que Él ya existía en

---

[116] El verbo es γεγέσθαι, "empezar a ser".

[117] ἐγώ εἰμι en la Septuaginta es la traducción del hebreo הוא אֲנִי, que es la forma en la que Dios habla (cf. Dt. 32:39; Is. 41:4; 43:10; 46:4, etc.). Puede que el hebreo contenga una referencia al significado del nombre divino יהוה (cf. Éx. 3:14). Con toda seguridad deberíamos entender que el uso que Juan hace de este término refleja el de la Septuaginta. Es la forma en la que Dios se presenta, y apunta a la eternidad de Dios según la comprensión más estricta del significado continuo del presente εἰμι. Dios es de forma continua. Abbott: "esta afirmación, junto con otras declaraciones de lo que Jesús es, parecen querer buscar que los fariseos crean que el Hijo del Hombre no es solo el Libertador, sino que además es uno con el Padre" (2228).

[118] LXX o Septuaginta: Ἐγώ εἰμι ὁ ὤν, en el lugar en el que el hebreo de Éxodo 3:14 ha sido traducido por "Yo soy el que soy", y ὁ ὤν por el "Yo soy" de nuestro versículo de Juan.

[119] "He aquí el reclamo supremo de divinidad; quizá la más sencilla y sublime y todas las cosas que dijo usando la fórmula de 'Yo soy'. ... Estas son las palabras del mayor de los blasfemos, o las palabras del Dios Encarnado" (Morgan).

tiempos de Abraham. No hay otra interpretación posible[120]. Nótese que dice "Yo soy" y no "Yo fui". Se trata de un estado eterno, y no tan solo de un estado que ha durado unos cuantos siglos.

59 Para los judíos esas palabras eran blasfemia. Por lo tanto, tomaron piedras para tirárselas, ya que ese era el castigo para ese tipo de pecado (Lv. 24:16). En su enfado, no pensaron en otra vía. Podrían haber optado por llevarle a juicio. De todos modos, habrían acabado apedreándolo igual, pero con el consentimiento y por orden de las autoridades[121]. Pero su odio les traicionó. Están furiosos, así que deciden tomarse la justicia por su mano. Como encontraron piedras a mano en la misma área del templo, eso parece indicar que se estaban realizando obras. "Se ocultó" es, de hecho, una pasiva, "fue escondido"[122]. Quizá el evangelista quiere transmitir que Dios protegió a su Hijo. Es decir, no que Jesús consiguiera gracias a su genialidad esquivar a los judíos, sino que fue Otro el que le escondió y, así, pudo salir del templo. Algunos dicen que deberíamos ver un simbolismo detrás de la descripción de esta acción. "En este momento, Jesús abandona simbólicamente a su pueblo (el templo), y se dispone a salir a toda la Humanidad (el hombre que nació ciego; cap. 9)" (MacGregor).

---

[120] E. Stauffer ha realizado un importante análisis de la fórmula YO SOY en *Jesus amd His Story* (Londres, 1960), pp. 142-59). Él cree que la mención de Abraham "nos recuerda a la inserción de la figura de Abraham en los discursos de Dios en el Targum rabínico de Isaías 40-55. Esto no puede ser un accidente. Coincide con la narración del evangelista de que los enemigos de Jesús no se dan cuenta del significado de las palabras de Jesús (ANI HU) hasta este momento y, una vez se han dado cuenta, deciden acabar con el blasfemo apedreándolo allí mismo" (p. 154). En cuanto a la fórmula YO SOY dice lo siguiente: "De todas las declaraciones que Jesús hace sobre sí mismo, esta es la más atrevida. Este YO SOY significa: *donde yo estoy, está Dios; y allí Dios vive, habla, llama, pregunta, actúa, decide, ama, elige, perdona, rechaza, endurece, sufre, muere*" (p. 159). Ver también N. Walker, *ZATW*, 74 (1962), pp. 205-6. Jesús no está diciendo que Él es idéntico al Padre, pero sí dice que esta expresión que se usa para hablar del Padre, también puede usarse para hablar de Él.

[121] Quizá también les disuadió que esa sentencia era bastante difícil de llevar a cabo, incluso habiendo sido pronunciada por un tribunal judío. Cf. 18:31 y la nota al pie.

[122] El aoristo pasivo ἐκρύβη se usa en el sentido de "el medio" en la Septuaginta, y la mayoría de intérpretes lo entienden aquí del mismo modo. Pero ese uso neotestamentario suele optar por verlo como una forma pasiva. La *Amplified Version* traduce: "Jesús se ocultó mezclándose entre la multitud", pero esta versión solo se apoya en manuscritos secundarios y, en todo caso, requiere un alto grado interpretativo.

Juan 9

P. LA SEXTA SEÑAL: CURACIÓN DEL CIEGO DE NACIMIENTO (9:1-41)

No sería cierto decir que en la Antigüedad no hay más relatos de curaciones de ciegos aparte de las que realizó Jesús, pero lo cierto es que en las Escrituras canónicas hay muy pocas de esas narraciones. En el Antiguo Testamento no encontramos ninguna historia en la que un ciego recobre la vista. Los seguidores de Jesús tampoco realizan este milagro en todo el Nuevo Testamento. El relato más cercano sería cuando Ananías puso las manos sobre Saulo de Tarso y la ceguera temporal del fariseo desapareció (Hch. 9:17-18); pero este caso excepcional no llega a la altura de las curaciones completas que Jesús realizó. Y es curioso que de entre todas las curaciones, las que más efectuó fueron curaciones de ciegos (ver Mt. 9:27-31; 12:22-23; 15:30-31; 21:14; Mr. 8:22-26; 10:46-52; Lc. 7:21-22). En el Antiguo Testamento, el que los ciegos recobraran la vista se asociaba con Dios mismo (Éx. 4:11; Sal. 146:8). También es una actividad mesiánica (Is. 29:18; 35:5; 42:7), y puede que éste sea el significado que tenía en el Nuevo Testamento. Es una función divina, una función reservada al Mesías de Dios, que Jesús cumple cuando devuelve la vista a los ciegos. Por tanto, este capítulo es una parte importante en el objetivo que Juan se ha propuesto: demostrar que Jesús es el Mesías[1]. Este relato contiene características únicas, sobre todo en el carácter del ciego de nacimiento. No se trata de una figura influenciable, sino que tiene personalidad y criterio propio, y está dispuesto a decir lo que piensa aún ante las autoridades. Su discusión con los fariseos es bastante encendida, y muy realista. En la narración se incluye el tema del juicio. Jesús es la Luz del mundo, y la luz siempre está en conflicto con las tinieblas. Cuando la gente está andando en ti-

---

[1] Cullmann cree que en este relato hay una referencia al Bautismo, pero, como ocurre en las otras ocasiones que también encuentra referencias a los sacramentos, en este caso, en vez de intentar ofrecer pruebas que apoyen su teoría, simplemente se contenta con hacer una afirmación dogmática. "Los opositores del método del análisis que nosotros aplicamos en este estudio del cuarto evangelio van a subrayar el carácter cuestionable de las observaciones que nosotros hacemos de este pasaje, y lo único que podemos hacer es repetir aquí que si tomamos todos los detalles de forma individual, estos no servirán de mucho" (*Early Christian Worship* [Londres, 1954], p. 105). ¡Exactamente! Schnackenburg examina y niega que el autor quisiera hacer una referencia al Bautismo (II, pp. 257-58).

nieblas, la llegada de la luz siempre representa el juicio. Ciertamente, Jesús dice que vino "para juicio" (v. 39). Este milagro tuvo lugar en un Día de Reposo, lo que fue causa de controversia. Había los que estaban tan paralizados por las tinieblas que solo veían el incumplimiento de la ley, y no podían discernir la espectacular victoria que la luz había logrado sobre las tinieblas[2]. Discutían con el hombre y la forma en la que lo hacían sacaba a la luz su ceguera interior. Este incidente supone un paso más en la disputa entre Jesús y las autoridades. Al final, los dirigentes deciden echar al hombre que había sido sanado. No sabemos si eso significa que le excomulgaron. Sin embargo, sí que es la primera vez que la persecución de Jesús se materializa en la actuación en contra de uno de sus seguidores.

No pasemos por alto el método que Jesús usa para sanar al hombre ciego. En primer lugar, le sanó. Luego, le dejó para que debatiera con los judíos lo que había ocurrido. Y aparece después de que los fariseos le han echado, para acercarse al hombre y hablar de sus necesidades espirituales (Jesús se mantiene fuera de escena desde el v. 7 hasta el v. 35). Como resultado, el hombre creyó (v. 38). Cuando Jesús se acercaba a las almas de las personas, nunca lo hacía siguiendo un esquema estereotipado. Trataba con las personas según las necesidades de cada una de ellas[3].

---

[2] Barrett cree que "Este breve capítulo es quizá la expresión más viva y completa de la concepción joánica de la obra de Cristo. Por otro lado, Él es el que da beneficios a la Humanidad que, sin Él, está en un estado de desesperanza absoluta... La iluminación no está representada como una apertura intelectual (como en algunos tratados herméticos) sino como una entrega de la vida o la salvación ... Por otro lado, Jesús no viene a un mundo lleno de hombres que son conscientes de su necesidad. La mayoría confía en su propia luz que, obviamente, es inadecuada... son demasiado orgullosos, y no quieren renunciar a su luz para cambiarla por la luz verdadera, que es la única que ilumina. El efecto de esa luz verdadera es que muchos hombres siguen estando ciegos, ya que ellos por voluntad propia se niegan a mirarla. De hecho, permanecen en pecado porque se creen seguros en su propia justicia". Hoskyns comenta acertadamente: "Convertirse al cristianismo no es recuperar lo que se ha perdido, sino recibir una luz totalmente nueva".

[3] En la introducción del libro verá la forma en que J.L. Martyn entiende este capítulo. Sostiene que debemos entender esta historia según dos niveles distintos. Uno sería los acontecimientos que tuvieron lugar durante la vida de Jesús y, el otro, los que ocurrieron en la ciudad en la que se escribió el Evangelio. Martyn a menudo hace comentarios sobre los judíos con los que el evangelista trató. Obviamente, podría ser cierto que Juan hubiera escrito utilizando el marco de estos dos niveles, pero Martyn no ofrece ninguna evidencia de ello. Simplemente, da su afirmación por sentado. Más comentarios sobre el tema en Carson, *John*, pp. 360-61.

1. La curación (9:1-7)

1 Al pasar [Jesús,] vio a un hombre ciego de nacimiento. 2 Y sus discípulos le preguntaron, diciendo: Rabí, ¿quién pecó, éste o sus padres, para que naciera ciego? 3 Jesús respondió: Ni éste pecó, ni sus padres, sino [que está ciego] para que las obras de Dios se manifiesten en él. 4 Nosotros debemos hacer las obras del que me envió mientras es de día; la noche viene cuando nadie puede trabajar. 5 Mientras estoy en el mundo, yo soy la luz del mundo. 6 Habiendo dicho esto, escupió en tierra, e hizo barro con la saliva y le untó el barro en los ojos, 7 y le dijo: Ve y lávate en el estanque de Siloé (que quiere decir, Enviado). Él fue, pues, y se lavó, y regresó viendo.

Esta curación presenta unas características únicas. Se dice que este hombre era ciego de nacimiento y hay un debate sobre la causa de esta discapacidad, y Jesús no usa sus palabras para realizar la curación, sino que escupe en tierra para hacer barro y el milagro se efectúa cuando el hombre se lava en el estanque de Siloé.

1 No se nos da ninguna marca o referencia temporal. Juan no lo relaciona de ninguna forma con el resto de relatos que forman parte de su narración, así que no sabemos a ciencia cierta cuál es su lugar en la secuencia narrativa. Hoskyns dice que ocurrió el último día de la Fiesta de los Tabernáculos, pero esto no es más que una mera suposición. Es muy probable que hubiera pasado un tiempo desde aquel intento fallido de atentar contra la vida de Jesús (8:59), pero tampoco podemos decir mucho más. Juan simplemente nos dice que Jesús, al pasar (¿por dónde?) vio a un hombre ciego de nacimiento[4]. No se nos dice cómo sabía Jesús que aquel hombre era ciego de nacimiento, lo que se usa como argumento para decir que aquel ciego era una figura conocida. Los Evangelios Sinópticos mencionan un número de casos de restauración de la vista, pero no mencionan a ningún hombre que

---

[4] τυφλὸν ἐκ γενετῆς significa ceguera congénita, pero puede que Juan también tuviera en mente el hecho de que desde que nacemos tenemos ceguera espiritual. Este ciego de nacimiento es un símbolo de todos los seres humanos. Todos necesitamos la luz que solo Cristo puede dar. Ésta es la única vez que γενετή aparece en el Nuevo Testamento.

fuera ciego de nacimiento. Lo normal también hubiera sido, en vista de la pregunta que viene a continuación, que hubiesen sido los discípulos los primeros en ver al ciego, pero, según Juan, parece ser que Jesús fue el primero que le prestó atención. Fue él quien tomó la iniciativa.

2 La desgracia de aquel hombre llevó a los discípulos[5] a preguntarle a Jesús cuál era la causa de aquel infortunio[6]. En aquel entonces muchos creían que el sufrimiento, y en especial una discapacidad como la ceguera, era causa del pecado. R. Ammi dejó constancia de este principio general: "No hay muerte sin pecado, y no hay sufrimiento sin iniquidad"[7]. Está claro que los discípulos partían de esta premisa, pero en este caso, tenían dudas sobre la aplicación de este dogma. ¿Cómo podía pecar un hombre antes de nacer?[8] Tampoco podían entender por qué un hombre debía cargar con los pecados de sus padres habiendo de sufrir un castigo tan terrible como la ceguera[9]. Así que, los discípulos, perplejos, ponen sus dudas delante de Jesús.

3 Jesús rechaza ambas opciones[10]. El sufrimiento no es siempre consecuencia del pecado, y esta ceguera no era consecuencia del pecado de aquel hombre, ni del pecado de sus padres. "Sino que" se trata de

---

[5] En cuanto a "los discípulos", ver el comentario de 2:2. El significado exacto del término en este contexto no queda bien claro. Si se refiere a los doce, que sería bastante probable, ésta es la primera indicación de que estaban con Jesús en Jerusalén (en los capítulos 7 y 8 no se dice que estuvieran con Él) Otra posibilidad sería que Jesús tuviera seguidores que vivían en Jerusalén (cf. 7:3) y estaban con Él en esta ocasión.

[6] ἵνα parece expresar resultado, un uso poco común, pero que tiene algún paralelo (ver J.H. Greenlee en *BT*, 6 [1955], p. 14; J.L. Boyer, *GThJ*, 7 [1986], p. 8).

[7] *Shab*. 55a. La segunda parte del dicho está respaldada por Sal. 89:33 (32).

[8] Pero esta dificultad no era un obstáculo para los rabíes. SBk cita unos cuantos pasajes, la mayoría basados en Gn. 25:22, que muestran que un niño puede pecar en el vientre de su madre (II, pp. 528-29). Otra alternativa era creer que el alma es preexistente, una creencia que aparece en Sabiduría 8:20, y que en este estado preexistente también se podía pecar. Pero parece ser que estas opiniones no afectaban a la creencia judía en general.

[9] Aún así, los rabíes sostenían que este tipo de cosas era posible. Hay dichos que hablan de niños epilépticos o leprosos de nacimiento debido al pecado de sus padres (SBk, II, p. 529). A veces, la muerte de un niño se asociaba con que la madre había practicado la idolatría en el período de embarazo (Ruth Rab. 6.4).

[10] Es decir, en este caso en particular "No peques más para que no te suceda algo peor" (5:14) parece indicar que a veces, el pecado y el sufrimiento sí que están relacionados.

una fuerte adversativa: "nada de eso". Ocurrió[11] para que las obras de Dios se manifestaran en él[12]. Es importante que veamos la importancia del uso del término "obra". Lo que va a ocurrir es, para nosotros, un milagro; sin embargo, para Dios, no es más que una "obra" normal (ver la Nota Adicional G). Obviamente, esto no quiere decir que Dios hiciera que el niño ciego sufriera durante años para curarlo y poder así mostrar su grandeza. Lo que quiere decir es que "Dios anuló aquella desgracia que le había tocado desde niño para que aquel hombre, ya de mayor, pudiera, al recobrar la vista, ver la gloria de Dios en la faz de Cristo" (Bruce).

4 Las palabras "nosotros"[13] y "debemos" son muy importantes. Jesús no está hablando solo de lo que él debe hacer; sus seguidores también tienen la misma responsabilidad de hacer lo que Dios diga (concretamente Jesús ha dicho que es "la obra de Dios" para que la gente crea en aquel que Dios envió, 6:29). Y "debemos" nos recuerda que no se trata de algo que simplemente se nos recomienda. Todo lo contrario; estamos ante una obligada necesidad (ver el comentario de 4:4; y, en cuanto a la obediencia de Jesús, el de 4:34). Como ocurre a menudo en este evangelio, una de las características que más se

---

[11] Se trata de una construcción elíptica, y no sabemos con exactitud qué elemento debería anteceder a ἵνα. Normalmente se entiende como "sino que (nació ciego) para que..." aunque también es posible entender "sino que (todo fue ordenado) para que...". C.J. Cadoux cree que éste podría ser un ejemplo de una transformación de ἵνα en imperativo (ver el comentario de 1:8, donde se habla más de esta construcción) con el siguiente significado: "pero las obras de Dios tenían que ser hechas manifiestas ... en el caso de este hombre" (*JThS*, XLII [1941], p. 169). No obstante, no se trata de un imperativo, ya que si no tendríamos: "Deja que las obras de Dios sean manifiestas". Claro está que este no es el sentido de este pasaje. Richardson cree que ἵνα expresa resultado. Se puede cambiar la puntuación o leer "... ni sus padres. Sino que para que las obras de Dios se manifiesten en él, debemos hacer las obras del que me envió...". Morgan, por ejemplo, adopta esta puntuación, pero no nos parece una opción muy acertada. La construcción parece apuntar al propósito divino, y parece más lógico adoptar una de las sugerencias que mencionamos en primer lugar.

[12] Cf. Brown: "A Jesús le preguntaron sobre la causa de la ceguera de aquel hombre, pero a Él no le preocupa la causa, sino el propósito que tiene".

[13] La lectura de este texto no está del todo clara, pero parece que deberíamos leer ἡμᾶς con p[66] p[75] ℵ* B D W Or etc. en lugar de ἐμέ con ℵ* A Θ f1 f13 lat syr[s]. Después de πέμψαντος, p[66] p[75] ℵ* W* tienen ἡμᾶς, pero aquí se prefiere el singular, como también hacen ℵ A B C D Δ Θ f1 f13 etc. Puede ser que las variantes no sean más que formas diferentes de librarse de la dificultad que trae el uso del plural y del singular. En el comentario de 3:11 encontrará más sobre la relación de Jesús con las personas.

destacan de Dios es que ha enviado a su Hijo (ver el comentario de 3:17). Éste es el acontecimiento principal, y Juan quiere hacérnoslo ver una vez tras otra. En este contexto, también sirve para recordarnos que esas obras en cuestión no tienen su origen aquí en la Tierra. Son obras preparadas en el cielo para que las *hagamos* (hay ahí cierto sentido de urgencia, porque la oportunidad no estará siempre presente). "La noche viene": esta implacable expresión temporal nos habla de que la oportunidad presente se acaba[14].

5 Tiene sentido que Jesús haga las obras de las que habla, y que las haga dentro del tiempo establecido, porque Él es "la luz del mundo" (cf. 8:12)[15]. Encontrará más sobre el término "luz" en el comentario de 1:4. "Mientras" es la forma indefinida "cuando" o "siempre que"[16]. Es un poco extraño encontrar esta expresión; quizá lo normal hubiera sido algo más general, como en 8:12. Pero aquí se añade ese sentido de urgencia, y puede que Jesús esté apuntando a que el tiempo de la Encarnación es limitado. Su estancia en este mundo va a ser breve. Por tanto, debe actuar rápidamente y de acuerdo con su carácter como luz de este mundo.

6 Jesús se dispone a curar al hombre. Es nuestro maestro el que toma la iniciativa, ya que nadie le pide que lo haga; le vio, y le devolvió la vista. Y decidió hacerlo de la siguiente manera: hizo barro con su saliva,

---

[14] Odeberg cree que "noche" significa "el período que empieza con el juicio discursivo para aquellos que, aunque tienen la posibilidad de ver, se condenan a sí mismos a la ceguera porque rechazan la luz que se les ha acercado" (*FG*, p. 312). Esto parece concordar con el uso joánico de "luz" y "tinieblas", pero ese tipo de "noche" no "viene", sino que ya está aquí; y Jesús está hablando de un tiempo presente en el que se puede hacer las obras, seguido de un tiempo en el que ya será demasiado tarde. Así que la perspectiva de Odeberg no coincide con la de Juan.

[15] Debido a la ausencia del artículo φῶς – comparando este versículo con 8:12 – Westcott argumenta que "Cristo es 'luz para el mundo' y también 'la luz que ha venido al mundo'". Pero E.C. Colwell ha demostrado que en el Nuevo Testamento los atributos definidos que preceden al verbo no suelen ir acompañados del artículo (ver el comentario de 1:1), lo cual explicaría la ausencia del artículo. La expresión significa "la luz del mundo". Cuando Juan recoge los reclamos de Jesús en los que usa la fórmula "Yo soy...", encontramos ἐγώ εἰμι (como en 8:12), pero aquí solo tenemos εἰμι.

[16] ὅταν. En un contexto como este el significado no es repetición o continuidad, sino coincidencia en el tiempo: "durante el tiempo que estoy en el mundo". No obstante, Plummer dice, "ὅταν es importante; muestra todo lo que abarca esta completa declaración. La luz brilla en varios momentos y en varios grados, independientemente de si el mundo quiere o no ser iluminado". Dods cree que se usa ὅταν en lugar de ἕως para sugerir un tiempo en el que Jesús no estaría en la Tierra.

se lo puso en los ojos[17], y le ordenó que fuera a lavarse[18]. Al leer este episodio, nos surgen algunas preguntas. ¿Por qué quiso usar barro? ¿Por qué escupió? ¿Por qué tenía que lavarse en el estanque de Siloé? En la mayoría de las otras curaciones que Jesús realizó, no se mencionan este tipo de cosas. Sabido es que en la Antigüedad se le atribuían poderes curativos a la saliva[19]. Quizá, también lo hizo para que el hombre tuviera algo que hacer, que tuviera la oportunidad de participar en la curación. Sea como sea, lo cierto es que Jesús realizaba curaciones con mano soberana, y está claro que no está limitado por ningún tipo de reglas o procedimientos. Curaba como bien le parecía. Marcos recoge una curación en la que Jesús "escupió en los ojos de un ciego", y después de eso puso sus manos sobre él (Mr. 8:22-25), pero en esta ocasión no se menciona que utilizara barro. Algunos autores patrísticos ven en el barro una referencia a Génesis 2:7, donde Dios crea al hombre del polvo de la tierra. Si esta es la forma correcta de interpretar este pasaje, podríamos decir que la acción de Jesús fue un acto creador.

7 Jesús le dijo al hombre que fuera a lavarse en[20] el estanque de Siloé[21]. "Estanque" define un lugar casi como una piscina, donde se

[17] No sabemos con exactitud el significado de αὐτοῦ cuando antecede a τὸν πηλόν. Puede ser que "su" ("su barro") se refiera a Jesús, o a saliva.

[18] Tenemos aquí varias acciones que no podían realizarse en el Día de Reposo. Para hacer el barro, tuvo que amasar (una de las treinta y nueve tareas que, según la Misná, estaban prohibidas en el Día de Reposo, *Shab.* 7:2), y que mezclar (*Shab.* 24:3). Al colocárselo en los ojos al ciego, transgredió la prohibición de realizar unciones en el Día de Reposo (*Shab.* 14:4), porque la única unción que podía realizarse en Sabat era la realizada con aquello que el resto de días se usaba para ese propósito. También, si a un hombre le dolía la espalda, estaba establecido lo siguiente: "no puede frotarse con vino ni vinagre, aunque sí puede hacerlo con aceite, pero no con aceite de rosas. Los hijos de los reyes pueden frotarse con aceite de rosas, ya que también tienen por costumbre hacerlo los días entre semana". Curar en Sabat estaba prohibido a menos que la vida peligrara (SBk, I, p. 623s.). Barrett cita una prohibición rabínica que no permite aplicar saliva sobre los ojos en el Día de Reposo.

[19] El poder curativo de la saliva era algo muy apreciado en la Antigüedad, especialmente en relación con la vista. Hay un episodio muy conocido en el que un ciego quería que el Emperador Vespasiano le curara con su saliva. Marcos recoge dos ocasiones en las que Jesús utilizó saliva (Mr. 7:33, 8:23). Encontrará información más detallada en el artículo "Saliva", en *ERE*.

[20] La partícula εἰς es bastante curiosa. Puede tratarse de un préstamo que realizó el colectivo de la zona donde se utilizaba ἐν. Pero BAGD cita de Epicteto una construcción similar con νίπτω. Cuando en el v. 11 el hombre relata con sus propias palabras lo sucedido, va con ὕπαγε, no con νίψαι.

[21] El genitivo τοῦ Σιλωάμ no es nada común. Probablemente se está refiriendo a todo el sistema como un conjunto (la fuente de agua, el conducto y el estanque) y no solo al estanque.

podía nadar (ver el comentario de 5:2). Este es el único lugar de todo el Nuevo Testamento donde se menciona este estanque (aunque cf. Lc. 13:4). Como es habitual en él, Juan explica el significado de esta palabra hebrea, añadiendo el equivalente griego[22]. Originalmente, el nombre podía deberse a que el agua "era enviada" al estanque a través de un canal o conducto; en hebreo la construcción es activa (y no pasiva, como resulta en la traducción) porque entendía que el canal era el agente de la acción de "enviar". Este estanque se ha llamado así desde tiempos muy antiguos (Neh. 3:15; Is. 8:6). Para Juan, este nombre tenía cierto significado espiritual, lo cual no debemos pasar por alto. Es por eso por lo que se detiene a explicarnos lo que quiere decir. En este evangelio la idea de "enviar" es muy prominente. Una y otra vez Juan dice que Jesús ha sido enviado por el Padre. Y, ahora, vence la ceguera con la ayuda del estanque que lleva por nombre "el Enviado". Juan describe el milagro de la forma más sencilla posible. El hombre se lavó, como Jesús le había dicho, "y regresó viendo". Juan es conciso y nada extravagante.

2. El efecto en los vecinos (9:8-12)

8 Entonces los vecinos y los que antes le habían visto que era mendigo, decían: ¿No es éste el que se sentaba y mendigaba? 9 Unos decían: él es; [y] otros decían: No, pero se parece a él. Él decía: Yo soy. 10 Entonces le decían: ¿Cómo te fueron abiertos los ojos? 11 Él respondió: El hombre que se llama Jesús hizo barro, [lo] untó [sobre] mis ojos, y me dijo: «Ve al Siloé y lávate.» Así que fui, me lavé y recibí la vista. 12 Y le dijeron: ¿Dónde está Él? Él dijo: No sé.

El primer resultado que Juan recoge es el efecto que el milagro tuvo sobre los vecinos del hombre que había sido ciego. Estaban tan asombrados que algunos de ellos no podían creer que aquel fuera el ciego de nacimiento que ellos conocían.

---

[22] En hebreo es שִׁלוֹחַ. Ezequías construyó un túnel a través de la roca para traer agua de Gihón (las "Fuentes Vírgenes") a la ciudad. Llevaba a la parte alta del estanque (*Birket Silwan*) y de allí probablemente descendía a la parte baja (*Birket el-Hamra*), aunque no es posible verificarlo arqueológicamente debido a los edificios que hay ahora sobre el estanque. Más información en el artículo de *NBD*.

8-9 La mención de los vecinos probablemente indica que el hombre volvió a casa (NVI: "volvió a casa viendo", aunque en griego solo dice "volvió viendo"). Tenemos aquí dos grupos de personas: los vecinos, y los que le conocían como mendigo[23]. Esta es la primera vez que se menciona que era mendigo, pero, de hecho, está implícito desde que se ha dicho que era ciego. ¿Qué más podía hacer un hombre ciego en la Antigüedad? Parece ser que estos dos grupos de personas eran los que mejor le conocían. El asombro en el que están al ver que está curado aparece expresado en forma de pregunta: "¿No es éste el que se sentaba y mendigaba?". Como vemos, esta pregunta espera una respuesta afirmativa, pero, a la vez, muestra lo mucho que les costaba creerlo. Otros, que quizá no le conocían tan bien, no dejaban de discutir[24]. Algunos decían que sí era él; otros decían que no, aunque reconocían que el parecido era innegable. Él mismo puso fin a la especulación diciendo de forma enfática: "Yo soy"[25].

10-11 Como es normal, la gente no pudo resistirse y preguntó: "¿Cómo te fueron abiertos los ojos?" (aunque en griego solo dice "le decían", en la NVI aparece "le reclamaron"). El hombre responde con un sucinto relato de la forma en que se desarrolló el milagro[26]. Parece ser que el hombre sabía poco acerca de Jesús, y que pensaba que sus oyentes debían de estar en la misma situación, ya que lo define como "El hombre que se llama Jesús"[27]. Sabía que había un hombre conocido que se llamaba

---

[23] En la expresión ὅτι προσαίτης ἦν, Burney dice que ὅτι es una mala traducción de una ʾ aramea, que se ha traducido por ὅτι en vez de por ὅτε (AO, p. 78). Pero yo creo que este apunte es innecesario. ὅτι puede significar "porque", es decir, su presencia era notoria porque era un mendigo (como también dice Bernard).

[24] Nótese los tiempos imperfectos. Juan está describiendo una situación en la que la gente, extremadamente asombrada, no dejaba de hablar y opinar.

[25] Algunas versiones dicen: "Yo soy ese hombre" pero, de hecho, en griego solo pone "Yo soy": Ἐγώ εἰμι; al aparecer aquí, vemos que esta expresión no siempre estaba asociada con la divinidad (como habíamos visto en 8:24, 28 y 58.)

[26] La palabra que usa para decir que recobró la vista es ἀνέβλεψα, que, estrictamente, significa "vi de nuevo". Puede que, como sugiere Westcott, "por naturaleza, la visión es parte del hombre, aún cuando ha sido ciego desde que nació". Pero esta palabra también quiere decir "alzar la vista", y puede que Juan la usara con la idea de que este hombre llegó a admirar a Jesús [N. de la T. Esta última interpretación está basada en la traducción inglesa. Westcott dice que esta palabra también quiere decir "look up" [alzar la vista], por lo que Juan quizá la usó con la idea de "look up to" [admirar o respetar a alguien].

[27] En cuanto al uso joánico de ἄνθρωπος (referente a Jesús), ver el comentario de 4:29.

Jesús, pero nada más. Al usar la palabra "hombre", vemos que aún no ha comprendido la verdadera identidad de su bienhechor[28]. Conforme va avanzando el capítulo, veremos cómo va aumentando su comprensión.

12 Los que le interrogan quieren saber dónde está el que ha realizado un milagro tal. Pero el hombre no conoce su paradero.

3. El hombre y los fariseos (9:13-34)

Este milagro, como todos los demás, no logra que los oponentes de Jesús depositen su fe en Él. Todo lo contrario. El resultado es que el odio que le tienen aumenta. Juan quiere que veamos que el resultado de la actividad de Jesús como la Luz del mundo es el juicio para aquellos cuyo hábitat natural son las tinieblas. Se oponen a la luz, por lo que ellos mismos se condenan.

El hombre se enzarza en una acalorada discusión con los fariseos, que podríamos dividir en tres secciones. En la primera, se explica la curación y vemos que hay una división entre los mismos fariseos (vv. 13-17); en la segunda, los fariseos interrogan a los padres del hombre (vv. 18-23); y en la tercera, hablan directamente con él (vv. 24-34).

a. Discusiones preliminares (9:13-17)

13 Llevaron ante los fariseos al que antes había sido ciego. 14 Y era Día de Reposo el día en que Jesús hizo el barro y le abrió los ojos. 15 Entonces los fariseos volvieron también a preguntarle cómo había recibido la vista. Y él les dijo: Me puso barro sobre los ojos, y me lavé, y veo. 16 Por eso algunos de los fariseos decían: Este hombre no viene de Dios, porque no guarda el Día de Reposo. Pero otros decían: ¿Cómo puede un hombre pecador hacer tales señales? Y había división entre ellos. 17 Entonces dijeron otra vez al ciego: ¿Qué dices tú de Él, ya que te abrió los ojos? Y él dijo: Es un profeta.

---

[28] San Agustín cree que es muy interesante la inmediatez y claridad con la que este hombre habla: "predica el Evangelio; ha recibido la vista, y confiesa. El ciego hace una confesión, lo que molestó a las autoridades; porque ellos no tenían en su corazón lo que él había encontrado" (44.8; p. 247).

En esta sección se establece el tema a discutir. Se nos dice que era Día de Reposo, y que aquel hombre decía haber sido sanado de una ceguera de nacimiento. Vemos que la opinión de los fariseos está dividida porque algunos están impresionados por aquel milagro y otros solo se fijaban en que había violado el día de descanso. También tenemos la narración que el hombre hace del milagro.

13 No contamos con ninguna marca temporal, pero está bastante claro que todo esto sucedió el día después del milagro. No sabemos a quién se refiere el verbo en tercera persona del plural ("llevaron"). Ni tampoco sabemos por qué llevaron al hombre[29] ante los fariseos. Puede que se trate de una partícula indefinida (como la tercera persona del singular francés *on*), y que solo quiera transmitir el hecho de que el hombre iba a comparecer ante los fariseos. Pero lo más probable es que se refiera a la gente con la que él había estado discutiendo anteriormente. Al no saber si creerle o no, decidieron presentar aquella incógnita ante las autoridades religiosas. Seguro que asociaron la curación con el campo religioso (¿no era Jesús un maestro religioso?), por lo que los fariseos eran los que debían pronunciarse sobre aquel acontecimiento. También puede ser que los fariseos estuvieran actuando como representantes oficiales del Sanedrín. Hendricksen cree que se trataba de un grupo reconocido oficialmente, probablemente "el Sanedrín menor o el tribunal de la sinagoga; sabemos que había dos de estos en Jerusalén". Si eso es cierto, explicaría por qué los padres tenían miedo de que les interrogaran. Pero ni el procedimiento ni la sentencia se parecen a los procedimientos formales, por lo que resulta más lógico pensar que se trató de una investigación no oficial.

14 Juan intercala una explicación que es importante, según veremos en la discusión que va a tener lugar. Jesús había realizado aquella curación y había hecho barro en Sabat. Calvino cree que Jesús lo hizo así de forma intencionada, para que los religiosos ortodoxos se ofendieran y el tema ganara publicidad y "la verdad que el milagro encierra brillara de forma más intensa". Puede que esto sea verdad, pero en

---

[29] τόν ποτε τυφλόν recibe el énfasis al aparecer al final de la frase sin ninguna unión sintáctica con lo que le precede. Juan, fiel a su estilo, describe al hombre de diferentes maneras. En el v. 17 tenemos al "hombre ciego", en el v. 18, al "hombre que había sido ciego" y en el v. 19, a "aquel que vosotros decís que nació ciego".

contra de esta opinión tenemos que Jesús siempre evitaba la excesiva publicidad y la popularidad.

15 Los fariseos interrogan al hombre. El verbo denota una continuidad y repetición, y no una simple invitación a relatarles lo que había ocurrido. Está claro que fueron muy persistentes. El hombre relata lo ocurrido. Tiene el don de la brevedad y, en una sola frase, plasma la esencia de lo ocurrido.

16 La declaración del hombre divide a los fariseos. Los más literalistas solo ven que se ha violado el día de descanso. Si un hombre[30] no guardaba el Sabat según ellos creían que debía guardarse, ese hombre no podía venir de Dios. Sin embargo, otros eran un poco más abiertos de mente. Se fijaron en otra cuestión, en un principio que el hombre que había sido ciego recoge muy bien en el versículo 31. Jesús estaba haciendo "señales" de ese tipo (nótese el plural; no se estaban centrando tan solo en este milagro); por tanto, ¿cómo iba a ser pecador?[31]. Los que tomaban el Sabat como punto de partida del debate decían que si había incumplido las reglas farisaicas, Jesús no podía ser Dios. Los que tomaban como punto de partida el milagro, creían que tenía que ser de Dios. Los fariseos estaban divididos[32]. El grupo que parece estar a favor de Jesús debía de ser minoritario. Después de este versículo no se vuelve a oír hablar de ellos, y durante el resto del capítulo la narración continúa como si ese pequeño grupo no hubiera existido.

---

[30] En la expresión "este hombre", οὗτος está separado de ὁ ἄνθρωπος por παρὰ θεοῦ . Este es un orden muy poco común, lo que quizá responde al deseo de enfatizar el sustantivo "hombre". También puede ser que Juan quiera enfatizar el desconocimiento que ellos tenían de la Encarnación.

[31] ἁμαρτωλός aparece cuatro veces en este capítulo (vv 16, 24, 25 y 31) y ya no vuelve a salir en todo el Evangelio. Los principios de los que parten estos fariseos no tienen que ver con los datos que nos enseñan las Escrituras. Por ejemplo, los magos del faraón imitaron algunos de los milagros que Aarón realizó (Éx. 7:11, 22, 8:7; pero cf. 8:18-19). Otro ejemplo sería que a los israelitas se les advirtió que "se levantaría... un profeta o soñador... que realizará una señal o prodigio" para confundir a la gente (Dt. 13:1s). Jesús habló de la misma idea (Mt. 24:24). Quizá buscaban algún tipo de reconciliación en la naturaleza de los milagros de Jesús. No se trataba tan solo de "prodigios", sino que eran "señales" que hacían que la gente se volviera a Dios. Ese tipo de milagros no podía venir de alguien que buscaba engañar.

[32] σχίσμα no se refiere a un cisma, en el sentido en el que nosotros entendemos ese término, sino a una disensión. Fue una disensión de opiniones, y no una división del grupo.

17 Al preguntarle al hombre qué piensa él de Jesús, queda patente el grado de disensión y desconcierto que había entre los fariseos. En una situación normal, nunca le hubieran preguntado a un hombre cualquiera sobre una cuestión religiosa. Pero después de todo, él era el que sabía lo que había ocurrido. Por eso le preguntaron. El pronombre "tú" es enfático; de repente, el hombre ha adquirido una posición especial. No duda, sino que responde con determinación: "Es un profeta" (cf. lo que dijo la mujer samaritana, 4:19). Si esta afirmación no nos parece suficiente, recordemos que el hombre no podía saber más sobre la identidad de Jesús. Su encuentro con el Señor había sido muy breve. Y lo más seguro es que al decir "profeta" ya le estaba asignando el calificativo más alto que podía concebir; con su respuesta pone a Jesús en el lugar más alto que él conocía[33]. Juan va elaborando la progresiva comprensión de este hombre. Pasó de pensar que Jesús era "el hombre que se llama Jesús" (v. 11), a ver que era un profeta. Más adelante dirá que es alguien a quien hay que seguir de un manera concreta (vv 27-28), que viene de Dios (v. 33) y, por fin, acaba creyendo en el Hijo del Hombre que merece toda adoración (vv 35-38). Por el contrario, los fariseos, partiendo de la idea de que Jesús no puede venir de Dios (v. 16), cuestionan el milagro (v. 18), dicen que Jesús es pecador (v. 24), hacen patente su poca lucidez (v. 29) y, finalmente, son declarados ciegos y pecadores (v. 41).

b. Interrogan a los padres del hombre que ha sido sanado (9:18-23)

18 Entonces los judíos no creyeron que había sido ciego, y que había recibido la vista, hasta que llamaron a los padres del que había recibido la vista, 19 y les preguntaron, diciendo: ¿Es éste vuestro hijo, el que vosotros decís que nació ciego? ¿Cómo es que ahora ve? 20 Sus padres entonces les respondieron, y dijeron: Sabemos que este es nuestro hijo, y que nació ciego; 21 pero cómo es que ahora ve, no lo sabemos; o quién le abrió los ojos, nosotros no lo sabemos. Preguntadle a él; edad tiene, él hablará por sí mismo. 22 Sus padres

---

[33] McClymont cita a Maimónides, quien habla de una creencia judía que recoge que un profeta tenía autoridad incluso sobre la ley referente al Sabat. Si esta creencia ya existía en tiempos neotestamentarios, la respuesta de este hombre estaría llena de significado.

dijeron esto porque tenían miedo a los judíos; porque los judíos ya se habían puesto de acuerdo en que si alguno confesaba que Jesús era el Cristo, *fuera expulsado de la sinagoga. 23 Por eso, sus padres dijeron: Edad tiene; preguntadle a él.*

a. 22 O *Mesías*

Lo primero que los enemigos de Jesús han intentado es desacreditar el milagro que ha realizado. Sostenían que Jesús no venía de Dios. Por tanto, no podía haber realizado un milagro. Por consiguiente, el milagro no había tenido lugar. No examinaron los hechos de forma objetiva, sino que solo opinaban por sus prejuicios: intentaban buscar el fraude que, según ellos creían, había detrás de todo aquello. Para empezar, intentan demostrar que aquel hombre no había sido ciego desde su nacimiento.

18 Esta oposición ahora recibe el nombre que Juan tanto usa: "los judíos". El distintivo "fariseos" solo va a aparecer una vez más en este capítulo, y no es hasta el versículo 40. Los judíos no creían que aquel hombre fuera ciego de nacimiento. Así que deciden hacer llamar a sus padres.

19 Cuando tienen a los padres delante, les hacen dos preguntas. Lo primero que preguntan es bastante normal: quieren saber si aquel hombre es su hijo, el que dicen que nació ciego (en la NVI esta parte son dos preguntas). Pero lo segundo les delata, porque están reconociendo que algo grande ha ocurrido: "¿Cómo es que ahora ve? Reconocen que el hombre era ciego (tal y como los padres decían) y que ahora ve (cosa que ellos mismos han podido percibir).

20-21 Es bastante evidente que los padres no tenían el mismo carácter firme que el hijo. Su respuesta es tímida y sumisa a la autoridad de los que les estaban interrogando. Dan testimonio de que aquel hombre es su hijo, y de que nació ciego. Pero dicen que no saben cómo ni gracias a quién ha recobrado la vista. Para subrayar que no conocen la identidad del bienhechor usan el pronombre enfático ("*nosotros* no lo sabemos"). Lo mismo ocurre cuando dicen que le pregunten a él; también aparece el pronombre enfático ("*él* hablará"). Todas estas matizaciones dejan claro que ellos no quieren verse envueltos en aquel asunto más de lo necesario. No sabemos si estuvieron presentes en la curación; puede que no estuvieran y, por lo tanto, sería normal que dieran este tipo de respuestas. Lo que no es tan normal es que se quisieran librar de ser interrogados y que, para ello, le devolvieran la responsabilidad a su propio hijo de una manera tan despreocupada e insensible: "Preguntadle a él, edad tiene[34], él hablará por sí mismo". Está claro que su hijo corre cierto peligro, pero aún así, ellos no quieren saber nada[35].

22 Juan explica la situación en la que los padres se encuentran. Es interesante ver que las autoridades ya habían decidido en época tan temprana perseguir a los seguidores de Jesús. Es difícil saber el significado exacto de "confesar" a Cristo (NVI, "reconocer que Jesús era el Cristo"); en cuanto a "Cristo", ver el comentario de 1:20, 41. Creo que la NVI y otras versiones no han sabido acertar aquí, porque no parece posible que a estas alturas se pudiera acusar a alguien de sostener que Jesús era el Cristo. "Confesar" debería interpretarse en un sentido más amplio, como "apoyar a Jesús". "Fue expulsado de la sinagoga" debe de querer decir que le excomulgaron[36]. Este término no aparece

---

[34] Los judíos consideraban a un hombre a partir de los trece años y un día (SBk, II, p. 534). Pero puede que la expresión se refiera a que ya era lo suficientemente mayor como para razonar por sí mismo, y no a que ya "tenía edad en términos legales".

[35] Strachan sugiere que no tenían miedo por lo que a ellos les pudiera pasar, sino por su hijo, y que por eso dejaron que él tuviera la última palabra. Pero esa no es la impresión que queda al leer el pasaje.

[36] ἀποσυνάγωγος γένηται solo aparece en la Biblia griega aquí, en 12:42 y en 16:2 (cf. Lc. 6:22). No conocemos el significado exacto de este término, ni cuál era la naturaleza y el proceso de excomulgar entre los judíos de aquella época. Más adelante había dos formas de excomulgar: נִדּוּי, una exclusión temporal que duraba 30 días, y חֵרֶם, que era permanente. Ambas se realizaban según el criterio de los ancianos de la congregación. Si se excomulgaba a alguien, esa persona tampoco podía disfrutar de una relación normal con la comunidad judía, pero parece ser que sí podía unirse si era con el fin de alabar a Dios (*Misná, Midd.* 2:2). Pero no tenemos ninguna prueba de que esto ya se aplicara en tiempos neotestamentarios. La Misná habla de excomulgar, pero no da detalles al respecto, y recoge la posibilidad de la readmisión (*MK* 3:1, 2; ver también *Ta'an.* 3:8; *Ned.* 1:1; *'Eduy.* 5:6; *Midd.* 2:2). Esta práctica es muy antigua (Esdras 10:8). En la Ley hay varias referencias a "ser cortado del pueblo"; concretamente "Habéis de guardar el Día de Reposo... cualquiera que haga obra alguna en él, esa persona será cortada de entre su pueblo" (Éx. 31:14). No sabemos cómo se llevaba esto a la práctica durante el período neotestamentario, pero eso no quiere decir que no se aplicara. *Ta'an.* 3:8 contiene una amenaza de excomunión, parece ser que pronunciada por Simeón b. Shetah alrededor del año 80 aC. Se cree también que la bendición contra los herejes estaba dirigida a los cristianos y fue compuesta por Samuel,

en la Septuaginta ni en autores seculares, y no sabemos con exactitud cuáles eran todas las implicaciones que se derivaban de dicho concepto. Pero, en todo caso, para un judío, era una desgracia muy grande que le retiraran el derecho de asistir a la sinagoga. Por un lado, sabemos que a los cristianos no se les excomulgaba, al menos en el sentido completo de la palabra, porque en Hechos se dice que se movían libremente por las sinagogas. Pero es difícil saber cómo debemos entender este término en el contexto de este versículo de Juan. A menos que creamos que Juan está haciendo una lectura anacrónica y está aplicando las condiciones que más tarde se aplicarían, lo más lógico es pensar que le echaron temporalmente, es decir, que por un tiempo, no iba a contar con los privilegios de ser miembro de la comunidad. Pero no se trataba de una regla establecida. "Los judíos ya se habían puesto de acuerdo" no hace referencia necesariamente a un decreto formal del Sanedrín.

el Pequeño hacia finales del siglo primero; muchos sugieren que eso es lo que este pasaje da por sentado. Pero Beasley-Murray cita el "exhaustivo análisis de las evidencias" de W. Horbury , que concluye que la bendición "simplemente reforzaba una exclusión anterior y mucho más drástica de los cristianos" (p. 154). Apenas tenemos información sobre cómo se aplicaba en tiempos del Nuevo Testamento. J.A.T. Robinson señala que la bendición tiene que ver con maldecir o blasfemar contra el *minim*, no con excluirles de la sinagoga, así que no tiene nada que ver con el problema que aquí estamos tratando (*Priority, pp. 72-81*). M. Hengel dice que "la introducción de la maldición de los 'herejes' de las Dieciocho Bendiciones que se realizó en el Sínodo de Jamnia, fue un acontecimiento histórico muy problemático". Además, nos recuerda que "la 'expulsión' de los cristianos de la sinagoga ocurría de forma diferente: era un largo y doloroso proceso que empezó incluso antes del episodio de Pablo y el martirio de Esteban" (Hengel, pp. 114-15). Ver E. Schürer, *A History of the Jewish People in the Time of Jesus Christ*, II, ii (Edimburgo, 1885), p. 59s.; SBk, IV, pp. 293-333; *TDNT*, VII, pp. 845-50. Dodd apunta que "no hay forma de probar la exactitud de la representación que el evangelista nos hace de este juicio... Pero hay ciertas expresiones en la narración que sugieren que detrás había conocimiento del concepto judío y de los procedimientos" (*IFG*, p. 80). C.F.D. Moule cuestiona "si hay alguna razón inherente para declarar que esto no es histórico" (*The Birth of the New Testament* [Londres, 1962], p. 107). En todo caso, no sabemos de una prohibición formal para los cristianos (por oposición a la maldición general para los herejes que estaba incluida en las oraciones) hasta tiempo después de la composición de este evangelio. Hace tiempo, Lagrange expresó su sorpresa al leer que Lisy decía que este tipo de excomunión no existía en tiempos de Jesús, pero que sí existía en tiempos del Cuarto Evangelio. Lagrange añade: "La excomunión de los cristianos como tal no existía en los tiempos de Jesús; pero la excomunión sí existía, y los judíos seguían poniéndola en práctica ya durante la vida de Jesús, para evitar que se siguiera extendiendo su enseñanza". Parece que lo mejor es aceptar las evidencias que Juan mismo presenta de que ya en aquellos tiempos se hacía uso de algún tipo de excomunión como forma de persecución de Jesús y de sus seguidores, pero que no era una regla formalizada o institucionalizada.

Puede que simplemente se refiera a que los dirigentes de aquel grupo que se había encontrado en esa ocasión se habían puesto de acuerdo para hacer todo lo posible por frenar a los seguidores de Jesús, a través quizá de la excomunión, o quizá, llevándoles a juicio ante el Sanedrín.

23 Juan repite de forma abreviada la respuesta de los padres, y aclara que habían respondido así por miedo a la excomunión[37].

c. Cuestionan al hombre, y lo excomulgan (9:24-34)

24 Por segunda vez llamaron al hombre que había sido ciego y le dijeron: Da gloria a Dios; nosotros sabemos que este hombre es un pecador. 25 Entonces él les contestó: Si es pecador, no lo sé; una cosa sé: que yo era ciego y ahora veo. 26 Le dijeron entonces: ¿Qué te hizo? ¿Cómo te abrió los ojos? 27 Él les contestó: Ya os lo dije y no escuchasteis; ¿por qué queréis oírlo otra vez? ¿Es que también vosotros queréis haceros discípulos suyos? 28 Entonces lo insultaron, y le dijeron: Tú eres discípulo de ese [hombre;] pero nosotros somos discípulos de Moisés. 29 Nosotros sabemos que Dios habló a Moisés, pero en cuanto a éste, no sabemos de dónde es. 30 Respondió el hombre y les dijo: Pues en esto hay algo asombroso, que vosotros no sepáis de dónde es, y [sin embargo,] a mí me abrió los ojos. 31 Sabemos que Dios no oye a los pecadores; pero si alguien teme a Dios y hace su voluntad, a éste oye. 32 Desde el principio jamás se ha oído [decir] que alguien abriera los ojos a un ciego de nacimiento. 33 Si éste no viniera de Dios, no podría hacer nada. 34 Respondieron ellos y le dijeron: Tú naciste enteramente en pecados, ¿y tú nos enseñas a nosotros? Y lo echaron fuera.

---

[37] En este versículo aparece ἐπερωτήσατε (si esta es la lectura correcta) en lugar de ἐρωτήσατε, que había aparecido en la respuesta que los padres dieron en el v. 21. Pero quizá esto no tenga ninguna importancia, ya que sabemos que Juan suele realizar pequeñas alteraciones cuando repite las cosas (ver el comentario de 3:5). Pero tenemos muchos textos que apoyan la lectura de ἐρωτήσατε, así que esta es la versión preferida, en vista de que Juan tiene preferencia por los verbos no compuestos (aparece 27 veces, mientras que ἐπερωτάω solo vuelve a aparecer en 18:7, y en ese caso también hay manuscritos que contienen ἐρωτάω). Está claro que Juan usó ἐπερωτάω mucho menos que otros autores neotestamentarios (y ἐρωτάω más que los demás autores; Lucas le sigue, pero muy de lejos: 15 veces).

Esta es la sección más enérgica de todo el capítulo. Los judíos presionan al hombre que había sido sanado, y él aguanta sus ataques con determinación. Basan su argumentación en sus ideas preconcebidas; el hombre las basa en los hechos de los que él mismo ha sido testigo. Es imposible contradecir a un hombre que puede hacer la siguiente declaración: "Una cosa sé: que yo era ciego y ahora veo". Lejos de confundirle, los argumentos de los judíos le sirven para afirmarse más aún en su posicionamiento, y a tener una comprensión de la identidad de Jesús mucho más completa. ¡Vaya paradoja! Así, tenemos de nuevo otro ejemplo de la ironía joánica. Los que se presentaban como hombres sabios están intentando convencer a alguien que no veía y ahora ve que niegue lo ocurrido.

24 En este versículo hay un "por tanto" que nuestra versión omite, pero que es muy importante. Se han dado cuenta de que seguir interrogando a los padres no les va a llevar a ningún lado y, "por tanto", deciden atacar al hijo. Comienzan su ataque con una exhortación piadosa para que le dé la gloria a Dios. Quizá esto podríamos interpretarlo (en el espíritu de Josué 7:19) como una exhortación a decir la verdad[38] y confesar sus propios errores. La idea sería algo como "Recuerda que Dios te ve, así que dale a Él el debido honor diciendo la verdad" (cf. *GNB*, "¡Promete ante Dios que dirás la verdad!"). Si esta interpretación es correcta, entonces los judíos le están diciendo al hombre que hasta ahora no ha sido completamente sincero, que ha escondido algo que podría mostrar que Jesús sí es pecador[39]. Estas palabras también podrían apuntar a que lo único que hizo Jesús fue hacer un poco de barro, untárselo en los ojos y decirle que se fuera a lavar. Eso no tiene mérito alguno. En todo caso, el mérito o la gloria serían para Dios, que fue el que realizó el milagro. Jesús no tiene nada que ver, y el hombre debería darle la gloria solo a aquel que la merece (cf. Phillips: "Tendrías que darle la gloria a Dios por lo que te ha ocurrido"). Los expertos en religión son los que saben lo hay que hacer; nótese el énfasis que colocan sobre el pronombre "nosotros". "Nosotros, los líderes religiosos, sabemos qué es lo correcto", por lo tanto, ¡los demás deberían seguir las instrucciones que *nosotros* damos! Es interesante ver que lanzan la

---

[38] Rieu traduce: "los judíos... querían obligarle a decir...", que refleja el sentido al que apunta esta interpretación, pero que no es una traducción muy fiel.
[39] En cuanto al uso joánico de ἄνθρωπος referente a Jesús, ver el comentario de 4:29.

acusación de que Jesús es pecador, pero no intentan demostrar su teoría aportando ejemplos concretos.

25 El hombre se mantiene firme y no es influenciable, como bien muestra su respuesta. No intenta contestar la cuestión teórica de si Jesús es pecador o no. Se ciñe a los hechos que conoce muy bien y, así, pronuncia una declaración que se ha convertido en todo un clásico. Ninguna teoría, por bien urdida que esté, puede contradecir a una persona que dice con convicción "Una cosa sé". Aquel hombre ahora podía ver, y eso, ellos no lo podían cambiar.

26 Pero el interrogatorio continúa. ¡Quizá en la forma en que se realizó la curación podrían encontrar algo que les sirviera como acusación! Así que le vuelven a preguntar por el proceso que Jesús había seguido.

27 El hombre empieza a cansarse. Con razón, les dice que ya les ha contestado esas preguntas. Concluye que los judíos ya no están buscando información. Entonces, ¿qué buscan? ¿Qué intentan?[40] La pregunta "¿Es que también vosotros queréis haceros discípulos suyos?" está estructurada como si la respuesta esperada fuera un "no", pero el simple hecho de que les haga esa pregunta ya es significativo. Él ya sabía que no iban a cambiar fácilmente de manera de pensar, pero está dispuesto a intentarlo. El adverbio "también" está lleno de significado. Él se veía como uno más de los discípulos de Jesús[41].

28-29 Los judíos dejan de hablar y abusan del hombre, y luego contrastan su posición con la de aquel hombre. Él no es más que un discípulo de ese hombre, discípulo de Jesús[42]; sin embargo, ellos son discípulos de Moisés. Ellos se creen con derecho a todo. Hablan con seguridad. Por ignorante que fuera la multitud, todos sabían que Dios habló a Moisés.

---

[40] θέλετε ἀκούειν es interesante porque θέλω normalmente va seguido del infinitivo aoristo (como en la segunda parte del versículo). El significado sería "¿Por qué queréis seguir escuchando?".

[41] Algunos exegetas sostienen que la expresión no hace más que llamar la atención sobre los ya discípulos de Jesús, y pregunta a los fariseos si ellos también quieren unirse al grupo. Pero esto no tiene sentido, y tampoco concuerda con el carácter franco del hombre, ni con la forma en que está defendiendo que Jesús ha sido el que le ha dado la vista. El siguiente versículo refleja que los judíos entendieron que él se consideraba un discípulo de Jesús.

[42] ἐκείνου se usa probablemente de forma peyorativa (BDF, 291[1]), "*ese* hombre".

El tiempo perfecto del verbo "hablar" implica que estas palabras siguen vigentes. "Éste" es peyorativo. Además, creen que si ellos no saben de dónde es Jesús, eso le quita puntos. Pero ya se había dicho que cuando Cristo viviera, nadie sabría de dónde sería (7:27), así que, de hecho, la ignorancia de los judíos podía usarse como argumento de que Jesús era el Mesías. Así que el argumento de los judíos es menos convincente y menos consistente de lo que ellos piensan[43]. Si hubieran considerado todas sus implicaciones, quizá habrían visto cuál es la verdad.

30 El hombre continúa en sus trece. Lejos de quedarse apabullado por las duras palabras de los judíos, se dispone a lanzarles su argumentación, que está diseñada para llevarles a una conclusión totalmente opuesta. ¡Les dice que está asombrado de que ellos no sepan de dónde es Jesús! Dice "en esto hay algo asombroso", que significa algo así como "lo increíble es la incredulidad que mostráis ante estas evidencias; ¡eso es mucho más increíble que mi curación!". El "vosotros" es enfático y puede que busque dar un matiz irónico: "Vosotros, los expertos religiosos, ¿no podéis ver algo tan simple como esto?".

31 El hombre pronuncia una declaración muy sencilla, y lo hace primero usando una frase negativa y, luego, diciendo lo mismo pero formulándolo de forma afirmativa. Utiliza "sabemos", haciendo uso del reclamo de los judíos, para dejar claro que él, y quizá toda la comunidad, también sabe que Dios no escucha a los pecadores. El segundo grupo de fariseos al que hacíamos mención en el versículo 16 habría estado de acuerdo con él (cf. Sal. 66:18; Pr. 15:29; Is. 1:15). Ahora viene la frase afirmativa: Si un hombre es un verdadero adorador[44] y si hace la voluntad de Dios, a éste oirá.

32-33 Continúa diciendo que devolver la vista a un ciego de nacimiento es algo muy poco común. Ciertamente, desde el principio[45] jamás se ha oído que alguien abriera los ojos a un ciego de nacimiento.

---

[43] Filson comenta: "Se jactaban de que no conocían la procedencia de Jesús (v. 29). Pero ese fue su error: Jesús vino a ellos de parte de Dios, y ellos no quisieron aceptar ese hecho".

[44] Ésta es la única vez que θεοσεβής aparece en el Nuevo Testamento.

[45] Esta es la única vez que la expresión ἐκ τοῦ αἰῶνος aparece en la Biblia griega (Gá. 1:4 es diferente, porque allí, esta expresión está calificada; ἐξ αἰῶνος aparece en la Septuaginta, p. ej. En Pr. 8:21, Jer. 7:7; Sir 1:4). ἀπὸ τοῦ αἰῶνος o ἀπ' αἰῶνος son mucho más comunes.

Ha presentado un razonamiento muy completo. Jesús no podría haber hecho algo así[46], algo que no tenía precedentes en la historia, si no fuera de Dios (cf. 3:2). Para el hombre, no hay otra argumentación que valga. Toda esta reflexión no está nada mal para alguien que había sido mendigo toda la vida y, presumiblemente, no había tenido acceso a una formación académica ni dialéctica.

34 Pero con hombres como aquellos judíos, lo único que está haciendo es perder el tiempo. No prestan ninguna atención a las argumentaciones que él les pueda presentar, sino que ahora se centran en la naturaleza de ese hombre que ha pretendido querer enseñarles algo. ¡Si él ha nacido enteramente en pecado! Y aquí se acaba la discusión. Probablemente están sugiriendo que su ceguera fue un castigo por el pecado (cf. v. 2). Si es así, su respuesta le está dando toda la razón al hombre que había sido sanado, ya que están admitiendo algo que habían cuestionado anteriormente (vv 18-19): que el hombre había sido ciego, y que ahora veía. Le echaron fuera, que probablemente quiere decir lo mismo que "ser expulsado de la sinagoga" (v. 22). Es posible que ese fuera un término técnico, y que la expresión que aquí se usa significara no más que los judíos echaron al hombre de aquella asamblea y del edificio en el que estaban en aquel momento (cf. Barclay: "le ordenaron que saliera de allí"). Pero es más probable que estas palabras representen una acción disciplinaria más fuerte dirigida a un hereje obstinado.

4. Fe en el Hijo de Dios (9:35-38)

35 Jesús oyó decir que lo habían echado fuera, y hallándolo, [le] dijo: ¿Crees tú en el Hijo del Hombre? 36 Él respondió y dijo: ¿Y quién es, Señor, para que yo crea en Él? 37 Jesús le dijo: Pues tú le has visto, y el que está hablando contigo, ése es. 38 Él entonces dijo: Creo, Señor. Y le adoró.

A Juan le interesa la forma en que la venida de Jesús divide a las personas. Durante todo este capítulo hemos visto cómo funciona ese proceso. Ahora que llegamos al final, vemos la conclusión natural: por

---

[46] Tenemos aquí una doble negación, que lo hace aún más enfático: οὐκ ἠδύνατο ποιεῖν οὐδέν.

un lado, una confesión de fe y, por otro, una clara declaración de condena para aquellos que se resisten a la luz.

35 Aquí lo interesante es la sencillez de la expresión "hallándolo" o "cuando lo halló" (cf. 5:14). Seguro que las noticias de que los judíos habían estado abusando de aquel hombre corrieron aprisa y llegaron hasta Jesús. Juan no cree necesario decir que Jesús lo estuvo buscando. Como el hombre había sufrido por causa de Jesús, lo normal es que Jesús no quedara indiferente. Así que Juan, simplemente dice que le halló (la traducción "cuando lo halló" es preferible a "hallándolo")[47]. El pronombre "tú" que Jesús usa es enfático. Quiere saber la opinión del hombre, independientemente de lo que piensen los demás. La fe es algo personal. En cuanto a "creer en", ver el comentario de 1:12, y en cuanto a "el Hijo del Hombre", ver la Nota Adicional C[48]. Independientemente del texto que prefiramos, está claro que se refiere a la fe en Cristo[49].

36 Está claro que el hombre reconoció la voz de Jesús porque, aunque sabía que su benefactor se llamaba Jesús, no lo había visto

[47] Cf. Crisóstomo: "Los judíos le echaron del templo, y el Señor del templo le encontró" (59.1; p. 212). Calvino señala que una excomunión puede tener buenos resultados: "Si se hubiera quedado en la sinagoga, hubiera corrido el peligro de, gradualmente, olvidar a Cristo y acabar viviendo como aquellos despiadados... Y en nuestros tiempos ocurre lo mismo. Cuando Lutero, y otros como él, empezaron a reprobar los grandes abusos del Papa, aún no habían llegado a comprender el estado puro del cristianismo. Pero después de que el Papa intentara fulminarlos y les echara de la sinagoga romana, Cristo extendió su mano y se dio a conocer de una forma más completa a aquellos reformadores. Así que no hay nada mejor para nosotros que estar lejos de los enemigos del Evangelio, para que Dios pueda acercarse a nosotros".

[48] ἀνθρώπου aparece en p[66] p[75] א BDW syr[s] sa y θεοῦ, en A Θ f1 f13 lat. Ambas son expresiones joánicas. No encontramos en ningún otro sitio "el Hijo del Hombre" relacionado directamente con "creer" (aunque cf. 3:14-15; 12:34s.), pero "el Hijo de Dios" aparece en confesiones de fe (1:34, 49; 3:18; 11:27; 20:31). Por tanto, es poco probable que si originalmente apareció θεοῦ se alterara en ἀνθρώπου, mientras que el proceso inverso es más lógico (argumento que convenció a Tasker, *GNT*, p. 427; el comité de Metzger cree que esta lectura es "casi con toda seguridad" bien cierta). Como ἀνθρώπου aparece en más y mejores manuscritos, no hay razón para no aceptar dicha lectura. Una consideración más sería que el pasaje da paso al concepto del juicio, un tema muy relacionado con el "Hijo del Hombre" (cf. 5:27). M. Müller argumenta que "Hijo del Hombre" aquí "debe entenderse como un circunloquio del emisor" (*NTS*, 37 [1991], pp. 291-94).

[49] Puede que la pregunta esté hecha pensando que la respuesta va a ser afirmativa. Cf. Bailey: "Tú tienes fe en el Hijo del Hombre, ¿no es verdad?" Bernard es de la misma opinión.

nunca. Le responde[50] de forma respetuosa, aunque no está muy claro si deberíamos entender "señor" (*N. de la T.* En inglés, "sir") como trato respetuoso, o como "Señor" (*N. de la T.* En inglés, "Lord"), reconociendo la honra que merecía. Como el hombre aún no sabe quién es Jesús, es preferible optar por la primera acepción de "señor" que hemos comentado (ver el comentario de 4:1). La gratitud del hombre la vemos en la entera disposición para creer. Quiere saber quién es el Hijo del Hombre para[51] poder creer[52] en Él. De la pregunta que Jesús le ha hecho, deduce que Jesús quiere que crea. Por su parte, Él está dispuesto a hacer lo que debe[53].

37 Jesús revela su identidad. Jesús usa el verbo "ver" ("tú les has visto"), lo que debió de significar mucho para aquel hombre que nunca había experimentado el sentido de la vista.

38 La respuesta instantánea del hombre es "Creo, Señor". Esta vez no hay duda alguna de que "Señor" contiene el reconocimiento de la verdadera identidad de Jesús. Estamos ante el clímax del proceso que se ha ido desarrollando durante todo el capítulo. La comprensión que el hombre tenía de la identidad de Jesús ha ido aumentando, y ahora, esta revelación final es la respuesta que había estado buscando. Se da cuenta de que Jesús es digno de merecer su confianza, y por eso deposita su fe en Él. Este es el único lugar en todo el Evangelio en el que se nos dice que alguien adora a Jesús. Este verbo aparece varias veces en el capítulo 4 refiriéndose a la adoración a Dios, y vuelve a aparecer con el mismo sentido en 12:20. También puede querer decir rendir respeto a una persona[54], pero en Juan es más normal verlo como

---

[50] BDF señala el uso de καί para introducir una apódosis cuando la apódosis es una pregunta con el sentido de "entonces quién" (442[8]).

[51] Burney cita este versículo como un ejemplo del uso semítico del pronombre reiterativo (εἰς αὐτόν) después del relativo (*AO*, p. 85; en cuanto a esta construcción en Juan, ver el comentario de 1:27). Pero este ejemplo no es muy convincente, ya que se basa en que ἵνα es una mala traducción del relativo, teoría que muchos han rechazado (cf. Black, *AA*, pp. 58-59).

[52] La pregunta de Jesús usa el presente: "¿Normalmente crees?". El hombre, en su respuesta, usa el aoristo: "... para que pueda llegar a creer".

[53] Algunos han sugerido que veamos ἵνα con sentido imperativo, por lo que tendríamos "así, ¡tendré que creer!" (ver el comentario de 1:8). Lo más probable es que estemos ante una elipsis: "(Dímelo), para que yo...".

[54] BAGD señala que προσκυνέω "se usa para designar la costumbre de postrarse ante una persona y besarle los pies, el dobladillo de su túnica, el suelo, etc.; los persas

respeto hacia la divinidad. El hombre ya ha reconocido que Jesús viene de Dios (v. 33). Ahora da un paso más. Le da a Jesús la misma adoración que Dios merece. Juan empezó este episodio con la pregunta de los discípulos referente al sufrimiento inmerecido: ¿Por qué había nacido ciego? No da una respuesta exacta, pero al menos el final de la historia consiste en que el hombre recibe una bendición enorme que solo podía venir de Dios y por la que podrá estar eternamente agradecido: la curación de la ceguera le permite ver física y espiritualmente.

5. La condenación de los fariseos (9:39-41)

39 Y Jesús dijo: Yo vine a este mundo para juicio; para que los que no ven, vean, y para que los que ven se vuelvan ciegos. 40 [Algunos] de los fariseos que estaban con Él oyeron esto y le dijeron: ¿Acaso nosotros también somos ciegos? 41 Jesús les dijo: Si fuerais ciegos, no tendríais pecado; pero ahora, [porque] decís: «Vemos», vuestro pecado permanece.

La luz había tenido un efecto concreto sobre aquel hombre que había estado dispuesto a recibirla. Veamos ahora el efecto que tiene esa luz en aquellos que se empecinan en seguir con los ojos cerrados.

39 ¿Estamos aún en el mismo episodio? ¿Pronunció Jesús estas palabras justo después de que el hombre le adorara? Juan no indica ningún cambio de escena, pero no creo que la conversación con el hombre que acaba de depositar su plena confianza en él tuviera lugar en presencia de los enemigos de Jesús, porque si los fariseos hubieran estado allí habrían criticado aquel acto de adoración. Lo más probable, pues, es que estas palabras tuvieran lugar un poco más tarde. Jesús explica el principio que aquí se aplica. En un sentido, Él no vino a juzgar (3:17; 12:47). Pero, de todos modos, su venida trae consigo un juicio[55], porque

realizaban este protocolo en presencia de su rey (a quien divinizaban), y los griegos, ante una divinidad o algo sagrado". En cuanto al uso de esta práctica con gente, se dice: "se debe realizar ante los seres humanos que pertenecen a un reino sobrenatural, para reconocer así su procedencia". LS demuestra que más adelante esta práctica perdió gran parte de su significado original, pero en el Nuevo Testamento está claro que esta palabra se usa en un sentido pleno (Mt. 18:26; Ap. 3:9).

[55] Este es el único lugar de este evangelio en el que aparece κρίμα. Juan suele usar κρίσις.

la gente se divide según la actitud que toma ante su mensaje (ver el comentario de 3:18 y de 8:15). La venida de la luz revela quiénes son ciegos, espiritualmente hablando, y les juzga; el juicio no es el propósito por el cual la luz vino a este mundo, pero es una consecuencia inevitable. En este pasaje, esta idea se explica de forma figurada a través de los conceptos de la vista y de la ceguera. El resultado de la venida de Jesús es que los ciegos ven[56]. Obviamente, estas palabras tienen mucha relevancia para aquellos que saben lo que acaba de ocurrir, y debemos entender que se refiere a la recuperación de la vista tanto física como espiritual. Lo cierto es que en este versículo está hablando del área espiritual. Las palabras finales podrían parafrasearse de la siguiente manera: "se hará evidente que los que dicen tener vista espiritual (a excepción de mí), nada ven" (cf. también Is. 6:10)[57].

40 No se nos dice cuándo ni por qué había con[58] Jesús algunos[59] fariseos, pero lo cierto es que escucharon estas duras palabras. ¿Cómo reaccionan? Le lanzan una pregunta que demuestra su incredulidad[60]: "¿Acaso nosotros también somos ciegos?". Ellos mismos son el vivo ejemplo de lo que Jesús ha estado diciendo. ¡No podían concebir que eran ellos los que estaban ciegos! ¿Cómo podía ser, si ellos eran los líderes religiosos?

41 La respuesta de Jesús es paradójica e inesperada. Seguro que los fariseos pensaban que Jesús respondería: en efecto, sois ciegos. Era lo que podían esperar de alguien a quien tanto habían perseguido. En cambio, Jesús les dice que la ceguera aún tenía excusa: si realmente fueran

---

[56] βλέπω se usa aquí con el sentido de ἀναβλέπω.

[57] J.M. Lieu sostiene que "una comprensión teológica de la incredulidad como ceguera, con cierto grado de tensión por lo que a la cuestión de responsabilidad última se refiere, ya había aparecido tanto en la exégesis directa de Is. 6:9-10, como en la interpretación de la curación del ciego a la luz de la tradición que encontramos en el profeta mencionado" (*NTS*, 34 [1988], p. 90).

[58] Westcott dice que en un sentido, estos fariseos eran seguidores de Jesús. Pero yo creo que esto es ir más allá de lo que μετ' αὐτοῦ significa, que tan solo quiere decir "con él", físicamente hablando. En 3:25 vemos que μετὰ Ἰουδαίου también se usa en una situación de antagonismo.

[59] Juan a veces usa el partitivo ἐκ para referirse a "algunos de los fariseos" en vez de a "aquellos de entre los fariseos".

[60] La pregunta empieza con la partícula μή, por lo que es evidente que esperan que la respuesta sea negativa: "No". El uso de καὶ ἡμεῖς refleja sorpresa ante la sugerencia de que ellos son ciegos.

ciegos, si no hubieran tenido comprensión alguna de las cosas espirituales, su forma de actuar no habría sido pecado (cf. Ro. 5:13). No se puede juzgar al que no sabe, porque no hay conocimiento de rebelión en contra de algo. Pero ellos no se consideran ignorantes. Se jactan y enorgullecen de poseer conocimiento espiritual. Conocen la ley. Por tanto, actuar como ellos actúan, con el conocimiento que tienen, es pecado. Jesús no dice que ellos ven, sino que dice que ellos "creen ver". Pero si tuvieran entendimiento espiritual, responderían al mensaje de Jesús de forma distinta. Sin embargo, no están completamente ciegos: tienen suficiente conocimiento espiritual, por lo que la actitud que han tomado es responsabilidad suya, y deben dan cuentas de ella. Si hubieran analizado todo el conocimiento que tenían, hubieran reconocido que Jesús era el Hijo de Dios. Pero no lo hicieron así. Seguían diciendo que veían y, sin embargo, actuaban como ciegos. Por tanto, su pecado no tiene perdón, sino que permanece en ellos[61].

---

[61] Cf. Temple: "Es una respuesta aplastante. ¿Podemos librarnos del impacto que tiene? Solo de dos formas. O bien confesamos nuestra ceguera e intentamos abrir los ojos; o bien aceptamos la luz y caminamos por ella. Lo que no debemos hacer, aunque es la reacción de muchos, es tener los ojos medio abiertos y vivir a media luz. Ese tipo de vista nos hace permanecer en pecado. La única forma de evitar ese error es tener los ojos bien abiertos y mirarnos a nosotros y al mundo y ver lo que la luz muestra; pero para esto, hay que rendirse ante la fe, y eso al orgullo no le gusta". En cuanto al concepto de "tener" pecado, ver el comentario de 15:22. Cf. H.C. Kee y F.W. Young: "los que dicen ver no saben que están ciegos"; también, "el pecado de los fariseos" consiste en que "caminan en la luz de su propio conocimiento, creyendo que es la luz verdadera" (*The Living World of the New Testament* [Londres, 1971], p. 403).

Juan 10

Q. EL SÉPTIMO DISCURSO: EL BUEN PASTOR (10:1-42)

Éste es el último discurso público de Jesús que Juan recoge. En él podemos ver un aspecto más de su ministerio, explicado a través de una alegoría encantadora. Jesús usa la figura del Buen Pastor para diferenciar su ministerio del de los falsos pastores, y para subrayar la naturaleza voluntaria del sacrificio que realiza por su pueblo. Este capítulo debe leerse a la luz de los pasajes veterotestamentarios que critican a los pastores que no han sabido cumplir con su deber (ver Jer. 23:1-4; 25:32-38; Zac. 11; y, especialmente, Is. 56:9-12[1] y Ez. 34). Dios es el Pastor de Israel (Sal. 80:1; cf. Sal. 23:1; Is. 40:10-11), lo que nos da una idea de la responsabilidad que los pastores humanos tienen. Los que han sido llamados a realizar esta tarea tienen que ser fieles; no serlo es un crimen atroz. Pero los pastores de Israel en más de una ocasión no supieron estar a la altura de la responsabilidad que les había sido dada. De ahí la profecía de que en breve aparecería un pastor con el corazón de Dios: "Entonces pondré sobre ellas un solo pastor que las apacentará, mi siervo David; él las apacentará y será su pastor" (Ez. 34:23). Ese es el pastor que aparece en este capítulo.

Hoy en día, cuando pensamos en un pastor, nos viene a la mente una figura tierna, que cuida del rebaño y se preocupa por él. Esta imagen es válida, tanto para nosotros, como para la gente de la Antigüedad. Sin embargo, no deberíamos pasar por alto que en tiempos bíblicos también se asociaba al pastor con otras ideas. El pastor era autócrata, y contamos con pasajes donde se enfatiza esta idea de soberanía o poder[2]. Así, en esta alegoría también se presenta a Jesús como el Gobernante o Soberano de su pueblo[3], en contraste con el resto de falsos pastores.

Algunos expositores creen que no hay mucha relación entre el comienzo de este capítulo y el cierre del anterior. También se han pro-

---

[1] En Is. 56 los líderes son tanto "pastores" como "centinelas" (cf. los "centinelas" de este pasaje), y son reprobados por ser "ciegos" y porque "ninguno sabe nada" o "no tienen conocimiento" (cf. 9:40-41; 10:6).
[2] En cuanto al significado del rol de pastor, cf. Ap. 2:27, ποιμανεῖ αὐτοὺς ἐν ῥάβδῳ σιδηρᾷ. En Mateo 2:6 se usa el mismo verbo (en una cita de Mi. 5:2) para describir la actividad del gobernante mesiánico (ἡγούμενος).
[3] Cf. Richardson: "Sin embargo, tenemos que entender que 'pastor' en el lenguaje bíblico significa 'gobernante', y que San Juan está presentando a Jesús como el gobernante que, como estaba profetizado, había de venir".

puesto varias reconstrucciones, pero no creo que sean necesarias. Puede que Juan tuviera en mente los pasajes del Antiguo Testamento que acabamos de mencionar[4]. Hay muchos de ellos, y está claro que a los judíos les encantaba ese simbolismo. Así, es lógico que justo después del incidente con el hombre ciego, en el que los pastores de Israel han errado de forma tan rotunda, se nos presenten la naturaleza y las funciones del Buen Pastor. "Este capítulo está marcado por dos contrastes: el contraste entre los fariseos y Jesús – como pastores del pueblo –, y el contraste entre los fariseos y el hombre que había sido ciego – como receptores del mensaje de Jesús" (Michaels).

Queda claro cuál es la enseñanza principal, pero entrar en los detalles es bastante difícil, ya que estamos ante un pasaje bastante complejo. Se nos presenta a Jesús como la Puerta, y como el Pastor (que entra por la puerta), definiciones difíciles de conjugar[5]. Aunque la imagen del Buen Pastor no siempre tiene la misma fuerza. En primer lugar, se hace un contraste entre Jesús y los ladrones, y más adelante, entre Jesús y los asalariados. De nuevo, el significado de las ovejas parece que no siempre es el mismo. Para mayor dificultad, el pasaje dista mucho de ser perfectamente claro y directo, ya que se trata de un discurso que va entrelazando lo literal con lo simbólico[6].

En los Sinópticos también hay referencias al pastor y a las ovejas, sobre todo en la parábola en la que el pastor deja a las noventa y nueve ovejas para ir a buscar la que se había perdido (Mt. 18:12-13; Lc. 15:3-7). En los Sinópticos lo que se destaca del pastor es su relación con las ovejas: las cuida y procura que tengan lo necesario. En Juan, esta idea también aparece. Incluso se enfatiza más que en los Sinópticos, ya que el Buen Pastor llega a dar su vida por sus ovejas. Pero Juan añade ideas que no habíamos visto en los otros evangelios. En el Cuarto Evangelio, el Buen Pastor aparece como alguien totalmente diferente

---

[4] Lightfoot cree que 10:1-21 "está estrechamente relacionado con el capítulo 9", y se basa en el uso veterotestamentario del símbolo del pastor.

[5] Pero este tipo de definiciones son muy normales en este evangelio. Jesús es el pan de la vida (6:35), pero también lo da (6:51). Habla de la verdad (8:45-46) y, a la vez, Él es la verdad (14:6). Durante todo el Evangelio se nos dice que Él nos muestra el camino y, a su vez, Él es el camino (14:6).

[6] Brown cree que la explicación es que estamos ante más de una parábola: vv. 1-3a forman una parábola que trata de cuál es el acercamiento adecuado a las ovejas: a través de la puerta que ha abierto el portero; vv. 3b-5 forman una parábola distinta que trata la relación entre el pastor y las ovejas. Podríamos interpretar el pasaje de esta forma, pero a mí no me parece necesario a la luz de lo que he comentado en la nota al pie anterior.

de los falsos pastores[7]. Él es el pastor legítimo, y las ovejas conocen su voz[8].

Finalmente, cabe apuntar que el símbolo del pastor era muy común en muchos lugares del mundo antiguo. Esta imagen se utilizaba para describir a reyes y dioses. Así, leer este evangelio tenía sentido para mucha gente. Fuera cual fuera el falso pastor de los lectores, Jesús estaba por encima de todos como el Buen Pastor, que da a sus ovejas lo que realmente necesitan.

1. La parábola (10:1-6)

1 En verdad, en verdad os digo: el que no entra por la puerta en el redil de las ovejas, sino que sube por otra parte, ése es ladrón y salteador. 2 Pero el que entra por la puerta, es el pastor de las ovejas. 3 A éste le abre el portero, y las ovejas oyen su voz; llama a sus ovejas por nombre y las conduce afuera. 4 Cuando saca todas las suyas, va delante de ellas, y las ovejas lo siguen porque conocen su voz. 5 Pero a un desconocido no seguirán, sino que huirán de él, porque no conocen la voz de los extraños. 6 Jesús les habló [por medio de] esta alegoría, pero ellos no entendieron qué era lo que les decía.

Jesús comienza con una alegoría[9] en la que vemos las costumbres de los pastores en la Palestina de aquellos tiempos. Es evidente que la

---

[7] Cullmann cree que este capítulo y, especialmente el v. 18, es un contraste intencionado con el Maestro de Justicia del los manuscritos de Qumrán. En cuanto a la referencia a la naturaleza voluntaria de la muerte de Jesús del v. 18, dice lo siguiente: "El énfasis con el que se dice deja claro que el concepto de la muerte de Jesús es bien diferente a otras ideas de la época y que este contraste, está hecho de forma intencional" (*SNT*, p. 31). Pero yo creo que eso se ve más allá de lo que el autor quiere indicar.

[8] J.A.T. Robinson cree que esta parábola pasa el test de la autenticidad, dato importante ya que estamos ante un relato que, obviamente, no deriva de los Sinópticos (también argumenta que se trata de la fusión de dos parábolas; *Twelve New Testament Studies* [Londres, 1962], pp. 67-75).

[9] Es difícil clasificar esta sección de forma exacta. En el v. 6 se la llama παροιμία (ver nota el pie de dicho versículo), que podría ser un proverbio. La diferencia con las parábolas de los Sinópticos está en que ésta no está ligada a ninguna historia. La mayoría de la gente la llama una alegoría, pero Lagrange objeta que no porque en una alegoría no se puede presentar a una persona como dos figuras distintas, como aquí ocurre (el pastor y la puerta). Él prefiere llamarla *un petit tableau parabolique*. El

audiencia está familiarizada con el marco pastoral general, pero no sabe discernir el significado espiritual que hay detrás de aquellas palabras.

1 No hay ninguna introducción que nos permita ubicar este suceso. El capítulo empieza cuando Jesús ya está enzarzado en su discurso. Eso podría indicar que ocurre inmediatamente después de la sección anterior, conclusión que está respaldada por la referencia a "abrir los ojos" que aparece en el versículo 21. Además, está claro que el hombre que había sido ciego, tan dispuesto a escuchar la voz de Cristo, pertenece a las ovejas de este discurso, mientras que los fariseos son la perfecta representación de los pastores falsos. "En verdad, en verdad os digo" (ver el comentario de 1:51) también es otro apunte a favor de esta conclusión, ya que nunca aparece dando comienzo a un discurso, sino en medio, detrás de una enseñanza anterior. Esta expresión indica dos cosas: que lo que a continuación se va a decir es de suma importancia, y que está relacionado con lo que se ha dicho anteriormente. Por tanto, este pasaje debe leerse teniendo en mente la historia del hombre ciego de nacimiento que recibió la vista. Normalmente, se pastoreaba a las ovejas dentro de un recinto vallado, para protegerlas de las bestias depredadoras. La palabra que aquí se usa era la palabra común para "patio", lo que probablemente significa que las ovejas pacían cerca de la casa, aunque también podría querer decir "redil" o "construcción especial para las ovejas"[10]. Fuera como fuera, lo cierto es que el redil del que aquí se habla contaba con unas paredes sólidas y una puerta vigilada por un portero. Y si un hombre no entraba por la puerta, sino que entraba subiéndose[11] por la pared, estaba claro que no tenía muy buenas intenciones. Así que estaba claro que era un salteador[12].

nombre que le demos es lo que menos importa, pero al interpretarla debemos tener en cuenta que no puede clasificarse fácilmente en ninguna de las categorías normales. Básicamente, se trata de una alegoría que tiene alguna característica única y, por lo tanto, distintiva.

[10] αὐλή se usa en muchas ocasiones para describir el patio adyacente a la casa (Mt. 26:58, etc.). LS indica que también significa "un espacio contiguo para el rebaño", expresión que ya encontramos en Homero. Así que podía tratarse del patio de la casa, o de un lugar destinado para las ovejas.

[11] Este uso de ἀναβαίνω es extraño en este evangelio. En otros lugares Juan lo usa para referirse a "subir" a Jerusalén para las fiestas (9 veces), o para ascender a los cielos (5 veces), y en 21:11, para referirse a cuando Pedro subió a la barca para sacar la red a tierra.

[12] Literalmente, κλέπτης significa algo así como un ratero (se usa para describir a Judas en 12:6) y λῃστής, un bandido (que se usa para describir a Barrabás en 18:40).

2-3 Sin embargo, el que entra por la puerta es el pastor[13]. Tiene derecho a entrar[14] y, por tanto, el portero le abre la puerta. En caso de que se tratara de un rebaño pequeño, no solía haber un portero, pero parece ser que aquí se está hablando de un gran redil donde se guardaban varios rebaños. Así, solo hacía falta un portero para vigilar varios rebaños. Algunos comentaristas han intentado encontrar un significado detrás de la figura del portero, pero no recomendamos ninguna de esas interpretaciones que, además, apenas han encontrado aceptación. En una alegoría no es necesario que todos los elementos tengan un significado concreto; algunos son necesarios para crear el marco de la alegoría, pero no forman parte del simbolismo. Creemos que eso es lo que ocurre con el portero en este caso. Cuando el pastor entra y llama a las ovejas, éstas reconocen su voz. Los pastores de Oriente suelen ponerle nombre a todas las ovejas, como vemos reflejado en el v. 3. Las ovejas conocen a su pastor y saben reconocer[15] que las llama por su nombre[16]. Además, responden a su llamamiento[17] y así, él puede conducirlas afuera.

Quizá esta combinación busca reflejar que está hablando de alguien deshonesto, además de dispuesto a ser violento si hace falta (cf. v. 10), aunque se trata de dos palabras muy parecidas [*N. de la T.* En nuestra versión castellana, el adjetivo que se usa para describir a Judas y a Barrabás en los textos mencionados es el mismo: ladrón]. Casualmente, encontramos estas dos mismas palabras en Abdías 5.

[13] Algunas versiones traducen "un pastor", pero es incorrecto. Tenemos aquí otro ejemplo de un atributo definido que precede al verbo y, por tanto, no lleva artículo (ver el comentario de 1:1). Así que la traducción correcta es "el pastor". Algunos comentaristas ven ποιμήν como más o menos adjetival debido a la ausencia del artículo, pero al hacer eso, están ignorando o pasando por alto el uso neotestamentario.

[14] San Agustín relaciona este pasaje con el cap. 9 subrayando que solo hay una manera de entrar, y que esa no es la manera en la que entran los fariseos. También dice: "Hay mucha gente que recibe los calificativos de buenas personas, inocentes, observadores de lo que establece la ley: respetan a sus padres, se abstienen del adulterio, no cometen asesinato ni roban, no dan falso testimonio, etc., y, sin embargo, no son cristianos... Así, esos paganos pueden decir que están viviendo correctamente. Pero, si no entran por la puerta, de nada les sirve" (45.2; p. 250).

[15] En cuanto a ἀκούω con el genitivo de la cosa oída, ver el comentario de 5:25. Quiere decir que las ovejas oyen la voz del pastor y la entienden.

[16] ἴδια es un detalle muy importante. El pastor no llama a todas las ovejas, sino que las llama una por una, de forma personalizada. Para cada una tiene un nombre o sonido especial que ellas reconocen.

[17] H.V. Morton narra cómo ocurre: "Por la mañana, temprano, vi algo extraordinario no lejos de Belén. Vi a dos pastores que habían pasado la noche con sus rebaños en una cueva. Los dos rebaños se habían mezclado, y llegó la hora en que cada pastor tenía que seguir su camino. Uno de los pastores se colocó un poco alejado de las ovejas y empezó a llamarlas. Primero una, luego otra, luego cuatro o cinco ovejas salieron corriendo hacia

4 Cuando ya ha sacado del redil a todas las ovejas que pertenecen a su rebaño[18], el pastor las lleva a su destino caminando delante de ellas. Ésta es una imagen bien distinta a la de conducir delante del rebaño (imagen más común en nuestros días, sobre todo en tierras como Australia). Aquí se nos dice que las ovejas siguen al pastor porque, al oír su voz, saben[19] que es su pastor.

5 Pero no ocurre lo mismo cuando un desconocido intenta sacarlas. Obviamente, no le seguirán[20] (en el original tenemos aquí una doble negación). La razón es, de nuevo, la voz. No conocen la voz de un desconocido[21] y por eso huyen de él. Los que viajan por la Palestina actual han podido ser testigos de que esto es verdad. Parece ser que aunque un desconocido se vista con las ropas del pastor e intente imitar los sonidos que éste hace, lo único que logra es que las ovejas se desperdiguen y huyan. Las ovejas conocen la voz de su pastor, pero no conocen ni responden a la voz de un extraño.

6 "Alegoría" es la traducción de una palabra que aparece muy poco en el Nuevo Testamento. En el único lugar en el que aparece fuera de

---

donde él estaba; y así, hasta que se le unió todo el rebaño" (*In the Steps of the Master* [Londres, 1935], p. 155). George Adam Smith también nos cuenta de tres o cuatro pastores que separaban sus rebaños llamando a sus ovejas con unos ruidos particulares (*The Historical Geography of the Holy Land* [Londres, 1931], pp. 311-12).

[18] ἴδια nos recuerda a la relación particular que hay entre estas ovejas y el pastor. Le pertenecen. πάντα indica que las protege a todas. Nos sorprende que se use ἐκβάλη. Es la palabra que se ha usado en el capítulo anterior para explicar que expulsan al hombre de la sinagoga (9:34); aquí, el pastor legítimo hace que las ovejas abandonen el redil, pero es por el bien de ellas. Es cierto que esta palabra indica 'fuerza'. Pero ésta es necesaria con las ovejas, ya que si no se las guía empujándolas hacia donde tienen que ir, no saben qué dirección deben tomar. Así que si es necesario, el pastor hace uso de la fuerza para asegurarse de que la oveja esté a salvo y en el sitio adecuado.

[19] El verbo está en plural, aunque el sujeto es un plural neutro, y anteriormente, los dos verbos que tenían ese sujeto aparecen en singular (ἀκούει, v. 3, y ἀκολουθεῖ, v. 4). El singular aparece en los vv. 3, 4, 12 y 16, y el plural en 4, 5 (3 veces), 8, 10, 14, 16, 27 (dos veces) y 28, mientras que hay evidencias textuales de ambos números en el v. 16 (γενήσεται y γενήσονται). Es difícil saber por qué tenemos estas variaciones.

[20] Este es uno de los únicos tres momentos en este evangelio en los que se usa un futuro indicativo con οὐ μή (los otros momentos son 4:14; 6:35), una construcción muy poco común en todo el Nuevo Testamento. J.H. Moulton la describe como "una construcción posible, aunque moribunda", y cree que tiene el mismo sentido que el más común subjuntivo aoristo (M, I, p. 190).

[21] Probablemente se busca dar cierto énfasis al colocar τῶν ἀλλοτρίων antes de τὴν φωνήν.

este evangelio, parece querer decir "proverbio" (2 P. 2:22)[22]. En Juan (también aparece en 16:25, 29) significa algo como "alegoría" o "figura retórica". Es decir, un lenguaje cuyo significado no es transparente, pero que guarda, para aquellos que lo escudriñan profundamente, una verdad espiritual importante. Así que Jesús habló a sus oyentes, pero estos no entendieron[23] la verdad espiritual de la que estaba hablando.

2. La aplicación a la persona de Cristo (10:7-18)

7 Entonces Jesús les dijo de nuevo: En verdad, en verdad os digo: yo soy la puerta de las ovejas. 8 Todos los que vinieron antes de mí, son ladrones y salteadores; pero las ovejas no les hicieron caso. 9 Yo soy la puerta; si alguno entra por mí, será salvo[a]; y entrará y saldrá y hallará pasto. 10 El ladrón solo viene para robar y matar y destruir; yo he venido para que tengan vida, y para que [la] tengan [en] abundancia. 11 Yo soy el buen pastor; el buen pastor da su vida por las ovejas. 12 [Pero] el que es un asalariado y no un pastor, que no es el dueño de las ovejas, ve venir al lobo, y abandona las ovejas y huye, y el lobo las arrebata y [las] dispersa. 13 [Él huye] porque [solo] trabaja por el pago y no le importan las ovejas. 14 Yo soy el buen pastor, y conozco mis ovejas y las mías me conocen, 15 de igual manera que el Padre me conoce y yo conozco al Padre, y doy mi vida por las ovejas. 16 Tengo otras ovejas que no son de este redil; a ésas también me es necesario traerlas, y oirán mi voz, y serán un rebaño [con] un [solo] pastor. 17 Por eso el Padre me ama, porque doy mi vida, para tomarla de nuevo. 18 Nadie me

---

[22] La palabra es παροιμία. No aparece en los Sinópticos, mientras que παραβολή, que es tan frecuente en esos tres evangelios, no aparece en Juan. La verdad es que es difícil establecer cuál es la diferencia de significado y, probablemente, ambos reflejan el sentido de la voz hebrea מָשָׁל. Ambas pueden usarse para referirse a una frase breve (παραβολή, en Lc. 4:23; παροιμία en 2 P. 2:22), o a un pasaje más extenso como el que tenemos delante. En todo caso, siempre hará falta una explicación antes de llegar a comprender lo que significa. Esto no quiere decir que no haya diferencia entre las parábolas tan características de los Sinópticos y este pasaje. Las diferencias son obvias. Lo que estoy intentado decir es que es difícil hacer una distinción contundente entre el significado de estas dos palabras. Los dos términos aparecen juntos en Sir. 39:3; 47:17.

[23] El verbo es ἔγνωσαν. En estos versículos se hace hincapié en la idea de "saber" y "conocer" (cf. οἴδασιν, vv. 4 y 5).

la quita, sino que yo la doy de mi propia voluntad. Tengo autoridad para darla, y tengo autoridad para tomarla de nuevo. Este mandamiento recibí de mi Padre.

a. 9 O *se mantendrá a salvo*

En esta sección del discurso, Jesús se aplica las palabras que acaba de pronunciar. A Él se le puede definir como la Puerta y como el Buen Pastor, y va a tratar ambos conceptos. Ambos tienen que ver con la salvación. Es la puerta porque es el único medio para acceder a la salvación. Es el buen pastor porque es el que cuida de las ovejas y, aunque le cuesta la vida, les ofrece la salvación. Las dos figuras dan pie a diferenciar a Jesús de otras personas. Cuando Jesús dice que Él es la puerta, estigmatiza a los que no entran a través de la puerta, como ladrones y asaltadores. Cuando se presenta como el Buen Pastor, se distancia de los pastores mercenarios. Estos dos grupos de personas representan la búsqueda del interés personal y la ausencia de una preocupación por el bienestar de las ovejas. No es que Jesús esté intentando dar una lección sobre la cría de animales. Lo que quiere es que se entienda lo que es verle como el Buen Pastor. La idea principal es que no le importa dar su vida por las ovejas. Pero, aunque el pastor como nosotros lo conocemos, es una ilustración válida, el Buen Pastor no puede compararse a nada que quepa dentro de nuestra limitada comprensión, ya que Jesús insiste en que Él tiene poder para dar su vida y también para tomarla de nuevo.

7 Jesús resume su discurso. "Entonces" probablemente indique que Jesús dio una explicación de lo que acababa de decir, en vista de que sus oyentes no habían comprendido sus palabras. "De nuevo" habla, en ocasiones, de "reanudar la acción"[24]. En cuanto a "En verdad, en verdad os digo", ver el comentario de 1:51. Siempre introduce una sentencia solemne e importante, sentencia que, en este caso, empieza con la contundente expresión "Yo soy" (ver el comentario de 6:35). Quizá esperábamos una explicación de la función de Cristo como pastor; sin embargo, lo que Jesús hace es presentarnos una nueva idea: Él

---

[24] Juan usa πάλιν para indicar repetición (como p. ej. en 4:3, 13), y con la idea de "volver atrás" (6:15; ver nota al pie). Pero a veces es poco más que un conector (16:28), como en este caso.

es la puerta[25]. La metáfora de la "puerta" se usa también en otros textos del Nuevo Testamento (p. ej. Lc. 13:24; Hch. 14:27; 1 Co. 16:9), pero éste es el único pasaje en el que Jesús dice ser la puerta[26]. Este concepto es parecido al que encontramos en 1:51, donde Jesús es la escalera que une el Cielo y la Tierra, o en 14:6, donde Jesús es el camino, pero aquí toma por contexto el redil de las ovejas. El redil solo tenía una puerta, por la que tenían que entrar tanto las ovejas como el pastor. No había otra forma de entrar en el redil. Parece ser que la idea principal es que Jesús es la puerta por la que tiene que entrar el *pastor* (ver el versículo siguiente)[27]. En el versículo 9 el énfasis será diferente, ya que la puerta se nos presenta como el lugar por el que entran las *ovejas*.

8 Jesús se distancia de los que le han precedido. "Todos lo que vinieron antes de mí" debe de estar haciendo referencia a los líderes religiosos judíos, pero, curiosamente, Jesús usa una expresión muy exhaustiva[28].

---

[25] En vez de ἡ θύρα, el texto saídico y el acmímico y p[75] contienen ὁ ποιμήν. A pesar de que Moffatt adopta esta lectura, no creemos que debamos tomarla demasiado en serio. Parece que se trata de una corrección de un escriba que se estaba centrando en la idea del Buen Pastor y que no entendió la nueva idea que Jesús estaba introduciendo.

[26] Hablando de esta declaración, Barrett apunta a un trasfondo muy complicado, haciendo referencia a la idea de una puerta en el cielo en la literatura griega, empezando en Homero y retrocediendo en el tiempo, "la puerta del cielo" (Gn. 28:17), y expresiones veterotestamentarias similares, y el uso de dichos términos en la literatura apocalíptica, en los evangelios Sinópticos, y en la teología cristiana contemporánea. También hace referencia a Ignacio y a Hegesipo. Sobre los Sinópticos, dice: "Estos pasajes sinópticos contienen una referencia escatológica, que Juan ha transformado, usando material del Antiguo Testamento que la tradición anterior a él ya había seleccionado, y aplicándola a la persona de Jesús (en vez de al reino) hasta darle una forma adecuada para el círculo intelectual en el que se movía". Creo que todo esto es demasiado complicado e innecesario. Precisamente, el hecho de que "la puerta" aparece en tradiciones literarias tan distintas es una muestra de que cuando la gente usa esta imagen lo hace de forma natural, por lo que no hay necesidad de intentar buscar influencias aquí y allá. Cf. Sal. 118:20. Esta figura se usa mucho en los primeros escritos cristianos: p. ej, Ignacio, *Filad.* 9:1; Hegesipo (Eusebio, *Hist. Eccl.* 2.23.8); Hermas, *Sim.* 9.12.1; Clem. Rom. 48:4. Hipólito encuentra una referencia similar en un autor nazareno (*Refut.* 5.3; ANF, V, p. 54); cf. también Hechos de Juan, 95; Clem. Hom. 3.52 (ANF, VIII, p. 248).

[27] Algunas versiones traducen el genitivo τῶν προβάτων como "para las ovejas", haciendo así que esta declaración sea sinónima del v. 9. Pero, en vista del v. 8, parece mejor entender "la puerta *de* las ovejas" como "la puerta que lleva al lugar donde están las ovejas" (Cassirer; JB contiene una nota: "La puerta que permite el acceso a donde están las ovejas").

[28] Puede que esta sea la razón de la omisión de las palabras πρὸ ἐμοῦ en p[45vid] p[75] ℵ* Δ28 lat syr[s.p] sah. Pero como aparecen en p[66] ℵ[c] A B D W f13 33 700, deberíamos

No se está refiriendo a los profetas[29], porque también califica al grupo de personas del que está hablando como "ladrones y salteadores" (en cuanto a esta expresión, ver el comentario del versículo 1). La actitud de Jesús hacia las personas del Antiguo Testamento ya ha quedado clara en 5:46; 8:56. Así que en este momento, seguro que tiene en mente a la jerarquía judía de sus días, que solo estaba interesada en sus propios intereses, y el bienestar de las ovejas le traía sin cuidado. De los saduceos en concreto, se decía que sacaban muchas ganancias de la religión del templo; en Lucas 16:14 y Marcos 12:40 se denuncia a los fariseos y a los escribas respectivamente por ser codiciosos. Otros creen que estas palabras se refieren a los revolucionarios, como Judá el galileo, y si esto es cierto, las referencias a la violencia cobrarían mayor sentido[30]. Creo que deberíamos interpretar "antes de mí" como parte del simbolismo y no como una referencia a los predecesores de Jesús. El pastor viene al redil de sus ovejas (vv. 2-3) a primera hora de la mañana. Por tanto, todos los que lo hacen antes de él son ladrones, que han venido durante la noche, cuando está oscuro. Y nuestra interpretación aún se hace más evidente en el hecho de que Jesús no dice que "eran" ladrones y salteadores, sino que "son" ladrones y salteadores (en presente)[31]. Está hablando de los días en los que viven. Puede que resulte un poco extraño tener esta referencia a los líderes religiosos cuando Jesús está hablando de que Él es la puerta. Lo normal es que hubiera desarrollado esta idea al hablar del Buen Pastor. Así, parece que el significado que aquí se esconde es que si alguien quiere traer a más personas al redil de Dios, él o ella tiene que haber entrado primero (cf. 1 Ti. 4:16). Y la única forma de entrar es a través de la única puerta. Aquellos hombres se habían negado a acercarse a Dios a través de Cristo. Por tanto, eran unos impostores. Aquellos que quieren dar vida a los demás, pero ellos mismos no entran en la vida a través de Cristo, permanecen bajo condena. Jesús ya ha señalado que las ovejas no obedecerán al desconocido. Ahora dice que las ovejas no hicieron caso de los ladrones. Los que

aceptarlas. El comité de Metzger tardó en tomar una decisión, pero al final mantuvieron estas palabras, poniéndolas entre paréntesis. Bultmann hace hincapié en el carácter exclusivo y absoluto de la aseveración de Jesús. No admite rival alguno.

[29] Parece ser que algunos de los gnósticos usaban esta expresión para desacreditar todo el Antiguo Testamento, incluyendo al Dios que allí habla. Hipólito dice que Valentino defendía esa línea (*Refut.* 6.30; ANF, V, p. 89).

[30] En cuanto a los que creían que aquí se está refiriendo al Maestro de justicia de los manuscritos de Qumrán, ver la nota al pie núm. 7.

[31] En la NVI aparece "eran", en pasado, pero en el original el verbo es εἰσίν.

son ovejas de verdad, dadas por el Padre, tienen discernimiento espiritual. Esperan a la voz del Pastor verdadero.

9 Jesús vuelve a decir que Él es la puerta[32]. Esta vez no aparece la expresión "de las ovejas", y este versículo se caracteriza por una sencillez impresionante. El énfasis recae sobre la función de Jesús. Las palabras "por mí" están colocadas en una posición concreta que le confieren una atención especial; es él, y ningún otro, el que hace posible que la gente alcance salvación (cf. 14:6). "La" puerta también denota la idea de exclusividad, de singularidad. Si solo hay una puerta, entonces uno, o bien entra por esa puerta, o bien se queda fuera[33]. No hay otra opción, porque no hay otra puerta. Juan no suele usar el verbo "salvar", y nunca explica con claridad lo que significa[34]. Lo que deja claro es que la salvación era lo que constituía el propósito de la venida de Cristo (3:17; 5:34; 12:47). Se trata del concepto más exhaustivo para

---

[32] Morgan cita una historia que Sir George Adam Smith le relató para ilustrarle esta idea. "Un día él estaba viajando con un guía, y se encontró con un pastor y sus ovejas. Entablaron una conversación. El pastor le enseñó el redil en el que guardaba a las ovejas por la noche. Consistía en cuatro paredes, y una de ellas tenía un hueco que servía de entrada. Sir George le dijo: '¿Ahí es dónde van por la noche?'. 'Sí', respondió el pastor, 'y una vez ahí dentro, ¿están completamente a salvo?'. 'Pero, ¡no hay puerta!'. 'Yo soy la puerta', aclaró él. No era cristiano, así que no estaba usando el lenguaje del Nuevo Testamento. Estaba hablando desde la perspectiva de un pastor árabe. Sir George le miró y le dijo: '¿Qué quieres decir exactamente?'. El pastor respondió, 'Cuando ya es oscuro, y todas las ovejas están dentro, yo me recuesto en ese hueco, y las ovejas ya no pueden salir, ni los lobos pueden entrar; por eso digo que soy la puerta'". Si esta es la manera correcta de entender la imagen que Jesús está usando (como creen muchos comentaristas), tenemos aquí una explicación de la seguridad absoluta en la que las ovejas se encuentran si están al cuidado del Buen Pastor. Pero esta interpretación es difícil de reconciliar con el v. 3.

[33] Cf. Murray: "La puerta, sin embargo, tiene características que no pueden reflejarse con la imagen del camino. En primer lugar, la puerta sugiere, incluso de forma más clara que el camino, la singularidad de su función. Muchas veces son varios caminos los que llevan a un mismo objetivo. Pero, en el redil del que el Señor está hablando, solo hay una puerta". Bultmann habla de la singularidad y la intolerancia que siempre caracteriza a toda revelación genuina. Cuando se nos revela el verdadero camino, es imposible ser tolerante con los caminos falsos que solo llevan al error y al desastre.

[34] Aparece en 3:17; 5:34; 10:9; 11:12; 12:27, 47. Mateo lo usa 15 veces, Marcos 15 veces, y Lucas, 17 veces, con lo que Juan es el evangelista que menos lo usa. Apenas usa el verbo "sanar", que tanto se usa en los Sinópticos (aparece en 11:12, pero incluso aquí tiene un matiz diferente; no se refiere a una curación realizada por Jesús). En Juan significa casi lo mismo que tener vida eterna y, de hecho, las dos ideas van de la mano en textos como 3:16-17 y el que aquí estamos analizando (cf. v. 10).

expresar la liberación de las consecuencias del pecado y la entrada en la bendición de Dios. Aquí la bendición se describe en términos de pastos seguros, la cosa más preciada para las ovejas. Las ovejas que entran en el redil a través de Cristo tendrán la libertad de entrar y salir y saben que cuentan con todo lo que necesitan. No hace falta que nos empeñemos en buscar un significado esotérico para la expresión "entrará y saldrá". Simplemente indica libertad de movimiento.

10 Desarrolla esta idea un poco más, ahora haciendo un contraste entre él y un ladrón. Los intereses del ladrón son puramente egoístas. Roba y mata para comer[35], e incluso destruye a las ovejas. Solo viene a dañarlas, sin pensar en su bienestar. Sin embargo, Cristo ("yo" es enfático) vino en beneficio de las ovejas. Vino para que tuvieran vida (en cuanto a este término, ver el comentario de 1:4), y no una vida cualquiera, sino vida en abundancia (cf. 20:31). Así que la vida de aquellos que entran en el redil no encorseta ni reprime a las ovejas.

11 Ahora encontramos otra de las contundentes declaraciones de Jesús. En cuanto a los reclamos de Jesús pronunciados con la expresión "Yo soy", ver el comentario de 6:35. Esta realidad de que Jesús es el Buen[36]

---

[35] θύσῃ se ha entendido en muchas ocasiones como si solo quisiera decir "matar", y fuera sinónimo de la palabra que aparece a continuación: ἀπολέσῃ. Pero quiere decir "sacrificar". Como sacrificar quiere decir normalmente "proveer comida a los adoradores", surgió una segunda acepción: "matar para comer". Estos son los dos significados de este verbo; en el Nuevo Testamento, aparte de este pasaje, no hay ninguna ocasión en la que este verbo tenga un significado distinto. G.D. Kilpatrick examina la palabra y concluye que en nuestro pasaje, "los tres verbos tienen un significado concreto, y que esto no está hecho así en vano, así que deberíamos mantener: 'robar, matar por comida, y destruir'" (*BT*, 12 [1961], p. 132).

[36] καλός, además de significar "bueno", quiere decir "hermoso", y Rieu traduce: "Yo soy el pastor, el Pastor Hermoso". Temple también traduce "hermoso", pero añade "Está claro que esta traducción es una exageración, pero es importante que recordemos que la palabra que aquí se usa para "bueno" representa su atractivo, y no la rectitud moral de la bondad, ni su austeridad. No debemos olvidar que nuestra vocación es practicar la virtud que gana a los hombres; ¡es posible ser moral y a la vez ser repulsivo!". Este es un comentario interesante y señala una verdad muy importante, pero tenemos que tener en cuenta que a Juan le gustan las variaciones. En particular es difícil encontrar una diferencia de significado entre καλός y ἀγαθός en este evangelio (ver el comentario de 1:46). Los pastores eran autócratas (esta palabra se usa muchas veces para los gobernantes absolutistas); Jesús está diciendo que su pastoreo es benevolente, no opresor.

Pastor[37] ha significado mucho para los cristianos de todos los tiempos. Es un concepto hermoso especialmente para nuestro ser, aunque seamos de ciudad y nunca hayamos visto un rebaño de ovejas. A todos nos atrae esa idea de "cuidar de las ovejas, procurar que nada malo les ocurra". Además, cuando Jesús habla de su función como Buen Pastor, inmediatamente después dice: "El buen pastor da su vida[38] por[39] las ovejas". Seguro que esto no era muy común entre los pastores de Palestina[40]. Pero sí es la característica distintiva de Jesús. Por eso elige usar esta metáfora. El cuidado y el amor que tiene por las ovejas le lleva a dar su vida por ellas. Además, cuando el pastor palestino moría defendiendo a sus ovejas, se consideraba un accidente. El propósito de aquel pastor era vivir para ellas, pero no morir por ellas. Sin embargo, Jesús había venido para morir por sus ovejas. Morir por ellas era su propósito[41]. No perdamos de vista que la expresión "dar su vida por las ovejas" hace referencia a la aceptación voluntaria de Jesús (cf. v. 18). La traducción de algunas versiones que prefieren el artículo indefinido "un" ("Yo soy *un* buen pastor") no nos convence, porque Jesús no se considera uno más entre los pastores. Está hablando de una actividad única, sin precedentes. "Un" buen pastor no da su vida por las ovejas; "el" Buen pastor sí. Además, la muerte del pastor palestino significaba la perdición de sus ovejas. Pero la muerte del Buen Pastor significa vida para sus ovejas.

12 Ahora Jesús se compara con el hombre que no llega a ser el pastor, que es tan solo un asalariado a quien se le paga para que cuide de las

---

[37] Fijémonos en la costumbre joánica de cambiar levemente las declaraciones que repite hasta tres veces. Aquí y en el versículo 14 hay tres declaraciones parecidas sobre el Buen Pastor. En la segunda, sin embargo, "el buen pastor" no es tan solo un título para Jesús, sino que nos trae a la memoria la idea de "dar su vida por las ovejas".

[38] τὴν ψυχὴν τιθέναι es un giro típico de Juan, y lo usa con bastante frecuencia (vv. 15, 17, 18 [dos veces]; 13:37, 38; 15:13; 1 Jn. 3:16 [dos veces]). Lo más normal hubiera sido encontrar τὴν ψυχὴν δοῦναι como en Marcos 10:45. La expresión joánica no aparece en la Septuaginta, y lo que más se acerca es ἐθέμην τὴν ψυχήν μου ἐν τῇ χειρί μου (Jue. 12:3; cf. 1 S. 19:5; 28:21; Sal. 118 (119):109; Job 13:14). Pero allí el significado es *arriesgar* la vida; aquí, significa *dar* la vida. El verbo se usa con τὴν ψυχήν μου en 1 R. 19:2. Parece ser que no se trata de una expresión clásica; LS solo cita este evangelio.

[39] En cuanto a ὑπέρ, ver el comentario de 6:51.

[40] Aunque David, al menos, ponía su vida en peligro (1 S. 17:33-37; cf. también Gn. 31:39). A David se le recuerda, claro está, como el rey-pastor (Sal. 78:70-72).

[41] Cf. Marsh: "La historia de la 'Pasión' en Juan no es un relato de lo que los hombres hicieron con Jesús, sino la historia de lo que Jesús hizo por los hombres" (p. 399).

ovejas[42]. Este término no tiene connotaciones negativas como ocurría con "ladrón", aunque se refiere a alguien cuyo interés está en percibir el salario que le corresponde, y no en el bienestar de las ovejas. El único otro lugar del Nuevo Testamento en el que aparece este término que traducimos como "asalariado", aparece cuando se habla de los pescadores que trabajaban a cambio de dinero (Mr. 1:20; MM cita que también se usaba para los hombres que recibían dinero a cambio de transportar ladrillos; Hosley apunta que el estatus de un asalariado era tan solo un grado más que el de esclavo [*New Documents*, 4, pp. 97-98]). Lo que está claro es que está hablando de una persona que no es el dueño. Habla de un hombre a quien le interesa más la cantidad que recibirá por su trabajo, que el trabajo mismo. Así que Jesús dice de forma explícita: "... que no es el dueño de las ovejas...". Como las ovejas no son de su propiedad, no le pertenecen – con toda la satisfacción que eso supone – no puede cuidarlas con ese amor que deriva de esa satisfacción. Cuando ve al lobo venir, no arriesga su vida. Echa a correr y abandona al rebaño. El resultado es que el lobo llega hasta las ovejas, que asustadas, se desperdigan. Usando las palabras del mismo texto, arrebata a algunas de ellas, y las otras se dispersan. La Misná recoge la responsabilidad legal del pastor asalariado. Una de las regulaciones dice que si un lobo ataca al rebaño debe defender a las ovejas, pero que si los lobos son dos, se da por sentado que no hay nada que hacer (es decir, el asalariado ya no habrá de responder por el daño causado)[43]. Jesús, por el contrario, da su vida por las ovejas de forma incondicional.

13 El asalariado no huye de forma fortuita, sino que huye precisamente porque es lo que es, un asalariado. A él no le importan las ovejas,

---

[42] La expresión ὁ μισθωτὸς καὶ οὐκ ὢν ποιμήν no es muy común. El artículo une estrechamente a los dos miembros. También nos llama la atención οὐκ, ya que μή es más común con participios. Está claro que este hombre no es un pastor. Eso nos recuerda a nombres del Antiguo Testamento que están compuestos por "no", como p. ej. "Lo-ammi". Quizá aquí el significado sea que un asalariado es un no-pastor. Moulton incluye este pasaje en una lista en la que en muchos de los pasajes "parece ser que puede reconocerse claramente el persistente conocimiento de que la negación adecuada de una declaración sobre un hecho real es οὐ... El hecho de que la partícula está tan cerca del indicativo en el tipo de declaraciones que aparece en esa lista hace que la aparición de οὐ sea natural" (M, I, p. 232). BDF destaca la preferencia por καὶ οὐ en vez de καὶ μή, pero también subraya el énfasis que recae sobre la negación (430[1]).

[43] La cita es de *B.Mes*. 7:9. La responsabilidad del pastor asalariado aparece en *B.Mes*. 7:8: "un asalariado puede ser absuelto si un animal se hace daño, si otra bestia se lo lleva, o si muere, pero deberá restituirlo si lo perdió o lo robaron".

sino su jornal[44]. No se identifica con el cuidado de las ovejas, ni por lo que éstas tienen que pasar. No le gusta lo que hace. Si no fuera por el salario, quizá estaría haciendo otra cosa.

14-15 Tenemos de nuevo la afirmación de que Jesús es el Buen Pastor; esta vez, lo primero que aparece no es la idea de que esa figura pone su vida por las ovejas; el elemento que se destaca en un momento inicial es la relación entre el Buen Pastor y sus ovejas y, de ahí – ahora sí – surge la determinación de dar su vida por ellas (cf. v. 4). La relación consiste en que ambas partes se conocen, y ese conocimiento no es superficial, sino íntimo. Tiene que ver con el conocimiento que Jesús tiene del Padre, y el Padre, de Él[45]. Puede que esto último se mencione, porque si Jesús da su vida por las ovejas es gracias a esa relación de amor entre él y el Padre[46]. O puede que tan solo sea un comentario. Pero, sea como sea, estamos ante la culminación de esta parte del discurso. Jesús habla directamente en primera persona: "*doy* mi vida" (en el versículo 11 había usado la tercera persona: "el buen pastor da su vida").

16 Ahora Jesús ya no habla solo de los seguidores que pertenecen a su círculo inmediato, sino que menciona a "otras ovejas". La interpretación más lógica de la expresión "que no son de este redil" es que se

---

[44] No entiendo cómo Berkeley convierte esta idea en una pregunta: "¿qué le importan las ovejas?". Si fuera una frase interrogativa, la presencia de οὐ supondría que la respuesta que se espera es afirmativa. Pero no hay nada en el original que corresponda con el "qué" inicial de Berkeley.

[45] Esto sería en el caso de que la puntación de nuestra versión fuera la correcta. Sin embargo, también sería posible que hubiera un punto después de τὰ ἐμά, y que la nueva frase empezara con καθὼς γινώσκει με ὁ Πατήρ. El problema que esto tiene es saber qué interés tiene entonces insertar una referencia de esta forma al amor mutuo entre el Padre y el Hijo. Un argumento que yo adopto en contra de esta interpretación es que está sugiriendo que el conocimiento que los discípulos tienen de Cristo se puede comparar con el conocimiento que el Hijo tiene del Padre. Pero yo creo que eso es interpretar καθὼς más allá de lo que verdaderamente significa. No apunta necesariamente a un paralelismo muy estrecho; para Bultmann, "no solo introduce una comparación, sino una explicación" (p. 382, n. 2). Sea como sea, lo que está claro es que lo que se está comparando no es tanto el grado de conocimiento, sino el hecho de que ese conocimiento es mutuo, recíproco. En cuanto al conocimiento de Jesús, ver el comentario de 4:18.

[46] Tenemos aquí un ejemplo de una repetición joánica: la idea de que Jesús da su vida por las ovejas aparece tres veces (vv. 15, 17 y 18), pero ninguna de las tres frases son exactamente iguales.

está refiriendo a personas fuera del judaísmo. Estas palabras apuntan al alcance universal del Evangelio. "Tengo" deja claro que estas ovejas ya pertenecen a Cristo, aunque aún no han "entrado en el redil" (cf. Hechos 18:10: "yo tengo mucho pueblo en esta ciudad" se refiere a los corintios antes de su conversión). Traerlas es una tarea urgente, tarea que, en palabras de Jesús, le es necesario realizar. Esta expresión refleja, como vimos en el comentario de 4:4, una obligada necesidad. Durante todo este discurso se hace hincapié en la voz del pastor (vv. 3, 4 y 5), y tiene que traer a estas otras ovejas para que ellas también puedan oír su voz. De nuevo tenemos la idea de que escucharán con ganas, que apreciarán ese regalo. El resultado final es un solo rebaño y un solo pastor[47]. Las nuevas ovejas no estarán apartadas de las que ya pertenecen al redil, es decir, que el plan es que no haya una iglesia judía por un lado, y una iglesia gentil por el otro. El plan es que estén unidas en un solo rebaño[48]. Y que todas sigan al mismo pastor. Es cierto que esa unidad no es una unidad natural, sino solo resultado de la intervención del pastor.

17 El tema de que Jesús da su vida por las ovejas va apareciendo una y otra vez durante todo el discurso (vv. 11 y 15). Aquí se menciona como la razón por la cual el Padre ama al Hijo. Quizá los lectores esperábamos más bien que el Padre ama al Hijo por lo que es, y que eso lleva a la cruz (cf. 3:16). Pero aquí el sentido que se quiere transmitir es que la voluntad del Padre para Jesús es que muera por las ovejas. Y como Jesús está en perfecta armonía con la voluntad de Dios, se entrega de forma voluntaria. Así que el amor del Padre es el reconocimiento por parte del Padre de la perfecta compenetración que hay entre ellos dos con referencia a este tema en concreto: la muerte de Jesús[49]. Pero la idea de la muerte está relacionada con la idea de la resurrección.

---

[47] No podemos reflejar el juego de palabras que hay en el original: μία ποίμνη, εἰς ποιμήν. La *KJV* traduce "un redil", traducción que se remonta a la Vulgata de San Jerónimo. Pero los manuscritos originales apuntan a que la opción más sólida es "un rebaño".

[48] J.W. Pryor rechaza la interpretación de Martyn que dice que este versículo "expresa la esperanza de que los judeocristianos esparcidos durante la persecución judía después de Jamnia (después del 80 dC) volverán a reunirse en el mismo redil", y está a favor de que aquí hay una referencia a los gentiles, que se unirían a los judeocristianos (*RThR*, XLVII [1988], p. 46).

[49] Loyd lo explica de la siguiente forma: "El amor de Dios necesita expresarse; por tanto, el Padre no podría amar al Hijo, o conocerle, si el Hijo no expresara el amor del Padre".

Cristo muere para[50] volver a tomar su vida. Esa muerte no es una derrota, sino una victoria. Esa muerte va unida a la resurrección.

18 Ésta es la expresión más clara de la comprensión joánica en cuanto al poder que Jesús tiene sobre cualquier situación. La muerte del Señor no ocurre porque le acontezca una desgracia, o porque sus enemigos sean muy poderosos. A Él nadie le quita[51] la vida. Es Él quien la da, y lo hace de forma voluntaria. Dice que tiene autoridad[52] tanto para darla, como para volverla a tomar[53]. Y, como ya va siendo normal, toda esta idea está relacionada con el Padre. Eso es lo que el Padre le ha ordenado[54], y lo único que Jesús está haciendo es llevar a cabo su voluntad.

[50] Si ἵνα se usa con todo su sentido de finalidad, el énfasis aquí está en que la muerte de Cristo hay que verla a la luz del triunfo de la resurrección. La resurrección no es simplemente un suceso que ocurrió y punto, sino que es tan necesario como la crucifixión. Y la crucifixión lleva inevitablemente a la resurrección. Pero, en vista de los diferentes usos que se le da a ἵνα, esta interpretación es tan solo una posibilidad, y no la interpretación correcta.

[51] Parece ser que la lectura preferida es la más difícil de interpretar, ἦρεν, aunque solo aparece en p⁴⁵ ℵ* B (p⁷⁵ está defectuoso, pero los editores creen que el espacio indica ἦρεν). En este caso, Jesús ve su muerte como algo tan cierto que ya se puede hablar de ella como algo que ya se ha cumplido.

[52] Al repetirse ἐξουσίαν, "autoridad" recibe un cierto énfasis. Pilato repite la misma palabra de la misma forma en 19:10.

[53] Jesús afirma que Él mismo tiene poder para tomarla de nuevo. Strachan dice: "En el Nuevo Testamento nunca se habla de que Jesús resucita gracias a su propio poder". Ver también Hoskyns: "En todo el Nuevo Testamento, (es decir, fuera de este versículo y de 2:19), la resurrección de Jesús es una acción de Dios". Es cierto que el Nuevo Testamento prefiere hablar de que Dios es el que resucita a Jesús, pero Jesús en varias ocasiones predijo que iba a resucitar (p. ej. Mr. 8:31; Lc. 24:7) y en varios pasajes se dice que Él resucitó (Hch. 10:41; 17:3; 1 Ts. 4:14). No deberíamos ver aquí hay una contradicción, y debatir si es el Padre o el Hijo el que realiza esta acción; somos conscientes de que la forma de expresión más natural en el Nuevo Testamento es que el Padre resucitó al Hijo. Sin embargo, no deberíamos pasar por alto que hay una línea de enseñanza en el Nuevo Testamento que dice que el Hijo "resucitó". Y este pasaje es parte de esa línea.

[54] Está claro que a Juan le interesan mucho los mandamientos de Dios o de Cristo. Usa ἐντολή 11 veces (todas ellas a excepción de una, refiriéndose a los mandamientos de Dios). En las epístolas joánicas aparece esta palabra 18 veces, pero ningún otro libro la usa con tanta frecuencia (le sigue Romanos con 7 veces).

3. La reacción de los judíos (10:19-21)

19 Se volvió a suscitar una división entre los judíos por estas pala-
bras. 20 Y muchos de ellos decían: Tiene un demonio y está loco.
¿Por qué le hacéis caso? 21 Otros decían: Estas no son palabras
de un endemoniado. ¿Puede acaso un demonio abrir los ojos de los
ciegos?

Como siempre, las palabras de Jesús causan división. Algunos le rechazan a Él directamente, repitiendo la acusación de los Sinópticos de
que está endemoniado. Otros no creen que eso sea cierto, ya que un
demonio no puede devolverle la vista a un ciego.

19 "Se volvió a..." puede indicar que este patrón se repetía una y
otra vez. Así, una vez más, vuelve a haber división[55] entre los judíos
como consecuencia de las palabras de Jesús. Juan usa con frecuencia
la expresión "los judíos" para referirse a los líderes religiosos, pero
aquí usa este término de forma más general, aplicándolo a los miembros de la nación judía. En cuanto al plural "palabras", ver el comentario de 14:24.

20 En primer lugar, Juan nos da la versión del grupo opositor.
"Demonio" aparece en una posición enfática: "Un demonio tiene". Ya
habían pronunciado estas palabras en ocasiones anteriores (7:20; 8:48,
52). Es interesante ver que las pocas veces en las que la palabra "demonio" aparece en este evangelio son cuando los judíos acusan a Jesús
de estar endemoniado o cuando Él se defiende de esa acusación (o cuando son otros los que le defienden, como en el v. 21). Un detalle más
que no deberíamos pasar por alto es que esta vez parece ser que se iguala
el "estar endemoniado" a "estar loco". Al menos, para los oyentes de
Jesús son dos estados muy relacionados. En otros pasajes (p. ej. Mt.
4:24)[56] aparecen como estados distintos. Los que sostienen que Jesús
tiene un demonio se permiten prescindir de las evidencias[57].

---

[55] σχίσμα, como en 7:43 (ver nota al pie) y 9:16.
[56] Nuestra versión traduce σεληνιαζομένους como "epilépticos". Pero la palabra es
equivalente a "lunático". LS dice que significa "chiflado" (aunque a continuación explica que eso quiere decir "epiléptico"). Otras versiones también optan por "lunático",
"loco" o "demente" (*KJV*, Phillips, etc).
[57] En cuanto a ἀκούω con el genitivo, ver el comentario de 5:25."

21 Pero otros estaban impresionados por las palabras y los hechos de Jesús. Según ellos, aquellas palabras no podían ser las de un endemoniado. Y apuntan a que un endemoniado no puede abrirle los ojos al ciego[58]. El respeto por lo que habían presenciado les impedía juzgar a Jesús. Así que se negaron a condenarle. Sin embargo, su posicionamiento sigue siendo negativo: se pronuncian sobre lo que Jesús no es, pero no van más allá, no dicen o intentan descubrir lo que sí es.

4. El rechazo final de los judíos (10:22-42)

Esta sección nos aporta información de tipo temporal, ya que empieza diciendo que se estaba celebrando la Fiesta de la Dedicación. La referencia a las ovejas (vv. 26s.) establece una relación entre esta sección y la anterior, y hace que la veamos, en cierto sentido, como una continuación. Pero a la vez hay un avance, sobre todo en la enseñanza sobre la unidad del Padre y el Hijo. El tema central es la identidad y la persona de Jesús. Queda claro que la gente tiene que tomar una decisión: o bien reconoce que Jesús tiene con el Padre una relación única, como nadie la ha tenido jamás, o bien le rechazan completamente[59]. El relato joánico del ministerio público de Jesús acaba con este rechazo final por parte de los judíos, después del cual Jesús se retira más allá del Jordán.

a. La unidad del Padre y el Hijo (10:22-30)

22 En esos días se celebraba en Jerusalén la Fiesta de la Dedicación[a]. 23 Era invierno, y Jesús andaba por el templo, en el pórtico de Salomón. 24 Entonces los judíos le rodearon, y le decían: ¿Hasta cuándo nos vas a tener en suspenso? Si tú eres el Cristo[b], dínoslo claramente. 25 Jesús les respondió: Os lo he dicho, y no creéis; las obras que hago en el nombre de mi Padre, éstas dan

---

[58] Cuando una pregunta empieza con la partícula μή, la respuesta que se espera es negativa.

[59] Cf. Barrett: "Juan nos recuerda que el tema de discusión entre Jesús y los judíos es, a fin de cuentas, cristológico, y deja clara la relación absoluta que hay entre Jesús y el Padre."

testimonio de mí. 26 Pero vosotros no creéis porque no sois de mis ovejas. 27 Mis ovejas oyen mi voz, y yo las conozco y me siguen; 28 y yo les doy vida eterna y jamás perecerán, y nadie las arrebatará de mi mano. 29 Mi Padre que me [las] dio es mayor que todos^c, y nadie [las] puede arrebatar de la mano del Padre. 30 Yo y el Padre somos uno.

a. 22 Es decir, Hanukkah
b. 24 O *Mesías*
c. Varios manuscritos antiguos dicen: *Lo que me ha dado mi Padre es superior a todo*

Usando el simbolismo de la Fiesta de la Dedicación, Juan nos relata el último intento por parte de Jesús de ofrecerles la salvación a los judíos. Esta fiesta conmemoraba la rededicación del templo de Judas Macabeo el año 165 aC., después de que Antíoco Epífanes lo profanara (ofreció un sacrificio a Júpiter en el altar del templo)[60]. Había sido la última gran liberación que los judíos habían vivido, por lo que aquella fiesta debía ser para la gente un símbolo de la esperanza de que Dios les iba a volver a liberar. Se trataba de una celebración de gratitud al Señor, quien por su misericordia les había ofrecido una nueva oportunidad de adorar en el templo en un momento, en palabras de Josefo, en el que la gente ya ni siquiera se atrevía a esperar la misericordia de Dios[61]. En este pasaje, Juan nos presenta la última actuación del ministerio público de Jesús, y el rechazo final de los judíos de todo lo que su ministerio representaba. En algunos aspectos el pasaje no se diferencia mucho de aquellos textos de Mateo y Lucas en los que los mensajeros de Juan el Bautista le preguntaron a Jesús: "¿Eres tú el que ha de venir?". En aquel caso, Él respondió mencionando las obras que de-

[60] Encontrará una explicación muy completa de esta fiesta en O.S. Rankin, *The Origins of the Festival of Hanukkah* (Edimburgo, 1930). Sobre nuestro pasaje, dice: "Puede que este tema, la Soberanía de Dios en la Era Venidera, fuera seleccionado por el autor de este cuarto evangelio como el tema para los días de la enkainia no de forma accidental, porque algunos dicen que en otros momentos menciona esta fiesta con un propósito que va más allá de la relación del ministerio de Jesús con Jerusalén" (p. 278).
[61] Josefo relata la institución de la fiesta (*A.* 12.316-25). Concluye: "Y a partir de aquel momento hasta el día de hoy observamos esta fiesta, que llamamos la Fiesta de las Luces, nombre que proviene, creo, de que nos fue dado el derecho de adorar en un momento en el que casi habíamos perdido toda esperanza de volver a ganar dicho privilegio".

mostraban su carácter mesiánico (Mt. 11:2s.; Lc. 7:19s.). Aquí ocurre algo parecido. Se mencionan las obras que dan testimonio de que Jesús es el Mesías (v. 25); también, que Él da vida eterna a las ovejas (v. 28); se habla de su unidad con el Padre (v. 30); y de que Jesús ha sido santificado por el Padre para que realice la obra de la salvación (v. 36)[62]. Todo esto lleva a creer (v. 38)[63]. Quizá deberíamos discernir el concepto de la dedicación de un nuevo templo (cf. 2:19s.). Puede que todo esto haya sido escrito para que nos lleguen las grandes verdades que hay detrás de la Fiesta de las Luces en la que la gente recordaba que el Dios soberano hizo lo que parecía imposible: libró a su pueblo, le sacó de las tinieblas, capacitándolo así para ofrecer una adoración verdadera.

Véase la secuencia argumentativa. Las obras de Jesús dan testimonio, pero las únicas que se percatan de ello son las "ovejas", que reciben la salvación eterna. Nadie se las puede arrebatar de su mano. Nadie puede arrancarlas de la mano de su Padre. Estas dos últimas frases tienen sentido debido a la unión que hay entre el Padre y el Hijo, tema al que nos conduce todo este párrafo. Cabe destacar la declaración final sobre la unidad, que Jesús relaciona con el cuidado que ambos, tanto él como el Padre, tienen por las ovejas.

22 El pasaje empieza mencionando que en esos días[64] era "la Fiesta de la Dedicación"[65]. Esto podría tratarse de una marca temporal, pa-

---

[62] Cf. Strachan: "Aquí hace uso de otra característica de la ceremonia de la Fiesta de la Dedicación. El altar había sido rededicado. Aquí Jesús se dedica a sí mismo (o se entrega) a la muerte (v. 36)". De igual modo, Lightfoot sostiene que "aquí el ministerio del Señor, que llegará a su clímax en la Pasión, se nos presenta como la verdadera dedicación, y anula así la fiesta judía".

[63] W. Lüthi nos recuerda que es muy fácil caer en el mismo error que los judíos. "Hoy en día, podemos entender a esta gente perfectamente, su militancia, su rechazo de un pastor que se deja crucificar. Un Dios que lucha en la batalla como un pastor, y que tiene ovejas, no es más popular hoy de lo que lo era en la Fiesta de la Dedicación del templo. Y ahí es donde está el peligro: nos es muy fácil criticar las penosas equivocaciones del mundo y, al hacerlo, negar al Pastor y no escuchar su voz" (pp. 144-45).

[64] τότε aparece en p[66c] p[75] B W etc., y es lo que quizá deberíamos aceptar. Bernard sostiene que esta palabra "indica aquí que ya ha pasado algún tiempo desde la última marca temporal que vimos: la Fiesta de los Tabernáculos (7:37)". Ahora bien, este paso del tiempo no solo lo vemos en el uso de τότε, que, además, no se refiere necesariamente al paso del tiempo (cf. Hechos 17:14). De hecho, Wright argumenta que esta palabra sugiere que hay una estrecha relación entre este pasaje y el anterior". Tasker y otros son de la misma opinión. Con la lectura alternativa (δέ) que se deriva de p[66*] א A D Θ f13 etc, sería más probable abogar por una indicación del paso del tiempo.

[65] En cuanto al artículo con Ἱεροσόλυμα, ver el comentario de 2:23. Quizá se menciona Jerusalén porque esta fiesta se podía guardar en cualquier lugar; por ejemplo,

recida a la marca de lugar que Juan inserta en una sección del discurso en 6:59. Pero, como ya hemos visto, es más probable que Juan quiera que veamos a Jesús como el cumplimiento de lo que la fiesta representa. La fiesta empezaba el día 25 del mes de Quisleu (más o menos entre noviembre y diciembre) y duraba ocho días. Las normas para guardar aquella fiesta se parecían a las normas para guardar la Fiesta de los Tabernáculos (2º Macabeos 10:6); incluso se la llamaba "la Fiesta de los Tabernáculos del mes de Quisleu" (2º Macabeos 1:9). Como en la Fiesta de los Tabernáculos, las luces eran un elemento muy importante de la celebración. Para aquellos que no conocían las festividades judías, Juan añade que "era invierno". En principio esto no es más que otra marca temporal, aunque algunos comentaristas ven en esta referencia un significado simbólico, que se estaría refiriendo a la "fría" relación que había entre Jesús y los judíos.

23 El término "pórtico" define una estructura cerrada por la parte superior, con un techo levantado por unas columnas. Un buen refugio para el mal tiempo. Se trata, concretamente, de un pórtico del templo de Herodes. Parece ser que se trataba de una estructura muy antigua; aunque no hay manera de comprobarlo, la gente decía que había sido parte del templo de Salomón. Se vuelve a mencionar en Hechos 3:11 y 5:12. Se cree que se extendía por todo el lado Este del templo[66], y que era el lugar donde los escribas solían dar clases. En esta ocasión no se presenta a Jesús dando una enseñanza formal, sino que simplemente estaba paseando por aquel pórtico.

24 Mientras caminaba, los judíos (ver el comentario de 1:19) le rodearon. Este verbo, que casi indica que lo "sitiaron", apunta al deseo de obtener una respuesta. Lo arrinconaron. Tienen preguntas, y quieren una respuesta clara y convincente. Con la pregunta que le hacen[67],

en las casas se encendían luces. No era como las otras tres grandes fiestas en las que era obligatorio que los hombres fueran a la capital. Por eso, tiene sentido que nos informen de que Jesús estaba en Jerusalén para esta fiesta, porque podía perfectamente haber estado en otro lugar.

[66] Ver el comentario de Kirsopp Lake, *The Beginnings of Christianity*, V (Londres, 1933), p. 483s. Ver también J. Simons, *Jerusalem in the Old Testament* (Leiden, 1952), pp. 401-2. Simons defiende que, al menos, parte de ese pórtico era de antes de Herodes, y que éste simplemente lo añadió a su plan de reconstrucción (p. 421).

[67] ἔλεγον indica, probablemente, insistencia. Cf. Weymouth: "le preguntaban una y otra vez".

"¿Hasta cuándo nos vas a tener en suspenso?", le están transmitiendo que Jesús no ha sido justo con ellos[68]. No se ha pronunciado de forma clara, y les ha dejado en suspense; no se ha definido en cuanto a su identidad. Así que ahora le piden que sea transparente[69]. Sin embargo, también podríamos entender la pregunta de la siguiente manera: "¿Por qué nos atormentas?" o "¿Por qué nos fastidias?[70]. Si eso es cierto, la forma en la que los judíos se estaban dirigiendo a Jesús debía de ser muy hostil. Otra interpretación – que cuenta con más apoyo que la anterior – sería: "¿Por qué nos están quitando la vida?"[71]. En este caso, parece ser que los judíos estarían entendiendo (más o menos como Caifás en 11:48), que la enseñanza de Jesús significaba el final del judaísmo, al menos del judaísmo que se venía practicando hasta la fecha. Jesús les ha advertido de que morirán en sus pecados a menos que crean en Él (8:21, 24), y da la impresión de que está buscando seguidores fuera del judaísmo (v. 16). El resultado lógico de todo esto es el final del exclusivismo. Independiente de la traducción que elijamos, lo que está claro es que los judíos habían entendido que la cuestión era descubrir si Jesús era o no el Mesías, por lo que deciden preguntarle de forma directa. Eso hace que este sea un pasaje importante para la comprensión global de este evangelio, cuyo objetivo es demostrar que Jesús es el Mesías y que la gente crea que lo es (20:31). El debate gira en

---

[68] En griego es Ἕως πότε τὴν ψυχὴν ἡμῶν αἴρεις; la traducción de nuestra versión no cuenta con mucho apoyo, ya que en muy pocos pasajes se dice que el significado de τὴν ψυχὴν αἴρω sea "mantener en suspense" (BAGD solo cita uno y es del siglo XII dC). En la Septuaginta esta expresión se usa en relación con la aspiración religiosa, elevando el alma a Dios (Sal. 25:1; 86:4; 143:8), pero ese significado no es posible en nuestro pasaje. En la línea de la Septuaginta está la referencia de Josefo a ciertos israelitas que "con corazones eufóricos ante el peligro, dispuestos a enfrentarse a él" (*A.* 3.48). [*N. de la T.* La RV contiene "¿Hasta cuándo nos turbarás el alma?"].

[69] παρρησίᾳ puede significar tanto "claramente" como "de forma atrevida". Dependiendo de qué palabra se elija, puede haber una acusación de timidez.

[70] A. Pallis defiende convincentemente esta traducción incluso del griego moderno, porque cree que ha mantenido el sentido de la frase hecha original. Cita ὡς πότε θὰ μᾶς βγάζεις τὴν ψυχή, "¿Hasta cuándo nos atormentarás?" (*A Few Notes on the Gospels according to St. Mark and St. Matthew* [Liverpool, 1903], pp. v-vi; también, *Notes on St John and the Apocalypse* [Oxford, n.d.], pp. 23-24). Debemos reconocer que ésta es una posible interpretación de este pasaje. Marsh dice que este sentido, el de molestar, atormentar o turbar, "parece concordar mejor con el sentido general del pasaje" (p. 404).

[71] El argumento convincente a favor de esta versión consiste en que el paralelo más cercano a esta expresión, que aparece en el v. 18, es οὐδεὶς ἦρεν αὐτὴν ἀπ' ἐμοῦ, donde αὐτήν se refiere al ψυχήν anterior y la expresión significa muerte. Ver una construcción similar en Hechos 8:33 (una cita de la Septuaginta).

torno al carácter mesiánico de Jesús (ver el comentario de 1:41). A medida que el pasaje avanza, vemos que no todos pueden reconocer que Jesús es el Mesías; las únicas que pueden son las "ovejas" (v. 26). Otra cosa que queda bien clara es que la misión del Mesías es traer la vida eterna, una vida que, una vez que ha sido otorgada, ya no se pierde, porque el Mesías es uno con Dios[72]. El pronombre "tú" es enfático, sugiriendo quizá que Él no puede ser el Cristo glorioso al que ellos esperan.

25 Como los judíos tenían ideas muy erróneas sobre el Mesías, tanto contestar de forma afirmativa como contestar de forma negativa hubiera dado pie a muchas mal interpretaciones. Jesús afirma que ya les ha contestado a esa pregunta, lo que plantea un problema, ya que en todo el Evangelio no encontramos una respuesta concreta a esta pregunta. Jesús habló de forma muy clara a la mujer samaritana (4:26), y también le ha revelado su identidad al hombre ciego de nacimiento (9:35s.), pero no ha habido ningún discurso público ante los judíos en el que haya dicho que Él es el Cristo. Jesús quizá se refiere a que la línea general de su enseñanza es suficientemente clara y que si se hubieran acercado a Él con la actitud correcta, habrían entendido y habrían creído[73], tal y como hicieron sus discípulos (cf. 6:68-69). O puede que quiera decir que frases como "antes que Abraham naciera, yo soy" (8:58) ya son una respuesta clara. O, como indica el resto del versículo, puede que el significado sea que sus obras y su vida son una clara respuesta para aquellos que realmente quieren conocerla. "No creéis" denota una actitud presente, no simplemente un estado del pasado; también es la causa del problema. Esa gente no tenía fe. Las "obras" se referiría principalmente a los milagros, pero el término es bastante amplio y quizá abarque otras cosas, como las acciones bondadosas de Jesús (ver la Nota Adicional G). Esas obras Él las hacía "en el nombre de mi Padre" (en cuanto al "nombre", ver el comentario de 1:12), es decir, están en la línea de lo que el Padre representa, o encajan con el carácter del Padre. Y estas obras "dan testimonio" (en cuanto a "testimonio", ver

---

[72] Cf. Dodd: "Los judíos preguntan con un dramatismo muy acertado: '¿Eres tú el Mesías?'. Las palabras de Jesús son todo menos explícitas, pero a medida que avanza el diálogo aprendemos lo que el Mesías es en realidad: Es el Hijo que, siendo uno con el Padre, da la vida eterna" (*IFG*, p. 361).

[73] Cf. Calvino: "Le acusan de que sus enseñanzas son muy opacas y, sin embargo, ha sido tan claro y evidente que los que no lo ven es que están ciegos y sordos".

el comentario de 1:7, y en cuanto a las obras que respaldan lo que Jesús dice cf. 5:36). No son obras vacías de significado. Tienen un propósito, que es hacer que la gente se vuelva a Dios. El problema con aquellos judíos era que no prestaban atención al significado de lo que estaban viendo con sus propios ojos. Acaban de presenciar la curación de un ciego de nacimiento (v. 21), y eso ya debería ser una respuesta suficiente a su pregunta. Ese tipo de obras son un testimonio vivo[74].

26 "Pero" es una fuerte conjunción adversativa[75]. Lejos de hacer caso de ese testimonio, su reacción habitual había sido la incredulidad. El concepto de la predestinación en este evangelio siempre aparece como la razón que hay detrás de la incredulidad: "no sois de mis ovejas". Las "ovejas" de Cristo le conocen (v. 14), pero nadie posee de forma natural lo que hay que tener para conocer a Cristo. La fe es un regalo de Dios.

27 Las ovejas de Cristo oyen su voz, un aspecto de la relación entre las ovejas y su pastor que se viene subrayando durante todo el capítulo (vv. 3, 4, 5 y 16). Quizá lo más lógico para la mente humana hubiese sido "Oyen mi voz, porque me conocen", pero el versículo nos propone otra cosa. Lo importante es que Cristo conoce a sus ovejas. El resultado de este conocimiento es que las ovejas le siguen; el tiempo presente denota continuidad, que se trata de un seguimiento habitual.

28 La vida eterna es un regalo. Muchas veces se dice que lo verdaderamente importante de la vida eterna no es la cantidad, sino la calidad. La vida eterna es un tipo de vida, no simplemente una vida que dura para siempre. Por otro lado, aunque lo que acabamos de decir es verdad, tampoco hay que pasar por alto el hecho de que la vida eterna no tiene fin. De hecho, éste es el aspecto que aquí se destaca. Aquellos a los que Cristo les da ese regalo, "jamás perecerán"[76]. Puede que esto apunte a la imposibilidad de un marco de decadencia segura en el que

---

[74] Ryle comenta: "Observemos cómo el Señor siempre apela con confianza a que sus milagros son una clara evidencia. Los que intentan despreciar los milagros han olvidado las muchas veces que se usan en la Biblia como testimonio. De hecho, esa es su razón de ser". La actitud general hacia los milagros en nuestros tiempos no debería impedirnos ver la importancia de las "obras" de las que nos hablan los autores de los tiempos neotestamentarios.

[75] Ἀλλά (ver el comentario de 1:8).

[76] Barrett defiende que en Juan lo único para que sirve εἰς τὸν αἰῶνα es para reforzar la negativa οὐ μή: "no 'No perecerán eternamente' sino que 'Nunca perecerás'", y cita

habría una pérdida total y absoluta. Al final del versículo ya no se habla de la destrucción en sí, sino que se introduce el agente destructor. Pero aún así, nadie las arrebatará[77] de la mano de Cristo. Esta es una de las bendiciones más preciosas de nuestra fe: nuestra vida eterna no depende de que nosotros nos tengamos que acoger a Cristo con nuestras débiles fuerzas, sino que depende del brazo fuerte de Cristo, que nos sostiene firmemente. Nótese que la enseñanza de este versículo no es que los creyentes se salvarán de un desastre en la Tierra, sino que se salvarán, independientemente de los desastres a los que se tengan que enfrentar en la Tierra.

29 Estamos ante un versículo muy difícil. Parece que el texto correcto sería "Lo que mi Padre me ha dado es mayor que todo"[78], pero según el sentido del pasaje, casi todos optan por traducir "Mi Padre, que me las dio, es mayor que todos". Pero aún perdura la sospecha de que esta lectura o colocación contara con más aceptación simplemente porque la otra era demasiado difícil o complicada. Dicen que el significado podría ser que el rebaño que el Padre le ha dado al Hijo es, para Él[79], mayor que nada en el mundo. Dado que lo tiene en tan

11:26. Ese pasaje, sin embargo, parece probar lo contrario. Jesús no puede estar diciéndole a Marta que el que cree en Él "no morirá jamás". En un sentido, sí que tiene que morir (¡a menos que esté vivo cuando el Señor venga por segunda vez!). Lo que Jesús está diciendo es que "no morirá eternamente". Y lo mismo ocurre aquí. En todo caso, es difícil entender lo que "jamás perecerán" significa, si excluimos "No perecerán eternamente".

[77] ἁρπάζω contiene un aire de violencia. Pero ni siquiera el uso de la violencia conseguirá arrebatarlas de la mano de Cristo.

[78] ὅ... μεῖζον aparece en Bᵃlatt bo Ambr Hier; el masculino ὅς ... μείζων en p⁶⁶ f1 f13 syr sa ac ac²; la combinación ὅ ... μείζων G en ℵ W y ὅς ... μεῖζον en A Θ (p⁷⁵ contiene ὅς, pero no podemos saber si ponía μείζων o μεῖζον porque hay un espacio). D contiene ὁ δεδωκώς μοι πάντων μείζων. Así que estamos ante una situación interpretativa muy complicada; sin embargo, la mejor explicación parece ser que la primera de las lecturas sería la original, y que las otras son un intento de mejorar el sentido. El neutro es indudablemente difícil (cf. Mt. 12:42; Lc. 11:31), pero cf. 1:4; 6:39; 17:2, y la frase tan parecida de 17:24: Πατέρ, ὅ δεδωκάς μοι, θέλω .... Hoskyns no cree que haya una gran diferencia de significado. Según él, todas las lecturas quieren decir que "el Padre es la única fuente de la seguridad última de los creyentes en Jesús. Pertenecen a Jesús porque el Padre se los ha entregado". Los que rechazan el neutro y optan por el masculino, al menos en el pronombre, no siempre son realistas ante las dificultades que esa lectura presenta. Ni δέδωκεν ni ἁρπάζειν tienen un complemento, lo que hace que sea una estructura muy poco común en la lengua griega. En cuanto a los dones que el Padre le ha dado al Hijo, ver el comentario de 3:35.

[79] En cuanto al uso de μείζων en este sentido cf. Mt. 23:17, 19.

alta estima, lo cuidará hasta el final. Otra posibilidad sería que la calidad de vida, la vida de eternidad que el Padre da, es mayor que nada en el mundo. Otros, como Stephen M. Reynolds, sugieren que se trata del plan divino de salvación, el encargo que el Padre ha dado al Hijo[80]. Pero la interpretación más convincente es que se está haciendo referencia a los creyentes, a la iglesia. Cf. 1 Jn 5:4: "todo lo que es nacido de Dios vence al mundo". El contexto parece sugerir que "las ovejas" son lo que el Padre le ha dado al Hijo[81]. Esta declaración va mucho más allá que la del versículo anterior. Allí se hablaba en futuro: "nadie las arrebatará"; pero ahora dice "nadie las puede arrebatar"[82]. Este Pastor es el más poderoso del mundo, y las ovejas que van de su mano no tienen nada que temer.

30 Aparte de lo que dice el predicado de esta breve frase, la simple colocación de "Yo" y "el Padre" como elementos coordinados de un mismo sujeto ya es significativa. ¿Quién más iba a poder colocarse de esa manera al lado de Dios el Padre? "Uno" es neutro, es decir, que significa "una cosa", y no "una persona"[83]. No se dice que sean iguales, sino que entre ellos hay unidad. Les une una relación estrecha. Esta declaración no dice más que las palabras que abrían este evangelio, pero tampoco dice menos. Estamos ante otra afirmación que pone a Jesucristo al nivel de Dios, y no al nivel de las personas. Puede que sea cierto que no deberíamos entenderla como una declaración metafísica,

---

[80] *WThJ*, XXVIII (1965-66), pp. 38-41.

[81] La *Twentieth Century* traduce: "Lo que mi Padre me ha confiado es mayor que todo". Cf. también Knox: "Esta confianza que el Padre me ha entregado es más preciosa que nada en el mundo".

[82] Esto, si asumimos que el texto que normalmente se acepta es el correcto. El uso del infinitivo presente ἁρπάζειν después de δύναται es una dificultad, porque, a no ser que se quiera enfatizar la continuidad, lo normal hubiera sido el aoristo ἁρπάσαι. Por eso, en algunas correcciones aparece el aoristo en cursiva, pero no es más que un intento de que esté expresado correctamente, gramaticalmente hablando. En la antigua versión siríaca se omite δύναται (ver la edición de Burkitt), y presupone ἁρπάζει. Abbott citando a Orígenes también hace referencia a esta lectura y cree que podría ser correcta (2767). Pero todo eso también parece un mero intento de corrección gramatical. Lo más probable es que el original sea δύναται ἁρπάζειν.

[83] ἕν, no εἷς. Encontramos una expresión similar en 1 Co. 3:8, ὁ φυτεύων δὲ καὶ ὁ ποτίζων ἕν εἰσιν, y esto debería ayudarnos a entender que hemos de tener cuidado con interpretar más cosas de las que en realidad pone. Véase también el uso que se hace en 17:11, donde Jesús ora ἵνα ὦσιν ἓν καθὼς ἡμεῖς. Cf. también 17:22-23, ἵνα ὦσιν ἓν καθὼς ἡμεῖς ἕν ... ἵνα ὦσιν τετελειωμένοι εἰς ἕν.

pero también es verdad que lo que tenemos en este versículo es mucho más que decir que la voluntad de Jesús era una con la del Padre[84]. Como Hoskyns comenta, "para los judíos no hubiera sido blasfemia decir que un hombre podía regular sus palabras y sus acciones conforme a la voluntad de Dios". Pero, como bien indica el versículo siguiente, esta sentencia sí que les molestó en gran manera: jamás habían oído una blasfemia semejante. Le habían preguntado a Jesús que se pronunciara, que les dijera si era o no era el Mesías, y Jesús les dijo más de lo que esperaban.

b. Se rebate la acusación de blasfemia (10:31-39)

31 Los judíos volvieron a tomar piedras para apedrearle. 32 Jesús les dijo: Os he mostrado muchas obras buenas [que son] del Padre. ¿Por cuál de ellas me apedreáis? 33 Los judíos le contestaron: No te apedreamos por ninguna obra buena, sino por blasfemia; y porque tú, siendo hombre, te haces Dios. 34 Jesús les respondió: ¿No está escrito en vuestra ley: «Yo dije: sois dioses»[a]? 35 Si a aquellos, a quienes vino la palabra de Dios, los llamó dioses (y la Escritura no se puede violar), 36 ¿a quien el Padre santificó y envió al mundo, vosotros decís: «Blasfemas», porque dije: «Yo soy el Hijo de Dios»? 37 Si no hago las obras de mi Padre, no me creáis; 38 pero si las hago, aunque a mí no me creáis, creed las obras; para que sepáis y entendáis que el Padre está en mí y yo en el Padre. 39 Por eso procuraban otra vez prenderle, pero se les escapó de entre las manos.

a. 34 Salmo 82:6

---

[84] Muchas veces se cita a San Agustín para refutarlo. Él decía: "cuando Él dice 'Yo y el Padre somos uno' oigamos ambos, tanto el *uno, unum*, como el *somos, sumus*, y nos libraremos tanto de Caribdis como de Scila. Estas dos palabras nos libran de Arrio porque dijo *uno*; y nos libran de Sabelio porque dijo *somos*. Si *uno*, no hay diversidad; si *somos*, hablamos del Padre y del Hijo" (36.9; p. 211). Cierto es que el Señor no estaba hablando de las controversias que había en la iglesia de los tiempos de San Agustín. Pero también es verdad que sus palabras tienen implicaciones, y es normal que los que estaban pasando por problemas quisieran sacar esas implicaciones de las palabras del Maestro. C.K. Barrett subraya lo siguiente: "Creo que el Cuarto evangelio no solo suscita cuestiones peligrosas, sino que además contribuye a encontrar soluciones para dichas cuestiones" (*Essays on John* [Londres, 1982], p. 21).

Ante las majestuosas palabras de Jesús, los judíos se airan y se disponen a apedrearle. Sin embargo, Jesús les detiene usando un argumento basado en el Salmo 82:6. Si el término "dioses" puede en cierto sentido aplicarse a los hombres, entonces Jesús puede, con más razón aún, hablar de su unidad con el Padre.

31 Para los judíos, lo que Jesús acababa de decir era blasfemia; por tanto, decidieron tomarse la justicia por su mano[85]. La ley recogía que la blasfemia se castigaba apedreando al que la había proferido (Lv. 24:16). Pero los judíos que estaban ante Jesús no esperaron a que se realizara el proceso que, según la ley, debía tener lugar antes de aplicar el castigo. Lo que tenían que haber hecho era presentar una acusación formal a las autoridades, para que éstas le juzgaran y, si así convenía, le sentenciaran. Pero estaban tan llenos de odio, que decidieron pasar por alto toda formalidad y actuar, a la vez, como jueces y verdugos[86]. "Volvieron a..." hace referencia a la otra vez que también habían intentado apedrearlo (8:59).

32 Pero no llegaron a apedrearle. Antes de que pudieran hacerlo, Jesús "respondió" con una pregunta (en cuanto a este uso de "responder", cf. 2:18; 5:17). No perdamos de vista la calma y el coraje con el que hablaba. No intenta escapar, ni tampoco muestra signos de temor. Ante un grupo airado que le iba a apedrear, Jesús tranquilamente resume la discusión que han tenido y les recuerda que Él ha mostrado[87] muchas obras buenas[88]. "Que son del Padre" indica que Jesús no está actuando

---

[85] "Tomar" es ἐβάστασαν, "cargar". No es normal que hubiera piedras en el pórtico de Salomón, así que las habrían traído de otro lugar.

[86] Aunque no deberíamos pasar por alto que a veces se aplicaba la ley del linchamiento, sin necesidad de un proceso previo. "Si un hombre robaba una vasija del templo, o maldecía por Kosem, o tenía una amante aramea, los zelotes caían sobre él. Si un sacerdote servía (en el altar) estando impuro, los otros sacerdotes iguales a él no lo sacaban al patio, sino que los jóvenes de entre los sacerdotes lo sacaban fuera del templo y le apaleaban hasta abrirle la cabeza" (*Sanh.* 9:6). Esta última práctica choca bastante cuando uno sabe que la pena legal por tal ofensa no era más que el azote (*Makk.* 3:2).

[87] Los milagros eran "señales" que mostraban el camino; por tanto, usar el verbo "mostrar" es adecuado. Lo que quizá nos sorprenda es el uso del aoristo, pero tenemos que tener en cuenta que el tiempo perfecto de δείκνυμι no es muy habitual. No aparece en todo el Nuevo Testamento (mientras que este mismo verbo aparece en otros tiempos verbales 32 veces).

[88] El orden en el que están las palabras hace que καλά y ἔργα destaquen. Las obras que Jesús había hecho eran obras *buenas* del Padre. Estaban a punto de apedrearle,

por su propia cuenta. Luego les pregunta por cuál[89] de esas obras le van a apedrear[90].

33 Al responder, los judíos dejan claro que no le apedrean por las obras buenas, sino por blasfemia[91]. Le aclaran lo que están haciendo[92]. Él no es más que un hombre[93] y, aún así, dice ser Dios[94]. Aquí vemos que los judíos habían entendido perfectamente el mensaje de la enseñanza de Jesús. Su error fue no detenerse a considerar si era verdad o no. Esta es la primera vez que, de forma explícita, se le acusa a Jesús de blasfemia, aunque podríamos decir que ya había ocurrido anteriormente (p. ej. 8:59).

34 La respuesta de Jesús busca que los judíos pongan su mirada en las Escrituras. Usa el término "ley", que, de forma estricta, se refería al Pentateuco, pero cuyo significado se había extendido hasta abarcar todo el Antiguo Testamento, como bien vemos aquí, ya que Jesús está citando los Salmos. En cuanto a la expresión "vuestra ley", ver el comentario de 8:17. Jesús les recuerda que en el Salmo 82:6 está escrito[95] "sois 'dioses'" (la cita es exacta, y además la Septuaginta concuerda

---

pero Él solo era culpable de hacer obras buenas, no de blasfemar. El adjetivo καλός es el mismo que se usa para Pastor (vv. 11, 14). Él es el *Buen* Pastor y, por lo tanto, sus obras son *buenas*.

[89] ποῖον, "qué tipo". Se refiere a la calidad de la acción, calidad que Jesús ya ha calificado: καλά. Esa calidad de sus acciones muestra que viene de Dios, y al elegir esa palabra está invitando a los judíos a que consideren lo que significa y lo que sugiere.

[90] BDF cree que λιθάζετε es un ejemplo de un "presente conativo", es decir, una acción que se ha intentado realizar, pero que ha quedado incompleta. Por eso traducen: "¿Por cuál de ellas *queréis* apedrearme?" (319).

[91] A veces se ha dicho que esta acusación no pudo darse ya que según la Misná para ser acusado de blasfemia se tenía que haber pronunciado el nombre sagrado (*Sanh.* 7:5), y Jesús no lo pronunció. Pero los que defienden eso pasan por alto que (a) la Misná representa el judaísmo farisaico, y no recoge las opiniones de los saduceos; (b) los enemigos de Jesús querían librarse de él como fuera, así que no iban a detenerse en trámites legales; (c) de todos modos, había muchas interpretaciones sobre la blasfemia, basadas en pasajes como Núm. 15:30-31; Dt. 21:22, como muestra SBk (I, pp. 1008-19). Creen que nuestro pasaje está dentro de esta categoría, basándose en Dt. 21:22 (p. 1017).

[92] καὶ ὅτι no introduce un nuevo cargo; explica y amplía el cargo que ya han expuesto.

[93] En cuanto al uso joánico de ἄνθρωπος referente a Jesús, ver el comentario de 4:29.

[94] McClymont comenta : "En realidad, Jesús, aunque era Dios, se había hecho hombre (Fil. 2:5-8)".

[95] En cuanto a la fórmula joánica de citación, ver el comentario de 2:17.

con la Biblia hebrea). Allí se está hablando de los jueces de Israel, y se les llama "dioses" por el alto cargo que Dios les había dado[96].

35 Ahora Jesús explica las implicaciones de esas palabras. Si traducimos "Si él llamó...", se da a entender que Dios fue el que pronunció aquellas palabras. Pero el sujeto de esa frase también podría ser "la ley". Aunque, en el caso de que esta segunda interpretación fuera cierta, el hecho es que las Escrituras también tienen un alto grado de autoridad. Si no, véanse las palabras de Jesús: "y la Escritura no se puede violar"[97]. Y en este caso, "Escrituras" no se refiriere a una declaración de las que consideraríamos como una declaración clave o importante del Antiguo Testamento, sino que se está refiriendo a un pasaje común

---

[96] Ya he tratado este pasaje de Salmos en *The Biblical Doctrine of Judgment* (Londres, 1960), p. 34s. Desde entonces, J.A. Emerton defiende que "dioses" en este salmo se refiere a seres que "eran ángeles para los judíos, y dioses para los gentiles". Concluye que Jesús "no encuentra ningún texto del Antiguo Testamento para probar directamente que a los hombres se les pueda llamar dioses. Así que busca entre los principios fundamentales y acaba diciendo, de forma más general, que el término 'dios' puede, en algunas ocasiones, usarse para denominar a seres que no sean Dios mismo, seres a quien Dios les ha dado cierta autoridad" (*JThS*, n.s. XI [1960], pp. 330, 332). La argumentación de Emerton, en mi opinión, cae en el error de no tener en cuenta el contexto del Salmo 82. No tiene sentido que ese salmo se esté refiriendo a ángeles o dioses. Está tratando el tema de los jueces. A.T. Hanson ofrece una mejor explicación, porque se toma en serio la perspectiva rabínica de que este salmo fue pronunciado por Dios para Israel en el Sinaí (*NTS*, 11 [1964-65], pp. 158-62). Cree que Juan creía que el que se había dirigido a los judíos no era Dios, sino el Verbo preexistente, y es por eso que la cita es relevante: "si el hecho de que el Verbo preexistente se dirija a los hombres justifica que a estos se les llame dioses, aunque la voz de Dios les llegara de forma indirecta (quizá a través de Moisés, y ciertamente escrita por David), entonces también está justificado que le apliquemos el título de Hijo de Dios al hombre que llevaba en sí al Verbo preexistente, santificado y enviado por el Padre. Además, Él no hablaba a través de nadie, sino que lo hacía directamente" (p. 161). M. De Jonge y A.S. van der Woude hacen referencia al Manuscrito de Qumrán en el que se dice que Melquisedec es el que habla en el Salmo 82, y que se está dirigiendo a ángeles malignos (*NTS*, 12 [1965-66], pp. 301-26). No están de acuerdo con la interpretación de Hanson, pero no ofrecen una alternativa. Emerton cree que el manuscrito apoya su teoría (*JThS*, n.s. XVII [1966], pp. 399-401), pero Hanson niega que eso sea cierto, y en vista de toda la crítica que ha habido, vindica una teoría propia (*NTS*, 13 [1966-67], pp. 363-67). Algunos dicen que estas palabras se refieren a todo Israel; esta teoría parecería estar respaldada por las palabras de Jesús a aquellos "a quienes vino la palabra de Dios", pero en nuestro salmo en cuestión se está hablando de los jueces, y no de todo Israel, y también es cierto que la palabra de Dios "vino" a los jueces.

[97] En algunas versiones estas palabras aparecen entre paréntesis. Pero quizá es más adecuado ver que también dependen de ἐί que, así, introduce dos verdades: que el pasaje llama 'dioses' a los humanos, y que la Escritura no se puede violar.

y corriente[98]. El singular se usa normalmente para referirse a un pasaje veterotestamentario en concreto y no a todo el Antiguo Testamento. Pero, aún así, lo que es cierto sobre este pasaje, es cierto porque forma parte de las Escrituras inspiradas y, por lo tanto, tiene las mismas características que el todo al que pertenece. Jesús hace hincapié en que la palabra que se usa es "dioses". Si para referirse a los jueces se hubiera usado cualquier otra palabra, no le serviría como argumento. Y Jesús no solo apela a esa palabra, sino que después de referirse a ella dice que la Escritura no se puede violar. No tenemos una definición del término "violar", y se trata de una palabra que no se suele usar en relación con las Escrituras (aunque se usa en 7:23; cf. 5:18; Mt. 5:19). Pero es perfectamente comprensible. Significa que es imposible quitarle a la Escritura la fuerza que tiene, porque es imposible demostrar que es errónea. Jesús dice que la Biblia llama "dioses" a un grupo de seres humanos. Seres humanos que eran receptores de "la palabra de Dios", es decir, que tenían que escucharla y obedecerla, sobre todo debido a su llamamiento como jueces. Pero aunque no eran más que seres humanos, en esta ocasión se les llama "dioses".

36 A la luz del uso que se hace de esa palabra en las Escrituras, Jesús pregunta a los judíos si pueden decir[99] que blasfema[100] cuando se llama a sí mismo el[101] Hijo de Dios (ver el comentario de 5:25). Algunos han

---

[98] B.B Warfield hace un buen comentario sobre este pasaje (*The Inspiration and Authority of the Bible* [Londres, 1951], p. 138s.) en el que enfatiza lo siguiente: "Según el Salvador, la autoridad de las Escrituras está hasta en sus declaraciones más informales. La autoridad que la caracteriza impregna toda declaración, hasta las que parecen poco importantes" (p. 140).

[99] Hay en la pregunta cierto aire de incredulidad. ὑμεῖς es enfático: vosotros que os creéis los guardianes y promotores de la ley. Abbott dice que ὑμεῖς λέγετε se usa de forma interrogativa al principio de una frase solo en ocasiones especiales, e incluye este pasaje como uno de los dos pasajes en Juan en los que "un sintagma condicional ('si ... como no podéis negar') anticipa que la condición irá acompañada de algo incongruente, cuya incongruencia estará expresada por la sorpresa detrás de una frase interrogativa o exclamativa" (2244).

[100] BDF selecciona este texto como un ejemplo característico de la tendencia de los autores del Nuevo Testamento, especialmente de Marcos y Juan, a usar el estilo directo, en vez del estilo indirecto. Se dice que βλασφημεῖν "conectaría mejor con el ὅν anterior, etc." (470[1]). Aunque se usa el estilo directo, esta cita no recoge las palabras exactas de la frase de los judíos (al menos, según lo que Juan recogió). Así que Jesús está recogiendo el sentido de las palabras de sus enemigos, y no repitiendo sus palabras de forma exacta.

[101] Algunos dicen que debería ser "un" hijo, pero estamos ante otro ejemplo de atributo definido que precede a la cópula y por tanto, no lleva artículo ("el" Hijo; ver el comentario de 1:1).

dicho que este versículo califica a Jesús como hombre entre los hombres, y es una muestra de que sus reclamos sobre su identidad divina no deben tomarse en serio. Pero nótese que su argumento no es: "Si el Salmo 82 usa el término dioses para los hombres, yo, que soy hombre, me puedo comparar con aquellos otros, y adjudicarme ese término". El razonamiento de Jesús es el siguiente: "Si este Salmo llega a usar este término para referirse a los hombres, ¡cuánto más puede usarse para referirse al que el Padre ha santificado y ha enviado al mundo!". Jesús deja bien claro que Él no se puede contar como uno más entre los hombres. A sí mismo se describe como "el que el Padre ha apartado como suyo y ha enviado al mundo" (en cuanto a "enviar", ver el comentario de 3:17). Deja claro que entre Él y los hombres hay una gran diferencia. Los que no creen en la divinidad de Jesús aprovechan para decir que el hecho de que Jesús aún no les ha dicho a los judíos que Él es "el Hijo de Dios", hace que todo sea poco creíble. Pero si la expresión "Hijo de Dios" no aparece antes, es solo debido a una cuestión terminológica. Jesús sí ha dicho ser "el Hijo", y se ha referido a Dios como su Padre de tal forma que no hay duda alguna de que estaba hablando de que entre ellos dos hay una relación especial de la que nadie más disfruta. Es así como acepta la acusación que le han hecho en el versículo 33. No la niega, pero lo que sí niega es que los judíos hayan comprendido correctamente la situación. Creían que se las daba de ser Dios. Y Él sostiene que no se las estaba dando de nada. Él es lo que es, y es el Padre el que en primer lugar, le ha enviado al mundo y, en segundo, da testimonio de Él (5:37).

37-38 Jesús les dice a los judíos que le juzguen según sus obras (ver Nota Adicional G). Sus obras muestran cuál es la realidad. Así que Él está dispuesto a que las tomen como barómetro. Si Él no hace[102] "las obras de mi Padre", entonces entenderá que no le crean[103] (el dativo denota "creer en lo que dice", y no "poner su confianza en Él"; ver la

---

[102] Aquí se usa εἰ οὐ ποιῶ en lugar de εἰ μὴ ποιῶ, que probablemente significa que la negación es más o menos equivalente a la partícula privativa ἀ-, como si la negación y el verbo fueran uno: "Si yo dejara sin hacer...".

[103] El presente de imperativo es bastante extraño, porque nosotros normalmente entenderíamos μὴ πιστεύετε como "deja de creer". Como es imposible que ese sea el significado, lo más normal es entender "no pongáis en mí vuestra confianza de forma continua".

Nota Adicional E). Pero si Él hace esas obras, la cosa cambia. Si[104] no quieren creer en Él, al menos, que crean en las obras (de nuevo, "creer" como "simplemente creer lo que dice"). Jesús les sugiere que hagan eso para que[105] puedan llegar a alcanzar conocimiento. La expresión que hemos traducido por "que sepáis y entendáis" contiene el mismo verbo dos veces[106]; lo que varía es el tiempo verbal. Nosotros lo traducimos por dos verbos diferentes para que pueda percibirse la importancia que ese cambio tiene (en griego ese hincapié puede lograrse simplemente cambiando de tiempo verbal, pero en castellano no). El primer verbo es aoristo y significa "para que lleguéis a saber o conocer", mientras que el segundo está en presente, y significa "y continuéis sabiendo o conociendo". Jesús está esperando que tengan un momento de lucidez, en el que comprendan, y que luego permanezcan en ese conocimiento. El conocimiento que alcanzarían si tuvieran una percepción correcta de las obras de Jesús consistiría en darse cuenta de que el Padre mora en el Hijo, y el Hijo, en el Padre. Las obras que Él había hecho no podían ser las obras de un ser humano, que actúa por su cuenta (tal y como dijo claramente el ciego de nacimiento; 9:30s.). En cuanto a la obediencia de Jesús hacia el Padre, ver el comentario de 4:34.

39 Esas palabras pusieron punto y final a la discusión. Pero, ahora, en vez de intentar apedrearle, los enemigos de Jesús quieren prenderle o arrestarle[107] (aunque quizá lo único que querían era sacarle de allí y luego apedrearle; no lo sabemos a ciencia cierta, pero parece ser que esta vez hay más probabilidad de que pensaran en realizar un proceso judicial). De nuevo, todo quedó en un intento fallido. Juan no nos dice el porqué; se conforma con anotar que los judíos no se salieron con

---

[104] Burton cree que ésta es una de las tantas frases concesivas que se refieren al futuro. Cuando se usa el subjuntivo, denota "una posibilidad futura, o lo que creemos que, retóricamente, es posible". Continúa diciendo: "Καὶ ἐάν introduce un caso extremo, normalmente uno que parece altamente imposible o improbable" (*Moods*, 285[b]).

[105] ἵνα contiene aquí todo su sentido final.

[106] ἵνα γνῶτε καὶ γινώσκητε. Algunos manuscritos (א A f13 etc.) contienen πιστεύσητε, pero lo más seguro es que sea no más que una variante de algún escriba que quiso deshacerse de la dificultad que presenta γινώσκητε precedido de γνῶτε. Y puede que la misma teoría sea cierta en cuanto a la omisión del segundo verbo en D syr[s] etc.

[107] Tenemos aquí un cambio de tiempo verbal: ἐζήτουν, "seguían intentando"; πιάσαι, "prenderlo de una vez por todas". ἐξῆλθεν también apunta a una acción única: "salió", "se escapó".

la suya. Algunos creen que se produjo un milagro; pero no creo que fuera necesario. Lo que sí debemos ver es que hasta que no llegó su "hora", Jesús siempre estuvo a salvo. Algunas versiones optan por poner "mano" en singular, quizá para reflejar el uso semítico (aunque el griego suele optar por el plural[108]). Puede que Juan tuviera en mente el contraste que había entre la "mano" del enemigo, incapaz de arrestar a Jesús, y la "mano" del Padre, poderosa para protegerle (v. 29).

c. Al otro lado del Jordán (10:40-42)

40 Se fue de nuevo al otro lado del Jordán, al lugar donde primero había estado bautizando Juan, y se quedó allí. 41 Y muchos vinieron a Él y decían: Aunque Juan no hizo ninguna señal, sin embargo, todo lo que Juan dijo de éste era verdad. 42 Y muchos creyeron en Él allí.

Como resultado de la hostilidad de los judíos, Jesús abandonó aquel lado del Jordán. Pero eso no quiere decir que aquí finalizara en esa zona la influencia de aquella figura misteriosa que hacía milagros. La gente salía en su busca, sobre todo aquellos a quienes Juan el Bautista había dado testimonio del que había de venir.

40 Jesús se alejó de Jerusalén y se fue al otro lado del Jordán[109]. Además, se precisa el lugar de forma muy concreta: "el lugar donde primeramente había estado bautizando[110] Juan". Este detalle nos muestra que el autor conocía lo que estaba describiendo. Jesús se quedó[111] allí un tiempo, aunque no dice exactamente cuánto.

---

[108] Ver la discusión de Turner (M, III, p. 23s.).

[109] Quizá debiéramos traducir πάλιν como "volvió" en vez de "se fue de nuevo" (ver el comentario de 6:15). Jesús volvió a los primeros escenarios de su ministerio, el lugar donde Juan le había bautizado. Cf. Moffatt: "cruzó el Jordán, volviendo al lugar...".

[110] Aquí se nos plantea la cuestión de si entendemos ἦν... βαπτίζων como un verbo perifrástico o no. En caso afirmativo, el énfasis estará en la naturaleza continua de las actividades de Juan ("el primer lugar donde Juan bautizaba"). Pero el contexto no es nada favorable a esta interpretación, así que lo mejor es entender que significa "donde Juan anteriormente había estado bautizando".

[111] ἔμεινεν aparece en la mayoría de los manuscritos, pero en B it encontramos ἔμενεν. Si adoptamos la primera lectura, el aoristo puede ser constatativo, como si la

41 El cambio de escena no supuso una disminución de actividad. Si Jesús ya no se movía entre la gente, la gente le buscaba e iba a donde Él estaba. Resulta curioso que hagan referencia[1][12] al ministerio de Juan el Bautista, ya que no se le ha mencionado desde 5:36, donde además se habla de Él en pasado. Así, podemos ver que el impacto que había tenido perduraba. La gente aún recordaba sus palabras. Esta última mención de Juan el Bautista en este evangelio suena, a la vez, como una nota de alabanza y recalca de nuevo su posición como subordinada a la de Jesús. En un sentido, es una alabanza, porque afirma que su testimonio de Jesús es verdadero, y lo es en su totalidad. Pero también denota subordinación, porque Juan no hizo ningún milagro[1][13]. Su función se limitaba a dar testimonio de Jesús (ver el comentario de 1:7)[1][14].

42 Como consecuencia de esas palabras, muchos creyeron en Jesús (ver la Nota Adicional E sobre el término "creer"). El complemento de lugar, "allí" (NVI, "en aquel lugar") es, probablemente, muy significativo. Puede que estemos ante un proceso muy similar al que ocurrió en Samaria. La mujer samaritana hizo que la gente viniera a Jesús, y la gente creyó, no por las palabras de la mujer, sino por escuchar a Jesús (4:39s.). Así que aquí el testimonio de Juan hizo que aquella gente buscara a Jesús, y la fe vino cuando entraron en contacto con el Señor. No creyeron en sus casas, reflexionando sobre lo que Juan les había dicho, sino "allí", donde estaba Jesús. Este adverbio de lugar sirve quizá para establecer un contraste implícito con Judea. Judea era el lugar donde le deberían haber dado la bienvenida a Jesús, y sin embargo, allí le apedrean. Ahora, en ese lugar remoto, la gente cree en Él. También puede ser bastante significativo que en esta zona "los judíos" apenas tuvieran influencia o poder.

estancia de Jesús allí fuera un todo completo o ingresivo quizá, "se estableció allí". A favor de esta teoría tenemos que es una costumbre de Juan usar el aoristo en vez del imperfecto de este verbo (el imperfecto no aparece ni una sola vez más en todo el Evangelio). Sin embargo, los que no están de acuerdo argumentan que entonces usó el tiempo verbal que menos servía para enfatizar la cantidad de tiempo que Jesús estuvo en aquel lugar.

[112] ἔλεγον es un tiempo continuo: "decían" o "no paraban de decir".

[113] σημεῖον en Juan denota "milagro"; ver el comentario de 2:11 y la Nota Adicional G.

[114] La construcción gramatical es bastante inusual. Después de Ἰωάννης μέν esperamos que venga οὗτος δέ. También puede que πάντα δέ estuviera precedido de σημεῖον μέν. Es difícil entender por qué πάντα δέ responde a Ἰωάννης μέν.

Juan 11

R. LA SÉPTIMA SEÑAL: LA RESURRECCIÓN DE LÁZARO (11:1-57)

En un sentido, todas las cuestiones del cuarto evangelio pueden resumirse en este capítulo. En él, Juan narra un milagro estupendo: la resurrección de un hombre que llevaba cuatro días muerto. Además, ocurrió en unas circunstancias que permitieron que se hiciera mucha publicidad de aquel suceso y todo eso, en Betania, que era una pequeña ciudad a tan solo tres kilómetros de Jerusalén. Algunos de "los judíos" fueron testigos del milagro, y estos les explicaron a los fariseos lo que había pasado (v. 46). A raíz de este incidente, los principales sacerdotes y los fariseos discutían sobre cómo destruir a Jesús, lo que dio origen a la serie de sucesos que llevarían a Jesús a la muerte.

Todo lo dicho hasta ahora está bien claro. Lo normal sería que los críticos se quedaran helados ante la idea de que un hombre fuera resucitado, pero si este fuera el único evangelio que tuviéramos es probable que el debate se hubiera centrado en el tipo de suceso que nos encontramos en este relato. Sin embargo, tenemos los tres Evangelios Sinópticos, y ninguno de ellos menciona este milagro[1]. Se dice que en muchas

---

[1] Cf. A. Richardson: "La razón que hace que muchos piensen que la historia de Lázaro no es verídica no es que sea difícil de creer... El problema principal está en que no aparece en la tradición sinóptica". Anteriormente había dicho: "San Juan expresa la verdad de la historia narrando historias que no son literalmente verídicas". No duda en criticar las dificultades de la perspectiva tradicional, pero se niega a ver las dificultades que plantea su propia perspectiva. Por ejemplo, nunca intenta mostrar cómo tomar tal actitud ante la verdad histórica es compatible con el objetivo de combatir con los enemigos de tipo doceta, un objetivo que según la mayoría era uno de los propósitos principales de Juan. Este grupo de gente rechazaba el hecho histórico de la Encarnación, mientras aceptaba a Cristo como la suprema revelación de la verdad. Pero la evaluación que Richardson hace del método joánico le sitúa más a favor que en contra de este tipo de pensadores. Westcott resalta otra dificultad: "Ninguna de las explicaciones sobre el origen de esta narración que parten de que no es histórica puede considerarse plausible. Los que niegan los hechos, antes o después acaban sosteniendo que este episodio fue un engaño, o que el relato es pura ficción. Estas dos hipótesis suponen un milagro moral". En cualquier caso, nótese que el tipo de crítico que niega la historicidad de este relato porque no aparece en los Sinópticos normalmente tampoco está dispuesto a aceptar otras cosas, como por ejemplo la alimentación de la multitud. Sobre esto último, Richardson comenta lo siguiente: "para nosotros está claro que incluso en los relatos milagrosos de multiplicación de los alimentos, incluso en la versión de Marcos, no contamos con un análisis histórico detallado de 'lo que ocurrió', sino que tenemos diversas interpretaciones teológicas que han convertido los hechos históricos en

ocasiones los Sinópticos no tienen por qué incluir las cosas que Juan recoge. Los tres primeros evangelistas ya tenían bastante material. Además, no tenían por qué conocer toda la información que el cuarto evangelista tuvo a su disposición.

Pero la resurrección de Lázaro es un caso aparte. Juan dice que se hizo mucha publicidad de este milagro, que las noticias corrieron muy rápidamente, por lo que resulta extraño pensar que los evangelistas sinópticos no tuvieran conocimiento de él. Y si lo conocían, y había tenido las consecuencias que Juan comenta, ¿por qué lo omitieron?[2] Según Mateo, Marcos y Lucas, los acontecimientos asociados a la entrada triunfal y a la purificación del templo inician una serie de sucesos encadenados que llevan directamente a la crucifixión, mientras que para Juan el suceso que tiene esa función es la resurrección de Lázaro.

Así, no es de extrañar que haya toda una elaborada discusión en torno a la interpretación de este capítulo. De entre los que no creen que este relato sea histórico[3], algunos han sugerido que está inspirado en algunas historias de Lucas. En ese evangelio leemos sobre Marta y María (Lc. 10:38-42), sobre una mujer que ungió a Jesús (7:36-50), y sobre Lázaro, el personaje de una parábola que tiene que ver con la resurrección (Lc. 16:19-31). Pero, por un lado, no es muy lógico pensar que todos estos detalles se unieron para dar forma a nuestro relato y, por otro, es una falacia suponer que Juan no tenía ninguna información fuera de lo que se narra en los Sinópticos. Otros creen que no es más que

profundas parábolas del significado de la persona de Cristo y de la Eucaristía en su Iglesia" (*An Introduction to the Theology of the New Testament* [Londres, 1958], p. 102). Parece ser que para algunos, la no aceptación de este texto no se basa solo en que no aparezca en los Sinópticos.

[2] Sin embargo, aunque de forma inconsciente, nosotros esperamos que los evangelistas vean las cosas como nosotros las vemos. Cf. E.M. Sidebottom: "debemos recordar que en aquellos tiempos los relatos de milagros y augurios, de ríos que manaban sangre y piedras de las que salía agua eran muy corrientes ... El 'tremendo milagro' de resucitar a alguien de entre los muertos no era algo tan fuera de lo común en el siglo primero, por lo que quizá no es tan extraño que Marcos no lo incluyera; la viuda de Naín y la resurrección de su hijo que encontramos en el evangelio de Lucas no aparecen en ningún otro evangelio" (*The Christ of the Fourth Gospel* [Londres, 1961], p. 179).

[3] Hamilton cree que es imposible saber lo que pasó. Comenta: "Si queremos, podemos decidir que este suceso no ocurrió en realidad, porque este tipo de cosas no puede darse. Pero entonces no sería muy fácil estar en paz con estos difíciles fragmentos del Nuevo Testamento. Si Dios verdaderamente está haciendo en Jesucristo algo único, sin precedentes, ¿podemos pronunciarnos tajantemente y decir que los sucesos incomprensibles y fuera de lo normal no son posibles?".

una ilustración de las palabras: "Yo soy la resurrección y la vida" (v. 25; cf. también 5:12, 25)[4]. Sin embargo, es difícil conciliar esta teoría con el método joánico, así que esta interpretación cuenta con muy pocos seguidores. Está claro que Juan creía que estaba contando algo que había ocurrido de verdad. La gran cantidad de detalles que incluye son prueba de ello[5]. En un relato simbólico no haría falta incluir tantos detalles, como los nombres de las personas, y de la ciudad, la distancia a la que estaba de Jerusalén, etc. Así, según el debate existente, tenemos que optar por una de las dos opciones: aceptar lo que Juan dice, o pensar que aquello no ocurrió en realidad, ya que no aparece en la tradición sinóptica. No obstante, recordemos que los Sinópticos sí recogen que Jesús habló de que tenía poder para resucitar a los muertos (Mt. 11:5.; Lc. 7:22), y dan dos ejemplos concretos, la hija de Jairo (Mt. 9:18s.; Mr. 5:22s.; Lc. 8:41s.) y el hijo de la viuda de Naín (Lc. 7:11s.). Así que es probable que estos tres evangelistas no vieran la necesidad de añadir más ejemplos.

Otro detalle a tener en cuenta, si es cierto que la experiencia de Pedro está detrás del relato del joven Marcos, es que el silencio de los Sinópticos podría tener su razón de ser. Entre 6:68 y 13:6 no se menciona a Pedro, y en Mateo y Lucas, también encontramos unos paréntesis parecidos, aunque no tan pronunciados (Mt 19:27 y 26:33 y Lc. 18:28 y 22:8). En Marcos, el paréntesis está entre 10:28 y 11:21, pero en este evangelio no se menciona que Pedro se quedara atrás (¿en Galilea?) cuando los otros subieron a Jerusalén, ni que no subió a la capital hasta la semana anterior a la Pascua. Si esto es así, la razón por la que no dijo nada sobre la resurrección de Lázaro es, simplemente, porque no estuvo presente. No formaba parte de las experiencias que él había vivido con Jesús. Toda esta teoría toma más sentido aún si, como parece, este milagro no ocurrió inmediatamente antes de los sucesos previos

---

[4] Ante esta idea de que Juan no tenía un interés especial por los hechos, sino que lo que verdaderamente le interesaba era la enseñanza de que Jesús da a los creyentes una vida que triunfaría a la muerte, debemos recordar las palabras de Lagrange: "Probar esta gran verdad con una narración ficticia no tendría ningún valor; tenía que probarlo mediante un hecho real" (p. 311).

[5] Hunter cree que este argumento es aplastante y decisivo. No infravalora la seriedad del problema que se nos plantea ante el silencio de los Sinópticos, y de hecho confiesa que quizá nunca le encontremos solución. Añade: "Pero en vista (a) de la narración tan detallada y tan llena de vida, y (b) de las abundantes evidencias de que Juan tuvo acceso a buenas y diversas fuentes de información sobre Jesús, no podemos decir que este relato es ficticio ni desestimarlo".

a la Pasión[6]. Otro detalle que respalda la teoría de que Pedro estuvo ausente cuando tuvo lugar este milagro es que, en el versículo 16, Tomás tome la función de portavoz del grupo (normalmente era Pedro el que ejercía ese papel). Como parece que Mateo, en esta sección, se basó en Marcos, es normal que la resurrección de Lázaro no aparezca en el primer evangelio. Es más difícil explicar por qué no aparece en Lucas, pero recordemos que la fuente principal (o fuentes) de Lucas parece ser una recopilación de capítulos aislados, más que una narración cronológica. Ya sé que esto no arroja luz sobre todos los misterios aún sin resolver, pero creo que debemos tenerlo en cuenta para que no se caiga en exagerar el grado de dificultad que presenta este pasaje[7]. Pensemos también que los milagros que tuvieron lugar en Jerusalén no forman parte de la tradición sinóptica. Así que, en este sentido, este milagro no es único; el milagro del paralítico de Betesda y el del hombre ciego de nacimiento tampoco aparecen en los Sinópticos. Sea por lo que sea, solo le prestan atención a la última semana en Jerusalén, y omiten todo lo que ocurre antes. Así, como creemos que este milagro ocurrió antes

---

[6] En el v. 8 los discípulos dicen que los judíos "hacía poco" que habían intentado apedrearle. Esto parece referirse al intento que vimos en 10:31, durante la Fiesta de la Dedicación (10:22). Se celebraba el día 25 de Quisleu (noviembre-diciembre). Así, los acontecimientos del cap. 11 ocurrieron no mucho después de la Fiesta de la Dedicación (incluso teniendo en cuenta la estancia al otro lado del Jordán, 10:40) y, por lo tanto, mucho antes de la Fiesta de la Pascua. Las palabras de Juan concuerdan con esta explicación que acabamos de considerar: "desde ese día planearon entre sí para matarle" (v. 53). Estas palabras no sugieren que la Pasión tuviera lugar al cabo de pocos días: sugiere que estuvieron maquinando entre sí durante *algún tiempo*.

[7] Estas consideraciones hacen que Temple diga: "Creo que el relato joánico es cierto". También hace mención del lugar donde Marcos coloca la purificación del templo. Como este evangelista solo recoge una visita a Jerusalén, la purificación del templo tenía que colocarse al final de la vida de Jesús, y ese fue uno de los sucesos que hizo que los principales sacerdotes intervinieran. Entonces, es difícil encontrar un lugar y una razón para colocar la historia de Lázaro. Como sostiene que Juan es bastante posterior a Marcos, aún se le ocurre una razón más por la que no se recogió este suceso en los Sinópticos: podría ser porque Lázaro aún estaba vivo, y una publicidad así podía haberle incomodado o dificultado la existencia. Concluye: "Es cierto que todo esto no son más que conjeturas. Lo único que intento decir es que los orígenes de Marcos son tales, que la omisión de este suceso no es determinante; y aceptar, como yo hago, el relato joánico, no es ir en contra de los principios que se derivan de las evidencias. Se trata de una narración singularmente viva, y tiene todas las características de la narración de un testigo ocular". Bailey también acepta este relato a pesar de las dificultades que presenta, porque cree que "es aún más difícil creer que el cuarto evangelista cuenta con una mala información, o que deliberadamente se inventa un incidente que, además, consigue relatar como si lo hubiera visto con sus propios ojos".

de esa última semana[8], es normal que los tres primeros evangelios no lo mencionen. La defensa de la historicidad de este relato no quiere decir que neguemos que tenga un significado espiritual. Este evangelio tiene mucho que decir sobre la vida, ya desde el prólogo, y a Juan le encanta transmitir la revelación no solo a través de las palabras de Jesús, sino también a través de sus hechos. No hay duda alguna de que le da a este relato un significado espiritual, y además lo coloca en el punto climático del ministerio de Jesús. Juan quiere que entendamos que Jesús da vida[9], y que es ese aspecto del ministerio de Jesús el que le llevó al choque final con las autoridades.

1. La muerte de Lázaro (11:1-16)

1 Y estaba enfermo cierto [hombre llamado] Lázaro, de Betania, la aldea de María y de su hermana Marta. 2 María, cuyo hermano Lázaro estaba enfermo, fue la que ungió al Señor con perfume y le secó los pies con el cabello. 3 Las hermanas entonces mandaron a decir a Jesús: Señor, mira, el que tú amas está enfermo. 4 Cuando Jesús [lo] oyó, dijo: Esta enfermedad no es para muerte, sino para la gloria de Dios, para que el Hijo de Dios sea glorificado por medio de ella. 5 Y Jesús amaba a Marta, a su hermana y a Lázaro. 6 Cuando oyó, pues, que [Lázaro] estaba enfermo, entonces se quedó dos días [más] en el lugar donde estaba. 7 Luego, después de esto, dijo a sus discípulos: Vamos de nuevo a Judea. 8 Los discípulos le dijeron: Rabí, hace poco que los judíos procuraban apedrearte, ¿y vas otra vez allá? 9 Jesús respondió: ¿No hay doce horas en el día? Si alguno anda de día no tropieza, porque ve la luz de este mundo. 10 Pero si alguno anda de noche, tropieza, porque la luz no está en él. 11 Dijo esto, y después de esto añadió: Nuestro amigo Lázaro se ha dormido; voy a despertarlo. 12 Los discípulos entonces le dijeron: Señor, si se ha dormido, se recuperará. 13 Pero Jesús había hablado de la muerte de Lázaro, mas ellos creyeron que

---

[8] Ver la nota al pie núm. 6.

[9] Cf. Tasker: "Jesús resucita a Lázaro no solo porque se compadece de Marta y de María, no solo porque Lázaro era un buen amigo suyo (aunque estas dos cosas son bien ciertas), sino porque gracias al milagro de la restauración de Lázaro Jesús pudo presentarse como *la resurrección y la vida*".

hablaba literalmente del sueño. 14 Entonces Jesús, por eso, les dijo claramente: Lázaro ha muerto; 15 y por causa de vosotros me alegro de no haber estado allí, para que creáis; pero vamos a [donde está] él. 16 Tomás, llamado el Dídimo, dijo entonces a [sus] condiscípulos: Vamos nosotros también para morir con Él.

En esta introducción tenemos la escena previa al milagro. Los amigos de Jesús le informan de que Lázaro está enfermo, pero Él no actúa de forma inmediata. Después de un par de días sugiere ir a Judea y les dice a sus discípulos que Lázaro ha muerto. Los discípulos saben el peligro que corren, pero acuerdan ir con Él.

1 Se nos presenta a Lázaro de[10] Betania de forma directa, sin ninguna introducción previa de tipo temporal; además se nos dice que estaba enfermo. Es curioso que en esta introducción no se mencione la relación que Jesús tenía con Marta y María[11], lo que aparecerá en el versículo siguiente. Aquí simplemente se nos dice que vivían en la misma aldea. Lázaro (es el mismo nombre que Eliezer)[12] solo se menciona en el Nuevo Testamento en este capítulo y en el siguiente (aunque también aparece en la parábola de Lc. 16:19-31). Las dos hermanas aparecen en estos dos capítulos de Juan y en Lucas 10:38s. Parece ser que Marta era la mayor de ellas (es la que se encarga de servir a Jesús en el pasaje de Lucas), y si eso es cierto es interesante ver que aquí a María se la menciona en primer lugar y, además, es la única que se menciona en el versículo 45. En la tradición cristiana es quizá la más importante de las dos y la que, probablemente, mejor había entendido el pensamiento de Jesús.

2 A María se la describe como la que ungió a Jesús con perfume y le secó los pies con el cabello. Es extraño que Juan la describa así,

---

[10] Algunos creen que hay una diferencia de significado entre ἀπό (con Βηθανίας) y ἐκ (con τῆς κώμης), creyendo que el primero significa "domicilio" y, el segundo, "origen". Sin embargo, el uso joánico está en contra de la distinción entre estas dos preposiciones (ver el comentario de 1:44). Así, es bastante probable que la familia hubiese cambiado de lugar de residencia, sobre todo dado que Lc. 10:38s. los sitúa en Galilea. Pero las preposiciones por sí solas no son suficientes para probar nada.

[11] El nombre aquí aparece como Μαρία, pero en el resto del evangelio Juan usa la forma indeclinable Μαριάμ.

[12] אֱלִיעֶזֶר es la forma veterotestamentaria, pero más tarde se abrevió a לְעָזָר. Significa "Dios ha ayudado".

porque aún no ha explicado el suceso al que está haciendo referencia (aparece en el capítulo siguiente). Así que está claro que era un relato que la Iglesia conocía bien y, por tanto, que los lectores iban a saber identificar.

3 Las hermanas enviaron a alguien para que le dijera a Jesús que Lázaro estaba enfermo. No se nos dice quién de las dos tomó esa iniciativa. Quizá solo deberíamos ver "Señor" como una marca de respeto (ver el comentario de 4:1). Ahora no mencionan a Lázaro, sino que le hablan a Jesús de "el que tú amas"[13]. Si esta descripción fue suficiente, está claro que los lazos entre Jesús y aquella familia eran muy estrechos. Esto nos recuerda que conocemos muy pocos detalles de la vida de Jesús. En el mensaje a Jesús no piden que vaya a visitarles. Seguro que las hermanas conocían bien el peligro que corría si aparecía por allí, así que no le piden que se arriesgue. No obstante, sus palabras son una petición de ayuda. Jesús podía haberles ayudado de muchas maneras, y por eso le informan sobre sus necesidades sin decirle lo que tiene que hacer.

4 Jesús poco antes había dicho de un ciego de nacimiento que la causa de su discapacidad no era el pecado, sino que estaba ciego "para que las obras de Dios se manifestasen en él" (9:3). Ahora dice que la causa de la enfermedad de Lázaro es parecida. No es una enfermedad "para muerte"[14], lo que no quiere decir que Lázaro no morirá (en el v. 14 Jesús dice claramente que ha muerto). Quiere decir que el fin de aquella enfermedad no es la muerte, sino la manifestación de la gloria de Dios (en cuanto a "gloria", ver el comentario de 1:14; Haenchen comenta: "La gloria de Dios no consiste en librar a los fieles de los pro-

---

[13] Algunos han dicho que Lázaro era "el discípulo que Jesús amaba" (13:23, etc.). Pero esto no tiene sentido, ya que sería bien extraño que aquí y en el capítulo 12 le llamara por su nombre 11 veces, y que luego nunca se refiriera a él de forma directa, por su nombre.

[14] πρὸς θάνατον, "con vistas a la muerte", es una contrucción muy poco común (que también aparece en 1 Jn. 5:16-17). Por el contrario, es ὑπὲρ τῆς δόξης τοῦ θεοῦ, "para la gloria de Dios". Barrett aquí entiende ὑπέρ como "para revelar": "El v. 40 muestra que el significado no es 'para que Dios sea glorificado'; aquí, como en el resto de los textos, la gloria de Dios no es su alabanza, sino su actividad". En cuanto a la actitud de tranquilidad y seguridad frente a la muerte, comparar con las palabras que Jesús pronunció sobre la hija de Jairo: "La niña no ha muerto, sino que está dormida" (Mr. 5:39).

blemas de esta vida"). En este evangelio, la gloria del Padre y la gloria del Hijo están siempre estrechamente relacionadas, así que no nos sorprende que Jesús añada que esa enfermedad servirá para que, a través de la glorificación de Dios, "el Hijo de Dios" también sea glorificado. Una vez más, somos testigos de esta relación tan íntima entre el Padre y el Hijo, y de la idea de la gloria, ambos temas favoritos de este evangelio. Y es muy probable que aquí se esté apuntando a los dos niveles de la glorificación del Hijo. Al ver que Jesús era uno con el Padre, muchos creyeron en Él (v. 45). Pero la verdadera glorificación está en la cruz, y este incidente es decisivo en el viaje de Jesús al Calvario (v. 50).

5 Ahora Juan nos dice que Jesús amaba[15] a los tres componentes de la familia. Es curioso que mencione a Marta en primer lugar, y que no mencione el nombre de María (la define como la hermana de Marta, a pesar de que, como parece indicar el v. 1, María era mayor). El hecho de que aparezca una mención individualizada podría servir para subrayar que Jesús les amaba de forma personalizada. No solo amaba a la familia, sino que amaba a Marta, amaba a María, y amaba a Lázaro. Quizá el objetivo de este versículo es dejar claro que si en el siguiente Jesús no reacciona inmediatamente, no es porque no amara a aquella gente.

6 Quizá pensemos que la reacción normal hubiese sido que, al enterarse de que Lázaro estaba enfermo, Jesús hubiera hecho algo. El mensaje de las hermanas es una petición de ayuda (aunque no explícita). Pero Jesús, "entonces"[16], se quedó donde estaba dos días más. Juan no explica

---

[15] El verbo es ἠγάπα, mientras que en el v. 3 para definir el amor de Jesús por Lázaro se usó φιλεῖς. Es difícil encontrar una diferencia de significado entre ambos verbos. φιλέω vuelve a usarse en el v. 36. Ver el comentario de 21:15.

[16] La NVI traduce: "Sin embargo, cuando oyó que Lázaro estaba enfermo, se quedó...". Abbott destaca el uso de οὖν en esta historia (vrs. 6, 17, 33, 38; la NVI los omite todos) y comenta: "la intención de este relato como un todo es representar la resurrección de Lázaro como algo que ya estaba establecido que ocurriera; y la repetición de "entonces" quizá sirve para mostrar cómo el Hijo, paso a paso, actuaba según una secuencia preestablecida para hacer la voluntad del Padre hasta hacer la última y gran 'señal'" (2198). Puede que esto sea cierto, pero debemos recordar que οὖν se usa muchas veces en este capítulo (además de los vv. que menciona Abbott, hemos de añadir los siguientes: 3, 12, 14, 16, 20, 21, 31, 32, 36, 41, 45, 47, 53, 54 y 56). En vista de esto, está claro que la teoría de Abbott y los cuatro versículos que menciona no son muy relevantes. Así que esta palabra tiene aquí su significado normal, y no debería traducirse por "sin embargo".

si lo que Jesús estaba haciendo era urgente o no. Pero lo cierto es que el "entonces" deja claro que Jesús no esperó de forma deliberada a que Lázaro muriera; la muerte debió de tener lugar antes de que los mensajeros encontraran a Jesús. Cuando Jesús llegó a Betania, ya hacía cuatro días que Lázaro había muerto (v. 39), y el viaje no podía haber durado más de un día. La única forma de que salgan las cuentas es si contamos que los mensajeros también tardaron un día en llegar hasta Jesús (un día de viaje de los mensajeros, dos días en los que Jesús se quedó donde estaba, y un día de viaje de Jesús). Y Lázaro debió de morir poco después de que los mensajeros salieran de viaje. Es cierto que toda esta "espera" iba a hacer que el milagro fuera más espectacular, pero dudamos de que Jesús hiciera sufrir a sus amigos para poder realizar un milagro más llamativo. Lo más seguro es que Juan quiera que veamos que Jesús no actúa según las presiones externas, sino que lo que le mueve es su determinación a hacer la voluntad de Dios. La palabra "entonces" está relacionada con la gloria de Dios (v. 4); las sugerencias humanas no son las que determinan cuándo y cómo debe manifestarse esa gloria. Como en la Fiesta de los Tabernáculos (7:3-10), Jesús viajó cuando él había determinado hacerlo, y no cuando los demás le dijeron. En las bodas de Caná (2:1s.), la madre de Jesús le apremia para que actúe. En los tres casos, la gente que le pide que haga algo es gente cercana o querida y, en los tres casos, les hace esperar: actúa, pero lo hace más tarde, para que quede claro que Él hace las cosas según el tiempo y la voluntad de Dios. No se le tiene que coartar o intentar convencer, ni siquiera sus mejores amigos. Sobre todo, en este caso, ya que Jesús va a Jerusalén por última vez; va para morir, para cumplir su misión.

7 Las dos marcas temporales resaltan aún más la tardanza de Jesús: "luego" y "después de esto" (la NVI omite la segunda)[17]. Jesús sugiere actuar cuando ya han pasado dos días. Invita a sus discípulos a ir[18] de nuevo a Judea. Dice "a Judea", el nombre de la región, y no "a Betania", porque ese viaje suponía volver a entrar en aquella región incrédula que iba a crucificarle.

---

[17] ἔπειτα y μετὰ τοῦτο. La segunda expresión aparece de nuevo en el v. 11. Tal como Juan la usa, parece significar lo mismo que μετὰ ταῦτα, que es más frecuente (ver el comentario de 2:12)

[18] ἄγωμεν se usa aquí de forma intransitiva, aunque se trata de un verbo transitivo. Cuando funciona como intransitivo, lo normal es que se use la primera persona del plural (cf. vv. 15-16).

8 La sugerencia de Jesús provoca una protesta inmediata. Los discípulos no han olvidado que los judíos querían matar a Jesús (10:31) y, de hecho, cuando se refieren a ello dicen que ocurrió "hace poco" (la RVA y otras versiones traducen la referencia temporal por "ahora"). Guardaban aún un recuerdo muy vivo de aquel incidente, y eran perfectamente conscientes del peligro que suponía volver a Judea. Así que le preguntan a Jesús si va a ir otra vez a aquella tierra[19]. Se dirigen a Él usando la fórmula "rabí" (en este evangelio, es la última vez que le llaman así), y con esta pregunta se subraya la valentía y la determinación de Jesús. Está claro que volver a Judea significaba entrar en la boca del lobo. Aún así, Jesús continúa con sus planes.

9 "Doce horas"es una referencia al día entero. En la Antigüedad no se hablaba de horas concretas como hacemos nosotros, así que doce horas no se corresponden con doce horas exactas de nuestro reloj. Dividían el período de luz en doce partes, así que una hora significaba una doceava parte del día. Por tanto, el tiempo que incluía esta expresión, "doce horas", dependía de la época del año[20]. Jesús, al usar esta expresión, está pidiendo a sus oyentes que recuerden que esa es la cantidad de tiempo que hay en un día, ni más, ni menos. Durante ese rato, se puede caminar sin tropezar, ya que "la luz de este mundo" permite ver por dónde se va. En este contexto "la luz de este mundo" se refiere a la luz del sol, y Jesús está hablando de su intención de subir a Jerusalén. Él, como todo el mundo, tiene que realizar su tarea mientras tenga oportunidad (cf. 9:4-5). Pero pensando en que repetidamente se llama a sí mismo "la luz del mundo" (8:12; 9:5), y pensando en el estilo joánico, quizá deberíamos ver aquí un significado más profundo. La gente tiene que sacar el máximo provecho posible de la presencia de Cristo, la Luz del mundo, ya que cuando se vaya, ya no será posible "andar" sin tropezar. También podría ser, teniendo en cuenta el uso que en este evangelio se hace del término "hora", que "horas" fuese una referencia a la obra que Jesús, la Luz del mundo, vino a realizar. Los discípulos no tienen que tener miedo de ir a Judea con Él, porque a Él no puede ocurrirle nada malo antes de que llegue el momento establecido, y éste,

---

[19] καί se usa aquí en el sentido de καίτοι, "y sin embargo".

[20] La variación horaria en Palestina es la siguiente: 14 horas y doce minutos como máximo y 9 horas y 48 minutos como mínimo (SBk).

aún no ha llegado[21]. Asimismo, esta frase recoge la idea de que estar con Él es estar en la luz, y en el siguiente versículo se explica desde el ángulo contrario: los que estén lejos de Él, están en la oscuridad y tropezarán.

10 Este es el corolario de la afirmación anterior. El que anda de noche, tropieza. Sin duda alguna, estamos ante una metáfora, ya que Jesús dice que "la luz no está en él", y no que "no tiene luz" o "no hay luz"[22]. Cierto es que se trata de una ilustración sacada de la realidad física. Cuando caminamos en la oscuridad, tropezamos porque no vemos lo que hay a nuestro alrededor. Pero aquí se está hablando de la oscuridad que puede haber en nosotros. Si nuestra alma no está en la luz, sino que está en las tinieblas, ciertamente tropezaremos.

11 Ahora[23] Juan le presta atención a la enfermedad de Lázaro. Con mucho cuidado, establece una diferencia entre las palabras de Jesús sobre andar de día o de noche, palabras que tenían una aplicación tanto literal como espiritual y mística, y las palabras que tienen que ver con la enfermedad de Lázaro. Cuando Jesús dice "se ha dormido", se está refiriendo concretamente a su amigo Lázaro. En el Nuevo Testamento para referirse a la muerte de un creyente se suele usar el verbo "dormir"[24]. De hecho, cabe decir que pocas expresiones ilustran de forma tan gráfica la diferencia que marcó la venida de Cristo. En el mundo antiguo todas las civilizaciones le tenían un miedo atroz a la muerte. Se trataba de un adversario cruel al que todo el mundo temía, y al que nadie podía vencer. Pero la resurrección de Jesús supuso que sus se-

---

[21] Barclay dice que esto es muy relevante para la situación en la que ahora vivimos: "Si hay doce horas en un día, hay tiempo suficiente para todo lo que debemos hacer. No hay necesidad de agobiarse, de vivir con prisas. Si usamos esas doce horas, todo lo que debemos hacer cabrá en esas doce horas... Pero, aunque ese es el lado positivo de que un día tenga doce horas, ¡también debemos recordar que *solo* tiene doce! No hay más. Y, por tanto, no debemos desaprovecharlas. En un día, hay tiempo suficiente, pero, a la vez, ¡no hay tiempo que perder!".

[22] D pasa por alto esta idea porque contiene "la luz no está en ella (en la noche)" (αὐτῇ).

[23] En cuanto a μετὰ τοῦτο, ver el comentario de 2:12.

[24] Así, el verbo κοιμάομαι (el que aquí se usa) se utiliza 4 veces de forma literal, y 14 veces para referirse a la muerte. La palabra cristiana que define el lugar de entierro, "cementerio" (κοιμητήριον), deriva de esta raíz, y su significado original es "un lugar para dormir". Ahora bien, el uso del verbo "dormir" para referirse a la muerte no es una invención de los cristianos; también lo encontramos en autores seculares. No obstante, no es una característica representativa de ese tipo de autores, y sí que es una característica remarcable de los autores cristianos.

guidores ya no tendrían nada que temer. Para ellos la muerte ya no sería un aterrador enemigo al que no se podía hacer frente. La muerte ya no contaba con su aguijón, ya no iba a ver la victoria (1 Co. 15:55). Claro está que esto no iba a completarse en el presente; era un proceso que tenía su realización total en el futuro. Pero en las palabras de Jesús encontramos una forma de hablar que luego se convertiría en una característica de sus seguidores. La muerte no es más que un sueño; así que dice que Lázaro ha entrado en un sueño profundo, "se ha dormido". Añade que le va a sacar de ese sueño, que lo va a "despertar". Jesús ahora usa el singular, y no el plural como ha hecho en el versículo 7, quizá porque los discípulos han mostrado cierta reticencia a ir a Betania. Pero en el versículo 15 les vuelve a incluir.

12 Recordemos que en este evangelio hay un patrón que se da en repetidas ocasiones: los oyentes de Jesús malinterpretan sus palabras, generalmente porque las entienden de forma literal, y Jesús las está usando de forma metafórica (ver el comentario de 2:20). En este versículo tenemos un ejemplo más de este patrón, pero también hay que decir que es natural y lógico que los discípulos no entiendan a Jesús a la primera. No se les ocurre pensar que Lázaro ha muerto, sino que piensan que está descansando, lo cual es una buena señal. "Se recuperará"[25]. Además, también es normal que llegaran a esta conclusión ya que lo único que tenían en mente era librarse de tener que ir a Judea, por el peligro que eso suponía.

13 Juan aclara el malentendido. Él estaba queriendo decir[26] que Lázaro había muerto. Y los discípulos no le han entendido. Ellos[27] creen que ha hablado literalmente del sueño[28].

[25] La palabra original detrás de esta traducción es σωθήσεται, "se salvará". Quizá el versículo quiera recoger también un segundo significado que apunte a la verdad de la salvación; si un creyente "duerme" (la palabra que los cristianos usaban para referirse a la muerte), será salvo. p[75] contiene ἐγερθήσεται, lo cual tiene muy poco sentido.

[26] El verbo es εἴρηκει, el único lugar de este evangelio en el que este verbo aparece en este tiempo verbal. Abbott cree que este tiempo verbal "lleva al lector entre bastidores – después de mencionar algunos hechos y palabras – para contarle *cuál es en realidad la causa* de aquella situación" (2481).

[27] ἐκεῖνοι δέ le da al sujeto cierto énfasis; *ellos*, por oposición a *él*.

[28] περὶ τῆς κοιμήσεως τοῦ ὕπνου. Este es el único lugar en todo el Nuevo Testamento en el que aparece el sustantivo κοίμησις (Horsley cree que es un concepto "totalmente griego"; *New Documents*, 3, p. 93); ὕπνος aparece 6 veces en el Nuevo Testamento, y esta es la única vez que aparece en este evangelio.

14 Debido al error de comprensión, Jesús les habla claramente[29], diciéndoles que "Lázaro ha muerto". El aoristo, que en este caso resulta un poco abrupto, indica que esa acción ya ha ocurrido[30]; podemos contrastarlo con el uso del tiempo perfecto del versículo 11, donde se refiere a un estado continuo. Esta declaración de Jesús indica que tiene un conocimiento sobrenatural (ver el comentario de 4:18). Los mensajeros solo habían dicho que estaba enfermo, y desde entonces, no habían recibido ningún otro tipo de información.

15 Sin embargo, Jesús cree que esto es un motivo de alegría. Debemos detenernos aquí, porque parece una afirmación un tanto extraña, ya que "si los discípulos se sorprendieron al oír que Lázaro había muerto y que a Jesús, no estar allí le producía alegría, nosotros también nos sorprenderemos"[31]. Jesús sabe bien qué va a hacer a continuación, y ya ha dicho que la muerte de Lázaro ha tenido lugar "para la gloria de Dios" (v. 4). Ahora añade que además toda esta situación le alegra porque va a servir para que los discípulos crean (cf. vrs. 42, 45 y 48). El aoristo que aquí se usa indica el comienzo, el punto inicial de la fe, por lo que resulta un poco extraño que lo use para referirse a los discípulos, ya que ellos ya habían confiado en Jesús y habían dejado todo lo que tenían para seguirle. Sin duda alguna, ellos ya eran "creyentes". Sin embargo, aún no tenían una fe fuerte ni madura, ya que en el momento crítico todos abandonaron a su maestro[32]. Así, vemos que la fe es un proceso. Se puede avanzar en la fe, profundizar en la fe. Nunca hemos llegado al grado máximo de la fe. La resurrección de Lázaro iba a causar en los discípulos un profundo efecto, e iba a darle a su fe un mayor contenido. Todo aquello iba a reforzar la fe de los discípulos (Lc. 17:5). "Pero" hace que volvamos a la idea de que Jesús no estaba allí cuando

---

[29] En muchas ocasiones, el significado de παρρησία es "con atrevimiento" o "con energía", y quizá aquí haya algo de ese sentido. Jesús no se corta, sino que les dice la verdad, confiando en que los discípulos la recibirán. Si esto es cierto, la reacción de Tomás (v. 16) es una inmediata vindicación de la acción de Jesús.

[30] A menos que, como Black, entendamos que es la traducción de un tiempo perfecto semita (*AA*, p. 93), que describe un estado continuo.

[31] Abbott, 2102. Se detiene a comentar este pasaje de forma larga y tendida (2099-2102).

[32] Cf. Temple: "Es difícil saber cómo es la fe de una persona, hasta que no llega un momento de prueba. Yo estoy seguro de que creo, lo que no sé es hasta donde llega mi fe. Oro para que Dios haga para mí, o por mí, o en mí, lo que sea con tal de que yo *pueda creer*".

su amigo murió. No obstante, está claro que la vida de su amigo le importa, así que les pide a sus seguidores que le acompañen a "donde está él".

16 No es muy normal que Tomás sea el que habla por todos. Él no suele ser el portavoz de los doce; sin embargo, aquí, toma la iniciativa. Juan lo nombra y dice lo que su nombre significa. "Dídimo" es el equivalente griego del nombre hebreo "Tomás", y ambos quieren decir "gemelo"[33]. Tomás, entonces, les dijo a sus compañeros[34]: "Vamos nosotros también para[35] morir con él"[36]. Generalmente, cuando pensamos en Tomás nos viene a la mente un personaje lleno de dudas e indecisión. Es bueno que veamos este acto como el de un líder valiente[37]. En un sentido, aquí se combinan estos dos elementos, porque cierto es que se trata de una sentencia un poco pesimista. Por otro lado, esta sentencia expresa más de lo que Tomás (o los otros discípulos) puede soportar. Sabemos que cuando arrestaron a Jesús todos, incluido Tomás, abandonaron a Jesús y huyeron. No obstante, no deberíamos pasar por alto estas valientes palabras. Tomás miró a la muerte cara a cara y eligió morir con Jesús antes que vivir sin

---

[33] En griego Δίδυμος y en hebreo תאם. No se nos dice quién era el gemelo de Tomás, y en algunos pasajes de la literatura apócrifa se dice incluso que era el gemelo de Jesús (p. ej., *Hechos de Tomás*, 31), y que se le parecía mucho (*Hechos de Tomás*, 11). Se dice que su nombre de pila era Judas (*Hechos de Tomás*, 1). Plummer cree que quizá era gemelo de Mateo, con el que se le relaciona en todas las listas que aparecen en los evangelios. Sin embargo, MM nos hacen ver que Δίδυμος no suponía que se le estaba relacionando con nadie, es decir, que no tenía por qué querer decir "el gemelo de"; podía ocurrir que a un hermano le hubieran puesto un nombre y, al otro, simplemente le había puesto por nombre "Gemelo". En los Sinópticos se menciona a Tomás sólo en la lista de los doce, pero en este evangelio, además de aparecer en este capítulo, se le menciona en relación con la pregunta del aposento alto (14:5) y dos veces en el relato de la resurrección (20:24-25, 26-29). El nombre hebreo no lo encontramos en ningún documento anterior al Nuevo Testamento (*EB*, IV, 5058), pero sí podemos asegurar que Δίδυμος es mucho anterior.

[34] τοῖς συμμαθηταῖς. Éste es el único lugar del Nuevo Testamento donde se usa este sustantivo. No es una palabra muy común, y quizá la usó para reflejar que Tomás y los demás eran de una misma opinión. Al decir estas palabras, Tomás no solo estaba hablando por sí mismo.

[35] ἵνα expresa propósito.

[36] Gramaticalmente, se puede entender que μετ' αὐτοῦ quiere decir "con Lázaro", pero mirando el contexto, no tiene mucho sentido. Tomás no está hablando de unirse a Lázaro, sino que quiere evitar que Jesús vaya solo, y lo maten, sin la posibilidad de que alguien le pueda ayudar.

[37] Cf. Loyd: "He aquí una regla que nos insta a continuar: aunque nuestra fe sea débil, debemos mostrar una lealtad absoluta".

él[38]. Sus palabras, como es típico en Juan, podrían tener un segundo significado. Leídas a las luz de 12:24-26 apuntarían a que el seguidor de Cristo tiene que morir si quiere vivir verdaderamente.

2. El encuentro de Jesús y Marta (11:17-27)

17 Llegó, pues, Jesús y halló que ya hacía cuatro días que estaba en el sepulcro. 18 Betania estaba cerca de Jerusalén, como a tres kilómetros; 19 y muchos de los judíos habían venido a [casa de] Marta y María, para consolarlas por [la muerte de su] hermano. 20 Entonces Marta, cuando oyó que Jesús venía, fue a su encuentro, pero María se quedó sentada en casa. 21 Y Marta dijo a Jesús: Señor, si hubieras estado aquí, mi hermano no habría muerto. 22 Aun ahora, yo sé que todo lo que pidas a Dios, Dios te lo concederá. 23 Jesús le dijo: Tu hermano resucitará. 24 Marta le contestó: Yo sé que resucitará en la resurrección, en el día final. 25 Jesús le dijo: Yo soy la resurrección y la vida; el que cree en mí, aunque muera, vivirá, 26 y todo el que vive y cree en mí, no morirá jamás. ¿Crees esto? 27 Ella le dijo: Sí, Señor; yo he creído que tú eres el Cristo[a], el Hijo de Dios, el que viene al mundo.

a. 27 O Mesías

Juan relata esta historia por partes. No empieza contando el milagro, sino que primero describe el encuentro entre Jesús y Marta, luego el encuentro con María, y los aprovecha como vehículo para transmitir una enseñanza muy importante.

17 No se nos dice cómo fue el viaje. Juan empieza diciendo que cuando Jesús llegó a Betania, se encontró con que hacía cuatro días que habían enterrado a Lázaro[39]. No sabemos si había muerto mucho

---

[38] Torrey traduce: "Vamos nosotros también, para lamentarnos con él". Además, pregunta: "¿No sería posible que al copiar ἵνα πενθῶμεν se hubieran equivocado y hubieran escrito ἵν' ἀποθάνωμεν?". Está presuponiendo un error poco probable y, además, la existencia de un original del que no ha quedado nada, ni del que nada se sabe. Cuando afirma que incluso si Jesús fuera a ser ejecutado los discípulos no tenían por qué temer se muestra muy poco realista.

[39] En cuanto al acusativo temporal después del verbo ἔχω, ver el comentario de 5:5.

antes del entierro, pero probablemente no. Normalmente se enterraba a los muertos enseguida. Por ejemplo, Ananías y Safira fueron enterrados inmediatamente después de su muerte (Hechos 5:6, 10). Puede que los cuatro días tengan su razón de ser. Había una creencia judía que decía que el alma se queda cerca de la tumba durante tres días, esperando poder volver al cuerpo[40]. Pero el cuarto día se da cuenta de que el cuerpo se está descomponiendo y, finalmente, se marcha. Si esta creencia ya existía entonces (la encontramos en documentos de los años 220 dC., pero probablemente era mucho más antigua) la gente debía saber que el cuerpo de Lázaro había llegado a un punto en el que su única esperanza era una actuación del poder de Dios[41].

18 Juan es bastante específico a la hora de informarnos sobre el lugar donde ocurrió este episodio. Nos dice que Betania estaba a unos tres kilómetros[42] (a menos de dos millas) de Jerusalén[43]. Sin embargo, cuando Lucas se refiere a esta familia solo menciona "cierta aldea" (Lc. 10:38), sin darnos ningún detalle sobre su ubicación. El comentario que Juan hace en cuanto a la distancia a la que se encontraba Betania nos ofrece dos informaciones diferentes; nos explica cómo es que "muchos de los judíos" estaban allí para consolar a las hermanas de Lázaro, y nos dice que Jesús prácticamente había llegado a Jerusalén, es decir,

---

[40] "R. Abba b. R. Pappai y R. Josué de Siknin dijeron en nombre de R. Leví: Durante tres días (después de la muerte) el alma ronda sobre el cuerpo, intentando volver a entrar en él, pero en cuanto ve que el cuerpo cambia de apariencia, se marcha... Bar Kappara dijo: Las sesiones de duelo duran tres días. ¿Por qué? Porque (durante ese período de tiempo) la cara es aún reconocible" (Lev. Rab. 18:1; Soncino edn., p. 226; ver también Ecl. Rab. 12:6). En la misma línea, la Misná estipula que las pruebas para la identificación de un cadáver solo pueden realizarse durante los tres primeros días después de la defunción (*Yeb.* 16:3).

[41] Ver SBk, II, p. 544 en cuanto a los pasajes relevantes. En cuanto al significado, cf. Strachan: "La concepción de que el duelo llegaba a su final en el cuarto día implica que ya no había esperanzas de restauración a la vida a través de medios naturales. La restauración ya solo podía conseguirse a través de un acto de creación por parte de Dios. Y ese es el acto que Jesús realiza".

[42] Nuestra versión utiliza el sistema métrico al que estamos acostumbrados. Juan habla de quince στάδια y un o un στάδιον (estadio), así que nuestra versión es correcta.

[43] El orden en griego es un poco extraño: ἐγγὺς τῶν Ἱεροσολύμων ὡς ἀπὸ σταδίων δεκαπέντε. Lo normal hubiera sido que ἀπό precediera a τῶν Ἱεροσολύμων (cf. 21:8 y Lc. 24:13). Pero nuestra traducción consigue transmitir el sentido correcto. Quizá deberíamos entender que la medición empieza "desde" Jerusalén. Algunos sugieren que se trata de un latinismo, pero BDF lo niega (161 [1]), y Moulton también (M, I, p. 102). En cuanto al artículo con Ἱεροσόλυμα, ver el comentario de 2:23.

prácticamente había llegado al clímax de su visita a este mundo. Algunos han sugerido que como Juan usa el tiempo pasado "estaba", esto prueba que escribió después de que Betania fuera destruida, pero es normal que para este caso Juan usara el pasado, así que creo que esa es una interpretación sin mucho fundamento.

19 "Muchos de los judíos" suele usarse, en este evangelio, para describir a los enemigos de Jesús, y a sus adherentes (ver el comentario de 1:19). Por eso, es extraño que Juan lo use aquí, en este contexto. Quizá quiera reflejar que, aunque los plañideros vinieron a compadecerse de Marta y María[44], no sentían por Jesús ningún aprecio. Aparentemente, vinieron[45] con la intención de quedarse unos días. Es probable que lo normal en aquellos tiempos fuera quedarse unos días con las personas que habían perdido a un ser querido[46]. En el funeral, los familiares lloraban y se lamentaban, pero se les dejaba solos y nadie les hablaba o molestaba. Era después cuando la gente les visitaba para consolarles y, para los judíos, este era un deber o tarea que había que cumplir sin falta.

20 Las actitudes de las dos hermanas son diferentes, lo que podría ser un eco de las diferencias de carácter que se recogen en Lucas 10:38-42. En aquel pasaje, Marta estaba ocupada con los quehaceres de la casa, y su máxima preocupación era la hospitalidad, mientras que María simplemente se sentó "a los pies del Señor, y escuchaba su palabra". Aquí, en la misma línea, vemos que cuando les llegaron las noticias

---

[44] El texto original con el que contamos contiene τὰς περὶ Μάρθα καὶ Μαριάμ (p[45] [vid] A Θ f1 f13 etc.), transmitiendo la idea de que los judíos no venían tanto por visitar a Marta y María, sino para visitar a todas sus amigas o quizá a toda la familia. Pero esto, inherentemente, es poco probable, y los textos más fiables contienen τήν. Bernard sugiere que τὰς περί podría venir de (αὐ)τὰς περί que aparece en la línea siguiente; los textos más fiables no contienen estas dos palabras. Quizá teníamos que haber previsto que no iba a haber artículo o que debería haberse repetido antes de Μαριάμ. La expresión τὴν Μάρθα καὶ Μαριάμ podría indicar "unidad". Las dos hermanas eran "la familia".

[45] Este tiempo verbal, ἐληλύθεισαν, denota una acción previa. Los judíos "habían venido" antes de que Jesús llegara.

[46] A. Edersheim dice que el duelo podía dividirse en tres momentos: los tres primeros días se lloraba; luego, se guardaba un profundo duelo durante el resto de la semana, y un duelo menos estricto durante treinta días más (*Sketches of Jewish Social Life* [Londres, n.d.], p. 174; ver también *LT*, II, p. 320; SBk, IV, pp. 592-607). Esta regulación aparece en el Talmud: "Tres días de lloro, siete de lamento y treinta para ataviarse con ropa austera y no cortarse el cabello" (*MK* 27b; Soncino edn., p. 180).

de que Jesús se estaba acercando, fue Marta la que salió a darle la bienvenida. No se nos dice que Jesús la hiciera llamar, o que enviara un mensaje diciendo que llegaba (aunque tampoco se nos dice que llamara a María, y es evidente que sí lo hizo: v. 28). Así que quizá llamó a Marta, y lo que ocurre es que Juan no lo recogió; sin embargo, creo que lo más lógico es que Marta oyera que se acercaba, y eso fue suficiente para hacerla salir a recibir al Señor. También es normal que si alguien vino a traer la información se la diera a Marta, ya que era la señora de la casa. Está claro que es natural que fuera ella la que tomara la iniciativa, especialmente en los detalles relacionados con la hospitalidad. Y María se quedó dentro, sentada donde estaba[47]. Cabe decir que según parece, la postura en la que los que habían perdido a un ser querido recibían a los que les venían a consolar era estando sentado (cf. Job 2:13)[48].

21 El saludo de Marta es toda una declaración de fe: si Jesús hubiera estado allí, su hermano no habría muerto. En el relato de Lucas, Marta amonesta a Jesús porque éste no le dijo a María que la ayudara con las tareas de la casa, y algunos creen que las palabras que ahora estamos analizando también son una amonestación. ¿Por qué no había venido antes, cuando se le necesitaba? Marta sabía cuándo le habían enviado el mensaje, y sabía cuánto tiempo había tardado Jesús en reaccionar. Si nuestros cálculos son correctos (ver el comentario del v. 6) podría haber llegado a tiempo, así que Marta podría haber estado enfadada con Jesús por haber tardado dos días más de lo normal. Pero no le dice: "Si hubieras venido...". Sus palabras son más una muestra de pesar que una amonestación. Puede que solo fuera el eco de lo que

---

[47] Ryle cree que Marta sale mejor parada en este episodio: "Hay un tiempo para moverse, y un tiempo para quedarse quieto; y aquí, por no moverse, María se perdió la gloriosa declaración que Jesús hace sobre sí mismo. Creo que estas dos mujeres eran verdaderas discípulas; sin embargo, si María había sabido comprender mejor cuáles eran sus prioridades en una ocasión inicial, Marta es la que mejor actúa en esta ocasión". Strachan también alaba la actitud de Marta, por encima de la de María. Sin embargo, Newbigin no está en la misma línea, porque dice que Marta no le ofrece a Jesús "una adoración total" y "que aún no ha llegado al punto en el que ha dado el paso de fe – en un sentido completo".

[48] Cf. Edersheim: "Inmediatamente después de que el cuerpo se sacara de la casa, todas las sillas y los asientos se giraban, y los parientes se sentaban (a excepción del día de reposo, y los viernes, solo durante una hora) en el suelo o en un asiento bajo" (*Sketches of Jewish Social Life*, p. 174).

ella y María se habían estado diciendo la una a la otra durante aquellos días (cf. v. 32)[49].

22 El significado de este versículo es más que sorprendente. A primera vista, parece que Marta sabía que Jesús aún podía realizar un milagro a aquellas alturas, que podía resucitar a Lázaro de la muerte. Pero los versículos siguientes nos muestran que eso no es lo que Marta quiso decir, o que si eso es a lo que se refirió, no tenía la fe que esas palabras requerían. Cuando Jesús ordenó que se retirara la piedra de la entrada al sepulcro, fue Marta la que habló enseguida, ya que la orden de Jesús le pareció muy extraña (v. 39). Esa reacción es irreconciliable con la teoría de que aquí, en este versículo 22, ya tenía la esperanza de que Jesús fuera a realizar un milagro en aquel mismo momento. Sus palabras de confianza podrían querer contrarrestar la falta de calor que caracteriza el versículo anterior. Algunos dicen que "aun ahora" podría apuntar a que ella sí creía que Jesús podía resucitar a su hermano, pero creo que más bien quiere decir algo como: "Si hubieras estado aquí, mi hermano no habría muerto, porque yo sé que Dios te concede todo lo que pides". La palabra que hemos traducido por "todo lo que" en el original está en plural. Así que no está hablando de una cosa en concreto, sino que se refiere a cualquier cosa que Jesús pida, la pida cuando la pida[50].

23 Jesús saca el tema de la resurrección, pero de forma personalizada: le dice a Marta que su hermano resucitará. Sin embargo, estas palabras también pueden tomarse como una referencia general a la resurrección final, ya que Jesús no menciona en este versículo que él va

---

[49] Quizá cuando tenemos ἀπέθανεν al final del versículo deberíamos leer ἐτεθνήκει (ver la discusión del v. 32).

[50] Marta usa el verbo αἰτέω. Aunque Jesús usa este versículo para las oraciones de los demás (14:13; 15:7, 16, etc.) nunca lo usa para referirse a sus oraciones. El verbo que usa para sus propias oraciones es ἐρωτάω (14:13; 16:26; 17:9 [dos veces], 15, 20), que, a excepción de 1 Juan 5:16, solo aparece para referirse a la oración a Dios en este evangelio, y solo aplicado a las oraciones pronunciadas por Jesús, a menos que 16:23 sea una excepción. Pero todo esto tampoco debería tomarse demasiado en serio para usarlo como base y construir extrañas teorías. En el griego tardío, es difícil establecer una clara diferencia entre estos dos verbos. Quizá el hecho de que ἐρωτάω significaba originalmente hacer una pregunta (preguntar algo o pronunciar una pregunta), y no hacer una petición (pedir algo) nos da una pista sobre el parecido entre estos dos verbos. Pero no debemos pasar por alto que este verbo se usa una vez para referirse a las oraciones de las personas (1 Jn. 5:16). Ver también el comentario de 1:19.

a ser el agente de esa resurrección, ni que ésta va a tener lugar de forma inminente.

24-25 Queda claro que Marta cree que Jesús se está refiriendo a la resurrección que tendrá lugar en el día final[51]. Sus palabras muestran que no esperaba que Jesús resucitara a Lázaro, pero a la vez representan la certeza de que la resurrección tendrá lugar al final de los tiempos. Muchos comentaristas creen que Marta vio estas palabras de Jesús como las típicas palabras que se decían para consolar a la gente en su situación, y quizá era lo que la gente ya le había estado diciendo, por lo que ya habían dejado de causar su efecto. Pero sea como sea, las palabras de Marta dan paso a una de las geniales declaraciones de Jesús que tanto caracterizan este evangelio[52]. (En cuanto a las declaraciones de Jesús – "Yo soy..." – ver el comentario de 6:35). Jesús no dice simplemente que Él dará resurrección[53] y vida[54]. De hecho, estos conceptos están tan estrechamente relacionados con Él que puede decir que Él *es* la resurrección y la vida[55]. El hecho de que uno de estos dos conceptos apunte quizá a la verdad de que la vida que Él da es la vida de la Era Venidera. Se trata de la "vida eterna" de la que ha hablado en otras ocasiones (ver el comentario de 1:4; 3:15). Los que confían en Jesús (ver la Nota Adicional E) aunque van a morir, vivirán. Esta paradoja saca a la luz la gran verdad de que la muerte física no importa demasiado. Puede que los paganos o los no creyentes vean la muerte como

---

[51] Esta era la enseñanza de los fariseos, pero sabemos que los saduceos no la compartían.

[52] Y según Godet esas palabras salen de la boca de Marta con el propósito divino de que Jesús pueda hacer su declaración: "Si ella solo habla de la resurrección final, de la que ella está segura, es para que Jesús tenga la oportunidad de explicarse, y de declarar de forma explícita lo que ella ni siquiera se atreve a concebir".

[53] ἀνάστασις no es una palabra muy común en este evangelio, ya que solo aparece en el v. 24 y dos veces en 5:29. Igualmente, el verbo ἀνίστημι, aparte de este capítulo, solo aparece en 6:39, 40, 44, 54, 20:9. ζωή por el contrario, es uno de los principales conceptos de este evangelio, y aparece muy a menudo (36 veces).

[54] Las palabras καὶ ἡ ζωή no aparecen en p45 (vis) *a / syr*s Cyp Or. Pero que eso ocurra en un manuscrito no es suficiente para tomar esta lectura más breve y, en todo caso, casi tendríamos el mismo significado.

[55] Calvino comenta: "Primero, dice ser la resurrección; para que pueda darse la restauración de la muerte a la vida, antes tiene que haber habido vida. Pero toda la Humanidad está inmersa en la muerte. Por tanto, ningún ser humano alcanzará la vida a menos que primero resucite de entre los muertos. De ahí que Cristo enseñe que Él es el principio de la vida. Después, añade que la continuidad de la vida es también la obra de su Gracia".

el final de todo. Pero no es así para los que creen en Cristo. Morirán, en el sentido de que pasarán por lo que llamamos la muerte física, pero no morirán en un sentido pleno. Para ellos, la muerte es la puerta para pasar a una vida de perfecta comunión con Dios. Este concepto trasciende la comprensión que los fariseos tenían de una resurrección remota que tendría lugar en el final de los tiempos. Pero aquí vemos el verdadero significado: desde el momento en el que ponemos nuestra confianza en Jesús empezamos a experimentar la vida de la Era Venidera que está fuera del alcance de la muerte. Jesús no solo le está prometiendo a Marta algo para el futuro, sino que le está haciendo un regalo en el presente, allí mismo, en aquel momento.

26 Todo aquel que vive y cree en Jesús (tenemos un artículo que une los dos conceptos; tenemos que entender que la vida y la fe están estrechamente relacionadas) no morirá jamás. Obviamente, Jesús no quiere decir que el creyente no vaya a morir físicamente. Lázaro estaba muerto, y desde entonces ya han muerto millones de seguidores de Jesús. Lo que quiere decir es que el creyente no morirá eternamente. No[56] morirá en la Era Venidera[57]. Tendrá vida eterna, la vida de la Era Venidera. Y Jesús concluye este breve discurso con un desafío: "¿Crees esto?"[58]. Su enseñanza sobre la fe y la vida no es una declaración filosófica que busque entrar en un debate crítico y argumentativo. Se trata de la verdad salvadora que debe recibirse con fe y que debe llevar a la acción.

---

[56] "Jamás" es la traducción de οὐ μὴ ... εἰς τὸν αἰῶνα, la doble negación unida a una referencia de la Era Venidera.

[57] Como en 10:28 (ver nota al pie) Barrett argumenta que el significado es "nunca morirá" y está en contra de aquellos que dicen que el significado es "no morirá eternamente". Parece ser que su idea es que hay un tipo de muerte por la que los creyentes no van a pasar ("La única muerte que podríamos considerar no puede afectar a los que creen en Cristo"), y que eso es a lo único que Jesús se refiere aquí, en este versículo. Pero yo no veo cómo podemos separar esta idea de la idea de que la vida que los creyentes tienen es la vida eterna. Puede que sea verdad que Jesús está diciendo que hay un tipo de muerte por la que los creyentes no van a pasar, pero decir que eso no tiene nada que ver con la muerte eterna es no saber interpretar la situación. La verdad maravillosa que Jesús está transmitiendo es que el creyente "no puede morir eternamente" porque tiene la vida eterna. El creyente no tendrá que pasar por la peor de las muertes, que es la muerte eterna.

[58] Este es el único lugar en este evangelio en el que πιστεύω va seguido del acusativo.

27 Las palabras de Marta no siempre reciben la atención que se merecen. Al hablar de Marta y María, lo que siempre se recuerda de Marta es aquella amonestación de: "Marta, Marta, tú estás preocupada y molesta por tantas cosas; pero una sola cosa es necesaria, y María ha escogido la parte buena..." (Lc. 10:41-42). Pero con todos sus fallos, Marta era una mujer de fe y las palabras que acaban de salir de su boca son una declaración muy importante. En primer lugar, está de acuerdo con lo que Jesús dice. No elige lo que quizá parecería más lógico o más fácil, sino que acepta lo que Él dice. No acaba de entender todas las implicaciones de lo que Jesús está diciendo, pero aún así, y por lo que sí llega a comprender, lo acepta de buen grado. Y, a continuación, muestra que tiene fe en lo que ella misma acaba de decir. El pronombre que usa, "yo", es enfático. No importa lo que los demás hagan; ella pone su confianza en Jesús. "Yo he creído" hace referencia a una fe que le fue dada y que continúa en ella de forma permanente[59]. "Yo he creído *que*...". No se trata de una fe vaga ni de una creencia sin contenido. Tiene contenido, y un contenido doctrinal. En las palabras de Marta podemos ver tres elementos doctrinales. En primer lugar, Jesús es "el Cristo", es decir, el Mesías que esperaban los judíos (ver el comentario de 1:20, 41). En segundo lugar, es el "Hijo de Dios" (en cuanto a esta expresión, ver también las confesiones de Juan el Bautista [1:34] y de Natanael [1:49]; Jesús mismo también usa este término; ver el comentario de 5:25). Se trata de una expresión que, por un lado, puede servir simplemente para describir a una persona piadosa, pero, por otro, habla de alguien que tiene una relación especial con Dios. Sabemos que en todo el Evangelio se usa en este segundo sentido; además, Juan nos dice explícitamente que quiere que la gente llegue a creer que Jesús es el Hijo de Dios (20:31). No cabe duda alguna de que Marta entiende perfectamente el contenido de lo que está diciendo. Y, en tercer lugar, dice que Jesús es "el que viene al mundo" (ver el comentario de 3:31 y cf. 6:14), el Libertador que han estado esperando durante tanto tiempo, el Enviado que va a cumplir la voluntad de Dios de forma perfecta. Estas tres afirmaciones nos dan una amplia perspectiva de la persona y la identidad de Cristo[60]. Deberíamos recordar

---

[59] Esta es la fuerza que πεπίστευκα transmite. Cf. el uso que también se hace del tiempo perfecto en 3:18; 6:69; 8:31; 16:27; 20:29. El uso que Marta hace de este tiempo es digno de resaltar ya que lo más normal para responder a aquella pregunta de Jesús hubiera sido usar el presente.

[60] Lindars cree que esta declaración es "el clímax de la sección teológica de este capítulo".

a Marta por estas palabras, y no por su activismo y por la crítica que le hace a María.

3. El encuentro de Jesús y María (11:28-32)

28 Y habiendo dicho esto, se fue y llamó a su hermana María, diciéndole en secreto: El Maestro está aquí, y te llama. 29 Tan pronto como ella [lo] oyó, se levantó rápidamente y fue hacia Él. 30 Pues Jesús aún no había entrado en la aldea, sino que todavía estaba en el lugar donde Marta le había encontrado. 31 Entonces los judíos que estaban con ella en la casa consolándola, cuando vieron que María se levantó de prisa y salió, la siguieron, suponiendo que iba al sepulcro a llorar allí. 32 Cuando María llegó adonde estaba Jesús, al verle, se arrojó entonces a sus pies, diciéndole: Señor, si hubieras estado aquí, mi hermano no habría muerto.

Juan describe el encuentro de Jesús y María de una forma mucho más breve. En esta sección ni María ni Jesús hacen una declaración tan elevada como la de Marta (v. 27)[61].

28 Después de hacer esa gran declaración de fe, Marta llama a su hermana para hablarle en secreto[62]. No sabemos a qué se debe ese secretismo. Quizá quería que María tuviera la oportunidad de hablar a solas con Jesús durante unos minutos, como parece que ocurre a continuación. Y puede que ésta sea la razón por la cual Jesús se quedó fuera de la aldea. Marta llama a Jesús "El Maestro", expresión en la que el uso del artículo es muy importante. Los seguidores de Jesús solían llamarle así porque su actividad principal era la enseñanza[63]. Pero además,

---

[61] Schnackenburg dice que María "da la impresión de no ser más que una quejica". Pero eso no es ni justo ni acertado.

[62] λάθρα podría ir con lo que lo precede, o con lo que le sigue: es decir, podríamos tener "llamó a María secretamente y le dijo" o "llamó a María y le dijo secretamente". Pero, de hecho, no importa demasiado, porque eso tampoco supone una gran variación de significado.

[63] διδάσκαλος aparece en Mateo 12 veces, en Marcos 12 veces, en Lucas 17 veces, y en Juan, 8 veces, a excepción de la declaración general de la relación entre el μαθητής y el διδάσκαλος, (Mt. 10:24-25 y paralelos), la declaración sobre el niño Jesús que se sienta entre los maestros del templo (Lc. 2:46), y la información de que Nicodemo era "Maestro de Israel" (3:10), todas las demás se refieren a Jesús. Además, también se usa ῥαββεί para referirse a Jesús: Mateo dos veces. Mateo tres veces y Juan 8 veces; y ῥαββουνεί: Marcos y Juan una vez cada uno.

esta expresión denota que Él es incomparable, no tiene igual: Él es "*el* Maestro". También es muy importante el hecho de que sea una mujer la que use este término. Los rabinos se negaban a instruir a las mujeres, pero Jesús estaba totalmente en contra de esa manera de hacer. Juan no recoge el momento en que hizo llamar a María, así que es evidente que no está contándonos todo lo que pasó. Nos dice lo imprescindible, y deja que lo demás se sobreentienda.

29 "Tan pronto como ella lo oyó" nos habla de una reacción rápida. Oyó las palabras de su hermana y, acto seguido, fue al encuentro de Jesús. Podríamos leer "se levanta" en vez de "se levantó"[64]; en este caso, Juan estaría queriendo transmitir inmediatez. "Fue" está en tiempo continuo: "se dispuso a ir" o "estaba yendo" (incluso podría leerse como un presente[65]: "está yendo").

30 Juan describe brevemente la situación. Nos dice por qué fue María a encontrarse con Jesús. Marta, con el espíritu inquieto que la caracterizaba, había salido corriendo de la aldea para encontrar al Señor (v. 20). Ahora Jesús está en aquel mismo lugar, y quizá Marta le ha sugerido que se espere ahí, que va corriendo a buscar a María. Algunos creen que la verdadera razón por la cual Jesús se quedó allí fue porque aquel lugar estaba más cerca del cementerio, pero esto no es más que pura especulación. No sabemos dónde se encontraba el cementerio, pero seguro que no era allí cerca. Además, Jesús no sabía dónde lo habían enterrado (v. 34), así que ¿cómo iba a decidir quedarse allí en función de la distancia a la que estaba el cementerio?

31 Los judíos (v. 19) se habían quedado con María; no acompañaron a Marta para salir al encuentro de Jesús. Juan nos dice que estaban "consolando" a María, aunque no nos dice en qué consistía eso exactamente. Cuando vieron que María se levantó de prisa[66] y salió, la siguieron,

---

[64] Muchos manuscritos contienen ἠγέρθη, pero quizá sea preferible el presente, como aparece en p[45] p[66] AC[c] Θ f1 f13 etc.

[65] El presente aparece en p[45] p[66] A D Θ f1 f13 lat etc. Es posible que los verbos en pasado se sustituyeran por verbos en presente basándose en que iban precedidos de ἤκουσεν.

[66] "De prisa" es ταχέως, mientras que en el versículo 29 aparece ταχύ. Parece ser que estas palabras significan lo mismo, y que estamos otra vez ante el elemento estilístico joánico de la variación. BDF dice que ταχέως es "más literario" (102 [2]), pero en este pasaje eso apenas tiene importancia; más bien parece "una interpolación". Estas dos formas no vuelven a aparecer en todo este evangelio.

creyendo que iba al sepulcro a llorar allí (en cuanto al lamento al lado de la tumba ver Sabiduría 19:3). Su intención era llorar con ella. Y eso supuso que en el suceso que comentaremos a continuación hubiera muchos testigos y, así, lo ocurrido se extendiera por muchos lugares.

32 Ahora María ha llegado al lugar donde Jesús estaba esperando. Lo saludó rindiéndole homenaje, arrojándose a sus pies; parece ser que era más emotiva que su pragmática hermana. En cuanto a "Señor", ver el comentario de 4:1. En este contexto está claro que María debió de usar esta palabra con su significado más elevado. Estas palabras de María, que son casi idénticas a las de Marta (v. 21)[67], demuestran una fuerte convicción de que el poder de Jesús podía haber salvado a Lázaro de la muerte. Revelan que María creía que Jesús era capaz de vencer la enfermedad. Pero eso es todo. Es posible que la vitalidad y rapidez de su reacción (vrs. 29 y 31) le diera un breve respiro de las atenciones de los judíos, que quizá en un principio no se dieron cuenta de adónde se dirigía. También sería posible que sus acompañantes aún no estuvieran allí cuando María se postró a los pies de Jesús, y que se unieran a ella justo después, como muestra el versículo siguiente.

4. Lázaro es resucitado (11:33-44)

33 Y cuando Jesús la vio llorando, y a los judíos que vinieron con ella llorando también, se conmovió profundamente en el espíritu, y se entristeció, 34 y dijo: ¿Dónde lo pusisteis? Le dijeron: Señor, ven y ve. 35 Jesús lloró. 36 Por eso los judíos decían: Mirad, cómo lo amaba. 37 Pero algunos de ellos dijeron: ¿No podía éste, que abrió los ojos del ciego, haber evitado también que [Lázaro] muriera? 38 Entonces Jesús, de nuevo profundamente conmovido en su

---

[67] El verbo que Marta usa podría ser ἐτεθνήκει, y el que María usa, ἀπέθανεν, mientras que μου aparece colocado en lugares diferentes. En vista de la costumbre joánica de realizar alteraciones cuando aparecen declaraciones repetidas, concluimos que estas variaciones son solo un recurso estilístico y no un cambio en el significado (ver el comentario de 3:5). La mayoría de los manuscritos contienen ἀπέθανεν en el v. 21, pero eso parece ser una asimilación al pasaje que estamos comentando; por tanto, es preferible optar por ἐτεθνήκει, como aparece en A C³ Γ Δ Λ Θ Ψ. Juan usa ἀποθνήσκω 28 veces y θνήσκω solo dos veces, así que probablemente los escribas tendieron a sustituir el verbo menos familiar por el más usado.

*interior, fue al sepulcro. Era una cueva, y tenía una piedra puesta
sobre ella. 39 Jesús dijo: Quitad la piedra. Marta, hermana del
que había muerto, le dijo: Señor, ya hiede, porque hace cuatro días
[que murió]. 40 Jesús le dijo: ¿No te dije que si crees, verás la gloria
de Dios? 41 Entonces quitaron la piedra. Jesús alzó los ojos a lo
alto, y dijo: Padre, te doy gracias porque me has oído. 42 Yo sabía
que siempre me oyes; pero lo dije por causa de la multitud que [me]
rodea, para que crean que Tú me has enviado. 43 Habiendo dicho
esto, gritó con fuerte voz: ¡Lázaro, ven fuera! 44 Y el que había muerto salió, los pies y las manos atados con vendas, y el rostro envuelto
en un sudario. Jesús les dijo: Desatadlo, y dejadlo ir.*

Juan nos recuerda que nadie esperaba que Jesús resucitara a Lázaro
en aquel momento. Hemos podido ver que Marta y María creen en el
poder de Jesús para curar la enfermedad, y ahora veremos que algunos
de los judíos que estaban con ellas también creían en ese poder (v. 37).
Sin embargo, ni las hermanas ni los judíos podían imaginarse que iban
a ser testigos de un milagro tan grande: ante sus ojos, Jesús resucitó a Lázaro de entre los muertos.

33 Aunque era de esperar que María llorara, el versículo anterior
no nos dice nada; no obstante, en este versículo queda claro que sí estaba llorando, al igual que los judíos que la acompañaban. La palabra que
aquí se usa es llorar de forma escandalosa o gemir[68]. En aquellos tiempos, era costumbre expresar el dolor por la muerte de un ser querido
a grandes voces, sin reprimirse, y eso era lo que los plañideros estaban
haciendo. Imagine a toda una multitud llorando de esta forma; creaba
un ambiente de confusión y dolor. Por eso, al ver aquello, Jesús se conmovió y entristeció profundamente. El verbo que traducimos por
"conmoverse"[69] es un término muy poco común. Significa un sonido
inarticulado muy fuerte, y parece ser que se usaba para referirse al ruido
que hacen los caballos. Cuando se aplicaba a seres humanos, solía denotar rabia[70], y muchos exegetas creen que eso es lo que significa en

---

[68] La definición de κλαίω es "lamento, lloro o clamor que se hace a grandes voces
debido al dolor o el sufrimiento" (LS).

[69] ἐνεβριμήσατο. En el resto del Nuevo Testamento solo aparece en el v. 38; en Mt.
9:30; en Mr. 1:43 y 14:5. LS lo traduce como "el resoplido de los caballos".

[70] Beasley-Murray nos hace ver que mientras la tradición de habla inglesa ha entendido este término como "una profunda emoción", la tradición alemana ha inter-

este texto[7 1]; si eso es cierto, probablemente se esté refiriendo a la rabia ante la muerte[7 2]. Sin embargo, quizá Juan no estaba pensando en un significado tan concreto cuando usó esta palabra. En los otros dos pasajes donde este término se aplica a Jesús, no puede traducirse por "rabia". En ambos casos se refiere a la actitud del Maestro ante dos ciegos (Mt. 9:30) y un leproso (Mr. 1:43) que había curado. Antes de aceptar que el texto está hablando de la rabia de Jesús deberíamos preguntarnos cuál es el objeto de esa rabia o ira (ya que ese detalle no aparece en el texto). ¿Por qué iba Jesús a estar enfadado con Marta o María? ¿Por qué iba a estar enfadado con los judíos que las acompañaban? Podríamos entender que Jesús estuviera dolido por la falta de confianza y la actitud tan equivocada con la que todos aquellos personajes se enfrentaban a la muerte. Pero, por más equivocados que estuvieran, es imposible que Jesús estuviera enfadado con una gente que estaba expresando su dolor ante la muerte de un ser querido. Lo más seguro es que Juan solo estuviera diciendo que Jesús estaba conmovido en gran manera[7 3]. Se nos dice además que se conmovió en el

pretado que quería decir "rabia". De hecho, él se inclina por ese último significado y cree que Jesús está enfadado porque "las hermanas y los judíos se lamentaban 'como el resto de los hombres'". Pero creo que esta es una interpretación muy dura e innecesaria.

[71] Así, Barrett dice: "No hay duda alguna de que ἐμβριμᾶσθαι... denota rabia. Queda claro a partir del uso que hacen de esta palabra los textos tanto bíblicos como extrabíblicos, del uso que hacen de la forma simple βριμᾶσθαι – ἐμβριμᾶσθαι es una derivación que intensifica su significado – y del uso que hacen de los términos afines". Esta interpretación se respalda apelando a los comentaristas griegos.

[72] El que mejor ha explicado esta perspectiva es B.B. Warfield: "El objeto de la rabia es la muerte, y aquel que tiene el poder de la muerte y que ha venido al mundo para destrucción. Puede que los ojos de Jesús se llenaran de lágrimas de compasión, pero eso no es de lo que aquí se está hablando. Su alma está inundada por la rabia: avanza hacia la tumba, en palabras de Calvino, 'como un campeón que se prepara para el enfrentamiento'. Así, la resurrección de Lázaro no es un milagro aislado, sino – tal y como se presenta en todo momento – un ejemplo claro y un símbolo de la victoria de Jesús sobre la muerte y el infierno. Lo que Juan hace con esta declaración es descubrirnos el corazón de Jesús, a la vez que vemos cómo gana la salvación para nosotros. Jesús no actúa de forma indiferente, sino que, lleno de rabia, golpea al enemigo por nosotros" (*The Person and Work of Christ* [Philadelphia, 1950], p. 117). Esta interpretación no ha obtenido mucho respaldo. Como veremos, no hay razón alguna para pensar que los judíos que se lamentaban estuvieran siendo hipócritas y actuando de forma nada sincera.

[73] Así, Bernard puede decir: "El verbo ἐμβριμᾶσθαι no sugiere que Jesús estuviera enfadado". Lagrange nos informa de que las antiguas versiones como la latina, la s y la s no interpretan este término como "rabia". Según Black, esta expresión es una s que significa "estaba conmovido profundamente en el espíritu" (*AA*, p. 174s.).

espíritu. Está claro que "en el espíritu" no se refiere al Espíritu Santo, sino al espíritu humano de Jesús[74]. Significa que lo que estaba sintiendo no era una emoción superficial, como bien refleja el verbo "se entristeció" o se "estremeció"[75] (NVI). Jesús estaba a punto de resucitar a Lázaro y no podemos interpretar su perturbación como un acto de duelo por el fallecido. Debe de referirse a su profunda preocupación e indignación frente a la actitud de los que estaban llorando. No supieron entender la naturaleza de la muerte ni la de la Persona del Hijo[76]. Ni siquiera

[74] Crisóstomo cree que el dativo τῷ πνεύνατι es el complemento del verbo (como el dativo de Mt. 9:30; Mr. 1:43) y piensa que Jesús amonestó a su propio espíritu por estar tan atribulado (cf. 63.1: p. 232).

[75] ἐτάραξεν ἑαυτόν. Más adelante Jesús dice: "Ahora mi alma se ha angustiado" (12:27), y el evangelista dice: "(Jesús) se angustió en espíritu" (13:21). Todas estas referencias son otro ejemplo de la variación que Juan suele introducir al repetir estructuras o construcciones (ver el comentario de 3:5). Nuestro pasaje constituye el ejemplo de la voz activa de este verbo en este evangelio: "se entristeció [a sí mismo]". Cf. Lightfoot: "la expresión que aquí se usa sugiere que Jesús de forma voluntaria y deliberada acepta y hace suya la tristeza y la experiencia por la que él pasará con el propósito de liberar a la Humanidad". En cuanto a este último punto, cf. 14:1, 27. La expresión es una forma de mostrar que Jesús se identificó completamente con el dolor humano, con el dolor de sus amigos, de forma voluntaria. Tal y como lo explica Morgan, "Se hizo a sí mismo responsable, y decidió tomar sobre su persona toda la miseria resultado del pecado, que estaba representado en la muerte de un hombre y en la desesperación de aquella gente que estaba llorando. Fue una identificación voluntaria con el dolor que causa el pecado, y fue el resultado de la ira justa contra el pecado que estaba causando dolor. Todo esto nos revela también cómo era el corazón de Jesús".

[76] Barrett lo entiende de la siguiente forma: "Jesús percibe que la presencia del dolor de las hermanas y de los judíos casi le obliga a realizar un milagro, y de la forma que en 2:4 la petición de un milagro provoca una respuesta bastante dura, aquí, en unas circunstancias de tremenda tensión, provoca la ira de Jesús. Este milagro es un milagro imposible de esconder (vv. 28, 30); y este milagro, será la causa inmediata que conducirá a Jesús hacia su propia muerte (vv. 49-53)". Richardson opina de una forma similar. Pero yo creo que sus interpretaciones no pueden aceptarse. No creo que sea cierto que Jesús realizara aquel milagro forzado por el dolor que había ante sus ojos (Él ya ha decidido "despertar" a Lázaro cuando estaba al otro lado del Jordán, v. 11). Además, esa interpretación no concuerda con lo que se nos viene recordando una y otra vez durante todo el Evangelio: que Jesús es el Señor supremo de toda situación y que nada ni nadie puede ejercer influencia sobre Él. En este mismo capítulo, Él mismo decidió no actuar cuando recibió la noticia de que Lázaro estaba enfermo, y esperó a que fuera el "tiempo" de Dios (v. 6; ver nota al pie). Y en este mismo versículo, Juan no dice que "lo que veía le entristeció", sino que "Él decidió entristecerse" (recuérdese la voz activa de la nota al pie núm. 75). Tampoco es nada lógico pensar que se enfadó ante el presagio de su propia muerte. Durante todo el Evangelio Jesús avanza de forma majestuosa hacia la consumación preestablecida, y no hay razón para pensar que en este punto en concreto Jesús mostrara un resquicio de rebeldía. Tampoco es propio del carácter de Jesús mostrarse enfadado con sus amigos que, aunque no habían acabado de entenderle, lo amaban y no le deseaban ningún mal. Lindars analiza varias interpre-

María, que también demostró tener los ojos puestos en la tierra. Asimismo, puede que estas palabras se refieran a que realizar este milagro supuso para Jesús un coste (cf. Mr. 5:30).

34 Ahora, Jesús pregunta dónde está la tumba de Lázaro. En vez de explicarle cómo llegar, le invitan a que les acompañe, y vea. No se nos dice quién le dijo eso, pero lo más natural es que fueran las dos hermanas.

35 En este versículo, el más corto de la Biblia, el elemento a destacar es que para la acción de llorar se usa un verbo diferente al que se ha usado con María y los judíos. Aquella palabra denotaba un lloro sonoro, un lamento bien audible. La que aquí se usa (no vuelve a aparecer en todo el Nuevo Testamento) significa un lloro silencioso[77]. No lloró de forma escandalosa, pero estaba profundamente dolido. Como en el versículo 33, ese dolor no se debía a la muerte de su amigo, porque estaba a punto de resucitarle. Lloraba por la poca compresión de aquellos que tenía alrededor[78]. Esto nos recuerda la ocasión en la que Jesús lloró sobre Jerusalén (Lc. 19:41). Tanto en Lucas como en este pasaje, lo que hizo que Jesús se entristeciera fue la actitud de los judíos[79].

36 Como siempre, los judíos no logran leer la mente de Cristo. Creen que las lágrimas son solo una muestra del amor que le tenía a su amigo Lázaro. No saben discernir que hay una razón mucho más profunda.

---

taciones de este pasaje y acepta "la interpretación clásica de este versículo como un testimonio de la sensibilidad humana de Jesús, que se identifica con todo ser humano en su dolor y desesperación".

[77] δακρύω significa "derramar lágrimas". Aunque esta palabra no vuelve a aparecer en todo el Nuevo Testamento, sí encontramos 10 veces una palabra muy similar: δάκρυον. Si aquí se usa el aoristo podría ser para reflejar que "Jesús se echó a llorar".

[78] Lightfoot comenta: "Él mismo, en las palabras que se recogen en este evangelio – 1:35-42 – había invitado a dos discípulos de Juan que habían empezado a seguirle a 'venir y ver' dónde estaba hospedado; el resultado fue que tanto ellos como otros decidieron seguirle; es decir, al seguirle, recibieron 'la luz de la vida' (8:12). Pero ahora es Jesús el que recibe la invitación de parte de los que están allí llorando para que deje el lugar y la luz que son suyos por naturaleza, y que 'venga y vea' (11:34) la oscuridad y la muerte, puesto que aquellas personas creían que la oscuridad y la muerte eran las que controlaban aquella situación; y por eso llora".

[79] Ver Hoskyns, que hace un breve análisis de la gran variedad de interpretaciones que se han dado a este pasaje tanto en tiempos antiguos como en tiempos modernos.

37 Algunos de ellos ahora reflejan que tienen el mismo tipo de fe que Marta y María. Saben que Jesús sanaba a los enfermos y concretamente se acuerdan de que le ha abierto los ojos a un ciego de nacimiento, así que preguntan: "¿No podría éste, que abrió los ojos del ciego, haber evitado también que Lázaro muriera?". No hay razón alguna para pensar que estas palabras sean una burla. Parece que estamos ante un grupo de judíos que estaban siendo bastante sinceros y, aunque no son tan firmes como Marta y María, también creen en el poder de Jesús. Saben que podría haber hecho[80] algo para evitar la muerte de su amigo. Pero malinterpretan su dolor; creen que llora porque está frustrado. Pero, como hemos dicho, no hay razón para poner en duda la sinceridad de estos judíos.

38 Jesús llega al lugar donde estaba la tumba y se vuelve a conmover profundamente; el verbo es el mismo que el del versículo 33 (ver nota al pie)[81]. Había diferentes tipos de tumbas[82], así que Juan nos informa de que en este caso se trataba de una cueva cuya entrada estaba cubierta por una piedra. Esta forma de enterramiento era bastante común en la Palestina de la época, especialmente para la gente importante. No se nos dice si se trataba de una cueva en el suelo, que se sellaba poniendo una piedra de forma horizontal, o de una cueva en una roca, que se sellaba con una piedra de forma vertical. Sabemos que ambos tipos eran bastante comunes. Como en el versículo 44 dice que Lázaro "salió", podría tratarse de una cueva en la roca.

39 Este es el versículo clave para ver la forma en que Juan entendió lo que allí tuvo lugar. El evangelista hace hincapié en el hecho de que Lázaro está muerto, y bien muerto. Así, está claro que lo que está

---

[80] El infinitivo aoristo ποιῆσαι implica una acción en concreto, y no una actividad o actitud continua.

[81] Calvino cree que aquí tenemos parte del coste que este milagro supuso: "Cristo no viene al sepulcro como un espectador ocioso, sino como un luchador que se está preparando para el asalto. Por tanto, no es de extrañar que se 'estremezca' de nuevo, porque tiene ante sus ojos la violenta tiranía de la muerte con la que se tenía que enfrentar".

[82] μνημεῖον es "un memorial", es decir, un monumento en memoria de los muertos. Se usaba en general para cualquier lugar de entierro. σπήλαιον, "una cueva", puede usarse para referirse a una cueva de ladrones (Mr. 11:17) o a un lugar de refugio (He. 11:38). Pero las cuevas naturales solían usarse para enterrar a los muertos, como vemos aquí.

describiendo es un milagro de resurrección. Primero tenemos la orden de Jesús de que quiten la piedra, luego, la protesta de Marta quien asegura que el cuerpo ya debe de estar en fase de descomposición, porque ya llevaba cuatro días en la tumba[83]. Si la construcción "la hermana del que había muerto" es correcta[84], Juan también estaría transmitiendo la idea de la muerte usando el participio perfecto que apunta a la permanencia del estado en el que Lázaro había entrado. Se describe a Marta como "la" hermana de Lázaro, y no como "una" hermana, quizá porque era la mayor. Sea como sea en este episodio ella es la que tiene la voz cantante. María queda más bien entre bastidores.

40 Jesús rechaza la protesta de Marta de forma tajante. Le recuerda algo que Él ha dicho hace tan solo unos instantes, cosa que nos supone un pequeño problema ya que Juan no ha recogido esas palabras. Como vimos antes, en este evangelio hay una tendencia a introducir variaciones cuando aparece una declaración que ya se ha dicho con anterioridad (ver el comentario de 3:5), y podríamos estar ante otro ejemplo de ese recurso estilístico tan propio de Juan. Otra opción podría ser que Jesús se estuviese refiriendo a las palabras pronunciadas en otra ocasión que no ha quedado recogida. Las palabras que aquí menciona tienen cierto parecido con las del versículo 4, pero en aquella ocasión Jesús no estaba hablando con Marta (aunque Jesús podría estar suponiendo que se las había transmitido). Otros han sugerido que hay aquí una referencia al versículo 26, pero yo creo que eso es bastante improbable porque en ese versículo no aparecen las palabras principales: "la gloria de Dios". Las palabras de Jesús son un reto para la fe ("si crees"; cf. 2:11) y un recordatorio de cuál es la prioridad de Jesús: "la gloria de Dios". Lo que iba a ocurrir a continuación era un milagro espectacular, una muestra del poder de Jesús, y un inestimable regalo para Marta y María. Pero, como es normal, Jesús no menciona nada de todo eso. Para Él lo realmente importante era "la gloria de Dios". Eso quiere decir que el verdadero significado del milagro que iba a realizar solo podía alcanzarse a través de la fe. Todos los que allí estaban, fueran creyentes o no, iban

---

[83] τεταρταῖος: "es un hombre de cuatro días". Los judíos usaban especies en los entierros, pero eso no quiere decir que embalsamaban a los muertos, como hacían los egipcios; aquellas hierbas no impedían la descomposición.

[84] La expresión "del que había muerto" no aparece en Θ it sys[s] ac[2]. Pero casi todo apunta a que esas palabras sí sean originales.

a ser testigos del milagro. Pero Jesús le está prometiendo a Marta que si cree podrá ver la gloria de Dios. La multitud vería el milagro, pero los creyentes percibirían el verdadero significado, la gloria (cf. Guthrie: "muchos vieron a Lázaro salir de la cueva, pero nunca llegaron a ver la gloria de Dios").

41-42 Después de esas palabras de Jesús, movieron la piedra. No se dice quién la movió, pero lo más probable es que fueran "los judíos" que acompañaban a Marta y María[85]. Jesús alzó los ojos con la actitud de elevar una oración (cf. 6:5; 17:1). Se dirige a Dios llamándole simplemente "Padre" (cf. 12:27-28; 17:1), y no "Padre nuestro"; su relación con el Padre no es como la que tienen los demás. Las primeras palabras de la oración son una muestra de gratitud por haberle oído. Ese aoristo apunta a una oración que ya ha sido pronunciada, presumiblemente una oración para que Lázaro fuera resucitado. Jesús podría haber pronunciado una oración que Juan no recogió (recordemos que este episodio no está recogido de forma detallada: p. ej., no aparece el momento en que Jesús hace llamar a María, v. 28). O quizá quiere que pensemos que Jesús oró en su interior, por lo que la gente no pudo oírla, pero Dios sí. Aunque ambas ideas están presentes, el aoristo nos hace pensar que Jesús se está refiriendo a aquella oración en particular, y no tanto al hecho de que Dios siempre le escucha. Esta realidad se hará patente en las palabras que vienen a continuación: "Yo sabía que siempre me oyes". Acto seguido encontramos un "pero", traducción de una fuerte adversativa[86]. Jesús alza esa oración de gratitud pensando en la multitud que le rodeaba (el Padre no necesitaba que Jesús le dijera aquello); así que el énfasis aquí está en la importancia que tiene la gente para Jesús. Existe una diferencia entre la oración que no está recogida en el Evan-

---

[85] Crisóstomo cree que Jesús hizo que fueran los judíos los que movieran la piedra en vez de resucitar a Lázaro sin la ayuda de aquellos hombres, para que ellos estuvieran seguros de que el hombre que Jesús había resucitado era Lázaro. Dice que así no serían como aquellos que decían que el hombre que decía haber sido sanado de su ceguera solo se parecía al ciego que ellos conocían, pero que no era el mismo (63.2; p. 233). Cree que Jesús hizo que fueran los judíos los que le quitaran el sudario por la misma razón (64.3; p. 239).

[86] ἀλλά. Abbott cita esta frase como ejemplo del uso "donde, aunque no haya una partícula negativa en todo el párrafo, se introduce algo diferente a lo dicho anteriormente, algo para lo cual las palabras previas no nos han preparado, algo que, a pesar de lo dicho, va a ocurrir" (2058).

gelio (que, según parece, pedía la resurrección de Lázaro) y entre la oración de gratitud pronunciada en voz alta para que la gente la pudiera oír. Wright lo explica de la siguiente forma: "El evangelista no dice que Jesús *oró* por causa de la multitud, sino que *dio gracias* por causa de la multitud. Es decir, Jesús siempre quería que la gente viera que Él no hacía las cosas por su propia cuenta". "Para que"[87] introduce la idea de finalidad. Jesús habló "para que "la gente creyera (por el aoristo sabemos que habla de un primer paso de fe: "empezara a creer") que es Dios el que le ha enviado. Una vez más, vemos que la fe tiene un contenido, y que ese contenido tiene que ver con la misión del Hijo. Incluye la convicción de que Jesús es el "Enviado de Dios" (en cuanto a "enviar", ver el comentario de 3:17). Juan siempre deja claro que Jesús depende del Padre y que lo único que le mueve es la gloria del Padre. Él no es como los milagreros de la época, que lo único que buscaban era la popularidad y la admiración. Así que aquí Jesús no actúa por voluntad propia, sino en dependencia del Padre, a quien dirige su oración. El objetivo de la oración, pronunciada públicamente, era que todos los que la escucharan supieran que Jesús dependía del Padre.

43 Jesús llamó al muerto. Lo hizo gritando a gran voz[88], dirigiéndose a Él por su nombre, Lázaro, e indicándole que saliera[89] fuera de la tumba. Si Jesús alzó la voz no fue para que el muerto pudiera oírle, sino que, probablemente, también fue para que la gente supiera que aquello no se trataba de magia barata, sino del mismísimo poder de Dios. Los médiums y adivinos susurran y murmuran para realizar sus encanterios (cf. Is. 8:19). El Hijo de Dios no actúa así.

---

[87] ἵνα.

[88] κραυγάζω por sí solo ya significa "gritó a gran voz"; aquí aparece reforzado por φωνῇ μεγάλῃ. Este es el único lugar (de las seis veces que aparece) en el que Juan usa este verbo para referirse a Jesús. E.K. Lee cree que esta palabra suele indicar pasión y falta de dominio propio, y que es interesante ver que la única vez que se le aplica a Jesús es en una ocasión donde todo lo está haciendo a causa de los demás (*ExT*, LXI [1949-50], p. 146s.).

[89] δεῦρο es un adverbio de lugar que se usaba como un imperativo, con el sentido de "¡Ven aquí!". Ésta es la única vez que aparece en el Evangelio. Es interesante ver lo sucinta que es la orden de Jesús. Es como si dijera: "¡Aquí!¡Afuera!"

44 Juan nos dice que el hombre que había estado muerto[90] salió fuera. Estaba aún atado de pies y manos con vendas[91]. No sabemos cómo pudo andar bajo esas circunstancias, y es posible que debamos entenderlo como "un milagro dentro de un milagro. Lázaro no sale de la cueva caminando; la fuerza divina le saca tal y como está" (Hoskyns). Aunque también es posible que cada pierna estuviera vendada por separado, con lo cual sí podía caminar. Juan también menciona el sudario[92] que le cubría la cara. Imaginaos la escena. Debió de ser algo increíble. El relato de este milagro concluye con la orden de Jesús de desatarle y dejarle ir. Al leer estas últimas palabras es fácil acordarse de algunos episodios de los Sinópticos en los que vemos una sensibilidad similar; por ejemplo, cuando Jesús ordenó que le dieran algo de comer a la hija de Jairo (Mr. 5:43). Jesús nunca se dejaba llevar por el elemento sobrenatural de sus milagros, sino que siempre se acordaba de las necesidades de la persona.

5. La reacción de fe (11:45)

45 Por esto muchos de los judíos que habían venido [a ver] a María, y vieron lo que [Jesús] había hecho, creyeron en Él.

45 Como siempre, después del milagro hay división. Jesús siempre es motivo de división por ser quien es y por ser lo que es. Juan nos habla en primer lugar de los que creyeron. Este grupo salió de entre "los judíos", y Juan deja claro que fueron "muchos" de ellos. Es interesante que los defina como aquellos "que habían venido[93] a ver a María".

---

[90] ὁ τεθνηκώς. En el versículo 39 se usa ὁ τετελευτηκώς. Parece ser que no hay diferencia de significado; otro ejemplo del recurso estilístico de la variación. Burton cree que aquí se usa el tiempo perfecto "para reflejar un estado anterior al tiempo del verbo principal" (*Moods*, p. 156).

[91] κειρίαις. Esta palabra significa "vendaje" (ver LS; MM dicen que se usa "varias veces en los fragmentos de un papiro sobre medicina"), así que debían haberle enrollado tiras de vendas alrededor del cuerpo.

[92] σουδαρίῳ. Esta palabra es una transliteración del término latino *sudarium*, término que el BAGD define de la siguiente manera: "una tela para la cara que permitía la transpiración; semejante a un pañuelo".

[93] Quizá lo más normal hubiera sido τῶν ἐλθόντων. Estamos ante una expresión bastante difícil de entender, pero οἱ ἐλθόντες debe verse como una explicación de πολλοί: "muchos de los judíos, es decir, los que habían venido", o como traduce Rieu, "muchos de los judíos. Los que habían visitado a María y habían visto lo que Jesús había hecho". El griego solo dice "habían venido a María", pero nuestras versiones añaden "a ver" o "a visitar".

Durante todo el relato, se hace más hincapié sobre Marta que sobre María; por eso es extraño que se les defina en relación con la hermana "menos importante". También se les asocia con ella en los versículos 31 y 33. Puede ser que estuvieran más preocupados por María que por Marta, de carácter más decidido. Quizá María era más sensible y emotiva, y por eso necesitaba más consuelo. Sea como sea, llegado este punto se vuelve a asociar a los judíos con María. "Habían venido" tiene que ver con "vieron"[94]. Creyeron porque vieron el milagro[95]. "Creyeron en Él" es una de las construcciones favoritas de Juan para reflejar una confianza genuina (ver la Nota Adicional E). Una fe basada en haber sido testigo de un milagro no es la fe más acertada, pero aún así en este evangelio se acepta porque es mejor ese tipo de fe, que la incredulidad y la ceguera total (ver el comentario de 2:23).

6. La reacción de los incrédulos (11:46-57)

46 Pero algunos de ellos fueron a los fariseos y les contaron lo que Jesús había hecho. 47 Entonces los principales sacerdotes y los fariseos convocaron un concilio, y decían: ¿Qué hacemos? Porque este hombre hace muchas señales. 48 Si le dejamos [seguir] así, todos van a creer en Él, y los romanos vendrán y nos quitarán nuestro lugar[a] y nuestra nación. 49 Pero uno de ellos, Caifás, que era sumo sacerdote ese año, les dijo: Vosotros no sabéis nada, 50 ni tenéis en cuenta que os es más conveniente que un hombre muera por el pueblo, y no que toda la nación perezca. 51 Ahora bien, no dijo esto de su propia iniciativa, sino que siendo el sumo sacerdote ese año, profetizó que Jesús iba a morir por la nación; 52 y no solo por la nación, sino también para reunir en uno a los hijos de Dios que están esparcidos. 53 Así que, desde ese día planearon entre sí para matarle. 54 Por eso, Jesús ya no andaba públicamente entre

---

[94] Un artículo une ἐλθόντες con θεασάμενοι. Es la misma gente la que realiza esas dos acciones.

[95] Si asumimos que la lectura correcta es ὅ, como hacen p66*(vid) Ac B C* D fl sa ac2. p6 p45 א A* W Θ 28 33 f13 lat. contienen ἅ. Esta lectura cuenta con más apoyo que la primera, pero quizá no se trata más que de un cambio que se introdujo para que concordara con el versículo siguiente. Lo más probable es que se use el singular. El elemento que sirvió para traer convicción fue un solo acto: el gran milagro de la resurrección. Sin embargo, cuando algunos de ellos fueron a los sacerdotes y fariseos les dijeron que aquel hombre "hacía *muchas* señales".

*los judíos, sino que se fue de allí a la región cerca del desierto,
a una ciudad llamada Efraín; y se quedó allí con los discípulos.
55 Y estaba cerca la Pascua de los judíos, y muchos de la región
subieron a Jerusalén antes de la Pascua para purificarse. 56 Entonces buscaban a Jesús, y estando ellos en el templo, se decían unos
a otros: ¿Qué os parece? ¿Que no vendrá a la fiesta? 57 Y los principales sacerdotes y los fariseos habían dado órdenes de que si
alguien sabía dónde estaba [Jesús,] diera aviso para que le pren-
dieran.*

a. O templo

Después del breve comentario sobre los que habían creído, Juan nos
habla de los que fueron a informar a los líderes religiosos, y del efecto
que eso tuvo. Los principales sacerdotes y otros tenían el corazón tan
endurecido que planearon matarle. Además, en esta sección tenemos
la inconsciente profecía de Caifás, que anuncia la muerte sustitutoria
de Jesús[96].

46 En contraste con los que creyeron en Jesús, hubo otros[97] que
fueron a ver a los fariseos que, como todo el mundo sabía, eran enemigos de Jesús, y les contaron las cosas que Jesús había hecho. Juan
no explicita cuál es la motivación de esta gente; no obstante, por el contexto queda bastante claro que actuaron con hostilidad. Fueron a informar al enemigo de las últimas estratagemas de Jesús.

47 En consecuencia, los principales sacerdotes y los fariseos convocaron un concilio[98]. Quizá solo se trató de una reunión informal, pero

---

[96] C.H. Dodd analiza esta perícopa, vv. 47-53, en el *Festschrift* de Cullmann (*Neotestamentica et Patristica* [Leiden, 1962], p. 134s). Concluye que los muchos toques
primitivos muestran que el evangelista "tuvo la ocasión de usar, directa o indirectamente, una fuente de información proviente de un círculo judeocristiano muy temprano, que aún tenía una relación estrecha con la sinagoga" (p. 143).

[97] τινὲς ἐξ αὐτῶν podría significar "algunos de los judíos" o "algunos de los judíos
que habían ido a ver a María". Lo más lógico es que se trate de la primera opción,
ya que el lenguaje del v. 45 (οἱ ἐλθόντες κτλ) sugiere que todos los que habían venido a ver a María y habían visto lo que hizo Jesús, creyeron. La gente de la que ahora
va a hablar Juan es un grupo distinto.

[98] Los sintagmas nominales "principales sacerdotes" y "fariseos" llevan cada uno
su artículo, lo que indica, quizá, que se trataba de dos grupos que se unieron por un
mismo propósito.

las palabras que se usan en el original apuntan más bien a un encuentro oficial del Sanedrín[99]. Puede incluso que se tratara de un juicio en toda regla, pues la ley judía recogía que en casos muy importantes no se podía decidir que el acusado fuera culpable en el mismo día del juicio, ni si el culpable no estaba presente[100]. Será por eso que Juan habla tan poco del juicio judío que le hacen a Jesús después de arrestarle; ya se le había hecho un juicio y lo único que restaba una vez detenido era pronunciar la sentencia[101]. Esto concuerda con lo que Marcos recoge: los principales sacerdotes y otros no hablaban de celebrar un juicio, sino de matar a Jesús (Mr. 14:1; también Mt. 26:3-4).

A partir de este momento Juan no vuelve a mencionar a los fariseos con tanta frecuencia; la persecución de Jesús queda principalmente en manos de los principales sacerdotes. En los cuatro evangelios, los fariseos son los mayores enemigos de Jesús durante su ministerio, pero también en los cuatro documentos apenas se les menciona una vez llega la Pasión de Cristo. Las primeras palabras que tenemos de aquel encuentro son de evaluación. "¿Qué hacemos?", o mejor "¿Qué estamos haciendo?" sugiere que aún no estaban planeando ninguna acción concreta, sino que estaban valorando si sus esfuerzos hasta el momento habían valido la pena. Quizá estas palabras también reflejen que se sentían frustrados porque no lograban ningún resultado positivo, mientras que Jesús iba realizando milagro tras milagro. No deberíamos pasar por alto que en ningún momento dudan que Jesús haga milagros. Dicen: "[Jesús][102] hace (el tiempo verbal indica una acción continua) muchas señales" (ver Nota Adicional G). Suele ocurrir que aquellos cuyas mentes están conformadas para rechazar todo lo que Cristo representa, no se dejarán convencer ni aún por las pruebas más evidentes. Así, estos hombres reconocen que Jesús hace milagros, pero eso no les lleva a

---

[99] Esta es la única vez que συνέδριον aparece en este evangelio, y la única vez en todo el Nuevo Testamento donde aparece en singular sin artículo (el plural, "concilios", sí aparece en varias ocasiones). Quizá se esté refiriendo pues a "un" sanedrín. y no a "el" Sanedrín. Esta interpretación estaría respaldada por el hecho de que llaman a Caifás "uno de ellos" (v. 49), ya que en el Sanedrín se le hubiera tratado de otra forma (era el presidente). Pero todo esto no son más que especulaciones, y quizá no haya que darle tanta importancia a la ausencia del artículo.

[100] En cuanto al primer punto, ver la Misná, *Sanh.* 4:1, y en cuanto al segundo, Juan 7:51.

[101] Ver J.A.T. Robinson, *Priority*, p. 223s.

[102] En cuanto al uso joánico de ἄνθρωπος refiriéndose a Jesús, ver el comentario de 4:29.

la fe, sino a un odio mayor. En su dureza de corazón se reafirman en su camino y se niegan a considerar las evidencias que están ante sus propios ojos.

48 Además, reconocen que si no lo impiden, la gente va a creer en Él. Fijémonos hasta donde llegan sus temores, que hacen uso de la hipérbole al decir que "todos" acabarán creyendo en Él. Si el pueblo se alborotaba debido a la expectativa mesiánica, los romanos no iban a quedarse de brazos cruzados[103]. Los líderes religiosos conocían la mano fuerte y destructora de Roma, y temían perder su poder. Probablemente, "nuestro[104] lugar"[105] se refiere al Templo (como en Hechos 6:13-14; 21:28). En un sentido muy especial, el Templo era *el* lugar para los judíos. Asimismo sabían que si los romanos se alzaban, la nación dejaría de existir, lo que suponía que también perderían su posición especial.

49 Juan destaca la reacción de Caifás, que fue sumo sacerdote desde el año 18 dC. hasta el 36 dC. aproximadamente. Juan le describe como el "sumo sacerdote ese año", dato que algunos han utilizado para argumentar que Juan sabía muy poco sobre la Palestina de aquella época. Estos críticos sugieren que Juan ni siquiera sabía que el título de sumo sacerdote se otorgaba de forma vitalicia, y que el evangelista se pensaba que era un cargo que se nombraba cada año. Pero creo que no se puede especular tanto, ya que concluir eso a partir de las palabras de este versículo es darle demasiada rienda suelta a la imaginación. Tenemos muchas evidencias de que Juan estaba bien familiarizado con Palestina, y hablamos de la Palestina de antes del año 70dC. Además, repite que Caifás era el sumo sacerdote de aquel año en dos ocasiones

---

[103] Según algunas fuentes judías sabemos que las autoridades, un tiempo antes de la Guerra, ya estaban bastante nerviosas. Así, Josefo habla de los muchos presagios de catástrofe que hubo en Jerusalén. (*G.* 6.288s). Está claro que los líderes no hubieran tolerado nada que pareciera una amenaza de desorden público.

[104] ἡμῶν aparece delante de καὶ τὸν τόπον καὶ τὸ ἔθνος, y Abbott cree que éste podría ser el único ejemplo en los evangelios en que "un posesivo no enfático aparece en esa posición" (2559a). Otros pronombres como μου y σου se usan de esta forma con más frecuencia y normalidad. Ver también BDF (473[1]). Hoskyns y Bernard creen que ἡμῶν en este texto es enfático, pero que eso es, probablemente, un error.

[105] Cf. Misná, *Bikk.* 2:2: "(El segundo) diezmo y las primicias deben traerse al Lugar". Tanto aquí como en el pasaje que estamos tratando, "lugar" podría referirse a Jerusalén o al Templo y, de entre las dos, la segunda opción es la más lógica. En 2º Macabeos 5:19 encontramos esta palabra claramente relacionada con el templo: "el Señor no eligió la nación por causa del lugar, sino el lugar por causa de la nación".

más (v. 51; 18:13), lo cual es bastante significativo. Es difícil pensar que un teólogo tan cuidadoso y estratégico como Juan repitiera de forma tan solemne una información sin mayor importancia, información que, además, no podía corroborar porque, según esa teoría, se trataba de un dato erróneo. Lo que Juan quiere decir es "aquel año sin precedentes"[106]. Ese fue el año en que se realizó la salvación del mundo. Y Caifás, que fue sacerdote durante mucho tiempo, era el que ocupaba ese cargo en aquel año que cambiaría el rumbo de la Historia. No obstante, cabe decir que aunque ese cargo no era solo para un año, los romanos solían cambiar el sumo sacerdote con bastante frecuencia. Las primeras palabras de Caifás, "Vosotros no sabéis nada"[107], demuestran una rudeza que, según se dice, era típica de los saduceos[108]. "Vosotros" es enfático, y seguramente despectivo. De forma tajante y autócrata presenta una línea de acción y, de forma peyorativa, desecha la opinión del Sanedrín en pleno porque, según él, sus miembros no eran capaces de percatarse de lo que estaba ocurriendo.

50 Caifás continúa con su amonestación. "No tenéis en cuenta" es la traducción de un verbo que se utilizaba con el sentido de "considerar o evaluar un hecho"[109]. Les dice que no son capaces de calcular o interpretar lo que ocurre, ni de llegar a la conclusión de que lo que conviene es la acción que Él está proponiendo. "Os es más conveniente" apunta a que se están centrando en ellos mismos. Ni a Caifás ni a los demás les importa *lo bueno* o *lo malo* como conceptos, ni tampoco lo que le suceda a la nación. Lo que les preocupa es que la clase privilegiada

---

[106] "Como bien dice E.A. Abbott, 'Lucas fecha la venida de "la palabra de Dios" sobre Jesús (*inter alia*) teniendo como referente a "Anás y Caifás". Juan fecha a Caifás con referencia a Jesús'" (*FGRCI*, p. 189).

[107] Tenemos aquí una doble negación: οὐκ οἴδατε οὐδέν. Barclay traduce de la siguiente forma: "¡Sois bastante cortos!". Cf. P.D. Duke: "Estamos ante una ironía riquísima. Caifás, que ha estado esperando durante todos estos capítulos, entra ahora en escena para hacer su brevísima aportación. Lo hace con bastante convicción, sin percibir que él está quedando en evidencia, y que la audiencia que no vemos le mira con una mezcla de sonrisas sarcásticas y de pena... El sumo sacerdote les regaña por esa ignorancia; pero la ironía está en que él los supera, porque él tampoco ha entendido nada" (*Irony in the Fourth Gospel* [Atlanta, 1985], p. 87).

[108] Cf. Josefo: "Los saduceos... son, incluso entre ellos mismos, algo groseros, y son igual de desconsiderados con sus semejantes como con los extranjeros o desconocidos" (*G.* 2.166).

[109] λογίζεσθε. MM dicen que este verbo "suele usarse en el sentido de 'evaluar', 'considerar a la hora de hacer una evaluación'".

está siendo amenazada, y la acción que el sumo sacerdote propone la protegería. "Que un hombre muera por el pueblo"[1][10] es una simple profecía del significado de la cruz. Pero viniendo de Caifás, estas palabras están llenas de un cinismo absoluto. Es mejor que muera un solo hombre – por inocente que sea – a que perezca toda la nación. He aquí las palabras de este sabio político. Está claro que aquí tenemos otro ejemplo de la ironía de Juan. Los líderes optaban por matar al inocente pero, según Juan, eso constituía el detonante de una serie de acontecimientos que traería la destrucción de la nación.

51-52 Juan añade su propia reflexión. Cree que esas palabras no fueron iniciativa de Caifás[1][11]. Por el contrario[1][12], habló de esa forma porque era el sumo sacerdote y, como ocupaba ese cargo, Dios habló a través de él[1][13]. Lo que Caifás dijo como una cínica sentencia política llena de realismo, Dios lo dotó de un significado más profundo. Y Juan así lo recoge en sus palabras, "que Jesús iba a morir[1][14] por la nación judía[1][15]". Y esa muerte iba a ser en beneficio de los demás, y no en su propio

[110] En Gen. Rab. XCIV.9 aparece una discusión sobre si se puede entregar a un hombre para salvar las vidas de otros, basándose en el incidente de 2 Sa. 20 en el que matan a Seba para que no muera toda la ciudad de Abel-bet-maaca. La mayoría estaba de acuerdo con que era mejor que muriera un hombre para que así el resto de la gente pudiera salvarse.

[111] Quizá Rieu es demasiado radical: "Sepamos que estas palabras le fueron dadas". Juan no quiere decir que Caifás no controlara lo que estaba diciendo. No estaba hablando como Balaam. El sumo sacerdote reflexionó sobre el tema que estaban tratando, y dio su veredicto. Pero como Dios está por encima de todo, aunque Caifás se refería a otra cosa, sus palabras escondían un significado mucho más profundo e importante.

[112] Usa una fuerte conjunción adversativa: ἀλλά (ver el comentario de 1:8).

[113] El sumo sacerdote podía profetizar (Núm. 27:21). David llama a Sadoc vidente (2 Sa. 15:27). Filón dice que el verdadero sacerdote debe ser también profeta (*De Spec. Leg.* 4.192), y Josefo dice que como él descendía de una familia de sacerdotes podía en cierta medida adivinar el futuro (aunque el énfasis que hace está sobre el conocimiento de los libros proféticos, *G.* 3.352). Se decía entre los judíos que muchas veces la profecía surgía de forma inconsciente, sin que el que la pronunciaba se percatara, como varios pasajes testifican (SBk, II, p. 546).

[114] ἔμελλεν añade un toque de que aquello que se está diciendo es cierto.

[115] La interpretación de Juan contiene dos veces la palabra ἔθνος para referirse a "nación". En el v. 50 Caifás usa λαός y ἔθνος. La primera palabra es la que normalmente se usa para referirse al pueblo de Dios, mientras que ἔθνος es la palabra general para "nación", y que en plural se usa para referirse a "los gentiles". Juan, al no usar λαός en su interpretación, puede estar evitando decir que los judíos son el pueblo de Dios. Sin embargo, no podemos pronunciarnos con toda seguridad ya que conocemos bien la costumbre que Juan tiene de hacer variaciones cuando repite una declaración que se ha hecho anteriormente.

beneficio. No debemos pasar por alto que ponerlo de esta forma subraya el carácter sustitutorio de la muerte de Jesús[116]. Esa es la situación: o muere Jesús o muere la nación. Pero si Jesús muere, la nación se salva; su vida por la de la nación. Pero vemos que, según Juan, el propósito de la muerte de Jesús va más allá de salvar a la nación judía. Esa muerte serviría para reunir a los hijos de Dios donde quiera que estuvieran siendo esparcidos[117] (se les llama "hijos" incluso antes de que hayan sido reunidos). Las palabras de Caifás no constituyen el mensaje completo. La explicación de Juan revela una visión más amplia. Y los que serán reunidos serán uno (cf. 10:16). El pecado dispersa a la gente, pero la salvación de Cristo les une. El Nuevo Testamento siempre dice que el lazo que debe ensamblar a todos los miembros del cuerpo de Cristo debe ser la unidad genuina y verdadera. "Los hijos de Dios que están esparcidos", para un judío, se refería a los judíos de la Dispersión; sin embargo, sabemos que Juan se refería a los cristianos gentiles.

53 Después de esta digresión, Juan vuelve a centrarse en el Sanedrín. Las palabras de Caifás constituyen un momento decisivo. A partir de ese día buscaban la ocasión y la forma de matar a Jesús. Las palabras del sumo sacerdote sirvieron para poner en orden o dar forma a las ideas de los que estaban en aquella asamblea; ahora ya sabían lo que tenían que hacer. Schonfield: "Aquel día decidieron matar a Jesús"[118].

54 "Por eso" marca un hilo conductor o secuencial mucho más estricto de lo que es habitual en este evangelio. Debido al complot del sumo sacerdote y de sus aliados, Jesús ya no caminó abiertamente entre los judíos. En cambio, se fue a la región cerca del desierto. Con la precisión que le caracteriza, Juan no dice que fue a una ciudad llamada Efraín. No sabemos la ubicación exacta de esta ciudad, pero si aceptamos, como algunos sugieren, que se trata de la ciudad de Efrón, estaba a unos 25 kilómetros de Jerusalén[119]. Así que Jesús no se retiró a un

[116] Moule añade este pasaje en una lista de pasajes en los que apenas hay diferencia entre ὑπέρ y ἀντί (*IBNTG*, p. 64). En cuanto a ὑπέρ, ver el comentario de 6:51.
[117] El tiempo perfecto διεσκορπισμένα indica, quizá, la permanencia de la dispersión, aparte de la obra salvífica de Cristo.
[118] BAGD dice que βουλεύω aquí significa "resolver, tomar una decisión". Podría ser que el Sanedrín de forma oficial llegara a pronunciar una resolución.
[119] Esta ciudad se menciona en 2 Cro. 13:19 junto con Betel: Josefo también la relaciona con Betel (*G*. 4.551). La mayoría cree que corresponde a la actual El-Tayibe.

lugar muy distanciado. Aunque sí que escogió un lugar lo suficientemente apartado, para que no le molestaran. Juan añade que se quedó
allí con sus discípulos. En estos tiempos difíciles el grupo se mantuvo
unido.

55 Como hace en otras ocasiones, Juan menciona que se acercaba
una fiesta, la de la Pascua. Como las que aparecen en 2:13; 6:4, también
la define como una fiesta judía. Mucho antes de la fiesta, muchos ya
dejaban sus aldeas y subían a Jerusalén para purificarse y prepararse
para la ceremonia[120]. La importancia que tiene este comentario es que
podemos ver que ya antes del comienzo de la festividad de la Pascua
Jerusalén estaba llena de peregrinos.

56 Desde de la resolución tomada en el versículo 53, los enemigos
de Jesús andaban buscándole. El tiempo verbal indica que se trataba de una búsqueda continua, incesante. Y en este proceso, una vez tras
otra, se preguntaban los unos a los otros si Jesús vendría a la fiesta o
no. La segunda de las preguntas está hecha de tal forma que parece que
esperaran una respuesta negativa[121] (Phillips: "Seguro que no va a venir
a la fiesta, ¿no creéis?"). Pensaban que no sería tan imprudente como
para dejarse ver en la capital.

57 Para poder lograr sus objetivos, las autoridades habían ordenado[122] que todo aquel que conociera el paradero de Jesús debía comu-

---

[120] Si estaban impuros no podían guardar o celebrar la Pascua (Lv. 7:21; Núm. 9:6;
cf. 2 Cro. 30:17-18). Dependiendo de cuál fuera la causa de la impureza, los ritos podían
llegar a durar hasta una semana y, como se juntaba mucha gente para realizar los ritos
de purificación, era mejor subir con tiempo de sobra, por si acaso. Los "sepulcros
blanqueados" de los que Jesús habló (Mt. 23:27) eran blanqueados para hacerlos relucir
y que la gente durante las fiestas no contrajera impurezas accidentalmente.

[121] Ver Moulton (M, I, p. 188s.) donde hay un valioso comentario sobre el uso de
οὐ μή en el Nuevo Testamento. Contradice la teoría de que se usa tan a menudo que
ha perdido su sentido enfático, señalando que la mayoría de ejemplos están en citas
de la Septuaginta o en las palabras de Cristo. Fuera de esos ejemplos es una expresión
poco común, y cuando se usa, como en nuestro versículo, debemos interpretarla con
todo el peso enfático que tiene.

[122] El tiempo verbal δεδώκεισαν podría indicar la naturaleza permanente de la orden.
La ordenanza seguía en vigor. BDF apunta a que ese tiempo perfecto también incluye
la idea de una consecuencia duradera; si no, Juan habría usado el aoristo (347). Esta
es la única vez que Juan usa esta palabra, ἐντολάς ("ordenanzas") aparte de las veces
que la usa para referirse a los mandamientos de Dios o de Cristo (ver el comentario
de 10:18).

nicar dicha información. Eso suponía que todo aquel que supiera dónde estaba Jesús, pero que no hiciera nada al respecto era cómplice de aquel fugitivo; también obligaba a la gente a proveer toda la información que pudiera y a colaborar en el arresto de aquel nazareno[123].

---

[123] ὅπως πιάσωσιν αὐτόν es la única vez en todo este evangelio que aparece ὅπως. Es interesante observar que en Marcos también aparece una sola vez, mientras que en Mateo aparece 17 veces y en Lucas, 7 veces. Quizá aquí solo se usa para dar al texto algo de variedad, dado que Juan justo antes usa ἵνα, que es la conjunción que él suele usar para expresar propósito o finalidad.

Juan 12

Juan casi ha concluido la narración sobre el ministerio público de Jesús. El capítulo 13 es el principio de la sección de los discursos finales que Jesús dirige a sus discípulos en el aposento alto. Después, ya nos encontramos con los acontecimientos cercanos a la Pasión. Así que este capítulo 12 contiene las últimas enseñanzas y hechos de Jesús dirigidos a la multitud. Juan selecciona tres sucesos: la unción en Betania, la entrada triunfal, y la visita de los griegos que buscan a Jesús. Por fin, cierra esta sección apelando a la profecía – que anuncia y explica por qué algunos no creyeron – y presentando a un Jesús que lanza una entusiasta invitación a seguirle.

1. La unción en Betania (12:1-8)

1 Entonces Jesús, seis días antes de la Pascua, vino a Betania donde estaba Lázaro, al que Jesús había resucitado de entre los muertos. 2 Y le hicieron una cena allí, y Marta servía; pero Lázaro era uno de los que estaban [a la mesa] con Él. 3 Entonces María, tomando una libra *de perfume de nardo puro que costaba mucho, ungió los pies de Jesús, y se los secó con los cabellos, y la casa se llenó con la fragancia del perfume. 4 Y Judas Iscariote, uno de sus discípulos, el que le iba a entregar, dijo: 5 ¿Por qué no se vendió este perfume por trescientos denarios y se dio a los pobres? 6 Pero dijo esto, no porque se preocupara por los pobres, sino porque era un ladrón, y como tenía la bolsa del dinero, sustraía de lo que se echaba en ella. 7 Entonces Jesús dijo: Déjala, para que lo guarde para el día de mi sepultura. 8 Porque a los pobres siempre los tendréis con vosotros; pero a mí no siempre me tendréis.*

a. 3 Probablemente medio litro

En todos los Evangelios encontramos el episodio en el que una mujer unge a Jesús; la cuestión sobre la relación que hay entre todos estos pasajes es bastante compleja. El primero lo encontramos en Marcos 14:3-9 (Mt. 26:6-13). Allí se nos dice que en Betania, una mujer derramó sobre la cabeza de Jesús "un frasco de alabastro de perfume muy costoso de nardo puro". Esto provocó una gran indignación entre algunos, que pensaban que el frasco se podría haber vendido para luego dar el dinero a los pobres. Pero Jesús defendió a la mujer diciendo: "Ella ha hecho lo que ha podido; se ha anticipado a ungir mi cuerpo para la sepultura" (Mr. 14:8). El segundo relato lo encontramos en Lucas 7:36-50. Parece ser que ese suceso tiene lugar en Galilea, en casa de un fariseo, y al principio del ministerio de Jesús. Se nos dice que el nombre del dueño de la casa era Simón, pero no se le llama "el leproso" (como ocurre en Marcos 14:3). De todos modos, Simón era un nombre muy común, así que estos dos personajes no tienen por qué ser la misma persona. A la mujer de este episodio se la describe como "una pecadora". En primer lugar, regó los pies de Jesús con sus lágrimas, luego los secó con su cabello, se los besó, y al final se los ungió con el perfume. La consecuencia fue que el fariseo llegó a la conclusión de que aquel hombre no podía ser un profeta, lo que le dio pie a Jesús para hablar del gran amor que aquella mujer había demostrado. El relato joánico es bastante diferente al que encontramos en Lucas. No hay razón que nos haga pensar que María de Betania es la misma que "aquella mujer pecadora", porque aunque coincide que las dos le ungen los pies y se los secan con el cabello, el momento, las circunstancias y la conversación no tienen nada que ver[1].

[1] Aunque algunos defienden que estos tres relatos describen el mismo suceso. Otros presentan otra variante, como por ejemplo Bernard. Éste dice que Marcos y Juan describen el mismo episodio, y que Lucas habla de un episodio anterior, pero protagonizado por la misma mujer. Dice que María de Betania y María Magdalena son la misma persona, una mujer a quien Jesús sacó de una vida de pecado. La primera unción representa su penitencia y su gratitud; la segunda recuerda a la primera, y es por eso por lo que realiza el mismo proceso: regarle los pies y secárselos con el cabello. Pero esta vez ya no hay lágrimas, porque María no puede volver a sus emociones anteriores. Quizá el argumento de mayor peso de esta teoría es que el acto de nuestro pasaje establece una relación entre María de Betania y la sepultura de Jesús, mientras que ninguno de los otros Evangelios hace esa asociación (y sí hacen esta asociación con María Magdalena). Bernard además dice que la definición que se hace de María de Betania en 11:2 ("la que ungió al Señor con perfume y le secó los pies con el cabello") nos obliga a pensar que solo hay una mujer que hiciera tal cosa. Si hubiera dos, no podría usar esa definición, ya que no serviría de información identificativa. Temple, Bailey y otros opinan de forma similar.
    Strachan cree que Juan se basa en una tradición oral que contenía detalles de las tradiciones que hay detrás de los textos de Marcos y Lucas. Dodd cree que Marcos, Lucas y Juan se basaron todos en la tradición oral, pero que "cada evangelista se centró en un elemento diferente de la tradición, aunque todos esos elementos están relacio-

Pero cuando estamos ante el relato de Marcos, la situación es bien diferente ya que las coincidencias son increíbles. Ambos evangelistas usan para definir el perfume una expresión muy poco común: "nardo puro"[2]. Ambos sitúan el suceso en Betania; ahora bien, Marcos dice que la casa pertenecía a Simón el leproso[3], y Juan no nos dice de quién era aquella morada. Quizá no especifica porque era la casa de Lázaro y sus hermanas, pero lo más seguro es que no menciona al dueño porque se trataba de alguien que no formaba parte de esta historia. Las reacciones de los presentes también son muy parecidas. Tanto en Marcos como en Juan se sugiere que el perfume se debería haber vendido para sacar trescientos denarios (en Marcos dice "más de trescientos denarios") y poder darle ese dinero a los pobres. En ambos relatos la respuesta de Jesús incluye la frase "Déjala", y una referencia a su sepultura. Las diferencias principales están en que (1) Marcos parece situar este suceso después de la entrada triunfal[4] y (2) además recoge que ungió la cabeza[5] de Jesús,

nados" (*HTFG*, p. 172). Brown sostiene que Lucas habla de una mujer que secó las lágrimas que había derramado sobre los pies de Jesús, y Marcos y Juan recogen que María ungió la cabeza de Jesús, pero que durante el período de la transmisión oral los elementos de una historia y otra se mezclaron. La fuerza de este argumento es la dificultad que plantea que en un caso la preocupación es ungirle los pies, y en el otro, secarle el perfume.

[2] νάρδου πιστικῆς. Esta expresión no se ha encontrado en ningún documento anterior a los Evangelios. H.E. Edwards niega que esta expresión hable de una dependencia literaria: "Podemos compararlo a la frase 'un plato de lentejas': nueve de cada diez te dirán que Esaú vendió su primogenitura por 'un plato de lentejas', aunque esa expresión no aparezca en las Escrituras, ni en Génesis, donde se nos narra dicho episodio, ni en Hebreos, donde se hace referencia a él. Es una expresión que nos ha llegado de forma oral, que ha pasado de generación en generación por ser tan concisa y curiosa" (*The Disciple Who Wrote These Things* [Londres, 1953], p. 98).

[3] R.A. Cole cree que Simón el leproso era el padre de Lázaro, Marta y María. Así, la casa le pertenecía, aunque los que allí vivían eran los hijos. Eso nos recuerda un poco a cuando Uzías vivía solo mientras su hijo Jotam reinaba (*The Gospel according to Mark* [Leicester y Grand Rapids, 1989], p. 285).

[4] Sin embargo, debemos recordar que ni Mateo ni Marcos fechan este episodio con precisión. Ambos simplemente lo colocan justo antes de la traición de Judas. Quizá lo inserten ahí, y no en el orden cronológico correcto para que nos fijemos en la vileza del traidor. C.E.B. Cranfield dice: "Como parece que Marcos ha interpolado los vv. 3-9 entre los vv. 1s. y 10s., puede que la colocación de Juan sea la correcta" (*The Gospel according to Saint Mark* [Cambridge, 1959], p. 415). W.L. Lane también dice que Marcos ha "intercalado" el relato de la unción (*The Gospel according to Mark* [Grand Rapids, 1974], p. 492, nota al pie núm. 18).

[5] La unción de la cabeza debe entenderse quizá como un reconocimiento del estatus de Jesús como Rey y Mesías. Cf. R.V.G. Tasker: "la mujer derrama el perfume, su más valiosa posesión, sobre su cabeza como si estuviera ungiendo a un rey" (*The Gospel according to St. Matthew* [Londres, 1961], p. 242).

no los pies[6]. La cantidad de perfume que se usa es considerable, y deberíamos recordar que Jesús dice que aquella mujer había ungido "su cuerpo" (Mr. 14:8), una forma bastante extraña de referirse a la cabeza (así como a los pies). Carson tiene razón cuando dice: "es razonable suponer que lo que ocurrió fue tan completo como para dar pie a los dos relatos"[7]. Encontramos también pequeñas diferencias en el orden de las palabras y en las palabras que se seleccionan. Además, las palabras que Marcos usa para decir que la mujer "ha hecho una buena obra con Jesús", y que "a los pobres siempre los tendrán" no aparecen en Juan. Marcos no nos dice el nombre de la mujer, mientras Juan nos dice que se trata de María. Otras dos informaciones que aparecen en Marcos, pero no aparecen en Juan, es que el perfume estaba dentro de un frasco de alabastro y que la mujer lo rompió para poder derramar el perfume sobre Jesús, y que Jesús dijo: "Dondequiera que el Evangelio se predique en el mundo entero, también se hablará de lo que esta [mujer] ha hecho, en su memoria". Por último, Marcos recoge que los que se molestaron fueron varios de entre los presentes, mientras que Juan solo menciona a Judas[8]. En algunos puntos, el relato de Juan se parece más al de Mateo que al de Marcos. Así, Mateo recoge que los que se molestaron fueron "los discípulos" (Juan concreta más y menciona a Judas), y omite las palabras de Jesús sobre la posibilidad de hacer el bien a los pobres siempre que se quiera.

Lo más normal, pues, es concluir que Mateo, Marcos y Juan se refieren al mismo suceso, y que el relato de Lucas recoge una unción diferente.

1 "Entonces" une esta sección de la narración con el pasaje anterior. Los principales sacerdotes y los fariseos querían matar a Jesús. Éste no tenía ninguna prisa por ponerse en peligro innecesariamente y por

---

[6] Ungir los pies de alguien era algo muy poco común, por no decir nada común. En ninguno de los incidentes se explica por qué se realiza este tipo de unción, pero parece indicar que la mujer se humilla ante Jesús.

[7] Cf. la unción de Aarón en Sal. 133:2, cuando el óleo le cae por la barba, y le va bajando "por todo el cuerpo", o "hasta el borde de sus vestiduras".

[8] J.F. Coakley defiende en un importante artículo – "The Anointing at Bethany and the Priority of John" (*JBL*, CVII [1988], pp. 241-56) – que el relato de Juan no se basa en las unciones que encontramos en los Sinópticos y que eso puede verse además si consideramos cuál es la prioridad de Juan. También menciona una serie de ejemplos de la literatura antigua en los que se ungían los pies, así que la acción de María no fue tan inusual como muchos han pretendido.

eso se retira a un lugar apartado (12:54). Pero este evangelio está escrito a raíz de una fuerte convicción de que Jesús vino a morir por los pecadores. Era el propósito de Dios que Jesús diera su vida por los demás. "Entonces" o "por eso", en el momento indicado fue a la ciudad donde iba ser entregado y donde iba a morir. Volvemos a ver ese interés que Juan tiene por las marcas temporales, ya que nos dice exactamente cuándo fue Jesús a Betania, usando, como hace muchas veces, una referencia a una de las fiestas principales. Seis días antes de la Pascua[9] tenía que ser un día de descanso, suponiendo que el día 14 de Nisán cayera aquel año en viernes. Así, puede ser que Jesús llegara a Betania el viernes después de la puesta de sol o, la otra alternativa, que realizara una distancia corta para no transgredir la ley del día de descanso. A continuación, Juan describe Betania haciendo referencia al gran milagro que acaba de relatar. Era el lugar "donde estaba Lázaro, al que Jesús había resucitado de entre los muertos". En este versículo se repite el nombre de Jesús; podría tratarse de un recurso de Juan para enfatizar la acción personal del Señor.

2 Para darle la bienvenida a Jesús, le hicieron una comida[10]. Juan no dice quién la organizó, y ese sujeto, que está en tercera persona del plural, podría referirse a la gente de esa ciudad que se había quedado maravillada por el milagro que Jesús había hecho, aunque, es cierto que también podría estar refiriéndose a los miembros de aquella familia. Marta es la primera que se menciona, quizá porque era la anfitriona. Ella le servía (el tiempo imperfecto nos dice que la actividad era continua). Todo esto concuerda con el retrato que Lucas hace de ella en aquella

---

[9] De hecho, no dice "seis días antes de la Pascua", sino πρὸ ἓξ ἡμερῶν τοῦ πάσχα, es decir, seis días antes, empezando en la Pascua. Algunos piensan que esta construcción es un latinismo, pero Moulton dice que los ejemplos griegos más antiguos son de antes del tiempo de los romanos y cree que "la hipótesis de que sea un latinismo es totalmente imposible" (M, I, p. 101). La construcción es *ante diem tertium Kalendas*, pero en vista de la antigüedad de los textos griegos que la contienen lo único que podemos decir es que quizá el hecho de que hubiera una expresión latina parecida propició o estimuló el uso de la expresión griega. Encontramos una expresión paralela en Amós 1:1, πρὸ δύο ἐτῶν τοῦ σεισμοῦ. G.D. Fee nos informa de que en p⁶⁶, en vez de aparecer ἕξ, tenemos el singular πέντε (*JBL*, LXXXIV [1965], p. 71).

[10] δεῖπνον puede significar una comida a cualquier hora del día (ver LS). En el Nuevo Testamento, sin embargo, parece que se refiere a la comida principal, que tenía lugar hacia el atardecer. En el resto de este evangelio solo se usa para referirse a la última Cena.

otra ocasión que Jesús les visitó (Lc. 10:40; la "ocupación" que aparece en ese texto es equivalente al "servicio" de nuestro texto de Juan)[11]. Lázaro se encuentra entre los invitados; era uno de los que estaban reclinados a la mesa con[12] Jesús. Este comentario sería quizá más lógico si la comida se hubiera celebrado en otra casa, porque si hubiera sido en la suya, era normal que estuviera sentado a la mesa con el invitado; por tanto, este comentario es redundante.

3 Juan también introduce este versículo con "entonces" (las versiones que no traducen estas partículas pierden la forma en la que Juan está relacionando la unción con los sucesos anteriores). Ahora, María tomó una libra[13] de un ungüento muy valioso[14]. Debía de ser un aceite perfumado que se usaba para el cabello en las ocasiones especiales. María utilizó una cantidad muy grande y se trataba de un perfume caro, así que fue una acción muy costosa. Juan se detiene a subrayar el gran coste que aquello supuso. El uso de los ungüentos era muy común entre

---

[11] Las palabras son διακονία y διακονέω. Morgan nos recuerda que en el pasaje lucano donde sirvió una comida para cuatro personas estaba afanada; aquí, quizá estaba dando de comer a diecisiete personas, "pero no se dice nada de que estuviese estresada. Marta había aprendido la lección... No había cesado de servir, pero había aprendido un secreto que la libró de su afán".

[12] "Con" es σύν, una preposición que en este evangelio solo vuelve a aparecer en 18:1; 21:3. Si, como se suele sostener, su uso es una marca del griego escrito más que del griego oral, resulta curioso que aparezca 4 veces en Mateo, 6 veces en Marcos, mientras que aparece 23 veces en Lucas y 52 veces en Hechos.

[13] λίτρα es un préstamo del latín que equivale a *libra*. Sirve para calcular el peso (no el volumen) y equivale a una libra romana, es decir, 12 onzas o 327.45 gramos (BAGD). En el Nuevo Testamento solo vuelve a mencionarse en 19:39.

[14] νάρδος es una palabra bastante clara. En primer lugar se refiere a la planta misma y, en segundo lugar, al perfume que produce el nardo de la planta. Pero el adjetivo πιστική ya no es tan sencillo de interpretar. No lo encontramos en documentos anteriores a los Evangelios, así que no tenemos con qué comparar nuestro texto. Parece que tenemos cuatro posibilidades. La palabra podría derivar de πίστις con un significado como "fiel", "fiable" o "genuino" (de ahí, "puro"). Creemos que el nardo muchas veces se adulteraba, por lo que Juan se esmera en asegurar que aquel ungüento era puro. Una segunda alternativa es que derive de πίνω y signifique "bebible", es decir, "líquido" (LS opta por esta opción); BAGD está en lo cierto al decir que esto es "muy poco probable". La tercera opción está relacionada con πιστάκια, "el árbol del pistacho", pero no veo que esto pueda ser relevante. La cuarta alternativa cree que es un topónimo (San Agustín también lo cree así) o el nombre del fabricante, información sin ninguna utilidad para nosotros. Un pequeño apunte a favor de la última alternativa es la ausencia de καί antes de πολυτίμου, ya que esto podría indicar que νάρδου πιστικῆς está siendo tratado como un sustantivo compuesto o algo por el estilo (Abbott, 2168).

los judíos del primer siglo, especialmente durante las celebraciones. Pero lo normal era derramarlo sobre la cabeza, y lo curioso de este suceso es que María lo vertió sobre los pies de Jesús. Lo más probable es que pretendiera ser un acto de humildad. María se está situando en una posición de bajeza. Un poco más adelante, en este mismo evangelio, Jesús lava los pies de los discípulos, una tarea que ninguno de ellos se dignaría a hacer (13:2s.). Estar al cuidado de los pies de los invitados era la tarea de un esclavo, por lo que la acción de María conllevaba una muestra de gran humildad y devoción. Además, el hecho de que le secara los pies con su cabello enfatiza esa actitud. Lo que resulta un poco extraño es que le secara el perfume. En el caso del incidente en Lucas 7, es comprensible que secara las lágrimas, para luego poder rociarle los pies con el perfume. Pero Coakley dice que María usó una gran cantidad de perfume y que solo estaba usando el cabello para recoger o repartir el exceso de ungüento, para empapar bien los pies de Jesús[15]. Sea como sea, otra idea que podemos sacar de esta acción de María sería la entrega de su persona, simbolizada en el uso de su propio cabello en vez de usar, por ejemplo, una toalla. Esta acción es aún más sorprendente si pensamos que una mujer judía nunca se podía desatar el pelo en público, porque era una señal de inmoralidad[16]. Pero María no se detuvo a considerar la reacción de la gente. Quería expresar al Señor lo que tenía en su corazón, y así lo hizo, mostrando sus sentimientos de esta forma tan hermosa y conmovedora. La repetición de la palabra "pies" enfatiza que María aceptaba la situación de bajeza en la que se había colocado. Lightfoot nos recuerda que las palabras que le dirigió a Pedro cuando les estaba lavando los pies a los discípulos implica que "lavar los pies equivale a un lavado completo" (13:9-10). Añade: "Quizá tenemos aquí el mismo principio. Si esto es cierto, se está invitando al lector a que vea la acción de María como un símbolo del embalsamamiento del cuerpo de Jesús, como si ya estuviera muerto". Calvino cree que la referencia a los pies significa que "le ungió todo el cuerpo hasta los pies". Juan nos recuerda que "la

---

[15] "The Anointing at Bethany", p. 251.
[16] En Núm. 5:18 el sacerdote descubrió la cabeza de la mujer que estaba acusada de adulterio; cf. también *Sot.* 8a donde el sacerdote desata el pelo de una adúltera. J. Lightfoot cita un pasaje rabínico: "Kamitha tenía siete hijos, y todos ellos eran sacerdotes: le preguntaban a ella, ¿cómo había llegado a obtener ese honor? Ella respondía: el techo de mi casa nunca ha visto el cabello de mi cabeza" (*HHT*, p. 361). Una mujer respetable siempre llevaba la cabeza cubierta.

casa se llenó de[17] la fragancia del perfume". Detrás de esta expresión solo puede haber alguien que estuvo presente cuando todo esto ocurrió. Aún se le ha dado a este suceso un significado más. Hay un dicho rabínico que dice lo siguiente: "(El aroma del) buen perfume se extiende desde la cámara hasta el salón; así también un buen nombre viaja de un extremo al otro extremo del mundo"[18]. Si Juan tenía esto en mente, podría apuntar a que se hablaría de este suceso en el mundo entero (Mr. 14:9).

4 Marcos simplemente nos dice que "Algunos estaban indignados y se decían unos a otros: ... " (Mr. 14:4). Sin embargo, Juan destaca que el que verbalizó la queja fue Judas, a quien caracteriza de tres formas distintas: dándonos su apellido, Iscariote (ver el comentario de 6:71), diciendo que era uno de los discípulos de Jesús, y anunciándonos que era el que le iba a traicionar[19]. Pero no aprovecha la ocasión para hablar mal de él. De hecho, no hace falta. Simplemente poniendo la frase de que traicionaría al Señor junto a la de que era uno de sus discípulos ya se logra un gran efecto.

5 Judas dice que el perfume era muy caro. Por eso pregunta por qué no se vendió por trescientos denarios, dinero que podrían haber dado a los pobres[20]. Judas está hablando de una cantidad bastante elevada. Un denario era el salario de un día (Mt. 20:2), así que, si tenemos en cuenta los días de descanso, trescientos denarios eran el salario de todo un año.

6 Un donativo así hubiera sido una gesta increíble, sobre todo teniendo en cuenta lo pequeño que era el grupo de apóstoles. Pero Juan nos informa de que la verdadera motivación de Judas no era una preocu-

---

[17] Este es el único lugar de todo el Nuevo Testamento en que πληρόω va seguido de ἐκ. Esta preposición aparece después de γέμω en Mt. 23:25 y de γεμίζω en Lc. 15:16 y Ap. 8:5, pero es muy extraño que aparezca con verbos que significan "llenar".

[18] Eccl. Rab. VII.1.1.

[19] Juan introduce un comentario similar sobre Judas en 6:71 pero, típico de él, ahora introduce alguna que otra variación. El orden de las palabras es diferente, ya que en el pasaje anterior ἐκ aparece antes de τῶν δώδεκα, y en este pasaje no ocurre así (aunque algunos manuscritos también contienen en este capítulo 12 el mismo orden que en el cap. 6); allí tenemos τῶν δώδεκα, y aquí τῶν μαθητῶν, a lo que se añade αὐτοῦ; y mientras el primer pasaje contiene ἔμελλεν, en este tenemos ὁ μέλλων.

[20] πτωχοῖς no lleva artículo.

pación por los pobres[21], sino una motivación deshonesta (Tenney dice que estas palabras de Judas hablan "de un sentido económico muy desarrollado, pero de una apreciación de los valores humanos muy pobre"; *EBC*). Esta es la única vez en los cuatro evangelios en que se habla de la malicia de Judas cuando la traición aún está bastante lejos. Juan lo describe como "un ladrón"; la palabra que usa quiere decir más bien "ratero"[22]. También nos informa de que Judas era el "tesorero"[23] del grupo apostólico, lo que indica que debía de ser un hombre con ciertas habilidades. Además, se nos dice también que se aprovechaba de su cargo[24]. Todo esto plantea la posibilidad de que Judas traicionara a Jesús por avaricia. De hecho, esa faceta queda bastante clara en los textos de Mateo y Marcos. Los dos evangelistas dicen que Judas fue a hablar con los principales sacerdotes a cerrar el trato justo después de este episodio. Por tanto, la impresión que le queda al lector es que Judas, al ver que en este momento se le cierra una puerta para poder sacar un beneficio personal, se apresura a buscar otra alternativa. Y si eso es cierto, si ese era realmente su carácter, debía de estar decepcionado al ver la forma que la misión de Jesús iba tomando. Probablemente se unió a la pequeña banda con aspiraciones de grandeza que, a estas alturas, se habían truncado completamente.

7 Jesús inmediatamente se puso del lado de María. Deja claro que Él no tenía nada que ver con toda aquella crítica que le estaban dis-

---

[21] Se trata de una construcción impersonal, οὐχ ὅτι περὶ τῶν πτωχῶν ἔμελεν αὐτῷ. El único ejemplo similar que encontramos en Juan está en 10:13, donde se usa del asalariado que "no se preocupa del bienestar de las ovejas". Pero quizá esto no sea más que una coincidencia.

[22] κλέπτης.

[23] τὸ γλωσσόκομον ἔχων. Este sustantivo significa una pequeña caja, donde originalmente se guardaba la boquilla de una flauta (γλῶτται). Luego se usó para cualquier caja de pequeño tamaño, pero las dos veces que aparece en el Nuevo Testamento (aquí y en 13:29) se refieren a la caja del dinero. MM comentan: "Está claro que se trata de un palabra vernácula, y que en Jn. 12:6 y 13:29 se refiere a la 'caja del dinero' (cf. RV marg.): el significado original, como 'recipiente' (κομίζω) para guardar las 'boquillas' de las flautas, quedó olvidado, y pasó a referirse a cualquier recipiente pequeño y fácil de cargar". Citan numerosos ejemplos. Ver también Field, p. 97. Lo que queda claro es que se trataba de una caja hecha de madera u otro material sólido, y no de una "bolsa", como traducen algunas versiones.

[24] βαστάζω tiene doble sentido. Por un lado, quiere decir "llevar, cargar", pero por otro quiere decir "llevarse", es decir, "robar" o "sustraer" (ver MM). Judas no solo llevaba lo que había en la caja, sino que "lo estaba robando".

parando, aunque lo cierto es que es difícil saber cuál es el significado concreto de esta defensa. En primer lugar, es extraño que mencione su propia "sepultura"[25]. Las unciones eran más bien propias de las celebraciones. Si no se realizaban, era más bien una falta de respeto hacia el invitado (Lc. 7:46). Cuando la gente realizaba actividades solemnes como el ayuno, a veces dejaban de practicar la unción para que se notara que estaban ayudando, actitud que Jesús denuncia claramente en Mateo 6:16-17. Así que la unción se asociaba más bien al espíritu festivo que a los funerales. Por tanto, que en aquel momento Jesús mencionara su sepultura no era nada normal. Sin embargo, esto nos muestra a nosotros el grado en que Jesús, a estas alturas, ya tenía en mente la Pasión. Para Él, era algo tan real y presente que, lo que en otro momento hubiera suscitado otro tipo de asociación de ideas, aquí no puede más que relacionarlo con su muerte. Relacionó a María con toda esta serie de pensamientos que le pasaban por la cabeza. Quizá quiso decir que María había entendido mejor que ninguno de los presentes en aquella sala por lo que Jesús estaba pasando. O quizá, que ella había comprado aquel perfume pensando en la unción final, el día que tuvieran que preparar su cadáver. Si tengo que optar por una de estas dos opciones, opto por la primera.

Otra dificultad que plantea este pasaje es el significado de la palabra "guarde"[26], porque lo que María había hecho era todo lo contrario: había usado el perfume; ¿cómo iba pues a guardarlo? Quizá quiera decir que María debería "guardar" el perfume para aquello que ella tenía en mente, y no para aquello que Judas estaba sugiriendo. Es decir, ella lo había guardado para un propósito especial. En vista de que la muerte de Jesús iba a ser inminente, ya podía usar el perfume para aquel propósito[27]. La interpretación de Bernard, Richardson y otros no ha te-

---

[25] ἐνταφιασμός se refiere más bien a la preparación de la sepultura, cuando se prepara el cadáver (MM). En 19:40 dice que ἐνταφιάζειν era una costumbre a la hora de sepultar a los judíos (envolvían el cuerpo en telas de lino y con especias aromáticas).

[26] La construcción también presenta algunas dificultades: ἄφες αὐτήν, ἵνα τηρήσῃ. Moulton cree que ἄφες se usa probablemente como un auxiliar, que aquí tendría el sentido de "dejad que lo guarde". No obstante, el acusativo αὐτήν y la expresión similar de Marcos 14:6 hacen que la teoría del auxiliar no sea viable, y apuntan al significado siguiente: "Dejadla en paz: dejad que lo guarde" (M, I, pp. 175-76). Barrett cita una serie de posibles interpretaciones, pero acaba concluyendo: "no podemos decir que ninguna de estas interpretaciones sea totalmente satisfactoria".

[27] Esto concuerda con la teoría de Lagrange, que dice que τετήρηκεν del texto que hemos recibido – que no es lo que aparecía en el original – ha mantenido su sentido

nido mucho respaldo. Estos comentaristas dicen que María solo usó parte del perfume, mientras que guardó el resto para el funeral (cf. v. 3; Mr. 14:3)[28]. Y es que esto es bastante difícil de reconciliar con las palabras de Judas. Él se estaba quejando de que el perfume se había echado a perder, y no de que se hubiera guardado para un propósito erróneo[29].

8 Hay que aprovechar las oportunidades cuando las hay. Los pobres siempre estarán con vosotros (cf. Dt. 15:11). Pero Jesús[30] no. Él no tendría una larga vida sobre esta tierra, sino que pronto iba a marcharse de su lado. Quedaba muy poco tiempo para rendirle devoción de forma directa[31]. Es por eso por lo que Jesús agradece la acción de María.

2. La entrada triunfal (12:9-19)

9 Entonces la gran multitud de judíos se enteró de que [Jesús] estaba allí; y vinieron no solo por causa de Jesús, sino también por ver a Lázaro, a quien había resucitado de entre los muertos. 10 Pero los principales sacerdotes resolvieron matar también a Lázaro; 11 porque por causa de él muchos de los judíos se apartaban y creían en Jesús.

12 Al día siguiente, cuando la gran multitud que había venido a la fiesta, oyó que Jesús venía a Jerusalén, 13 tomaron hojas de las

---

original. Compárese con las palabras de Jesús: "Se ha anticipado a ungir mi cuerpo para la sepultura" (Mr. 14:8). Ver también Lindars: "La ocasión equivale simbólicamente al día del entierro, y por esa razón ella tenía derecho a usar el ungüento de esta forma tan extravagante". Bruce dice que significa lo siguiente: "Dejadla que realice los ritos funerarios aquí y ahora".

[28] Jesús no está hablando solo de parte del líquido, sino que está hablando de "él" [todo el líquido] (αὐτό). Además, Marcos dice que María rompió el frasco (Mr 14:3), lo que indica que todo el líquido se desparramó.

[29] Torrey lo traduce como una pregunta: "¿debería guardarlo para el día de mi sepultura?".

[30] El enfático ἐμέ colocado al principio del sintagma marca una clara diferencia entre Jesús y τοὺς πτωχούς.

[31] Hay expresiones judías que indican que el cuidado de los muertos era más importante que dar limosna. Así, *Sukk.* 49b alaba la *Gemilut Hasadim* ("la práctica de la bondad") entre otras razones porque puede hacerse tanto a los vivos como a los muertos, y esto último consiste en "asistir a su funeral y sepultura" (Soncino edn., p. 233, n. 8).

palmas y salieron a recibirle, y gritaban: ¡Hosanna![a] Bendito el que viene en el nombre del Señor, el Rey de Israel[b]. 14 Jesús, hallando un asnillo, se montó en él; como está escrito: 15 No temas, hija de Sion; he aquí, tu Rey viene, montado en un pollino de asna.[c] 16 Sus discípulos no entendieron esto al principio, pero [después,] cuando Jesús fue glorificado, entonces se acordaron de que esto se había escrito de Él, y de que le habían hecho estas cosas. 17 Y así, la multitud que estaba con Él cuando llamó a Lázaro del sepulcro y lo resucitó de entre los muertos, daba testimonio [de Él][d]. 18 Por eso, la multitud fue también a recibirle, porque habían oído que Él había hecho esta señal. 19 Entonces los fariseos se decían unos a otros: ¿Veis que no conseguís nada? Mirad, [todo] el mundo se ha ido tras Él.

a. 13 Expresión hebrea que significa "¡Salva!", y que llegó a ser una expresión de alabanza
b. 13 Salmo 118:25, 26
c. 15 Zacarías 9:9
d. 17 O *Así, la multitud que estaba con Él continuaron extendiendo la noticia de que había llamado a Lázaro del sepulcro y lo había resucitado*

El relato de la entrada triunfal aparece en los cuatro evangelios. Llegado este punto, la historia que Juan viene narrando se une a la de los Sinópticos. Juan no incluye todos los detalles que encontramos en los demás textos paralelos y, por ejemplo, apenas menciona la adquisición del pollino (solo dice que Jesús "encontró un asnillo y se sentó en él"; v. 14). Pero recoge lo suficiente para subrayar la realeza de Jesús. Típico de nuestro evangelista, no ve esa característica como una glorificación de Jesús (ya que la glorificación de Jesús se da en la cruz, v. 16). Está claro que el texto de Juan tiene unos toques muy personales. Él es el único que dice que este suceso ocurrió el domingo anterior a la Pascua, el único que menciona las palmas, la resurrección de Lázaro, que los discípulos no entendieron el significado de todos aquellos acontecimientos hasta después de que Jesús "fuera glorificado", y que los fariseos se sintieron derrotados.

9 No era difícil ir de Jerusalén a Betania, por lo que una gran multitud de judíos llegó a la aldea donde estaba Jesús. La expresión es similar a la que la KJV traduce en Marcos 12:37 por "la gente corriente", pero el orden de las palabras en el original es diferente[32], y parece que Juan se está refiriendo a la gran multitud. Cierto es que en aquella multitud habría mucha "gente corriente"; sin embargo, eso no es lo que pone en el texto joánico, y deberíamos respetar la intención y la forma que el autor le da a esa frase. Se nos dice que era una multitud "de judíos" (en el original aparece el artículo determinado: "de los judíos"), expresión que en este evangelio se suele usar para designar a los enemigos de Jesús. Estos judíos se enteraron[33] de que Jesús estaba en Betania, y por eso se dirigieron para allá. Juan deja claro que Jesús no era la única razón por la cual fueron, sino que las masas vinieron también porque querían ver a Lázaro. Para que no haya dudas de que Lázaro está hablando, Juan añade "a quien había resucitado de entre los muertos". Además, no quiere que nos olvidemos del estupendo milagro que Jesús acaba de realizar.

10-11 Llegado este punto, Juan recoge la reacción de los principales sacerdotes. ¡Habían decidido matar también a Lázaro![34] (la construcción que utiliza indica finalidad o propósito). Estas palabras resultan algo extrañas, sobre todo teniendo en cuenta que la muerte no ha podido con él gracias a la intervención de Jesús. El adverbio "también" es bastante significativo. Querían deshacerse tanto de Lázaro como del Hombre que le había resucitado. Quizá pensaban que había sido un engaño, que allí no se había realizado una resurrección, y creían que si conseguían matar a Lázaro probarían que todo aquello era mentira

---

[32] En Marcos leemos ὁ πολὺς ὄχλος, y parece ser que Juan dice ὁ ὄχλος πολύς, colocando al adjetivo en posición de atributo. Eso es lo que aparece en א B* *al*, y, aunque la mayoría de autoridades omiten el artículo, creo que deberíamos aceptarlo. Claro, un texto sin ese artículo tiene una lectura más fluida y parece que no hay razón alguna para insertarlo; así, omitirlo sería hacer una corrección acertada. Entre las autoridades, hay una división en cuanto a la misma expresión cuando aparece en el v. 12. Si aceptamos ὁ ὄχλος πολύς, nos aparece un nuevo problema. La expresión debería significar "la multitud es grande", pero por el contexto es evidente que lo que quiere decir es "la gran multitud". Lightfoot cree que quizá se use esta expresión tan poco usual para traernos a la memoria la multitud de 6:2, 5 (ὄχλος πολύς y πολύς ὄχλος), ya que aquella multitud había seguido a Jesús en Galilea y quería hacerle rey. Westcott cree que ὄχλος πολύς, es un "nombre compuesto". Esto simplificaría las cosas, pero no explica por qué lo cree.

[33] Aoristo ingresivo.

[34] El καί que aparece antes de Lázaro se remonta a 11:53, donde decidieron dar muerte a Jesús. Y ahora incluían a Lázaro en sus mezquinos planes.

y conseguirían disuadir a la gente que estaba creyendo en Jesús. Caifás había dicho: "os es más conveniente que un hombre muera..." (11:50). Pero uno no era suficiente para ellos; ahora querían matar a dos. Para los saduceos, Lázaro era una ofensa doble. No solo hizo que más gente creyera en Jesús, sino que lo que le había ocurrido a él era una condena directa de su doctrina. Los saduceos creían que no iba a haber ninguna resurrección, y tenían ante sus ojos a un hombre que había vuelto de entre los muertos. "Muchos de los judíos", es decir, de entre los enemigos de Jesús, ¡"se apartaban y creían en Jesús"![35]. Juan usa un tiempo imperfecto, que podría indicar continuidad. En ese caso, el evangelista está plasmando que el proceso duró bastante tiempo. No obstante, también podría estar marcando "comienzo", es decir, "empezaron a apartarse", "empezaron a creer". La construcción que se usa para "creían/ponían su fe en" Jesús es la que Juan suele usar para definir la fe genuina y profunda (ver la Nota Adicional E).

12-13 "Al día siguiente" se trata de una marca temporal típica de Juan, y hace referencia al versículo 1. "La gran multitud"[36] es la misma construcción que vimos en el versículo 9 (ver nota al pie), pero no se refiere a la misma gente. En el 9 designaba a la gente de Jerusalén que se había dirigido a Betania. Aquí, se refiere a la gente de otros lugares que venían a Jerusalén para la fiesta; probablemente la mayoría de ellos era de Galilea[37]. Parece ser que algunos de ellos ya habían llegado a Jerusalén y "salieron" a encontrar a Jesús. Quizá muchos de ellos habían sido testigos de la mayor parte del ministerio de Jesús, y a eso se debía su entusiasmo. Seguro que muchos de ellos habían creído durante un tiempo que los milagros y las enseñanzas de Jesús demostraban que él era el Mesías. Pero entonces Él aún no había hablado claramente de su identidad. Tampoco había querido que lo proclamaran rey. Por eso, cuando en esta ocasión no rechazó que le aclamaran, su entusiasmo

---

[35] El verbo es ὑπῆγον, un verbo muy común en Juan. Parece que aquí se usa en el sentido de "dejar de ser leal a algo o a alguien" (es decir, dejar de ser leal a los principales sacerdotes). Cf. el uso que se hace en 6:67.

[36] El artículo aparece en p66* B L Θ fl syrs boh. Como dijimos en el v. 9, lo que recomendamos es aceptar esta lectura.

[37] Para la celebración de la Pascua llegaba a Jerusalén una cantidad de gente increíble. Josefo habla de más de 2.700.000 personas (*G.* 6.425). Aunque hubiera exagerado, está claro que durante estas fiestas se esperaba la llegada de grandes multitudes. J. Jeremias calcula que en ocasiones de aquel tipo se llegaban a hospedar en Jerusalén más de 150.000 personas de fuera (*Jerusalem in the Time of Jesus* [Londres, 1969], p. 82s.).

creció aún más. Pensaron que ahora Jesús sí iba a hacer lo que siempre había querido que hiciera. Tal como lo cuenta Juan, parece ser que esta gente no estaba en el camino cuando Jesús se estaba acercando, sino que al oír[38] que venía, dejaron lo que estaban haciendo y salieron para poder recibirle[39].

La gente de la multitud tomó palmas y gritaban (el tiempo imperfecto indica que estuvieron gritando de forma persistente; cf. *Berkeley*, "gritando todo el rato"). Tanto las acciones como las palabras eran una expresión de alabanza. La palabra que Juan usa para "palmas"[40] no vuelve a aparecer ni una vez más en todo el Nuevo Testamento. No sabemos por qué los Sinópticos no indican el tipo de ramas que la multitud usó en aquella ocasión; si no fuera por Juan, no sabríamos que se trataba de palmas. La ley prohibía que se usaran palmas en la Fiesta de los Tabernáculos (Lev. 23:40), y más adelante se empezaron a usar en otras festividades (1º Macabeos 13:51; 2º Macabeos 10:7)[41]. En la misma línea encontramos en el Apocalipsis a una gran multitud frente al trono que llevaba palmas en las manos (Ap. 7:9). La palma era el

---

[38] Cabe destacar el plural ἀκούσαντες, ya que aparece detrás del sustantivo singular ὄχλος y del participio singular ἐλθών. No sería tan extraño si apareciera detrás de la forma verbal ἔλαβον (plural). Quizá Juan quiere poner cierto énfasis en la pluralidad de la multitud, que es la idea que también podría haber detrás del adjetivo πολύς.

[39] εἰς ὑπάντησιν αὐτῷ. Moulton comenta esta expresión, negando que se trata de un semitismo; cree que es sinónimo de εἰς ἀπάντησιν. De este último término dice lo siguiente: "Parece ser que esta palabra hacía referencia a la bienvenida oficial que se hacía cuando llegaba un dignatario" (M, I, p. 14, nota al pie núm. 3). MM también dicen que "era un tipo de bienvenida oficial que se rendía a los nuevos dignatarios". Y esto tiene que ver bastante con el contexto en el que nos encontramos.

[40] βαΐα. Habla de τὰ βαΐα τῶν φοινίκων, lo cual resulta peculiar ya que tanto βαΐα como φοινίκων podrían significar ramas de palma o palmas (aunque la segunda también podría significar "palmeras"), dando como resultado "palmas de las palmeras". Parece ser que βαΐον proviene del término copto *bai* (BAGD). Algunos eruditos sugieren que significa el *lulab* o rama o palma, sauce, o arrayán que se usaba en la Fiesta de los Tabernáculos, pero no aportan razones suficientes por las que debamos creer que también se usaban en la Pascua. Es mejor pensar que si usaron palmas en esta ocasión fue más una expresión espontánea del gozo que sintieron por poder aclamar a alguien como rey. Algunos intérpretes creen que los datos son inexactos porque cerca de Jerusalén no crece palma ninguna, pero al menos conocemos una referencia que habla de entrar en Jerusalén "con alabanzas y palmas" (1º Macabeos 13:51). Sea como sea, Juan no dice de dónde las sacaron. Quizá las traían con ellos para usarlas en las fiestas. Las citas de Macabeos y del Apocalipsis muestran que las palmas se usaban para las celebraciones. Ver más información en W.R. Farmer, *JThS*, n.s. III (1959), pp. 62-66.

[41] Lightfoot señala que las monedas judías del período entre el 140 aC. Al 70 dC. llevaban grabada una palma, a veces acompañada de la inscripción "la redención de Sión".

emblema de la victoria, y cuando Juan las menciona, debemos verlo como una referencia al triunfo de Cristo. La palabra "Hosanna" es la transliteración de la expresión aramea o hebrea "Rogamos que lo salves" (Torrey traduce: "¡Que Dios le salve!")[42]. Lo más seguro es que la multitud usara este término sin tener ni idea de su significado etimológico. Pero quizá Juan sí era consciente del sentido que tenía, y vio a Jesús entrando en la ciudad avanzando en su misión salvífica, una misión digna de un rey, una misión victoriosa. Cuando la multitud dice "Bendito" está proclamando que Jesús es bendito, y no pidiendo que Dios bendiga a Jesús. Y lo que Juan está diciendo es "Bendito *el que viene en el nombre del Señor*" (aunque la frase hebrea del Salmo 118:26 parece que debe entenderse como "el que viene es bendito en el nombre del Señor"). Esta expresión es un título mesiánico[43]. Sabemos que los judíos esperaban "al que había de venir". Hay muchas formas de referirse al Mesías. Aquí se dice que viene en el nombre de Dios. A esto, la multitud añade que es "el Rey de Israel"[44] (esta

---

[42] Arameo: אָנָּא הוֹשַׁע; hebreo: אָנָּא הוֹשִׁיעָה. Aparece en el Salmo 118:25, que nuestra versión traduce "sálvanos". Parece ser que se convirtió en una expresión litúrgica muy corriente, aunque las evidencias con las que contamos para afirmar esto son posteriores al Nuevo Testamento. La forma griega ὡσαννά no aparece en la Septuaginta, y podría ser un término acuñado por los cristianos (así opina Edwin D. Freed, *Old Testament Quotations in the Gospel of John* [Leiden, 1965], pp. 71-72). No es fácil entender por qué palabras cuyo significado está relacionado con la súplica se usaban cuando aclamaban o alababan a alguien. Es posible que debiéramos entender esta expresión como una oración dirigida a Jesús, a quien se le implora que, como Mesías que es, traiga salvación. Pero hay algunos elementos en contra de esta interpretación. ¿Cómo se explica entonces que en Mateo 21:9 y Marcos 11:10 vaya seguida de ἐν τοῖς ὑψίστοις? Otros han sugerido que deberíamos verlo como una oración a Dios pidiéndole que envíe a su Mesías (cf. "Dios salve al rey"), o que ya se había convertido en una convención y no significaba más que "¡Salve!" o "¡Ave!"; una interjección. J.A. Fitzmyer cree que es un "clamor espontáneo para saludar o rendir homenaje" (G.F. Hawthorne y O. Betz, editores, *Tradition and Interpretation in the New Testament*, p. 115). De todas las interpretaciones, la más probable es que se trate de una interjección. Ver más información en E. Werner, *JBL*, LXV (1946), pp. 97-122; G. Dalman, *The Words of Jesus* (Edimburgo, 1902), pp. 220-23; Edwin D. Freed, *Old Testament Quotations*, p. 66-73.

[43] Ver Vincent Taylor, *The Names of Jesus* (Londres, 1953), pp. 78-79. Cita a Cadbury: "No hay evidencias de que se tratara de un término técnico judío o cristiano". Sin embargo, apunta que se le aplica a Jesús en bastantes ocasiones. Por eso, cree que "el uso de este título era bastante restringido; solo se utilizaba en ciertos círculos. Tiene un matiz escatológico".

[44] No todos los textos son iguales. En p[66] D Θ f1 *al* aparece ὁ βασιλεύς pero p[75] (*vid.*) א B W optan por καί, que parece la versión correcta. Deberíamos entenderlo en el sentido de "incluso el rey...".

expresión no aparece en la profecía; la multitud se toma la libertad de añadirlo). En el primer capítulo Natanael había saludado a Jesús diciendo "Tú eres el Rey de Israel" (1:49). Ahora Juan saca a la luz la realeza de Jesús dándole a toda la multitud la misma convicción que la del discípulo. En los Sinópticos primero se explica que Jesús entró en Jerusalén montado en un pollino, y luego aparece la aclamación; en este evangelio ocurre a la inversa. Pero esto no quiere decir que el texto joánico sea contradictorio. Puede que Juan dejara la referencia al pollino para más adelante poder hacer hincapié en la aclamación. Además, no es imposible que nos hagan falta los dos relatos para tener una idea completa de lo que ocurrió. Jesús envió a sus discípulos a buscar el pollino antes de percatarse del entusiasmo de la multitud. Cuando la aclamación comenzó, Jesús decidió aceptarla. Pero entró en Jerusalén sobre el pollino para simbolizar un concepto del Mesías muy diferente al que tenía en mente la multitud. Le aclamaban como el Rey mesiánico[45]. Pero Él vino como el Príncipe de paz. Cabe decir que el hecho de que las palabras de la multitud sean diferentes en los diversos relatos no tiene demasiada importancia. Cuando hay una multitud, cada uno grita lo que quiere.

14-15 No se nos explica de qué forma consiguió Jesús el pollino[46]. Juan simplemente nos dice que lo encontró[47], y se montó en él. Los otros evangelios nos cuentan que Jesús envió a sus discípulos a una aldea con unas instrucciones concretas para encontrar al animal. Cuando le trajeron el pollino a Jesús, echaron sus mantos sobre él para que Jesús

---

[45] A. Schweizer dice que la entrada fue mesiánica para Jesús, pero no para la gente (*The Quest of the Historical Jesus* [Londres, 1945], pp. 391-92. Le sigue, p. ej., J.W. Bowman, *The Intention of Jesus* [Londres, 1945], pp. 133-34). Pero esta interpretación no logra explicar a qué se debía entonces el entusiasmo de la multitud. No se aclamaba así ni siquiera a los profetas. Cierto que la gente pensaba que era un profeta, pero también, que era "el que viene".

[46] La palabra es ὀνάριον; esta es la única vez que aparece en el Nuevo Testamento. Por la forma, se trata de un diminutivo, pero tampoco hay que darle mayor importancia ya que parece ser que por regla general se refiere a un "burro"normal y corriente.

[47] Algunos comentaristas creen que hay una contradicción entre el εὑρών que aquí encontramos y los relatos de los Sinópticos donde se narra el momento en que los discípulos le trajeron el pollino a Jesús. Pero no es cierto que haya tal contradicción. Cuando Juan usa εὑρών no quiere decir que Jesús fuera personalmente a buscar el pollino hasta encontrarlo. Es su forma de pasar rápidamente por los detalles poco importantes, para poder centrarse en el acontecimiento principal. Sea como sea, esta palabra también podría querer decir "encontró gracias a la ayuda de sus discípulos".

lo montara. Juan no recoge ninguno de estos detalles. Pero sí habla del cumplimiento de las Escrituras. Para él lo más importante es que se cumpliera la voluntad de Dios. Cita Zacarías 9:9[48]. Parece ser que originalmente Sión significaba la ciudadela de Jerusalén o la colina sobre la cual se erigía; de todos modos, esta palabra se usaba poéticamente como una referencia a toda la ciudad. "Hija de Sión" designa a todos los habitantes de Jerusalén. Las palabras de la profecía son una clara marca de la realeza de Cristo. El pollino no se usaba normalmente para presentar a un general de guerra. Era un animal de un hombre de paz, un sacerdote, un mercader, o alguien por el estilo. También se usaba para presentar a una persona importante, pero siempre asociada con fines pacíficos[49]. Los conquistadores entraban en la ciudad montando un caballo de guerra, o marchando a pie delante de sus tropas. Pero el pollino era un símbolo de la paz[50]. Así que para Juan, esta entrada no es solo un cumplimiento de la profecía, sino que es una muestra de que este cumplimiento de la profecía habla de un rey especial.

16 Más adelante Juan nos dice que cuando el Espíritu Santo viniera guiaría a los creyentes a toda la verdad. Y en este versículo nos da un ejemplo de ello. Al principio los discípulos no entendieron lo que aquellas cosas[51] significaban, cosas que ellos mismos habían hecho[52]. Pero después de que Jesús fue "glorificado", recordaron estas profe-

---

[48] La forma de esta expresión no coincide con el texto original, sobre todo al principio. El hebreo גִּילִי מְאֹד se traduce en la Septuaginta por Χαῖρε σφόδρα, así que, como vemos, la cita de Juan no coincide ni con una ni con otra versión. Algunos eruditos sugieren que Juan saca Μὴ φοβοῦ de Isaías 40:9, pero en ese texto encontramos el plural μὴ φοβεῖσθε. En todo caso, no es necesario encontrar un pasaje en las Escrituras que sea exactamente igual para validar una expresión tan simple. Es natural empezar una profecía sobre la venida de Jesús como Príncipe de paz con estas palabras, palabras que, además, eran pronunciadas a menudo por Jesús mismo.

[49] El pollino era el animal para las tareas humildes. Cf. la sentencia siguiente: "Para un asno, forraje, un palo y el cargamento" (Sir. 33:24).

[50] Como se ve claramente si continuamos leyendo la profecía. Dios destruirá los carros y los caballos de guerra, y también el arco de guerra, y "hablará paz a las naciones" (Zac. 9:10).

[51] ταῦτα se repite en este versículo tres veces. Tanta repetición de pronombres no es propia del estilo joánico (el evangelista prefiere el uso de sustantivos). Puede ser que en este caso quisiera hacer un énfasis especial en la forma en la que se estaba cumpliendo la profecía.

[52] El sujeto de ἐποίησαν es el mismo que el de los verbos anteriores. Juan no está hablando de lo que la gente de la multitud ha hecho, sino de lo que han hecho los discípulos.

cías[53] y entendieron que se habían cumplido[54] (cf. 2:22). El significado de los acontecimientos de la vida de Jesús no es evidente para una persona que no ha sido regenerada. El significado de esas cosas solo lo revela el Espíritu Santo de Dios. Barrett cree que este relato se contradice a sí mismo, ya que la multitud estaba reconociendo a Jesús como el Rey mesiánico (v. 13) y, sin embargo, los discípulos no lograron reconocerlo hasta después de que fuera glorificado. Pero lo que Juan está diciendo es que los discípulos no entendieron el verdadero significado de aquellos acontecimientos; es decir, aunque sí le vieron en un sentido como el Rey mesiánico – al igual que el resto de la multitud – no acabaron de aprehender la naturaleza del estatus real de Jesús. Juan tampoco dice que la apreciación que la multitud tenía de Jesús fuera correcta. De hecho, sabemos que aunque le veían como rey, Jesús no era el tipo de rey que estaban esperando[55]. Después de su glorificación, los discípulos sí entendieron el tipo de rey que era. Por lo tanto, está claro que no hay ninguna contradicción.

17 Juan pasa a hablar de otro grupo de gente, de "la multitud que estaba[56] con Él cuando llamó a Lázaro del sepulcro y lo resucitó de entre los muertos" (la multitud de los vv. 12 y 18 está formada por gente que había venido a Jerusalén para la fiesta, mientras que esta multitud era gente de Betania). Se mencionan dos escenas: que Jesús llamó a Lázaro para que saliera de la tumba, y que resucitó de entre los muertos. Obviamente, la segunda es la más importante; no obstante, parece ser que la forma en la que Jesús lo había hecho, llamándole desde fuera del sepulcro, debió de causar en la gente una gran impresión. Se nos dice que la multitud daba testimonio de Jesús (ver el comentario de 1:7),

---

[53] Es un poco extraño que se use la preposición ἐπί en una expresión como ταῦτα ἦν ἐπ᾽ αὐτῷ γεγραμμένα (BAGD cita a Herodoto 1.66 como palarelo [II.1.b.δ]). Sobre todo porque Juan suele usar περί con el genitivo con el significado de "sobre". Juan no usa ἐπί con mucha frecuencia: 33 veces (solo 5 con el dativo) de las 878 veces que aparece en el Nuevo Testamento; sin embargo, usa περί el doble: 66 veces de las 331 que aparece en el Nuevo Testamento. Así que el uso que aquí hace de ἐπί es muy poco usual.

[54] Juan no repite ὅτι antes de ταῦτα ἐποίησαν. Puede que lo haga para plasmar una unidad, ya que, en un sentido, la profecía junto con su cumplimiento son un todo. Pero quizá estemos hilando demasiado fino.

[55] "Juan nos presenta la acción de Jesús como una *corrección* consciente de aquella ovación política" (Robinson, *Priority*, p. 230).

[56] Burton cree que ὤν en este contexto es un ejemplo del participio presente usado para describir una acción anterior a la del verbo principal (*Moods*, p. 230).

y el tiempo imperfecto que Juan usa hace pensar que lo hacía de forma continuada (y no solo en aquel preciso momento). En medio de estas escenas de entusiasmo, mientras aclamaban a Jesús como rey, los que habían visto el milagro de resurrección que Jesús había realizado no podían callarse e iban contando a todo el mundo lo que habían visto.

18 Por esta razón "la multitud fue a recibirle[57]". Parece ser que estamos ante un grupo de gente diferente al mencionado en el versículo 17[58], aunque tanto en ese como en este versículo nos encontramos con la misma expresión. Está claro que Juan quiere decir que los que habían visto el milagro daban testimonio, y como resultado, los que no lo habían visto pero ahora oían[59] a aquellos que lo explicaban, fueron a recibir a Jesús. Querían ver por sí mismos al que había hecho algo tan estupendo. En el versículo 12 la multitud que fue con Jesús era la multitud de peregrinos que iban de camino a Jerusalén. En cambio, en este versículo parece que se está hablando del gentío de Jerusalén que salía a encontrarse con la procesión que llegaba a la capital. Y se nos dice que salieron a su encuentro "porque habían oído que Él había hecho esta señal"[60]. La última palabra es muy importante (ver la Nota Adicional G).

19 Esta escena sumió a los fariseos en el más profundo de los pesimismos[61]. "Mirad" indica que hablaban entre ellos, pero lo que no sabemos es si debemos tomarlo como un imperativo, o como un indicativo. Quizá esto último sea lo más probable, pero no podemos estar cien por cien seguros. La primera parte de su intervención habla de un fracaso total del objetivo que se han marcado. No habían hecho ningún pro-

---

[57] El significado de καὶ ὑπήντησεν se pasa muchas veces por alto. La posición en la que está καί hace que el significado sea "Por esa razón la multitud (aparte de hacer otras cosas) también fue a recibirle", y no "Por esta razón también (es decir, además de por otras razones)".

[58] Swete, comentando el relato marcano, dice que hay dos multitudes o grupos de gente: la que viene de Jerusalén, y la que viene de Betania (comentando Mr. 11:9).

[59] ἤκουσαν se usa con un sentido muy parecido al que transmite el pluscuamperfecto: "habían oído".

[60] τοῦτο aparece separado de σημεῖον, probablemente para darle un mayor énfasis: "Oyeron que Él había hecho esa maravilla, la señal". En 9:16 también hay una separación parecida entre este adjetivo y el sustantivo al que acompaña (ver nota al pie).

[61] Black toma πρὸς ἑαυτούς como un reflejo de un *dativus ethicus* arameo (*AA*, p. 77). Si esto es cierto, reforzaría la convicción de que este evangelio está basado en una fuente aramea o, al menos, en el pensamiento arameo.

greso, ni mucho menos habían conseguido prender a Jesús. La segunda parte de la intervención hace referencia al éxito que estaba teniendo Jesús. En una magnífica hipérbole dicen los fariseos: "¡Todo el mundo se ha ido tras Él!". Puede que Juan quiere que veamos en esta queja de los enemigos de Jesús una profecía subyacente sobre los efectos de la predicación del Evangelio (cf. Hechos 17:6). Vaya ironía. Los fariseos estaban preocupados porque unos cuantos judíos se iban tras Jesús. Pero sus palabras sirven para expresar la convicción joánica de que Jesús estaba conquistando el mundo.

3. Los griegos (12:20-36a)

20 Y había unos griegos entre los que subían a adorar en la fiesta; 21 éstos, pues, fueron a Felipe, que era de Betsaida de Galilea, y le rogaban, diciendo: Señor, queremos ver a Jesús. 22 Felipe fue y se lo dijo a Andrés; Andrés y Felipe fueron y se lo dijeron a Jesús. 23 Jesús les respondió, diciendo: Ha llegado la hora para que el Hijo del Hombre sea glorificado. 24 En verdad, en verdad os digo que si el grano de trigo no cae en tierra y muere, queda él solo; pero si muere, produce mucho fruto. 25 El que ama su vida la pierde; y el que aborrece su vida en este mundo, la conservará para vida eterna. 26 Si alguno me sirve, que me siga; y donde yo estoy, allí también estará mi servidor; si alguno me sirve, el Padre lo honrará. 27 Ahora mi alma se ha angustiado; y ¿qué diré: «Padre, sálvame de esta hora»? Pero para esto he llegado a esta hora. 28 Padre, glorifica tu nombre. Entonces vino una voz del cielo: Y [le] he glorificado, y de nuevo [le] glorificaré. 29 Por eso la multitud que estaba [allí] y [la] oyó, decía que había sido un trueno; otros decían: Un ángel le ha hablado. 30 Respondió Jesús y dijo: Esta voz no ha venido por causa mía, sino por causa de vosotros. 31 Ya está aquí el juicio de este mundo; ahora el príncipe de este mundo será echado fuera. 32 Y yo, si soy levantado de la tierra, atraeré a todos a mí mismo. 33 Pero Él decía esto para indicar de qué clase de muerte iba a morir. 34 Entonces la multitud le respondió: Hemos oído en la ley que el Cristo permanecerá para siempre; ¿y cómo dices tú: «El Hijo del Hombre tiene que ser levantado»? ¿Quién es este Hijo del Hombre? 35 Jesús entonces les dijo: Todavía, por un poco de tiempo, la luz estará entre vosotros. Caminad mientras tenéis la luz, para que no os sorprendan las tinieblas; el que anda en la oscuridad no sabe adónde va. 36 Mientras tenéis la luz, creed en la luz, para que seáis hijos de luz.

a. 34 O *Mesías*

Estamos ante un incidente un tanto curioso, aunque es bastante característico del Evangelio de Juan. Digo "un tanto curioso" porque no es normal encontrar griegos en una narración de acontecimientos que ocurren en Jerusalén, porque los demás evangelistas no recogen este incidente, y porque los griegos solo dicen: "Señor, queremos ver a Jesús", para luego no aparecer más en todo el relato. Está claro que para Juan, la llegada de estos hombres quiere decir algo, pero tampoco le confiere una importancia especial. Jesús reconoce en la llegada de estos hombres una indicación de que el clímax de su misión ha llegado. Cuando le van a informar de la presencia de los griegos, Jesús exclama: "Ha llegado la hora", y pasa a hablar de su glorificación y muerte[62]. En este evangelio vemos a Jesús como el Salvador del mundo, y evidentemente Juan quiere que entendamos que este contacto con los griegos simbolizaba la llegada del cumplimiento de esa salvación universal. Los griegos habían llegado al punto de querer conocer a Jesús; eso mostraba que había llegado la hora de morir por el mundo. Jesús ya no pertenece al judaísmo que, de todos modos, le ha rechazado. Pero el mundo, que Él va a salvar, le espera y le busca.

20 Juan nos presenta ahora[63] a unos griegos. Como subieron[64] a Jerusalén para adorar, es bastante probable que fueran hombres temerosos de Dios. Puede que fueran prosélitos, pero si eso fuera verdad, no creo que solo se les hubiera descrito como "griegos"[65]. Los hombres teme-

---

[62] A. Cole ve que hay una relación con la declaración sobre la destrucción del templo (2:19), ya que la abolición del templo y la inclusión de los gentiles están estrechamente relacionadas (*The New Temple* [Londres, 1950], p. 31).

[63] Este δέ podría indicar un contraste con lo ocurrido anteriormente. Los fariseos claramente se oponen a Jesús, pero los griegos vienen a Jerusalén, y vienen a buscar a Jesús.

[64] El participio presente, ἀναβαινόντων, podría hablar de un práctica habitual, "entre los que solían subir...". El verbo se usa para "subir" a la capital con motivo de las fiestas.

[65] Ἕλλην no indica necesariamente una persona de raza griega. Este término también servía para diferenciar a los cultos de los analfabetos (Ro. 1:14), o para diferenciar entre gentiles y judíos (Hechos 14:1). En Marcos 7:26 aparece una mujer a quien se

rosos de Dios eran gente que se sentía atraída por la elevada moralidad
y el monoteísmo del judaísmo, pero que no llegaban a circuncidarse
o, dicho de otro modo, convertirse en prosélitos. Podían visitar Jerusalén para las fiestas, pero en el templo no podían pasar más allá del
atrio de los gentiles[66]. Seguro que estos "griegos" no habían venido
desde Grecia. Quizá venían de Decápolis, donde había muchos griegos.
Para la celebración de la Pascua, venía gente de lugares muy lejanos
y dispersos, de todas partes del Imperio Romano.

21 No está claro por qué se acercaron a hablar con Felipe. Como
eran griegos, quizá se sintieron atraídos por el nombre griego de este
discípulo (aunque Andrés, a quien el perplejo Felipe consultó, también
es un nombre griego). En caso de que hubiera sido así, era fácil confun-
dirse porque el nombre no significaba demasiado; muchos judíos tenían
ese nombre griego. Pero si esa no es la razón por la que se acercaron
a Felipe, no tenemos manera de averiguar por qué escogieron hablar
con él y no con otro de los discípulos. Juan especifica, y nos dice que
se trata de Felipe de Betsaida de Galilea (ver el comentario de 1:44).
Juan dice que vinieron con un ruego (el tiempo del verbo es continuo:
"rogaban una y otra vez"): "Señor, queremos ver a Jesús". "Ver" podría
encerrar el sentido de "entrevistar"; todo el mundo podía "ver" a Jesús
ya que estaba entre la gente, pero está claro que los griegos querían
algo más. Querían hablar con Él. Querían conocerle. Aunque no explican el porqué de sus deseos. Hasta este punto, Juan no ha explicado
que las noticias sobre Jesús se habían extendido tanto que hasta los griegos habían oído hablar de Él (aunque, obviamente, en una ciudad como
Decápolis, eso no habría sido tan difícil). Pero el tono general de este
evangelio nos ayuda a ver lo que este deseo de los griegos significa.

---

describe como Ἑλληνίς, y luego como Συροφοινίκισσα. Pero si aquí Juan se estuviera
refiriendo a prosélitos, lo normal sería que usara alguna palabra más (aunque J.A.T.
Robinson cree que Juan quiere decir "judíos de habla griega o prosélitos... no gentiles"
[*Priority*, p. 60]). Si vinieron a Jerusalén para adorar, no significaba necesariamente
que fueran prosélitos, ya que el eunuco etíope también vino con ese propósito y no
era un prosélito (Hechos 8:7). Debemos diferenciar nuestro término de Ἑλληνιστής
(Hechos 6:1, etc.), aunque éste no denota claramente judíos de habla griega como algunos comentaristas han sugerido (ver H.J. Cadbury, *The Beginnings of Christianity*, V
[Londres, 1933], p. 59s.). Josefo habla de muchos griegos, Ἑλληνες, que se sentían
atraídos por el judaísmo (*G.* 7.45).

[66] Ver SBk, II, pp. 548-51 donde habla del estatus y de las limitaciones de estos
"medio-prosélitos".

Jesús era el Salvador del mundo, y este grupo de gentiles simbolizaba o representaba al mundo que busca la salvación que Jesús ofrece.

22 Felipe no sabía qué hacer (parece ser que a Felipe le costaba tomar decisiones; ver el comentario de 1:43). Atónito, buscó el consejo de Andrés. Se le menciona junto con Andrés en 1:44; 6:7-8; cf. Mr. 3:18. Andrés, como era de esperar, se une a Felipe para ir a contarle[67] aquello al Maestro (en 1:42: 6:8-9 también vemos a Andrés llevando gente ante Jesús).

23 La respuesta de Jesús es bastante sorprendente. Ignora totalmente a los griegos; no los menciona ni en ese momento, ni más adelante. Parece ser que las palabras que pronuncia están dirigidas a Andrés y Felipe[68], pero no podemos decir que esas palabras solo están pensadas para ellos. Obviamente, estaban pensadas para una audiencia mucho mayor, que posiblemente incluía a los griegos; y decir esto no es hablar a la ligera, ya que el resto del capítulo pone punto y final al ministerio de Jesús a los judíos para que pueda comenzar la 'conversación' espiritual de Jesús con los griegos – después de la crucifixión –. Si el Evangelio es un evangelio para el mundo entero es solo gracias a la cruz. "Ha llegado la hora"[69] nos recuerda a la serie de referencias a la expresión "la hora" que encontramos a lo largo de todo este evangelio (ver el comentario de 2:4). Aunque de forma discreta, éste se presenta como uno de los temas más importantes del Evangelio de Juan. Nos habla del destino de Jesús; de aquella comisión que se le ha dado. El verbo "ha llegado" está en tiempo perfecto; la hora "ha llegado, y de forma plena". Ya no hay vuelta atrás. Está claro que cuando Jesús se refirió a su "hora" estaba hablando de su muerte (ver el versículo

---

[67] Parece que la regla es la siguiente: cuando un verbo precede a un sujeto plural (es decir, formado por más de un sustantivo), el verbo se mantiene en singular; pero cuando el verbo aparece después del sujeto, lo hace en plural. Por eso tenemos el singular ἔρχεται y el plural λέγουσιν.

[68] Este es el significado de ἀποκρίνεται αὐτοῖς (aunque también es cierto que "ellos" – la tercera persona del plural implícita en la forma verbal – podría referirse a los griegos). Este verbo aparece en Juan 78 veces, y casi siempre con el aoristo pasivo. El presente solo lo encontramos en 13:26, 38; 18:22. Puede que se use así para conseguir que esos pasajes sean especialmente vivos. Ver también el comentario de 1:21.

[69] La referencia a que la hora ha llegado es quizá otro ejemplo de la costumbre de Juan de introducir variaciones cuando repite ideas que ya han aparecido. Aquí y en 17:1 tenemos ἐλήλυθεν ἡ ὥρα, pero en 13:1 Jesús sabía ὅτι ἦλθεν αὐτοῦ ἡ ὥρα. Entonces, en 16:32 leemos ἔρχεται ὥρα ἐλήλυθεν (aunque en este último pasaje el significado de "hora" es un poco distinto).

siguiente). Pero Él no lo ve como una tragedia, sino como un triunfo[70]. Esa muerte no le deshonra, sino que le glorifica (en cuanto a "gloria", ver el comentario de 1:14); es decir, Jesús se glorifica en la cruz[71]. "El Hijo del Hombre" era una de las formas que Jesús usaba para referirse a sí mismo, especialmente cuando hablaba de su misión. De ahí la importancia de que use esta expresión precisamente en este versículo (ver la Nota Adicional C).

24 El solemne "En verdad, en verdad" (ver el comentario de 1:51) introduce algo importante. El[72] grano de trigo sirve para presentarnos una paradoja: que el fruto viene después de la muerte. Si el trigo no cae en la tierra y "muere", no producirá fruto[73]. Jesús dice que solo a través de la "muerte" se logra una productividad real. Ésta es una verdad general. Pero en este caso, se está refiriendo a Él mismo[74].

25 La aplicación de la analogía del grano de trigo es bastante clara. El que ama su vida la pierde (cf. Mr. 8:35 y textos paralelos). A causa de ese amor por la vida, pierde la posibilidad de obtener la vida verdadera. El verbo que traducimos por "perder" a veces quiere decir "destruir" (Phillips: "El que ama su propia vida la destruirá"). Juan quiere que entendamos que amar la vida es un proceso autodestructivo. Acaba con el objeto deseado: acaba con la vida que uno no quiere dejar escapar. Podemos pensar que esta idea también está reflejada en el uso del tiempo presente, "pierde", ya que lo más normal hubiera sido un futuro que concordara con "conservará". Jesús está diciendo que el que

---

[70] Cf. G. Bornkamm: "Juan no ve la muerte de Jesús como un capítulo más en el que una divinidad mística que vino del cielo vuelve a la gloria de la que ha venido. La ve más bien como un acontecimiento real, el triunfo de la gloria celestial visto e interpretado a través de los ojos de la fe" (*The New Testament: A Guide to Its Writings* [Londres, 1974], p. 141).

[71] Cf. Barclay: "Cuando Jesús dijo eso, seguro que los que le escuchaban se quedaron sin respiración. Seguro que pensaron que ya había sonado la trompeta de la eternidad, y que el poder del reino celestial ya estaba en marcha, y que la campaña de victoria era algo inminente. Pero Jesús no quería decir todo eso cuando dijo *glorificado*. La gente pensaba que los reinos de esta tierra se arrastrarían ante los pies del conquistador; pero Jesús pensaba en la *crucifixión*".

[72] El artículo con κόκκος denota la clase.

[73] αὐτὸς μόνος hace hincapié en que el grano que no muere se queda solo.

[74] Como dijo San Agustín hace mucho tiempo: "Jesús estaba hablando de sí mismo. Él era el grano que tenía que morir, y multiplicarse, multiplicación que consistía en que muchas naciones acabarían creyendo" (61.9; p. 285).

ama su vida la está destruyendo. Obviamente, "aborrece" no debe entenderse de forma literal; pero "aborrecer la vida" es la antítesis natural de "amar la vida" (cf. Mt. 6:24 = Lc. 16:13; Lc. 14:26). Habla de la actitud de aquel que no atesora para esta vida. La gente que tiene un orden de prioridades correcto ama tanto las cosas de Dios que, en comparación, la actitud ante las cosas y los intereses de esta vida es de odio. Este tipo de gente conservará la vida "para vida eterna"[75], hasta la vida de la era venidera (ver el comentario de 1:4; 3:15).

26 El resultado de todo esto es el servicio a Cristo. En todo el versículo el uso del pronombre en primera persona es un uso enfático[76]. La relación personal con Cristo es importante. El siervo tiene que seguir a su Señor y estar donde su Señor está[77]. Estas palabras deben verse a la luz del versículo anterior: estar donde el Señor está implica sufrimiento. Significa perder la vida por el servicio al Maestro. Y ésta es la única forma de servicio cristiano. Pero el versículo acaba con unas palabras bellísimas: si alguno sirve a Cristo de la forma en la que hemos estado hablando, el Padre le honrará.

27 La gran cuestión en este versículo es la siguiente: ¿son las palabras "Padre, sálvame de esta hora" una oración hipotética que Jesús se negó a pronunciar, siendo el v. 28 su verdadera oración? ¿O sí que alzó esa oración de súplica, para desdecirse inmediatamente después? Lo que está claro es que estaba muy turbado: "Mi alma se ha angustiado" habla de una sensación de profunda congoja, y el tiempo perfecto habla

---

[75] Hay un cambio de ψυχήν, de amar u odiar la vida, es decir, esta vida presente y terrenal, a ζωήν, la vida de la era venidera. Puede disfrutarse aquí y ahora, pero sus características tienen que ver con la eternidad. McClymont dice que ψυχήν aquí denota "la vida natural del hombre, con todos sus apetitos, deseos, con todo su afecto, que busca la satisfacción fuera de la voluntad de Dios. 'Amar esta vida' es otra forma de referirse al espíritu del egoísmo, que no quiere que la vida se use para un objetivo que no sea el disfrute personal y el engrandecimiento personal, mientras que "aborrecer la vida" se refiere al espíritu de sacrificio que no cree que en esta vida haya nada tan precioso de lo que no se pueda prescindir para así obedecer la voluntad divina".

[76] El primer ἐμοί es especialmente enfático; precede a τις, mientras que el tercero (que también está relacionado con τις) le sigue, aunque antes de hacer mucho hincapié en esto deberíamos recordar la costumbre joánica de introducir pequeñas variaciones siempre que realiza una repetición. Juan también presenta ἐγώ y ἐμός. La primera persona destaca durante todo el versículo.

[77] Hunter comenta acertadamente: "Se ha dicho que 'seguir a Jesús' es el todo del deber cristiano, 'estar donde Cristo está' es el todo de la recompensa que Él da".

de un estado continuo[78]. Jesús primero pregunta: "¿qué diré?". Puede que sea importante ver que usa el verbo "decir", y no el verbo "elegir" o algo parecido. No hay duda alguna de que Él va a hacer la voluntad del Padre. La pregunta es: "¿Cuál es la voluntad del Padre?". Algunos comentaristas ven las palabras siguientes como una oración positiva (p. ej., Beasley-Murray, Bernard, Hendriksen, Barclay). Pero para mí no está tan claro. Si este es el verdadero sentido, tenemos a un Jesús que inmediatamente después de haber alzado una oración, repudia lo que ha orado y reconoce que Él ha venido para llegar a "esa hora". Creo que la versión que estamos usando traduce correctamente que "Padre, sálvame de[79] esta hora" es simplemente la respuesta al hipotético "¿qué diré?". Si lo entendemos de otra forma, sería difícil encajar la fuerte adversativa con la que empieza la frase siguiente[80]. Así que estamos ante una oración hipotética, ante una pregunta retórica, ante unas palabras que Jesús no quiere alzar en oración. Pregunta si debería ser librado de esa hora, e inmediatamente responde: "¡Si para lo que he venido es para que me llegue esta hora!"[81]. Debe enfrentarse a esa "hora" y pasar por ella. Estas palabras expresan el miedo natural y humano ante la realidad de la muerte. Como Juan no recoge la agonía que Jesús pasó en Getsemaní, este podría ser su equivalente a la oración que en los Sinópticos Jesús pronuncia en ese jardín: "pero no sea lo que yo quiero, sino lo que Tú quieras" (Mr. 14:36)[82]. En este evan-

[78] En cuando al verbo ταράσσω, ver el comentario de 11:33. Jesús usa este verbo para decirles a los discípulos que no se turben (14:1, 27). Pero el precio que Jesús tiene que pagar por la paz de ellos es la turbación de su espíritu.

[79] ἐκ no siempre significa *sacar* a alguien *de* la situación en la que se encuentra. Aquí significa "sálvame de llegar a esa hora". Según Westcott significa "sácame sano y salvo de este conflicto" (citando Hebreos 5:7) y no "permite que no llegue a esa hora". Pero Hebreos 5:7 no le respalda: "Cristo, en los días de su carne, habiendo ofrecido oraciones y súplicas con gran clamor y lágrimas al que podía librarle de la muerte...". El significado es el siguiente: que Dios tenía el poder de salvarle incluso de la muerte (aunque, de hecho, murió).

[80] Godet enfatiza la importancia a esta fuerte adversativa. "Sea como sea que analicemos esta frase, siempre volveremos a lo mismo: es una oración hipotética". Bultmann cree que ἀλλά equivale aquí a "no, como en el clásico griego después de las preguntas hechas a uno mismo" (p. 427, nota al pie núm. 4; cf. BDF 448 [4]"; *NRSV* traduce "No").

[81] Strachan comenta: "el mejor comentario que se ha hecho de esta frase es el de Bengel. *Concurrebat horror mortis et ardor obedientiae;* 'aquí se fusionan el horror ante la muerte y el ardor por la obediencia'".

[82] MacGregor dice de este versículo: "Así, Juan corrige la tradición que se ha creado en torno a los Sinópticos de que Jesús cayó en la debilidad humana de orar 'Padre mío,

gelio el concepto de "la hora" está ligado a su carácter inevitable. Representa el hacer la voluntad del Padre. Así que[83] Jesús afirma que esa es la razón por la que llegará a esa "hora". "'Para esto' hace referencia al 'esta hora' anterior, y para hacer un mayor hincapié, al final de la frase se vuelve a repetir el sintagma 'esta hora'"[84].

28 Jesús ora para que el Padre glorifique su propio nombre, una oración que apunta al reconocimiento de la Soberanía de Dios. El aoristo podría indicar una sola acción, y si esto es cierto, se estaría refiriendo a la cruz. Allí es donde el nombre de Dios fue glorificado de forma suprema. La respuesta a esta oración es una voz del cielo, la voz del mismo Dios[85]. "Le he glorificado" está en aoristo, pero no es fácil saber a qué tipo de acción se está refiriendo. Tanto el bautismo de Jesús, como la transfiguración, acontecimientos en los que encontramos la voz del cielo, podrían servirnos para poder compararlos con este texto pero, desafortunadamente, Juan no recoge ninguno de los dos. Quizá no deberíamos darle tanta importancia al tiempo verbal. El tiempo perfecto y activo no se usa nunca en el Nuevo Testamento, y puede que el aoristo se use aquí con un sentido parecido al del tiempo perfecto; en tal caso, no hace falta buscar un suceso en concreto. El futuro, "le glorificaré", se puede analizar con más facilidad. Está claro que se refiere a la cruz.

---

si es posible, que pase de mí esta copa' (Mt. 26:39)". Pero, en primer lugar, es bastante difícil que Juan tuviera acceso a los Sinópticos y, en segundo lugar, ¿cómo puede uno negarse a hablar de la "debilidad humana" en un pasaje en el que Jesús dice' νῦν ἡ ψυχή μου τετάρακται?

[83] ἀλλά indica que no va a salvarse de esa "hora" porque es el motivo principal para el que ha venido.

[84] Abbott, 2389a.

[85] En la literatura rabínica leemos sobre una voz celestial, la קוֹל בַּת, lit., "la hija de una voz". Esto se explica en *Sanh.* 11a de la forma siguiente: "Uno no oiría el sonido que salió del cielo, pero de aquel sonido sale otro sonido, como cuando un hombre golpea algo con violencia y se puede oír un segundo sonido que sale del primero en la distancia. Uno sí que oiría ese segundo sonido; por eso se llama 'Hija del sonido'" (SBk, I, p. 125). Es decir, se refiere a un eco. Entre los rabíes el *bath qol* era visto como algo inferior a la profecía; Dios ya no hablaba a la gente de forma directa. Pero en el Nuevo Testamento todas las veces que se oye una voz del cielo es la voz de Dios mismo. Así que no es verdad que el Nuevo Testamento reproduzca la idea del *bath qol* rabínico. El concepto neotestamentario es diferente. Se refiere a la mismísima voz de Dios.

29 No sabemos dónde tuvo lugar esta parte del relato. Parece que hay un cambio de escena entre los versículos 19 y 20, y es imposible saber si ocurrió o no inmediatamente después de la entrada triunfal. Así que no sabemos si "la multitud" que ahora tenemos es la misma del versículo 9 o del versículo 12, o si se trata de un grupo diferente. Se nos dice que la multitud está de pie (algunas versiones omiten este detalle), y que oyó la voz del cielo, voz que dio pie a diversas interpretaciones. Los que creían que había sido un trueno pensaban en los precedentes veterotestamentarios en los que el trueno se entendía casi siempre como la voz de Dios (p. ej., Sal. 29:3). Otros pensaban que un ángel le había hablado a Jesús[86]. Está claro que Juan quiere que veamos que fue un sonido audible, que todo el mundo pudo oír (aunque no pudieran comprender lo que aquel sonido decía). No está describiendo una visión subjetiva[87]. Todo esto nos recuerda a los dos relatos en que una voz del cielo habló a Saulo de Tarso, para que veamos claramente que los compañeros que con él iban oyeron el sonido, pero no entendieron lo que la voz decía (Hechos 9:7; 22:9).

30 Jesús reaccionó ante la perplejidad de los presentes. Les explicó que la voz no había venido por su causa, sino por causa de ellos. Por un lado, estas palabras nos dan una respuesta, pero, por otro, nos plantean otra dificultad. Si la voz vino por causa de la multitud, ¿por qué no pudieron entenderla? Quizá porque no tenían el discernimiento espiritual suficiente para reconocer la voz de Dios. Jesús disfrutaba de una comunión íntima con el Padre, y no le hacía falta que nadie le reafirmara[88]. Pero la voz tuvo un gran valor para los seguidores que pudieron interiorizar

---

[86] Cf. Lightfoot: "La multitud, descontenta debido a la media luz en la que viven, no puede discernir o apreciar el significado de la frase que venía del cielo".

[87] Bernard señala que ni aquí, ni cuando sonó la voz en la Transfiguración y en el Bautismo, se dice que los que estaban con Jesús entendieron la voz, "y si parafraseamos esto, diríamos que los mensajes de aquellas personas eran subjetivos en el sentido de que aquellas frases solo tenían un significado para aquel a quien estaban dirigidas, y eran objetivos en el sentido de que Jesús no fue engañado, ya que se trataban de verdaderos mensajes de Dios" (comentando el v. 28). Pero este comentario no hace justicia al pasaje. La gente oyó algo objetivo, y Jesús dice que aquel sonido vino "no por causa mía, sino por causa de vosotros" (v. 30). Si Jesús dice eso, se supone que algo debió de oír la gente, ¿no?

[88] Sin embargo, Tasker ve esta expresión como "un posible ejemplo de la forma semítica para establecer comparaciones, y no como un contraste estricto, es decir, 'más por vuestra causa que por la mía'. Está claro que en esta ocasión la voz también tuvo mucha importancia para Jesús mismo".

parte de su significado, aunque les faltara el discernimiento espiritual necesario para entender completamente lo que la voz había dicho.

31 La conexión de este versículo con el anterior no está nada clara.
Pero ahora Jesús habla claramente del significado de la cruz, la cruz
que representa el juicio del mundo. El mundo se condenará a sí mismo
por la forma en que trata al Hijo (cf. 3:18-19 y los respectivos comentarios). "El príncipe de este mundo" es Satán (esta expresión vuelve
a aparecer en 14:30; 16:11 y cf. 2 Co. 4:4; Ef. 2:2; 6:12)[89]. Gobierna
tanto las mentes de las personas que se puede decir que es "su príncipe"[90]. Pero si esta expresión enfatiza el poder que tiene en este mundo, también es un apunte sobre la incapacidad de actuación e influencia
que tendrá en el mundo por venir. Y del mismo modo que la cruz
representa el juicio de este mundo, también representa la derrota de
Satanás. Mucha gente pensó que la cruz le había dado la victoria; parecía que el mal había triunfado, pero, de hecho, la cruz es la fuente
del más grande de los beneficios de este mundo. Lo que parecía el triunfo de Satanás no fue más que su verdadera derrota. "Echado fuera" no
es el verbo que esperaríamos encontrar aquí. Probablemente contenga
algo del significado de la expresión "ser arrojado a las tinieblas de
afuera", que encontramos en los Sinópticos (Mt. 8:12; 22:13; 25:30).

32 "Y yo" es enfático; esta es una labor de Jesús, y de nadie más.
En este evangelio "ser levantado" es una referencia a la cruz (ver el
comentario de 3:14)[91] y, por si aún hubiera alguna duda, el versículo

---

[89] SBk cita ejemplos de fuentes judías en las que se usa esta definición de Satanás
(II, p. 552). κοσμοκράτωρ es una transliteración y se usa también en este sentido (la
misma autoridad también nos informa de que los rabíes no solían tener en mente a
Satán, sino a un ángel importante). Schnackenburg se niega a ver en esta expresión
una referencia a Satanás (II, p. 416).

[90] La palabra es ἄρχων, "gobernante". K.G. Kuhn cree encontrar paralelos en los
textos de Qumrán, que están relacionados tanto con Dios como con Satanás. Dice:
"Tanto Dios como Satanás los tienen en su ejército, o (usando otra imagen) en su corte,
siempre con roles específicos. El origen de este concepto se encuentra en los textos
de Qumrán y en los apocalípticos judíos – y no en la *gnosis* –" (*SNT*, p. 266, nota al
pie núm. 11). Raymond E. Brown nos recuerda que Juan nunca describe a Satanás como
"el líder, espíritu o ángel de las fuerzas de las tinieblas" como ocurre en los manuscritos
de Qumrán, pero sí ve una similitud en la lucha entre Cristo y "el príncipe de este
mundo" (*SNT*, p. 188).

[91] ἐάν en este versículo *no* introduce un matiz de incertidumbre, y la traducción
correcta es la que encontramos en la NVI: "... *cuando* sea levantado de la tierra...".

siguiente lo deja bien claro. En este versículo, el 32, a Jesús lo que le importa no es su muerte en sí, sino el resultado de ésta. "Atraer" se usa en este evangelio para sacar a la luz la siguiente verdad: la gente no viene a Cristo de manera natural. Si Dios no obra en el alma de las personas y las atrae hacia Él, no se acercarán a Cristo (6:44; ver nota al pie). El pronombre "todos" es un poco problemático, ya que no todo el mundo es atraído a Cristo; sí, en este evangelio se prevé la posibilidad de que algunos se negarán a acercarse a Cristo. Por tanto, debemos tomar esta expresión como que todos los que vienen a Cristo lo hacen porque Dios les atrae hacia sí (Dios es el agente de la acción). Jesús no está afirmando que todo el mundo se va a salvar; está afirmando que todos los que se salvan lo hacen de esa forma, la única forma. Y está hablando de una religión universal, y no de una religión nacionalista y selectiva[92]. La muerte de Jesús iba a suponer el final del particularismo. Gracias a esa muerte, Dios atraería a sí mismo a "todo el mundo", y no solo a los judíos. Gracias a esa muerte, y solo por medio de esa muerte[93].

33 Típicamente, Juan añade una nota explicativa. Con estas palabras, Jesús indica de qué forma iba a morir. Por lo dicho anteriormente, sabemos que ese tipo de muerte no excluye su exaltación. Vimos en una nota del comentario de 3:14 que "ser levantado" recoge estos dos conceptos, aparentemente contradictorios: la muerte y la exaltación. Y en este versículo, por si aún no nos ha quedado claro, se vuelve a hacer hincapié en la cruz.

34 La multitud, haciendo uso de los pronombres personales enfáticos "nosotros" (elidido en nuestra versión) y "tú", se enfrenta a Jesús: ellos creen que tienen razón al decir que la enseñanza de las Escrituras sobre el Cristo (ver el comentario de 1:20, 41) no coincide con lo que Jesús les está diciendo. Así que le piden una explicación, exigiendo

---

[92] Cf. Calvino: "Cuando Él dice 'todos' se refiere a los hijos de Dios, que forman parte de su rebaño. Sin embargo, estoy de acuerdo con Crisóstomo, que dice que Cristo usó la palabra universal porque la Iglesia iba a estar formada tanto por judíos como por gentiles".

[93] "Esta frase contiene toda la eclesiología de los cuatro evangelios. La Iglesia está anclada en la muerte y la resurrección de Cristo. Así, no está fundada en un mito, sino en una realidad histórica, y no ha recibido la vida de manos humanas, sino gracias a la intervención divina" (A. Corell, *Consummatum Est* [Londres, 1958], p. 13).

que base sus respuestas en "la ley"; lo extraño es que el Pentateuco no contiene ningún pasaje donde diga "el Cristo permanecerá para siempre"[94]. Sí sabemos de otros textos que contenían esta idea: Sal. 89:36; 110:4; Is. 9:7; Dn. 7:14, etc. Por tanto, vemos que en este caso la expresión "la ley" se usa en un sentido amplio, para referirse a todo el Antiguo Testamento. Está claro que la multitud había entendido que "ser levantado" era una referencia a la muerte[95]. Según su comprensión de las Escrituras, "el Hijo del Hombre" (ver Nota Adicional C) no podía ser el Mesías. Creían que el Mesías viviría para siempre. Además, seguro que todos estaban pensando aún en la Entrada triunfal, suceso que ya había empezado a satisfacer sus expectativas. Lo que esperaban es que Jesús se declarara como el Mesías que ellos esperaban. Y, en cambio, ¡les habla de su muerte! Por eso le preguntan quién es ese Hijo del Hombre; después de todo, quizá no sea el Mesías. En este punto la interpretación se nos hace difícil, ya que Juan no recoge que Jesús usara el término "Mesías". Puede que el evangelista solo recogiera la esencia de lo que Jesús dijo, en vez de plasmar sus palabras exactas. Lo más probable es que la multitud supiera que Jesús se llamaba a sí mismo "el Hijo del Hombre" (ya lo hizo en el v. 23), y lo que su pregunta quiere decir no es "¿De qué hijo del Hombre estás hablando?", sino "¿Cuál es la función del Hijo del Hombre? ¿Es diferente a la del Mesías?". Estamos quizá ante un doble sentido típicamente joánico. Es normal que la multitud se hiciera esta pregunta. Pero también es la importante pregunta que todo el mundo debe hacerse.

No deberíamos pasar por alto que ésta es la última vez que se menciona a la multitud en el ministerio de Jesús. El resultado de esta conversación es que se quedan totalmente perplejos y confundidos, siendo incapaces de apreciar la magnitud del regalo que se les está ofreciendo y la importancia de la persona de Jesús (quien les está ofreciendo ese regalo).

35 Jesús no contesta a su pregunta de forma directa. En cambio, su respuesta apunta a la urgente necesidad de caminar en la luz que aún

---

[94] Sin embargo, esta creencia estaba bien arraigada en el judaísmo, y también muy extendida. Cf. 1º Enoc 49:1; 62:14; Sib. Or. 3:49-50; Sal. Salomón 17:4. No obstante, en otros lugares, sí que encontramos la idea de que el Mesías había de morir, así que la idea de la permanencia eterna no es la única enseñanza a la que los judíos tenían acceso.

[95] En el ministerio de Jesús encontramos varias veces la expresión "me es necesario". Ver el comentario de 4:4.

tienen[96]. Es razonable inferir que al vivir así, se entra en el conocimiento del Hijo del Hombre. Que abandonen las ideas preconcebidas que tienen sobre el Mesías y actúen ante la revelación que Jesús les está ofreciendo, y obtendrán la respuesta a su pregunta. La Luz estará con ellos "por un poco de tiempo"; obviamente, esto se refiere a la presencia de Jesús en esta tierra; ya le queda poco para marchar. Pero esta frase también apunta a una verdad que sirve para todos los tiempos: si no usamos la luz, la perdemos[97]. Así que Jesús les exige a sus oyentes que caminen (el presente de imperativo significa "continuad caminando") mientras tienen luz, antes de que les "sorprendan las tinieblas"[98]. Los que están en la oscuridad no saben a dónde van, principio que sirve tanto para el reino físico como para el espiritual. Vemos que se hace un énfasis especial en "luz", que aparece cinco veces en estos dos versículos (ver el comentario de 1:4). Quizá valga la pena considerar que caminar en la luz o en las tinieblas no es del todo distinto al pensamiento de los manuscritos de Qumrán, en los que también se habla de dos maneras de caminar, y para describirlas también se usa la luz y las tinieblas, aunque la terminología no es exactamente igual que la del Evangelio. Quizá los dos saquen la idea de Isaías 50:10, que habla del que "anda en tinieblas y no tiene luz".

36a Lo normal sería tener "mientras tenéis la luz, *andad* en la luz", pero, en cambio, Jesús dice "mientras[99] tenéis la luz, *creed* (o poned vuestra confianza) en la luz". Esto nos recuerda que durante todo este

---

[96] Es normal entender ὡς en el sentido de ἕως, "mientras", aunque en el resto del Evangelio no lo use así (a no ser que aboguemos por los manuscritos que contienen ὡς en 9:4). Pero lo que más sentido tiene es entenderlo con su significado más común, "porque", y entender "caminad porque tenéis la luz" o "vivid y actuad según la luz que tenéis" (Weymouth). Cf. Co. 2:6. BDF prefiere leer ἕως, "mientras", en este versículo, y ὡς, en el siguiente (455 [3]).

[97] Cf. Hans Urs von Balthasar: "Mientras la presencia de Dios en el mundo y para el individuo sea considerada más o menos como un sol filosófico universal que está siempre al alcance de todos porque ni sale ni se pone y no entra dentro de los conceptos del tiempo y de la Historia, no podremos llegar a entender las características de la 'luz' joánica, que siempre está saliendo *ahora*, siempre está brillando solo en el tiempo presente, y cuya puesta siempre acarrea consigo (¡incluso para nosotros!) la amenaza de la negación y la separación" (*A Theology of History* [Londres y Nueva York, 1964], p. 69).

[98] καταλάβῃ. "Antes" es una mejor traducción que "para que no".

[99] En cuando a ὡς, ver la nota núm. 94. Weymouth traduce: "En la medida en que tenéis luz...".

discurso debemos ver a Jesús como la luz (cf. también 8:12; 9:5). Este pasaje no habla solo de la luz que desprende, sino que también habla de la fe. La gente tiene que poner su confianza en Jesús. Y esta es la gran diferencia con los textos de Qumrán. En ellos leemos mucho sobre la luz y sobre "los hijos de luz". Pero esos manuscritos no le dicen a la gente que para llegar a ser "hijos de luz" deben realizar un acto de fe y creer en el Señor Jesús. En esos manuscritos los "hijos de luz" solo lo son porque pertenecen al espíritu bueno. Volvemos a afirmar que Cristo es la gran diferencia entre la enseñanza de Qumrán y el Nuevo Testamento. Cristo es el elemento central. Hay que creer en Él. Tenemos aquí un interesante cambio de tiempo verbal. "Creed" en presente refleja la idea de una creencia continuada, mientras que "seáis", que es un aoristo, indica una conversión en "hijos de luz" que ocurre en un momento concreto, y que ya es irrevocable, inalterable. La fe es una actividad que debe practicarse sin cesar, pero el "convertirse" en hijos de luz no es un proceso. El pasar de muerte a vida es un momento determinado, puntual (5:24). En el lenguaje semítico, cuando se define a alguien como "hijo de", la característica que se está destacando de esa persona es lo que viene detrás de "hijo de"[100]. Por tanto, "Hijos de luz" no son solo personas que tienen un cierto interés por la luz, sino personas cuyas vidas han sido revolucionadas por la luz de tal forma que se las puede definir en relación con ella (cf. Lc. 16:8; Ef. 5:8; 1 Ts. 5:5). Uno no puede ser seguidor de Jesús, la luz del mundo, y mostrarse poco entusiasta o tibio ante esa luz.

4. La profecía da testimonio de Jesús (12:36b – 43)

36b Estas cosas habló Jesús, y se fue y se ocultó de ellos. 37 Pero aunque había hecho tantas señales delante de ellos, no creían en Él, 38 para que se cumpliera la palabra del profeta Isaías, que dijo: Señor, ¿quién ha creído a nuestro anuncio? ¿Y a quién se ha revelado el brazo del Señor? 39 Por eso no podían creer, porque Isaías dijo

---

[100] La forma o expresión es semítica, pero esta expresión en concreto no es muy común. De hecho, SBk no la ha encontrado en ningún documento (II, p. 219). No obstante, aparece en los manuscritos de Qumrán para describir a los miembros de la comunidad, una indicación más de que podría haber una conexión entre Qumrán y este evangelio. También debemos tener en cuenta que una expresión así no resulta muy extraña en griego, ya que sería algo así como "los iluminados".

también: 40 Él ha cegado sus ojos y endurecido su corazón, para que no vean con los ojos y entiendan con el corazón, y se conviertan y yo los sane^b. 41 Esto dijo Isaías porque vio su gloria, y habló de Él. 42 Sin embargo, muchos, aun de los gobernantes, creyeron en Él, pero por causa de los fariseos no lo confesaban, para no ser expulsados de la sinagoga. 43 Porque amaban más el reconocimiento de los hombres que el reconocimiento de Dios.

a. 38 Isaías 53:1
b. 40 Isaías 6:10

La incredulidad de los judíos es un tema recurrente a lo largo de todo este evangelio. Ahora que Juan ya se dispone a cerrar su relato sobre el ministerio público de Jesús, vuelve a sacar a la luz la ceguera de los judíos, y esta vez ofrece una explicación de la causa de esa ceguera, explicación que saca de la profecía. Ni aun la incredulidad escapa del poder y del propósito de Dios. Después de siglos de historia del cristianismo, en los cuales la Iglesia ha sido principalmente gentil, hemos aceptado como algo normal que apenas haya judíos en nuestras congregaciones. Pero la percepción de la gente de tiempos neotestamentarios era bien diferente. Para ellos los judíos eran el pueblo de Dios y Jesús era el Mesías que los judíos esperaban. Así, los judíos deberían haberle recibido. Pablo lloraba la actitud de su pueblo, como vemos, por ejemplo, en Romanos 9-11. Y en este pasaje somos testigos de la contribución de Juan en la búsqueda de una solución. El Antiguo Testamento denuncia una y otra vez a los israelitas cuando rechazan o no reconocen a los mensajeros de Dios, y cuando no hacen caso de sus advertencias. Y el Antiguo Testamento muestra que Dios gobierna por encima de los designios de los malvados, y hace que aun estos sirvan para que se acabe cumpliendo el propósito divino. Así que Juan se vuelve a la profecía y ve en ella el rechazo de Jesús por parte de los judíos[101].

---

[101] Hoskyns llega a decir: "La incredulidad de los judíos es un escándalo para la fe cristiana solo superficialmente (cf. Rom. 9-11). Bien entendido, a la luz del Antiguo Testamento, es la base de la manifestación del inevitable juicio de Dios sobre la incredulidad. La incredulidad de los judíos no es un problema, sino el cumplimiento de la profecía". Más adelante dice: "Ahora se hace manifiesto que los judíos son culpables. El propósito de este último pasaje del ministerio público de Jesús sirve para resaltar que el Mesías fue rechazado por su propio pueblo, y que eso no debería sorprender a los que conocen las Escrituras del Antiguo Testamento".

36b Cuando Jesús finalizó su discurso, se fue y se ocultó[102]. En los versículos anteriores ha dejado bien claro que va a morir. Pero morirá cuando sea el momento para ello. Y tampoco lo van a poder arrestar antes de tiempo.

37 Juan presta atención a la calidad intrínseca y a los efectos permanentes de los milagros. Como de costumbre, les llama "señales" (ver la Nota Adicional G). No son solo muestras de poder. Un suceso así puede pasar a ser historia, pero lo que no pasa es su significado, que es permanente y duradero. Es probable que cuando Juan dice "tantas"[103] está apuntando a la calidad de esas señales. No solo tiene en mente tanto la cantidad de señales que Jesús hacía, sino más bien el *tipo* de señales que hacía (cf. Barclay traduce "aquellas grandes señales"; Knox traduce "aquellos grandes milagros"). "Había hecho" es la traducción de un participio perfecto[104] que, una vez más, apunta al carácter permanente, a la calidad continua de las acciones de Jesús, una calidad que debería haber logrado que la gente depositara su fe en Jesús. Ese tiempo perfecto, en un sentido, hace que todo tome un sentido presente. La culpa de los enemigos de Jesús aún es para Juan algo presente. Nos dice que "aún no creían en Él": el tiempo verbal apunta a un estado continuo. En alguna ocasión dieron evidencias de una fe transitoria, pero que estaba lejos de ser la fe que salva (cf. 8:30s.). Ver la Nota Adicional E.

38 Ahora se nos dice que la profecía ya recogía que esta incredulidad tendría lugar[105]. Juan ya ha dejado claro que solo podemos creer si Dios nos atrae hacia sí mismo. Ahora añade que lo que está escrito en la profecía se tiene que cumplir[106]. La profecía que cita (Is. 53:1) habla de

---

[102] ἐκρύβη está en pasiva, pero la mayoría de los expositores lo toman como si fuera equivalente a "el medio". Ver el comentario de 8:59. Si es una pasiva, significa que Dios le ocultó.

[103] τοσαῦτα (NVI: "todas"). Esta palabra se usa tanto para la calidad como para la cantidad (ver BAGD, etc.). Sin embargo, no deberíamos pasar por alto el hecho de que en el resto del Evangelio, Juan siempre lo usa para expresar cantidad (6:9; 14:9; 21:11).

[104] πεποιηκότος. El genitivo absoluto es una construcción que este evangelio no suele poner en boca de Jesús (Abbott, 2031).

[105] Esta es la primera vez que en este evangelio aparece la fórmula ἵνα πληρωθῇ con respecto a la profecía (es muy frecuente en Mateo). Vuelve a aparecer unas cuantas veces en los capítulos siguientes (13:18; 15:25; 17:12; 19:24, 36).

[106] ἵνα, como suele ocurrir en Juan, denota finalidad o propósito.

la incredulidad y de una revelación "del brazo del Señor". Es decir, la fe y la actuación divina están relacionadas. E incluso la incredulidad tiene un lugar en el propósito de Dios.

39-40 Juan dice claramente que la explicación de por qué no eran capaces[107] de creer[108] está en otro pasaje de las Escrituras. Así, hay una clara insistencia en la soberanía divina[109]. La cita es de Isaías 6:9-10, palabras que el mismo Jesús cita (Mt. 13:14-15; Mr. 4:12; Lc. 8:10), y también Pablo (Hechos 28:26-27). En Isaías las palabras son bastante imperativas, y parecen indicar un castigo por algo hecho en el pasado. En los Sinópticos, sirven para ilustrar un principio: la gente incrédula oye la parábola, pero no es capaz de discernir su significado. Para Pablo, estas palabras explican "por qué Dios ha enviado su salvación a los gentiles" (Hechos 28:28). Nuestro pasaje joánico lo atribuye todo a la voluntad de Dios. Si algo no tiene la mano de Dios encima, es imposible que ocurra. Pero cuando Juan cita "Él ha cegado sus ojos...", no quiere decir que esa gente sufra de ceguera en contra de su voluntad[110]. Y lo mismo ocurre con el endurecimiento[111] de sus corazones. Esas personas han optado por el mal. Se trata de una decisión o elección deliberada[112]. No deberíamos equivocarnos en este punto. A lo largo de este evangelio Juan insiste sobre la seriedad de la decisión que los judíos deben tomar ante la persona de Jesús, y sobre la responsabilidad y la culpa que tenían. Y ahora no está contradiciéndose. Lo que está diciendo es que la mano de Dios está por encima de las consecuencias de la decisión de los judíos (cf. "Dios los entregó" en Ro. 1:24, 26, 28). La causa última de todo, en un universo teísta genuino, se encuentra en la voluntad

[107] Cf. Plummer: "La gracia puede rechazarse persistentemente hasta el punto de destruir el poder de aceptarla. 'No pienso aceptarla' lleva a 'no puedo aceptarla'".

[108] El presente, "creer de forma continua" o "habitual", y no el aoristo, "llevar a creer".

[109] Cf. Murray: "No olvidemos que es Dios el que ha establecido que si rechazamos la Palabra de Dios, es esa Palabra misma la que nos mata".

[110] J. Painter argumenta que es el "príncipe de este mundo" (v. 31) el que ciega a la gente, y nos recuerda que en 2 Co. 4:4 encontramos un texto que lo explica espléndidamente (R. Banks, ed., *Reconciliation and Hope* [Grand Rapids y Exeter, 1974], p. 46).

[111] ἐπώρωσεν αὐτῶν τὴν καρδίαν. El verbo originalmente tiene que ver con la formación de una dureza o callo, con lo cual es muy expresivo. *Amplified* traduce "endurecido y paralizado o entumecido".

[112] Bruce dice que es como si esta "forma hebraica de expresar resultado expresara propósito... Ninguno de ellos estaba destinado a ser incapaz de creer".

de Dios. Este pasaje es muy minucioso. Juan deja claro que la mano de Dios está dirigiendo todo el proceso, aunque esto significa que la gente no "ve" ni "entiende"[113] ni "se convierte" ni "puede ser sanada"[114]. La oposición de los malvados no frustra los propósitos de Dios. Estos se cumplen siempre[115]. Es este caso en particular, aunque ciertamente hay un elemento de misterio, también es verdad que podemos discernir algo del propósito divino. Si los judíos hubieran aceptado el Evangelio, ¿cómo habría llegado a todas las naciones? Pero cuando los judíos lo rechazaron, se convirtió en una religión abierta a todo el mundo. No podemos pensar que todo esto ocurriera fuera de la voluntad de Dios.

41 Juan ve primeramente en las palabras del profeta una referencia a la gloria de Cristo. Isaías dijo estas cosas "porque[116] vio la gloria de Jesús"[117]. La palabras de Isaías 6:3 se refieren a la gloria de Yahveh, pero Juan no hace una fuerte distinción entre uno y otro. Para Juan, está claro que Isaías tenía en mente la gloria revelada en Cristo[118]. De nuevo estamos ante el complejo concepto de la gloria. Nos habla de la suprema grandeza de Cristo y apunta a la cruz como la suprema ilustración de esa grandeza. También incluye la idea de que el rechazo también es parte de esa gloria. Él, siendo quien era, se humilló aun sabiendo que la gente le iba a rechazar. Si entendemos este matiz extremadamente importante, entonces entenderemos todo lo que su gloria implica. Juan dice que Isaías "habló de Él". Aunque las palabras del profeta tengan alguna otra interpretación o aplicación, está claro que para Juan el significado primordial es que esas palabras hablan de Jesús.

---

[113] Puede que el aoristo en este caso sea un aoristo constatativo, refiriéndose a un conocimiento pleno, o ingresivo, "llegar a entender" (cf. Moulton, M, I, p. 117).

[114] Fijémonos en el futuro de indicativo, aunque parece ser que este verbo también depende de ἵνα. En este contexto el sujeto del verbo sería Jesús.

[115] Cf. San Agustín: "Dios así ciega y endurece, dejando al hombre en paz y retirando su ayuda cuando éste ya no la quiere: y ésta es la forma divina de ejercer juicio, una forma oculta, pero no injusta" (63.6; p. 293).

[116] ὅτι, "porque", aparece en p[66] p[75] א A B L Θ fl 33 cop etc., y es preferible a ὅτε, "cuando", que aparece en D f13 565 etc. En W tenemos ἐπεί.

[117] En griego dice "su gloria" – así que sepamos que si nosotros decimos "la gloria de Jesús", es una interpretación – muy probablemente una interpretación correcta, pero no deja de ser una interpretación.

[118] En el Targum de Isaías 6:1, en vez de decir "vi al Señor" dice "vi la gloria del Señor".

42 Pero Juan no nos dice que los líderes no creyeran. Todo lo contrario: de hecho[119], muchos de ellos "creyeron en Él", y esta construcción habla de una fe genuina. Nicodemo y José de Arimatea son los únicos que se han mencionado, pero es evidente que había muchos más como ellos. El ministerio de Jesús tuvo un impacto incluso en los círculos importantes. Pero, llegado este punto, la persecución de Jesús por parte de los fariseos es tan fuerte que cualquiera que le confesara[120] era excomulgado[121] o expulsado de la sinagoga. Por tanto, todos permanecían en silencio[122].

43 Juan condena a esta gente con una dura frase: "Amaban más el reconocimiento de los hombres que[123] el reconocimiento de Dios". La palabra que aquí se traduce por "reconocimiento", normalmente se traduce por "gloria", y seguro que Juan usa este término pensando en el uso que le ha dado en el versículo 41. La gloria de Cristo es lo único que merece la pena. Amar la gloria de los hombres por encima de la gloria de Dios es una decisión catastrófica[124].

5. La última invitación a la fe (12:44-50)

44 Jesús exclamó y dijo: El que cree en mí, no cree en mí, sino en aquel que me ha enviado. 45 Y el que me ve, ve al que me ha enviado.

---

[119] "Sin embargo" es la traducción de ὅμως μέντοι, una expresión que, en todo el Nuevo Testamento, solo aparece en este versículo. Esta combinación crea una fuerte adversativa.

[120] En cuanto ἀποσυνάγωγοι, ver el comentario de 9:22.

[121] Calvino comenta: "Démonos cuenta de que los gobernantes tienen menos valor y constancia, porque casi todos están gobernados por la ambición, y no hay nada más servil que eso. En una palabra, los honores terrenales pueden llegar a ahogar a un hombre y no dejarle realizar su labor libremente".

[122] Tenemos aquí un interesante cambio en los tiempos verbales. ἐπίστευσαν habla de la acción concreta y definitiva de dar el paso de fe, y el imperfecto ὡμολόγουν habla del la continua actitud de rechazo, mientras que con γένωνται volvemos al aoristo y a la acción definitiva de expulsar a alguien de la sinagoga.

[123] ἥπερ no aparece en ningún otro lugar del Nuevo Testamento. Abbott cree que sugiere que no amaban la gloria de Dios en absoluto (2092).

[124] Godet niega que este versículo se refiera a gente como Nicodemo o José de Arimatea. Cree que se refiere a aquellos que "siguieron atados formalmente al sistema judío, como Gamaliel y tantos otros, los Erasmus de aquel entonces". Westcott dice mordazmente: "Aquella fe intelectual que resultaba ineficaz era, de hecho, la máxima expresión de la incredulidad".

46 Yo, la luz, he venido al mundo, para que todo el que cree en mí no permanezca en tinieblas. 47 Si alguno oye mis palabras y no las guarda, yo no lo juzgo; porque no vine a juzgar al mundo, sino a salvar al mundo. 48 El que me rechaza y no recibe mis palabras, tiene quien lo juzgue; la palabra que he hablado, ésa lo juzgará en el día final. 49 Porque yo no he hablado por mi propia cuenta, sino que el Padre mismo que me ha enviado me ha dado mandamiento [sobre] lo que he de decir y lo que he de hablar. 50 Y sé que su mandamiento es vida eterna; por eso lo que hablo, lo hablo tal como el Padre me lo ha dicho.

Juan concluye su relato del ministerio público de Jesús con un último llamamiento a que la gente deposite su fe en Jesús. Lo cierto es que ha sido bastante duro con los fariseos, pero sus últimas palabras no son de condena, sino que son una tierna invitación. Jesús vino para que la gente pudiera creer y salvarse. Resulta interesante ver que en esta breve sección se recogen algunos de los temas más importantes de este evangelio. La fe, Jesús como el Enviado del Padre, la luz y las tinieblas, el juicio, tanto presente como futuro, la vida eterna; Juan, de forma increíblemente sintética incluye todos estos temas en esta invitación y resumen final.

44-45 No se nos dice cuándo ocurrió exactamente, pero tampoco es demasiado importante[125]. Estas palabras de Jesús son el resumen que Juan hace de todo el ministerio de Jesús. Podría parecer, a la luz del versículo 36, que estas palabras fueron dichas anteriormente, y que Juan las reserva para insertarlas aquí y usarlas como resumen del mensaje de Jesús. Aunque es muy probable que estas palabras las dijera Jesús en alguna ocasión u ocasiones concretas, tenemos que ver que para Juan lo importante no es cuándo fueron pronunciadas, sino que lo importante es el desafío que plantean y la invitación que ofrecen a depositar la fe en Jesús. Se nos dice que el maestro dijo estas palabras con voz fuerte[126],

---

[125] Algunas versiones empiezan esta sección con un "entonces", por lo que parece que estas palabras siguieron inmediatamente después de las del v. 43. Pero ese no es el sentido de δέ; es más bien una adversativa, por lo que no marca continuidad con lo anterior, sino un contraste. Esas palabras forman un resumen y una conclusión a todo el ministerio de Jesús.

[126] El verbo es κράζω. Se usa en relación con Jesús en 7:28 (ver nota al pie), 37, y en relación con Juan el Bautista en 1:15. En todas esas ocasiones, cuando Jesús es

o exclamando; quizá lo hizo así para indicar la importancia que tenían. Vemos de nuevo la estrecha relación que hay entre el Padre y el Hijo: el que cree en Cristo no cree simplemente en el Hombre de Galilea, sino que cree en el Padre. Los dos están tan íntimamente relacionados que poner la confianza en uno es ponerla en el otro. Como de costumbre, cuando se habla del Padre no se utiliza su nombre, sino que se le menciona como "aquel que me ha enviado" (en cuanto al concepto de "enviar", ver el comentario de 3:17). De igual modo, todo aquel que ve o contempla al Hijo, contempla al que le ha enviado (cf. 1:18; 13:20; 14:9). No podemos separarles.

46 "Yo" es enfático (y se repite en los vv. 47, 49 y 50). No importa lo que los demás hagan. Los propósitos y la actividad de Cristo están bien claros. "He venido"[1 27], que está en tiempo perfecto, aúna las ideas de "llegar" y "permanecer". En cuanto a Cristo como "la Luz", ver el comentario de 8:12. Una vez más nos encontramos con la dualidad de la luz[1 28] y las tinieblas (ver el comentario de 1:4). Las tinieblas es el estado en el que las personas nos encontramos por naturaleza, pero Jesús vino a librarnos de ese estado. Su propósito no es que continuemos viviendo en la oscuridad. A la luz de los versículos anteriores, que hacen hincapié en la mano soberana de Dios, incluso con respecto a la incredulidad de los pecadores, este versículo es de vital importancia. El propósito de la venida de Jesús es la salvación. Vino a librarnos de las tinieblas, y no a aprisionarnos en ella.

47 Ahora se hace hincapié en la misma verdad, pero desde otro ángulo. Aquellos que comprenden de forma inteligente la enseñanza[1 29]

---

el sujeto, el verbo está en aoristo, pero cuando el que alza la voz es Juan el Bautista, el verbo está en tiempo perfecto. El verbo que se usa para la multitud en el v. 13 es κραυγάζω.

[127] ἐλήλυθα. Juan usa este tiempo perfecto con εἰς τὸν κόσμον tres veces (16:28; 18:37), aunque encontramos algunas pequeñas variaciones (es decir, no son repeticiones exactas, como es típico en Juan). El perfecto también aparece en otros contextos referentes a la venida de Jesús (3:19; 5:43; 7:28; 8:42), aunque el aoristo también es bastante común (1:11; 8:14; 9:39; 10:10; 12:27, 47). Después del perfecto en este versículo inmediatamente pasa a usar el aoristo en el siguiente versículo, una variación típica.

[128] φῶς tiene una posición que le da un énfasis especial: "Yo, la Luz, he venido...".

[129] El genitivo después de ἀκούω significa "oír con interés y discernimiento" (ver el comentario de 5:25). En Juan ῥῆμα siempre se refiere a las palabras de Cristo o de Dios. Aquí la expresión hace referencia a toda la enseñanza de Cristo.

de Jesús y no la guardan están condenados. Pero Jesús puede decir "Yo no los juzgo", es decir, es más correcto decir que "ellos mismos se condenan" que "están condenados". No debemos tener una imagen de Jesús como un Juez. Está claro que en cierto sentido Él nos juzga (5:22, 27, 30; 8:16, 26; 9:39), pero en última instancia somos nosotros los que nos juzgamos a nosotros mismos (3:18-19). Juan, usando la repetición, pone cierto énfasis en "el mundo" (cf. 3:17); se podría haber usado el pronombre "lo" para no repetir el sustantivo "mundo" (de hecho, eso es precisamente lo que hacen algunas versiones), pero entonces se pierde el hincapié que hace el texto original.

48 Como siempre ocurre en este evangelio, la salvación tiene dos caras, y ahora se nos muestra la segunda. Cuando se da el mensaje de salvación, pero la gente desprecia al Mensajero y rechaza[130] de forma persistente sus palabras, no saldrá indemne, sino que será juzgada por un juez, y ese juez es la misma palabra de salvación. En el día final la acusación consistirá en que la palabra de salvación vino a esas personas, y ellas la rechazaron[131].

49 "Porque" nos explica cuál es la razón de lo dicho anteriormente. Jesús es el juez apropiado para juzgar a la gente en el día final porque el mensaje que trae es de parte de Dios. "Yo no he hablado por mi propia cuenta"[132] deja claro que Él no se hace responsable del mensaje que está dando. Obviamente, no está diciendo que no está de acuerdo con ese mensaje. Es el mensaje que ha predicado desde que empezó su ministerio. Lo que quiere decir es que la palabra de salvación no nace de una fuente humana. Es el Padre el que le ha dado[133] el mandamiento

---

[130] ὁ ἀθετῶν es una expresión muy fuerte. Barclay traduce: "El que cree que no soy digno de considerar o tener en cuenta". Cf. Lc. 10:16.

[131] Brown señala que en la primera parte de este versículo podemos ver la escatología realizada o cumplida y, en la segunda parte, la escatología final. Pero la última sirve para "explicar la primera parte, lo que indica que la contradicción que hoy en día se dice que hay entre la escatología realizada y la escatología final no era tan evidente en los tiempos neotestamentarios".

[132] ἐξ ἐμαυτοῦ. Éste es el único lugar de todo el Evangelio de Juan en el que aparece esta expresión. Lo que sí que encontramos es ἀπ' ἐμαυτοῦ siete veces. Parece ser que estas dos expresiones significan lo mismo.

[133] Ver el comentario de 3:35, donde se habla de varias cosas que el Padre "ha dado" al Hijo en este evangelio. En la gran mayoría de casos, el tiempo verbal que se utiliza es el perfecto, como aquí, indicando así la permanencia del regalo ofrecido.

(ver el comentario de 4:34). De nuevo, se vuelve a describir al Padre mencionando que es el que ha enviado al Hijo: "el Padre mismo que me ha enviado". Es decir, el Padre está estrechamente vinculado a la misión del Hijo. Se ha comprometido con su misión. Vemos que Jesús hace un hincapié especial en el Padre: "el Padre *mismo*"[134]. Subraya que es el Padre el que le da ese mandamiento (Él y no otra persona). "Me ha dado" está en tiempo perfecto, lo que apunta a que el mensaje es permanente. Lo que anuncia no va a cesar ni cesará. No es fácil hacer una distinción entre los verbos "decir" y "hablar"[135]. Pero lo cierto es que estos dos términos se refieren al mensaje de Jesús en su totalidad. Cf. Deuteronomio 18:18-19.

50 Estas palabras finales del ministerio público de Jesús constituyen un recordatorio de la certeza y seguridad de los creyentes. El mandamiento del Padre no es una restricción severa; al contrario, "es vida eterna". Y no habla simplemente de la vida eterna, ni nos dice que guardando ese mandamiento alcanzaremos la vida eterna. El mandamiento es en sí vida eterna. Se trata de un acto de amor de Dios hacia nosotros; actúa por nosotros para darnos la salvación[136]. "Por eso" las cosas que Jesús habla las habla tal y como el Padre se las ha dicho. "Me ha dicho" está en tiempo perfecto, lo que, de nuevo, nos recuerda que el mensaje es permanente, perdurable, o, dicho de otra manera, irrevocable. En cambio, el presente "hablo" indica que Jesús continúa hasta el día de hoy hablando las mismas cosas. Todo el versículo hace un énfasis especial en la relación permanente que hay entre el Padre y el Hijo. Esta es una manera espléndida, pero a la vez sorprendente, de cerrar el relato del ministerio de Jesús. "Jesús no es una figura que sea grande por sí misma; o bien es la Palabra de Dios, o no es nada en absoluto" (Barrett).

---

[134] El pronombre αὐτός aparece después de ὁ πέμψας με Πατήρ.

[135] εἴπω y λαλήσω. La NVI lo traduce así: "lo que tenía que decir y cómo decirlo", pero no está muy claro que ese sea el sentido original.

[136] Cf. Temple: "Su mandamiento no es tan solo una regulación que una autoridad suprema nos haya impuesto; es una guía que un amor poderoso nos ha otorgado... es el efecto que su Amor Santo tiene sobre nuestra conciencia y voluntad".

Juan 13

IV. LOS DISCURSOS DE DESPEDIDA (13:1-17:26)

El ministerio público de Jesús ya ha finalizado. A partir de ahora Juan ya no recoge ninguna enseñanza de Jesús que esté dirigida a las multitudes. Encontramos algunas palabras a los que le arrestaron, y a los que le juzgaron. Pero aparte de eso, la parte del Evangelio que nos resta recoge las enseñanzas finales de Jesús a sus discípulos y todos los acontecimientos referentes a la Pasión. La sección de los discursos de despedida es digna de destacar. En los Sinópticos no hay nada por el estilo. Gracias a ellos sabemos que Jesús tomó la última cena con sus discípulos en el aposento alto y que allí instituyó la Santa Cena. Pero Juan no menciona nada de todo eso, y la razón que hace que sea así no está nada clara. No sirve afirmar, como algunos sugieren, que este evangelista ya nos ha ofrecido su enseñanza sobre la Eucaristía en el capítulo 6, ya que, como vimos en su momento, la hipótesis de que el tema principal de las palabras de Jesús sea la Eucaristía no cuenta con una base firme. Lo más probable es que para Juan "el significado profundo de lo que ocurrió en aquel aposento alto corría el peligro de verse ensombrecido por creencias materialistas" (Wright). A él le preocupa más el significado que la ceremonia y, por eso, su enseñanza sirve para recalcar el significado y la importancia del rito que ahora practicamos los cristianos de todo el mundo. Lightfoot nos dice que después de 13:2 Juan "evita ubicar en el tiempo y el espacio lo que ocurre y se enseña de los capítulos 13 al 17", para que puedan tener una aplicación y un alcance universal y atemporal. Cree que Juan quiere que sus lectores tengan en mente "no solo a los primeros discípulos, sino a todos los futuros miembros del cuerpo de Cristo", y puede que sea por esta razón por la que no menciona la institución de la cena del Señor, ya que eso "supondría narrar un suceso que se dio en un momento concreto". En estos capítulos Juan se centra en los principios y en el significado de las cosas más que en los sucesos en sí. Algunos han intentado ubicar en la narración joánica el momento concreto de la institución de la Santa Cena. Pero hacer eso no tiene sentido. Si Juan no lo menciona, es que no vio la importancia de facilitarnos esos detalles.

Es cierto que en los Sinópticos encontramos el momento de la institución de la Cena del Señor que Juan omite, pero también es verdad que Juan en esta etapa de la vida de Jesús recoge muchas otras cosas que los Sinópticos pasan por alto. Los tres primeros evangelios dejan entrever que quizá hubo un discurso final, ya que hablan de la comida de la Pascua, ocasión en la que solía haber algo de enseñanza. ¡Pero Juan es el único que recoge esa valiosa enseñanza![1]

A. DOS ACCIONES IMPORTANTES (13:1-30)

Antes de que empiece la constante instrucción, Juan narra dos acciones importantes que Jesús realizó. La primera, cuando les lavó los pies a los discípulos, que está llena de significado: la cruz que estaba ya muy cerca. La segunda, cuando sale el tema de la traición de Judas, que da comienzo a los acontecimientos que desembocan en la Pasión.

1. Jesús lava los pies a sus discípulos (13:1-11)

1 Antes de la Fiesta de la Pascua, sabiendo Jesús que su hora había llegado para pasar de este mundo al Padre, habiendo amado a los suyos que estaban en el mundo, los amó hasta el fin. 2 Y durante la cena, como ya el diablo había puesto en el corazón de Judas Iscariote, [hijo] de Simón, que lo entregara, 3 [Jesús,] sabiendo que el Padre había puesto todas las cosas en sus manos, y que de Dios había salido y a Dios volvía, 4 se levantó de la cena y se quitó su manto, y tomando una toalla, se la ciñó. 5 Luego echó agua en una vasija, y comenzó a lavar los pies de los discípulos y a secárselos con la toalla que tenía ceñida. 6 Entonces llegó a Simón Pedro. Este le dijo: Señor, ¿tú lavarme a mí los pies? 7 Jesús respondió, y le dijo: Ahora tú no comprendes lo que yo hago, pero lo entenderás después. 8 Pedro le contestó: ¡Jamás me lavarás los pies! Jesús le respondió: Si no te lavo, no tienes parte conmigo. 9 Simón Pedro le dijo: Señor, [entonces] no solo los pies, sino también las manos y la cabeza. 10 Jesús le dijo: El que se ha bañado no necesita lavarse, excepto los pies, pues está todo limpio; y vosotros estáis limpios, pero no todos. 11 Porque sabía quién le iba a entregar; por eso dijo: No todos estáis limpios.

---

[1] T.F. Glasson dice que Deuteronomio es el discurso final de Moisés, y que en estos capítulos hay muchas alusiones a Deuteronomio (*Moses in the Fourth Gospel* [Londres, 1963], pp. 74-78). Ésta es otra de las formas en las que Juan ve a Moisés como una ayuda para entender la importancia de Jesús y de su enseñanza.

Cuando los Sinópticos narran los acontecimientos que ocurren en esta noche, recogen la discusión entre los discípulos sobre cuál de ellos iba a ser el mayor. Juan no incluye esta conversación, pero nos cuenta la acción que Jesús realiza para amonestar su falta de humildad, una acción que les iba a calar más hondo que cualquier enseñanza hablada. Sin embargo, no deberíamos ver esta acción de Jesús simplemente como una reacción ante la poca visión y comprensión de sus discípulos. Se trata de una acción llena de significado, que marca el tono de esta larga sección del Discurso de despedida. "De hecho, es un anticipo del significado de la cruz: la humildad voluntaria del Señor limpia a sus amados y les da un ejemplo del servicio y la entrega que deben practicar" (Richardson). Aún tiene más sentido si pensamos que esto ocurrió durante la cena (v. 2), y no cuando llegaron, que es cuando se solía lavar los pies del recién llegado. Es decir, fue una acción deliberada, y no simplemente un acto nacido de las normas de cortesía[2]. Se trata de una parábola en acción, que habla del gran principio del servicio humilde que trae limpieza y purificación. La realización suprema de este principio tiene lugar en la cruz[3], y plantea también la necesidad de que el discípulo tome el ejemplo de su Señor. Es importante que lo entendamos así. Muchos creen que este relato no es más que una lección sobre

---

[2] Hoskyns protesta en contra de las interpretaciones que enfatizan los sacramentos, o que reducen esta acción a una simple lección sobre la humildad. "A Juan no le preocupan los dos sacramentos tanto como a Loisy; a Juan le interesa el Jesús de la Historia, su vida, muerte y resurrección ... la acción de lavarles los pies a sus discípulos se interpreta y descansa en la muerte del Señor, y no es una acción que simplemente contiene una enseñanza o lección ética". Cf. también el comentario que hace de este suceso J.A.T. Robinson en *Neotestamentica et Patristica: Eine Freundesgabe Herrn Professor Dr. Oscar Cullmann* (Leiden, 1962), p. 144s. Encontrará un recuento de las diferentes interpretaciones de este pasaje en A. Corell, *Consummatum Est* (Londres, 1958), p. 69s.

[3] A veces, grupos de cristianos han practicado el lavamiento de pies como acto simbólico para recordar que debemos seguir el ejemplo de servicio que Jesús nos dejó. Encontrará más información sobre esta práctica y su significado en Hoskyns, Nota 7 (pp. 443-46). Ver también el artículo "Feet Washing" en *ERE*. Aquellos que quieren perpetuar esta práctica deberían escuchar el comentario de Calvino: "Cada año realizan de forma teatral lavamiento de pies, y cuando han acabado con esta vacía ceremonia creen que ya han cumplido con su deber y que entonces ya pueden aborrecer a sus hermanos. Pero aún más, cuando ya han lavado los pies de doce hombres, torturan cruelmente a todos los miembros de Cristo con lo cual es como si estuvieran escupiéndole a Jesús mismo en la cara. Esta comedia no es más que una mofa con la que se están burlando de Cristo. De todos modos, Cristo no está imponiendo en este texto una ceremonia anual, sino que nos enseña que en cada momento de nuestra vida debemos estar dispuestos a lavar los pies de nuestros hermanos". He aquí una dura advertencia sobre las apariencias, sobre lo externo. Lo que Jesús nos está pidiendo es más que una acción. Es un espíritu, una actitud de servicio hacia los demás.

la humildad, y pasan por alto que, si así fuera, las palabras que Jesús
y Pedro intercambian ¡se cargarían totalmente su significado! Sin embargo, esas mismas palabras, vistas desde la perspectiva de la cruz,
apuntan a una purificación, a un lavado sin el cual no podemos perte-
necer a Cristo, esa limpieza que solo la cruz puede dar. Como dice
Hunter: "Así, el significado profundo es que en la comunidad de Jesús
no hay lugar para los que no han sido lavados por su muerte expiatoria.
Este episodio simboliza la verdad enunciada en 1ª Juan 1:7, 'la sangre
de Jesús su Hijo nos limpia de todo pecado'.[4]"

1 El capítulo empieza con una marca temporal, como es típico de Juan,
aunque cierto es que "antes de la fiesta de la Pascua" (esta expresión se
remonta a 12:1) no es tan precisa como otras marcas que hemos ido en-
contrando anteriormente. Juan cree que Jesús controla la situación. "Sabía"
que su hora había llegado. Así que es importante el uso que se hace en
este pasaje de los verbos "saber" y "conocer" (vrs. 3, 1, 18; cf. 18:4; 19:28).
"La hora" (ver el comentario de 2:4) no tomó a Jesús por sorpresa. Supo
reconocer que había llegado[5], y actúa en consecuencia. En este momento,
"la hora" no está relacionada con la gloria (como en 12:23), sino con
el hecho de que tiene que dejar este mundo[6] y volver al Padre. Estas palabras dejan claro que el ministerio de Jesús ha llegado a su fin, lo que
lleva a Juan a hacer un énfasis especial en el amor[7] que Jesús tenía por

[4] Hunter añade: "Mucha gente hoy en día querría ser cristiana, pero no ve la
necesidad de la cruz. Admiran la vida de Jesús y alaban su enseñanza moral, pero no
llegan a creer que Cristo murió por sus pecados, y que sin esa muerte la Humanidad
estaría perdida en el pecado. De hecho, este es el mayor de los escándalos del cristianismo según el hombre moderno y, a su vez, el centro del evangelio apostólico".

[5] El aoristo ἦλθεν significa "vino"; apunta al momento de la llegada. Moulton
cree que éste es probablemente "uno de los usos más antiguos del aoristo... expresando
lo que *acababa de ocurrir*" (M, I, p. 135).

[6] "Mundo" (κόσμος) es un concepto muy importante en Juan (ver la Nota Adicional
B). En todo el Evangelio aparece 78 veces, y 40 de ellas en este discurso del aposento
alto. El "mundo" es un concepto importante para entender esta sección del Evangelio.
Jesús está preparando a sus discípulos para que lleven un mensaje "al mundo", misión
que van a llevar a cabo "en el mundo".

[7] Dodd nos hace ver que a partir de ahora se da en el vocabulario joánico un cambio
interesante. En la parte anterior del Evangelio se usan palabras como "vida" (ζωή, ζῆ
ν, ζωοποιεῖν) y "luz" (φῶς, φωτίζειν; σκότος, σκοτία). En los capítulos del 1 al 12 las
palabras que acabamos de mencionar aparecen 50 y 32 veces respectivamente, mientras
que en los capítulos del 13 al 17 "vida" solo aparece 6 veces, y "luz" ni siquiera aparece.
En cambio, ἀγάπη, ἀγαπᾶν aparecen 6 veces en los capítulos del 1 al 12, y 31 veces
del 13 al 17 (*IFG*, p. 398). Claramente el amor toma un lugar destacado en este Discurso de despedida.

los suyos[8]. Ellos estaban en el mundo y quería expresarles su amor en el breve tiempo que le quedaba en el mundo. Por eso dice: "les mostró entonces *hasta qué punto los amaba*"[9]. El énfasis que este versículo hace sobre el amor marca el tono que se va a respirar en toda esta sección. Hasta el momento, el ministerio de Jesús ha estado dirigido a la gente en general. A partir de ahora se va a centrar en los que ama de una forma más íntima.

2 Según los mejores manuscritos, Juan sitúa este acontecimiento "durante la cena"[10]. El significado exacto de la segunda parte del versículo no está nada claro, y de nuevo, los diferentes manuscritos presentan opciones dispares. Parece ser que lo más probable sea "el diablo había decidido[11] que Judas...". Otra alternativa sería entender que el determinante posesivo "su" se refiere al diablo, y no a "Judas". Así, el original ser habría modificado en los manuscritos posteriores para tener esta ambigua expresión e interpretar así que se está hablando de la mente de Judas[12]. Sea como sea, lo cierto es que tenemos por en medio la intervención del diablo. Pero decir que en este momento actuó de forma plena en Judas se contradice con el versículo 27. Así que pare-

---

[8] Moulton ve que ὁ ἴδιος sin la compañía de un sustantivo expreso se usa en los papiros "como un término cariñoso dirigido a los seres queridos" (M, I, p. 90). Solo cita el singular, pero en este caso el plural tiene el mismo significado caluroso y cercano. En 15:19 tenemos el pensamiento paralelo de que el mundo ama lo suyo.

[9] εἰς τέλος (ésta es la única vez que este sustantivo aparece en este evangelio) es ambiguo, ya que significa tanto "los amó *hasta el fin*" (nuestra versión) como "les mostró ahora *hasta qué punto los amaba*" (la NVI). Puede que tengamos aquí, de nuevo, un ejemplo del doble sentido joánico. Si decimos que el aoristo, ἠγάπησεν, es más coherente con el amor mostrado en una acción única y concreta que con un amor continuo (imperfecto), también podemos decir que el amor sin barreras significa más que el amor 'hasta el fin de la vida de Jesús' (que ya estaba muy cerca).

[10] γινομένου aparece en א*BLW etc. y γενομένου en p⁶⁶ אᶜ AD Θ fl fl3 etc. La primera expresión quiere decir claramente "durante la cena", y la segunda expresión parece querer decir "después de la cena" (aunque algunos dicen que quiere decir "después de que la cena se hubo servido". Una acción como el lavamiento de pies tendría más sentido después de la cena, por lo poco fino que resultaría interrumpir la cena para eso, y así se explicaría el γενομένου. La alteración contraria es más difícil de entender. El v. 2 deja claro que ese suceso tuvo lugar antes de acabar la cena. En cuanto a δεῖ πνον, ver el comentario de 12:2.

[11] Βάλλω se usa normalmente en el Nuevo Testamento con un sentido más bien de movimiento o traslado físico. No obstante, BAGD cita paralelos clásicos que se refieren a 'poner algo en el corazón o la mente de alguien'. τίθημι aparece en una construcción similar en Lc. 21:14.

[12] La última interpretación precisa el genitivo Ἰούδα, que aparece en A D Θ fl, pero en otros textos como p⁶⁶ א B etc. aparece el nominativo Ἰούδας.

ce más lógico pensar que aquí Juan está hablando de las intenciones del diablo. En cuanto a "entregar", ver el comentario de 6:54[13].

3 En el original, el sujeto está elidido, pero, como casi todas las versiones establecen, tiene que tratarse de "Jesús". De nuevo, Juan recalca que Jesús controla la situación. Sabía lo que estaba ocurriendo (ver el comentario de 2:24; 4:18). Aquí nos encontramos un apunte inesperado. Quizá lo más normal hubiese sido algo como "sabiendo lo que Judas iba a hacer"; sin embargo, Juan dice "sabiendo que el Padre había puesto todas las cosas en sus manos"[14]. El momento previo al Calvario no parece el mejor momento para hacer una declaración sobre la Soberanía de Dios. Pero, como ya hemos dicho en otras ocasiones, Juan no ve la cruz como la veían la mayoría de los observadores. En la cruz se lleva a cabo una gran obra divina; y en la cruz también se muestra la gloria divina. Así que el evangelista la describe relacionándola con el hecho de que el Padre ha dado todas las cosas al Hijo (ver el comentario de 3:35 donde vemos las cosas que el Padre da al Hijo). La referencia al Padre es muy importante. Él no es un espectador pasivo de la Pasión, sino que actúa en ella para que se haga su voluntad. Además, Juan habla de lo que va a ocurrir cuando el que salió de Dios vuelva a Él[15]. La misión del Enviado se habrá consumado. "De Dios" y "a Dios" están colocados en una posición enfática. Juan está a punto de describir un suceso en el que Jesús va a ser terriblemente humillado. Pero en ningún momento pierde la perspectiva de que a Jesús le pertenece el lugar más alto por derecho legítimo.

4-5 El tiempo presente del verbo "levantarse" (en algunas versiones se traduce por un pasado, "se levantó") es muy vivo y expresivo; está

---

[13] El verbo es παραδοῖ. Howard lo describe como "una forma claramente vernácula". Ver la nota que se hace sobre su función sintáctica en los textos neotestamentarios y en textos tardíos (M, II, p. 211).

[14] En 3:35 el Padre le entregó todas las cosas ἐν τῇ χειρὶ αὐτοῦ. Aquí la expresión es αὐτῷ εἰς τὰς χεῖρας. Otra vez, vemos la costumbre joánica de introducir pequeñas variaciones que no alteran el significado de forma importante.

[15] Éste es uno de los dos lugares de este evangelio en el que ἐξέρχομαι va seguido de ἀπό (el otro lugar es 16:30). Esta construcción aparece con bastante frecuencia en Lucas, algo menos en Mateo, y solo una vez en Marcos. Juan prefiere usar ἐκ. Ver el comentario de 1:44, donde se explica el uso joánico de ἀπό y ἐκ. Esta misma idea se repite en 16:27-28, otro ejemplo de la costumbre joánica de introducir pequeñas alteraciones en las repeticiones, sin causar importantes cambios de significado. En cuanto a ὑπάγω, ver el comentario de 7:33.

claro que el escritor ha sido testigo de la escena. Describe el suceso de forma muy detallada: se levantó, se quitó el manto[16], tomó una toalla[17], se la ciñó[18], y echó agua en una vasija[19]. Entonces Jesús empezó[20] a lavar los pies de sus discípulos y a secárselos con la toalla que tenía ceñida[21]. Lucas nos cuenta que en esta ocasión los discípulos estaban discutiendo sobre quién sería el mayor de ellos, y que Jesús les amonestó diciendo: "Entre vosotros yo soy como el que sirve" (Lc. 22:24-27). En este caso, es la acción de Jesús lo que sirve para amonestar la actitud de los discípulos. Para ver el significado de esta acción, ver 1º Samuel 25:41. Barclay cita unas palabras de T.R. Glover sobre unos sabios intelectuales: "Pensaban que eran buenos religiosos, y no eran más que unos escrupulosos". Está claro que ese no es el caso de Jesús.

[16] Aunque la palabra está en plural, τά ἱμάτια, es posible que se refiera a un solo manto. Pero lo más probable es que debamos aceptar el plural; en las demás ocasiones, usa el singular para describir la ropa de abrigo (19:2, 5), y el plural para describir cualquier otra pieza de ropa (19:23, 24). Si ἱμάτια aquí tiene el mismo significado que en los pasajes anteriores, entonces Jesús llevaba una pieza de ropa muy escasa y humilde, como de un esclavo. τίθμσιν, "se quitó", es el verbo que Jesús usa cuando en 10:17-18 explica que da su vida.

[17] λέντιον (palabra que solo encontramos aquí; tampoco se ha encontrado en documentos anteriores) es un préstamo del término latino *linteum*. Significa una larga toalla; por eso Jesús se la podía ceñir, y aún así usarla para secarles los pies a los discípulos. Cf. 1 P. 5:5.

[18] Juan cambia al aoristo διέζωσεν después de haber utilizado varios presentes; no sabemos exactamente cuál es la razón de este cambio. Él es el único autor neotestamentario que usa este verbo (13:4, 5; 21:7).

[19] No sabemos a ciencia cierta lo que νιπτήρ significa (es un término muy poco común). Además, no nos ayuda el hecho de que ésta es la primera vez que aparece. No se refiere a lavar dentro de una palangana o vasija (como nosotros lo entenderíamos) sino a verter el agua de la vasija sobre los pies, agua que quizá caería sobre otra vasija, y no queda claro a cuál de ellas se refiere Juan con el término νιπτήρ. Si, como aparece en p[66], nos fijamos en el compuesto ποδονιπτήρ, la interpretación más normal es pensar en la palangana que servía para recoger el agua, porque tiene poco sentido usar una palabra compuesta para describir un aguamanil. Ésta es la única vez que este término aparece en el Nuevo Testamento. Juan usa 13 veces el verbo νίπτω, "lavar" (y en el Nuevo Testamento solo aparece 17 veces).

[20] Este verbo normalmente se usa en los Sinópticos como un auxiliar (uso semítico). Pero aquí, el único lugar de este evangelio en el que aparece (aunque cf. 8:9), quiere decir "empezar". No se nos dice el orden en el que Jesús les lavó los pies. Crisóstomo cree que el griego indica que antes de llegar a Pedro, le lavó los pies a alguien más (es decir, al "traidor") (70.2; p. 258).

[21] Temple comenta: "Quizá a veces estemos dispuestos a humillarnos delante de Dios; pero no queremos que Él sea humilde en su trato con nosotros. Lo que queremos es que Él, el que tiene todo el derecho, se gloríe en su bondad y grandeza; entonces nosotros, después de estar en su presencia, podemos enorgullecernos y sentirnos superiores a los demás... la humildad de una persona no empieza con el servicio; empieza

6 Nadie hace ningún comentario hasta que le llega el turno a Pedro; hasta ese momento, parece ser que reinaba un silencio absoluto. Pero Pedro no podía aguantar aquella situación. Cuando usa el pronombre "tú" lo hace de forma muy enfática, y en griego va seguido del pronombre "mí", para crear un fuerte contraste (vendría a ser algo así como: "Señor, ¿tú, a mí, me vas a lavar los pies?").

7 La respuesta de Jesús está construida de tal forma que hay un fuerte contraste entre "tú" y "yo". Pedro está muy lejos de tener una comprensión correcta de su Señor. "Después" es una marca temporal indefinida[22], ya que Jesús no dice exactamente cuándo entenderá Pedro lo que Él hace. Pero sí que profetiza que llegará un día en el que Pedro comprenderá lo que ahora le es velado (cf. 2:22; 12:16). En parte, Jesús podría estar haciendo una referencia a lo que va a explicar en el v. 12s. Pero en vista de la enseñanza que ha impartido en esta última sección, lo más normal es pensar que se está refiriendo a la necesidad de ser iluminados por el Espíritu Santo, que un día recibirían (cf. 14:26; 16:13).

8 La reacción de Pedro no podía ser otra; el personaje impulsivo e impetuoso se deja ver de nuevo[23]. No presta atención a las palabras de Jesús, que le advierten que está teniendo lugar algo cuya importancia él no ha entendido. Para Pedro es impensable que Jesús realice una tarea tan humillante: ¿lavarle los pies a sus sirvientes? ¡Inconcebible![24]. Así que le dice que eso no va a ocurrir. Él no le va a dejar. "Pedro demuestra su humildad diciendo que alguien tan grande no puede realizar esa acción, pero también podemos ver su acentuado orgullo, ya que le lanza una orden a su Maestro" (MacGregor). Esas palabras hacen que Jesús le responda que si no le deja que le lave los pies, no va a tener parte

---

cuando ésta dispuesto a que le sirvan. Porque de no ser así, puede acabar realizando su servicio con orgullo y de forma condescendiente".

[22] μετά ταῦτα. El plural probablemente apunte a los acontecimientos relacionados con la Pasión.

[23] Usa una doble negación: οὐ μή (aparte de oírla en boca de Jesús, solo la encontramos en este evangelio en 11:56; 20:25) y la reafirma con εἰς τὸν αἰῶνα.

[24] A veces se ha dicho que esta tarea era tan humillante que ni siquiera los esclavos hebreos se rebajaban a realizarla, sino que la dejaban para los esclavos gentiles. Esto es cierto, pero tampoco deberíamos darle demasiada importancia. Después de todo, una esposa también estaba obligada a lavarle los pies a su marido, y los hijos debían lavarle los pies a su padre (SBk, II, p. 557). En cuando a la práctica cristiana cf. 1 Ti. 5:10.

con Él. "Lavar" tiene aquí un doble sentido. Obviamente, en el contexto se refiere a "lavar los pies". Si Pedro no accede a que Jesús le lave los pies, Pedro no podrá comer con Jesús. Pero nuestro Señor aún va más allá. Dejarse lavar los pies de forma literal no es un requisito para ser un seguidor de Cristo. Así que estas palabras apuntan a que debemos dejar que Jesús nos limpie de nuestros pecados. Sin ese lavamiento no podremos ser de Cristo.

9 Ahora, de nuevo tenemos al Pedro impulsivo y apasionado. A él no le gusta hacer las cosas a medias. Si es necesario que Jesús le lave, que le lave también las manos y la cabeza. Y lo más seguro es que Pedro no estuviera hablando de forma literal, sino que quiso retractarse de su actitud orgullosa. Pero, si nos fijamos, su respuesta aún es producto del orgullo. Pedro no quiere dejar que Jesús haga las cosas a su manera. Él quiere dictar cómo deben hacerse las cosas. Tampoco ha acabado de comprender el significado de aquella acción[25]. No se trataba de una acción para lavar a los discípulos, sino que era un símbolo del verdadero lavamiento. Lo importante no era la limpieza física, literal, sino aceptar el humilde servicio que Jesús les estaba ofreciendo.

10 Jesús amablemente deja claro que no hace falta exagerar. La ilustración que usa es la de un hombre que va a una fiesta. En casa se adecenta para la ocasión y se baña. Por eso, cuando llega solo necesita lavarse los pies (que el polvo del camino ha ensuciado) para poder sentarse a la mesa completamente limpio. Y Jesús aplica esta imagen a la situación espiritual de sus seguidores. "El que se ha bañado" habla de un carácter permanente: no se trata de alguien que una vez se bañó y ahora ya está sucio de nuevo, sino de alguien que sigue estando limpio[26]. Esa persona no tiene necesidad de bañarse, excepto los pies, "pues está todo limpio"[27]. Cf. Grimm-Thayer: "Aquel cuya naturaleza

---

[25] Newbigin dice que intentar añadir a lo que Jesús ha hecho "sería comparable a suponer que uno podría superar un giro de 180° girando 360°. Lo único que habría logrado es anular la utilidad del giro... No podemos añadir nada a lo que Cristo hizo en la cruz, ni tampoco al Bautismo".

[26] Parece que ese es el sentido del tiempo perfecto ὁ λελουμένος. El verbo significa lavar el cuerpo entero, a diferencia de νίψασθαι, que solo se refiere a una parte.

[27] En algunos documentos aparece εἰ μὴ τοὺς πόδας (א vg Tert. Or). Así, tendría el siguiente significado: "El que se ha bañado no tiene necesidad de lavarse". Pero tenemos que aceptar la versión más larga, que es la que cuenta con un mayor respaldo

ha sido renovada no necesita una renovación completa, sino que solo le hace falta que Jesús le lave de las manchas que se puede hacer al interactuar con un mundo que no ha sido renovado"[28]. Puede que esto sea verdad, aunque dudo que las palabras de nuestro pasaje pretendieran llegar tan lejos. Quizá el significado es "El lavamiento del que tú hablas no es necesario. El que se ha unido a mí, el que se ha identificado conmigo, yo ya le he lavado, y no tiene necesidad de ningún otro tipo de lavamiento. Está completamente limpio". Algunos creen que hay aquí una referencia al bautismo cristiano[29]. Pero, esto no es más que una interpretación muy libre en la que se lee algo que no aparece en el texto; tampoco tenemos ninguna referencia que nos haga pensar que los apóstoles habían sido bautizados (a menos que recibieran el bautismo de Juan). Jesús continúa diciendo que ellos están limpios, se está refiriendo a "limpios de pecado" (cf. 15:3). Aunque inmediatamente añade: "pero no[30] todos".

11 Juan explica las últimas palabras de Jesús para que quede claro, una vez más, que el Señor sabía quién le iba a traicionar[31]. Por eso dijo que no todos estaban limpios. Pero véase que Jesús no les revela a los discípulos quién es el que no está limpio. El lector del Evangelio lo sabe, pero hasta que no llega el arresto del maestro, lo único que los discípulos saben es que entre ellos hay un traidor.

(tal y como sostiene el comité de Metzger). Sobre todo éste es el caso en vista de la dificultad de darle en el contexto un sentido satisfactorio a "bañado" si aceptamos la versión más breve (Haenchen pregunta: "Si no, ¿cuál es el sentido del lavamiento de pies?"). Además, la versión más breve contradice el versículo 8. Es interesante ver que Hoskyns, Barrett y otros comentaristas modernos optan por la lectura más corta, mientras que Phillips, Rieu, la NVI y la mayoría de las traducciones modernas aceptan la versión más extensa.

[28] *Sub* καθαρός.

[29] Corell incluso ve una referencia ¡al "Sacramento de la Penitencia"! (*Consummatum Est*, p. 72).

[30] οὐχί es una partícula negativa muy fuerte. Abbott dice que la construcción οὐ...πᾶς en el sentido de "ninguno/a" no aparece en este evangelio, pero que en este pasaje la tenemos tres veces en el sentido de "no todos" (vv. 10, 11, 18) (2262-63). οὐχί en este evangelio se usa sobre todo en las frases interrogativas, así que el uso que aquí se hace es digno de mención. Abbott no encuentra paralelos (2265 [i]).

[31] En cuanto a παραδίδωμι, ver el comentario de 6:64. El presente podría apuntar al siguiente significado: "quién le estaba traicionando". En cuanto al conocimiento de Jesús, ver el comentario de 2:24.

2. Servicio y humildad (13:12-20)

12 Entonces, cuando acabó de lavarles los pies, tomó su manto, y sentándose [a la mesa] otra vez, les dijo: ¿Sabéis lo que os he hecho? 13 Vosotros me llamáis Maestro y Señor; y tenéis razón, porque lo soy. 14 Pues si yo, el Señor y el Maestro, os lavé los pies, vosotros también debéis lavaros los pies unos a otros. 15 Porque os he dado ejemplo, para que como yo os he hecho, vosotros también hagáis. 16 En verdad, en verdad os digo: un siervo no es mayor que su señor, ni un enviado es mayor que el que le envió. 17 Si sabéis esto, seréis felices si lo practicáis. 18 No hablo de todos vosotros; yo conozco a los que he escogido; pero [es] para que se cumpla la Escritura: «El que come mi pan ha levantado contra mí su calcañar.»[a] 19 Os lo digo desde ahora, antes de que pase, para que cuando suceda, creáis que yo soy. 20 En verdad, en verdad os digo: el que recibe al que yo envíe, me recibe a mí; y el que me recibe a mí, recibe al que me envió.

a. 18 Salmo 41:9

Jesús pasa a resaltar cuáles son las implicaciones de esta acción simbólica. Apunta a la importancia que tiene aplicar el principio que hay detrás de esta acción en la vida cotidiana. Típico de Juan, el pasaje acaba con una referencia a la posición de Jesús y a que es el Enviado por el Padre.

12 Jesús acaba de realizar su acción servicial. Queda claro que lavó los pies de todos los discípulos, incluyendo los de Pedro (¡y también los de Judas!). Luego, tomó su manto, volvió a sentarse a la mesa[32], y animó a los discípulos a que reflexionaran sobre el significado de lo que acababa de hacer[33].

---

[32] ἀνέπεσεν. Plummer dice que este verbo (en el Nuevo Testamento solo aparece en los Evangelios), "siempre implica un *cambio* de posición".

[33] γινώσκετε se interpreta normalmente como una partícula interrogativa, pero también puede ser imperativa: "Entended lo que os he hecho" (como traduce Rieu).

13-14 Jesús les recuerda de qué forma le llaman[34]. "Maestro", que es el equivalente a "Rabí", era la fórmula respetuosa adecuada para dirigirse a un líder religioso. "Señor" no era tan común (aunque cf. 20:28; Ap. 4:11; ver el comentario de 4:1). Este vocativo apunta a una gran reverencia, incluso de reconocimiento del carácter divino. Y Jesús alaba que los discípulos le llamen así. Le complace que le reconozcan, ya que con esas expresiones ponen de manifiesto su verdadera identidad. Pero que le llamen así tiene unas implicaciones concretas[35]. Cuando Jesús repite "Señor y Maestro" (la segunda vez, v. 14, cambia el orden, detalle que puede ser muy significativo) está enfatizando su dignidad. Él, el Señor, el Maestro, ¡les ha lavado los pies![36] Así que ellos[37] también deben lavarse los pies unos a otros. No tiene ningún sentido que esto fuera una medida promulgada para promover la limpieza y la higiene. Aunque en alguna ocasión los discípulos deberían realizar esta necesaria tarea los unos a los otros, la enseñanza que Jesús les ha querido transmitir es que tienen que estar dispuestos a servirse los unos a los otros con humildad. Para ilustrar este principio, Jesús había realizado la tarea más humillante de todas (ver el comentario sobre "desatar la correa de la sandalia", 1:27). El tipo de tarea a ejecutar no debía importarles. Tenían que ser siervos humildes.

15 Jesús deja claro que lo que acaba de hacer tenía un propósito. Lo que Jesús había hecho les tenía que servir de ejemplo[38]. Temple dice

---

[34] El nominativo ὁ διδάσκαλος καὶ ὁ κύριος es equivalente a un vocativo. BDF nos recuerda que "El dialecto ático usaba el nominativo (con artículo) con sustantivos simples solo cuando se dirigía a alguien inferior; y a los que eran inferiores en tercera persona ... El NT (en pasajes traducidos de una lengua semítica) y la Septuaginta no se rigen por estas limitaciones, sino que incluso dicen ὁ θεός, ὁ πατήρ, etc., donde el vocativo semítico se sustituye por el nominativo griego con artículo" (147 [3]).

[35] οὖν se usa aquí de forma plena, con todo su significado.

[36] ἐγώ (ver el comentario de 1:20) hace hincapié en el sujeto y enfatiza el lugar que Cristo ocupa, que vuelve a estar fuertemente subrayado por ὁ κύριος καὶ ὁ διδάσκαλος. La inserción de estas palabras sin ningún tipo de conector nos plantea un problema. ¿Qué es lo que quiere decir Jesús exactamente? "¿Si yo, *aunque* soy vuestro Señor y Maestro, os lavé los pies?" o "¿Si yo, *porque* soy vuestro Señor y Maestro, os lavé los pies?". La mayoría de los intérpretes optan por el primer sentido, aunque cierto es que el segundo también es posible. Derivaría de la idea – tan clara en este evangelio – de que la verdadera grandeza se hace visible en la humildad y en el servicio.

[37] καὶ ὑμεῖς consigue hacer un énfasis especial en los apóstoles. Tienen que actuar en el espíritu que su Señor les has mostrado de forma tan desafiante.

[38] ὑπόδειγμα es una palabra que los escritores áticos rechazaban, ya que preferían παράδειγμα (que no aparece en el Nuevo Testamento). Podría ser una referencia a un

muy acertadamente: "Sería un privilegio lavar los pies de nuestro divino Señor; pero, por desconcertante que parezca, Él insiste en lavárnoslos a nosotros, y nos manda que lavemos los pies de nuestro prójimo".

16 En cuanto al solemne "En verdad, en verdad os digo", ver el comentario de 1:51. Nos anuncia que la declaración que aparece a continuación es importante. Jesús recuerda a sus seguidores que ellos son "siervos" y "enviados o mensajeros"[39]. No deben considerarse demasiado dignos para realizar tareas humildes, ni deben verse como superiores a los demás. Si su Señor, el que les envía, es un siervo, ellos deben hacer lo mismo, y nunca deben pensar que hay una tarea que es demasiado humillante para ellos. Esta exhortación (con algunas variaciones) aparece en cuatro ocasiones (aquí, en 15:20; Mt. 10:24; Lc. 6:40; y cf. Lc. 22:37). Obviamente, este principio era muy importante, y por eso Jesús no se cansaba de repetirlo.

17 La construcción "*Si* sabéis estas cosas"[40] implica que sí las sabían, y la NVI lo soluciona traduciendo "*Ahora que* sabéis estas cosas". Pero una cosa es "saber", y otra bien diferente, "actuar según el conocimiento que se tiene". Se les recuerda a los discípulos, y a nosotros también, la importancia de dejar que el conocimiento que tenemos determine o influya en nuestra actuación. El significado de "esto" o "estas cosas" no está demasiado claro. Podríamos pensar que es una referencia al versículo anterior y a la enseñanza que éste recoge: que el siervo no es mayor que su señor, ni un enviado mayor que el que le envió. Pero, ¿cómo practicar algo, si no estamos seguros de a qué se refiere exactamente? No obstante, el pasaje establece unos principios

---

ejemplo que deberíamos evitar (He. 4:11), pero más bien solía ser un ejemplo a seguir. καθώς... καί muestra lo próximos que están a seguir el ejemplo que se les ha dado. Sin embargo, también debemos ver que las palabras griegas no coinciden exactamente con "*como* os he hecho". Lo que tienen que imitar es la actitud, el espíritu de servicio, y no esa acción en concreto.

[39] El uso de ἀπόστολος para referirse "al enviado", y πέμψαντος, para referirse al que envía", es una ilustración de que en este evangelio es imposible hacer una distinción entre ἀποστέλλω y πέμπω. Más sobre esto en el comentario de 3:17. Este es el único lugar en este evangelio en el que aparece ἀπόστολος.

[40] εἰ con el indicativo. Es interesante ver que ἐάν ποιῆτε αὐτά, aunque está relacionado con lo anterior, hace menos énfasis en la condición. Jesús dice que los discípulos saben estas cosas, pero deja abierta la cuestión sobre si actúan según esos principios o no.

de conducta, y lo que está claro es que los seguidores de Cristo deben actuar según esos principios. En este evangelio solo encontramos dos bienaventuranzas, y ésta es una de ellas (la otra está en 20:29).

18 Una vez más se nos habla de la miseria de Judas. Esta traición debió de ser un duro golpe para Juan, ya que la menciona en varias ocasiones. Aquí recoge que Jesús dijo explícitamente que no se refería a todos ellos[41]. Él conoce a los que ha escogido[42]. Esto implica que la elección es el elemento determinante. Así que una vez más se apunta a la iniciativa divina. También, una vez más el evangelista apela a las Escrituras para afirmar su posición[43]. La cita hace referencia al Salmo 41:9. "Comer[44] su pan" significa que hay una relación y una comunión muy estrecha. La mayoría de los comentaristas creen que "el que ha levantado contra él su calcañar" es una metáfora que hace referencia a cuando el caballo levanta la pata antes de proporcionar una coz, y es muy probable que tengan razón. Sin embargo, no deberíamos pasar por alto que podría estar refiriéndose a sacudirse el polvo de los pies (cf. Lc. 9:5; 10:11). E.F.F. Bishop nos informa de que, para los árabes, señalar a alguien con el pie es una falta de modales, incluso una muestra de desprecio[45]. En definitiva, el objetivo de citar ese pasaje de los Salmos es recalcar que la acción de Judas no fue algo normal, ya que no iba a traicionar a un desconocido, sino a un íntimo amigo.

19 "Desde ahora"[46] resulta un tanto extraño; lo más normal sería algo como "Ahora", o "En este momento". Quizá Juan quiere que ten-

---

[41] En cuanto a la construcción οὐ... πᾶς, ver el comentario del versículo 10.

[42] τίνας puede querer decir "el tipo de hombres", como vemos en la traducción de Barclay: "Yo conozco al tipo de hombres que he escogido" (también Rieu y otros).

[43] En cuanto a la elipsis del verbo principal antes de ἵνα, ver el comentario de 1:8. Phillips cree que ἵνα va con "Dejad que la Escritura se cumpla" y así tenemos una frase imperativa (Goodspeed igual). No obstante, parece que la mejor opción es coger alguna palabra de apoyo para que la frase tenga sentido, algo así como "esto es": "esto es para que se cumpla la Escritura".

[44] En cuanto al verbo τρώγω, ver el comentario sobre 6:54. No aparece en Salmos 41:9 de la Septuaginta, y la cita entera tampoco coincide exactamente con la Septuaginta. Parece ser que Juan hizo una traducción propia y directa del texto hebreo.

[45] *ExT*, Septuaginta (1958-59), pp. 331-33.

[46] ἀπ' ἄρτι. Varias traducciones optan por interpretarla como "A partir de ahora", y ven λέγω como un tiempo futuro (Phillips, Goodspeed, Weymouth, y otros). Pero creo que ésta es una interpretación muy libre del original griego, y que sería mejor traducir "ahora" (Barrett, Rieu, NVI, *NRSV, GNB*, etc.). BDF cita a A. Fridrichsen,

gamos presente que está hablando de un proceso que va a continuar. La predicción no puede separarse del cumplimiento[47]. Y Jesús anuncia esa predicción precisamente para reforzar la fe de los discípulos. "Cuando todo eso ocurra", dice Jesús, "entonces creeréis[48] que yo soy". De nuevo, Cristo vuelve a usar esa expresión que apela a su divinidad, como ya había hecho en 8:28 (ver nota al pie). La fe que Jesús busca es una fe con contenido. No deberíamos perder de vista la tierna preocupación que hay detrás de esta predicción. Si no hubieran sabido de la traición con antelación, ver que Judas entregaba a su Maestro habría sido un duro golpe para la fe de los discípulos. Además, habrían pensado que todo había terminado, que los enemigos de Jesús habían ganado. Pero las predicciones de Jesús hacen que eso no sea así. Cuando llegara el momento de entender y relacionar las palabras de Jesús con los hechos que ocurrían a su alrededor, seguirían creyendo en el señorío de Jesús. La escena en la que fue entregado en manos de sus enemigos no era más que el cumplimiento de lo que Él mismo ya había anunciado. Él no era una víctima engañada y abandonada, sino el Enviado de Dios que iba a efectuar el propósito divino, avanzando sin miedo y confiado por el camino que le había sido marcado, haciendo lo que Dios había planeado que hiciera.

20 Otra vez, Jesús empieza a hablar usando la solemne fórmula (cf. v. 16), y sigue hablando de la dignidad de los mensajeros de Cristo. Recibir al mensajero es recibir al que envía[49], y recibir al que envía, es recibir al Padre. También tenemos aquí el tema de la dignidad suprema de Cristo, y el de la importancia de recibirle, de unirse a Él. Vimos al principio de este evangelio la idea de que Jesús es el Enviado (ver el comentario de 3:17). Más adelante, como ya ocurre en este pasaje, tenemos la idea de que Él envía a los suyos (Mt. 10:40 recoge una idea similar, aunque la forma de expresarla es diferente; cf. también Mr. 9:37; Lc. 9:48; 10:16). Los seguidores de Jesús tienen una misión. Estas palabras deben verse en relación con los versículos 14 y 16, en los que

diciendo que respalda el significado "exactamente, ciertamente", y Debrunner "definitivamente" (12 [3]). Debrunner: ver *Coniectanea Neotestamentica*, XI (1947), p. 47.

[47] La construcción que aquí tenemos con el infinitivo (πρὸ τοῦ γενέσθαι) es muy poco común en este evangelio. Ver el comentario de 1:48.

[48] El presente de subjuntivo πιστεύητε quizá esté apuntando a una fe continua (aunque deberíamos añadir que el aoristo aparece en muchos manuscritos).

[49] ἐμέ es enfático, tanto por la forma que tiene como por la situación en la que aparece.

se les dice a los discípulos que no sean altivos, ni se crean mejor por poseer la dignidad que tienen (que no es de ellos, sino que la tienen porque les ha sido dada). Seguir a Jesús significa tomar el camino de la cruz; eso supone ser humilde, servicial, y no buscar el beneficio propio. Cierto es que parece humillante, pero es lo más digno, grande y santo a lo que ahora podemos aspirar. Cristo, a los que envía, los lleva cerca de Dios.

3. Una profecía de la traición a Jesús (13:21-30)

21 Habiendo dicho Jesús esto, se angustió en espíritu, y testificó y dijo: En verdad, en verdad os digo que uno de vosotros me entregará. 22 Los discípulos se miraban unos a otros, y estaban perplejos [sin saber] de quién hablaba. 23 Uno de sus discípulos, el que Jesús amaba, estaba [a la mesa] reclinado en el pecho de Jesús. 24 Por eso, Simón Pedro le hizo señas, y le dijo: Dinos de quién habla. 25 Él, inclinándose de nuevo sobre el pecho de Jesús, le dijo: Señor, ¿quién es? 26 Entonces Jesús respondió: Es aquel a quien yo daré el bocado que voy a mojar. Y después de mojar el bocado, lo tomó y se lo dio a Judas, [hijo] de Simón Iscariote. 27 Y después del bocado, Satanás entró en él. Entonces Jesús le dijo: Lo que vas a hacer, hazlo pronto. 28 Pero ninguno de los que estaban sentados [a la mesa] entendió por qué le dijo esto. 29 Porque algunos pensaban que como Judas tenía la bolsa del dinero, Jesús le decía: Compra lo que necesitamos para la fiesta, o que diera algo a los pobres. 30 Y Judas, después de recibir el bocado, salió inmediatamente; y ya era de noche.

Inmediatamente después de la explicación del lavamiento de pies, tenemos una profecía que augura que uno de los presentes iba a traicionar a Jesús. Éste ya ha mencionado que algo no anda del todo bien en el grupo (vv. 10, 18), y el evangelista ha explicado que el primero de esos versículos estaba haciendo referencia a la traición a Jesús (v. 10). Pero, de hecho, los discípulos no han recibido una explicación clara de lo que va a ocurrir. Incluso ahora nadie, excepto el traidor, entiende con exactitud lo que Jesús les ha estado diciendo. El lector sí sabe que Judas va a traicionar a su maestro. Pero los apóstoles solo saben que uno de ellos no "está limpio" o tiene alguna oscura intención.

21 Se nos describe aquí a un Jesús muy humano, que llegó a "angustiarse en espíritu" (ver el comentario de 11:33). Aunque Juan describe a Jesús como alguien que tiene la situación bajo control, no quiere que pensemos que se trata de un personaje insensible, que no se inmuta ante lo que ocurre a su alrededor. Las palabras de Jesús parecen tener una solemnidad especial, ya que van introducidas por "testificó"[50] y "dijo", y "En verdad, en verdad os digo" (ver el comentario de 1:51). Esta es la tercera vez que Jesús hace referencia al traidor (vrs. 10, 18). Sin embargo, anteriormente la referencia ha sido muy general. Ahora, Jesús revela de forma clara y explícita (usando las mismas palabras que tenemos en Mr. 14:18) que uno de los discípulos le iba a entregar (en cuanto a "entregar", ver el comentario de 6:64).

22 Aquellas palabras dejaron a los discípulos destrozados. Se miraban los unos a otros sorprendidos[51]. Está claro que es como si la noticia les cogiera por sorpresa. Es interesante ver que ni aquí ni en ningún otro pasaje se nos dice que sospecharan de Judas, lo que quiere decir que supo esconder sus intenciones muy bien.

23 Destaca uno de los discípulos, "el que Jesús amaba" (también 19:26; 20:2; 21:7, 20). Ni aquí, ni en ningún otro pasaje se nos revela el nombre de este discípulo, pero parece ser que no hay razón para dudar de que se trata del apóstol Juan (así lo creen Bailey, Bernard, Barclay, y otros)[52].

---

[50] μαρτυρέω se usa sobre todo en este evangelio en relación con dar testimonio de Jesús (ver el comentario de 1:7). El uso que aquí se hace consigue que la frase siguiente transmita aún más el verdadero desconcierto que entre ellos había.

[51] ἀπορούμενοι está en forma pasiva (como suele ocurrir en el Nuevo Testamento), pero tiene un significado activo, aunque también conocemos su forma en pasiva (p. ej., Mr. 6:20). Este verbo significa "encontrarse perdido", y no tanto "dudar".

[52] Algunos han sugerido que Lázaro es el discípulo amado, ya que Juan dice en algún momento que Jesús amaba a Lázaro (11:3, 5, 36). Ésta es una hipótesis atractiva, pero es imposible probar que Lázaro concuerde con todas las menciones que encontramos del discípulo amado. No hay nada en los Evangelios que nos haga pensar que Lázaro había llegado a conocer el pensamiento de Jesús tanto como lo hizo el discípulo amado. Además, en Marcos 14:17 parece ser que los que estaban con Jesús en la Última Cena eran los doce, y eso descarta a Lázaro. La única explicación satisfactoria es que el discípulo amado tiene que ser Juan, el hijo de Zebedeo. Ésta es también la única explicación de que no aparezca el nombre del apóstol en todo el Evangelio. Gracias a los Sinópticos, está claro que se trataba de un miembro importante del grupo apostólico. Es comprensible que no se mencionara a sí mismo. Pero, ¿qué otra persona iba a pasar por algo a uno de los discípulos más destacados? Las evidencias también indican que se trataba de alguien cercano a Pedro (p. ej., 13:24; 20:2; 21:7; cf. 18:15; Hechos

Este discípulo estaba reclinado en el pecho de Jesús[53]. La disposición habitual en una comida formal[54] consistía en una serie de sofás colocados en forma de "u" alrededor de la mesa. Los invitados se reclinaban de forma que la cabeza les quedara cerca de la mesa, y los pies, en dirección contraria. Se apoyaban sobre el codo izquierdo, y la mano derecha les quedaba libre para alcanzar la comida. El anfitrión, o la persona más importante, se reclinaba en el centro del sofá principal – de tres plazas – colocado en el vértice de la "u" que formaban los tres sofás. El lugar de honor era a la izquierda y un poco más atrás de la persona importante, y el segundo lugar de honor era a la derecha, y el que ahí se sentaba recostaba su cabeza sobre el pecho del anfitrión[55]. Está claro que el discípulo amado estaba en el sofá principal, donde podía reclinarse en el pecho de Jesús.

24 No se nos dice qué posición ocupaba Pedro. Por todo lo que sabemos de los apóstoles, lo más normal es pensar que estaría al otro lado de Jesús, en el lugar de honor. Pero, si ese fuera el caso, él mismo podría haber hecho la pregunta. Así que debía de estar acomodado en otra zona. No tenemos forma de saber cómo se asignaban los asientos cuando los doce comían juntos. Pero lo que está claro es que Pedro estaba colocado de tal manera que el discípulo amado podía verle, ya que le hizo señales para que preguntara a Jesús de quién estaba hablando[56]. Otra

3). La postura tradicional aboga de forma unánime por el apóstol Juan. No sugiere ningún otro nombre. Más sobre este tema en la Introducción a esta obra; *SFG*, p. 246s.

[53] ἐν τῷ κόλπῳ τοῦ Ἰησοῦ. La única otra vez que Juan usa κόλπος se refiere a que el Hijo está en el seno del Padre (1:18; ver nota al pie). Puede que el objetivo de este pasaje sea que recordemos el del cap. 1, y que así esta expresión apunta al tierno cariño que Jesús tiene por su discípulo. Pero decir que "este discípulo favorito tiene con Cristo la misma relación que Cristo con el Padre" (Barrett) es ir demasiado lejos.

[54] Encontrará información de las costumbres que había en torno a una comida de este estilo en SBk, IV, 2, pp. 611-39. En otras comidas judías, uno podía reclinarse, o sentarse. Pero en las ocasiones especiales como por ejemplo la Pascua, reclinarse era obligatorio.

[55] "Primero, el más importante se coloca en su lugar, luego, el segundo más importante se coloca por encima de él, y el tercero, por debajo" (*Ber.* 46b; Soncino edn., p. 283). Brown cita a F. Prat cuando habla de que el segundo lugar era a la izquierda de Jesús, por lo que el discípulo amado debía de ocupar la tercera posición a la derecha de Jesús, de tal forma que podía reclinar la cabeza sobre el pecho de Jesús. Haenchen piensa del mismo modo: "El lugar de más honor era a la izquierda"; y Carson también: "el honor más elevado estaba a la izquierda del anfitrión, y no a la derecha".

[56] Como tantas veces en este Evangelio, tenemos aquí una interrogativa directa: "¿Quién es?". La mayoría de los manuscritos contienen πυθέσθαι τίς ἂν εἴη, pero casi todos los eruditos coinciden en que ésta no puede ser la frase original. La interrogativa directa está respaldada por א B lat, y sería muy extraño que se sustituyera una

posibilidad es que fuera Judas el que estuviera a la izquierda de Jesús. Según el relato de Mateo, es evidente que Jesús podía hablar con Él sin que los demás le oyeran (Mt. 26:25). Puede que su cargo de tesorero le diera cierto estatus dentro del grupo apostólico, y que por eso se sentara en el lugar de honor. También podría ser que Jesús le asignara a Judas aquel asiento en aquella ocasión para hacer un último llamamiento a aquel que le iba a traicionar.

25 El verbo que traducimos por "inclinarse" es el que se usa cuando se refiere a reclinarse en una comida y lo encontramos, por ejemplo, cuando Jesús vuelve a colocarse en la mesa en el versículo 12. El aoristo apunta, quizá, a un cambio de posición[57] (ver el comentario sobre el v. 12). El discípulo, se recostó aún más[58], para poder hablar en voz baja a Jesús, y que éste le oyera.

26 Jesús responde[59] que va a identificar al traidor mediante una señal. Se supone que aquellas palabras solo las oyó aquel a quien estaban dirigidas. Está claro que Jesús no quería que todo el grupo se enterara de quién era el traidor. Así, utilizando la señal del "bocado", solo iba a enterarse el discípulo que estaba hablando con Jesús. De hecho, los demás iban a entender aquella señal como un honor. Juan se refiere a un trozo pequeño de pan o de carne[60] que el anfitrión mojaba en el plato común y que luego pasaba a otro de los comensales[61]. Después de hacer ese gesto, le dio el bocado a Judas (por lo que éste debía de estar sentado

---

construcción así por una interrogativa indirecta. El procedimiento contrario es mucho más común.

[57] Robinson habla de "un cambio repentino de postura, marcado por ἀναπεσών"; y cree que esto "se ve aún más claro en el original, donde hay un cambio tanto en las preposiciones como en los sustantivos; ἐν se cambió por ἐπί, y κόλπος, por στῆθος". Juan estaba reclinado sobre su Maestro, y de repente echó la cabeza para atrás sobre su pecho para acercarse más a Jesús y hacerle una pregunta" (*Priority*, p. 161).

[58] En cuanto a οὕτως, Abbott dice: "Probablemente el significado sea que el discípulo amado, en vez de girarse para hablar con Jesús (que habría llamado la atención de todos), solo se reclinó un poco más, *manteniendo disimuladamente la misma actitud y postura*" (1917).

[59] En cuanto a la extraña palabra ἀποκρίνεται, ver el comentario de 12:23.

[60] Lagrange cree que en este caso se trataba de un trozo de carne: "El pan estaba al alcance de todos, así que es más normal que ofreciera un trozo de carne". El término ψωμίον se usa cuatro veces en esta narración, y ya no vuelve a aparecer más en todo el Nuevo Testamento.

[61] En cuanto al significado del término redundante αὐτῷ, ver el comentario de 1:27.

cerca de Jesús). "Lo tomó, y se lo dio" es una construcción más complicada de lo normal, quizá con la finalidad de subrayar la solemnidad de aquella acción. También por esa misma razón se nos da, tal vez, el nombre entero de Judas (ver el comentario de 6:71).

27 Satanás (el único lugar en este evangelio en donde se le llama por su nombre) entró en Judas en ese instante. Juan no tiene duda alguna de quién proviene la motivación de Judas, y no quiere suavizarlo. Lo explica tal como es. Lo que ocurrió es que Satanás entró en el discípulo y fue el que le inspiró a maquinar la traición. Si la entrega de un bocado era una señal en la que se mostraba el favor del anfitrión[62], puede que Jesús estuviera haciendo un último llamamiento de Judas. Pero Judas no reaccionó. En cambio, se dejó llevar por el diablo. "Entonces" apunta a que Jesús sabía lo que estaba ocurriendo. Por eso, le dijo a Judas que lo que iba a hacer, que lo hiciera pronto[63]. Pero toda esta conversación se realizó en términos muy generales, y su verdadero significado siguió estando velado para el resto de los discípulos.

28 Juan nos dice claramente que los que allí estaban no comprendieron el porqué de aquellas palabras de Jesús. Esto sugiere que el discípulo amado no entendió el significado de la señal del bocado. Por eso no pudo decirles a los demás quién era el traidor. No vemos ningún indicio en el pasaje de que Jesús quisiera decir que la traición iba a ser inminente. Por todo lo que se ha dicho hasta ahora, aún podía faltar mucho para que Judas pasara a la acción. Tanto Juan como el resto de los discípulos pensaron que la marcha de Judas tenía que ver con otras

---

[62] La mayoría de comentaristas está de acuerdo en que esta costumbre era un cumplido por parte del anfitrión. Esto podría ser cierto, pero no se cita ninguna evidencia (John Lightfoot dice que era "muy poco normal mojar un bocado *[buccellam]* para luego pasárselo a alguien" (*HHT*, p. 378). Hendriksen niega esta interpretación y cree que esta señal es "una advertencia para Judas". Pero no explica cómo iba a saber Judas que se trataba de una advertencia, ni tampoco explica de qué se le advertía.

[63] τάχιον es un comparativo y significa, estrictamente, "más rápidamente". Juan usa tanto ταχέως (11:31) como ταχύ (11:29), mientras que en el único otro lugar en el que usa τάχιον (20:4) es un verdadero comparativo. Parece ser que deberíamos interpretar la palabra en su sentido estricto. Quizá Juan quiera que pensemos que Judas inicialmente no quería traicionar a Jesús aquella precisa noche. Jesús le dijo que lo hiciera "más rápidamente" de lo que había planeado. Es Jesús, y no Judas, el que determina o establece el momento de la Pasión. También es posible interpretar este sintagma comparativo como superlativo, "lo más rápidamente que puedas" (cf. Rieu: "Cuanto antes, mejor"). Cf. Lc. 12:50 donde vemos el pensamiento que hay detrás de esas palabras.

cuestiones. Al parecer, no había razón para alarmarse. Recordemos que los Sinópticos nos informan de que cuando Jesús predijo la traición, los discípulos preguntaron: "¿Acaso soy yo, Señor?". En aquel momento, no eran conscientes de que hablaba de una traición deliberada; pensaban que se refería a una traición involuntaria. Recordemos también que aún no habían comprendido el propósito de la muerte de Cristo en la cruz. Nosotros estamos tan acostumbrados a leer los Evangelios desde esa perspectiva, que no siempre nos paramos a reflexionar que antes de la crucifixión debía resultar casi incomprensible que Jesús apremiara a Judas a que llevara a cabo su traición ("si me vas a entregar, hazlo pronto"). Seguro que al intentar averiguar lo que esas palabras significaban, se les ocurriría un sin fin de posibles significados, pero todos ellos, lejos de la acción a la que Jesús se estaba refiriendo.

29 Juan nos da dos interpretaciones de los discípulos. Este detalle no era necesario para el relato, pero quizá quiera que el lector vea que los discípulos no tenían ni idea de lo que estaba ocurriendo, cosa que en este momento les diferencia enormemente de su Maestro. Judas era el tesorero del grupo, y por eso todos esperaban que fuera él el que comprara lo necesario para la fiesta, o el que diera limosnas a los pobres. La primera expresión parece apuntar a que la fiesta de la Pascua aún no había llegado, aunque también podría ser que se refiriera a los siete días de la fiesta del pan sin levadura. Michaels cree que la oración sobre dar limosna a los pobres encierra una clara ironía: "Los discípulos, que pensaban que Judas estaba recogiendo dinero para los pobres, no podían estar más equivocados".

30 Este versículo nos dice dos cosas. Judas salió inmediatamente después de recibir el trozo de pan. Y era de noche. Estos dos detalles nos hacen pensar que este relato está narrado por un testigo ocular. "De noche" es más que una marca temporal (durante la Pascua siempre había luna llena). Teniendo en mente la enseñanza global de este Evangelio, esta referencia apunta a la lucha entre la luz y las tinieblas, y a que la noche, las tinieblas, reinaban en el alma de Judas (cf. 11:10). Al apartarse de la luz del mundo, la única alternativa era permanecer en las tinieblas de la noche.

B. *LAS PREGUNTAS DE LOS DISCÍPULOS (13:31-14:31)*

El discurso en sí no empezó hasta que Judas se hubo marchado. Esta enseñanza solo es para los seguidores comprometidos de Jesús. La primera sección se ve interrumpida por una serie de preguntas que los discípulos hacen, que no siempre son el tipo de pregunta que esperaríamos. Jesús usa estas preguntas para darles nuevas enseñanzas. Como es típico en Él, responde las preguntas, pero no se queda en la respuesta, sino que va más allá.

1. Un mandamiento nuevo (13:31-35)

31 Entonces, cuando salió, Jesús dijo: Ahora es glorificado el Hijo del Hombre, y Dios es glorificado en Él. 32 Si Dios es glorificado en Él, Dios también le glorificará en sí mismo, y le glorificará enseguida. 33 Hijitos, estaré con vosotros un poco más de tiempo. Me buscaréis, y como dije a los judíos, ahora también os digo a vosotros: adonde yo voy, vosotros no podéis ir. 34 Un mandamiento nuevo os doy: que os améis los unos a los otros; que como yo os he amado, así también os améis los unos a los otros. 35 En esto conocerán todos que sois mis discípulos, si os tenéis amor los unos a los otros.

a. Algunos manuscritos antiguos no contienen *Si Dios es glorificado en Él*

Entre los comentaristas existe el debate sobre la autoría de estas palabras. Algunos creen que son de Jesús. Otros, que son las reflexiones del autor. Aunque pocos dirían que en estos capítulos apenas aparece la voz del narrador, no podemos pasar por alto las palabras de Wright: "Es indudable que al llegar a este punto el lector siente que está en contacto directo con la mente de nuestro Señor. Es obvio que aquí está hablando alguien mucho mayor que el evangelista. Decir que éstas son las palabras del evangelista, es decir que estaba a la misma altura que Jesús". Si no es Jesús el que nos está hablando en estos pasajes, entonces, ¿dónde lo va a hacer?

Otra cuestión polémica es si el texto que ahora tenemos mantiene el orden original. El final del capítulo 14 habla de una marcha inmediata, pero luego tenemos tres capítulos más, antes de que el grupo se traslade a otro lugar. Por tanto, muchos dicen que los capítulos 15 y 16 tendrían que aparecer después de 13:31. Esta teoría soluciona algunos de los problemas, pero nos plantea otras dificultades (17:1 no queda bien después de 14:31; la referencia al mandamiento "nuevo" de 13:34 no resulta natural después de 15:12, etc.). Desde hace mucho tiempo se cree que se marcharon al final del capítulo 14, y que el resto del discurso tuvo lugar mientras el grupo caminaba por Getsemaní. No es imposible, pero tampoco puede probarse. Otra teoría dice que 13:31-14:31 y 15-17 son versiones diferentes del mismo discurso. Las dos presentan un estilo joánico, así que no cabe otra alternativa que sostener que ambas son del autor original. Dicen que el evangelista debió desaparecer de escena antes de decidir qué versión iba a usar, y alguien introdujo en el texto las dos versiones; o bien que al final él mismo no quiso deshacerse de ninguna de ellas. Pero aunque esta teoría esté respaldada por nombres ilustres, no es nada convincente ni verosímil.

Todas estas hipótesis descansan en la premisa de que estos capítulos no se conforman a nuestros cánones del orden y de la lógica. Pero, ¿por qué tendrían que hacerlo? El escritor no pensaba como nosotros, como un hombre moderno, así que no podemos esperar que ordenara su texto de acuerdo con nuestro gusto y nuestras convenciones. No lo hace aquí, pero tampoco lo hace en ningún otro lugar (los críticos han encontrado "desplazamientos textuales" prácticamente en todas las secciones de este Evangelio). Ni los manuscritos ni ningún escritor de la Antigüedad corroboran todas estas hipótesis sobre los desplazamientos. Está claro que la mejor opción es aceptar el texto tal cual nos ha llegado, sabiendo que el autor no tenía por qué organizar el texto según los parámetros actuales.

Es bastante significativo que Jesús empiece su instrucción con el tema del amor. El nuevo elemento que el cristianismo ofrecía al mundo era que "se tenían que amar los unos a los otros", tal como Jesús había amado. Otro elemento importante es que los temas de "ir" y "venir" son muy importantes en todo este discurso. Dodd dice que en la sección 13:31-14:31 "el pasaje más largo que no contiene una referencia directa a 'ir' y 'venir' no tiene más de cinco versículos. Lo que hace este diálogo es ocuparse de la interpretación de la muerte y la resurrección de Cristo"[64]. La muerte y la resurrección son los elementos que mejor muestran lo que es el amor.

---

[64] *IFG*, p. 403.

31 Otra nueva marca temporal nos recuerda el interés de Juan por el orden de los acontecimientos. La partida del traidor fue un suceso muy importante, ya que significaba que el pequeño grupo había sido librado del elemento maligno que les acompañaba. También significaba que la traición ya empezaba a tomar forma y, por tanto, que el gran acto salvífico que se iba a consumar en el Calvario se acercaba. Y en medio de estas circunstancias, Jesús empieza de forma inmediata[65] su enseñanza. "Ahora" se refiere a las circunstancias presentes. Ahora que la traición está tomando forma, ha comenzado la glorificación del Hijo. De hecho, esta frase refleja que la glorificación ya ha sido completada[66]. En cuanto al Hijo del Hombre" (esta es la última vez que se usa en este Evangelio), ver la Nota Adicional C. Aquí encontramos algunas ideas característicamente joánicas. La glorificación de Cristo está relacionada con lo que, según la comprensión humana, sería lo contrario a la gloria. Cuando Jesús habla de la gloria, lo hace pensando en la cruz. Orígenes utiliza una vibrante figura retórica para transmitir esta idea: "gloria humilde"[67]. Y la gloria del Padre va de la mano de la gloria del Hijo. Los dos tienen el propósito de salvar a los pecadores. La gloria de Cristo está en que se rebaja para salvarnos. Al rebajarse para salvarnos, está haciendo la voluntad del Padre. Por tanto, la gloria de Cristo es la gloria del Padre. La cruz revela tanto el corazón del Padre, como el de Cristo.

32 Las palabras que abren este versículo nos plantean alguna que otra dificultad. La mayoría de los manuscritos abren el versículo de la siguiente manera: "Si Dios es glorificado en Él"[68]. Pero algunos manuscritos importantes omiten estas palabras, puede que por *homoioteleuton*[69], o porque conservarlas supone tener una frase demasiado

---

[65] Moulton ve aquí otro ejemplo en el que se usa el aoristo para expresar lo que acaba de ocurrir (ver el comentario del v. 1).

[66] El aoristo ἐδοξάσθη contempla la glorificación como un todo acabado, completo. También le confiere a la frase un sentido de seguridad, de certidumbre. Nadie puede impedir el cumplimiento total de esta glorificación. En cuanto a δοξάζω, ver el comentario de 7:39.

[67] Citado por M.F. Wiles, *The Spiritual Gospel* (Cambridge, 1960), p. 82.

[68] Estas palabras aparecen en ℵ² A C² ΘΨ f13 lat sa etc. Pero no aparecen en manuscritos tan importantes como p⁶⁶ ℵ* B C* D W f1 it syrˢ.

[69] Véase que se repite ἐν αὐτῷ ... ἐν αὐτῷ. Se dice que, aparte de εἰ, la explicación de la inserción podría ser una ditografía. Pero el εἰ sigue siendo un obstáculo para cualquier teoría que abogue por una adición accidental.

(*N. de la T.* Homoioteleuton: [gr = final igual. Error en la trascripción de un manuscrito que consiste en saltar de un elemento a otro elemento idéntico, omitiendo lo que

complicada. Incluso omitiendo esas palabras, la frase sigue siendo bastante compleja. Si mantenemos esa frase, la construcción condicional que se usa sugiere que la condición se ha cumplido[70]; es decir, no hay duda alguna de que Dios se glorifica en Cristo. Aún es más, Jesús está afirmando tres verdades. La primera es que Dios se glorifica en Él (es decir, en la Pasión; ver el comentario del v. 31). La segunda es que Dios glorificará a Jesús en sí mismo[71] (es decir, en el Cielo; cf. 17:5). Después de la crucifixión vendrá la resurrección; ese es el sello del Padre sobre la obra del Hijo. Como el Padre se glorifica en el Hijo, el Padre ciertamente vindicará al Hijo y le glorificará. El tiempo futuro apunta más allá de la Pasión, apunta a la gloria eterna del Padre, de la que el Hijo también disfrutará. "Del mismo modo que Dios es glorificado en la obra mesiánica del Hijo, el Hijo será glorificado en la dicha eterna del Padre" (Plummer). Jesús está hablando de un futuro inmediato, no haciendo una predicción del futuro lejano.

33 "Hijitos" es un diminutivo que expresa afecto[72]. Jesús sabe que su enseñanza es difícil, pero quiere que sus oyentes sean conscientes de que Él se preocupa por ellos, y que les ama. En este versículo se dispone a desarrollar un poco más el significado de las palabras anteriores. Solo estará con ellos un poco más de tiempo[73] y, luego, como ya les ha dicho a los judíos (es decir, a los líderes judíos que perseguían a Jesús), le buscarán pero no podrán ir a donde Él va (7:33-34; 8:12).

está entre los dos o, por el contrario, se pasa del segundo elemento otra vez al primero, volviendo a repetir lo que está entre los dos. // Ditografía: error en la transcripción de un manuscrito que consiste en la duplicación de un elemento – letra, palabra, frase).

[70] εἰ con el indicativo.

[71] ἐν αὐτῷ"/ o ἐν ἑαυτῷ/, con lo que está de acuerdo la mayoría de los investigadores. Aunque también sería posible ἐν αὐτῷ y sobrentender que se refiere a Cristo, es decir, que Dios le glorificará en su persona humana; pero esta composición es menos probable.

[72] La palabra en griego quiere decir "niños pequeños". Éste es el único lugar de todos los Evangelios en el que aparece τεκνίον. En Gá. 4:19 aparece una variante, y en el resto del Nuevo Testamento solo aparece en 1ª Juan, donde lo encontramos 7 veces. Por tanto, está claro que se trata de un término joánico, y un término poco usual. Como Juan ha usado τέκνον en tres ocasiones, el diminutivo es bastante significativo. Jesús está hablando con ternura, como un padre les habla a sus hijitos. Esta palabra en el Nuevo Testamento siempre aparece en plural.

[73] Este es el primer ejemplo en este evangelio en el que μικρόν aparece sustantivado, pero vuelve a aparecer en los capítulos siguientes (14:19; 16:16 *bis*, 17 *bis*, 18, 19 *bis*). La idea del "poco tiempo que quedaba" resuena a lo largo de todo este discurso final. La expresión χρόνον μικρόν aparece en 7:33; 12:35.

No añade, como hace en la primera ocasión que les dirige estas palabras a los judíos, "no me hallaréis", lo cual podría ser muy significativo. Estas palabras habían sorprendido a los judíos, y ahora también sorprenden a los discípulos (v. 36). Véase que la frase que ahora estamos analizando es exactamente igual que la que encontramos en 8:21 y 22 (ver nota al pie). Creo que es la única vez en este evangelio que una frase llega a repetirse de forma exacta hasta tres veces (ver el comentario de 3:5 sobre la costumbre joánica de recurrir a la variación). Así que está claro que para Juan, esta frase era muy importante. Además, puede que se trate de otro ejemplo del hábito que nuestro evangelista tenía de usar expresiones que encerraban más de un significado, ya que estas palabras podrían estar refiriéndose tanto a la muerte de Jesús, como a su ascensión. Y si se refiere a los dos conceptos a la vez, Jesús está afirmando que los discípulos no pueden ir con él ni a la muerte, ni a la gloria que hay más allá de la muerte.

34 "Un mandamiento nuevo" (cf. 1 Jn. 2:8) en el original está colocado en una posición enfática. Se trata de algo muy importante. Este es el único lugar en este Evangelio en el que Jesús usa el término "nuevo"[74]. El contenido del mandamiento se nos expresa de una forma bien simple: "Que os améis los unos a los otros". Jesús no está hablando aquí de amar a todo el mundo, sino de amar a los que pertenecen a la comunidad de los creyentes. El amor en sí mismo no es un mandamiento nuevo (Lev. 19:18). La novedad es la siguiente: el afecto mutuo que los cristianos tienen los unos por los otros deriva del gran amor que Cristo ha demostrado por todos ellos[75]. Los cristianos crean[76] una comunidad basada en la obra que Jesús ha hecho en su favor, y esa

[74] καινός también se usa para la descripción del sepulcro (19:41). Véase también que el Señor resucitado hace un comparativo con νέος (21:18). Según Turner este pasaje es un ejemplo del uso atributivo de un adjetivo, cuyo significado sería: "Os lo doy de nuevo" (M, III, p. 225). No obstante, esta explicación parece no estar muy justificada.

[75] Cf. Plummer: "El mandamiento del amor no era nuevo, ya que 'amarás a tu prójimo como a ti mismo' (Lev. 19:18) formaba parte de la ley mosaica. La novedad es la motivación que hay detrás del mandamiento; amar a nuestro prójimo porque Cristo nos ha amado. Solo tenemos que leer el 'camino más excelente' de 1 Co. 13 y compararlo con la benevolencia del Pentateuco, para ver la transformación que experimenta el nuevo mandamiento gracias a la nueva motivación que hemos mencionado".

[76] Los hombres de Qumrán no eran nada amables con los extraños, pero dentro de la comunidad daban mucha importancia al amor los unos a los otros (1QS 1:10; v. 26). El odio hacia los desconocidos no tiene nada que ver con Juan, pero el amor dentro de la comunidad sería otro punto en común entre Qumrán y el evangelio joánico.

comunidad goza de un nuevo tipo de relación entre los que la integran. "Era 'nuevo' porque el amor de los amigos de Cristo (que practican por amor a Cristo) era algo nuevo, que aún no había existido en el mundo" (Dods). Jesús mismo ha sido un ejemplo vivo de cómo ponerlo en práctica[77]. Ahora les dice a los discípulos que sigan sus pasos. No les está pidiendo que hagan más de lo que Él ha hecho[78].

35 Ésta será la marca distintiva de los seguidores de Cristo. Todo el mundo sabrá que son discípulos de Cristo si – condición indispensable – tienen amor los unos por los otros (cf. 1 Jn. 3:23; 4:7-8, 11-12. 19s., etc.)[79].

2. Jesús profetiza la negación de Pedro (13:36-38)

36 Simón Pedro le dijo: Señor, ¿adónde vas? Jesús respondió: Adonde yo voy, tú no me puedes seguir ahora, pero me seguirás después. 37 Pedro le dijo: Señor, ¿por qué no te puedo seguir ahora mismo? ¡Yo daré mi vida por ti! 38 Jesús [le] respondió: ¿Tu vida

[77] Puede que sea importante el hecho de que cuando Jesús habla de su amor usa el aoristo ἠγάπησα, y que en las dos ocasiones en las que habla del amor entre los discípulos usa el presente ἀγαπᾶτε (cf. también v. 35; 15:12). Jesús mostró su amor en la cruz; los discípulos tienen que seguir practicando ese amor.

[78] Véase la importancia de καθὼς ... καὶ ὑμεῖς. El segundo ἵνα no depende del primero, sino que están coordinados, lo que hace que el segundo sintagma reafirme y amplíe el primero. De acuerdo con el método joánico, vemos que hay pequeñas diferencias entre las dos formas en las que este versículo expresa esta idea, y que 15:12 también es levemente diferente (ver el comentario de 3:5). Otra característica que hace que esta expresión sea muy joánica es su ambigüedad (el amor de Cristo puede ser tanto la *medida* como el *fundamento* de nuestro amor) y que es muy probable que Juan tuviera en mente los dos significados.

[79] Turner nos dice que ἐν significa "en", y no "hacia", por lo que cree que el original griego debería interpretarse 'si tenéis amor *entre* vosotros'" (*Grammatical Insights*, p. 121). Tertuliano en sus días nos comenta sobre los cristianos: "Mirad cómo se aman... Ved cómo están dispuestos a morir los unos por los otros" (*Apol.* 39; ANF, III, p. 46). Crisóstomo, sin embargo, se queja de que en sus días los cristianos no mostraban mucho amor: "aún ahora, el mayor obstáculo para los paganos es que no hay amor entre los cristianos... Hace tiempo que abandonaron sus propias doctrinas, y admiran las nuestras, pero no se acercan a ellas al ver nuestro estilo de vida" (72.5; pp. 266, 267). Estas palabras son muy relevantes en la actualidad. Beasley-Murray comenta: "El poder atrayente de las comunidades de amor no es menos importante en nuestros días, momento en que este tipo de comunidades es cada vez más escaso" (p. 264). En cuanto a ἀγάπη en Juan, ver el comentario de 5:42.

darás por mí? En verdad, en verdad te digo: no cantará el gallo
sin que [antes] me hayas negado tres veces.

Todos los evangelios nos cuentan que Jesús profetizó sobre la triple negación de Pedro (Mt. 26:33-35; Mr. 14:29-31; Lc. 22:31-34). Está claro que este suceso marcó a los creyentes de la iglesia primitiva.

36 Para referirse al apóstol, Juan usa su nombre completo, "Simón Pedro". Vemos que éste ignora por completo las palabras sobre el amor, y se centra en el tema de la partida de Jesús. Se dirige a su Maestro de forma respetuosa ("Señor"; en cuanto a este término, ver el comentario de 4:1), y le pregunta a dónde va. La respuesta de Jesús tiene cierto aire misterioso[80]. Repite lo que ya ha dicho anteriormente, pero ahora lo hace en singular, para que Pedro vea que también iba por él: "Donde yo voy, tú no me puedes seguir ahora"[81]. Pero añade un nuevo matiz: "Pero me seguirás después".

37 Pedro no puede creer lo que está oyendo. Su orgullo de discípulo, de seguidor, ha sido herido. Tiene que saber por qué no puede seguir a su maestro. Así que, aún de forma respetuosa ("Señor")[82], se lo pregunta a Él directamente. Además, le asegura que está dispuesto a dar su vida por[83] Él. Las palabras que Pedro usa son casi idénticas a las palabras del Buen Pastor (10:11). Quizá estemos ante un nuevo ejemplo de ironía joánica. Pedro dice que está dispuesto a morir por Jesús. Pero sabemos que ocurrió justo lo contrario. Por un lado, lo cierto es que Pedro no estaba preparado, como bien muestra la negación del capítulo 18. Y, por otro, es Jesús el que va a dar su vida por Pedro.

---

[80] "¿Por qué Jesús no responde de forma directa a la pregunta que le hacen? Porque la respuesta es la revelación plena, que solo se sabrá 'después' de que Jesús ya haya completado su obra" (Newbigin).

[81] Puede que sea significativo que esta vez se omitan todos los pronombres personales. En el versículo 33 ἐγώ y ὑμεῖς sirven para crear un contraste entre Jesús y los discípulos. Cuando Jesús le repite esas palabras a Pedro, no se establece ningún contraste. En cambio, encontramos la partícula νῦν. Parece ser que el énfasis está en las circunstancias presentes.

[82] Según el texto más común. Κύριε no aparece en varios manuscritos importantes como ℵ* 33 565 vg syrˢ, y podría ser un añadido realizado por un escriba que intentaba imitar el v. 36.

[83] En cuanto a ὑπέρ, ver el comentario de 6:51.

38 La respuesta de Jesús[84] cuestiona la declaración de Pedro. Pedro parece estar muy seguro de lo que dice. De hecho, cuando usó la espada en el momento en que iban a arrestar a Jesús, demostró que, en un sentido, no le importaba tener que enfrentarse a la muerte física. Pero su integridad no era total. No estuvo dispuesto a definirse como seguidor de Jesús cuando parecía que su causa estaba perdida. En aquel momento no tuvo la valentía y devoción que todo seguidor debe tener. Aquí en este versículo tenemos la predicción de Jesús sobre la traición de Pedro (en cuanto al conocimiento de Jesús, ver el comentario de 4:18). Abre la predicción con el solemne "En verdad, en verdad os digo" (ver el comentario de 1:51). No es casualidad que quiera resaltar esta declaración. La pronuncia de forma muy solemne porque es totalmente consciente de la gravedad que esconde. Jesús le asegura a Pedro que no cantará[85] el gallo sin que antes le haya negado[86] tres veces (ver 18:27, donde aparece el cumplimiento de esta profecía). ¿Cómo debieron de sentarle estas palabras a Pedro? Seguro que quedó muy tocado. Quizá por eso estuvo callado durante el resto del tiempo que estuvieron en el aposento alto, mientras que los demás discípulos siguieron hablando con normalidad. No volvemos a oírle hasta 18:10.

---

[84] En cuanto al extraño término ἀποκρίνεται, ver el comentario de 12:23.

[85] Hay algunas evidencias que apuntan a que los gallos cantaban a una hora determinada (cf. Mr. 13:35, donde se usa "el canto del gallo" como complemento de tiempo). *NBD* dice que "en muchos países se tiene el "canto del gallo" como despertador, para saber que hay que levantarse" (p. 156). No obstante, aquí parece que se refiere a un canto en concreto, como se ve en el versículo que recoge el cumplimiento de esta predicción.

[86] El subjuntivo después de ἕως οὗ indica que el tiempo es indefinido.

Juan 14

3. Cristo, el camino (14:1-7)

*1 No se turbe vuestro corazón; creed en Dios*ᵃ*, creed también en mí. 2 En la casa de mi Padre hay muchas moradas; si no [fuera así,] os lo hubiera dicho; porque voy a preparar un lugar para vosotros. 3 Y si me voy y preparo un lugar para vosotros, vendré otra vez y os tomaré conmigo; para que donde yo estoy, [allí] estéis también vosotros. 4 Y conocéis el camino adonde voy. 5 Tomás le dijo: Señor, [si] no sabemos adónde vas, ¿cómo vamos a conocer el camino? 6 Jesús le dijo: Yo soy el camino, y la verdad, y la vida; nadie viene al Padre sino por mí. 7 Si me hubierais conocido*ᵇ*, también hubierais conocido a mi Padre; desde ahora le conocéis y le habéis visto.*

a. 1 O *Creéis en Dios*
b. 7 Algunos manuscritos antiguos *Si de verdad le habéis conocido*

Jesús mira más allá de la mala experiencia que los discípulos van a vivir, y les consuela. No tienen por qué estar atribulados: Él se va a los cielos a prepararles un lugar. Y Él es el camino que les lleva al Padre.

1 Si creemos que el uso del presente de imperativo[1] debe ser tenido en cuenta, el sentido que aquí tenemos es el siguiente: "dejad de estar atribulados". Jesús no se está dirigiendo a un grupo de despreocupados para convencerles de que no empiecen a preocuparse. Está hablando con un grupo de hombres que está muy intranquilo[2]. No nos debemos

---

[1] Μὴ ταρασσέσθω. El verbo se usa cuando se nos dice que Jesús tenía el alma afligida (11:33; 12:27; 13:21) y cuando se habla del agua agitada del estanque de Betesda (5:7). Más adelante vuelve a aparecer en otra exhortación que Jesús les hace a los discípulos (14:27). Juan usa este verbo 6 veces, pero fuera de este evangelio no es un término muy usual (le sigue Hechos, donde lo encontramos 3 veces).

[2] Turner ha realizado una tabla para ilustrar que "Contrariamente a la práctica del griego y el latín comunes, a veces el Nuevo Testamento para una distributiva singular sigue el arameo o el hebreo. Un objeto que pertenece a cada uno de las personas de un grupo va en singular", aunque en otros lugares se usa el plural (M, III, pp. 23-24). Juan usa καρδία de esta forma y en singular 5 veces (incluyendo una cita de la Septuaginta), pero nunca en plural. La otra aparición en la tabla también está en singular (χείρ, 10:39).

dejar engañar por la división que se ha hecho de los capítulos; tenemos que interpretar estas palabras a la luz de lo que acaba de ocurrir. Pedro está consternado ante el anuncio de que va a negar a su Maestro tres veces, y seguro que esa predicción también afectó a los demás discípulos. Si Pedro iba a negar a Jesús, ¿no significaba eso que, como consecuencia, iba a venir un juicio de forma inminente? Además, Jesús había hablado de su pronta marcha a un lugar donde ellos no podían ir. Para un grupo de hombres que lo habían dejado todo para seguir a su líder, la noticia de que ahora Él les iba a dejar era bastante abrumadora[3]. Están muy turbados. Y Jesús sabe que en cuestión de horas aún lo estarán más. Por eso les dirige estas tranquilizadoras palabras.

El significado de la segunda parte del versículo no está demasiado claro debido a la ambigüedad del texto original, que en nuestra versión se traduce en ambos casos por "creed"[4], pero que podría ser tanto imperativo como indicativo. Eso quiere decir que según la interpretación, podríamos tener traducciones bien diferentes: "Creéis en Dios, y también creéis en mí", o "Creed en Dios, creed también en mí". Incluso se podría optar por la combinación de los dos modos verbales: "Creéis en Dios, creed también en mí" o "Creed en Dios, también creéis en mí" (aunque esta estructura no tiene mucho sentido). También podría haber por medio alguna interrogativa: "¿Creéis en Dios? Creed también en mí". O "Creéis en Dios. ¿También creéis en mí?". O podríamos colocar una coma después de la primera palabra: "Creed, creed en Dios y también en mí" (cf. Moffatt: "Creéis, creed en Dios, creed también en mí"). Lo que está claro es que para Juan, la fe en Jesús no es algo adicional[5], que solo ejercerán aquellos a quienes les apetezca. Jesús es la Revelación de Dios, y no se puede llegar al Padre si no es por Él (v. 6). Por tanto, la fe en el Padre es imposible si no se tiene fe en el Hijo. Pero aún teniendo esta idea clara, podríamos aceptar más de una posibilidad. Sin embargo, en vista de que el primer verbo es imperativo,

---

[3] Lüthi nos dice cuál es la importancia de esto: "Pedro, Tomás y el resto están perplejos sobremanera, y con razón. Han seguido a Jesús, abandonándolo todo, yendo a donde fuese, haciendo lo que Él decía... Y ahora Él les revela que se va a un sitio adónde aún no le pueden seguir. Eso quería decir que le tenían que dejar, que les despedía. La razón por la que están tan asombrados es porque no pueden concebir separarse de su Señor.

[4] πιστεύετε.

[5] Cf. Schnackenburg: "la creencia en Dios se derrumba si no se tiene fe en Jesús".

lo mejor es tomar los dos verbos como imperativos. Así, Jesús está animando a sus seguidores a continuar creyendo en el Padre, y a continuar creyendo en Él, y de ese modo, conseguir no tener el corazón turbado. No obstante, debemos admitir que hay otras interpretaciones válidas. Puede que estemos ante otro ejemplo de la costumbre joánica de usar expresiones que podían entenderse de diversas maneras, con la idea de recoger más de un sentido a la vez. No podemos pasar por alto el reto que esa declaración encierra: debemos tener fe en Jesús mismo. Para los discípulos era fácil creer en Dios, Aquel que había obrado en la historia de su pueblo. Pero otra cosa bien distinta era creer en aquel Jesús que estaba allí, delante de ellos, sobre todo en ese preciso momento: uno de sus seguidores le va a entregar, el cabecilla de la banda le va a negar tres veces, el resto de los discípulos le va a abandonar, y sus enemigos le van a crucificar. Tener fe en medio de estas circunstancias no es cualquier cosa.

2 Está claro que "La casa de mi Padre" se refiere al Cielo[6]. No sabemos con certeza cuál es el significado de "moradas"[7]. Parece ser que lo mejor es interpretar ese término como "residencias permanen-

---

[6] A menos que entendamos, como S. Aalen, que "casa" significa el pueblo de Dios a la manera de Hebreos 3:2s. Este comentarista cree que nuestro pasaje depende del Targum de 1 Cr. 17:9, "Asignaré *un lugar para mi pueblo, y habitará en su propio lugar, y no se turbará jamás*" (*NTS*, 8 [1961-62], p. 238). Las palabras en cursiva apuntan al gran parecido. La sugerencia de MiM es muy atrayente: dice que "la casa de mi Padre" incluye tanto la tierra como los cielos, así que estemos donde estemos, estamos en su casa. Pero si optamos por esta interpretación, entonces no tiene sentido que Jesús "vaya" a preparar un lugar para nosotros. La teoría de Kysar se parece bastante; según él, los cristianos "ya experimentamos el futuro en el presente. Los beneficios de Dios para la Humanidad no son algo del pasado. Ni tampoco están guardados para cuando estemos en el cielo. *Ahora* es el momento en que nos otorga los dones que toda la Humanidad anhela" (*John the Maverick Gospel* [Atlanta, 1976], p. 110).

[7] μονή, (en todo el Nuevo Testamento, solo aparece aquí y en el v. 23) es sinónimo de μένω, que tanto aparece en este evangelio. Se usa para referirse a estancias tanto temporales como permanentes. BAGD cita μονὴν ποιεῖσθαι en el sentido de "vivir, permanecer o quedarse". Años después esta palabra se usaba para referirse a un "monasterio" (MM, Lampe). En este capítulo, las dos veces que aparece debemos entenderla en el sentido de "permanencia". La traducción "mansión" deriva de la Vulgata, donde encontramos el término latino *mansiones*, pero como hoy en día asociamos ese término con la opulencia, no sería muy adecuado usarlo en este contexto. Robert H. Gundry subraya la relación con μένω, y cree que estamos ante una referencia a "la posición espiritual en Cristo, parecida al concepto de la teología paulina" (*ZNTW*, 58 [1967], p. 70).

tes", y no "un paso en el camino de la continua evolución". El concepto de la evolución continua en el mundo venidero, aunque es atrayente y probablemente cierta, no aparece en ningún lugar de las Escrituras. No obstante, sí enseñan la dicha y el carácter permanente del Cielo, y parece ser que es eso a lo que Jesús se está refiriendo ahora. Otra opción sería que se estuviese refiriendo al progreso en esta vida; Cristo en muchas ocasiones ha dado un lugar de descanso y de refrigerio a los que avanzan por el camino de la vida. La objeción a esta teoría consiste en que no es nada probable que "la casa de mi Padre" se esté refiriendo a este mundo. Además, usar el término "casa" como simbolismo de un lugar de descanso temporal no tiene mucho sentido. Tendría más sentido usar algo como "morada", o "lugar de residencia". "Muchas" no debería interpretarse como un cuantitativo absoluto, es decir, no deberíamos pensar que equivale a "todas". "Esta frase quiere decir que en los cielos hay lugar para todos los redimidos" (Richardson). "Si no fuera así"[8] enfatiza lo dicho anteriormente. No hay lugar a dudas. Muchos respaldan la puntuación de la NVI (la versión que usa Leon Morris [*N. de la T.*]), la RV y LBLA (la versión usada en la traducción que hemos hecho de este comentario [*N. de la T.*]), que hacen una pausa (ya sea punto, o punto y coma) después de "os lo hubiera dicho". Pero otros, como Rieu, traducen este versículo de la siguiente manera: "Si no fuera así, ¿os habría dicho que voy a preparar un lugar para vosotros?"[9] (Phillips, Knox, *NRSV*; pero *GNV*, *REB* y otros coinciden con nuestra versión). Pero el mayor problema de la traducción de Rieu es que no logra transmitir que Jesús ya había dicho aquello anteriormente. No es un error fatal, puesto que sabemos que no se han recogido todas sus palabras (cf. 21:25), pero lo cierto es que siempre deberíamos optar por la traducción más completa y más fiel a lo que el texto original nos quiere transmitir. Quizá deberíamos considerar las palabras "si no fuera así, os lo hubiera dicho" como un paréntesis. El sentido del versículo sería, pues, el siguiente: "En la casa de mi Padre hay muchas moradas (si no fuera así, no os lo habría dicho), porque voy a preparar un lugar para vosotros". Todo lo que ha ocurrido y lo que Jesús ha

---

[8] εἰ δὲ μή, aparece en Juan solo aquí y en el v. 11. En ambos casos esta expresión va seguida de πιστεύετε.

[9] Si pensamos que ὅτι significa "que" en vez de "porque".

enseñado es verdad. ¿Por qué? Porque ahora Jesús va[10] a prepararles un lugar para ellos[11].

3 Esto tiene unas consecuencias. Si Jesús se va con ese propósito, volverá (el uso del presente nos da una seguridad increíble, una certeza indestructible)[12]. No deberíamos perder de vista la referencia a su segunda venida. Ciertamente, Juan no la menciona con tanta frecuencia como el resto de los evangelistas, pero no es verdad que esta idea no esté presente en este texto. Con esto, no negamos que Juan use el término "venir" en más de un sentido, ni que Jesús no sea una realidad para sus seguidores aquí y ahora. Pero también está claro que no se limita a hablar de esta vida. En algunos textos vemos que Juan espera con anhelo la parusía. No se nos dice nada sobre el tipo de lugar que Cristo está preparando. A los creyentes nos basta con saber que estaremos con nuestro Señor[13].

4 Es muy probable que la breve traducción por la que opta nuestra versión sea la correcta[14]. En la RV, por ejemplo, encontramos una

---

[10] πορεύομαι se usa aquí y en el versículo 3, pero en 13:33, 36; 14:4, 5 se usa ὑπάγω. El uso joánico no garantiza que haya una diferencia entre los dos verbos. Ver también el comentario del v. 28 y, en cuanto al uso joánico de ὑπάγω, el comentario de 7:33.

[11] El término "lugar", en el llamado Evangelio de Tomás, se usa en un sentido casi técnico. En la declaración núm. 60 leemos: "Les dijo: Vosotros también buscáis en vuestro interior un lugar para descansar" (citado de R.M. Grant y D.N. Freedman, *The Secret Sayings of Jesus* [Londres, 1960], p. 157). Pero tanto aquí como en cualquier otro momento, se refiere a un lugar "dentro del mismo creyente"; es un estado de paz interior. Y el concepto de Juan es totalmente diferente. Para él, "lugar" es un concepto escatológico. En cuanto a la preparación del lugar, T.D. Bernard dice lo siguiente: "Entendemos que los hombres debemos prepararnos para aquel lugar; pero no entendemos cómo iba a preparar el lugar para los hombres" (*The Central Teaching of Jesus Christ* [Londres, 1900], p. 134). Jesús está realizando en nuestro beneficio algo que se nos escapa; va más allá de nuestra comprensión.

[12] BDF lo clasifica en una lista de verbos en tiempo presente, sobre los que comenta: "En declaraciones sobre un futuro claro y seguro, se suele usar el tiempo presente, que acentúa la veracidad de la declaración hecha" (323).

[13] ἵνα (ver el comentario de 1:8) indica finalidad o propósito. Ese es el propósito por el que Jesús se va y luego volverá. Juan usa ὅπου el doble que cualquier autor neotestamentario (30 veces; le sigue Marcos con 15 veces; en Juan encontramos más de una tercera parte del total de veces que aparece en el Nuevo Testamento [82 veces]).

[14] En p[66*] A D Θ fl fl3 syr[s] ya aparece καὶ τὴν ὁδὸν οἴδατε, pero esto no es suficiente para enfrentarse con el testimonio de importantes manuscritos en los que no aparecen estas palabras; esto además va unido al hecho de que, en este caso, añadir tiene más sentido que suprimir. Algunos textos acaban con οἴδατε, pero apoyamos lo que revelan manuscritos como p[66c] א B W etc.: τὴν ὁδόν.

versión más larga y más sonora: "Y sabéis a dónde voy, y sabéis el camino". La versión más breve parece demasiado breve, y uno casi tiene ganas de explicarla, de hacerla más extensa; mientras que, ante la versión más larga, no sabría exactamente cómo abreviarla para decir lo mismo en menos palabras. Jesús está afirmando[15] que ellos saben cómo seguirle. Cada vez que les enseñaba, les estaba mostrando el camino. Si siguen ese camino, llegarán a donde Él esté.

5 Esto hace que Tomás (ver el comentario de 11:16) lance una pregunta. Quiere que las cosas queden claras, que no ha acabado de entender las palabras de Jesús. Tomás está siendo sincero, no hay duda alguna. Dice que ni él ni el resto de los discípulos saben adónde va Jesús (cf. la pregunta de Pedro, 13:36). ¿No acaba de decir que no pueden ir allí? (13:33, 36). Entonces, ¿cómo van a saber el camino? El discurso de Jesús no parece tener mucho sentido. Parece contradictorio.

6 Jesús ahora introduce un tema algo diferente. Ha estado hablando de dejar a sus discípulos, y eso es lo que preocupa a Tomás. Pero Jesús tiene que volver al Padre (13:3; 16:5, 10, 17), y ahora les habla del camino[16] (se hace hincapié en la idea del "camino" a través de la repetición: vv. 4, 5, 6). Él no solamente le muestra el camino a la gente (revelándoselo), sino que Él mismo es *el* camino (nos redime). Por asociación, "la verdad" (ver la Nota Adicional D) tiene también un sentido de redención. Apunta a la total credibilidad de Jesús, pero también a la verdad salvífica del Evangelio. Pero además, Jesús es la vida, y la fuente de la vida para los creyentes[17]. Todo esto va seguido de la ex-

---

[15] MacGregor interpreta esta expresión como una interrogativa: "¿Y conocéis el camino al lugar donde voy?". Pero no hay razón alguna que nos haga pensar que aquí deberíamos tener una interrogativa.

[16] En cuanto a los siete "Yo soy" o reclamos de Jesús que aparecen en este evangelio, ver el comentario de 6:35. En cuanto a Jesús como el Camino, cf. He. 10:20. En Hechos, "el Camino" se usa a veces para referirse al cristianismo (p. ej., Hch. 9:2; 19:9, 23; 24:14, 22).

[17] Que el artículo aparezca tres veces es bastante sorprendente. Moule cree que delante de ὁδός es necesario, pero, entonces, ¿en los otros dos casos solo aparece por cuestiones formales o de estilo? ¿Y el uso con el sustantivo abstracto? Moule se pregunta si deberíamos decir: "Yo soy el camino, soy verdad, soy vida" (*IBNTG*, p. 112). Turner cita a Zerwick, que cree que la presencia de los tres artículos es inexplicable, "a no ser que sea una referencia a Cristo como la verdad, la vida y la luz auténticas; todas las demás verdades, vidas y luces son transitorias" (M, III, p. 178). Esta parece ser la mejor interpretación.

plícita declaración de que nadie va al Padre si no es por Cristo o a través de Cristo. "Camino", "verdad" y "vida" tienen una importancia especial[18], ya que esta triple expresión recalca las muchas caras o aspectos de la obra de salvación. "Camino" habla de una relación o conexión entre dos personas o cosas, y aquí se refiere a la unión entre Dios y los pecadores. "Verdad" nos recuerda la total credibilidad de Jesús en todo lo que dice y hace. Y "vida" hace hincapié en que la mera existencia física importa bien poco. La única vida que merece ser llamada así – *vida* – es la que Jesús ofrece, porque Él es la vida misma. Jesús está afirmando que su obra es lo único que los pecadores necesitan, que es suficiente; en otras palabras, está afirmando la singularidad y la suficiencia de su obra. No deberíamos pasar por alto la fe que requiere tanto pronunciar esas palabras, como aceptarlas – recordemos que era la víspera a la crucifixión. "Yo soy el camino" –, dijo aquel que, poco después, moriría en una cruz. "Yo soy la verdad", cuando las mentiras de sus enemigos iban a llevarle a la derrota. "Yo soy la vida", cuando tan solo faltaban unas horas para que pusieran su cadáver en una tumba.

7 La construcción condicional sugiere que los discípulos no han conocido[19] a Cristo y, por tanto, que tampoco han conocido al Padre[20]. Es cierto que en un sentido, sí habían conocido a Jesús. Le habían cono-

---

[18] Puede que los tres sustantivos formen una construcción tal como la define John Lightfoot: según él, estamos ante un "idiotismo hebreo" que significa "el camino vivo y verdadero" (*HHT*, p. 382). Cf. Moffatt: "Yo soy el camino vivo y auténtico". Esta interpretación es posible, pero no cuenta con mucho apoyo, ya que en otros lugares del Evangelio, Juan usa otras palabras para referirse a "auténtico o verdadero" y a "vivo". Algunos comentaristas creen que el énfasis recae en "vida": "Yo soy el verdadero camino a la vida". Otros dicen que estas palabras significan "Yo soy el camino a la verdad y a la vida". Pero la interpretación más acertada es la que presenta estos sustantivos de forma coordinada, y no establece una dependencia entre ellos.

[19] Hay una tendencia natural a hacer hincapié en "mí", que luego contrastamos con "mi Padre". Pero el enclítico με no es enfático. El énfasis en la primera proposición está en ἐγνώκειτε. En la segunda, está en τὸν Πατέρα μου, como muestra la posición en la que aparece y su relación con ἄν. Así, el conjunto significa: "Si verdaderamente me hubierais *conocido* (con todo lo que ese conocimiento implica), hubierais conocido (ni más ni menos que a) *mi Padre*".

[20] εἰ con un pasado de indicativo en la primera parte, y ἄν con el indicativo en la segunda. Estas palabras son una amonestación. En algunos documentos, como por ejemplo p[66]א D*, encontramos εἰ ἐγνώκατε ... γνώσεσθε (sin ἄν). Esto convertiría estas palabras en una promesa: "Si (como es el caso) llegáis a conocerme, también conoceréis al Padre". Pero esta lectura cuenta con menos apoyo y, de todos modos, por el contexto es más lógico tener una amonestación.

cido lo suficiente como para abandonar sus casas, sus amigos, sus oficios, para seguirle dondequiera que fuese. Pero no le conocían del todo: no habían llegado a comprender todo lo que su persona implicaba. Y conocerle de verdad es conocer al Padre. Hasta ahora todo ha sido como una preparación. No han alcanzado un conocimiento pleno de la persona de Jesús ni de su significado. Pero a partir de ahora la cosa va a cambiar. Porque le conocen[21] y le han visto[22]. Debemos entender estas palabras en el contexto de 1:18: "Nadie ha visto jamás a Dios; el unigénito Hijo, que está en el seno del Padre, Él le ha dado a conocer". No podemos ver a Dios en un sentido literal, pero conocer a Jesús de forma plena es ver al Padre celestial. No perdamos de vista el avance que esto supone frente a la enseñanza veterotestamentaria. Como bien dice Dodd[23], a lo largo del Antiguo Testamento no es normal encontrarse a nadie afirmando conocer a Dios. Se veía como una bendición futura; aunque se animaba a la gente a conocer a Dios, es muy raro encontrar a personas que afirmaran haberlo logrado (como en el Sal. 36:10). Pero, según Juan, toda esta situación cambia gracias a la persona de Cristo. Como resultado de lo que Él ha hecho ("Desde ahora"), sus seguidores podrán conocer a Dios. Se trata de una revolución tanto religiosa, como teológica.

4. El Padre y el Hijo (14:8-14)

8 Felipe le dijo: Señor, muéstranos al Padre, y nos basta. 9 Jesús le dijo: ¿Tanto tiempo he estado con vosotros, y [todavía] no me conoces, Felipe? El que me ha visto a mí, ha visto al Padre; ¿cómo dices tú: «Muéstranos al Padre»? 10 ¿No crees que yo estoy en el Padre, y el Padre en mí? Las palabras que yo os digo, no las hablo por mi propia cuenta, sino que el Padre que mora en mí es el que hace las obras. 11 Creedme que yo estoy en el Padre, y el Padre en mí; y si no, creed por las obras mismas. 12 En verdad, en verdad

---

[21] Podría tomarse γινώσκετε como un imperativo: "Desde ahora le vais a conocer" (Knox). Pero el indicativo parece ser una interpretación más acertada.

[22] Barclay comenta: "Podría ser que para la gente del mundo antiguo ésta fuera la declaración más sorprendente de Jesús. Para los griegos, Dios era *El Invisible*. Los judíos sostenían que nadie había visto a Dios jamás".

[23] *IFG*, p. 163s.

os digo: el que cree en mí, las obras que yo hago, él las hará también; y aun mayores que éstas hará, porque yo voy al Padre. 13 Y todo lo que pidáis en mi nombre, lo haré, para que el Padre sea glorificado en el Hijo. 14 Si me pedís algo en mi nombre, yo [lo] haré.

Una pregunta de Felipe nos abre el camino a una enseñanza sobre la estrecha relación que hay entre Jesús y el Padre. Los dos están tan íntimamente relacionados que cualquiera que ha visto al Hijo ha visto al Padre. Como esto tiene consecuencias para la vida de oración de los discípulos, Jesús se dispone a tratar algunas de ellas.

8 Felipe (ver el comentario de 1:43) se siente atraído por aquellas palabras que hablan de ver al Padre. Según parece, Felipe creía que ver al Padre sería el fin de todos sus problemas. Por eso le pide a Jesús que le muestre al Padre. "Eso nos basta". "Será suficiente". Aparentemente, espera una teofanía como las que en alguna ocasión encontramos en el Antiguo Testamento (Éx. 24:10; 33:17s.; Is. 6:1). Ver el comentario de 2:20, donde se habla de la costumbre de Juan de aprovechar los malentendidos para dar una explicación más profunda.

9 La respuesta de Jesús consiste en una suave amonestación. Aunque Jesús ha estado con todos ellos "tanto tiempo", Felipe aún no le conoce. "Tanto tiempo"[24] no es una referencia muy precisa, pero indica un cierto período de tiempo. Cualquiera esperaría que Felipe[25] conociera a Jesús más de lo que muestran sus palabras. Su pregunta revela lo limitado que era su conocimiento. Y ahora viene la explicación de Jesús, sorprendente por ser tan sencilla, pero a la vez tan profunda. Ver a Jesús es ver al Padre (cf. 12:45; 13:20)[26]. Esto quiere decir que Jesús es la reve-

[24] τοσοῦτον χρόνον. (א* D contienen τοσούτῳ χρόνῳ, pero el significado es casi el mismo). El verbo εἰμί también transmite la idea de duración, en la que la acción es continua desde el pasado hasta el momento en que se pronuncian estas palabras.
[25] No queda muy claro si deberíamos relacionar a Felipe con lo que le antecede, o con lo que le sucede. Normalmente, se ha interpretado que va con lo que le antecede, pero lo siguiente también tendría sentido: "¿Tanto tiempo he estado con vosotros, y todavía no me conocéis? Felipe, el que me ha visto a mí,...".
[26] Puede que estemos ante otro ejemplo de la costumbre joánica de introducir cambios en las repeticiones (ver 12:45; 13:20). 13:20 tiene que ver con "recibir", y no con "ver", así que si excluyéramos este versículo, estaríamos ante una variación doble, ya que 12:45 difiere ligeramente de este versículo. Pero creo que podemos incluirlo, dado

lación del Padre. En 1:18, se dice que Jesús da a conocer al Padre. Pero este versículo va aún más allá. De la forma en que explica la relación entre el Padre y el hijo, es difícil no verles en cierto sentido como uno. Estas palabras no las puede pronunciar cualquier ser humano. Vemos que se hace hincapié en el "tú" ("¿Cómo dices tú...?"). Seguro que nosotros, al acercarnos como lectores, esperábamos que alguien como Felipe, uno de los discípulos, uno de los amigos de Jesús, hubiera sabido todo eso.

10 Ahora nos encontramos ante una afirmación sobre la compenetración entre el Padre y el Hijo. El uno está "en" el otro, y viceversa, y se presupone que Felipe así lo creía; la estructura "¿No crees...?" rige una respuesta afirmativa. En 10:38 se espera que incluso "los judíos" debían creer; ¡cuánto más un discípulo tan cercano a Jesús! Parece ser que lo que debería haberle dado fe a Felipe era la enseñanza de Jesús, ya que de forma inmediata Jesús habla de sus palabras. Su origen no es simplemente humano (cf. 7:1). Jesús dice: "Las palabras que yo os digo, no las hablo²⁷ por mi propia cuenta". Entonces, según nuestra lógica debería seguir algo como "sino el Padre que mora en mí es el que *habla estas palabras*"; y, sin embargo, lo que Jesús dice es "sino el Padre que mora en mí es el que *hace las obras*" (ver Nota Adicional G). A lo largo de todo este evangelio los hechos son "señales", y las palabras son la actuación de Dios. Los hechos y las palabras de Jesús son una revelación de Dios. Ambas provienen del Padre y revelan el carácter de Dios. Aunque desde un punto de vista humano Jesús es el que pronuncia aquellas palabras, son obras de Dios (hechas a través de Jesús). "Que mora en mí" habla de una relación permanente. En cierto sentido, vuelve a repetirse el mismo argumento que en 10:38, lo que quizá apunta a un ejemplo más de la costumbre joánica de repetir frases ya usadas anteriormente, pero no repetirlas exactamente igual, sino introduciendo alguna pequeña variación.

---

que los tres hablan de la relación íntima entre Cristo y el Padre, relación por la cual lo que se hace con uno, se hace con el otro.

²⁷ Parece ser que no hay ninguna diferencia entre λέγω y λαλῶ; algunos manuscritos contienen λαλῶ en ambos lugares. Jesús se está refiriendo a las palabras que les ha dicho a todos ellos, no solo a Felipe.

11 "Creedme que" es una frase muy significativa. Hoy en día se suele decir que la fe no es simplemente adherirse a una serie de proposiciones intelectuales, sino más bien confiar o creer en una persona. Esta
declaración no tiene por qué implicar que el contenido de la fe no es
importante. Aunque es verdad que el Nuevo Testamento habla de la fe
en una persona, también es cierto que no se trata de una fe ciega. La
fe tiene un componente intelectual. Y aquí Jesús llama a Felipe y a los
demás a creerle[28], no solo a creer en Él. Fe incluye el reconocimiento de que lo que Jesús dice es verdad. Además, Jesús les está pidiendo
que crean "algo" ("creedme *que...*"). ¿Qué sentido tendría la fe en Cristo
si no supiéramos por qué vale la pena confiar en Él? Creer que Él está
en el Padre, y el Padre en Él[29] es parte de la fe por la que uno se compromete con Cristo. Si Cristo no mora en el Padre, y viceversa, es casi
imposible que haya un compromiso pleno.

La última parte del versículo hace referencia a los milagros de Jesús
(en cuanto al uso de este argumento, cf. 5:36; 10:25, 38). Como en el
resto de este evangelio, la fe que se deriva de haber visto un milagro
es mejor que la incredulidad. Esto no se contradice con el relato de la
tentación que encontramos en los Sinópticos. Jesús resistió la tentación
de convertirse en un milagrero que forzase a la gente a creer. En Juan,
los milagros se caracterizan, no por ser algo "maravilloso", ni por demostrar un poder extraordinario, sino por ser "señales". Si uno tenía
la actitud correcta, un milagro le encaminaba a Dios. Aquí los milagros
se describen como "obras". Lo que para nosotros es un milagro, para
Jesús no es más que una obra normal. Ver la Nota Adicional G.

12 En cuanto al solemne "En verdad, en verdad os digo", ver el
comentario de 1:51; anuncia que lo que viene a continuación es una
declaración importante. "El que cree en mí" (en cuanto a esta construcción, ver el comentario de 1:12) hace hincapié en el compromiso
personal; Jesús no está hablando del creyente meramente formal.
Continúa diciendo que el que realmente cree en Él, hará las obras que

---

[28] Si optamos por μοι como aparece en p[75] A B Θ f1 f13 it boh etc. Esta palabra no
aparece en p[66] א D W lat. Pero la mayoría de manuscritos apuntan a que debería incluirse.
Los manuscritos que no la contienen podrían haberse deshecho de ella para así conseguir
una frase más fluida.

[29] Esta es una repetición del v. 10; como es típico en Juan, encontramos una pequeña
variación: la omisión de ἐστιν.

Él hace, e incluso mayores[30]. La razón es que Jesús "va"[31] al Padre; dicho de otra forma, su obra de salvación está consumada. Esto quizá tenga su explicación en el contexto de la venida del Espíritu Santo, que no vendría hasta que el Hijo se marchara (16:7; cf. 7:39). Todo lo que Jesús está diciendo lo podemos ver cumplido en el relato de Hechos. Allí encontramos algunos milagros de curaciones, pero el énfasis está en la obra poderosa de la conversión[32]. Solo en el día de Pentecostés, hubo más personas que decidieron ser seguidoras de Jesús que todos los discípulos que había tenido durante su vida en la tierra juntos. Así que ahí vemos un cumplimiento literal de "obras aun mayores que éstas". En comparación, durante su vida en la tierra, el Hijo de Dios pudo influir en un sector limitado de gente. Después de su partida, sus seguidores pudieron llegar a más personas, y esparcirse para llegar a lugares donde el mensaje de Jesús no había llegado. Pero todo aquello lo hacían basándose en que Cristo había vuelto al Padre. No podían actuar de forma independiente. Al contrario, al hacer aquellas "obras mayores" estaban siendo agentes de su Señor.

13 Y eso nos lleva directamente a la importancia de la oración. Todo[33] lo que los discípulos pidan[34] en su nombre[35], Cristo lo hará. Esto no quiere decir simplemente usar su nombre como una fórmula mágica. Quiere decir que la oración debe ir de acuerdo con todo lo que su nombre representa. Es una oración que procede de la fe en Cristo, una oración que demuestra que se es uno con Cristo, una oración busca glorificar a Cristo. Y el propósito de todo ello es dar gloria a Dios, una gloria que es "en el Hijo". Estas dos ideas son inseparables, como vemos que ocurre

---

[30] ἐγώ (ver el comentario de 1:20) y κἀκεῖνος son enfáticos. ἔργα no vuelve a aparecer con μείζονα. Jesús no está hablando de hacer milagros, sino de un servicio de tipo más general.

[31] En cuanto al uso del presente para referirse a una certeza futura, ver el comentario del v. 3.

[32] Cf. Ryle: "'obras mayores' se refiere a más conversiones. No hay obra mayor que la de la conversión de un alma".

[33] ὅ τι ἄν es indefinido, e incluye cualquier cosa. Del mismo modo, τι en el próximo versículo no marca límite alguno.

[34] En cuanto a αἰτέω y ἐρωτάω en la oración, ver el comentario de 11:22.

[35] Encontramos ἐν τῷ ὀνόματί μου siete veces: aquí, 14:14, 26; 15:16; 16:23, 24, 26. El "nombre" del Padre también aparece en siete ocasiones, aunque no siempre con las mismas palabras: 5:43; 10:25; 12:13; 17:6, 11, 12, 26. En cuanto "el nombre" en los tiempos antiguos, ver el comentario de 1:12.

en toda esta sección. Por eso la oración puede estar dirigida a cualquiera de los dos. Ya hemos visto que Juan ve al Padre y al Hijo tan íntimamente relacionados, que lo que uno hace, el otro también lo hace. No deberíamos pasar por alto el importante hecho de que Cristo dice que Él mismo contestará la oración[36].

14 En el versículo 13, "pedir" no tiene complemento indirecto, por lo que no queda claro si hay que pedirle a Cristo o al Padre (aunque es Cristo el que "hará"). Como el sujeto es la oración, lo más normal sería pensar que el complemento indirecto es el Padre, como también sería lo más normal en este versículo. Pero leemos: "Si me pedís algo en mi nombre". Vemos que la oración también se puede dirigir al Hijo, y que en este caso aún sigue diciendo "en mi nombre". La condición es la misma. Orar a Cristo en su nombre puede sonar extraño, pero de hecho tenemos ejemplos en los que se apela al Padre "por amor de tu nombre" (p. ej., Sal. 25:11; 79:9). Como en el versículo anterior, la respuesta a la oración vendrá de Cristo mismo. Vemos que se hace hincapié en esta idea[37]. "Algo" apunta a que esta promesa no tiene límites [*N. de la T.* Recuérdese que en griego tenemos la misma palabra indefinida que en el versículo anterior se tradujo por "todo"]. El poder de la oración es ilimitado. Al comparar los versículos 13 y 14 volvemos a apreciar la costumbre joánica de repetir la misma idea de forma ligeramente diferente[38].

[36] Bernard dice: "La diferencia entre δώσει, 'El Padre os lo dará', de 16:23, y ποιήσω, "Yo lo haré', de 14:13, es la diferencia que hay entre la doctrina judía de la oración y la doctrina cristiana de la oración".

[37] Se usa el pronombre ἐγώ, que no se había usado en el versículo anterior. Es cierto que en algunos documentos encontramos τοῦτο (A B L etc.), pero la mayoría de los investigadores creen que ἐγώ es el texto original.

[38] Algunos documentos como X Λ fl 565 syr^{s.c} etc., omiten todo este versículo. με tampoco aparece en otros que sí incluyen el versículo 14 (A D it co etc.). Lo más probable es que este versículo sí sea original, y las omisiones sean intentos de solucionar el problema que plantea la referencia a dirigir la oración a Cristo en su nombre, inmediatamente después de tener una referencia a la oración dirigida al Padre. Otra posibilidad es que la omisión del versículo fuera un *homoioteleuton*, por el que el ojo del escriba habría saltado del primer ἐάν (al principio del v. 14) al siguiente ἐάν (al principio del v. 15).

5. La venida del Espíritu (14:15-17)

15 Si me amáis, guardaréis mis mandamientos. 16 Y yo rogaré al Padre, y Él os dará otro Consolador para que esté con vosotros para siempre; 17 [es decir,] el Espíritu de verdad, a quien el mundo no puede recibir, porque ni le ve ni le conoce, [pero] vosotros sí le conocéis porque mora con vosotros y estará[a] en vosotros.

a. 17 Algunos manuscritos antiguos *y está*

Este pasaje nos presenta la primera de una serie de referencias al Espíritu Santo (14:26; 16:26; 16:17-15). Poco se dice de Él en la primera parte del Evangelio, pero se habla de su obra en los capítulos 14, 15 y 16. La idea principal de este pasaje es que cuando Jesús marche, el Espíritu estará con sus seguidores. Jesús no les va a dejar sin recursos.

15 Las palabras anteriores de Jesús han enfatizado la importancia de la fe, y les ha dado a los discípulos una promesa tremenda sobre lo que pueden hacer a través de la oración. Vemos ahora un cambio, ya que el énfasis recae sobre el amor (el verbo aparece 8 veces en los vv. 15-24). Jesús, después de la promesa del versículo 14, añade un recordatorio sobre las implicaciones éticas de ser un seguidor de Jesús. Si aman a su maestro, ese amor se evidenciará en que guardarán sus mandamientos. El texto original hace un énfasis especial en "mis mandamientos".[39] Jesús vuelve a esa idea más adelante (v. 21). Puede que el tiempo presente sea bastante significativo. Está hablando de una actitud hacia el amor que debe ser continuada[40].

16 A los que se han tomado en serio su compromiso con Jesús, los que le aman y guardan sus mandamientos, Jesús les promete que Él[41] estará rogando[42] al Padre por ellos. Y el resultado de esa oración será

---

[39] Se usa τὰς ἐντολὰς τὰς ἐμάς y aparece al principio de la frase. Es más enfático que τὰς ἐντολάς μου, aunque, del modo que Juan lo usa, menos que τὰς ἐμὰς ἐντολάς (ver el comentario de 3:29). Pero no deberíamos darle demasiada importancia a esta construcción, sobre todo a la luz de τὰς ἐντολάς, que aparece un poco más adelante (v. 21). La posición de las palabras es más importante.

[40] En cuanto a ἀγαπάω, ver el comentario de 3:16.

[41] κἀγώ es enfático (ver el comentario de 1:31): "Yo, ni más ni menos que yo...".

[42] Este es el primer ejemplo en este evangelio en que ἐρωτάω se usa en relación con las oraciones de Jesús (hasta ahora se ha usado cuando la gente hacía preguntas).

que el Padre les dará "otro[43] Consolador". La presencia física de Jesús entre sus discípulos estaba llegando a su fin. Ya no iban a poder seguir disfrutando de la compañía y esa intimidad que habían tenido durante su ministerio en la tierra. Pero eso no quería decir que iban a quedar "huérfanos". El Padre les iba a dar "otro Consolador"[44], que es la traducción por la que tradicionalmente se ha optado, pero el sentido que hoy en día le damos a esta palabra impide que nos llegue el significado pleno del término griego. No se refiere tanto a "consolar" o "confortar", sino que más bien se refiere a la defensa de una causa; algunas traducciones modernas optan por "Abogado" (Rieu, *RBE*) o "Consejero" (NVI). También recoge la idea de un amigo, algo así como un socio letrado. Ver más en la Nota Adicional F. El Consolador estará con los discípulos "para siempre"[45]. Esa nueva situación

En cuanto a la diferencia entre αἰτέω y ἐρωτάω, ver el comentario de 11:22. La segunda palabra es la más común en Juan (aparece 27 veces, mientras que αἰτέω solo aparece 11 veces).

[43] Se dice que ἄλλον significa "otro del mismo tipo", mientras que ἕτερον se referiría a "otro de un tipo diferente". Así, J.B. Lightfoot afirma que ἕτερον "sugiere una diferencia en el tipo o la clase, y ἄλλο no". La diferencia principal entre estas palabras parece estar en que ἄλλος significa "una junto a", y ἕτερος, "uno de entre dos" ... ἄλλος añade, mientras que ἕτερος establece una distinción. Ahora bien, cuando estamos ante dos objetos, la reacción natural es compararlos o contrastarlos; así, ἕτερος pasa a significar 'lo contrario de', ... aunque ἄλλος normalmente para negar la identidad de algo, ἕτερος se usa a veces para negar el parecido entre los dos objetos" (*Saint Paul's Epistle to the Galatians* [Londres, 1902], p. 76; añade que en algunas ocasiones los dos términos se pueden intercambiar). Por tanto, se nos dice que el Espíritu es un Consolador como Cristo. Creo que toda esta interpretación es correcta, pero no todos los comentaristas creen que haya una diferencia entre esos dos términos. Y como Juan solo usa ἕτερος una vez (19:37), no sabemos a ciencia cierta si usa estas palabras de forma estricta o no. Abbott dice que Cristo no se llama a sí mismo un παράκλητος, por lo que no deberíamos interpretar ἄλλον como "otro diferente a mí", sino como "otro diferente a vosotros", es decir, "El Padre os enviará a *Otro*, un Espíritu como el vuestro, pero que es superior al vuestro, (como) *Paracletos* (para vosotros)" (2793). Del mismo modo, W. Michaelis cree que este pasaje significa "otro, como un Paracletos" (*Coniectanea Neotestamentica*, XI [1947], p. 153). Para rebatir esta posición se podría decir que aunque Jesús no ha usado la palabra *Paracletos* refiriéndose a Él mismo, sí que ha hablado de hacer obras que son competencia de un Paracletos. H. B. Swete es determinante: el Espíritu es "un segundo del mismo orden que el primero". Continúa diciendo: "Es imposible imaginarse ἕτερον παράκλητον en este contexto" (*The Holy Spirit in the New Testament* [Londres, 1910], p. 300 y nota al pie núm. 2). Parece ser que lo mejor es ver a Jesús como un Paracletos (especialmente dado que este término sí se usa para describirle a Él; 1 Jn. 2:1) y al Espíritu como otro Paracletos.

[44] En griego es παράκλητος, que significa un abogado, y no tanto alguien que consuela y conforta. La traducción de "Consolador" parece ser que se remonta a Wycliffe.

[45] Black apunta a *qui*, que es la variante de ἵνα en el antiguo manuscrito latino *m* y *q*. Según él, en estas variantes podemos ver diversas formas de entender la forma

será permanente. Dios da el Espíritu a los discípulos una vez, y ya no lo quita.

17 A ese Abogado se le llama ahora "el Espíritu de verdad" (cf. 15:26; 16:13)[4 6]. Es interesante ver que el Espíritu está asociado con la verdad, porque unas líneas atrás Jesús se ha descrito a sí mismo como "la verdad" (v. 6), y también vimos que los que adoran al Padre deben hacerlo "en verdad" (4:23-24). Está claro que la verdad está estrechamente relacionada con la primera persona de la Trinidad. Según Barrett, esta expresión significa "el Espíritu que comunica verdad". Puede que tenga razón. A continuación, Jesús contrasta el mundo con los discípulos y la actitud que estos tienen hacia el Espíritu. En primer lugar, les dice que el mundo (ver la Nota Adicional B) "no puede[4 7] recibir" al Espíritu: se trata de una declaración muy fuerte[4 8]. La razón es que el mundo ni le ve ni le conoce. "Ver" equivale a "percibir". El mundo no se percata de las obras del Espíritu. Por eso no lo conoce. No puede tener una relación personal con Él. Pero no ocurre lo mismo con los discípulos. Ellos[4 9] sí conocen al Espíritu. El tiempo presente, "mora con[5 0] vosotros" habla

aramea ᑐ, y concluye: "estamos ante una clara evidencia de que detrás del material joánico de las palabras de Jesús hay una tradición aramea" (*AA*, p. 59).

[46] En los manuscritos de Qumrán leemos sobre "los espíritus de verdad y de perversidad" (1QS 3:18s.). Estamos ante una coincidencia lingüística impresionante, ya que no se trata de una expresión muy común. Pero, subrayamos, se trata de una coincidencia lingüística, no de pensamiento. Juan ve "el Espíritu de verdad" como un Ser asociado al Padre y al Hijo, pero los manuscritos se refieren a dos espíritus, uno bueno y uno malo, que luchan por tener el control de las personas. De nuevo, los manuscritos igualan el "príncipe de las luces" al espíritu de verdad, mientras que Juan prefiere asociar la luz con Cristo. Ver más en mi obra *The Dead Sea Scrolls and St. John's Gospel* (Londres, 1960), pp. 5-7. "El espíritu de verdad" se menciona en el Test. De Jud. 20:1, 5, pero, de nuevo, se trata tan solo de una coincidencia lingüística, y no de una coincidencia de ideas. El pasaje en los Testamentos parece ser una evolución de la doctrina judía de los dos Yetzers (lo que reduce las posibilidades de que se trate de una interpolación cristiana).

[47] En cuanto a la opinión de Juan sobre lo que puede y no puede hacerse, ver el comentario de 3:4.

[48] Bultmann nos recuerda que esto "no quiere decir que el no creyente no puede llegar a creer"; lo que quiere decir es que "El mundo *qua mundo* no puede recibir al Espíritu" (p. 616).

[49] ὑμεῖς es enfático: hay una clara diferencia entre los discípulos y el mundo.

[50] En este pasaje se usan tres preposiciones diferentes para describir la asociación del Espíritu con los creyentes. μεθ' ὑμῶν (v. 16) no parece ser muy diferente de παρ' ὑμῖν (este versículo). Es posible que ambas apunten a la presencia del Espíritu en la Iglesia, mientras que ἐν ὑμῖν (este versículo) subraya el hecho de que mora en los creyentes (también Barrett). Pero las tres formas podrían ser resultado del estilo variante joánico.

de una realidad continua[51], del mismo modo que "estará en vosotros" se refiere a una certeza futura[52].

6. La manifestación de Cristo a los discípulos (14:18-24)

18 No os dejaré huérfanos; vendré a vosotros. 19 Un poco más de tiempo y el mundo no me verá más, pero vosotros me veréis; porque yo vivo, vosotros también viviréis. 20 En ese día conoceréis que yo estoy en mi Padre, y vosotros en mí, y yo en vosotros. 21 El que tiene mis mandamientos y los guarda, ése es el que me ama; y el que me ama será amado por mi Padre; y yo lo amaré y me manifestaré a él. 22 Judas (no el Iscariote) le dijo: Señor, ¿y qué ha pasado que te vas a manifestar a nosotros y no al mundo? 23 Jesús respondió, y le dijo: Si alguno me ama, guardará mi palabra; y mi Padre lo amará, y vendremos a él, y haremos con él morada. 24 El que no me ama, no guarda mis palabras; y la palabra que oís no es mía, sino del Padre que me envió.

A raíz de la idea de que el Espíritu estará con los discípulos aunque el mundo no se percate de su existencia, Jesús pasa a hablar de la forma en la que se va a manifestar a sus discípulos, y de que no se va a manifestar al mundo. El mundo no puede apreciar la relación que hay entre Jesús y sus seguidores. Los cristianos "conocen" a Cristo en todo el sentido de la palabra. Pero el mundo no le conoce en absoluto.

18 Jesús ya ha hablado en varias ocasiones de que se va a marchar y va a dejar a los discípulos (13:33, 36; 14:2s.). También ha dicho que vendrá otra vez (v. 3), aunque ya vimos que la idea de ese versículo era principalmente la de la segunda venida. Ahora Jesús retoma la idea de "volver" a los discípulos para cubrir su necesidad inmediata. "Huér-

---

[51] Si es que se trata de un presente. μένει podría estar acentuado (μενεῖ), lo que lo convertiría en un futuro (Torrey, Knox). Pero la mayoría aboga que lo más lógico es que se trate de un presente.

[52] En este caso estamos ante una duda de tipo textual, y no sabemos si debemos leer un futuro o un presente. ἔσται es lo que aparece en la mayoría de manuscritos, pero encontramos ἐστίν en B D* W fl 565 syrᶜ y algunos otros. Pero el presente parece ser un intento de querer armonizar el verbo con los dos presentes anteriores, γινώσκετε y μένει.

fanos"[53] está en la misma línea semántica que vimos en 13:33 ("hijitos"). Jesús no[54] va a dejar[55] a los discípulos solos ante los peligros de este mundo. Les asegura que vendrá a ellos: el tiempo presente del original apunta a la seguridad, a la certeza de esa declaración (ver el comentario del v. 3). Muchos comentaristas dicen que Jesús viene con la venida del Espíritu Santo; y esto es cierto. Pero lo más seguro es que aquí se esté refiriendo a las apariciones de después de la resurrección[56].

19 "Un poco más de tiempo" (ver el comentario de 13:33) es otra indicación más de que Jesús no está hablando de unos acontecimientos que ocurrirán en un futuro remoto y lejano. Ya queda muy poco para la crucifixión, que traerá esa gran división entre "el mundo" y los discípulos. Después de la muerte de Jesús el mundo ya no le verá más. Físicamente, ya no estará en el mundo; y espiritualmente, el mundo nunca había llegado a conocerle en ese sentido. Pero con los discípulos será diferente. Es cierto que la crucifixión los separará de su maestro, pero solo durante un breve período de tiempo. La expresión "vosotros me veréis" (en el original el verbo está en presente) es bastante difícil de interpretar. La crucifixión suponía para los discípulos la misma separación que para el mundo. Ellos tampoco vieron a Jesús. Quizá deberíamos entender que esta declaración no solo habla de la crucifixión, sino que también se refiere a la resurrección. Está claro que esa es la idea que aparece al final del versículo. Después de haber sido arrebatado, Jesús "vivirá". Y eso tiene implicaciones para ellos[57]. Su resu-

---

[53] ὀρφανούς. Las otras veces que aparece en el Nuevo Testamento, se usa en el sentido literal (Mt. 12:40, v.1; Stgo. 1:27). Horsley muestra que esa palabra se usaba para referirse a niños que habían perdido uno o ambos progenitores (*New Docs.*, pp. 162-64).

[54] De todos los evangelistas, Juan es el que más usa esta negación. οὐ (286 veces). En Mateo aparece 204 veces, en Marcos, 117 veces, y en Lucas, 174 veces.

[55] ἀφήσω es un término con un sentido bastante fuerte. Puede usarse en el sentido de "abandonar".

[56] Cf. Hoskyns: "Esta venida del Cristo no es una interpretación de la venida del Espíritu, como muchos comentaristas tanto antiguos como modernos han supuesto... Se trata de otro tipo de aparición, y primeramente se refiere a las apariciones después de la resurrección". Del mismo modo opina Barrett, quien, no obstante, cree que Juan deliberadamente usó un lenguaje ambiguo que podía "aplicarse tanto a la resurrección como a la parusía".

[57] El uso enfático de ὑμεῖς pone a los discípulos en claro contraste con el mundo. Entonces, ἐγώ y ὑμεῖς enfatizan los lugares de Jesús y sus discípulos.

rrección es la garantía de que la muerte no les va a vencer[58]. Si Él tiene vida, ellos tienen vida (cf. 6:57). Como es típico de Juan, esta declaración podría tener un significado aún más profundo. A lo largo de toda la historia siempre ha ocurrido lo mismo: el mundo no ha "visto" a Cristo, pero sus seguidores sí.

20 "En ese día" no es una marca definida, pero parece ser que debemos interpretarlo como el día de la resurrección de Jesús. Otros sugieren que se trata de una referencia a la venida del Espíritu Santo, pero para aceptar esta interpretación hay que hacerlo a la luz de 20:22, donde en un sentido el Espíritu Santo les es dado en el Día de la Resurrección. Todo esto les daba a los discípulos certeza, una certeza basada en que Cristo estaba en Dios, y que Cristo estaba en los creyentes y los creyentes en Cristo. Cuando el Señor resucite, conocerán la verdad sobre la relación de su Maestro con el Padre y sabrán que Él está en ellos y que ellos están en Él.

21 De nuevo se define el amor a Cristo en relación con la Ética (ver el v. 15). El que ama a Cristo es el que "tiene" sus mandamientos y los "guarda u obedece". La expresión "*tener* los mandamientos" no es muy usual, y no sabemos de un paralelo exacto (aunque cf. 1 Jn 4:21). El significado parece ser "apropiarse los mandamientos, hacer que formen parte del interior de la persona". Jesús no solo habla de "tener" los mandamientos, sino que también habla de "guardarlos". Esto quiere decir que obedecerlos diariamente es más importante que simplemente comprenderlos o conocerlos de forma intelectual[59]. No obstante, no podemos llegar a la conclusión de que el amor del Padre se gana a través de esta obediencia: en primer lugar, Jesús está diciendo que el amor a Él no es tan solo una cuestión de palabras; los hechos mostrarán si es real o no. El que ama hace lo que el amado pide. En segundo lugar, está diciendo que el Padre no es indiferente ante la postura que la gente

---

[58] Si ὅτι como "porque" y καί como "también". Otros prefieren traducirlos como "que" e "y" respectivamente, por lo que el resultado final sería "el mundo no me verá más, pero vosotros veréis que yo vivo y vosotros viviréis" (Temple). Otra posibilidad es entender ὅτι como "porque", pero traducir la frase de la siguiente manera: "el mundo no me verá más, pero vosotros me veréis, porque yo estoy verdaderamente vivo, y vosotros también lo estaréis" (Phillips).

[59] San Agustín define a la persona que obedece los mandamientos de la siguiente forma: "aquel que los posee en la memoria, y los guarda y deja que afecten su moral" (75.5; p. 336).

toma hacia el Hijo. No entendamos esto como que el Padre va dando recompensas a aquellos que se las merecen; la mejor manera de explicarlo es que el amor llama al amor. Esa gente no solo será amada por el Padre[60], sino que Jesús les amará también. Además, dice que se "manifestará"[61] a ellos. No desarrolla esta idea; simplemente dice que de alguna forma, por indefinida que sea, Él se revelará a los que le aman.

22 A raíz de todo esto, Judas (y Juan procura dejar bien claro que no se trata de Judas Iscariote) tiene una pregunta. Ésta el la única vez que el evangelista menciona a este apóstol. Aparece una vez en Lucas, y otra en los Hechos, de donde sabemos que era hijo (o quizás hermano) de Jacobo (Lc. 6:16; Hch. 1:13). Podría tratarse de la misma persona a quien se llama Tadeo (Mt. 10:3; Mr. 3:18). Es un personaje del que se no se sabe gran cosa. Las repetidas interrupciones de este solemne discurso, protagonizadas por las preguntas de los sorprendidos discípulos, son una ilustración gráfica de que verdaderamente eran "amigos" de Jesús (15:14-5) y que había entre ellos una confianza auténtica. Llegado este momento, Judas verbaliza una duda que debía de estar rondando la mente de todos los presentes. Pregunta qué es lo que ha pasado[62] (por las palabras de Jesús quizá habíamos anticipado un futuro) para que Jesús se manifieste a ellos[63] y no[64] al mundo. Obvia-

---

[60] Éste es el único lugar en este evangelio en el que Juan usa ὑπό con el genitivo. Se trata de una construcción bastante común, y si Juan la evita es porque prefiere usar verbos activos (aunque quizá deberíamos destacar lo poco que usa ὑπό, solo dos veces, frente a las 28 de Mateo, 12 de Marcos y 30 de Lucas). La razón por la que en este pasaje opta por alejarse de su preferencia no está clara, a no ser que quisiera repetir ὁ ἀγαπῶν με. Westcott cree que la pasiva "saca a relucir la experiencia consciente del amor mediante el objeto de éste".

[61] ἐμφανίζω solo aparece en este evangelio aquí y en el versículo siguiente. No es la palabra que normalmente se suele usar para transmitir la idea de "manifestar" (φανερόω). BAGD la define como "hacer visible", mientras que MM dice que en los papiros se usa en un sentido casi técnico: "realizar un informe oficial". Está claro que ese no es el uso que aquí tenemos, sino que estaríamos más bien ante lo definido por Westcott: "una presentación en una forma clara y llamativa". Se usa cuando se describe el deseo de Moisés de presenciar una manifestación visible de Dios (Éx. 33:13, 18). Pero también puede usarse para hablar de que Dios se manifiesta a los que confían en Él (Sabiduría 1:2). Este sería más o menos el sentido que tenemos en este versículo de Juan.

[62] τί γέγονεν; NVI traduce "¿Por qué te propones mostrarte a nosotros...?"

[63] ἡμῖν es enfático debido a la posición que ocupa en la frase.

[64] Juan ha usado una partícula de negación muy fuerte, οὐχί, con lo que logra que ésta se lleve la atención principal de la proposición en la que aparece.

mente, Judas entiende "manifestarse" como "manifestarse físicamente". Como los judíos, está pensando en un Mesías que se alzará en toda gloria delante de todas las naciones. Por la forma en cómo lo dice, parece ser que cree que acaba de ocurrir algo que entorpece el plan que Jesús se había trazado.

23 La respuesta a la pregunta de Judas es, cómo no, "amor". Como en los versículos 15 y 21, Jesús insiste en que el amor a Él se tiene que materializar en hechos. El que de verdad le ame, guardará su palabra (cf. 8:51; 17:6). Esto nos lleva aún más allá: el Padre amará a esa persona, y tanto el Padre como el Hijo vendrán a hacer[65] morada con ella[66]. Hemos de entender "morada"[67] con todo su significado pleno. Jesús no está hablando de una residencia temporal, sino de una morada permanente. En otro lugar leemos que Dios es amor, que nadie ha visto a Dios jamás, y que el que permanece en amor, permanece en Dios (1 Jn. 4:12, 16). Aquí tenemos la misma idea. Juan no tiene en mente la segunda venida, ni las apariciones de después de la resurrección, sino que está pensando en el milagro por el cual los creyentes experimentan la presencia de Dios en ellos[68].

24 Pero la otra cara de la moneda no es tan positiva. Los que no aman a Cristo no guardan las palabras de Jesús[69]. En este evangelio, no se presenta el amor como una emoción abstracta, sino como algo extraordinariamente práctico. El amor lleva a la obediencia. Jesús subraya la seriedad que eso tiene recordándonos que la palabra que predica no es suya, sino del Padre (cf. 7:16; 8:28; 12:49). No podría tratarse

---

[65] "Hacer" es la traducción de ποιησόμεθα, aparentemente el único ejemplo de este uso de este verbo en este evangelio. Sin embargo, parece ser que se usa más bien en sentido activo.

[66] παρ' αὐτῷ significa literalmente "al lado de", pero según el v. 17 vemos que no se diferencia mucho de ἐν αὐτῷ.

[67] En cuanto a μονή, ver el comentario del v. 2.

[68] Morgan lo parafrasea de la siguiente manera: "Entonces Jesús dijo: Judas, ¿me preguntas por qué he abandonado al mundo? Yo no lo he abandonado. Mi Padre y yo vendremos a morar en ti y en todos los que, como tú, me amen".

[69] Quizá no deberíamos hacer una gran distinción entre λόγους y λόγον. Juan suele usar el singular para referirse a la enseñanza de Jesús (2:22; 5:24, etc.), pero también encontramos el plural en otras dos ocasiones (7:40; 10:19). Este es el único lugar en este evangelio en el que Jesús mismo usa el plural. Parece ser que significa lo mismo que ἐντολαί en el v. 21. Cuando Juan usa ῥῆμα siempre lo hace en plural.

de una autoridad mayor. Como en tantas otras ocasiones, al Padre se le define como aquél que envía al Hijo (ver el comentario de 3:17). En este evangelio nunca se pierde la perspectiva de la misión de Cristo. Además, esa misión apunta a que el propósito divino en cuanto al amor es permanente, inmutable.

7. "Yo voy al Padre" (14:25-31)

25 Estas cosas os he dicho estando con vosotros. 26 Pero el Consolador, el Espíritu Santo, a quien el Padre enviará en mi nombre, Él os enseñará todas las cosas, y os recordará todo lo que os he dicho. 27 La paz os dejo, mi paz os doy; no os la doy como el mundo la da. No se turbe vuestro corazón, ni tenga miedo. 28 Oísteis que os dije: «Me voy, y vendré a vosotros.» Si me amarais, os regocijaríais porque voy al Padre, ya que el Padre es mayor que yo. 29 Y os lo he dicho ahora, antes que suceda, para que cuando suceda, creáis. 30 No hablaré mucho más con vosotros, porque viene el príncipe de este mundo, y él no tiene nada en mí; 31 pero para que el mundo sepa que yo amo al Padre, y como el Padre me mandó, así hago. Levantaos, vámonos de aquí.

Esta sección del discurso acaba con un nuevo recordatorio de la marcha de Jesús y las consecuencias que eso tendrá para los discípulos. No se presenta como si fuera una tragedia o una pérdida, sino como una bendición. El Espíritu Santo estará y actuará en los creyentes. La paz de Cristo también estará con ellos. Así que deberían regocijarse por el hecho de que Cristo va a estar con su Padre.

25 "Estas cosas" (NVI, "Todo esto") hace referencia a las palabras de este discurso en concreto, y no a toda la enseñanza de Jesús[70]. "Estando con vosotros" indica que el tiempo de Jesús en la Tierra estaba llegando a su fin. Quizá esto contrasta con la idea vista en el versículo 23: "haremos con Él morada".

---

[70] Puede que el perfecto λελάληκα quiera darle a las palabras de Jesús un sentido de permanencia. La expresión ταῦτα λελάληκα ὑμῖν aparece 7 veces en el discurso de despedida, pero no aparece en el resto del Evangelio (aquí, 15:1; 16:1, 4, 6, 25, 33).

26 Tenemos aquí la descripción del Espíritu Santo más completa de todo el Evangelio. En cuanto a "el Consolador", ver la Nota Adicional F. En el pasaje anterior se le ha llamado "el Espíritu de verdad"; ahora recibe el título de "Espíritu Santo"[71]. Esta designación tan característica, que aparece a lo largo de todo el Nuevo Testamento, no resalta el poder del Espíritu, ni su grandeza, ni cualquier cualidad de ese tipo. Para los primeros cristianos lo más importante era que es santo. Ese era el elemento de su carácter que más importaba. Este versículo también muestra que está estrechamente relacionado con el Padre y con el Hijo. El Padre le envía, y lo hace en el nombre del Hijo. En 15:26 se nos dice que lo envía el Hijo desde el Padre. No creo que debamos hacer una gran distinción entre estas dos formas de expresarlo; ya sabemos que Juan muchas veces realiza cambios cuando hace una repetición. Pero en ambos lugares está diciendo lo mismo: la misión del Espíritu no deriva de forma exclusiva ni del Padre ni del Hijo. Deriva de ambos. En cuanto a "en mi nombre", ver el comentario del versículo 13. No creo que aquí signifique que los discípulos piden en el nombre de Cristo. Lo más probable es que Él mismo será el que pida (como en el v. 16); también podría querer decir que el Espíritu será enviado para continuar la obra de Cristo, para ocupar su lugar[72] ("si es enviado en el nombre de Jesús, es el emisario de Jesús [no simplemente su sustituto, contra Brown...]" Carson). La función del Espíritu que aquí se enfatiza es la de maestro[73]. "Todas las cosas" abarca mucho, y probablemente signifique "todo lo que necesitéis saber". El Espíritu será el guía y el maestro de la Iglesia. Eso no significa que traerá revelaciones nuevas; lo que hará es recordar a los discípulos todo aquello que Jesús[74] les había dicho. Juan ha dejado claro que los discípulos no habían enten-

---

[71] Esta es la única vez que se usa en este evangelio la forma completa τὸ Πνεῦμα τὸ Ἅγοιν. Hace hincapié en que el Espíritu tiene la cualidad divina de la santidad.

[72] C.B. Williams traduce: "a quien el Padre enviará para representarme".

[73] El pronombre ἐκεῖνος, gramaticalmente no es necesario y, sobre todo después del neutro, πνεῦμα. nos recuerda que el Espíritu es una persona. Cf. Westcott: "El pronombre masculino tan enfático sirve para hacernos ver el carácter personal del Abogado".

[74] ἐγώ (ver el comentario de 1:20) es enfático, tanto por su forma, como por su posición en la frase. La dispensación del Espíritu no será radicalmente nueva en el sentido de despachar la enseñanza de Jesús. Lo que hará es enfatizar su enseñanza aún más. Cf. Bultmann: "el Espíritu no enseña nuevas revelaciones, desvinculadas de la Historia, sino que enseña en continuidad con el oficio de la proclamación" (p. 626, nota al pie núm. 5).

dido el significado de mucho de lo que su Maestro les había enseñado. Parece ser que habían ido olvidando algunas de las cosas que no habían comprendido. Así, lo que Jesús está diciendo es que el Espíritu Santo suplirá esa carencia. Las cosas que les va a recordar son las cosas que Jesús les ha dicho[75]. Es decir, el Espíritu no va a traer una nueva dispensación, desechando la enseñanza de Jesús, sino que lo que hará es recordarnos precisamente esa enseñanza.

27 En un sentido, este versículo introduce un nuevo tema. Hasta ahora no se había mencionado la paz. Pero, por otro lado, tampoco se trata de algo nuevo, ya que la paz que Jesús da es la consecuencia natural de la presencia en las personas del Espíritu Santo de quien Jesús ha estado hablando. La paz es el legado[76] que Jesús deja a sus discípulos. "Paz" solía usarse en aquel entonces como un saludo (20:19, 21, 26) o para despedirse. Eso también explica que sea ahora, llegado el último discurso, cuando salga el tema. Pero la expresión que aquí tenemos no es la fórmula típica de las despedidas; Jesús usa aquel término tan conocido a su manera, y con un propósito propio. La forma en la que repite la palabra "paz" produce un efecto impresionante[77]. Se trata de un concepto importante. Una vez ya ha dejado claro en qué consiste lo que Él da, Jesús pasa a diferenciar su regalo de cualquier cosa que el mundo pueda ofrecer. Cuando el mundo usa la palabra "paz" en un saludo, expresa una esperanza. Y seguro que ya se había convertido en una convención, y había perdido todo su significado original (como nuestro "Adiós = A Dios seas"). Pero lo que Cristo hace es dar paz verdadera. Además, la paz de la que Él habla no depende de circunstancias externas, cosa que sí le ocurre a cualquier tipo de paz que el

---

[75] El aoristo εἶπον le da a esta expresión un carácter de finalidad o propósito. La enseñanza de Jesús ha llegado a su fin.

[76] ἀφίημι tiene aquí el sentido de "dejar atrás", "dejar como legado" (en cuanto al uso de este verbo cf. Sal. 17:14). Aquí Jesús habla de la paz no como un saludo, sino con un don especial que deja a los suyos. Cf. Col. 3:15; 2 Ts. 3:16, etc. Aparte de las salutaciones en 20:19, 21, 26, εἰρήνη en este evangelio solo se usa aquí y en 16:33. En ambos lugares se refiere al don de Cristo.

[77] Lo más normal sería que el segundo εἰρήνην fuera acompañado de un artículo, sobre todo porque va seguido de τὴν ἐμήν. La ausencia del artículo desvía la atención a la cualidad de la paz en cuestión, y puede que sea ese el efecto que se está buscando. No se trata de una paz cualquiera, sino de la paz de Cristo. BDF cree que este es un ejemplo de una construcción en la que "el carácter definido del sustantivo se ve solo a través de una frase adicional posterior" (270[3]).

mundo pueda dar. Como da[78] ese tipo de paz, Jesús puede exigir a la gente que no se turbe[79] ni tenga miedo[80]. La serenidad que Cristo da excluye esos dos estados. En la Biblia, "paz" tiene un significado mucho más amplio y más profundo que en cualquier otro escrito griego. Para los griegos (igual que para nosotros), la paz solo servía para describir la "ausencia de la guerra". Pero para los hebreos esa palabra hablaba de una bendición, ya que se refería al estado en el que uno estaba cuando tenía una buena relación con Dios. Esta idea se ve en todo el Antiguo Testamento, y continúa en el Nuevo[81]. Por tanto, en este versículo esta palabra tiene todo su sentido original.

28 Jesús les recuerda lo que ya había dicho en el versículo 3, referente a que iba a marcharse[82], y que luego vendría otra vez. Eso había perturbado a los discípulos, y Jesús había contestado a sus dudas y preguntas. Ahora, vuelve a sacar el tema, ya que su marcha cada vez está más cerca. Si realmente le amaban, aquello debía de causarles regocijo (el condicional griego implica que ni le amaban, ni se regocijaban)[83], y no consternación. La idea de que Jesús va al Padre no es una causa de tristeza, sino de alegría, de gozo. "El Padre es mayor que yo" plantea alguna que otra dificultad a aquellos que sostienen una fe trinitaria. No obstante, no se está hablando de "el ser esencial de Cristo", sino de su estado en aquel momento, es decir, la Encarnación. Ésta implicaba la aceptación de una cierta subordinación, como queda claro en todo el

---

[78] La multiplicación de δίδωμι en este versículo es una muestra de la costumbre joánica de enfatizar algo a través de la repetición. Se trata de un *don* de Jesús.

[79] En cuanto al singular καρδία, ver el comentario del v. 1.

[80] Este es el significado de δειλιάτω. BAGD define este verbo como "ser cobarde, tímido". Ésta es la única vez que aparece en todo el Nuevo Testamento.

[81] El término hebreo שלם tiene un significado más pleno que el griego εἰρήνη, pero cuando en la Septuaginta se usaba este último término para traducir aquel primero, tomaba todo el sentido de la palabra hebrea. Así, los escritores del Nuevo Testamento lo usaron en el sentido de la Septuaginta, y no tanto en el sentido le daban sus contemporáneos. Ver más en mi obra *The Apostolic Preaching of the Cross*³ (Londres y Grand Rapids, 1965), pp. 237-44, y la bibliografía que allí cito.

[82] El uso de ὑπάγω y de πορεύομαι en este versículo muestra que Juan apenas hace distinción entre los dos. Algunos estudiosos afirman que en este evangelio el primero significa "ir a casa" y el segundo, "ir de viaje". Pero las evidencias no respaldan esta teoría. Ver también el comentario del v. 2.

[83] εἰ ἠγαπᾶτε... ἐχάρητε ἄν. Es posible, como creen algunos comentaristas, que Jesús estuviera probando a los discípulos. Sea como sea, lo que sí es cierto es que está mostrando las limitaciones del amor de los discípulos.

Nuevo Testamento. Estas palabras deben entenderse a la luz de "Yo y el Padre somos uno" (10:30)[84]. Juan no está afirmando, como sostenían los arrianos, que Jesús era un ser creado. Está hablando de la marcha del Jesús humano de la Tierra para estar con el Padre. Así, y teniendo todo esto en mente, Jesús ve su vuelta con el Padre como un motivo de alegría. Y el que verdaderamente le ame sabrá verlo así también.

29 Las palabras de Jesús tendrán un efecto mayor en el futuro. Cuando las cosas de las que está hablando sucedan, los discípulos recordarán las palabras de su maestro, y creerán. Puede que este último verbo quiera decir más que simplemente dar crédito a las palabras de Jesús. Aún confiarán[85] más en su maestro cuando vean que sus palabras se cumplen. En cuanto al pensamiento que hay detrás de este versículo, cf. 13:19.

30 Estas palabras quedarían bien como cierre del discurso de Jesús, pero no tienen por qué serlo (algunos investigadores se empeñan en reordenar los capítulos para que estas palabras queden al final)[86]. De hecho, el evangelista podría haberlas colocado al principio de este último discurso. Jesús dice que ya no va a enseñar más porque viene Satanás. No se olvida de los agentes humanos, pero tampoco les da

---

[84] Westcott tiene un comentario excelente sobre esta cuestión, y hace un análisis de las principales interpretaciones patrísticas de este texto. Ver también el valioso comentario de Hoskyns. Godet escribe sabiamente: "Nuestro pasaje confiere, a aquel que así habla, el más vivo sentimiento de su participación en la divinidad. El único que puede compararse con Dios es Dios mismo". Schnackenburg cree que la perspectiva subordinacionista arriana "no tiene nada que ver con el Evangelio de Juan, en el que la subordinación voluntaria del hijo al Padre se combina dialécticamente con los reclamos del Hijo de tener la misma vida que el Padre (5:26), el mismo carácter divino (1:1...), y la misma gloria (17:5)".

[85] El aoristo πιστεύσητε quiere decir "poner la confianza en algo o alguien".

[86] Los que defienden la reordenación deberían leer estas sabias palabras de Wright: "La única objeción posible al orden que tenemos es que parece ser un secuencia ilógica, no cronológica. Pero esta objeción nace del concepto moderno de redacción. Y no podemos exigir que el evangelista responda a nuestras exigencias. El estudio de este evangelio, que venimos realizando, ha dejado bastante claro que el autor tenía un estilo propio que, obviamente no coincide con los parámetros de nuestros días. ¡Quizá a él le chocarían los intentos – ridículos en su mayoría – que hacemos hoy para darle a su narración un orden más lógico!" (p. 295). Dodd también se suma a la crítica: "No podemos imponerle al evangelista nuestras ideas preconcebidas. Por largos que sean sus discursos, todos se desarrollan teniendo muy presente la despedida, y siempre el tiempo que queda es muy breve" (*IFG*, p. 407, nota al pie núm. 1).

importancia. Jesús ve que detrás de Judas y de los soldados está el maligno. Él está especialmente activo durante la crucifixión, donde se combatieron las fuerzas del bien y del mal. En cuanto al "príncipe de este mundo" ver el comentario de 12:31. El significado de "él no tiene nada en mí" no está muy claro, aunque el sentido general sí que es evidente. El pecado es el que hace que Satanás pueda controlar a la gente, pero como en Jesús no hay pecado, a Él no le puede dominar. "Él no tiene ningún dominio sobre mí" sería una traducción más clara[87].

31 Existen diferentes teorías de cómo debería puntuarse este versículo. Algunos han sugerido que en vez de un punto, deberíamos colocar una coma después de "así hago"[88]. No podemos descartar esta interpretación, pero nos parece que la nuestra recoge el sentido de una forma más fiel. En otras ocasiones, Jesús ha enseñado a sus seguidores que para demostrar su amor es necesario obedecer (vv. 15, 21, 23). Ahora se lo aplica a Él mismo (ver el comentario de 4:34). "...así hago" se refiere quizá a toda la vida de Jesús. Él ha sido obediente a los mandamientos del Padre de principio a fin[89]. Pero quizá en este contexto está pensando particularmente en la cruz. Jesús está a punto de morir, en obediencia a lo que el Padre le manda[90], y eso va a servir para

---

[87] NVI. *Amplified* da una serie de opciones posibles: "No tiene ningún poder sobre mí; no tiene nada que ver conmigo; no hay nada en mí que le pertenezca". La desventaja es que no indica cuál es la preferible.

[88] Plummer cree que los que optan por esta reordenación buscan "un toque de solemnidad, incluso crear un 'efecto dramático'", y continúa diciendo: "Además, no concuerda con el estilo de Juan". Sin embargo, Dodd respalda fervientemente el uso de la coma (*IFG*, pp. 406-9). Según él, ἄγωμεν se usa en un sentido militar para referirse a avanzar para encontrarse con el enemigo"; por tanto, ἐγείρεσθε ἄγωμεν ἐντεῦθεν significa "vamos, vayamos a encontrar al enemigo que se nos acerca". Para él, el versículo quiere decir lo siguiente: "Para que el mundo aprenda (a) que Jesús ama al Padre, ya que (b) Él es obediente a su ordenanza ... va a encontrarse con su asaltante". He aquí la traducción que sugiere: "El príncipe de este mundo viene. No tiene ningún derecho sobre mí; pero para mostrarle al mundo que yo amo al Padre, y que hago exactamente lo que Él ordena, ¡Vamos! ¡Levantaos y vayamos a su encuentro!" (*IFG*, p. 409). Es una versión muy atrayente, aunque parece descansar en una interpretación muy libre y particular de ἄγωμεν.

[89] Algunos manuscritos contienen "me dio el mandamiento" (como *ARV*); en cuanto a las cosas que el Padre dio al Hijo, ver el comentario de 3:35.

[90] El término "Padre" ya ha aparecido 23 veces en este capítulo. Tanta repetición no es nada habitual, por lo que está claro que Juan está haciendo hincapié en el carácter de Dios como Padre. Ver el comentario de 1:14.

mostrar al mundo[91] que Él ama al Padre[92]. "Levantaos, vámonos de aquí"[93] resulta un poco extraño a estas alturas del discurso. De hecho, muchos eruditos han pensado que esta pequeña frase era una muestra de que el material de estos capítulos está mal ordenado. Pero no tiene por qué ser así. Puede ser que estas palabras estuvieran seguidas de la acción de levantarse y marcharse y, como algunos intérpretes han ido sosteniendo a lo largo de la Historia (p. ej., Haenchen, aunque sobre 15:1 dice que "no es una ilustración muy realista"), Jesús impartiera la enseñanza de los dos capítulos siguientes mientras iban hacia Getsemaní. Otros creen que todas estas palabras tuvieron lugar cuando hicieron un alto en el camino, posiblemente en el templo. Pero todas estas hipótesis no son necesarias. Cualquiera que haya intentado mover a un grupo de doce personas sabe que para lograrlo hace falta más que un simple "vámonos de aquí". No sería extraño que hubiera habido un intervalo de tiempo entre las palabras de Jesús y la partida del grupo. Y si hubo ese intervalo, raro sería que hubiera reinado un silencio absoluto, y podría ser que Jesús hubiera seguido hablando.

Pero es más lógico, tal como cree Lightfoot, ver que estas palabras marcan un cambio en la enseñanza. Las diferentes fases que llevan a la Pasión "están marcadas, por un lado, por los acontecimientos externos a ésta y, por otro, por la resolución interior y la entrega del Señor, a medida que se va dando cada vez más a sus discípulos. Así, este párrafo representa el cierre de una de esas fases de resolución interior; y véase que, mientras en el cierre de esta fase, en su devoción y obediencia al Padre, invita a los discípulos a levantarse y a actuar juntamente con Él, usando la primera persona del plural, en el cierre de la siguiente fase Él es el único agente de la conquista del mundo (16:33, donde usa la primera persona del singular)". Hoskyns y Dodd también creen que estas palabras indican tan solo una pausa en el discurso, y no un cambio de escena. La mayor parte de la problemática surge de nuestra propia expectativa de que el autor debería haber ordenado el material

---

[91] En cuanto a ἵνα y la omisión del verbo principal anterior, ver el comentario de 1:8.

[92] Éste es el único lugar en todo el Nuevo Testamento en el que se menciona de forma explícita el amor de Jesús por el Padre. Sí que hay muchos pasajes que hablan del amor del Padre por el Hijo, y el amor del Hijo se sobreentiende en muchas ocasiones. Pero éste es el único lugar en donde se expresa de forma clara y directa.

[93] Mateo y Marcos cuentan que al final de la escena en Getsemaní, después de amonestar a los discípulos por haberse quedado dormidos, Jesús usó las mismas palabras: ἐγείρεσθε ἄγωμεν (Mt. 26:46; Mr. 14:42).

según los patrones actuales de redacción. Pero Juan tenía sus propios patrones, y organiza su obra con la idea de crear unos efectos concretos. Todas las teorías de reordenación se encuentran con la misma dificultad: seguro que, como nosotros, el redactor final también se dio cuenta del efecto que producían las últimas palabras de este capítulo. Sin embargo, mantuvo (¡o creó!) el orden que nos ha llegado. Así que lo más lógico es aceptar el texto en el orden en el que está, y reconocer que al final de este capítulo tenemos una división o cambio de fase del discurso que estamos analizando[94].

NOTA ADICIONAL F: EL PARACLETOS

El adjetivo griego παράκλητος, cuya forma es pasiva, debería significar "llamado al lado de" (es decir, con el propósito de ayudar). Como sustantivo, se usaba (aunque no con frecuencia)[95], y también su equivalente latino *advocatus*, como término jurídico que definía el consejo dado para la defensa. Así, LS define esta palabra como sigue: "*llamado para que preste ayuda*, en un tribunal: como sustantivo, *abogado, asistente jurídico* (los otros significados que aquí se dan son "citado o convocado" e "intercesor"). Westcott, en una valiosa Nota Adicional (II, p. 188s.) explica que la forma de este término es "pasiva, sin duda alguna", y que su uso clásico "está también muy claro. Se usaba técnicamente para referirse a los 'abogados' de una de las partes en un juicio, y especialmente para los abogados de la defensa". En los autores rabínicos[96] encuentra un uso parecido, y también en algunos de los primeros escritos cristianos como en la *Epístola de Bernabé*. Sin embargo, por extraño que parezca, los Padres griegos solían usarlo en el sentido activo, como "consolador". No hemos encontrado ninguna aclaración que

---

[94] C.C Torrey señala que, aparte de las palabras ἐγείρεσθε, ἄγωμεν ἐντεῦθεν, "la conexión que aquí tenemos es perfecta". Argumenta que estamos ante una mala interpretación del arameo original, que debía ser en singular: "Me levantaré e iré" (*HThR*, XVI [1923], p. 342).

[95] "Pero el significado técnico 'agobado' no es nada habitual" (BAGD). Behm también niega la existencia de este uso (*TWNT*, V, p. 799).

[96] Lo único que hacen es coger la palabra griega, y escribir la transliteración equivalente en hebreo: פרקליט (dato interesante). Parece ser que en hebreo no hay una palabra equivalente a παράκλητος. Así que tenemos que buscar la información en fuentes griegas, y no en fuentes hebreas.

explicara el porqué de dicho cambio y, aunque siempre debemos respetar la interpretación que los Padres griegos hacían de un término heleno, en este caso en particular nos gustaría resistirnos y decir que se han equivocado. ¡Ni el uso de la lengua griega en general, ni el uso del griego bíblico les apoya!

En el Nuevo Testamento esta palabra se aplica a Jesús en una ocasión (1 Jn. 2:1); quizá también en Juan 14:16, si creemos que "otro" – de la expresión "otro παράκλητος" – se refiere a Jesús. En el primer pasaje el aspecto jurídico de nuestro término está muy presente, por lo que la traducción "abogado" es correctísima. Cristo está defendiendo ante el Padre la causa de su pueblo.

El resto de referencias neotestamentarias emplean la palabra Espíritu Santo (Jn. 14:16, 26; 15:26; 16:7). El παράκλητος es "el Espíritu Santo" (14:26) y "el Espíritu de verdad" (15:26). Parece ser que cuando se usa el término παράκλητος no se tiene en mente solo un aspecto del Espíritu. Sin embargo, estas dos descripciones nos recuerdan que al hablar de la obra del Espíritu debemos tener muy en cuenta el aspecto moral[97]. Puede que eso sea lo que el autor tiene en mente cuando describe "al mundo" como totalmente opuesto al Espíritu, ya que no le ve ni le conoce (14:17).

En este evangelio Jesús es el que usa este término, y dice que el Espíritu será enviado para suplir las necesidades de sus seguidores una vez Él se marche. El Espíritu estará con los discípulos de forma continua y, lo que es más importante aún, estará en ellos (14:16-17). Será su maestro, y les recordará todas las cosas que Jesús les ha enseñado (14:26). El Espíritu da testimonio de Cristo (15:26). También obra en los incrédulos: convencerá al mundo de pecado, de justicia y de juicio (16:8). No vendrá hasta que Jesús se haya marchado (16:7). Esto parece apuntar a que la obra del Espíritu en el creyente es una consecuencia de la obra salvadora de Cristo, es decir, que no deberíamos ver aquella obra desvinculada de ésta. Podría ser que la misma verdad se escondiera detrás de la declaración de que el Espíritu es enviado en nombre de Cristo (14:26). La única razón por la que el Espíritu puede venir a obrar en nuestros corazones es porque Jesús ha muerto por nosotros y nos ha quitado nuestro pecado.

---

[97] Cf. Abbott: "tenemos aquí un énfasis sobre *paracletos*, o abogado, ya que no se trata de un letrado cualquiera (que cuando está con su cliente, sea culpable o inocente, intenta hacer lo que puede) sino de un abogado '*santo*', 'un Espíritu *de verdad*'" (1932).

Sin excepción, las funciones que se atribuyen al Espíritu Santo, este evangelio también se las atribuye a Cristo. Él está en sus discípulos (14:20; 15:4, 5); Él es su maestro (7:14; 13:13). Del mismo modo que el *paracletos*, Jesús también da testimonio (8:14). Podríamos dar muchas más citas[98]. Así que tiene sentido que Jesús hable de "otro" *paracletos* (14:16).

Entonces, ¿cuál es la idea fundamental en torno al παράκλητος? Casi todo el mundo está de acuerdo en que la idea del "Consolador" no es del todo acertada, pero a partir de aquí, es muy difícil aunar las diferentes interpretaciones. Parece ser que la traducción "Consolador" solo puede defenderse si se apela a su sentido etimológico (en latín, *con-fortis*). Así, apuntaría a alguien que da fuerzas, que conforta o que ayuda. En nuestros días, las palabras "consolación" o "consolar" son de uso común, y apuntan a "ayudar a alguien en una mala situación, para que pueda pasarla lo mejor posible", mientras que la idea que hay detrás de παράκλητος no es tanto ofrecer ayuda *a pesar de* la situación, sino *librar* a alguien de esa difícil situación. "Ayudador" sería una mejor traducción, pero tampoco recoge la idea de que el significado de παράκλητος no es activo.

N. H. Snaith argumenta que deberíamos traducir "'el Convincente', ya que Él convence a los hombres de las cosas de Dios, y realiza en ellos un cambio de corazón"[99]. Parece que esto es ir demasiados lejos en un sentido, ya que el Espíritu no convence necesariamente en cada una de las diferentes áreas que hemos estado viendo, ni tampoco las abarca todas: este término no cubriría, por ejemplo, la función de recordar a los discípulos las enseñanzas de Cristo.

C. K. Barrett defiende que "el paracletos es el Espíritu de la *paraclesis* cristiana"[100]. Cree que con esta idea Juan une "la doctrina de la Iglesia sobre el Espíritu... y la tradición de los Evangelios". Hacer esta combinación "era abandonar cualquier intento de representar históricamente las palabras de Jesús"[101]. La idea de relacionar el concepto del Espíritu con la *paraclesis* cristiana general es tentadora. Pero el precio a pagar es demasiado alto. El método que Juan usa a lo largo de todo su evangelio no nos lleva en ningún momento a pensar que no buscó "representar históricamente las palabras de Jesús". Todo lo contrario. Tampoco hay ninguna argumentación seria que pruebe que hay una

---

[98] Ver R.E. Brown, *NTS*, 13 /1966-67), p. 126-27.

[99] *ExT*, LVII (1945-46), p. 50; ver también su obra *The Distinctive Ideas of the Old Testament* (Londres, 1950), pp. 180-81.

[100] *JThS*, n.s. I (1950), p. 14.

[101] P. 15.

relación entre el παράκλητος y la παρακαλέω en general. Aunque vista desde lejos es bastante atractiva, esta hipótesis no nos sirve. "Abogado" parece ser la mejor traducción (*N. de la T.* Nuestra versión no opta por esta palabra en el texto del Evangelio, pero sí la usa en la epístola: 1 Jn. 2:1). El término "Consejero", que elige la NVI, tiene más o menos el mismo sentido. Plummer cree que esa es exactamente la idea que hay detrás de nuestro término tanto en el cuarto evangelio como en 1ª Juan: "la idea de interceder, de discutir, de convencer, de instruir están presentes en todo momento... Resumiendo, se le presenta como el Abogado, el Consejero, el que da buenos razonamientos a nuestro intelecto, y una guía práctica para nuestras vidas, convence de pecado a nuestro adversario el mundo, e intercede por nosotros delante del Padre" (comentando 14:16). Véase la frecuencia con la que aparecen referencias a guardar los mandamientos (14:15, 21, 23 y 24). Esto hay que entenderlo a la luz de que el juicio es uno de los grandes temas de este evangelio. Los cristianos tienen ante sí un listón muy alto, un listón que no pueden alcanzar. Esa realidad, junto a la certeza de que va a haber un juicio, hace que necesiten un παράκλητος.

Sin embargo, esta explicación no es válida en todos los casos. Aunque es verdad que los cristianos necesitan un Abogado porque son incapaces de guardar los mandamientos, el παράκλητος en Juan nunca está asociado a esa incapacidad. Además, aunque algunas de las actividades del παράκλητος son discutir e instruir, sabemos que éstas no son precisamente acciones típicas de un Abogado. No obstante, sí podría discutir, pero lo haría en nombre de su cliente. Y sí podría instruir, pero no instruiría a su cliente. Instruiría al juez o al jurado. En Juan el παράκλητος instruye a los que ayuda, a los que defiende.

Puede ayudarnos saber que el παράκλητος, tal como los griegos veían a aquella figura jurídica, no era alguien que se caracterizaba precisamente por aconsejar o defender. Podía haber más de un παράκλητος, y no hacía falta que fuera alguien formado en leyes. Un amigo del acusado que decidía defenderle podía recibir el nombre de παράκλητος. C.K. Williams traduce esta palabra por "Amigo", y Knox recurre a una paráfrasis como "otro que te extiende su amistad". G. Johnston cree que para recoger el sentido tanto "de la función jurídica como de la no jurídica de *paracletos*, el término más adecuado es 'representante'"[102]. Parece

---

[102] Johnston, p. 87. Cita a Brown para expresar que el *paracletos* es "la presencia de Jesús cuando Jesús está ausente" (p. 94).

ser que la idea de "amistad" es imprescindible, aunque tampoco podemos pasar por alto el origen jurídico del término. Juan está pensando en el Amigo ante el tribunal, pero, como es típico en él, le da a la palabra un contenido cristiano específico. El que nos defiende como un Amigo ante el tribunal celestial realiza unas funciones que nada tienen que ver con lo que ocurre en un tribunal de este mundo. Por ejemplo, el παράκλητος nos recordará lo que Jesús ha dicho (14:26). Y en alguna ocasión, teniendo en mente los propósitos divinos, esta es una de las cosas más importantes que nuestro Consejero puede hacer por nosotros. Y lo mismo ocurre con enseñarnos, dar testimonio de Cristo, convencer al mundo de pecado, etc. En todo esto, Él es nuestro "asesor jurídico", el amigo que hace lo que sea necesario para que todas esas cosas puedan tener lugar. Pero es imposible encontrar en nuestro idioma una palabra que recoja todo lo que el παράκλητος hace. Tenemos que contentarnos con un término que transmita uno o algunos aspectos o, si no, usar el término *paracletos*[103].

Se ha escrito mucho sobre este tema. A continuación detallamos parte de la bibliografía que se puede consultar: C.K. Barrett, *JThS*, n.s. I (1950), pp. 1-15; J.G. Davies, *JThS*, IV (1953), pp. 35-38; *LAE*, p. 336; *HDB*, art. "Paraclete"; *TWBB*, art. "Spirit"; MM *s.v.*; N.H. Snaith, *ExT*, LVII (1945-46), pp. 47-50; la Nota Adicional de Westcott (II, pp. 188-91); SBk, II, pp. 560-62; *TWNT*, V, pp. 798-812; W.F. Howard, *Christianity According to St. John* (Londres, 1943), pp. 71-80; BAGD, *s.v.*; J.B. Lightfoot, *On a Fresh Revision of the English New Testament* (Londres, 1872), pp. 50-56; B.S. Brown, *Theology Review* (Melbourne) vol. 3, núm. 3, 1966, pp. 1-10; R.E. Brown, *NTS* 13 (1966-67), pp. 113-32; R. Kysar, *John the Maverick Gospel* (Cambridge, 1970); G.M. Burge, *The Anointed Community* (Grand Rapids, 1987), pp. 1-45. Burge ofrece una bibliografía muy completa (pp. 225-54). Ver también la sección de Bibliografía al final del libro.

---

[103] Cf. R.E. Brown: "el paracletos es un *testigo* que defiende a Jesús, y también es su *portavoz* en el juicio en el que Jesús está ante la acusación de sus enemigos; el paracletos es el que *consuela* a los discípulos; aún más, es su maestro y su guía, en un sentido amplio, su *ayudador* o *auxiliador*. No hay ninguna traducción que abarque la complejidad de todas estas funciones" (art. cit., p. 118). Según H. Windisch, convergen aquí tres temas: "un testigo que vindica y juzga; un auxiliador y una ayuda; un consejero y un maestro". A continuación habla de la "gran multitud de actividades y funciones del *paracletos*" (*The Anointed Community* [Grand Rapids, 1987], p. 9).

Juan 15

C. LA VID VERDADERA (15:1-16)

15:1 Yo soy la vid verdadera, y mi Padre es el viñador. 2 Todo sarmiento que en mí no da fruto, lo quita; y todo [el] que da fruto, lo poda para que dé más fruto. 3 Vosotros ya estáis limpios por la palabra que os he hablado. 4 Permaneced en mí, y yo en vosotros. Como el sarmiento no puede dar fruto por sí mismo si no permanece en la vid, así tampoco vosotros si no permanecéis en mí. 5 Yo soy la vid, vosotros los sarmientos; el que permanece en mí, y yo en él, ése da mucho fruto, porque separados de mí nada podéis hacer. 6 Si alguno no permanece en mí, es echado fuera como un sarmiento, y se seca; y los recogen, los echan al fuego y se queman. 7 Si permanecéis en mí, y mis palabras permanecen en vosotros, pedid lo que queráis y os será hecho. 8 En esto es glorificado mi Padre, en que deis mucho fruto, y [así] probéis que sois mis discípulos. 9 Como el Padre me ha amado, [así] también yo os he amado; permaneced en mi amor. 10 Si guardáis mis mandamientos, permaneceréis en mi amor, así como yo he guardado los mandamientos de mi Padre, y permanezco en su amor. 11 Estas cosas os he hablado, para que mi gozo esté en vosotros, y vuestro gozo sea perfecto. 12 Este es mi mandamiento: que os améis los unos a los otros, así como yo os he amado. 13 Nadie tiene [un] amor mayor que éste: que uno dé su vida por sus amigos. 14 Vosotros sois mis amigos si hacéis lo que yo os mando. 15 Ya no os llamo siervos, porque el siervo no sabe lo que hace su señor; pero os he llamado amigos, porque os he dado a conocer todo lo que he oído de mi Padre. 16 Vosotros no me escogisteis a mí, sino que yo os escogí a vosotros, y os designé para que vayáis y deis fruto, y que vuestro fruto permanezca; para que todo lo que pidáis al Padre en mi nombre os lo conceda.

La alegoría de la vid[1] nos hace reflexionar sobre la importancia del fruto de la vida cristiana, y sobre el hecho de que este fruto se da cuando

---

[1] Un sorprendente número de comentaristas cree que la viña es una referencia a la Eucaristía, pero yo creo que se trata de una interpretación un tanto descabellada. Una vid no es lo mismo que el vino, y mucho menos el vino de la Eucaristía. Y aunque

se permanece en Cristo, y no gracias al esfuerzo humano. Esta enseñanza tiene un lado serio y doloroso. Las ramas que no dan fruto son
quitadas. Jesús no solo está dándonos un bonito consejo. Está hablando
de la importancia del servicio, pero también de su dureza. Es bastante
probable que tuviera en mente pasajes del Antiguo Testamento que
hablan de Israel como la vid (Sal. 80:8-16; Is. 5:1-7; Jer. 2:21; Ez. 15;
19:10; Os. 10:1). Ciertamente, con el tiempo, la vid se convirtió en un
símbolo de Israel, símbolo que encontramos, por ejemplo, en las monedas de los macabeos[2]. Fijémonos que todos los textos veterotestamentarios en los que aparece este símbolo hablan de un Israel infiel y objeto
de un juicio severo. Cuando analicemos la descripción que Jesús hace
de sí mismo como "la vid verdadera" debemos tener en cuenta este trasfondo. Este pasaje es el equivalente a la idea paulina de la Iglesia como
Cuerpo de Cristo, y de estar "en" Cristo. Los dos escritores quieren exponer la relación vital que existe entre Cristo y los suyos.

1 Jesús comienza diciendo que Él mismo es "la vid verdadera"[3]. En
cuanto a los "Yo soy..." de Jesús, ver el comentario de 6:35; éste es
el único que va seguido de una información extra ("mi Padre es el
viñador"). Jesús es la vid; no dice que la Iglesia sea la vid. La Iglesia
no es más que las ramas que están "en" ella. Y Jesús no es tan solo
la vid, sino que es la vid "verdadera"[4]. Como hemos visto, en muchas
ocasiones la vid representaba a Israel, y el uso del adjetivo "verdadero"
en este contexto apunta quizá a que Israel es el sarmiento degenerado
de una vid extraña (Jer. 2:21), que ahora ha sido sustituida por la vid

---

lo fuera, no hay nada en este pasaje que equivalga al pan. Pero la objeción más clara
en contra de esta interpretación es el tema central de esta sección. Jesús claramente
está hablando sobre la vida de los cristianos y su relación con Dios, y no sobre la observancia litúrgica.
    [2] Ver SBk, II, pp. 563-64, donde se ve claramente que la vid continuó siendo entre
los judíos un símbolo de Israel.
    [3] Juan solo usa ἄμπελος tres veces (vv.. 1, 4 y 5). Como es típico en él, encontramos
pequeñas variaciones en la repetición. MM citan evidencias de los papiros de que esta
palabra se usaba a veces con el sentido de ἀμπελών, "viñedo", pero en este texto está claro que ese no es el significado de esta palabra. Algunos comentaristas aceptan
ese significado, incluso Calvino, quien cree que el término para "viña" es κλῆμα. Interpretan que Cristo es el viñedo y que los discípulos son las vides de ese viñedo. Pallis
respalda esta interpretación, aludiendo al uso del griego moderno. Pero sabemos que
éste no era un uso nada común en los tiempos antiguos, por lo que preferimos la interpretación tradicional.
    [4] En cuanto a ἀληθινός en Juan, ver 1:9.

verdadera[5]. Típico de este cuarto evangelio, de forma inmediata aparece una referencia al Padre. El Padre y el Hijo nunca son entidades separadas, que actúan de forma inconexa. Actúan de forma unida, conjunta. Así, cuando Juan nos dice que Jesús se definió como la vid verdadera, la idea contigua e inevitable es que el Padre es el "viñador"[6].

2 El papel que el Padre desempeña es decisivo. Cuida la vid, y trabaja en ella para asegurarse de que dé fruto. Quita todos los sarmientos o ramas[7] que no dan fruto (cf. Mt. 3:10)[8]. No deberíamos interpretar aquí que los verdaderos creyentes también serán quitados. Estamos ante una metáfora de la viticultura, y tenemos que aceptar las limitaciones de dicha metáfora. Pero recordemos que el énfasis de esta figura está en el fruto producido[9]. Esa es la única razón por la que se cultiva una vid; como ya dijo Ezequiel en el pasado, una vid no da madera (Ez. 15). En una vid, el fruto no es solo deseable, sino que es obligatorio: es la única razón de ser de la vid; es para eso para lo que ha sido creada. La poda sirve para asegurar que habrá fruto. Si no se la cuida de alguna forma, la vid pierde mucho de su fruto. Para conseguir la máxima producción posible, hace falta una poda cuidadosa. Esta es una figura muy buena de la vida cristiana. El fruto del servicio cristiano nunca es el resultado de los esfuerzos naturales que hagamos. La necesidad de una "poda" o de una "limpieza de las ramas"[10] muestra que estamos mo-

---

[5] Tenemos muchas coincidencias lingüísticas con Jer. 2:21, donde Yahveh le dice a Israel: "Yo te planté como vid escogida, toda ella de simiente genuina".

[6] γεωργός es una palabra general para designar a "alguien que cultiva la tierra", es decir, un granjero o agricultor. Por eso, algunas versiones prefieren traducirla por "labrador" o "jardinero". El contexto deja claro que en este caso el que trabaja la tierra está al cuidado de las vides. Esta función del Padre se parece mucho a la que tiene en Salmos 80:8s, donde Israel es la vid.

[7] κλῆμα solo aparece en el Nuevo Testamento en este pasaje (vrs. 2, 4, 5 y 6). Este término denota no una rama como la entendemos hoy en día (κλάδος), sino más bien un brote.

[8] El pronombre redundante en la expresión πᾶν κλῆμα ... αἴρει αὐτό es hebreo.

[9] Juan usa καρπός 8 veces en los versículos 1-16, y en el resto del Evangelio solo aparece dos veces.

[10] Tenemos aquí un juego de palabras imposible de traducir; éste es el único lugar del Nuevo Testamento en el que se pasa de αἴρει a καθαίρει. MM citan un ejemplo del uso del último verbo que se hace en un papiro del siglo III aC., donde se utiliza para definir un proceso del cultivo: "... con la condición de que Herón se comprometa a medir y aventar anualmente el producto para el Estado" (se traduce por "aventar"). No cita ningún ejemplo donde ese verbo quiera decir "podar", y lo mismo ocurre con LS (donde solo se cita este pasaje). Normalmente se ha traducido ese verbo por "podar", pero

viéndonos en una esfera espiritual. Jesús está hablando de lo que les ocurre a las vides, pero lo que verdaderamente le interesa es lo que sucede en las personas. El Padre limpia a las personas de tal forma que puedan vivir vidas fructíferas. Aquí no se nos define lo que es "el fruto", pero a la luz del Nuevo Testamento, se está hablando de las cualidades del carácter cristiano (Mt. 3:8, 7:20; Ro. 6:22; Gá. 5:22; Ef. 5:9; Fil. 1:1, etc.). Bultmann lo define como "toda demostración de la viabilidad de la fe, a la que, según los vv. 9-17, pertenece por encima de todo el amor recíproco" (p. 532-33).

3 Los discípulos no deben pensar que se les está señalando con el dedo, y se les está criticando. Ya están limpios[11], a causa de la palabra (=toda su enseñanza) que Jesús les ha hablado[12]. No les está reprochando, sino animando. Les está explicando la forma en la que podrán crecer espiritualmente.

4 Pero no deben dar las cosas por sentado. Tienen que procurar permanecer en Cristo[13]. "Y yo en vosotros" (NVI: "y yo permaneceré en vosotros") podría ser un imperativo que Jesús se dirige a sí mismo, queriendo decir algo así como "Vosotros tenéis que permanecer en mí, y yo tengo que permanecer en vosotros". Podría también tratarse de una promesa: "Permaneced en mí, y yo permaneceré en vosotros". Pero lo más probable es que forme parte del mandamiento a los discípulos: "Per-

---

Lagrange niega que ése sea su significado. Hace referencia a un pasaje de Filón, donde significa algo diferente. Dodd tampoco está de acuerdo con la traducción tradicionalmente aceptada ("podar"). Después de buscar ese término en un buen número de documentos sobre viticultura, y no encontrarlo, concluye: "No creo que fuera una palabra de uso común entre los viñadores" (*IFG*, p. 136n.). No deberíamos pasar por alto la relación entre καθαίρει y καθαροί que encontramos en el versículo siguiente. Puede ayudarnos a ver el significado de las ramas que se quitan. Ese término se había usado para referirse a los discípulos en 13:10, excepto a Judas: "Vosotros estáis limpios, pero no todos". Las ramas que serán quitadas son gente como Judas. Este hombre había conocido a Jesús, y muy de cerca, pero no fue un verdadero seguidor suyo. Era "el que había sido destinado a ser destruido" (más literalmente, "el hijo de perdición") (17:12).

[11] La palabra es καθαροί, que en el resto de Juan solo aparece en el episodio en el que Jesús lava los pies de sus discípulos (13:10s.)

[12] El tiempo perfecto λελάληκα podría indicar que esa palabra se queda con ellos. En cuanto a este verbo, ver el comentario de 1:37.

[13] E.M. Sidebottom cree que "permanecer" es un "término técnico de los rabíes", y dice que los usaban "cuando diez de ellos se sentaban juntos y estudiaban la Torá, la Shekiná permanecía en ellos" (*The Christ of the Fourth Gospel* [Londres, 1961], p. 37).

maneced en mí, y ved que yo permanezco en vosotros". Jesús quiere decir que los discípulos tienen que vivir de tal forma que Él pueda, en todo momento, seguir permaneciendo en ellos. La idea de "permanecer" obligatoriamente implica a las dos partes; permanecer es un requisito indispensable para dar fruto. Ninguna rama puede dar fruto por sí sola o sin ayuda. Todas las ramas están vivas porque están unidas a la vid. Por tanto, permanecer en Cristo es el requisito indispensable para que el cristiano pueda dar fruto[14]. Y dar fruto incluye, sin lugar a dudas, tanto la formación de un carácter cristiano, como conseguir que otros sigan a Cristo; incluye todo aquello que nace de haber recibido la vida que Cristo ofrece o, dicho de otra manera, de tener una relación vital con Cristo (ver el comentario del v. 2).

5 En cuanto a "Yo soy la vid", ver el comentario del versículo 1. El uso de los pronombres enfáticos "Yo" y "vosotros" hace que se establezca un claro contraste entre Jesús y sus discípulos. No debemos confundir la función de Cristo con la de ellos. Sin embargo, sí que tienen algo en común: la permanencia mutua, la condición para que haya fruto. Los que permanecen en Cristo y tienen a Cristo permaneciendo en ellos darán fruto en cantidad. El versículo concluye con una declaración contundente sobre la inutilidad del ser humano si éste no está en Cristo[15]. Separados de Él no es posible avanzar espiritualmente. En Filipenses 4:13 encontramos la misma idea, pero presentada de forma positiva: "Todo lo puedo en Cristo que me fortalece".

6 Si alguien no permanece en Cristo, es echado[16] como un sarmiento[17]. Y todos saben lo que les espera a ese tipo de sarmientos: se

---

[14] Abbott dice que ἐὰν μή con el presente de subjuntivo es una combinación muy extraña en el Nuevo Testamento y, sin embargo, aparece en este versículo dos veces (los únicos sitios donde también aparece en los Evangelios son el v. 6 y Lucas 13:3). En el pasaje de Lucas va acompañado de la idea de retribución y, según Abbott, eso también tendría mucho sentido en nuestro pasaje, "siempre que el discípulo no esté permaneciendo" (2521). Quizá esto sea demasiado sutil, pero lo cierto es que el uso de este presente es muy poco usual.

[15] χωρὶς ἐμοῦ está reforzado por la doble negación: οὐ... οὐδέν. En cuanto a δύναμαι, ver el comentario de 3:4.

[16] El aoristo ἐβλήθη apunta a que la acción está acabada. Moule añade que sugiere inmediatez: "si no permanecen, acto seguido se les echa" (*IBNTG*, p. 13). ἔξω parece querer decir "fuera del viñedo".

[17] El artículo en la expresión τὸ κλῆμα hace que pensemos en un sarmiento en concreto, aquel que no está conectado a la vid y que, por tanto, no puede recibir vida

marchitan, y "los recogen, los echan al fuego y se queman" (no se nos dice quién los recoge y los echa al fuego)[18]. Estamos ante unas palabras muy duras, que subrayan la necesidad de estar en contacto con Cristo si queremos continuar dando fruto[19].

7 Jesús deja el tema de dar fruto para hablar de la oración. El tema de este pasaje es "permanecer"; la condición para poder orar es permanecer en Cristo. Pero mientras que antes estaba hablando de que Él permanece en los creyentes, ahora habla de que sus palabras permanecen en ellos (cf. 14:21, 23). Esta no es una visión sobre la oración diferente a la que vimos en el capítulo anterior. Los discípulos deben orar "en el nombre" de Jesús (14:14), y allí se insiste mucho en la obediencia. Aquí se nos presenta la misma actitud espiritual, pero desde otro ángulo. Las oraciones de aquellos que verdaderamente permanecen en Cristo serán alzadas "en el nombre de Cristo", es decir, de acuerdo con todo lo que Cristo representa. Y si verdaderamente están permaneciendo en Cristo, vivirán en obediencia a las palabras de Cristo. No pasemos por alto la importancia de "mis palabras". La enseñanza de Jesús es muy importante[20], y no podemos pasarla por alto para hacer de la práctica religiosa algo más atractivo. Cuando los creyentes permanecen en Cristo, y las palabras de Cristo permanecen en ellos, viven en relación estrecha con Cristo. Entonces, sus oraciones estarán de acuerdo con la voluntad de Dios, y por eso obtendrán todo lo que pidan.

8 "En esto" apunta al futuro. El Padre es glorificado[21] en que los discípulos den mucho fruto. Ya vimos que Dios es glorificado en la obra del Hijo (13:31-32). Ahora tenemos la otra verdad: Dios también es

---

de ella. Gramaticalmente, el αὐτά que viene a continuación debería ser αὐτό, pero de todos modos, el significado nos llega de forma clara.

[18] Algunos eruditos creen que aquí podríamos identificar un trasfondo semítico, ya que este tipo de plural indefinido es más común en las lenguas semíticas que en griego (ver Black, *AA*, pp. 91-92).

[19] Cf. Strachan: "Lo único que separa a los hombres de Cristo y de su Iglesia es la falta de fruto. La Iglesia que no tiene una misión no es iglesia".

[20] Cf. Loyd: "el Señor Jesús solo puede vivir y expresarse en nosotros si nosotros meditamos constantemente en sus palabras que están atesoradas en el Evangelio". La piedad y el estudio de la enseñanza de Jesús van de la mano. En cuanto al uso del singular y el plural ver el comentario de 14:24.

[21] El aoristo ἐδοξάσθε presenta la glorificación como algo completo, como en 13:31-32. En cuanto a este verbo, ver el comentario de 7:39.

glorificado en la obra de los creyentes que permanecen en el Hijo. Este tema de la glorificación se plantea como si fuera algo acabado, como si fuera algo tan cierto como el aire que respiramos. No hay duda alguna de que los discípulos glorificarán al Padre con sus frutos continuos; como no pueden dar frutos por sí solos (v. 4), cuando dan fruto estamos ante una evidencia de que el Padre actúa en ellos, por lo que Él es el que recibe la gloria. La última parte del versículo es bastante difícil. Lo más lógico es pensar que aquellos a los que Jesús se está dirigiendo ya son sus discípulos. Hay diferentes maneras de entenderlo. Antes del verbo "probar", no hay ninguna partícula conectora; así, por un lado tendríamos que el fruto muestra que son discípulos y, por otro, que el Padre es glorificado tanto en los frutos como en el hecho de que continúan siendo discípulos[22]. Sea como sea, está claro que el discipulado no es algo estático, sino que es un estilo de vida que se va desarrollando o tomando forma. El verdadero discípulo siempre está creciendo para convertirse en un mejor seguidor de su maestro.

9 A raíz de las responsabilidades de los discípulos, Jesús vuelve a hablar de su amor por ellos. En primer lugar, les dice que ese amor es como el amor que el Padre tiene hacia Él. Y luego, les ordena que permanezcan en su amor[23]. Alguna gente vive sin ser consciente del amor[24] que Cristo tiene hacia ellos, lo que impide una buena comunión. Jesús les pide que no caigan en ese descuido.

10 Las obligaciones que tienen los discípulos están relacionadas con las bendiciones que vienen de Cristo. Así que ahora Jesús vuelve a la idea de guardar los mandamientos, que usa como una explicación

[22] En esta interpretación, ἵνα va seguido del futuro de indicativo, una construcción muy poco común en Juan (aunque cf. 7:3, y algunos manuscritos de 17:2). El cambio de tiempo y modo le darían a esta preposición una cierta independencia de la primera (cf. BDF, 369[3]). En parte, la partícula conectora se introduce para evitar esa construcción. En ese caso, el segundo verbo no está bajo la influencia de ἵνα. Algunos manuscritos contienen γένησθε (p⁶⁶ [vid] B D Θ), de modo que respaldan la construcción de la que estamos hablando. Pero yo creo que se trata de una corrección de los escribas. En cuanto a ἵνα, ver el comentario de 1:8.

[23] La puntuación también podría colocar una pausa después de ἠγάπησα y tendríamos el siguiente sentido: "Como el Padre me amó y yo os he amado, permaneced en mi amor". Pero esta interpretación hace que κἀγώ tenga un sentido muy poco usual (ver el comentario de 1:31) y no tiene en cuenta que la continuación normal de esa construcción sería "nuestro" y no "mi" amor.

[24] Ἀγάπη: en cuando a su uso en Juan ver el comentario de 5:42.

de cuál es la forma en la que deben permanecer en su amor[25]. No estamos ante una experiencia mística, sino ante el concepto de la obediencia. Permanecemos en su amor cuando guardamos los mandamientos de Cristo. Y una vez más se apela al ejemplo de Cristo. Él ha guardado[26] los mandamientos de su Padre y, así, permanece de forma continua en el amor del Padre.

11 En cuanto a "estas cosas os he hablado", ver el comentario de 14:25. Para hablarnos del propósito[27] de las palabras de Jesús se usa el concepto del gozo. Él ha hablado todas esas cosas para que su gozo esté en ellos. Quizá Jesús quiere decir que espera poder regocijarse por la conducta de sus discípulos. Pero es más probable lo siguiente: Él tenía el gozo de vivir una vida completamente fructífera y quiere que el gozo que Él ya tiene esté en ellos también, mientras van viviendo de forma fructífera (Cassirer: "para que el gozo que yo tengo también podáis tenerlo vosotros"). Y además, quiere que ese gozo sea perfecto, pleno. Jesús no planea para los suyos una existencia aburrida y estéril. Pero el gozo del que habla viene solo de una obediencia entregada de sus mandamientos. De nada sirve una entrega a medias; tiene que ser una entrega total. La idea del gozo es algo bastante nuevo. Anteriormente, este término solo aparece en 3:29[28]. Pero en el discurso del aposento alto lo encontramos 7 veces (dos veces en este versículo; 16:20, 21, 22, 24; 17:13). En el comentario que hace de 17:13, Strachan nos recuerda que no debemos confundir el "gozo" con el "placer". "El gozo de Jesús es el que se obtiene cuando se ha acabado una obra. Es un gozo creativo, como el de los artistas. El sentimiento que produce es el de ser capaz de continuar creando cosas nuevas. El gozo que hay en el corazón de Jesús es el gozo de la victoria (v. 11), como el gozo de haber creado o dado vida a su Iglesia". Es un enorme privilegio que

---

[25] Al repetirse sobre la idea de permanecer en el amor de Cristo, tenemos alguna que otra variación, como es típico de Juan. μου sustituye a τῇ ἐμῇ y el verbo es futuro.

[26] En el pronombre y en el uso del tiempo perfecto, ἐγώ... τετήρηκα, hay un énfasis en el hecho de que Jesús guarda los mandamientos de forma completa y perfecta. En cuanto a la obediencia de Jesús, ver el comentario de 4:34.

[27] ἵνα tiene aquí todo su sentido de finalidad.

[28] El verbo sinónimo χαίρω se encuentra con más frecuencia en los capítulos intermedios (3:29; 4:36; 8:56; 11:15). Pero en ninguno de esos pasajes se refiere al gozo de los discípulos como lo hace en 16:22; 20:20. Está claro que en este discurso del aposento alto se le da un lugar especial al tema del gozo. Juan usa χαρά 9 veces en total, más que cualquier otro libro del Nuevo Testamento (en Lucas aparece 8 veces).

Jesús quiera que sus seguidores también compartan ese mismo gozo. La vida cristiana no es algo superficial e insípido, o basado en las tradiciones. Es una vida caracterizada por un "poder inagotable para crear cosas nuevas".

12 Los "mandamientos" del versículo 10 se resumen en uno: el mandamiento de amarse los unos a los otros como Cristo les ha amado[29]. Este es el "mandamiento nuevo" de 13:34 (ver nota al pie). El dicho de San Agustín, "Ama, y después haz lo que quieras"[30], ilustra de una forma muy clara lo que Jesús aquí enseña. Si amamos en el sentido en el que Jesús usa el término "amar", ya no nos hará falta ningún mandamiento.

13 Ahora llegamos a la referencia al mayor de los amores. No hay mayor amor que el del que da su vida por[31] los demás. Esa es la mayor prueba de amor que jamás pueda darse. En este contexto debe estar refiriéndose al amor que Jesús mostró en la cruz. Allí dio su vida por sus amigos. A raíz de estas afirmaciones, algunos han hecho la siguiente pregunta: entonces, ¿morir por amor a los enemigos no está por encima de morir por los amigos? Pero esta no es la cuestión de estos versículos. En este pasaje Jesús no está comparando el amor que se sacrifica por los enemigos con el amor que se sacrifica por los amigos. Se encuentra entre amigos y solo está tocando el tema que más les atañe a ellos como grupo. Les está diciendo a ellos directamente que el mayor amor que uno puede mostrarles es morir por ellos. Si alguien quiere entrar en el tema de los enemigos, que sepa que Jesús también murió por ellos (Ro. 5:10). Y como dice Loyd: "De hecho, cuando se empieza a diferenciar entre amigos o enemigos, ya no se trata de amor verdadero. El amor da, y lo da todo, y para todos". Esta es la idea que se recoge en este versículo. Jesús lo da todo, incluso la vida, por los demás. Y ésta es la prueba de amor más grande que existe[32].

---

[29] El presente ἀγαπᾶτε se usa para describir el amor de los discípulos, pero para describir el amor de Cristo se usa ἠγάπησα. Ellos tienen que amar de forma continua; Él ya ha mostrado su amor de forma perfecta en la cruz. Cuando esta idea aparece repetida en el v. 17, ταῦτα ἐντέλλομαι sustituye a αὕτη ἐστὶν ἡ ἐντολὴ ἡ ἐμή (construcción de este versículo). Ver también el comentario de 13:34.

[30] *Ten Homilies on the First Epistle of John*, 5.8; *NPNF*, I, vii, p. 504.

[31] En cuanto a ὑπέρ, ver el comentario de 6:51.

[32] W.D. Davies cree que la importancia de este pasaje es central: "Para el autor del cuarto evangelio las palabras de Jesús, al menos de forma explícita, no constituyen

14 Jesús deja claro que los apóstoles son sus amigos (cf. Lc. 12:4). Pero la amistad se basa en tener objetivos y una visión común; por eso relaciona "sois mis amigos" con "si hacéis lo que yo os mando"[33]. De nuevo, la obediencia es la prueba de que uno es un seguidor genuino. Los amigos de Jesús son los que normalmente le obedecen[34].

15 Jesús ya no les llamará "siervos" (o "esclavos"). Lo cierto es que en todo el Evangelio no encontramos ningún momento en que les llame así, aunque 13:16 se acerca un poco a esa idea, y 13:13 la recoge de forma implícita. La característica que Jesús destaca de un esclavo es que éste "no sabe lo que hace su señor". El esclavo no es más que un instrumento. No es tarea suya entender ni implicarse en los propósitos y objetivos de su señor. Su tarea se reduce a hacer lo que le manden. Pero esta no es la relación que Jesús tiene con sus discípulos. Él les ha llamado "amigos". No les ha privado de nada. Les ha dado a conocer todo lo que ha oído[35] del Padre. Esto no se contradice con 16:12. Aquí Jesús dice que no les ha tratado como a esclavos, sino que les ha tratado con una confianza plena. En el capítulo 16, la idea es que su conocimiento aún no puede ser exhaustivo. Aún tienen mucho que aprender, y Jesús les revelará las cosas a su debido tiempo a través del Espíritu.

un código al que apelar, sino que más bien se resumen en un mandamiento – al que Mateo, Pablo y otros también dan una importancia central – que está basado, al menos en un primer nivel, no en lo que Jesús dijo, sino en lo que hizo y, especialmente, en lo que hizo en la cruz" (*The Setting of the Sermon on the Mount* [Cambridge, 1964], p. 413).

[33] Como ocurre muy a menudo en este discurso, los pronombres enfáticos se usan para establecer un claro contraste y para determinar dónde está la importancia. ὑμεῖς deja claro que los discípulos son un grupo importante y definido: "vosotros, y no el mundo en general". ἐγώ subraya la idea de que los mandamientos de Jesús (y solo los suyos) son los verdaderamente importantes (ver 1:20).

[34] Muchos comentaristas nos recuerdan que en la corte había un pequeño grupo de gente privilegiada que recibía el nombre de "Amigos" del Emperador. Pero yo no creo que Jesús tuviera eso en mente. Si queremos encontrar alguna influencia o trasfondo para este concepto de amigos, yo señalaría más bien a que los maestros rabínicos consideraban que los judíos eran "amigos de Dios" (ver SBk, II, pp. 564-65). También tenemos el caso veterotestamentario de Abraham (2 Cro. 20:7; Is. 41:8).

[35] Algunos comentaristas sostienen que el aoristo ἐγνώρισα habla de una acción única y determinante, probablemente el lavamiento de pies. Pero el πάντα anterior echa por tierra esa teoría. Además, el tiempo perfecto de este verbo no vuelve a aparecer en todo el Nuevo Testamento. Así que parece ser que el aoristo se usa aquí en el sentido del tiempo perfecto. El aoristo que encontramos anteriormente, ἤκουσα, se debe a que en este evangelio se prefiere el aoristo frente al perfecto cuando se trata de describir lo que Jesús ha oído del Padre (3:32; 8:26, 40).

16 Normalmente pensamos que nosotros somos los que tomamos la iniciativa. Sin embargo, Jesús les dice muy claramente a los discípulos que eso no es cierto. No eran ellos los que habían decidido seguirle, como cualquier discípulo que decidía seguir a este o a aquel rabí[36]. Todo estudiante disfruta del derecho de investigar y de decidir a qué maestro quiere seguir. Pero en nuestro caso, los discípulos de Jesús no tomaron la iniciativa. Al contrario, fue Él quien les escogió[37]. Y no solo los escogió, sino que les designó una tarea[38]. En primer lugar tienen que ir; el concepto de "misión" aparece en este evangelio con mucha frecuencia. Así, la primera función de los discípulos es ser emisarios de Cristo. En segundo lugar, tienen que dar fruto (ver el comentario del v. 2). Y ese fruto no puede ser transitorio, sino permanente. Es posible que aquí la idea de "dar fruto" incluya el servicio cuyo objetivo es llevar a otros a la conversión (si no, ¿cuál es el objetivo de "ir"?), como en 4:36. Puede resultar algo extraño que todo esto se relacione con la oración. Los discípulos tienen que dar fruto, para que su fruto permanezca, y para que todo lo que le pidan al Padre, Él se lo dé (esta última idea vuelve a aparecer, aunque expresado de forma levemente diferente, en 16:23). "Todo" implica que no les va a negar nada. En cuanto a "en mi nombre", ver el comentario de 14:13. Aquí, el Padre es el que contesta la oración, y no Cristo, como vimos en 14:14. Jesús sabía que cuando se fuera, los discípulos iban a pasar por dificultades. El Evangelio que predicaban iba a chocar tanto con la mentalidad de la gente en general, como con la de los líderes religiosos. Así que ahora les da consejos, y les advierte de la persecución que les va a sobrevenir. Es inevitable que el cristiano genuino se encuentre con oposición.

---

[36] Cf. la frase del Rabí Josué ben Perahyah: "Búscate un maestro..." (*'Ab.* 1:6).

[37] Juan hace bastante hincapié en este punto. οὐχ va con ὑμεῖς, y no con ἐξελέξασθε; dicho de otra forma: es "no fuisteis vosotros los que elegisteis", y no "vosotros no elegisteis". ἀλλ' es una fuerte adversativa: "si no que" (ver el comentario de 1:8), y va seguida del pronombre ἐγώ (ver el comentario de 1:20). Quizá llegado este punto debamos comentar que en los manuscritos de Qumrán aparece con mucha frecuencia la idea de la elección. Para los miembros de Qumrán era muy importante saberse escogidos por Dios.

[38] El verbo es ἔθηκα, que se usa para decir que Jesús da su vida por los suyos (10:11, 15, 17-18; 15:13). Lightfoot comenta: "Si esto no se trata de una coincidencia, subraya, de forma indirecta, que la muerte redentora de Jesús es la que da poder a los discípulos para que puedan realizar su tarea en el nombre de su Señor".

D. PERSECUCIÓN (15:17-25)

1. Sufriendo por causa de Cristo (15:17-21)

17 Esto os mando: que os améis los unos a los otros. 18 Si el mundo os odia, sabéis que me ha odiado a mí antes que a vosotros. 19 Si fuerais del mundo, el mundo amaría lo suyo; pero como no sois del mundo, sino que os escogí de entre el mundo, por eso el mundo os odia. 20 Acordaos de la palabra que os dije: «Un siervo no es mayor que su señor.»ª Si me persiguieron a mí, también os perseguirán a vosotros; si guardaron mi palabra, también guardarán la vuestra. 21 Pero todo esto os harán por causa de mi nombre, porque no conocen al que me envió.

a. 20 Juan 13:16

No se sabe a ciencia cierta si el versículo 17 es la conclusión de la sección anterior (si fuera así, Jesús concluye aquel discurso con el mandamiento del amor), o si es el comienzo de este apartado sobre la persecución. Aunque no de forma concluyente, yo opto por esta última interpretación. Así, se transmite que centrarse en el mandamiento del amor es la característica principal de la vida cristiana. Y esa característica es la que hace que el mundo persiga a los cristianos. Jesús primero les dice cómo les odiará el mundo: del mismo modo que le odiaban a Él (vv. 18-20); y luego el porqué les odiará: porque le odiaron a Él (vv. 21-25). Les recuerda que hay una clara distinción entre ellos y el mundo. Y como ellos se identifican con Él, el mundo les tratará más o menos como lo trataron a Él. El mundo no conoce a Dios. Por tanto, maltrata al pueblo de Dios.

17 "Esto", en el original griego aparece en plural (= estas cosas), lo cual es bastante sorprendente. El singular parece el uso más apropiado, puesto que se está haciendo referencia al mandamiento del amor. El plural podría indicar que todos los mandamientos del discurso anterior se resumen en éste: que os améis los unos a los otros. Otra posibilidad sería que todos aquellos mandamientos tienen un único propósito[39]: que los discípulos se amen los unos a los otros.

---

[39] En este caso, ἵνα tendría todo su sentido de finalidad. No aparece en p[66]* D e y Nonnus, lo cual no tiene mucho peso, pero Barrett cree que el texto original no llevaba

18 La diferencia con el mundo está muy clara. La expresión "si el mundo os odia" asume que les va a odiar; no hay lugar a dudas[40]. Pero cuando eso ocurra, no será algo nuevo o inesperado: ya saben[41] que eso es lo que va a ocurrir. El mundo ha odiado a Jesús[42] antes[43]. Y como le ha odiado[44] a Él, lo más normal es que odie a sus seguidores (cf. Mt. 10:25). De ahí que a los seguidores de Jesús se les conocerá por su amor, y al mundo, por su odio[45].

19 De nuevo, con una frase condicional (como en el versículo anterior), se vuelven a dejar las cosas muy claras. "Si fuerais del mundo" implica que no lo son. Por eso el mundo no les ama, porque el mundo solo ama lo suyo. Los discípulos no pertenecen al mundo[46], ya que Jesús les ha escogido[47] (nueva indicación de la iniciativa divina: el tema

esta partícula, y que habría sido introducida posteriormente por similitud al versículo 12. "Cree que sin ἵνα el sentido es más duro, pero más impactante también. 'Estas cosas os encargo: Amaos los unos a los otros'". Es una teoría bastante atractiva, y quizá tenga razón. *GNB*, *REB*, Phillips, *Berkeley* y otros realizan sus traducciones siguiendo la teoría de Barrett.

[40] Eso es lo que εἰ con el indicativo da a entender.

[41] γινώσκετε puede ser indicativo o imperativo: "Sabéis" o "sabed".

[42] ἐμέ es enfático, tanto por su forma como por la posición que ocupa en la frase.

[43] Abbott no encuentra en la literatura griega ningún precedente que apunte a que πρῶτον ὑμῶν se deba traducir por "antes que a vosotros". Propone entenderlo en el sentido siguiente: "Me ha odiado a mí, vuestro *Primero*, es decir, *vuestro Líder*" (1901, 2666). Calvino ya apuntaba a esta idea, ya que dijo que la expresión de primacía que aquí tenemos denota rango, y no tiempo. Sin embargo, MM se basan en los papiros y argumentan que las mismas palabras en 1:15 significan "antes de mí", y que por eso, aquí deberíamos traducirlo de la misma manera (*sub* πρῶτος). Dods cree que significa "antes", pero que además no solo es una marca temporal, sino que también se refiere a una norma o prototipo". En 1:15 hay una expresión similar (ver nota al pie). Es cierto que estamos ante una dificultad de interpretación, porque se trata de una expresión muy poco usual, pero parece ser que lo mejor es interpretarla como "antes que a vosotros".

[44] No debemos pasar por alto el perfecto μεμίσηκεν. Hace referencia a una actitud permanente. El odio que el mundo siente hacia Jesús no es un fenómeno pasajero.

[45] He aquí una enorme diferencia con la secta de Qumrán. Ellos enfatizan la importancia del amor dentro de su comunidad, pero también predican el odio hacia los de afuera. Así, en su Manual de Disciplina leemos: "Estas son las regulaciones de comportamiento para los sabios de nuestros días, que sepa amar, y que sepa odiar con odio eterno a los hombres del hoyo" (*DSS*, p. 384). No encontramos en el Nuevo Testamento nada por el estilo.

[46] En cuanto a la partícula causal ὅτι que introduce esta frase, ver el comentario de 1:50.

[47] ἐκ se usa en este versículo con dos sentidos diferentes. En las dos primeras ocasiones denota origen, pero en ésta tercera tiene el sentido de "separación de". En cuanto a εἶναι ἐκ, ver el comentario de 3:31.

de la elección divina es muy importante en este evangelio). La consecuencia lógica es que el mundo les odia. El tiempo presente de este verbo nos habla de una actitud continua. Este versículo es un buen ejemplo de la forma en la que Juan muchas veces hace hincapié en una idea recurriendo a la repetición. ¡En un solo versículo repite la palabra "mundo" cinco veces! (algunas versiones solo conservan cuatro). Es inevitable que el mundo, siendo lo que es, reaccione contra los cristianos, del mismo modo que reaccionaron contra su Señor. Es muy importante tener presente esta idea, ya que a veces actuamos como si nos sorprendiera que el mundo se opusiera a las cosas de Dios. Sabemos que eso es algo normal y que, además, es inevitable[48].

20 Jesús ahora les pide que se acuerden[49] de unas palabras que ya les había dicho anteriormente (13:16, ver nota al pie). Y Juan cita aquellas palabras de forma exacta, lo cual no es muy normal en él (ver el comentario de 3:5). Quizá esto quiera decir que se trata de una sentencia muy importante. Quiere decir que el trato que se le da a un señor determina el trato que se le dará a su siervo. El mundo había perseguido a Jesús. Por tanto, también iba a perseguir a sus discípulos[50]. "Solo guardarán 'la palabra' de mis seguidores en la medida en la que guardaron la mía" (la NVI en vez de "palabra" traduce "enseñanzas")[51]. Obviamente, Jesús está hablando de que les van a rechazar. Pero no deberíamos pasar por alto el matiz positivo de esta frase. Algunos sí

---

[48] Cf. Ryle: "Lo que el mundo odia no son la incoherencia o la debilidad de los cristianos, sino su gracia". Barclay también dice: "Es peligroso tener unos valores más elevados que los del mundo". Añade: "Hoy en día, la gente puede llegar a odiar a un hombre que es honesto en el trabajo, y que además trabaja duro". Cf. Carson: "Normalmente, los rebeldes que deciden volver a ser leales al rey no son muy queridos entre los que siguen en el lado de los rebeldes".

[49] μνημονεύετε puede ser imperativo o indicativo. El imperativo parece la opción más lógica. Phillips lo traduce como si se tratara de una interrogativa: "¿Os acordáis de...?".

[50] Loyd hace una interesante reflexión sobre estas palabras: "Qué bueno sería que, a veces, cuando estamos preocupados por cómo nos sentimos o por nuestra 'vida de oración', viniera un ángel a decirnos: 'No pierdas el tiempo preocupándote por estas cosas. ¡Lo que tienes que hacer es asegurarte de que te estás siendo perseguido!'. Esto no quiere decir que tengamos que salir e invitar a la gente a que nos persiga; pero deberíamos examinar nuestras vidas más seriamente y ver si en algún sentido nos estamos acomodando al mundo".

[51] BDF asegura que este versículo contiene un ejemplo "en el que μου está en contraste, aunque quizá no era la intención original del autor" (284[1]).

que habían guardado las palabras de Jesús, y algunos también guardarían las de sus discípulos.

21 Ahora se nos explica qué razón hay detrás de la persecución: el mundo no conoce a Dios[52]. Esta afirmación es característica de la enseñanza joánica (cf. 16:3). El Padre (el que me ha enviado; ver el comentario de 3:17) se da a conocer a través de la misión del Hijo. Cuando el mundo rechaza a Jesús, está rechazando al Padre que se revela en Jesucristo. Y cuando el mundo rechaza al Dios que se revela de forma tan directa a su creación, también rechaza y persigue a los representantes de ese Dios. Es inevitable; los seguidores de Jesús sufrirán persecución "por causa de mi nombre" (ver el comentario de los versículos 1:12; 14:13). Y hasta podríamos decir que cuando el mundo persigue a los seguidores de Jesús, le están persiguiendo a Él (cf. Hechos 9:4).

2. Cristo revela el pecado de las personas (15:22-25)

22 Si yo no hubiera venido y no les hubiera hablado, no tendrían pecado, pero ahora no tienen excusa por su pecado. 23 El que me odia a mí, odia también a mi Padre. 24 Si yo no hubiera hecho entre ellos las obras que ningún otro ha hecho, no tendrían pecado; pero ahora las han visto, y me han odiado a mí y también a mi Padre. 25 Pero [han hecho esto] para que se cumpla la palabra que está escrita en su ley: «Me odiaron sin causa.»[a]

a. 25 Salmos 15:19; 69:4

Jesús habla ahora de la oposición con la que Él se tiene que enfrentar. Esa oposición enfatiza la culpa de la gente. La grandeza de la revelación en Cristo es la que mide la culpa de aquellos que le rechazan.

22 Se hace hincapié en la gravedad de rechazar a Cristo. Obviamente, Jesús no está diciendo que los judíos estarían libres de pecado si

---

[52] Es extraño que el versículo comience con ἀλλά, pues no hay ningún contraste con lo dicho anteriormente. Quizá hay un contraste implícito con lo que sería la respuesta esperada.

Él no hubiera venido[53]. Pero quiere decir que si Dios no se hubiera revelado a través de Jesús, no se les podría imputar[54] el pecado de rechazar a Dios. No obstante, ahora que Jesús está en medio de ellos, no tienen excusa[55]. No hay forma de cubrir ese pecado.

23 Jesús hace un énfasis especial en "a mí" y en "a mi Padre". Para Él está muy claro que la actitud de sus contemporáneos es muy grave. Lo hace pronunciando un principio general: el que le odia a Él, odia también al Padre. Los dos están tan estrechamente relacionados que al odiar a uno, irremediablemente se odia al otro. En 13:20 tenemos el aspecto positivo de esta relación tan íntima: por la misma regla de tres, el que recibe al Hijo, recibe al Padre.

24 Aquí se vuelve a enfatizar la afirmación que encontramos en los dos versículos anteriores, e incluso se desarrolla aún más. En primer lugar, Jesús habla del significado de las "obras". Este término no solo se refiere a los milagros. Se refiere a toda la vida de Jesús (por lo que las versiones que traducen "milagros" en este versículo no logran recoger todo el sentido del texto original). Él había hecho entre los judíos unas obras que nadie había hecho jamás (cf. la misma idea, que aparece en 7:46). Después de ser testigos de aquellas obras, tenían una responsabilidad. Esta función de las "obras" es típicamente joánica (ver la Nota Adicional G). Aquellas obras marcaban un antes y un después[56]. Si

---

[53] Cf. Temple: "Los judíos que eran leales a su tradición, la tradición religiosa más noble del mundo, quizá eran culpables de lo que los teólogos han llamado 'el pecado material', ya que aquella tradición estaba por debajo de la voluntad perfecta de Dios; pero no eran culpables del 'pecado formal', que consiste en una oposición deliberada a que esa voluntad sea dada a conocer. Pero ahora que había sido dada a conocer, y ellos la rechazan, su pecado es inexcusable".

[54] El verbo ἔχω lleva ἁμαρτίαν como complemento en 9:41; 15:22, 24; 19:11 y en 1 Jn. 1:8 (lo que ya no vuelve a ocurrir en el resto del Nuevo Testamento). La expresión implica que ese pecado en cuestión se convierte en una posesión personal e intransferible de aquella persona que lo comete. No es algo que se vaya a pasar por alto. La forma εἴχοσαν en todo el Nuevo Testamento solo aparece aquí y en el versículo 24. El uso de la desinencia final –σαν "se extendió mucho durante el período heleno" (84). Es muy probable que aquí se use para evitar cualquier tipo de confusión, ya que εἶχον podría interpretarse como primera persona del singular.

[55] πρόφασις puede denotar la verdadera razón detrás de una acción (ver BAGD). Es lo que se usa para justificar algo, ya sea la razón real o una mera excusa. Jesús está diciendo que no tienen nada que alegar que justifique el posicionamiento por el que han optado.

[56] Esta es la importancia de οὐδεὶς ἄλλος ἐποίησεν: la responsabilidad a la que uno está llamado después de haber sido testigo de esas obras.

Jesús no hubiera hecho aquellas obras en medio de ellos, ellos no habrían tenido pecado. En cuanto a la expresión "tener pecado", ver el comentario del versículo 22. Pero ahora la situación ha cambiado. Han visto las obras de Jesús, y le han odiado a Él y al Padre[57]. Los dos tiempos están en tiempo perfecto, que nos hablan de una actitud permanente (cf. v. 18). Es interesante que diga que no solo han visto al Hijo, sino que también han visto al Padre (según el texto original). Obviamente, esa declaración debe entenderse en el sentido de 14:9, ya que al principio del Evangelio, Juan nos dejó muy claro que nadie ha visto a Dios jamás (1:18). Una vez más vemos la unidad que hay entre el Padre y el Hijo. El pecado de los judíos consistía en eso precisamente, en que rechazaban ver que el Padre se había revelado en el Hijo. Jesús ahora no habla "del Padre", sino que habla de "mi Padre". Quiere dejar claro el tipo de relación que tiene con Dios.

25 No es muy normal que se use la adversativa "pero" para empezar este versículo[58]. Lo más seguro es que se refiera a que la reacción de los judíos es completamente contraria a lo que debería haber sido. Tenemos una construcción elíptica, y por eso debemos añadir "han hecho esto" o "esto es"[59]. Lo que está escrito en la ley se tiene que cumplir. Jesús llama a la ley "su ley", la ley de los judíos. ¡Si hay una nación que tiene que hacer caso de esa ley es la nación judía![60] "Ley" originalmente solo sirve para referirse al Pentateuco, pero a veces se usa para hablar de las Escrituras en general. Aquí debemos estar ante ese último caso, ya que la cita que tenemos es del Salmo 35:19 (o 69:4 o 109:3). Todos los pasajes hablan de un odio que no tiene un fundamento razo-

---

[57] Murray comenta: "Ésta es una frase magnífica. Cuando estamos ante la cruz, entonces admitimos su justicia. No había engaño alguno en la presentación del amor de Jesús, y la forma en la que ese amor nos lanzaba un llamamiento. Nuestro rechazo de aquel llamamiento fue total e inexcusable. Y aunque los que le mataron no eran plenamente conscientes de lo que estaban haciendo, de todos modos eran culpables de su ignorancia".

[58] Sobre todo, porque la adversativa que se usa en griego es muy fuerte: ἀλλά (ver el comentario de 1:8).

[59] En cuanto a este uso de ἵνα cuando se omite el verbo anterior, ver el comentario de 1:8.

[60] Cf. Hoskyns: "Además, el autor llama a la Ley vuestra Ley (8:17, 10:34), no para distanciarse de ella, como muchos comentaristas modernos sostienen... sino para dar importancia a las Escrituras de las que los judíos se sienten tan orgullosos, y luego demostrar que esas mismas Escrituras profetizan su apostasía".

nable[61]. Y ese es el odio que los judíos tienen hacia Jesús. Aquí encontramos de nuevo la ironía típica de Juan. Los judíos se creían los máximos representantes de la ley, pero tanto les cegaba el celo que tenían por cumplir la ley, que cayeron en su incumplimiento al rechazar al Cristo del que la ley daba testimonio.

E. LA OBRA DEL ESPÍRITU SANTO (15:26 – 16:15)

Jesús en este discurso tiene mucho que decir sobre el Espíritu Santo. Sin dejar de pensar en la persecución, desarrolla un poco más la enseñanza sobre la obra del Espíritu. No es sorprendente que al pensar en la actitud que el mundo toma ante los cristianos, Jesús hable de la obra que el Espíritu realiza en el mundo, es decir, convencerle de pecado, de justicia y de juicio.

1. El testimonio del Espíritu (15:26-27)

26 Cuando venga el Consolador, a quien yo enviaré del Padre, [es decir,] el Espíritu de verdad, que procede del Padre, Él dará testimonio de mí, 27 y vosotros daréis testimonio también, porque habéis estado conmigo desde el principio.

26 En cuanto a "el Consolador", ver la Nota Adicional F. Anteriormente Jesús había dicho que el Padre enviaría el Espíritu en respuesta a su oración (14:16), y que el Padre lo enviaría en nombre de Cristo (14:26), pero ahora dice que Él mismo[62] le enviará del Padre. Está claro que el Espíritu está estrechamente relacionado con el Padre y el hijo. Y enviar al Espíritu es una acción que ambos realizan. En cuanto al "Espíritu de verdad", ver el comentario de 14:17. La relación del Espíritu con el Padre aparece en la expresión "que procede del[63] Padre".

---

[61] Este es el único lugar de todo el Evangelio en el que aparece δωρεάν. Quiere decir "sin pagar", "regalo", así que se refiere a una causa inadecuada, "gratuita".

[62] ἐγώ es enfático (ver el comentario de 1:20). Véase que el ὅταν que introduce este versículo es una marca temporal indefinida.

[63] Después de ἐκπορεύεται lo normal sería encontrar la preposición ἐκ, y no παρά. A Juan le gusta usar esta última preposición para expresar aquello que viene de Dios, y la usa con este sentido 17 veces. Sobre todo, la usa cuando habla del Hijo (1:14; 6:46;

Quizá no deberíamos basar todo nuestro argumento en el significado del verbo. Este pasaje no trata de la relación mutua y eterna entre las personas de la Trinidad, sino que habla de la obra que el Espíritu iba a realizar en este mundo como continuación del ministerio de Cristo. La función del Espíritu[64] que nos interesa en este momento es la de dar testimonio y, de forma más concreta, dar testimonio de Cristo. En cuanto al contexto de "testimonio" en este evangelio, ver el comentario de 1:7. Cuando Jesús se vaya de la Tierra, el Espíritu continuará danto testimonio de Él. El pasaje refuerza la convicción de que la palabra traducida por "Consolador" tiene un sentido jurídico. Podríamos decir que el Espíritu defiende el caso de Cristo. Beasley-Murray niega que Jesús esté diciendo que el Espíritu habla en defensa de los discípulos (Dodd) y que aporta pruebas en contra del mundo (F. Porsch). Cree que, junto con los discípulos, la función del Espíritu es "sacar a la luz la verdad que encontramos en la revelación de Jesús a través de sus palabras y hechos, y de su muerte y su resurrección".

27 Los apóstoles están estrechamente relacionados con el Espíritu en esta actividad de dar testimonio (cf. Hechos 4:33). El testimonio que ellos dan[65] está relacionado con el del Espíritu Santo. Dan testimonio del mismo Cristo, y de la misma salvación. Es verdad que es el testimonio del Espíritu, pero a la vez es el testimonio de ellos[66]. No pueden

---

7:29; 9:16, 33; 16:27; 17:8). Westcott cree que "el uso de παρά en este lugar... muestra que la referencia que aquí tenemos es una referencia a la misión temporal del Espíritu Santo, y no una referencia a la Procesión eterna". Además, dice que los credos que apuntan a esta doctrina usan de manera uniforme ἐκ, y que los Padres griegos que toman este pasaje para respaldar la doctrina de la Procesión cambian παρά por ἐκ.

[64] Nótese el masculino ἐκεῖνος, ya que τὸ Πνεῦμα... ὅ es más próximo que Παράκλητος. Eso no prueba que el Espíritu sea personal, pero es una indicación de que la tendencia de Juan es presentar al Espíritu en términos personales. Ciertamente, esto concuerda con la función que aquí se le atribuye, la función de dar testimonio, ya que normalmente se trata de una acción personal. Bernard comenta: "Aunque en la mentalidad del siglo primero el concepto de *personalidad* está muy lejos de la comprensión y la complejidad que este término tiene hoy en día, el hecho de que se use ἐκεῖνος de forma repetida para referirse al Espíritu en estos capítulos (16:8, 13, 14) demuestra que para Juan τὸ πνεῦμα τῆς ἀληθείας significaba mucho más que una mera tendencia o influencia".

[65] μαρτυρεῖτε se interpreta normalmente como indicativo, pero también puede ser imperativo: "Vosotros también dad testimonio..." (por eso Goodspeed traduce "tenéis que dar testimonio"). *Berkeley* traduce un futuro: "vosotros también daréis testimonio" (Knox, *Amplified*, y otras), pero creo que esto no cuenta con ninguna justificación.

[66] El pronombre enfático ὑμεῖς lo deja bien claro.

relajarse y dejarle toda la faena al Espíritu. Ellos también tienen una función concreta en la misión de dar testimonio de Jesús, ya que estuvieron con Él desde el principio[67]. Todos los cristianos tienen la responsabilidad de dar testimonio de los hechos históricos que hay detrás de la Gracia salvadora. Pero el testimonio más importante es el del Espíritu Santo, porque Él es el único que puede hacer que los corazones de las personas se abran a la verdad y comprendan su significado[68].

NOTA ADICIONAL G: MILAGROS

Juan tiene su forma particular y característica de referirse a los milagros de Jesús. Nunca usa δύναμις, que es la forma que más se usa en los Evangelios Sinópticos. De hecho, este término es el único que los tres primeros evangelistas usan para referirse a los milagros (Mateo lo usa 12 veces, Marcos 10 veces y Lucas 15 veces). Eso hace que aún nos sorprenda más que Juan no lo use en absoluto. En su lugar, nuestro evangelista usa dos palabras: σημεῖον, "una señal", y ἔργον, "una obra"[69]. Todas estas palabras aparecen en los Sinópticos, pero nunca usadas de la misma forma que las usa Juan. σημεῖον aparece en Mateo 13 veces, en Marcos 7 veces, y en Lucas 11 veces, pero en ninguna de esas ocasiones sirve para referirse a los milagros de Jesús. La encontramos cuando los judíos le pidieron a Jesús que hiciera "señales", a lo que Jesús se negó. También se usa para referirse a "la señal del Hijo del Hombre", que aparecerá en los últimos tiempos. Pero nunca se usa para describir los milagros que Jesús hacía durante su ministerio.

---

[67] ἀπ᾽ ἀρχῆς apunta al comienzo del ministerio público de Jesús. Eso es lo que les confiere una situación especial. El tiempo presente ἐστε es un tiempo continuo que "aúna el tiempo pasado y el presente en una sola frase" (M, I, p. 119).

[68] Sabemos que el Espíritu hace gran parte de su tarea a través de nosotros. Pero no debemos confundir su testimonio con el nuestro. Cf. Godet: "El Espíritu no revela los hechos históricos; lo que hace es revelar su significado".

[69] Usa τέρας, "una maravilla", "un prodigio", solo en 4:48, "Si no veis señales y prodigios, no creeréis" (esta palabra también se usa en Hechos para referirse a los milagros de Jesús). Barclay cree que el hecho de que se usen τέρας, δύναμις, y σημεῖον en el Nuevo Testamento para referirse a los milagros de Jesús es muy significativo: "Todo milagro recoge tres elementos. Es una maravilla que deja a los hombres sorprendidos, anonadados. También tiene un poder que es eficaz, que restablece el cuerpo, la mente y el corazón dolido. Y es una señal que nos habla del amor del Dios que hace tales cosas en las personas" (I, pp. 107-8). Y para Juan lo más importante es este último punto.

Algo parecido ocurre con ἔργον. En Mateo encontramos esta palabra 6 veces, en Marcos 2 veces, y en Lucas 2 veces también. En dos ocasiones sí que hacen referencia a los milagros de Jesús: una, cuando Mateo nos cuenta que Juan el Bautista "oyó en la cárcel las obras de Cristo" (Mt. 11:2) y, la segunda, cuando Lucas explica que Jesús era "poderoso en obra y en palabra" (Lc. 24:19). Pero aunque tenemos estos dos casos en los Sinópticos, se trata de un uso excepcional. En cambio, Juan usa estos dos términos con mucha libertad con el objetivo de revelar la que era, según él, la característica más importante de los milagros.

Utiliza σημεῖον 17 veces. En una ocasión se refiere a Juan el Bautista, quien "no hizo ninguna señal" (10:41). Los enemigos de Jesús usaron estas palabras en dos ocasiones para preguntarle qué señal les iba a mostrar (2:18; 6.39); y en otra ocasión, para preguntarse a sí mismos si cuando el Cristo viniera iba a hacer más señales (7:31). Jesús usó este término dos veces. Una, para quejarse de que sus oyentes no iban a creer a menos que vieran "señales y prodigios" (4:48) y otra, para describir a los que le buscaban no porque había visto señales, sino solo porque habían comido de los panes y se habían saciado (6:26).

En cambio, las otras 11 veces en las que encontramos σημεῖον, sí se refiere exclusivamente a los milagros de Jesús[70]. El significado intrínseco de esta palabra es muy importante. Está relacionado con σημαίνω, "significar, indicar, dar a conocer". Es decir, un σημεῖον es algo lleno de significado[71]. No es un fin en sí mismo, que su propósito es que la gente vea más allá del "hecho milagroso". De hecho, este término no tiene por qué incluir necesariamente un matiz de "lo milagroso". En la Septuaginta normalmente se usa para referirse a "señales" que no son milagros. Sin embargo, Juan lo usa exclusivamente para los milagros. Un milagro, tal como Juan lo ve, es un medio para enseñar a la gente la verdad espiritual y, más concretamente, para hacer que

---

[70] P. Riga, en un importante artículo titulado "Signs of Glory", en *Interpretation*, XVII (1963), pp. 402-24, dice que σημεῖον "aunque no siempre significa un milagro extraordinario (2:1-12, 14-21), puede tener ese sentido" (p. 407). Él establece una diferencia entre "un suceso milagroso" y "un suceso sobrenatural y con un significado concreto" (p. 402). Yo no acabo de ver o comprender esta distinción, y no veo evidencia alguna de que Juan use σημεῖον en relación con Cristo para referirse a un suceso no milagroso.

[71] En la Septuaginta normalmente se usa para traducir אות, y Barrett dice: "אות-σημεῖ ον... se convierte en una parte especial de la actividad profética; no es una mera ilustración, sino una anticipación simbólica de la gran realidad de la que σημεῖον forma parte" (p. 76).

vuelvan sus miradas a Dios. Por eso recoge las palabras de Nicodemo: "nadie puede hacer las señales que tú haces si Dios no está con Él" (3:2), y las de aquellos que interrogaron al ciego de nacimiento: "¿Cómo puede un hombre pecador hacer tales señales?" (9:16). Vemos, pues, que el origen de las señales es Dios mismo, y que hace que la gente mire a Dios[72]. Por tanto, no nos sorprende que la fe sea la consecuencia de ser testigo de uno de estos sucesos. Cuando vemos la primera de las señales, cuando Jesús convierte el agua en vino, se nos dice que "sus discípulos creyeron en Él" (2:11). También en Jerusalén creyó mucha gente a causa de las señales (3:23) y, de hecho, Juan dice que su evangelio es un recopilatorio de este tipo de señales recogidas para que la gente crea (20:30-31). Por esta razón, se culpa a la gente que veía las señales y se negaba a creer (12:37). En una ocasión, los principales sacerdotes y los fariseos expresaron lo mucho que toda aquella situación les preocupaba: Jesús "hace muchas señales", y corremos el peligro de que todos crean en Él (11:47-48). En más de una ocasión, Juan cuenta que la gente se acercaba a Jesús porque sabían que hacía señales (6:2; 12:18), y cuando Jesús alimentó a la multitud, la gente que había visto aquella señal decía: "Verdaderamente este es el Profeta que había de venir al mundo" (6:14). Véase que Jesús no rechazaba la fe que venía por haber visto las señales. Obviamente, esa no era la fe más genuina, pero, en cualquier caso, era mejor que la incredulidad. Así que, en una ocasión, Jesús amonestó a la gente que no respondía ante las señales de forma adecuada: "Me buscáis no porque hayáis visto señales, sino porque habéis comido de los panes y os habéis saciado" (6:26). Después de haber sido testigos de una señal tan grande, aquella gente le pidió a Jesús que hiciera una señal (6:30), pero su deseo no les fue concedido. Porque al igual que en los Sinópticos, tenemos aquí a un Jesús que solo hace milagros que llevan a la gente a la fe. Las señales buscan que la gente deposite su fe en Jesús. Sin embargo, las palabras que Jesús dirige a aquellos que piden "señales y prodigios" para poder creer, dejan bien claro que el Señor repudiaba aquella actitud (4:48).

Vemos que Juan usa el término "señal" de una forma muy característica. Para él los milagros eran sucesos con un significado. Presenta-

---

[72] R.H. Lightfoot cree que este término, tal como se usaba en el Antiguo Testamento y entre los judíos, denota un hecho presente que apunta hacia el futuro: "En el Evangelio de Juan se quiere establecer un contraste que no está tanto entre el presente y el futuro, sino más bien entre lo visible y lo invisible, los acontecimientos externos y la verdad interna (la verdad a la que apuntan esos acontecimientos)" (p. 22).

ban verdades espirituales. Llegamos a esta conclusión no solo por el significado de esta palabra, sino por la forma en la que Juan presenta su narración. En ella va exponiendo muchas facetas de la necesidad humana, mostrando a la vez la impotencia del ser humano y la suficiencia de Jesús. Cuando Jesús convierte el agua en vino se hace evidente nuestra incapacidad de soportar las demandas de las celebraciones por las que tenemos que pasar en esta vida. En el caso del hijo del oficial del rey y del hombre que llevaba treinta y ocho años paralítico, vemos nuestra impotencia ante la enfermedad y ante la tragedia de una discapacidad física. La alimentación de la multitud nos muestra la limitación de los recursos de los seres humanos (una lección muy relevante en nuestros días), y cuando Jesús camina por las aguas queda patente la diferencia que hay entre Jesús y el ser humano, que ante las fuerzas de la Naturaleza, como por ejemplo una gran tormenta, no puede hacer nada. Cuando Jesús le abre los ojos al ciego, vemos nuestra incapacidad de cambiar las circunstancias en las que vivimos o que nos vienen dadas (él era ciego de nacimiento), mientras que también ilustra que Jesús es la Luz del mundo. La resurrección de Lázaro resalta la derrota última del ser humano, que es incapaz de vencer a la muerte, y a la vez revela a Jesús como la resurrección y la vida. Todos estos milagros son "señales" porque señalan o apuntan a algo en concreto[73]. Cuando la gente las considera de forma adecuada ve a Dios[74], y el regalo que Dios nos ha hecho en Jesús. Si la gente se acerca a los milagros con la actitud correcta, entonces llegan a tener la fe necesaria para creer. Desde este punto de vista, σημεῖα es un desafío, un llamamiento a tener fe[75].

Para Juan, "las señales" eran parecidas a las que usaban los profetas, y que ahora reconocemos como parte integral del mensaje que estos

[73] Hoskyns dice que "las señales" en la Biblia, y especialmente en Juan, "anticipan y anuncian tanto la naturaleza del suceso que va a tener lugar como la obra de Aquel que es el fin último de dichos sucesos ... No se narran como prodigios, o maravillas, ni tampoco sirven solo para darle credibilidad a Jesús. Podríamos decir que son señales o parábolas de la naturaleza de su obra" (p. 190).

[74] Barrett insiste en el significado cristológico de las señales: "Por tanto, los milagros de Jesús no son simplemente – como en los Sinópticos – señales de que ya ha llegado el reino de Dios, sino que son claras indicaciones de que aquel que hace las señales es el Hijo de Dios y que es igual a Dios" (p. 78).

[75] Riga cree que las señales del cuarto evangelio son un equivalente a las parábolas de los Sinópticos, porque las dos a la vez velan y revelan la verdad. Y las dos confrontan a la gente para que tomen una decisión. G. Bornkamm dice: "No obstante, la cuestión principal es qué entendía Juan por "señal", y cómo las trataba. No eran hechos estupendos en el sentido en que la mayoría de gente las entendía, ni servían para mostrar

transmitían. Toda "señal" hacía algo. Así, la señal de Caná dejó claro que el poder del Cristo que da vida estaba por encima del ritualismo judío, y sus discípulos creyeron (2:11). La curación del hijo del oficial del rey presenta a Jesús como la Vida; y tanto el oficial como toda su casa recibieron la vida (4:53). La curación del ciego de nacimiento muestra a Jesús como "la Luz del mundo", dándole al hombre luz tanto para la vista como para el alma (9:38). Y lo mismo ocurre con otras señales. Para Juan las señales eran eficaces.

En las tres ocasiones en las que Juan usa un verbo muy parecido, σημαίνω, lo hace para referirse a la muerte (dos veces a la muerte de Jesús, 12:33; 18:32, y una a la de Pedro, 21:19). Las señales son importantes, ya que son parte de la obra de aquel cuya obra suprema era morir por los pecadores.

Pero esto no es todo lo que Juan tiene que decir sobre los milagros; por tanto el uso que hace de ἔργον también es importante. Este término podía usarse para describir las acciones de las personas, ya fueran buenas o malas. En cuanto a acciones malas, ver 3:19, 20; 7:7; 8:41; y en cuanto a obras buenas, 3:21; 6:28, 29; 8:39; 14:12. Véase además que a estas buenas acciones a veces se las llamaba "las obras de Dios" (6:28, 29). Puede que eso pretenda explicar el origen de las buenas obras que hacemos. No salen de nosotros mismos. El pasaje en el que Jesús habla de las obras que sus discípulos harán después de que Él les deje es muy sorprendente: "el que cree en mí, las obras que yo hago, él las hará también; y aún mayores que éstas hará, porque yo voy al Padre" (14:12).

Pero normalmente Juan usa ἔργον para referirse a las obras de Jesús[76]. De las 27 veces que Juan usa esta palabra, 18 sirven para

a los incrédulos el poder divino de Jesús. Su verdadero significado solo puede comprenderse desde la fe. Su propósito no es tanto apuntar al que hacía los milagros, sino justo lo contrario: Jesús es el que les da el significado que tienen" (*The New Testament: A Guide to Its Writings* [Londres, 1974], p. 135).

[76] A. Richardson no está de acuerdo. Según él, Juan "no llama a los milagros δυνάμεις, sino σημεῖα; rara vez usa la descolorida palabra 'obras' (ἔργα) ..." (*The Miracle Stories of the Gospels* [Londres, 1959]. p. 30). No percibe la importancia que tiene el uso joánico de ἔργον, lo que le lleva, quizá, a no distinguir la peculiaridad de la concepción joánica de los milagros. Es cierto que para Juan, como para los evangelistas sinópticos, los milagros "son evidencias (no para todo el mundo, sino para aquellos que tienen ojos para ver) de quién es Jesús" (*Miracle Stories*, p. 31). Pero Juan va más allá. Para él, "obras" no es un término descolorido, sino una forma de relacionar los milagros con lo no milagroso. Así se muestra que la vida de Jesús estaba llena de la gloria divina, y que los milagros y los demás elementos de la vida de Jesús forman parte de la realización del propósito divino, que es único y coherente.

explicar cosas que Jesús ha hecho. Y la usa de diversas maneras. En algunas ocasiones, para referirse directamente a los milagros; por ejemplo, "Una sola obra (NVI: "milagro") hice, y todos os maravilláis" (7:21). Otras veces se refiere a todo el ministerio de Jesús, por ejemplo, aquellas palabras de la oración: "habiendo terminado la obra que me diste que hiciera" (17:4). Se suele usar en singular para hablar de acciones concretas o de la suma total de su ministerio en la tierra, y en plural para referirse a las muchas obras que realizó.

Las obras de Jesús son "las obras que ningún otro ha hecho" (15:24). Son características de él y no se pueden comparar a las de los demás. Ciertamente, en un sentido no son las obras de Jesús, sino del Padre. Dice Jesús: "El Padre ama al Hijo, y le muestra todo lo que Él mismo hace; y obras mayores que éstas le mostrará, para que os admiréis" (5:20). No hay duda de que habla de las obras de Cristo. Pero Jesús reconoce que son obra del Padre. No salen de Él; no las hace por cuenta propia. "El Padre que mora en mí es el que hace las obras" (14:10)[77]. Por eso puede decir que su comida es llevar a cabo la obra del Padre (4:34), y puede hablar de las obras que el Padre le ha dado para llevar a cabo (5:36). Al final de su vida pudo decir que había "terminado la obra que me diste que hiciera" (17:4). En este caso ἔργον se refiere a la obra que realizó durante toda su vida. En el capítulo 9 dice que el hombre estaba ciego "para que las obras de Dios se manifiesten en él", y añadió: "nosotros debemos hacer las obras del que me envió" (9:3-4). De nuevo, vemos que Jesús dice a los judíos: "Os he mostrado muchas obras buenas que son del Padre" (10:32). Está claro que Jesús reconoce que las obras que Él hace vienen del Padre.

La función de estas obras es enseñar a la gente. Tienen valor como revelación. Más de una vez Jesús dijo que esas obras daban "testimonio de él" (5:36; 10:25). Y si estas obras testificaban, es importante que la gente escuche ese testimonio. Por eso decía "Si no hago las obras de mi Padre, no me creáis", añadiendo "pero si las hago, aunque a mí no me creáis, creed las obras; para que sepáis y entendáis que el Padre está en mí, y yo en el Padre" (10:37-38). En otra ocasión también dice:

---

[77] Cf. M. De Jonge: "la mayoría cree que el término ἔργα es más adecuado para expresar las acciones de Jesús que la palabra σημεῖα. Las obras de Jesús son las obras de Dios realizadas por y a través de Jesús... el estudio de los pasajes en los que aparece ἔργα nos lleva al centro de la cristología y la teología joánicas" (*Jesus: Stranger from Heaven and Son of God* [Missoula, 1977], p. 132).

"creed por las obras mismas" (14:11). No hay duda de que su palabra y sus obras están estrechamente relacionadas, ya que está en posición de decir: "Las palabras que yo os digo, no las hablo por mi propia cuenta, sino que el Padre que mora en mí es el que hace las obras" (14:10). Es evidente que una de las funciones de las obras, como las señales, es la de revelar.

Vemos pues que ἔργον es una palabra muy importante en la comprensión joánica de los milagros. De hecho, éste es el término que Jesús emplea normalmente en este evangelio para referirse a los milagros. En dos ocasiones utiliza σημεῖον, pero en el resto de referencias siempre encontramos ἔργα. A mi parecer, éste es un dato muy importante, pero muchos especialistas, que no dan importancia a que Juan prefiera σημεῖον frente al δύναμις de los Sinópticos, lo pasan por alto. Pero debe de haber alguna razón por la que el mismo Jesús prefiere el uso de ἔργον. La razón puede estar en el significado intrínseco de la palabra, y en el hecho de que se usa también para referirse a las obras realizadas por las personas. Lo que para nosotros son milagros, para Dios y para Cristo no son más que "obras". Aunque a nosotros nos parezcan extraordinarias, para ellos son bien normales.

Y, además de usarse con más frecuencia que σημεῖον, ἔργον se usa de forma más variada. Así, creo que es cierto que aunque para Juan los milagros son σημεῖα, acciones cuyo objetivo es que la gente mire a Dios, también son ἔργα, obras cuyo origen está en Dios. De hecho, como vienen de Dios revelan la verdad, y por eso la gente se vuelve a mirar a Dios. Ésta es la razón por la cual Juan habla tanto de la fe que nace por haber visto "obras", y de la fe que nace por haber visto "señales". Para Juan, la palabra más general es ἔργον[78]. Engloba lo que nosotros llamaríamos los hechos "normales" de Jesús, y también los hechos "sobrenaturales". No podemos separarlo, pues forman un todo: Jesús vivió de forma coherente, siempre haciendo la voluntad de Dios

---

[78] Como R.H. Lightfoot prefiere σημεῖον, se le escapa este matiz. Según él, "toda la vida de Jesús es una señal del amor de Dios" (p. 23). Y para respaldar su teoría, dice sobre esta palabra: "Sería un error limitar el sentido de este término a los hechos que aparecen descritos de forma explícita". Sin embargo, si se tiene una buena comprensión de ἔργον no hace falta hacer una afirmación así, ya que Jesús la usa para referirse a todos sus hechos, es decir, al conjunto de todo lo que hacía. E.M. Sidebottom dice que las obras "no solo incluye las señales ... En el cuarto evangelio las obras están estrechamente relacionadas con la manifestación del carácter de Dios. Juan sabe que lo bueno solo puede salir de lo bueno; es decir, está claro que las buenas obras tienen que venir de Dios" (*The Christ of the Fourth Gospel* [Londres, 1961], p. 157).

y llevando a cabo su propósito. No solo a través de los milagros, sino que en cada aspecto de su vida revelaba la gloria de Dios[79].

Detrás del uso que Juan hace de ἔργον aún hay una última idea. En el Antiguo Testamento se usa esta misma palabra para referirse a las obras de Dios. Quizá los pasajes más importantes son aquellos que se refieren a la Creación (Gn. 2:2-3; Sal. 8:3; 104:24, etc.) y a la liberación de la esclavitud en Egipto (Sal. 44:1; 95:9; etc.). Así que en vista de la manera en que el Evangelio de Juan presenta a Jesús como el cumplimiento de muchas de las obras que Dios había hecho en el Antiguo Testamento (el maná verdadero, el agua viva, la luz verdadera, etc.) no deberíamos limitar tanto el uso de esta palabra. Juan está indicando que la obra que Dios hizo en el Antiguo Testamento tiene su continuidad en la obra que hace a través del ministerio de Jesús. Y esto lo vemos en todo tipo de actividades, pero sobre todo en la Creación y la Salvación. Las "maravillosas obras" de Dios llegan a su clímax y a su cumplimiento en las "obras" de Cristo. Éstas y aquellas forman una unidad. Y probablemente no sea una coincidencia que la gran declaración "Yo y el Padre somos uno" (10:30) aparezca en un contexto donde se está hablando de "obras". Unidad del ser significa unidad en la acción, y unidad en la acción refleja la unidad del ser[80].

---

[79] Westcott dice que τὰ ἔργα en Juan describe "toda la manifestación exterior de las acciones de Cristo, tanto los hechos sobrenaturales, como los normales. Todos forman parte del cumplimiento de un solo plan, y han sido realizados bajo la dirección de un solo poder" (comentando 5:36).

[80] Riga dice que Juan 10:30 está contextualizado en una sección que hace referencia a las obras: "La operación o la actividad de estas obras es, en realidad, la operación y la actividad del Padre; aunque siguen siendo del Padre, al Hijo le han sido dadas las obras de la salvación y la de entregar vida. Cristo tiene todo el poder para juzgar y para dar vida porque no actúa por su propia cuenta, sino que lo hace en unión con el poder del Padre" ("Signs of Glory", p. 419).

Juan 16

2. Advertencia sobre la persecución futura (16:1-4)

16:1 Estas cosas os he dicho, para que no tengáis tropiezo. 2 Os expulsarán de la sinagoga; pero viene la hora cuando cualquiera que os mate pensará que [así] rinde un servicio a Dios. 3 Y harán estas cosas porque no han conocido ni al Padre ni a mí. 4 Pero os he dicho estas cosas para que cuando llegue la hora, os acordéis de que ya os había hablado de ellas. Y no os dije estas cosas al principio, porque yo estaba con vosotros.

La obra del Espíritu Santo en la Iglesia tiene lugar en el contexto de la persecución. El Espíritu no es una guía ni una ayuda para gente que anda por un camino recto y que se las sabe arreglar por su cuenta. El Espíritu Santo viene a ayudar a gente que está inmersa en una dura batalla, y que se encuentra con pruebas que no puede soportar. Jesús deja bien claro que el camino de sus seguidores es difícil y arduo.

1 En cuanto a "estas cosas os he dicho", ver el comentario de 14:25. "Para que" indica propósito; Jesús habla "para que" sus seguidores no "tengan tropiezo"[1]. Esto apunta a incidentes posteriores como el de la excomunión. Jesús prepara a los discípulos para los severos juicios por los que tendrán que pasar. "En la Antigüedad, a los cristianos se les consideraba unos inconformistas, y tenían que pagar por ello" (Haenchen). Temple nos recuerda que "es difícil creer que estamos ante la causa de Dios cuando las cosas no salen bien, y los poderosos y los fuertes son los del otro bando". Pero Jesús prepara a sus discípulos, para que no vivan con un optimismo ingenuo, es decir, para que sean realistas, y los tiempos difíciles nos les cojan por sorpresa.

---

[1] En cuanto a σκανδαλίζω, ver el comentario de 6:61; hay versiones que traducen "para que no os apartéis"(p. ej. NVI), pero eso no recoge la fuerza de la metáfora original. La traducción de Knox, "para que no os pillen desprevenidos", logra transmitir el elemento sorpresa del ataque, mientras que Berkeley enfatiza aún más la metáfora "para que no os atrapen o caigáis en la trampa". Cf. Lenski: "Los discípulos saben perfectamente lo que el discipulado implica; aquí queda claro lo duro que es: nadie les está engañando".

2 Sus enemigos les excomulgarán[2]. Este término indica la pérdida de toda comunión. Jesús ha hablado con frecuencia de su "hora", y el uso que se hace en este pasaje[3] de la "hora"[4] (en este versículo) y de la "hora" de los enemigos de Jesús (en el versículo 4) quizá quiera traer a la memoria las otras expresiones en las que Jesús usó este término. Así, Jesús augura que llegará la hora en que los valores de la gente estarán tan corrompidos que los que maten[5] a sus discípulos lo harán pensando[6] que están sirviendo[7] a Dios[8]. No está hablando de una persecución realizada por un estado secular, sino que está hablando de una persecución por parte de las autoridades religiosas. Con acierto, Pilcher nos recuerda lo siguiente: "Los que llevaron a cabo la Inquisición lo hicieron con la conciencia completamente tranquila". Desgraciadamente, en muchas ocasiones, los grupos religiosos han visto la persecución como una acción acorde con la voluntad de Dios.

3 La expresión "Y harán estas cosas" transmite la idea de que lo que se está diciendo va a ocurrir con toda seguridad. Jesús no está enu-

---

[2] En cuanto a ἀποσυνάγωγος, ver el comentario de 9:22.

[3] De nuevo, encontramos el uso de la fuerte adversativa ἀλλ' (aunque la NVI traduce "en realidad"). La proposición que introduce no solo es contraria a la proposición anterior, sino a todo lo que esa proposición implica. BDF sostiene que aquí ἀλλά podría traducirse por "no solo eso, sino que también..." (448 [6]). Turner cree que añade algo, pero no de forma adversativa: está de acuerdo con la traducción de la NVI (M, III, p. 330). En cuanto al uso que Juan hace de este término, ver el comentario de Juan 1:8.

[4] ἔρχεται ὥρα es una expresión poco común; además, también resulta extraño que se use en este contexto. De hecho, se podría haber transmitido la misma idea sin la necesidad de incluirla. Así, sirve para traernos a la memoria otras referencias de este evangelio que también hablan de que viene la "hora" (ver el comentario de 2:4). Por otro lado, ὥρα no va acompañada de ningún artículo, lo cual podría ser bastante significativo. Quizá, pues, no deberíamos empeñarnos en relacionar de forma directa esta expresión con los otros pasajes sobre "la hora".

[5] "Cualquiera" es la traducción de πᾶς ὁ con participio. El aoristo (que, en este caso, no es muy común en Juan) apunta a que se trata de una acción acabada.

[6] ¿δόξῃ tiene que ver con el frecuente uso que Juan hace de δόξα? El error del asesino es que tiene un concepto equivocado de δόξα.

[7] Ésta es la única vez que λατρεία aparece en Juan (en el Nuevo Testamento aparece en Ro. 9:4; 12:1; He. 9:1, 6). Este término, además de su significado general de "servir a Dios", también significa "adoración". Así, la *Twentieth Century* traduce: "pensará que presenta una ofrenda a Dios". Puede que estemos ante otro ejemplo de la ironía joánica: los asesinos creen que están sirviendo a Dios cuando logran matar a Jesús, que es el único que puede ofrecer a Dios un sacrificio perfecto.

[8] La Misná recoge que se podía matar a aquellos que habían cometido ciertas ofensas (*Sanh.* 9:6). SBk cita la Misná sobre Núm. 25:13: "el que derrama la sangre del impío es como el que ofrece un sacrificio" (II, p. 565).

merando una lista de cosas que podrían ocurrir, o una seria de posibles consecuencias. Está advirtiendo a sus seguidores de lo que, de forma inevitable, les va a sobrevenir. Van a sufrir a causa de su fe. La razón que mueve a sus perseguidores es que no conocen[9] ni a Dios ni al Hijo. Como ya hemos visto que ocurre tantas otras veces, este pasaje también establece una relación entre Dios y Jesús. El Padre se da a conocer a través del Hijo. No conocer a uno significa, automáticamente, no conocer al otro. Cierto es que existe el desconocimiento natural, y que este no es censurable. Pero en este evangelio, queda claro que el desconocimiento por parte de los judíos es bien reprochable, porque están ante la verdad, y no quieren reconocerla. Dios se ha revelado en Jesús, pero ellos no aceptan esa revelación. En este versículo Jesús dice "el Padre", y no "mi Padre" o "el que me envió". Lo hace para enfatizar la forma en que los judíos deberían haber aceptado a Dios.

4 Jesús explica por qué les hace estas advertencias en este preciso momento. Antes no había sido necesario porque Él estaba con sus discípulos. Durante su estancia en la Tierra, había podido guiarles día tras día; además, el ataque de sus enemigos había estado dirigido contra la persona de Jesús, y no tanto en contra de sus seguidores. Y, al lado de sus perseguidores, ellos eran un número insignificante. Pero la marcha del Maestro iba a cambiar la situación de forma radical. A partir de ese momento los ataques iban a tener otro objetivo: sus seguidores. Así que, justo antes de partir, Jesús les dice claramente lo que va a ocurrir para que estén prevenidos. Cuando lleguen las dificultades, sabrán que no es algo fuera del control de su Señor: Él[10] ya sabía que aquello iba a ocurrir. Además, aquella persecución no iba a suponer un obstáculo para la fe, sino que iba a fortalecerla. Cuando vengan los problemas, los discípulos recordarán que Jesús ya se lo había anunciado. "Su hora" (la hora de ellos; aunque la mayoría de versiones traducen "la hora") es una expresión muy acertada. Del mismo modo que la "hora" de Jesús iba a llegar (ver el comentario de 2:4), también iba a llegar la "hora" de sus enemigos. ¡Pero el sentido de la "hora" del uno y la de los otros es bien distinto! Esta sección del discurso acaba con una indicación de que las cosas están cambiando. Al principio[11] Jesús

---

[9] El aoristo οὐκ ἔγνωσαν podría significar "no lograban reconocer a" (Weymouth).

[10] Tenemos aquí un ἐγώ enfático: "que yo ya os había hablado". Ver el comentario de 1:20.

[11] En cuanto a la inusual expresión ἐξ ἀρχῆς, ver el comentario de 6:64.

no mencionó nada de todo esto, porque estaba junto a sus discípulos. Durante ese período, Él era el centro de los ataques de sus enemigos (cf. 18:8-9). Pero lo que les estaba anunciando iba a ocurrir en breve. La "hora" se estaba acercando, y eso tenía unas consecuencias.

3. La obra del Espíritu (16:5-15)

5 Pero ahora voy al que me envió, y ninguno de vosotros me pregunta: «¿adónde vas?» 6 Mas porque os he dicho estas cosas, la tristeza ha llenado vuestro corazón. 7 Pero os digo la verdad: os conviene que me vaya; porque si no me voy, el Consolador no vendrá a vosotros; pero si me voy, os lo enviaré. 8 Y cuando Él venga, convencerá al mundo de pecado, de justicia, y de juicio; 9 de pecado, porque no creen en mí; 10 de justicia, porque yo voy al Padre y no me veréis más; 11 y de juicio, porque el príncipe de este mundo ha sido juzgado. 12 Aún tengo muchas cosas que deciros, pero ahora no [las] podéis soportar. 13 Pero cuando Él, el Espíritu de verdad venga, os guiará a toda la verdad, porque no hablará por su propia cuenta, sino que hablará todo lo que oiga; y os hará saber lo que habrá de venir. 14 Él me glorificará, porque tomará de lo mío y os [lo] hará saber. 15 Todo lo que tiene el Padre es mío; por eso dije que Él toma de lo mío y os [lo] hará saber.

Después de hablar de la persecución con la que sus seguidores se van a encontrar, Jesús pasa a comentar de qué recursos disponen. Él les va a enviar al Espíritu, quien suplirá todas sus necesidades de forma abundante. Ya vimos anteriormente al Espíritu como Ayudador y como Abogado (14:16-17, 26; 15:26-27). Ahora se les presenta como Fiscal, que convence a la gente pecadora de que está en el error.

5 "Pero ahora" (la NVI omite el "pero") habla de que las circunstancias han cambiado. Jesús está a punto de ir al Padre (cf. 17:13), Aquel al que tantas veces se define como "el que me envió" (cf. 7:33; ver el comentario de 3:17). Pero Jesús les deja a sus discípulos una misión. En este versículo encontramos lo que a primera vista nos puede parecer una contradicción. Jesús dice que nadie[12] le pregunta: "¿Adónde vas?",

---

[12] καί se usa en el sentido de καίτοι, "y sin embargo", como tantas otras veces en este evangelio, especialmente la expresión καὶ οὐδείς (ver el comentario de 1:5).

pero en 13:36 (cf. también 14:5), Simón Pedro le había dicho: "Señor, ¿adónde vas?". Lo que ocurre es que las palabras de Pedro no buscaban averiguar adónde iba su maestro. Enseguida, la conversación cambió de rumbo, y él no hizo ningún intento por volver al tema inicial y descubrir adónde iba su Señor. Lo que le preocupaba era que Jesús se iba, no adónde iba. Lo único que le interesaba eran las consecuencias que la partida de Jesús tendría para él y para sus compañeros. Ni él ni los demás se habían preguntado seriamente qué le iba a ocurrir a Jesús[13]. El centrarnos en nosotros mismos siempre nos ciega.

6 En cuanto a "os he dicho estas cosas", ver el comentario de 14:25. Dice que a causa[14] de las palabras de Jesús, "la tristeza[15] ha llenado vuestro corazón" (en cuanto al singular, "corazón", ver el comentario de 14:1; la NVI parafrasea "estáis llenos de tristeza"). Es un poco extraño que se use el tiempo perfecto, ya que su tristeza iba a convertirse en alegría (v. 20). Quizá la idea es la siguiente: cuando Jesús fuese arrestado, se iban a llenar de tristeza, y ésta no iba a ser sustituida por la alegría hasta el día de la resurrección.

7 Jesús les dice a sus discípulos que les conviene que Él se vaya. La frase traducida por "os conviene" es la misma que usó Caifás en 11:50 (traducida por "os es más conveniente"). Así, podemos decir que ésta es la mejor ilustración de la forma en que Dios usa las acciones de los impíos para llevar a cabo su propósito. Caifás pensaba que la crucifixión era necesaria. Y lo era, pero por razones que él desconocía. Como las palabras que Jesús pronuncia en este versículo son muy importantes, las precede de "os digo la verdad" (cf. 8:45-46). Jesús usa estas palabras no tanto por lo que significan, sino para recalcar que lo que va a decir a continuación es muy importante. Analicemos la expresión "os conviene"[16]. Para los dis-

---

[13] Strachan nos recuerda que eso es lo que sigue ocurriendo hoy en día: "El interés que hoy hay por el Jesús histórico, separado del interés por el Jesús resucitado, es un buen ejemplo de que aún seguimos sin realizar la pregunta que Jesús quería que sus discípulos le hicieran: *¿Adónde vas?* No podemos entender a Jesús, ni el pensamiento de Jesús, si no tenemos en cuenta que Él no veía su vida en la Tierra como una revelación completa".

[14] En cuanto a la partícula causal ὅτι, ver el comentario de 1:50.

[15] En este capítulo se hace bastante hincapié en λύπη (vrs. 20, 21 y 22), pero ya no vuelve a aparecer.

[16] συμφέρει ὑμῖν. Según BAGD, este verbo significa: "1. *reconciliar...* 2. *ayudar, dar un beneficio o una ventaja, ser provechoso o útil...*".

cípulos, la marcha de Jesús era un desastre, una catástrofe; pero, en realidad, Jesús debía marchar por el bien de ellos[17]. Por un lado, les convenía no acostumbrarse a depender de la presencia física de Jesús. Pero, lo más importante era que el Espíritu (en cuanto al "Consolador", ver la nota Adicional F) no iba a venir hasta que Jesús les dejara[18]. No se explica el porqué, pero en 7:39 (ver nota al pie) Juan explicó que el Espíritu no había sido dado todavía porque Jesús "aún no había sido glorificado". Esto implica que la venida del Espíritu está muy relacionada con la cruz. Jesús no podía enviar su Espíritu hasta después de haber muerto en la cruz. Luego sí lo enviará (cf. 15:26). Dios quiere ofrecer a las personas una salvación completa. Y esa salvación solo puede estar basada en la obra expiatoria de Cristo. Solo después de que esa obra haya tenido lugar, la gente podrá recibir el Espíritu de forma plena. Podemos entender la verdad que hay detrás de las palabras de Jesús viendo que al final de su presencia con sus discípulos, estos, "abandonándole, huyeron todos" (Mr. 14:50); sin embargo, al principio de la era que inauguró la venida del Espíritu "[todos] hablaban la palabra de Dios con valor" (Hechos 4:31); también, "salieron de la presencia del Concilio regocijándose de que hubieran sido tenidos por dignos de padecer afrenta por su Nombre" (Hechos 5:41).

8 Cuando el Espíritu venga, "convencerá al mundo". Este es el único pasaje en las Escrituras en el que se dice que el Espíritu hará algo "en el mundo". El resto de referencias hablan de lo que hará en los creyentes. Así, éste es un pasaje importante, porque "vemos que el Espíritu no es solo una posesión propia y exclusiva de la Iglesia, sino que es el poderoso abogado que va delante de la Iglesia para convencer al mundo" (Newbigin). Ya hemos visto que la palabra que traducimos por "Consolador" tiene unas connotaciones jurídicas (ver la Nota Adicional F). Normalmente definía a una persona que abogaba en defensa del acu-

---

[17] Bernard comenta: "El discipulado cristiano es mejor que la educación que cualquier maestro visible pueda ofrecer. El discípulo más valiente y perfecto es el que puede caminar por fe, y no solo por vista...". Además cita a Gore, para añadir que "la venida del Espíritu Santo no ocurrió simplemente para cubrir la ausencia del Hijo, sino para completar su presencia".

[18] Aquí "dejar o marchar" es ἀπέλθω, que sustituye al ὑπάγω del versículo 5. Y "si me voy" es la traducción de un tercer verbo: πορευθῶ. No tiene sentido hacer distinción entre estos tres verbos. En mi opinión, el hecho de que aquí se usen tres verbos diferentes responde a la costumbre joánica de la variación. En cuanto al uso que Juan hace de ὑπάγω, ver el comentario de 7:33.

sado, pero aquí el sentido es que el Espíritu actuará como fiscal, y hará que el mundo se dé cuenta de su culpabilidad[19]. Para ello, su actividad se desdobla en tres aspectos, que Juan desarrolla de una forma más extensa en los versículos siguientes. Nadie llega a entender la realidad del pecado, de la justicia y del juicio si no es por el Espíritu Santo[20].

9 El griego original de estos versículos podría entenderse, principalmente, de tres formas distintas: (1) "convencerá al mundo (de las concepciones erróneas) de pecado, mostrándoles que no creen"[21] (cf. *NEB*: "les mostrará dónde se encuentra lo correcto, lo incorrecto, y el juicio"); (2) "convencerá al mundo de su pecado porque no creen" (es decir, su incredulidad es una ilustración de su pecado)[22]; (3) o "convencerá al mundo de su pecado (que consiste en que) no creen" (es decir, su incredulidad es su pecado). Las tres interpretaciones son posibles y, como es típico de Juan, quizá quiso recoger en una expresión más de un sentido. Sin embargo, si tuviéramos que elegir, diríamos (con Barrett) que la que más nos satisface es la segunda opción. El pecado principal es creer que el hombre es la medida de todas las cosas, y negarse a creer en Dios. Este es el pecado que ha corrompido a toda la Humanidad, y cuya ilustración más clara está en que cuando Dios envió a su Hijo al mundo, éste se negó a creer en Él. El mundo es culpable, pero necesita la actuación del Espíritu para darse cuenta. El Espíritu convence al mundo en dos sentidos. En primer lugar, "demuestra que el mundo es pecador", es decir, se asegura de que el veredicto en contra del mundo va a ser "culpable". Pero, en segundo lugar, el Espíritu hace que el mundo se dé cuenta de su culpabilidad. El Espíritu

---

[19] Cf. Bernard: "ἐλέγχειν es interrogar con el propósito de convencer o refutar a un oponente (esta palabra se usaba sobre todo en los procesos judiciales)". Según Bernard, tenemos un ejemplo de esto en Hechos 2:36-37, donde los que escucharon la predicación, "fueron heridos en el corazón/la conciencia". La expresión que aparece aquí también la encontramos en 8:46; cf. también 1 Co. 14:24.

[20] Cf. Westcott: "No solo convencerá al mundo de pecado, de que no hay justicia en él, y de que está bajo juicio, sino que también le mostrará claramente que no entiende el verdadero sentido de 'pecado', 'justicia', y 'juicio'". También nos recuerda que el mundo se veía a sí mismo como justo (Lc. 18:9), veía a Jesús como a un pecador (9:24), y que se creía en el derecho de juzgar a aquel blasfemo. El mundo estaba equivocado en esos tres puntos, y tenía que ser corregido.

[21] Si entendemos περί como "con respecto a".

[22] En el segundo y en el tercer caso, ἐλέγχειν significa "convencer de", pero en el segundo caso ὅτι significa "porque", y en el tercero, "que".

convence la conciencia del pecador de forma individual. Si no fuera así, las personas nunca llegarían a verse como pecadoras.

10 La justicia[23] que se muestra cuando Cristo va al Padre tiene que ser la justicia establecida por Cristo[24]. Es precisamente esta justicia la que hace necesaria la obra del Espíritu Santo para que las personas se convenzan de ella[25]. El Espíritu enseña a la gente (y Él es el único que puede hacerlo) que la justicia no puede alcanzarse por méritos propios; la justicia ante Dios no depende de los esfuerzos humanos, sino de la obra expiatoria que Cristo ha hecho por la Humanidad. "Y no me veréis más" podría referirse a lo que ocurrió en la cruz, cuando parecía que los enemigos de Jesús se habían salido con la suya. También podría referirse a la Ascensión, cuando la presencia física de Jesús en esta Tierra llegó a su fin.

11 La obra del juicio hace referencia a la derrota de Satanás (en cuanto al "príncipe de este mundo", ver el comentario de 12:31) que tuvo lugar en la cruz. Esta derrota no es una muestra arbitraria de poder, sino que se trata de un juicio. Se hace justicia cuando se derroca al maligno. El "juicio" no es una declaración favorable por parte de Dios, como muchas veces cree el mundo; el juicio consiste en una condena justa y en el derrocamiento de Satanás.

Estos tres aspectos de la obra del Espíritu Santo que se nos explican en estos tres versículos tienen que interpretarse cristológicamente. El

---

[23] En Juan, solo encontramos δικαιοσύνη aquí y en el versículo 8. Para Barrett, la muerte y la resurrección de Jesús muestran la justicia de Cristo y de Dios: "La muerte de Jesús fue la máxima evidencia de la obediencia a la voluntad del Padre, y su exaltación fue una evidencia contundente de que su justicia fue aprobada por algo más importante que la aclamación humana".

[24] Cf. E. Schweizer: "la justicia no es como el mundo cree, ya que el mundo crucificó a Jesús en nombre de la justicia; la justicia genuina está en las obras de Jesús" (*The Holy Spirit* [Londres, 1980], p. 106).

[25] Bultmann dice que "la terminología que aquí se usa es una terminología judicial", por lo que "la inocencia" de la que aquí se habla no es "la inocencia en el sentido moral de la rectitud, sino en el sentido judicial de ser declarado justo, de ser declarado inocente. Como el proceso del que se está hablando es un proceso que implica a Dios y al mundo, está claro que se trata de una cuestión de δικ; se trata de una justicia declarada por *Dios*" (p. 564). Barclay comenta: "Cuando pensamos en todo esto, es bastante sorprendente que los hombres tengan que poner su confianza para toda la eternidad en un criminal judío crucificado. ¿Qué *convence* a los hombres de que ese judío crucificado es el Hijo de Dios? Esa es la labor del Espíritu Santo. Él es el que convence al ser humano de la justicia absoluta de Cristo...".

pecado, la justicia y el juicio se entienden de forma correcta si se relacionan con Cristo.

12-13 Jesús deja la obra del Espíritu en el mundo, y pasa a hablar de su obra en los creyentes. En primer lugar, dice que aún tiene muchas cosas que contarles a sus discípulos. No explica lo que significa "ahora no las podéis soportar". "Soportar", en este contexto, es una palabra muy poco usual[26]. Quizá quiera decir que su experiencia hasta el momento limita su habilidad de percepción. Tienen ante ellos verdades que aún no pueden ver, pero que entenderán cuando el Espíritu venga[27]. Pero es más probable que se refiera a que, hasta que no llegue el Espíritu, no serán capaces de poner en práctica las implicaciones de la Revelación[28]. Esta última interpretación es la más acorde con el significado del verbo "soportar". Aquí se llama al Espíritu "el Espíritu de verdad" (ver el comentario de 14:17), ya que aquí se está hablando de su labor como guía[29] de los seguidores de Jesús "hacia toda la verdad"[30]. A me-

---

[26] βαστάζω se usaba para describir la acción de levantar una piedra (10:31), o cargar con un peso (19:17) y, de forma figurada, para soportar cualquier cosa pesada (Gá. 6:2). También podía usarse para "llevar el nombre de Cristo" (Hechos 9:15), pero nuestro pasaje es el único que encontramos que hable de "soportar" palabras. Pallis sugiere que esto podría ser un latinismo (*tenere*).

[27] Nótese la conjunción ἐκεῖνος, τὸ Πνεῦμα τῆς ἐληθείας, con el pronombre masculino en yuxtaposición inmediata con el sustantivo neutro. Esto hace hincapié en que para Juan, el Espíritu es un ser personal.

[28] Cf. MiM: "las verdades más gloriosas y más alentadoras pueden convertirse en una carga para el que sea demasiado inmaduro para poder soportarlas. Así, Jesús les dice que no pueden soportar las muchas cosas, no porque aún no podían en un sentido entender toda la Revelación, sino porque aún no tenían la experiencia cristiana suficiente para darle poder a aquella revelación".

[29] Esta es la única vez que el verbo ὁδηγέω aparece en este evangelio (cf. Ap. 7:17). Quizá tenga que ver con que Cristo es el ὁδός, y también es la verdad hacia la que el Espíritu nos lleva (14:6).

[30] Aquí tenemos algunos problemas textuales. No está claro si el texto es εἰς τὴν ἀλήθειαν πᾶσαν, como dice en A B (πᾶσαν τὴν ἀλήθειαν, f13 28 700) o ἐν τῇ ἀληθείᾳ πάσῃ como aparece en ℵ D W (Θ). Algunos eruditos creen que hay una importante diferencia de significado: la primera significaría "guiaros a toda la verdad", es decir, darles más conocimiento, y la segunda, "guiaros en toda la verdad", es decir, guiaros en los caminos de la verdad que ya han sido revelados. Pero en vista de lo difícil que es hacer una clara distinción entre εἰς y ἐν no deberíamos darle demasiada importancia a lo que estos eruditos dicen. Parece ser que la lectura correcta sería εἰς, pero si decidiéramos que es ἐν, el sentido no cambiaría mucho. No obstante, Barrett opta por ἐν, y cree que así se sugiere "una guía en toda la esfera de la verdad". FF traduce: "os instruirá en toda la verdad". I. de la Potterie sugiere que εἰς en Juan siempre tiene,

dida que los días pasan, el Espíritu guiará progresivamente al conocimiento de la verdad[31]. De paso, diremos que el mismo Jesús anula la validez del empeño que hacen algunos especialistas por "descubrir al Jesús histórico" ignorando la enseñanza de los apóstoles, porque detrás de ambos, de Jesús y de los apóstoles, encontramos la misma fuente. La enseñanza del Espíritu no es su propia enseñanza, sino que "solo habla lo que oye". No se nos dice si lo que oye viene del Padre o del Hijo, pero en este caso ese no es un dato importante. El énfasis en estos versículos está en el Espíritu Santo, y no en las otras personas de la Trinidad. Esta expresión apunta a la armonía que hay entre todas ellas. El Espíritu no crea algo completamente nuevo, sino que guía a la gente de acuerdo con la enseñanza que el Padre y el Hijo ya han dado. "Lo que habrá de venir" es una expresión bastante sorprendente. Aunque el Espíritu en alguna ocasión ha revelado el futuro, esa no es su labor principal. Normalmente, incluso los cristianos más espirituales, no tienen ni idea de lo que ocurrirá en el futuro. Puede que esta expresión quiera decir que el Espíritu revelará lo que en un momento puntual sea necesario, y de la forma que sea necesaria. Pero lo más probable es que "lo que habrá de venir" sea una forma de referirse a todo el sistema cristiano, que aún era algo futuro cuando Jesús habló, y que iba a ser revelado a sus discípulos a través del Espíritu, y no por intuición natural[32]. Un buen número de especialistas cree que tenemos aquí una referencia escatológica. Para argumentar su posicionamiento, nos recuerdan que Jesús anunció calamidades para los últimos tiempos y, concretamente, una dura persecución de sus seguidores. También nos recuerdan que Jesús prometió la ayuda del Espíritu cuando estuvieran ante los tribunales (Mr. 13:11). Creen que este pasaje joánico es el equivalente a la enseñanza escatológica de los Sinópticos. En mi opi-

---

como en los clásicos, un sentido dinámico (*Biblica*, XLIII [1962], pp. 366-87). En este versículo ve "una fórmula en la que se describe muy bien la entrada a (εἰς) toda la verdad de Cristo bajo la acción del Espíritu" (p. 373).

[31] Tasker enfatiza la importancia del artículo en τὴν ἀλήθειαν. Las palabras no significan que la Iglesia será guiada a un conocimiento pleno de la verdad sobre todos los temas y cuestiones, sino "la verdad específica sobre la persona de Jesús y la importancia de lo que dijo e hizo". Quizá podríamos decir que deberíamos interpretar estas palabras a la luz de 14:6.

[32] Calvino entiende estas palabras de la siguiente manera: "en mi opinión significa el estado futuro de su reino espiritual, el cual los apóstoles vieron poco después de su resurrección, pero que, en aquel entonces, no consiguieron comprender".

nión, esta interpretación no es descabellada ni imposible, pero creo que es una interpretación demasiado libre. Creo que la interpretación más directa y fiel es la siguiente: "Os mostrará cómo ir avanzando por el camino cristiano". Según Hoskyns, los versículos 16-24 apuntan a que "lo que habrá de venir" se refiere más bien a lo inminente, y no a lo que ocurrirá en el final de los tiempos.

14 La obra del Espíritu es cristocéntrica. No se glorificará a sí mismo, sino que glorificará a Cristo, y hará que el centro de toda atención sea Cristo[33]. Lo que toma y declara[34] es de Cristo[35], es decir, su ministerio se basa en el de Cristo, y es la continuación necesaria después de la partida de Cristo.

15 La Trinidad no está dividida. Lo que el Padre tiene, el Hijo lo tiene (cf. 17:10). El versículo anterior no significa que el Espíritu hará que la atención se centre en Cristo, excluyendo así al Padre. De hecho, Jesús puede hablar como habla por la comunión que tiene con el Padre. El Espíritu va a transmitir las cosas de Cristo y del Padre; es imposible hacer una distinción a este nivel.

F. SOLUCIÓN DE ALGUNOS PROBLEMAS (16:16-33)

Jesús pasa a tratar de forma más concreta algunas de las dificultades con las que los discípulos se iban a enfrentar. Esto no quiere decir que los discípulos entendieran las palabras de Jesús de forma inmediata, o que los discípulos sintieran en ese preciso momento que sus problemas ya estaban solucionados. En cierto sentido, seguían igual de estupefactos que antes de que Jesús pronunciara estas palabras. Pero lo cierto es que en este pasaje Jesús les da muchas respuestas, les comunica grandes verdades. En breve entenderían las implicaciones de las palabras de su maestro.

---

[33] ἐμέ es enfático tanto por su forma como por la posición en la que está colocado. También se hace cierto énfasis en ἐκεῖνος.

[34] Estamos otra vez ante la variación joánica: "os hablará" se desdobla en tres (vv. 13, 14 y 15). En el primero, el objeto es τὰ ἐρχόμενα, mientras que en los otros dos es ἐκ τοῦ ἐμοῦ. Otra característica joánica es la repetición de las palabras ἀναγγελεῖ ὑμῖν, que hacen hincapié en este aspecto de la obra del Espíritu.

[35] De nuevo, una típica variación joánica: ἐκ τοῦ ἐμοῦ ... ἐμά ... ἐκ τοῦ ἐμοῦ. Parece que no hay una gran diferencia entre el uso del singular y el uso del plural.

1. La confusión de los discípulos (16:16-18)

16 Un poco [más], y ya no me veréis; y de nuevo un poco, y me veréis. 17 Entonces [algunos] de sus discípulos se decían unos a otros: ¿Qué es esto que nos dice: «Un poco [más,] y no me veréis, y de nuevo un poco, y me veréis» y «Porque yo voy al Padre»? 18 Por eso decían: ¿Qué es esto que dice: «Un poco»? No sabemos de qué habla.

No nos sorprende que a los presentes en el aposento alto les costara entender estas palabras de Jesús. De hecho, han sido difíciles de entender para los cristianos de todas las épocas. El problema principal está en el significado de "y me veréis". ¿Se refiere Jesús a que le veremos en la persona y obra del Espíritu Santo? ¿Se refiere a las apariciones después de la resurrección? ¿Se refiere a la ascensión y a la parusía? Las tres interpretaciones están respaldadas por comentaristas de renombre. Barrett cree que la ambigüedad es deliberada: "Juan decidió ser ambiguo para transmitir que la muerte y la resurrección eran en sí mismas eventos escatológicos que anunciaban los acontecimientos finales". En estos versículos no se da la resolución al problema, sino que se describe cuál es el problema. Pero parece ser que el lenguaje que aquí se usa apunta más bien a la muerte de Jesús y luego a las apariciones después de la resurrección (aunque no negamos que, como ocurre muy a menudo en Juan, haya otro significado secundario).

16 Jesús dice que solo queda "un poco más"[36] antes de que sea quitado de en medio de ellos[37]. No hay duda alguna de que aquí se está refiriendo a que el momento de su muerte está cerca. En el texto original, usa exactamente la misma expresión ("un poco más"), antes de decir que le volverán a ver. Cree que estas palabras se refieren de forma literal a ver de nuevo a Jesús; no creo que sea una referencia metafórica a la obra del Espíritu[38], ya que lo más lógico es que se esté refiriendo a las apariciones que tuvieron lugar después de la resurrección.

---

[36] En cuanto a μικρόν, ver el comentario de 13:33.

[37] οὐκέτι, traducido como "ya no" ("ya no me veréis"), no significa necesariamente "nunca más" (en cuanto al uso joánico de οὐκέτι, ver el comentario de 4:42).

[38] ὄψεσθε se usa a veces para referirse a visiones espirituales (1:51), y por eso algunos arguyen que aquí se debe estar haciendo referencia al Espíritu Santo (lo mismo ocurre con el v. 19). No obstante, no creo que esta interpretación esté lo suficientemente

17 Es normal que estas palabras fueran un misterio en aquel momento, ya que aún no había ocurrido el episodio de la cruz. Así que nos es sorprendente que los discípulos estuviesen confundidos. Algunos de ellos demuestran su perplejidad (como es típico en Juan, no repiten exactamente las palabras de Jesús, sino que introducen alguna pequeña variación)[39]. Nótese que los discípulos unen la expresión "porque yo voy al Padre" con "un poco más"[40] y ya no verán a su maestro, y luego le verán. O perciben que hay cierta relación entre esas dos afirmaciones, o vuelven a sacar a la luz algo dicho anteriormente, y que aún no habían entendido (Jesús ya dijo algo sobre ir al Padre en el v. 10). No le piden a Jesús que se explique; todas aquellas preguntas se las hacían entre ellos, "unos a otros".

18 La mayor dificultad para ellos era la expresión "un poco más"[41]. Se centran solo en esa duda[42], y no sacan nada en claro. Godet comenta: "Mientras que nosotros lo vemos muy claro, para ellos sigue siendo un misterio. Si Jesús quiere instaurar el reino mesiánico, ¿por qué se marcha? Y si no quiere, ¿para qué volver?".

---

justificada. Este verbo también se usa para hablar de la capacidad de ver algo material (1:39). Por ejemplo, también se usa el perfecto ἑώρακα cuando ven al Señor resucitado en 20:18, 25 y 29, lo que hace posible que aquí Jesús esté hablando de las apariciones que tuvieron lugar después de la Resurrección. A partir de un análisis del verbo no se puede llegar a la conclusión rotunda de que se está hablando de la venida del Espíritu (aunque cf. ὤφθησαν de las lenguas de fuego en Hechos 2:3). Un pequeño apunte en contra de la distinción entre este verbo y θεωρέω es el doble uso que se hace de éste último en 14:19, donde hubiera sido normal que Juan introdujera alguna variación si para él se hubiera tratado de dos verbos diferentes. En cuanto a ὁράω, ver el comentario de 1:18, y en cuanto a θεωρέω, ver el comentario de 2:23.

[39] Jesús dice οὐκέτι θεωρεῖτε με, pero la negación que usan los discípulos es οὐ: sustituyen "ya no" por "no". Cuando Jesús hace referencia a las palabras de sus discípulos, en vez de retomar su propia versión original, retoma ésta última.

[40] La forma en que las variaciones de Juan giran en torno a la expresión "un poco más" sugiere que el evangelista está usando exactamente la misma expresión que Jesús utilizó (Strachan).

[41] El artículo que aparece antes de μικρόν convierte a esa palabra en la más difícil de interpretar.

[42] ἔλεγον podría ser un tiempo continuo: "estaban diciendo" o "continuaban diciendo"; cf. Weymouth, "se decían una y otra vez".

2. La alegría de los discípulos (16:19-24)

19 Jesús sabía que querían preguntarle, y les dijo: ¿Estáis discutiendo entre vosotros sobre esto, porque dije: «Un poco más, y no me veréis, y de nuevo un poco, y me veréis»? 20 En verdad, en verdad os digo que lloraréis y os lamentaréis, pero el mundo se alegrará; estaréis tristes, pero vuestra tristeza se convertirá en alegría. 21 Cuando la mujer está para dar a luz, tiene aflicción, porque ha llegado su hora; pero cuando da a luz al niño, ya no se acuerda de la angustia, por la alegría de que un niño haya nacido en el mundo. 22 Por tanto, ahora vosotros tenéis también aflicción; pero yo os veré otra vez, y vuestro corazón se alegrará, y nadie os quitará vuestro gozo. 23 En aquel día no me preguntaréis nada. En verdad, en verdad os digo: si pedís algo al Padre, os [lo] dará en mi nombre. 24 Hasta ahora nada habéis pedido en mi nombre; pedid y recibiréis, para que vuestro gozo sea completo.

Jesús, en vez de responder a la pregunta que los discípulos le hacen, responde ante la necesidad que estos tienen. Afirma que la tristeza a veces es necesaria (pone el ejemplo de una mujer que va a dar a luz). Tiene que pasar por un momento de angustia, pero cuando éste acaba, y ve el resultado, se alegra, olvidándose de toda la aflicción por la que ha pasado. Del mismo modo, ellos también tienen que pasar por un tiempo de aflicción. Pero cuando haya pasado, experimentarán un gozo abundante.

19 No creo que Juan quiera transmitir que Jesús ejerció un poder sobrenatural para saber que los discípulos estaban confundidos[43]. Después de todo, estaban hablando abiertamente los unos con los otros[44].

---

[43] Abbott cree que hay una diferencia entre θέλω con el aoristo (p. ej. 6:21; 7:44) y con el presente, aún cuando se trata de una referencia a acciones concretas. Sugiere que, quizá, ἐρωτᾶν, "'preguntaban' quiere decir 'preguntar todo sobre' aquella misteriosa afirmación, y no que solo le hicieron una pregunta concreta. O puede... que el presente denote una acción *que iba a empezar, pero que se detuvo porque Jesús anticipó su pregunta,* 'querían (*y casi lo hacen*) preguntarle'" (2498).

[44] No se refiere a que estuvieran discutiendo. En Juan, cuando encontramos μετά después de un verbo como hablar, etc., normalmente se sobreentiende que los interlocutores están de acuerdo (6:43; 11:56; cf. Abbott, 2349). Además, el verbo es ζητεῖτε, y no συζητεῖτε.

En este momento, lo único que Jesús hace es repetir sus palabras (aunque no hace una repetición exacta de lo que encontramos en el v. 16, hace una pequeña variación)[45]. Parece ser que los discípulos se sentían cohibidos o tenían cierto reparo: querían hacerle una pregunta a su maestro, pero no se atrevían.

20 En cuanto a "En verdad, en verdad os digo", ver el comentario de 1:51. Está claro que lo que viene a continuación es importante. Jesús no esconde que sus seguidores van a pasar por dificultades, y que sus perseguidores se van a alegrar de ello, pero no entra en detalles. Como no desarrolla esa idea, este anuncio resulta algo enigmático. "Lloraréis y os lamentaréis" recoge tanto la aflicción profunda e interior, como la expresión externa de esa aflicción; además, se establece un claro contraste entre "vosotros" y "el mundo"[46] (ver la Nota Adicional B). Pero Jesús no acaba con esta idea de angustia[47]. La tristeza de los discípulos se va a convertir en alegría[48] (cf. 20:20). Al igual que ha hecho con la aflicción, tampoco define de forma detallada esta alegría. Sus discípulos aún no llegaban a comprender a qué se estaba refiriendo Jesús. Véase que no dice que su tristeza va a ser sustituida por la alegría, sino que se va a *convertir* en alegría. Un poco más adelante les ocurrirá lo mismo con la cruz: al principio es causa de dolor y desesperación, pero el mismo objeto se convierte luego en fuente de alegría. Lo mismo ocurre en la ilustración que sigue. En el parto, el mismo bebé es causa de dolor y, posteriormente, de alegría. Jesús no está haciendo una diferencia entre la fuente del dolor y la de la alegría[49]. Calvino aún ve una enseñanza más: "Cristo quiso decir que la aflicción por la que iban a pasar por amor al Evangelio iba a dar fruto".

---

[45] Vemos que hay un cambio en la partícula de negación; primero teníamos οὐκέτι, y luego tenemos οὐ. En ambos lugares Juan usa θεωρεῖτε en la primera proposición, y ὄψεσθε en la segunda. En cuanto a la sugerencia de que ὄψεσθε denota una visión espiritual y, por ello, apunta a la venida del Espíritu, ver el comentario del v. 16.

[46] Aquí se usa el pronombre enfático ὑμεῖς, y aparece situado al final del sintagma, antecediendo a ὁ δὲ κόσμος.

[47] De nuevo, vuelve a aparecer el pronombre ὑμεῖς, que hace hincapié en el hecho de que van a ser ellos los que van a sufrir aflicción.

[48] "Pero" en el original es ἀλλά, y no δέ (que sí aparece anteriormente). Esta conjunción indica que en esa alegría hay algo de inesperado (cf. Abbott, 2058).

[49] Loyd aún saca otra aplicación: la mujer "encuentra su razón de ser en su bebé. Los discípulos encuentran su razón de ser en el Cristo crucificado. He aquí otro propósito del dolor y las dificultades por las que tenemos que pasar; esto es, cuando tenemos que morir a nosotros mismos, para poder vivir en Cristo, y, a través de Él, en los demás".

21 En el resto de las Escrituras, cuando se usa la ilustración de la mujer que da a luz[50], normalmente se busca transmitir la idea de lo inmediato, de lo inevitable: el parto se produce cuando llega el momento adecuado. Aquí lo que se contrasta es el estado de ánimo de la madre antes y después del parto. Cuando está dando a luz, el dolor que experimenta es inmenso[51], pero cuando el bebé ya ha salido[52], el dolor queda olvidado. Así, lo importante es que "un niño[53] ha nacido en el mundo. Estas palabras nos recuerdan algunos pasajes del Antiguo Testamento (como Is. 26:17s., que combina el concepto del nacimiento de un niño con el de la resurrección; Os. 13:13-15; y quizá Is. 66:7-14[54]). Estos pasajes hablan de los dolores de parto que iban a preceder a la aparición del nuevo Israel, es decir, los dolores de parto que precederían la llegada del Mesías. Es importante que para entender bien nuestro pasaje tengamos en mente este concepto veterotestamentario[55].

22 Es difícil averiguar a qué se está refiriendo el "por tanto", que algunas versiones, como la NVI, omiten. Lo que está claro es que Jesús ve la "aflicción" de los discípulos[56] como algo presente. No está hablando de un futuro lejano, sino de algo inminente. Es más, está hablando de algo presente. Pero ese no es el final. Dice que les verá otra vez[57]. De nuevo, Jesús no explica a qué se refiere exactamente, pero parece

---

[50] ἡ γυνή es general; lo que ocurre aquí es que el artículo denota de qué tipo se está hablando. Bernard dice que la interpretación de Abbott (que se refiere a *la* mujer de una familia, es decir, la esposa) es "no haber entendido nada", porque estas palabras son "universalmente ciertas" o aplicables a todas las mujeres.

[51] λύπη y θλῖψις son palabras muy fuertes. Queda claro que se está hablando de una angustia muy pronunciada.

[52] Tenemos aquí un cambio de tiempo verbal: τίκτῃ describe a una mujer en el mismo momento del alumbramiento, pero el aoristo γεννήσῃ apunta a que la acción ya ha sido completada: "cuando ya ha dado a luz".

[53] "ἄνθρωπος se usa aquí en el sentido de *ser humano* (contrastar con ἀνήρ, *un hombre adulto*)" (Barrett).

[54] Ver la nota al pie núm. 57.

[55] Crisóstomo dice que cuando Jesús habla de que ha nacido "un hombre, está haciendo alusión a su resurrección, y que no iba a nacer a la muerte, como todos los que nacemos de mujer, sino al Reino" (79.1; p. 292).

[56] Por tercera vez en este pasaje se usa el enfático ὑμεῖς para referirse a la aflicción de los discípulos. No hay duda alguna de que Jesús quiere que no perdamos de vista esa idea.

[57] El lenguaje que aquí se usa se parece al de Is. 66:14, καὶ ὄψεσθε, καὶ χαρήσεται ὑμῶν ἡ καρδία. Quizá lo más normal hubiera sido que aquí también apareciera ὄψεσθε, pero cf. 1 Co. 13:12; Gá. 4:9. Lo que importa es el conocimiento por parte de Dios, y no el humano.

ser que estamos ante otra referencia a las apariciones que tuvieron lugar después de la resurrección. Cuando ese momento haya llegado, será el comienzo de una nueva etapa. Entonces los discípulos se alegrarán[58] con una alegría permanente. Nadie les podrá quitar ese gozo. Obviamente, esto no quiere decir que los creyentes no van a pasar por ninguna aflicción. Pero lo que sí es cierto es que cuando hayan comprendido el significado de la cruz, tendrán un gozo que es independiente de las circunstancias que les toque vivir. Como ese gozo no se lo ha dado el mundo, el mundo tampoco se lo puede quitar[59].

23 Quizá la expresión "En aquel día" apunte ya al frecuente "aquel día" (o el plural "aquellos días") tan usado cuando se habla de los últimos tiempos (Mr. 13:17, 19, 24, 32, etc.; cf. también Mr. 13:11). Pero no hay duda alguna de que la referencia más directa es a los días después de la resurrección. No sabemos exactamente qué sentido deberíamos darle a la palabra "preguntaréis" que aparece en la primera parte del versículo[60]. Podría significar "hacer una pregunta" o "pedir algo". Si tomamos la primera interpretación, Jesús está diciendo que después de la resurrección los discípulos ya no tendrán que hacerle más preguntas[61]. No será necesario porque el Espíritu Santo estará con ellos para enseñarles "todas las cosas", para recordarles todo lo que Jesús había dicho (14.26), y para guiarles a toda la verdad (16:13). Los discípulos tendrán todo el conocimiento necesario. En mi opinión, esta podría ser la interpretación más adecuada. Los discípulos le habían hecho muchas preguntas a Jesús, sobre todo en el aposento alto (cf. 13:6, 25, 36-37; 14:5, 22); por tanto, es lógico pensar que Jesús se está refiriendo a todas aquellas preguntas. Pero los discípulos aún no habían orado en su nombre, por lo que no es lógico pensar que en este preciso momento interpretaran que Jesús se estaba refiriendo a la oración. Además, "En verdad, en verdad os digo" no suele utilizarse para repetir una idea que

---

[58] En cuanto al singular καρδία ("vuestro corazón se alegrará"), ver el comentario de 14:1.

[59] Cf. Beasley-Murray: "El domingo de resurrección no es un acontecimiento aislado, sino que es el comienzo de una nueva creación (20:22), en la cual los discípulos podrán apreciar la presencia de Dios de una forma que era imposible cuando Jesús estaba en medio de ellos. Así, a partir de aquel momento, la vida para ellos será una existencia en comunión con el Padre, el Hijo, y el Espíritu Santo (14:21, 23, 26)".

[60] ἐρωτήσετε. En la segunda parte de este versículo y en el siguiente, el verbo es αἰτέω. Ver el comentario de 11:22 en cuanto al uso joánico de estos dos verbos.

[61] ἐμέ es enfático, tanto por su forma, como por la posición que ocupa en la frase.

ya ha salido, sino que suele introducir una idea nueva. Así, la referencia a la oración que encontramos en la segunda parte del versículo parece ser un concepto diferente a la "petición" o "pregunta" que encontramos en la primera parte. La segunda interpretación defiende que todo el versículo habla de la oración. Si tomáramos esa explicación, Jesús estaría diciendo que la oración no se debe dirigir a Él directamente, sino que se debe dirigir al Padre. Sea como sea, lo que está claro es que los acontecimientos que iban a tener lugar en breve iban a alterarlo todo. Los discípulos ya no estarán en la misma situación que están ahora. En el futuro, orarán al Padre, quien les dará "cualquier cosa"[62] que le pidan en el nombre del Hijo. La expresión "en mi nombre" suele estar más asociada a la idea de "pedir", que a la idea de "dar", y la mayoría de traducciones dicen primero "dar", y luego "pedir" (cf. la NVI: "Mi Padre os *dará* todo lo que le *pidáis* en mi nombre"). Pero el caso es que la gente puede acercarse a Dios en oración sabiendo que sus oraciones serán contestadas gracias a la obra expiatoria de Jesús. Estas palabras no excluyen la posibilidad de orar al Hijo. Pero nos recuerdan que, para los cristianos, la oración normalmente está dirigida al Padre a través del Hijo, y que esa oración es totalmente eficaz. Recibimos dones de parte del Padre gracias a todo lo que el Hijo es y gracias a todo lo que el Hijo ha hecho[63]. Parte de este versículo es una repetición de 15:16; en una línea puramente joánica, estamos ante una repetición con pequeñas modificaciones.

24 Estamos en el umbral de una nueva etapa. Hasta ahora, los discípulos le habían pedido las cosas o a Jesús o directamente al Padre. Nunca le habían pedido algo[64] al Padre en el nombre del Hijo. Jesús le dice que pidan ("o sigan pidiendo") y les asegura que van a recibir. Además, les dice que el propósito de todo ello es que tengan "gozo". Dios quiere el bienestar y la felicidad de los suyos. Pasarán por tribulación (cf. v. 33), pero cuando pongan su confianza en Él, Él pondrá

---

[62] τι es una palabra muy general. Así, no hay límite alguno en las cosas que el Padre les va a dar.

[63] Dods comenta: "Hasta ahora no se había dado demasiada importancia a la oración, porque habían tenido con ellos la presencia física de Jesús, pero a partir de aquel momento la oración se iba a convertir en el medio de comunicación entre los discípulos y la fuente de su poder espiritual".

[64] Tenemos aquí una doble negación muy enfática: οὐκ ἠτήσατε οὐδέν. Véase que el Espíritu Santo también será enviado "en el nombre" de Jesús (14:26).

un gozo en sus corazones que nada ni nadie les puede arrebatar. ¡Y todo esto está relacionado con la oración! Es decir, tienen que orar para que su gozo sea "completo". O lo que es lo mismo, si no oran, no será completo.

3. La fe de los discípulos (16:25-30)

25 Estas cosas os he hablado en lenguaje figurado; viene el tiempo cuando no os hablaré más en lenguaje figurado, sino que os hablaré del Padre claramente. 26 En ese día pediréis en mi nombre, y no os digo que yo rogaré al Padre por vosotros, 27 pues el Padre mismo os ama, porque vosotros me habéis amado y habéis creído que yo salí del Padre. 28 Salí del Padre y he venido al mundo; ahora dejo el mundo otra vez y voy al Padre. 29 Sus discípulos le dijeron: He aquí que ahora hablas claramente, y no usas lenguaje figurado. 30 Ahora entendemos que Tú sabes todas las cosas, y no necesitas que nadie te pregunte; por esto creemos que Tú viniste de Dios.

Jesús desarrolla un poco más la idea de su partida. Va a dejar el mundo para irse al Padre. Los discípulos acaban entendiendo las palabras de Jesús; de ahí su declaración de fe: ahora creen que Jesús vino de Dios.

25 En cuanto a "Estas cosas os he hablado", ver el comentario de 14:25. La interpretación que demos a continuación determinará nuestra comprensión de este pasaje. Algunas versiones traducen "modismos", otras "lenguaje figurado", otras "hablar en sentido figurado", otras "hablar con imágenes", etc[65]. Podría referirse a parábolas, pero este término también sirve para describir cualquier tipo de proverbio o frase ingeniosa. Normalmente describe algo cuyo significado no es transparente, sino que para llegar a él hay que pensar y descifrar. "Palabras misteriosas" podría ser una traducción muy adecuada; cf. Schonfield, "os he hablado de forma enigmática...". Hasta ahora, Jesús ha hablado en lenguaje figurado, que implica que las figuras que ha usado no son

---

[65] παροιμία (παρά + οἶμος, un camino, una manera), es "una manera de decir algo ... un proverbio" (AS). BAGD cree que denota "en Juan un uso misterioso de las palabras, detrás de las que se esconden ideas importantes". Ver el comentario de 10:6.

fáciles de interpretar. Se está refiriendo a su enseñanza en general, y no a la última figura (la madre con dolores de parto que, de hecho, no es una figura muy difícil de interpretar, pero sí que es cierto que los discípulos no han acabado de comprenderla con toda su profundidad). Jesús, a continuación, hace referencia a "el tiempo" o "la hora" en el que hablará claramente. Lo más normal es que hubiera empezado a hablar claramente en ese mismo momento; de hecho, eso es lo que los discípulos entienden (v. 29). No obstante, Jesús parece tener ganas de que llegue el momento después de la resurrección (v. 26), y que esa será la hora en que las cosas que les resultaban misteriosas empezarían a verse de forma clara. En Hechos nos encontramos a unos discípulos muy cambiados. Después de la resurrección se respira un aire de certeza, de convicción, que no era posible hasta que pasaran los acontecimientos narrados en los Evangelios.

26 En ese día, cuando ya hayan entendido, podrán orar como deben, en el nombre de Cristo (cf. vrs. 23-24). Jesús no se compromete a interceder por ellos entonces (comparar con 14:16; 17:9, pero los versículos de este capítulo se refieren a las oraciones de Jesús durante su ministerio en la tierra; después de la resurrección todo será diferente). Pedir en el nombre de Jesús no es una forma de conseguir su beneficio, sino que es alegar a su persona y a la obra que ha hecho por los pecadores. Es orar por todo lo que Él es y todo lo que ha hecho para salvarnos. No hay ningún tipo de contradicción entre estos pasajes y los pasajes que hablan de su intercesión perpetua por los suyos (Ro. 8:34; He. 7:25), o de que es "nuestro Abogado para con el Padre" (1 Jn. 2:1). En estos cuatro pasajes encontramos la misma idea: que nuestro acercamiento al Padre descansa firmemente en la obra intercesora (o sacerdotal) de Cristo en nuestro favor[66]. Esa obra es en sí misma una intercesión perpetua. Ya no necesitamos ninguna otra intervención. También queda totalmente excluida la idea de que los discípulos tenían que conseguir que Cristo orase por ellos, como si Él fuera más mise-

---

[66] Cf. Calvino: "cuando se dice que Cristo intercede con el Padre por nosotros, nosotros tendemos a entenderlo desde la perspectiva humana, pero Él no está de rodillas ofreciéndole al Padre humildes súplicas. El poder de su sacrificio, a través del cual una vez obtuvimos la paz con Dios, sigue siendo igual de poderoso y eficaz. La sangre con la que expió nuestros pecados, su obediencia, son su intercesión continua en nuestro favor. Este es un pasaje extraordinario, en el que se nos enseña que tenemos todo el favor de Dios cuando nos dirigimos a Él en el nombre de su Hijo".

ricordioso y dispuesto a escucharnos que el Padre. Todo lo contrario. Este pasaje insiste en la unidad del Hijo y el Padre[67]. El Hijo no persuade al Padre para que sea misericordioso, porque el hecho de que el Padre enviara al Hijo ya muestra lo misericordioso que es; no es que el Hijo sea el que se compadece de nosotros, sino que la obra del Hijo descansa en el amor del Padre, en que Dios ya se ha compadecido de nosotros.

27 Ahora aparece la razón por la que Cristo no va a interceder por ellos. ¡No será necesario! El Padre *mismo*[68] les ama. No hace falta que nadie le persuada para que sea misericordioso. En este caso, Él acepta a todos los que tengan una relación con Jesús. Ellos han amado a Jesús (el tiempo perfecto de este verbo y del siguiente apuntan probablemente a una acción continua)[69]. Obviamente, eso no significa que con su amor consiguen que el Padre les ame, o que el Padre les ame solo porque ellos antes han amado a Jesús. No es así, sino que ellos aman a Cristo gracias a la obra que Dios ha hecho en ellos previamente, y esa obra nace del amor de Dios. Como decía San Agustín: "Dios no nos hubiera enviado a alguien que amaba, si no fuera porque ya nos amaba antes de enviarlo"[70]. Los discípulos también tuvieron fe en Cristo, fe en que "venía de[71] Dios[72]". Se va concretando cada vez más cómo debe ser la fe: tiene que comprender, reconocer y estar basada en el origen divino

---

[67] Quizá también, la unidad con el creyente. Cf. MacGregor: "Juan identifica a Cristo con el Padre de tal forma, y al creyente con Cristo, que para él no es necesario que el Cristo resucitado interceda por su parte".

[68] αὐτός hace hincapié en que es el Padre, ni más ni menos, el que les ama. Barrett no está de acuerdo con los que dicen que αὐτός no es enfático y que solo es una representación de "un pronombre proléptico arameo ".

[69] El verbo es φιλέω; en las declaraciones similares que encontramos en 14:21, 23, Juan usa ἀγαπάω. Así, queda claro que él no hace una gran distinción entre estos dos verbos.

[70] 103.5; p. 391.

[71] En esta expresión "de Dios", la preposición es παρά, en el versículo 28 los manuscritos presentan diferentes versiones, παρά y ἐκ, y cuando los discípulos retoman esas palabras en el versículo 30 utilizan ἀπό. Es ilógico pensar que Juan quiere transmitir diferentes significados.

[72] Algunas versiones aceptan τοῦ Πατρός, que aparece en BC*D co etc., pero la mayoría de los comentaristas actuales prefieren τοῦ θεοῦ, que aparece en C³ W fl fl3 28 565 700 o θεοῦ. Es probable que tengan razón ya que, además de los muchos documentos que respaldan dicha interpretación, "lo que es importante enfatizar en este momento es el origen *divino* y la misión *divina* de Jesús, y no su relación *filial* con Dios" (Godet).

de Cristo. En cierto sentido, es verdad que El Padre ama a todo el mundo. Pero también es verdad que tiene un favor especial para los que creen, y esta idea es la que se subraya en este versículo.

28 Aquí encontramos el gran movimiento de la salvación. Se trata de un movimiento en dos sentidos: del Cielo a la Tierra[73], y de la Tierra al Cielo[74]. El origen divino y celestial de Cristo es clave, de lo contrario no podría ser nuestro Salvador. Pero su regreso al Cielo también es muy importante, porque es un testimonio de que el Padre sella la obra salvadora del Hijo.

29 Para los discípulos estas palabras de Jesús ya no eran lenguaje figurado (en cuanto a esta expresión, ver el comentario del v. 25 y 10:6). Según ellos, por fin estaban entendiendo las palabras de su maestro; pero nosotros sabemos que eso no es del todo cierto. Es verdad que Jesús ya no está hablando de forma figurada, sino que está hablando claramente. Lo que ocurre es que nosotros tenemos una perspectiva diferente, porque conocemos los detalles de la muerte, resurrección y ascensión de Jesús, pero para ellos era imposible entender todo lo que implicaba que Cristo dejara al Padre y de nuevo volviera a Él. Podríamos estar ante otro ejemplo de ironía joánica. Si los discípulos verdaderamente hubieran entendido las palabras de su maestro, hubieran actuado de una forma bien diferente en el momento de crisis.

30 En este sentido, quizá sea bastante significativo que los discípulos no dicen que entienden completamente las palabras de Jesús. Solo dicen que entienden que Él sabe todas las cosas. Tienen una confianza plena en Él. Jesús ha contestado la pregunta que había en sus corazones (porque no se la habían hecho de forma directa, v. 19), y saben que tiene poder para hacerlo en cualquier momento (cf. 2:25). Jesús no necesita que la gente le pregunte y, para ellos, eso[75] es una confirmación

---

[73] Juan usa el aoristo ἐξῆλθον para describir que el Hijo deja al Padre (8:42, etc.), pero usa el tiempo perfecto ἐλήλυθα para designar la llegada (y el período de estancia) de Jesús al mundo (cf. 12:46; 18:37).

[74] Abbott entiende πάλιν en el sentido de "ahora doy media vuelta, o vuelvo a casa, dejo el mundo" (2649 [ii]). Pero lo encuentro innecesario. Traducir "otra vez voy" ya es suficiente.

[75] BDF cree que ἐν τούτῳ es un ejemplo de la extensión del ἐν instrumental, por imitación de la partícula hebrea בְּ, que significa "por esa razón" (219 [2]).

de que viene de Dios. Aunque creemos que fundamentar la fe en esa afirmación no es acertado[76], no deberíamos pasar por alto que los discípulos concluyen su intervención con una clara expresión de fe y confianza.

4. La paz de los discípulos (16:31-33)

31 Jesús les respondió: ¿Ahora creéis?[a] 32 Mirad, la hora viene, y [ya] ha llegado, en que seréis esparcidos, cada uno por su lado, y me dejaréis solo; y [sin embargo] no estoy solo, porque el Padre está conmigo. 33 Estas cosas os he hablado para que en mí tengáis paz. En el mundo tenéis tribulación; pero confiad, yo he vencido al mundo.

a. 31 O ¡Por fin creéis!

Está claro que Jesús no se deja engañar por la confianza de los discípulos. Sabe que su fe tiene limitaciones, y que esas limitaciones pronto van a salir a la luz. Pero, aún así, las últimas palabras que les dirige, son palabras de paz. El mundo les va a afligir, pero Él ha vencido al mundo.

31 Estas palabras de Jesús pueden interpretarse como una afirmación, o como una pregunta. McClymont comenta que "es más bien una exclamación", y esa forma es por la que opta la NVI. No es que Jesús dude de la fe de los discípulos, pero lo que ocurre es que según Él, esa no es la fe adecuada. Creen, pero aún no conocen la fe que se mantiene firme aún en medio de la dificultad y el peligro. Puede que haya cierto énfasis sobre la palabra "ahora". Acaban de confesar que creen (v. 30), pero, como muestran las palabras de Jesús, en realidad no han entendido algunas de las importantes consecuencias de creer en Cristo.

---

[76] Cf. Westcott: "Esta confesión de fe demuestra lo poco que los discípulos habían comprendido la naturaleza de Cristo. Como Cuerpo, aún no habían llegado al nivel de comprensión de Juan el Bautista". Cf. también R.H. Lightfoot: "ya en Natanael (1:47-50) y en la mujer samaritana (4:29) encontramos una fe que descansa en el increíble conocimiento que tiene Jesús; una fe que ya 'ha visto cosas mayores que éstas' (1:50) debería tener un fundamento más profundo".

Jesús utiliza el verbo creer de forma intransitiva, mientras que los discípulos lo usan de forma transitiva: "creemos *que...*"; no obstante, el significado es prácticamente el mismo (ver la Nota Adicional E).

32 Las limitaciones de la fe de los discípulos se harán evidentes cuando, en breve, abandonen a su Señor. Juan, fiel a las palabras de Jesús, recoge la descripción de cómo va a fallar el grupo; es muy importante poder contar con estas palabras. La Iglesia depende en última instancia de lo que Dios ha hecho en Cristo, y no de la valentía y de la astucia de los que fueron los primeros miembros[77]. "La hora viene, y ha llegado" (cf. 12:23) habla de la inminencia de aquellos sucesos que Jesús estaba anunciando. Acababan de profesar su fe en Jesús. Pero en el futuro inmediato iban a ser incapaces de mantenerse a su lado. Iban a ser esparcidos; probablemente cada uno huiría a su casa[78]; al menos sabemos que todo huyeron, cada uno por su lado (Mr. 14:50). El grupo iba a descomponerse. Aquella inmadurez iba a destruir el cuerpo que habían formado (aunque solo temporalmente). Jesús iba a ser abandonado, pero la proposición donde se dice "me dejaréis solo" conduce a otra idea[79]: gracias a la relación que tiene con el Padre, nunca estará solo[80]. Los tiempos presentes, que Jesús usa para describir que el Padre está con Él, se usaban para hablar de realidades permanentes. El Padre siempre está con Él (cf. 8:16, 29).

---

[77] Cf. Dodd: "Es bueno saber que el carácter y el genio de los miembros fundadores de la Iglesia era, en parte, mediocre; la Iglesia le debe su nacimiento, no a la fe, la valentía ni la virtud de aquellos hombres, sino a lo que Cristo había hecho con ellos; ellos nunca lo olvidarían" (*IFG*, p. 416, nota al pie núm. 1).

[78] Este es el significado de εἰς τὰ ἴδια en 19:27 y en otros pasajes, así que creemos que aquí quiere decir lo mismo. Hay un fuerte contraste con κἀμέ. Ellos se irán para sus casas, y a Jesús, lo dejarán abandonado (ἀφῆτε) y solo.

[79] καί se usa en el sentido de καίτοι, como ocurre a menudo en Juan.

[80] Algunos han sugerido que Juan añade esta frase conscientemente para contrarrestar el "Dios mío, Dios mío, ¿por qué me has abandonado?" marcano (Mr. 15:34). Pero, en mi opinión, eso es ir demasiado lejos. Yo creo que lo mejor es ver que Marcos estaba presentando una parte de la verdad: en aquel proceso en el que Dios hizo a Cristo pecado por nosotros (2 Co. 5:21), en un sentido, la presencia de Dios tuvo que retirarse. En cambio, Juan nos está describiendo otra parte del cuadro: en el momento en que los discípulos abandonaron a Jesús, éste no estaba solo. Su relación con el Padre era tan fuerte, que por mucho que le abandonaran, no podía sentirse solo. Los dos evangelistas están hablando de momentos diferentes. Ver más sobre esto en la nota que aparece en Tasker.

33 En cuanto a "estas cosas os he hablado", ver el comentario de 14:25, y en cuanto a "paz", el comentario de 14:27. Estas palabras de Jesús a los discípulos concluyen con unas notas de paz y victoria. Tenemos aquí tres claros contrastes: "en mí", que se contrapone a "en el mundo"; "tengáis", que no es lo mismo que "tenéis", y "paz", que es la idea opuesta a "tribulación". Por supuesto, el segundo de estos contrastes no quiere decir que no sea seguro que los que están "en" Cristo tengan paz[81]. El contraste está entre la vida que a todos les toca vivir, la vida en este mundo, y la vida que no todos obtienen, la vida en Cristo. A todos nos toca vivir en este mundo y, por tanto, tendremos tribulación. Pero los que opten por vivir en Cristo también tendrán paz. Es muy significativo que Jesús dijera estas palabras en este preciso momento (igual que la referencia a las pruebas que les sobrevendrán del v. 4). Después de abandonar a Jesús, todos iban a avergonzarse de lo que habían hecho. Pero lo increíble es que Jesús, cuando les anunció que le abandonarían, en la misma frase les aseguró que les iba a dar paz. Les amaba tal y como eran, a pesar de sus errores. Al mirar al pasado, al pensar en su deserción, lo importante es que recordaran que Jesús había anunciado que aquello iba a ocurrir, y que aún así, Él quería darles paz. Es inevitable que pasen por "aflicciones"[82]. Esa es una característica del mundo en el que viven. Pero como Él[83] ha vencido[84] al mundo (el tiempo perfecto habla de una victoria permanente) les puede gritar: "¡Ánimo!"[85]. Esta frase, pronunciada en el umbral de su muerte en la cruz, es una afirmación muy atrevida. La cruz iba a simbolizar, para muchos, la derrota total de Jesús. Pero, según Él, iba a constituir su victoria absoluta, y la derrota de todo lo que el mundo es y lo que le puede hacer. Jesús avanza hacia la cruz como un conquistador, y no con miedo o tristeza.

---

[81] En la expresión ἵνα ἐν ἐμοὶ εἰρήνην ἔχητε la conjunción ἵνα tiene todo su sentido de finalidad. El propósito de Jesús es que ellos tengan paz.

[82] La palabra es θλῖψις (solo aparece en este evangelio aquí y en el v. 21). No habla de una dificultad cualquiera, sino de una terrible aflicción.

[83] ἐγώ es enfático: "Yo, y nadie más, he vencido" (ver el comentario de 1:20).

[84] Esta es la única vez que el verbo νικάω aparece en este evangelio. Lo encontramos 6 veces en 1ª Juan, incluida la expresión νικᾷ τὸν κόσμον (1 Jn. 5:4-5), como aquí. Es un verbo muy común en el Apocalipsis (aparece 17 veces), donde se usa, como aquí, para referirse a la victoria de Cristo.

[85] En cuanto a la fuerte adversativa ἀλλά que introduce esta frase cf. v. 20 y la nota al pie correspondiente (ver también el comentario de 1:8). Indica un estado o situación para el que no están preparados.

Juan 17

G. *LA ORACIÓN INTERCESORA (17:1-26)*

El discurso de despedida va seguido de la oración intercesora de Jesús. Barrett no está de acuerdo con llamar así a esta oración de Jesús, ni con llamarla la "oración de la consagración"; según él, estos títulos "no reflejan todo el contenido de esta riquísima oración". Supongo que todo depende del concepto que uno tenga de "oración intercesora", y de lo que crea que ésta debe incluir. Este término recoge las características principales de Jesús: su solemne consagración, y la forma en la que apunta a la cruz y a la consumación de la obra intercesora de Cristo. Es la oración más extensa de Jesús que se recoge en la Biblia, y, dado que tiene lugar cuando ya queda muy poco para el episodio de la cruz, tiene una solemnidad especial. "No ha habido intento de describir esta oración que le hiciera justicia, que lograra reflejar su patetismo, su carácter humano y a la vez tan elevado, y su tono armonioso que entremezcla la ternura con la expectación de una victoria aplastante" (MiM). Las últimas palabras de esta cita son muy importantes. En muchas ocasiones, interpretamos esta oración como si fuera algo triste, decadente. ¡No lo es! Es la oración de Aquel que acaba de afirmar que ha vencido al mundo (16:33), y debemos recordar que detrás de esta oración está esa fuerte convicción. Jesús tiene los ojos puestos en la cruz, pero no lo hace con una mirada de abatimiento, sino con una mirada de esperanza y de gozo. La oración marca el final del ministerio de Jesús en la Tierra, pero apunta a la obra que ahora será responsabilidad de los primeros discípulos, y luego de todos aquellos que abrazarán la fe gracias a su testimonio. Jesús ora por todos ellos.

Es difícil establecer una subdivisión, porque es básicamente una unidad; no obstante, se puede analizar cómo va avanzando. Al principio, Jesús ora por su glorificación (vv. 1-5); luego pasa a la parte principal de la oración, que se centra en el círculo de los discípulos (vv. 6-19), y concluye orando por los que llegarán a creer mediante el ministerio de esos discípulos (vrs. 20-26). Todas estas secciones tienen algo en común: el cumplimiento del propósito de Dios[1].

---

[1] Bernard nos habla de una interesante serie de coincidencias con el Padre Nuestro: "No tiene sentido decir que estas coincidencias o paralelismos demuestran que alguien inventó esta oración de Jesús, para tener unas últimas palabras en la víspera de la Pasión; pero lo cierto es que, cuando las dos oraciones se comparan, puede verse que

1. Pidiendo la glorificación del Hijo (17:1-5)

1 Estas cosas habló Jesús; y alzando los ojos al cielo, dijo: Padre, la hora ha llegado; glorifica a tu Hijo, para que el Hijo te glorifique a Ti, 2 por cuanto le diste autoridad sobre todo ser humano para que dé vida eterna a todos los que Tú le has dado. 3 Y esta es la vida eterna: que te conozcan a Ti, el único Dios verdadero, y a Jesucristo, a quien has enviado. 4 Yo te glorifiqué en la Tierra, habiendo terminado la obra que me diste que hiciera. 5 Y ahora, glorifícame Tú, Padre, junto a Ti, con la gloria que tenía contigo antes que el mundo existiera.

Muchas veces se ha dicho que esta parte de la oración es la oración que Jesús hace por sí mismo. Y que mientras ora por su glorificación (vv. 1, 5), aprovecha para incluir alguna pequeña cosa más. Pero yo no creo que se trate de una oración "por él mismo" de la forma en que nosotros, humanamente, entendemos esta expresión. Como su glorificación tiene que ver con la cruz, Jesús está pidiendo que la voluntad del Padre sea hecha en Él. Si optamos por decir que en estos versículos Jesús ora por sí mismo, tengamos claro que no es para buscar su propio interés y beneficio.

1 El discurso de despedida ha finalizado, y Jesús empieza a orar. Alzar los ojos al cielo era la postura normal de oración (cf. 11:41; Sal. 123:1; Mr. 7:34; cuando el recaudador de impuestos de Lucas 18:13 no alzó los ojos al cielo, fue para reconocer que era indigno)[2]. Para dirigirse a Dios, usa la forma simple "Padre", que los niños usaban para dirigirse a los padres (este vocativo aparece seis veces en esta oración)[3].

el espíritu de este capítulo 17 es similar al que encontramos en las palabras de Jesús tal y como se nos presentan en los Sinópticos, y en el resto del Evangelio de Juan". Wright también ve una conexión entre esta oración y el Padre Nuestro. Según él, la de este capítulo es "una paráfrasis extensa" de la otra.

[2] La persona que oraba y que iba a realizar una petición, a veces se postraba, para demostrar que adoptaba una posición de humildad. Nuestro Señor así lo hizo en Getsemaní (Mt. 26:39).

[3] G. Dulman nos dice que la palabra griega πάτερ (que aquí se usa), del mismo modo que ὁ πατήρ o πάτερ μου, deja entrever que detrás está la forma aramea אבא (como ocurre en Mr. 14:36). La importancia de esto está en que "se usan conceptos de la vida cotidiana y familiar para explicar la realidad de Dios: es el lenguaje que un niño usaría con su padre" (*The Words of Jesus* [Edimburgo, 1902], pp. 191-192). Los judíos preferían dirigirse a Dios con una forma menos familiar, p. ej. "Padre celestial" o "Padre nuestro que estás en los cielos".

Aquí vemos el grado de intimidad, de familiaridad que había entre Jesús y el Padre. En cuanto a "la hora" en este evangelio, ver el comentario de 2:4. Ahora que estamos a las puertas de la cruz, Jesús ya puede decir que "la hora ha llegado"[4]. Esta era la meta de todo el ministerio de Jesús. En cuanto al concepto de "gloria", ver el comentario de 1:14; cf. también 12:28. A las puertas de la cruz, Jesús le pide a Dios que le glorifique: estas palabras están llenas de significado. Desde una perspectiva humana, morir en una cruz era una vergüenza. Pero para Cristo era algo glorioso. Además, esta oración deja claro que la gloria del Hijo y la gloria del Padre están interrelacionadas. Glorificar al Hijo es glorificar al Padre[5]. Porque los dos son uno.

2 Continúa hablando del tema de la gloria ("por tanto"). La gloria de la que Jesús habla está en la acción de dar[6] vida eterna a las personas. Dios es quien le ha dado la autoridad para poder hacerlo, autoridad sobre todo el ser humano, sobre toda la Humanidad (cf. 5:57; Mt. 11:27; 28:18). Eso no significa que ejerza sobre las personas una soberanía como la de los reyes terrenales. Dios le ha dado autoridad[7] ¡cuyo propósito expreso[8] es que Jesús pueda darnos vida eterna! (cf. 3:35-36;

---

[4] El tiempo perfecto apunta a algo acabado: ἐλήλυθεν; cf. 12:23.

[5] ἵνα tiene todo su sentido de finalidad. Jesús pide a Dios que le glorifique, no porque su glorificación sea para Él un fin, sino porque sabe que así el Padre será glorificado. En cuanto a ἵνα en Juan, ver el comentario de 1:8.

[6] No deberíamos pasar por alto la mucha frecuencia con la que δίδωμι aparece en este capítulo (ver vv. 4, 6, 7, 8, 9, 11, 12, 14, 22 y 24). Es uno de los verbos favoritos de Juan: aparece en este evangelio 76 veces (en Mateo, 56 veces; en Marcos, 39 veces; en Lucas, 60 veces). En esta oración de Jesús lo encontramos 17 veces; la mayoría de veces en tiempo perfecto (11-13 veces, dependiendo de los textos que escojamos). En 13 ocasiones el Padre es el sujeto de este verbo, y en todas ellas, vemos que ese don se lo da al Hijo. En las otras cuatro ocasiones Jesús es el sujeto, y les da ese don a sus discípulos. Abbott, hablando de la frecuencia con la que este verbo aparece en este evangelio, comenta lo siguiente: "La idea de 'dar' es un concepto joánico, en el mismo sentido y medida en que la 'gracia' es un concepto paulino" (2742). En cuanto a las cosas que el Padre le da al Hijo, ver el comentario de 3:35. En este capítulo Jesús dice que el Padre le ha dado autoridad (v. 2), discípulos (vv. 6, 9, 24), "todo" o "todas las cosas" (v. 7), "palabras" (v. 8), "su nombre" (vv. 11, 12), y gloria (vv. 22 y 24).

[7] En el Prólogo vimos que ἐξουσία también se usa en relación con la idea de "dar vida", aunque lo traducimos por "derecho" o "potestad", y se refiere a una autoridad dada a los creyentes (1:12).

[8] Tenemos de nuevo la partícula final ἵνα. La mayoría de los manuscritos respaldan que va seguida del futuro de indicativo δώσει. Aunque es cierto que δώσει podría ser simplemente una variante ortográfica de δώσῃ. Esta última forma presenta algunas dificultades. Algunos creen que se trata de un inusual futuro en subjuntivo, pero Moul-

10:28; ver el comentario de 1:4; 3:15). Esta idea, que Cristo recibe autoridad para poder ofrecer vida, presente en este contexto tan cerca de la Pasión, nos recuerda otra idea que, para parte de la patrística, era muy importante: que Cristo reinó desde el madero. La cruz no representaba una derrota, sino una victoria. Jesús ejerció una autoridad increíble: colgado en la cruz, y aparentemente indefenso, seguía dando vida. Pero, aunque la vida es un regalo que Él ofrece, no lo reparte indiscriminadamente. De nuevo, nos encontramos con la idea de la predestinación. Les da vida eterna a "todos los[9] que Tú le has dado". Ver el comentario de 3:15, donde aparece el tema de la "vida eterna"[10].

3 Aquí tenemos lo que podría ser una definición de "vida eterna"[11]. Conocer[12] a Dios de forma verdadera es mucho más que conocer el ca-

---

ton y Howard aseguran que ese tiempo no existe, y le llaman "el tiempo o el modo imaginario". Cuando analizan los pocos ejemplos que esa teoría cita (incluido el término del que aquí hablamos), concluyen que no son más que "aoristos creados a partir de la raíz del tiempo futuro".

[9] El neutro πᾶν ὅ, aunque lo más normal hubiera sido encontrarnos con el masculino, hace que la importancia recaiga sobre el Dios que da, y no tanto sobre las personas. Este término también aporta el sentido de unidad, mientras que eso no ocurriría con un término como πάντες. Si hiciéramos una traducción siguiendo un análisis gramatical estricto, lo que aquí tendríamos sería lo siguiente: "para que Él les dé todo lo que le has dado a Él, es decir, la vida eterna". Pero no hay duda alguna de que πᾶν se refiere a todos los creyentes, y no a todo lo que Dios da. En el v. 24 encontramos un neutro similar. He aquí otro ejemplo de lo mucho que le gusta a Juan la variedad: al principio de este pasaje se refiere a la gente usando la palabra "carne", πάσης σαρκός, luego, usando el neutro πᾶν y, por último, usando el pronombre masculino αὐτοῖς. Sabemos que "toda carne" es una expresión que los hebreos usaban para referirse a la gente, especialmente si querían comparar el carácter débil y temporal de las personas con el carácter eterno de Dios.

[10] "Vida eterna" vuelve a aparecer en el versículo siguiente, pero, como es típico en Juan, con una leve modificación. Aquí tenemos ζωὴν αἰώνιον, y en el versículo siguiente ἡ αἰώνιος ζωή. Obviamente, el artículo hace referencia al uso previo de ζωή.

[11] Muchos creen que este versículo es un paréntesis en el que Juan explica lo que él cree que es la vida eterna. Es cierto que sería un poco extraño que Jesús introdujera una explicación así en medio de una oración, y que además dijera "Jesucristo", en vez de "mí" (pero usa la tercera persona en los vv. 1-2). Sin embargo, lo extraño es que use la segunda persona (σέ y ἀπέστειλας), y que Juan introduzca una explicación sobre la vida eterna a estas alturas, después de haber usado ese concepto tantas veces a lo largo de todo el Evangelio. Otro pasaje en el que el autor también introduce una explicación (en este caso en tercera persona) sería 1 Jn. 5:20. Juan usa la expresión "vida eterna" 17 veces, pero este es el único lugar en el que aparece con el artículo, y en el que αἰώνιος precede a ζωή.

[12] MiM sostiene que "conocer" en este versículo "no significa 'conocer de forma plena' o 'reconocer', sino 'aprender a conocer': no se nos habla de un conocimiento

mino a la vida. Conocer a Dios *es la vida*[13]. Nosotros muchas veces decimos: "es una bendición y una inspiración conocer a tal y tal persona". Conocer a Dios es aún mejor. Conocerle nos transforma y nos introduce en una calidad de vida diferente. La vida eterna es, simplemente, conocer a Dios[14]. Durante todo este capítulo hay un énfasis especial en la idea de "conocer", y no tanto en la idea de "creer"[15], tan presente en el resto del Evangelio. Jesús deja claro que solo hay un Dios (cf. 5:44), y que Él es el Dios verdadero.[16] No está hablando de conocer a "un Dios", sino de conocer a Aquel que gobierna el Universo de forma suprema. ¡Y ese conocimiento está asociado con conocer a Cristo![17] La única forma de conocer a Dios es a través de su Revelación, y se ha revelado en su Hijo. Por más que lo intentemos, es imposible encontrar otra forma de conocer a Dios. Podemos conocerle en que Él le ha enviado[18], es decir, Jesucristo (en cuanto a "Cristo", ver el comentario de 1:20, 41).

---

perfecto, sino de un conocimiento en crecimiento continuo". Aunque creo que esto es llevar demasiado lejos el uso del tiempo presente, sí que estoy de acuerdo con que Jesús debía de tener en mente un conocimiento que va aumentando, y no un conocimiento que nos es dado de forma completa de una vez para siempre.

[13] Barrett escribió un comentario excelente sobre este punto, pero se le escapa este detalle. Este comentarista recoge muchos paralelos para demostrar el hincapié que se hace en el conocimiento de Dios tanto en el pensamiento hebreo, como en el griego. Pero cuando dice "conocimiento de Dios y Cristo da vida", está introduciendo un pensamiento diferente. Decir que el conocimiento de Dios *da* vida es una cosa; decir que el conocimiento de Dios *es* la vida, es otra muy diferente. Temple dice que lo que está claro es que si una persona recibe al Espíritu, y sabe que ese Espíritu de Jesucristo es el mismo que el Espíritu del Dios Eterno y Todopoderoso, ¿qué más puede desear? *Esa es la vida eterna*". Tenney nos recuerda la importancia que tiene este pasaje: "la definición de la vida eterna es importante porque Jesús la diferenció del concepto actual que tenemos de la existencia eterna".

[14] Filón se acercaba un poco a esta idea cuando hablaba de "sostener que el conocimiento de Él es la consumación del gozo y de una larga vida" (*De Spec. Leg.* 1.345).

[15] γινώσκω aparece en este capítulo 7 veces, y πιστεύω, solo 3 veces (idea que encontramos en todo el Evangelio 98 veces).

[16] En cuanto a ἀληθινός, ver el comentario de 1:9. Los únicos lugares en los que Juan usa este adjetivo anteponiéndolo al sustantivo al que acompaña es en este versículo y en 4:23. Esta colocación es enfática.

[17] El nombre compuesto "Jesucristo" solo aparece aquí y en 1:17 (ver la nota al pie). En este capítulo, algunos eruditos interpretan que significa "que conozcan... a Jesús como el Cristo" (p. ej. Lenski). Pero parece ser que lo mejor es verlo como un nombre compuesto, porque la teoría alternativa se aleja bastante del griego.

[18] El aoristo ἀπέστειλας que habla de una acción concreta, apuntaría a la Encarnación. Ver el comentario de 3:17.

4 Ahora se nos dice que Jesús ha completado la tarea que había venido a realizar. "Yo te glorifiqué"[19] habla de una misión cumplida. Lo mismo ocurre con "habiendo terminado la obra que me diste que hiciera". Jesús dice que ha llegado al punto final[20] de la labor que Dios le ha asignado (ver el comentario de 4:34). De hecho, esta afirmación no tiene nada de especial, pero sí que contiene un reconocimiento implícito de que Jesús ha terminado la obra de forma adecuada, y mientras lo hacía, ha ido glorificando al Padre. Se sigue dando un lugar supremo al Padre (eso queda claro por la expresión "que me diste"). Dios es el que le ha dado a Jesús la obra que ha completado. Tal y como se nos presenta, el Padre es el que toma la iniciativa.

5 Ahora Jesús le pide a Dios que le glorifique. Jesús busca la gloria en el último lugar donde la gente la buscaría: en la cruz. Y entiende que esa gloria que está pidiendo está ligada a la gloria que tenía antes de encarnarse[21], cuando estaba con el Padre[22]. Aquí tenemos una clara declaración sobre la preexistencia de Cristo (ya vimos esta característica anteriormente, 1:1; 8:58; 16:28). También dice que en ese estado preexistente, Él ya disfrutó de esa gloria junto al Padre[23]. Y ahora, cuando sus enemigos están a punto de asesinarle, Jesús mira al Padre y le pide que le glorifique de esa misma forma[24]. El Padre es el que le glorificará cuando esté en la cruz con auténtica gloria, y no solo en la cruz, sino también en los acontecimientos que la iban a suceder. Pablo

---

[19] Véase la yuxtaposición de los pronombres ἐγώ y σέ (aunque el último no es enfático). Lo que hacen es subrayar que la misión de Cristo consistía en glorificar al Padre.

[20] Eso es lo que τελειώσας quiere decir. Jesús ha glorificado al Padre porque ha finalizado la labor que le ha sido asignada (cf. Rieu: "te glorifiqué acabando la obra"). Está claro que esta expresión abarca su muerte en la cruz (cf. el uso de τετέλεσται em 19:30).

[21] En cuanto al infinitivo articular πρὸ τοῦ ... εἶναι , ver el comentario de 1:48. BDF dice que este pasaje es el único del Nuevo Testamento donde πρὸ τοῦ va seguido de un infinitivo presente, porque el aoristo en el resto de lugares es invariable (403).

[22] παρὰ σεαυτῷ indica que busca una gloria con el Padre que no tiene nada ver que ver con este mundo, y παρὰ σοί refuerza esa idea. La preposición παρά suele significar "en la casa de" cuando va acompañada del dativo (ver LS, *s.v.*), así que aquí podría interpretarse así también. Cf. también 1:1, πρὸς τὸν θεόν.

[23] Murray comenta: "Las palabras de Jesús sugieren que para su conciencia, encarnarse y estar en este mundo implicaban abstenerse, durante un tiempo, del gozo de la comunión plena e ininterrumpida que tenía con el Padre, hasta el punto de tener que esconder su rostro de Él y decir 'Dios mío, Dios mío, ¿por qué me has abandonado?'".

[24] La afirmación que aparece en el versículo 4 y en la petición del 5 están construidas sobre el principio que aparece en 1 S. 2:30: τοὺς δοξάζοντάς με δοξάσω.

nos dice que Cristo "resucitó de entre los muertos por la gloria del Padre" (Ro. 6:4). En la Pasión, Jesús iba a ser glorificado con la gloria verdadera, una gloria igual a la que tenía "antes de que el mundo existiera". En cuanto al "mundo", ver la Nota Adicional B. Este sustantivo aparece 18 veces en esta oración, un porcentaje considerablemente elevado si comparamos la oración con cualquier sección del Evangelio de una longitud similar. El Señor quiere que quede claro cuál es la relación entre sus discípulos y el mundo, ahora que les va a dejar.

2. Pidiendo por los discípulos (17:6-19)

6 He manifestado tu nombre a los hombres que del mundo me diste; eran tuyos y me los diste, y han guardado tu palabra. 7 Ahora han conocido que todo lo que me has dado viene de Ti; 8 porque yo les he dado las palabras que me diste; y [las] recibieron, y entendieron que en verdad salí de Ti, y creyeron que Tú me enviaste. 9 Yo ruego por ellos; no ruego por el mundo, sino por los que me has dado; porque son tuyos; 10 y todo lo mío es tuyo, y lo tuyo, mío; y he sido glorificado en ellos. 11 Ya no estoy en el mundo, [pero] ellos sí están en el mundo, y yo voy a Ti. Padre santo, guárdalos en tu nombre, el [nombre] que me has dado, para que sean uno, así como nosotros. 12 Cuando estaba con ellos, los guardaba en tu nombre, el [nombre] que me diste; y los guardé y ninguno se perdió, excepto el hijo de perdición, para que la Escritura se cumpliera. 13 Pero ahora voy a ti; y hablo esto en el mundo para que tengan mi gozo completo en sí mismos. 14 Yo les he dado tu palabra y el mundo los ha odiado, porque no son del mundo, como tampoco yo soy del mundo. 15 No te ruego que los saques del mundo, sino que los guardes del maligno. 16 Ellos no son del mundo, como tampoco yo soy del mundo. 17 Santifícalos en la verdad; tu palabra es verdad. 18 Como Tú me enviaste al mundo, yo también los he enviado al mundo. 19 Y por ellos yo me santifico, para que ellos también sean santificados en la verdad.

La parte principal de esta oración de Jesús tiene que ver con sus discípulos. Se habían apoyado fuertemente en la presencia visible de su Maestro, una presencia que iba a finalizar. Aunque Jesús ya les ha prometido que el Espíritu Santo iba a venir a ellos, y les ha asegurado que eso les conviene más, sabe que los acontecimientos que se avecinan van a ser momentos difíciles para ellos. A pesar de todo ello, no están preparados para el impacto que va a suponer la muerte de su Señor. Por eso, Jesús los encomienda al cuidado del Padre celestial.

6 Jesús nos recuerda que les ha revelado a los discípulos la verdad sobre Dios. El "nombre" se refiere a toda la persona (ver el comentario de 1:12). Manifestar el nombre de Dios significa revelar a la gente cuál es la naturaleza de Dios. Más adelante Jesús dice que Él ha dado a conocer el "nombre" de Dios (v. 26) y, antes de eso, dos veces intercede para que los discípulos sean "guardados" en el "nombre" del Padre (v. 11, donde le pide a Dios que los guarde en su nombre, y v.12, donde dice que cuando estaba con ellos, Él también los guardó en el nombre del Padre). Está claro que "el nombre" es un concepto importante para comprender bien esta oración. Aquí nos sirve para ver que la Revelación no se ha hecho de forma indiscriminada, sino a los hombres[25] del[26,27] mundo que Dios ha dado a Jesús (cf. 6:37) ("mundo"; ver la Nota Adicional B). La prioridad del Padre aparece implícita en el pronombre "tuyos"; estos hombres primero le pertenecían al Padre, y Él se los dio al Hijo (en cuanto a las cosas que el Padre da al Hijo, ver el comentario de 3:35). Los discípulos continúan por el buen camino, lo que Jesús describe diciendo que han guardado la palabra del Padre. Han perseverado guardando la "palabra" de Dios. La imagen de Jesús "guardando la palabra de Dios" la encontramos en más ocasiones (8:55), pero ésta es la única en que se dice que los seres humanos la han guardado (que no es lo mismo que guardar los mandamientos)[28]. "Palabra" es un concepto importante en este evangelio (ver la Nota Adicional A).

---

[25] Abbott dice que aunque el acusativo αὐτούς aparece frecuentemente en los Sinópticos en relación con lo que Jesús "les" hizo, ese uso solo aparece 4 veces en el Evangelio de Juan hasta que llegamos a esta oración. En esta sección se aplica a los discípulos 9 veces (2376). Cf. también el uso del nominativo αὐτοί en los versículos 8, 11, 19 y 21.

[26] ἐκ tiene en este versículo cierto sentido de "apartado de".

[27] Cf. Westcott: "La única forma por la que los hombres pueden acercarse a Cristo es por la influencia del Padre, 6:44, 65. Aún así, este acercamiento se nos describe desde diferentes puntos de vista. Se nos dice que el Padre 'trae' a los hombres (6:44), y también que Cristo los 'atrae' (12:32). Cristo 'elige' a las personas (6:70; 15:16); y las personas, libremente, obedecen a su llamamiento".

[28] En cuanto a τηρέω, ver el comentario de 8:51.

7 "Ahora" podría ser tanto un conector como una marca temporal. Puede que la segunda opción sea la más plausible. Así, Jesús está diciendo que al fin han entendido lo que les estaba diciendo. Jesús no explicita de forma detallada en qué consiste ese conocimiento por lo que, quizá, no es un conocimiento libre de errores. Pero parece apuntar a "conocer que la misión de Jesús es una misión dada por Dios", que todo lo que hace viene del Padre. Todo viene de Dios. Esta es una verdad muy importante. Si nos centramos demasiado en la figura del Jesús galileo (idealizando en exceso su santidad y humildad), perdemos de vista lo que es realmente importante: todo lo que vemos en Él viene de Dios. No debemos fijar nuestra atención en aquel judío de Galilea, sino en el Dios eterno.

8 "Las palabras que me diste" hablan de forma muy clara de que estamos ante un mensaje dado por Dios. Y ese es el mensaje que Jesús está transmitiendo a sus discípulos (cf. 7:16; 12:48-49). Es importante ver el énfasis que se da en esta sección al tema de la revelación divina. Aquí, lo principal no es el ejemplo de Jesús, sino "las palabras que me diste". El resto del versículo habla de la actitud de los discípulos, descrita de tres formas diferentes. Primero, "recibieron" sus palabras. Eso les distingue de muchos de sus contemporáneos. Lo lógico hubiera sido que gente como los principales sacerdotes o los fariseos recibieran la revelación divina con los brazos abiertos. Pero no fue así. Los discípulos fueron los únicos que recibieron aquella revelación[29]. En segundo lugar, "entendieron", y no de cualquier forma, sino "en verdad", que Jesús venía de Dios. Esta es una parte esencial de la Revelación. Los discípulos aún tenían una fe débil, y había muchas cosas que aún no comprendían. Pero Jesús deja claro que tienen la base correcta: saben que viene de Dios (cf. 16:30). En tercer lugar, "creyeron", es decir, Jesús les describe como hombres de fe (en cuanto a la relación entre "recibir" y "creer", cf. 1:12; el paralelo es aún más impresionante porque en este versículo "recibieron" no lleva un complemento directo; "las" es un añadido de nuestras versiones). Es decir, han creído que el Padre[30] envió a Cristo. Volvemos a ver que tenemos algo muy parecido

---

[29] Godet comenta: "Parece una cosecha muy pobre: ¡solo once galileos, después de 3 años de trabajo!". Pero para Jesús, eso es más que suficiente, ya que esos once continuarían la obra que Dios le había dado".

[30] Se hace cierto énfasis en el uso de σύ: "Creyeron que eras Tú, nada menos que Tú, el que me enviaste".

a la idea anterior (la estrecha relación que hay entre el conocimiento y la fe), pero también vemos que no es exactamente lo mismo. El segundo apunte tenía que ver con el origen divino del Hijo, y el tercero, con su misión. El Padre le envió para llevar a cabo una misión que Él mismo le había encomendado. Y esto es lo que los discípulos creyeron. Encontramos una combinación similar entre la fe y el conocimiento en 6:69.

9 De una forma muy sencilla, Jesús ora[31] por ellos. Hace una distinción entre el pequeño grupo de discípulos y el mundo. Aquí no está orando por "el mundo". Eso no quiere decir que Dios no ame al mundo. En otros pasajes se nos dice que sí lo ama (3:16, y en los Sinópticos vemos que Jesús enseñaba a la gente a orar por sus enemigos, Mt. 5:44, cosa que Él mismo hacía, Lc. 23:24). Además, durante todo este capítulo está claro que Jesús vino con una misión para el mundo, y que los discípulos iban a tomar el relevo. Un poco más adelante Jesús ora para que por medio de lo que los discípulos hagan, "el mundo crea..." (v. 21) y "sepa que Tú me enviaste" (v. 23). La tarea de los discípulos es llegar a todo el mundo, y Jesús ora por los que van a ser sus agentes[32]. Es obvio que no podía orar por "el mundo" como tal, porque eso supondría orar para que continuara tal como estaba, apartado de Dios. La única oración que podía alzar a favor del mundo era que éste se convirtiera y que no continuara siendo "el mundo". Podemos verlo en la oración de Jesús por los que le crucificaron (Lc. 23:24)[33]. Pero ahora está orando por sus queridos amigos. Los describe, de nuevo, en función de la relación que les une al Padre. Pertenecen al Padre, y el Padre es quien se los ha dado a Cristo[34].

10 Esta forma de describir a los discípulos, describirlos en relación con la acción divina, es una característica de este evangelio. También suele aparecer con frecuencia la idea de que hay comunión entre el Pa-

---

[31] En cuanto al uso de ἐρωτάω (aquí) y αἰτέω en este evangelio, ver el comentario de 11:22. En cuanto a περί, ver el comentario del v. 20.

[32] Cf. Morgan: "Estaba orando por el instrumento que Él mismo estaba creando, a través del cual llegaría al mundo".

[33] Ryle se une a los que no creen que Jesús orara por el mundo, porque, según Él, "pensar que Jesús iba a orar por algo que nunca iba a ocurrir es menospreciarle; su intercesión es por los que 'por medio de Él se acercan a Dios' (He. 7:25)".

[34] Haenchen nos dice que la comunidad joánica "está persuadida de que la comunidad por sí misma no es mejor que las otras... No podemos enorgullecernos de la posición privilegiada que tenemos; se la debemos a la compasión divina".

dre y el Hijo. Es decir, lo que[35] le pertenece al uno, le pertenece al otro. "Todo lo Tuyo es mío" dice mucho más que "todo lo mío es tuyo". Esta última expresión podría decirla cualquier criatura, pero "todo lo Tuyo es mío" habla de una relación muy especial. Como dijo Lutero: "Ninguna criatura puede decir eso de Dios". Jesús ahora vuelve a la idea de la gloria que ya vimos en la primera parte del capítulo. ¡Pero ahora dice que Él ha sido glorificado[36] en los discípulos! Esto se parece mucho a la actitud de Jesús cuando ve que su gloria está en la cruz. El grupo de discípulos no tenía nada de especial. No eran gente destacada ni eminente. Pero, del mismo modo que el concepto que el mundo tenía de la cruz era erróneo, también era erróneo el concepto que tenía de los apóstoles. ¡El Hijo de Dios se glorificaba en ellos!

11 La partida de Jesús está tan cercana, que habla en tiempo presente. Ya ha finalizado la obra que tenía que realizar en el mundo. Él ya no está en el mundo. Pero[37] los discípulos[38] sí que lo están. Llegado este momento, su tarea es salir del mundo y, la de ellos, permanecer en el mundo. El vocativo "Padre santo" es único (aunque cf. 1 P. 1:15-16; Ap. 4:8; 6:10). Es sorprendente que haya muy pocos pasajes neotestamentarios que hablen de la santidad de Dios el Padre, sobre todo teniendo en cuenta lo importante que es ese tema en el Antiguo Testamento. Quizá estemos en lo cierto al deducir que la razón es que la obra de los hombres inspirados por Dios del Antiguo Testamento lo requería. En aquellos tiempos, la gente descansaba en el amor y el cuidado de Dios. Creían que como Dios era el Dios de su nación, les iba a ayudar en todo momento, independientemente de las circunstancias. Creían que la deshonra de Israel suponía la deshonra del Dios de Israel.

---

[35] Como aquí se está hablando de personas, lo más normal hubiera sido tener posesivos masculinos en lugar de los neutros τὰ ἐμά y σά. Pero el neutro es más general y global. Gramaticalmente hablando, αὐτοῖς podría ser un neutro que se está refiriendo a ἐμά y σά. Pero lo más lógico es que sea masculino, sobre todo si tenemos en cuenta ὦν (v. 9).

[36] El tiempo perfecto δεδόξασμαι podría apuntar a la verdadera medida de la glorificación que ya ha tenido lugar. Otra opción más probable es que sea proléptico, augurando la gloria que aún ha de venir, pero que es cierta e inminente. En cuanto a este verbo en Juan, ver el comentario de 7:39.

[37] καί tiene, aquí, la misma fuerza que "pero". Burney cree que ésta es la traducción directa de la adversativa ן, que aparece tanto en el hebreo como en el arameo (M, II, p. 469; sin embargo, Howard dice que este uso de καί también podemos encontrarlo en el griego clásico).

[38] El uso del pronombre αὐτοί pone un cierto énfasis en "ellos".

Era necesario enseñarles que Dios es un Dios santo, y que si Israel no respetaba la santidad de Dios, tampoco podría esperar su bendición. Es por ello por lo que se hacía tanto hincapié en la Soberanía, la Ira y la Santidad de Dios. Pero en tiempos neotestamentarios el pueblo de Israel ya había aprendido aquella lección. De hecho, muchos veían a Dios como alguien lejano y altivo, como un ser grande, digno, pero distante y despreocupado. Así que la necesidad en aquel momento era la de hablar de su amor. Por eso, Jesús habla tanto de Dios como "Padre". Sin embargo, no podemos olvidarnos de la Santidad de Dios. La expresión "Padre Santo" nos recuerda los dos aspectos de la naturaleza de Dios. Y a continuación, Jesús ora para que ese "Padre Santo" guarde a los discípulos. Lo más seguro es que quiera decir "guárdalos del mal", pero no se dice de forma explícita, y el final del versículo apunta a otra posibilidad: que los guarde de la desunión. Pero, como ya he dicho antes, lo más probable es que se refiera al "mal" en general.

"En tu nombre" (cf. Sal. 20:1; 54:1; Pr. 18:10) hace referencia a todo el carácter de Dios. Jesús ora para que Dios guarde a aquellos que reconocen que le necesitan (y que los guarde, obviamente, de acuerdo con su carácter tal y como Jesús lo ha revelado). Y ese nombre es el nombre que[39] "me has dado"; la oración de Jesús es que Dios, el Dios que Él ha revelado, guarde según ese carácter a los que en Él confían. El propósito[40] de guardarlos es "que sean uno"[41], idea que vuelve a aparecer más adelante (vv. 21, 22 y 23). La segunda parte de la oración de nuestro Señor por sus seguidores revela una increíble preocupación por el tema de la unidad, y es una amonestación hacia las "infelices divisiones" de las que somos responsables. Jesús ora por una unidad que ya ha sido dada: no ora para que "lleguen a ser uno", sino para que "sigan siendo" uno[42]. Se trata de una unidad "en" el Padre y el Hijo (v. 21). Cristo

[39] ᾧ, que es lo que aparece en los mejores documentos, solo puede estar haciendo referencia a ὄνομα. Quizá lo más normal hubiese sido οὕς (que es lo que aparece en A C³ Dᶜ Θ fl f13 28 69 lat etc.; todo apunta a que se trata de una corrección de los escribas). Pero Jesús aquí habla de que ese nombre le ha sido dado, es decir, se le ha confiado la revelación de Dios.

[40] En esta oración Jesús ora por sus seguidores con la expresión ἵνα ὦσιν en siete ocasiones (vv. 11, 19, 21 [bis], 22, 23, 24), y en cuatro ocasiones lo hace relacionándolo con la unidad.

[41] "Uno" es neutro, ἕν: "Dios guarda a los discípulos no como unidades individuales, sino como una unidad" (Barrett).

[42] Parece que este es el sentido del presente de subjuntivo ἵνα ὦσιν. Lenski respalda esta interpretación diciendo que para poder traducir "llegar a ser uno" necesitaríamos tener γένωνται.

está "en" ellos (v. 23). Nos tiene que quedar claro que la unidad por la que Jesús ora es una unidad que descansa en una actitud común: que ellos permanezcan en Él, y que Él permanezca en ellos. "Se refiere a la unidad divina del amor, todas las voluntades apuntando en la misma dirección, todos los amores ardiendo con la misma llama, todos los objetivos dirigidos al mismo blanco: la armonía del amor" (MiM). Los seguidores del movimiento ecuménico a veces hablan como si la unión de la Cristiandad fuera la respuesta a la oración de Jesús. Es verdad que la unidad de la organización puede ser un testimonio impresionante de la unidad del Espíritu. Sin embargo, en este pasaje se nos está hablando de algo mucho más difícil; se nos está hablando de la unidad entre el corazón, la mente y la voluntad. Está bien que trabajemos para unir las diferentes denominaciones. Pero es mejor aún buscar una unidad mucho más grande, la unidad suprema, y esta es la unidad por la que está orando Jesús.

12 Ahora tenemos una breve mirada atrás. Durante su ministerio en la Tierra Jesús guardaba a sus discípulos. Lo hacía "en el nombre que me diste". Volvemos a tener el concepto de la Revelación. Jesús guardaba a sus discípulos en el poder del Dios que se ha dado a conocer. Los guardó[43] para que ninguno de ellos muriera, excepto Judas. "El hijo de perdición"[44] se refiere al carácter, y no tanto al destino. Esta expresión no significa que "estuviera predestinado a la perdición", sino que Él ya estaba perdido. Las dos partes de esta afirmación son importantes. Los discípulos no deben tener miedo, ya que Jesús los ha guardado para que ninguno de ellos se perdiera[45]. Pero si nos cuestionamos sobre lo que le ocurrió a Judas, lo cierto es que la voluntad del Padre fue hecha tanto en los once como en él, ya que la Escritura se cumplió. La referencia al cumplimiento de las Escrituras saca a la luz el propósito

---

[43] Quizá no quiera decir nada que primero se use el verbo ἐτήρουν (proteger) y luego se use ἐφύλαξα (mantener a salvo). No obstante, el tiempo imperfecto podría indicar una actividad continua a través de los años, y el aoristo, una acción acabada.

[44] La expresión exacta es ὁ υἱὸς τῆς ἀπωλείας, y la volvemos a encontrar en 2 Ts. 2:3 para referirse al "hombre de pecado". Es imposible para nosotros reproducir el juego de palabras que hay en el texto original, en el que ἀπωλείας hace referencia al ἀπώλετο anterior.

[45] "Cualquier comunidad de fe puede tener traidores o apóstatas, pero su presencia no puede poner en peligro a los escogidos de Dios, a quienes Él protege o mantiene a salvo por el poder de su nombre" (Michaels).

divino. Eso no quiere decir que Judas fuera un autómata[46]. Era una persona responsable que hizo uso de su libertad. Pero Dios usó la acción malvada de aquel hombre para llevar a cabo su propósito. Tenemos aquí la combinación de lo divino y lo humano, pero en este pasaje el aspecto que más énfasis recibe, sin duda alguna, es el aspecto divino. Al final la voluntad de Dios fue hecha, cuando Jesús fue arrestado para ser crucificado. No nos dice a qué pasaje de las Escrituras se refiere, pero es probable que tuviera en mente Salmos 41:9 (aunque algunos eruditos creen que se trata del Salmo 109:4-13).

13 Un vez más, vemos que Cristo va a ir al Padre. Pero aún está "en el mundo". Y como está en el mundo pronuncia esas palabras para[47] beneficio de los discípulos. Ora por ellos para que tengan su gozo (ver el comentario de 15:11) completo (o abundante) en sí mismos. Anteriormente había dicho que había venido para que tuvieran vida en abundancia (10:10). En este versículo está hablando de algo parecido.

14 El regalo que Jesús les había hecho era la "palabra" de Dios (cf. v. 6). Lo más importante es la Revelación. La palabra del Padre no es algo que podamos poseer de forma natural; Él solo se la ha dado a Cristo. "Palabra" se refiere aquí a toda la Revelación. Es una transición natural, después de la idea de que el mundo odia a los discípulos. Durante el tiempo que habían estado con Jesús, habían estado dedicados a aprender de Dios. Eso significaba que, inevitablemente, el mundo les odiaba. Los discípulos y el mundo eran dos bandos contrarios. Ahora se puede decir que "no son del mundo". Es fácil entender que Jesús no es del mundo. Este evangelio apunta una y otra vez a la divinidad de Jesús. Pero ahora dice que sus seguidores tampoco son del mundo. Está claro que, en un sentido, sí son del mundo. Nacieron en el mundo y son parte del mundo. Pero en la conversación con Nicodemo, Jesús explicó que la gente tenía que nacer de nuevo si quería llegar a ver el Reino de Dios. Gracias a ese nuevo nacimiento, los discípulos ya no son del mundo. Berkeley tradujo "ya no son terrenales, como tampoco yo soy terrenal", pero quizá esa no sea una buena traducción. Es mejor algo como "no

---

[46] Cf. Calvino: "Sería incorrecto inferir que la caída de Judas es culpa de Dios y no de Judas mismo".
[47] ἵνα expresa propósito, finalidad.

pertenecen al mundo" (Knox, Goodspeed, etc). Lo que Jesús tiene en mente es el origen y el carácter[48].

15 Como no son "del mundo", para algunos lo normal hubiese sido que Jesús orara para que Dios los sacara del mundo. Pero el plan de Jesús es completamente diferente. El lugar de los discípulos aún está en el mundo. Si Dios los sacara, eso sería malo para ellos y desastroso para el mundo. Moisés, Elías y Jonás oraron para que Dios tomase sus vidas (Núm. 11:15; 1 R. 19:4; Jon. 4:3, 8), pero Dios no les concedió su petición. Dios quiere que los suyos estén en el mundo, aunque, obviamente, no son del mundo. La Iglesia en muchas ocasiones se ha aislado, convirtiéndose en un club de santurrones. ¡Pero eso no era lo que nuestro Maestro pedía! Jesús oró para que fuésemos guardados del mal o, mejor dicho, "del maligno". Quizá una referencia al mal en general nos habría parecido más normal (Lagrange opta por esa interpretación), pero lo más probable es que tengamos aquí la misma idea que en 1ª Juan 5:19: "Sabemos que somos de Dios, y que todo el mundo yace bajo el poder del maligno". Jesús reconoce el poder de Satanás, y ora para que Dios proteja a los suyos de sus asechanzas (cf. 1 Jn. 5:18, y en cuanto a referencias al diablo, 12:31;c 14:30; 16:11; 1 Jn. 2:13-14; 3:12). Tienen que estar "en" Cristo (16:33; 1 Jn. 5:20) y por tanto "fuera" del maligno. Dios les ha dado una misión, para que la lleven a cabo en el mundo, así que es importante que sigan en el mundo. Pero es igual de importante que se aparten del mal, porque el mal es un obstáculo para que lleven a cabo su tarea.

16 Se repite la afirmación que vimos en el versículo 14[49]. Como pertenecen al Maestro, y éste está apartado del mundo, ellos también están apartados del mundo.

17 "Santificar" significa "hacer santo, apartar". No están llamados a ser terrenales o carnales. Están llamados a ser santos, apartados de

[48] Algunos han sugerido que aquí hay un paralelo con Qumrán y la fuerte división que hace esta secta entre los de su comunidad y los de afuera. Pero hay una gran diferencia. En palabras de Raymond E. Brown, "la teología de Juan presenta un gran clarificación: nuestro odio está dirigido hacia el mal, tal y como está representado en el mundo, y no hacia la gente que hace el mal" (*SNT*, p. 288, nota al pie núm. 74).

[49] Aunque tenemos, como es normal en Juan, una pequeña modificación: variación en el orden de las palabras. En el v. 14 tenemos οὐκ εἰσὶν ἐκ τοῦ κόσμου, y en este versículo tenemos ἐκ τοῦ κόσμου οὐκ εἰσίν.

las costumbres del mundo para, así, poder ser útiles al mundo[50]. Esa santificación tiene que realizarse "en la verdad" (en cuanto a la "verdad", ver la Nota Adicional D)[51]. En otros pasajes leemos que los discípulos tienen que "practicar" la verdad (3:21), y puede que detrás de este versículo 17 tengamos la misma idea. La santificación que Jesús quiere que el Padre realice ocurrirá si ellos practican la verdad. Y todo eso está relacionado con "tu palabra"[52]. Es decir, de nuevo se nos presenta el concepto de la revelación divina. La santificación no se lleva a cabo aparte de la revelación divina[53]. Y la revelación divina es totalmente fiable. No es que sea verdad, sino que es la Verdad. Jesús ya había relacionado su "palabra" con la verdad, la verdad que hace libres a las personas (8:31-32). Lo mismo ocurre con la palabra del Padre, con todo lo que ha revelado. Es la Verdad, por lo que debe ser aceptada y puesta en práctica. Y es así como tiene lugar la santificación.

18 La misión de Cristo es el modelo para la misión de los apóstoles[54]. Anteriormente hemos leído que el Padre santificó y envió al Hijo al mundo (10:36). Ahora Jesús acaba de pedir que el Padre santifique a los apóstoles, y Él mismo los envía[55] al mundo. El paralelismo es

[50] "La palabra 'santificar' no es lo mismo que 'purificar'; los discípulos ya han sido declarados 'limpios' (13:10; 15:3). Si alguien ha sido santificado quiere decir que se le ha preparado y apartado para una labor concreta, y la oración de Jesús pide que Dios prepare y aparte a los discípulos para desempeñar su misión apostólica" (Marsh).

[51] Podemos compararlo con un pasaje de Qumrán: "limpiándole con un espíritu santo de todas sus malas obras. Y derramará sobre él un espíritu de verdad" (1QS 6:20-21; *DSS*, p. 376).

[52] Este pasaje podría ser una cita de la Septuaginta, del Salmo 119:142. Algunos manuscritos contienen νόμος y otros contienen λόγος, pero Swete, por ejemplo, cree que deberíamos leer ὁ λόγος σου ἀλήθεια (cf. 2 S. 7:28).

[53] En la proposición final, ἀλήθεια no lleva artículo. Quizá esto quiera indicar que "tu palabra" y "verdad" no son términos intercambiables (como sugeriría el uso del artículo; ver Robertson, p. 768). O podría tratarse de un ejemplo de la regla de Colwell, que dice que los atributos definidos que preceden al verbo no llevan artículo (ver el comentario de 1:1).

[54] El uso de los enfáticos ἐμέ y κἀγώ respaldan esta idea. En cuanto a "enviar", ver el comentario de 3:17.

[55] El aoristo ἀπέστειλας (para referirse a Cristo) es bastante claro. Se refiere a una acción única del pasado: la Encarnación. Pero al llegar a los apóstoles lo más normal hubiese sido encontrarnos con un tiempo presente o un futuro, en vez de ἀπέστειλα. Jesús se podría estar refiriendo a una comisión previa, a la ocasión en que envió a sus discípulos. Es más probable que la palabra se use de forma proléptica para que la futura comisión de sus discípulos sonara como algo cierto y factible.

impresionante. Las vidas de los discípulos no están faltas de sentido. Tienen una comisión concreta, definida por su Señor.

19 De nuevo surge el tema de la santificación, pero ahora Jesús dice que Él se santifica a sí mismo[56]. Él pone su vida al servicio de la voluntad del Padre, y en este contexto, eso significa la muerte. Se entrega al Calvario con todo lo que el Calvario supone[57]. Esto está relacionado con los discípulos de dos formas. Lo hace "por ellos"[58]. Muere por ellos, para hacer por ellos lo que ellos no pueden hacer por sí mismos. Además, lo hace "para que ellos también sean santificados en la verdad"[59]. Toda la acción de Jesús tiene un propósito. Muere para que los discípulos sean santificados, para que puedan ser apartados para Dios. Jesús puede pedir que Dios santifique a sus discípulos gracias a la obra que más adelante haría por ellos: morir en la cruz.

3. Pidiendo por los que han de creer (17:20-26)

20 Mas no ruego solo por éstos, sino también por los que han de creer en mí por la palabra de ellos, 21 para que todos sean uno.

---

[56] El verbo ἁγιάζω se usa en la Septuaginta para apartar tanto cosas como personas para el servicio de Dios (más para referirse a personas que a cosas). Para nuestro pasaje, hay dos usos en particular que son muy importantes: aquellos en los que el verbo se usa para hablar de la santificación de los sacerdotes (Éx. 28:41; 29:1, 21, etc.), y de los sacrificios (Éx. 28:38; Núm. 18:9, etc.). Ambos son apropiados para este pasaje de Juan. La primera acepción del verbo no es apartar algo para morir, pero en este contexto ese es el único significado que tiene sentido. Algunos intérpretes sostienen que esa traducción queda excluida por la siguiente afirmación sobre los discípulos, pero no creo que estén en lo cierto. Jesús se dispone voluntariamente para hacer la voluntad de Dios, y quiere que sus discípulos hagan lo mismo. Pero las implicaciones no son las mismas. Para Jesús, consagrarse significa pasar por la muerte expiatoria; para los discípulos, consagrarse significa vivir como siervos (a veces llevados también a la muerte como mártires). Parece ser que no hay nada que iguale el "Yo me santifico" de Jesús. Ver más en la nota de Hoskyns.

[57] Cf. Lüthi: "Sirve como Mediador entre el Cielo y la Tierra. Él se santifica poniéndose enteramente en las manos del Padre: 'Hágase tu voluntad'. Su sentido del deber le hace pasar por la Cruz y la tumba, hasta llegar a la Resurrección, y a la diestra del Padre, de donde vendrá otra vez. Esta obediencia filial voluntaria y absoluta es el secreto de la autosantificación de Cristo. Eso es a lo que se refiere cuando le dice al Padre: 'Yo me santifico'".

[58] En cuanto a ὑπέρ, ver el comentario de 6:51.

[59] En cuanto a ἵνα ὦσιν en esta oración, ver el comentario del v. 11.

Como tú, oh Padre, [estás] en mí y yo en ti, que también ellos estén en nosotros, para que el mundo crea que Tú me enviaste. 22 La gloria que me diste les he dado, para que sean uno, así como nosotros somos uno: 23 yo en ellos, y Tú en mí, para que sean perfeccionados en unidad, para que el mundo sepa que Tú me enviaste, y que los amaste tal como me has amado a mí. 24 Padre, quiero que los que me has dado, estén también conmigo donde yo estoy, para que vean mi gloria, la [gloria] que me has dado; porque me has amado desde antes de la fundación del mundo. 25 Oh Padre justo, aunque el mundo no te ha conocido, yo te he conocido, y éstos han conocido que Tú me enviaste. 26 Yo les he dado a conocer tu nombre, y lo daré a conocer, para que el amor con que me amaste esté en ellos y yo en ellos.

La última sección de esta oración es quizá la más interesante, ya que Jesús ora por todos los creyentes. Por tanto, es una oración por nosotros, y por las generaciones que nos precedieron. Y, en todo momento, los objetivos principales son la unidad y la gloria de Dios.

20 Jesús nos dice por qué personas va a orar. No solo pide por las necesidades de los apóstoles, sino que confía en el resultado de la misión que ellos van a llevar a cabo. Jesús ora por[60] los que van a creer[61] en Él[62] por las palabras de ellos. En esta oración se menciona "tu palabra" (del Padre) en tres ocasiones (vv. 6, 14 y 17). Pero ahora Jesús habla de "la palabra de sus seguidores", que se refiere al mensaje que habían de transmitir. El objetivo de aquel mensaje era que la gente depositara su fe en Cristo.

---

[60] La preposición es περί, que suele usarse con este verbo para plasmar el significado de "preguntar sobre". Pero Juan lo usa con el sentido de pedir por las personas en 16:26, 17:9, y también aquí, en este versículo. El sentido de περί se parece mucho al de ὑπέρ (ver BDF, 229[1]).

[61] El participio presente, τῶν πιστευόντων, podría significar "los que en aquel momento creyeron gracias a las palabras de los discípulos", pero lo mejor es interpretarlo de forma futura, "los que iban a creer". Turner cree que estamos ante un participio presente de futuro, posible influencia del hebreo o el arameo (M, III, p. 87).

[62] Si tomamos εἰς ἐμέ con τῶν πιστευόντων y no con λόγου (es decir, "su palabra sobre mí"). El primero coincidiría más con el estilo joánico, pero el último no es imposible y, de hecho, está respaldado por el orden en que están dispuestas las palabras.

21 La oración avanza. La primera petición es que "todos sean uno" (cf. 10:30)[63]. Jesús, declarando que el Padre está en Él, y Él en el Padre, pide que los creyentes estén "en" ellos dos. La estructura es muy similar a la del versículo 23, donde también se habla de la unidad. En ambos versículos vemos que hay cuatro partes: (1) "Padre... Tú estás en mí", (2) "Yo estoy en Ti", (3) "Que ellos estén en nosotros", (4) "para que el mundo crea que Tú me enviaste". En los dos casos la estructura sirve para añadir solemnidad y énfasis. Jesús pide, en primer lugar, que los discípulos sean uno, y luego, que estén "en" el Padre y "en" el Hijo, de la misma forma que el Padre[64] y el Hijo están el uno "en" el otro (cf. 15:4s.; 1 Jn 1:3). Eso no significa que la unidad entre el Padre y el Hijo sea la misma unidad que entre los creyentes y Dios, pero apunta a que hay cierta analogía. El Padre está en el Hijo y hace sus obras (14:10). El Hijo está en el Padre. Los dos son uno (10:30) y, sin embargo, son distintos. Lo mismo ocurre, en cierta medida, con los creyentes. Sin perder su identidad, tienen que estar en el Padre y el Hijo. Separados del Hijo no pueden hacer nada (15:5)[65]. Es decir, la unidad que está pidiendo les llevará a un conocimiento más profundo y a una experiencia más real del Padre y del Hijo. Y, como consecuencia, el mundo creerá[66]. Como es típico de Juan, la fe tiene que ver con la aceptación de la persona y la misión de Cristo ("que Tú me enviaste"). En

---

[63] En cuanto a ἵνα ὦσιν en esta oración, ver el comentario del v. 11. Juan coloca πάντες al lado de ἕν para enfatizar que la gran cantidad de creyentes está llamada a ser uno.

[64] Aquí se usa Πατήρ, como en los versículos 24 y 25, mientras que en los versículos 1, 5 y 11 se había usado Πάτερ (a pesar de la variación textual, creemos que este último se corresponde con el original). De todos modos, apenas hay diferencia entre estos dos vocativos.

[65] Cf. Barrett: "La unidad de la Iglesia es estrictamente análoga a la unidad del Padre y el Hijo; el Padre obra *en* el Hijo – el Padre es el que hace las obras (14:10) – y separado del Padre las obras del Hijo no tienen ningún sentido; de hecho, separado del Padre, el Hijo no podría hacer aquellas obras. El Hijo también está en el Padre de forma eterna, obrando en la Creación y la Redención. El Padre y el Hijo son uno y, sin embargo, distintos. Los creyentes están llamados a ser uno en el Padre y en el Hijo y, aunque son distintos a Dios, permanecen en Dios, y permanecen en la esfera de la actuación y Soberanía de Dios (14:12)".

[66] Lo que Strachan comenta puede ser de ayuda: "La base de esta unidad es religiosa. Por más que aboguen los grupos ecuménicos por la unidad, la iglesia mundial será imperfecta si no cuenta con la unidad en la doctrina de Dios y de la salvación, y una unidad en el propósito de su misión. El tamaño y la extensión de la Iglesia no es lo que va a impresionar al mundo. Lo que le va a impresionar es la unidad interna expresada en una misión y un mensaje común". J.C. Earwaker cree que el ἵνα que precede a esta proposición no debería entenderse como una preposición de finalidad, ya que lo que hace es introducir una tercera petición. Según Él, Jesús está pidiendo: "(1) que todos

este evangelio uno de los aspectos más importantes del mensaje de salvación es que el Padre envió al Hijo.

22 Jesús dice que la gloria que el Padre le dio se la ha dado a sus seguidores. Es decir, del mismo modo que para Él la gloria verdadera está en la humildad y el servicio que le llevaron a la cruz, la gloria que los discípulos deben buscar es ser humildes y servir les cueste lo que les cueste. Tanto el grupo de los apóstoles como el maestro al que seguían eran insignificantes, según los patrones de este mundo. Pero los apóstoles han restablecido su relación con Dios y son increíblemente importantes. Tienen la gloria verdadera. Están caminando como Dios quiere. Ya hemos visto en este evangelio que la verdadera gloria de Jesús se encuentra en la cruz. En otros evangelios les dice a sus seguidores que deben tomar su cruz y seguirle (Lc. 9:23). Así que para ellos, el camino de la cruz también es el camino a la gloria auténtica[67]. El propósito[68] de dar esa gloria a los discípulos es la unidad. Esta vez Jesús pide que sean uno así como el Padre y el Hijo son uno. El lazo que une a los creyentes es un lazo muy estrecho.

23 En cuanto a la estructura de este versículo y su significado, ver el comentario del versículo 21. El secreto está en el concepto de "estar en". Cristo está (o mora) en los creyentes, y el Padre está en Él. Ellos tienen unidad con el Padre a través de Cristo (cf. 14:6)[69]. Ese "estar en" tiene un propósito[70]: que los discípulos "sean perfeccionados en

---

sean uno; (2) que estén en nosotros; (3) que el mundo crea" (*ExT,* LXXV [1963-64], p. 317). Es una teoría atractiva, pero pasa por alto que esta oración es a favor de "los que han de creer en mí por la palabra de ellos" (v. 20). No se entiende cómo una oración por esa gente, que antes de creer era parte "del mundo", puede incluir una petición como "para que el mundo crea". Además, para interpretar lo que dice Earwaker καί tendría que aparecer antes del tercer ἵνα.

[67] Cf. Barclay: "Nunca debemos ver la cruz como nuestro castigo; debemos verla como nuestra gloria... Cuanto más complicada sea la tarea que le damos a un estudiante, un artista o un cirujano, más le estamos honrando. Lo que le estamos diciendo es que creemos que él es la única persona que puede realizar aquella tarea. Así que cuando es difícil ser cristiano, debemos ver esos momentos difíciles como nuestra gloria, como un honor que Dios nos da".

[68] ἵνα tiene aquí todo su sentido final; en cuanto a ἵνα, ver el comentario de 1:8, y en cuanto a κἀγώ, el comentario de 1:31.

[69] Cf. Lagrange: "aquí se explica la forma en la que esa unión tiene lugar: el Hijo está en los fieles, y Él está en el Padre: por tanto, los fieles están unidos al Padre gracias al Hijo: no es que puedan pasar del uno al otro indistintamente, sino que encuentran al Padre en el Hijo".

[70] De nuevo, tenemos la preposición final ἵνα.

unidad"[71]. Ya disfrutan de cierto grado de unidad. Pero este evangelio deja claro que no es suficiente. Tienen que experimentar una unidad más estrecha, una "unidad perfeccionada". Como ya se dijo en el versículo 21, la unidad de los creyentes tiene que causar un impacto en el mundo; allí se decía que el propósito era que el mundo *creyera* que el padre había enviado al Hijo. Aquí, el propósito es que el mundo *sepa* que el Padre ha enviado al Hijo. Entre estas dos afirmaciones hay una pequeña diferencia, ya que para Juan el creer aporta conocimiento, y el conocimiento implica que hay fe (cf. v. 8). El mundo no solo tiene que saber que el Padre ha enviado al Hijo, sino que ama a los creyentes[72] de la misma forma que ama al Hijo[73] (cf. Ap. 3:9). La unidad de los creyentes solo puede explicarse por el amor de Dios. Eso quiere decir que trasciende cualquier tipo de unidad humana. La unidad de la que estamos hablando es una unidad espiritual, y no una unidad construida mediante la organización; sin embargo, tiene una expresión externa, visible: el mundo puede verla, y el propósito es que al verla, quede influido por ella.

24 La última petición de Jesús es que sus seguidores estén con Él. "Quiero"[74] es un verbo que expresa la voluntad. Es más que un mero deseo o capricho. Cuando Jesús está pensando en los discípulos, usa la expresión "yo quiero", y cuando piensa en sí mismo dice: "no sea lo que yo quiero, sino lo que Tú quieras" (Mr. 14:36). Esta petición de Jesús apunta al futuro: quiere que los discípulos[75] estén con Él en

---

[71] El perfecto τετελειωμένοι puede referirse a un estado que deberían alcanzar y en el que deberían permanecer. Sobre el significado de este verbo, Temple comenta lo siguiente: "La palabra que hemos traducido por 'perfeccionados' no sugiere una perfección ética; una mejor traducción del original sería "para que vayan creciendo y lleguen a ser uno". Quizá nos sorprenda ver εἰς en un contexto donde lo más normal sería ἐν. Según BDF, el εἰς que aquí tenemos denota resultado, y no tanto propósito" (205).

[72] Si entendemos que αὐτούς se refiere al mismo grupo que el αὐτοῖς. Podemos interpretar que se trata de una construcción *ad sensum* y que se refiere "al mundo" (Bernard es de la misma opinión).

[73] Solo tenemos un ὅτι para σύ με ἀπέστειλας y para ἠγάπησας αὐτοὺς κτλ. Las dos proposiciones son una unidad. El amor de Dios y el hecho de que envió a su Hijo son inseparables.

[74] θέλω. Deberíamos tener en mente lo que Bailey explica: "el conocimiento de la unión de la voluntad del Hijo con la del Padre no nos permite hacer una distinción entre 'Yo pido' y 'Yo quiero'".

[75] Como en el versículo 2, tenemos aquí una combinación de géneros. El neutro ὅ que acompaña a lo que el Padre ha dado es bastante general. Pero luego aparece el masculino κἀκεῖνοι ya que se quiere destacar también el matiz personal. La proposición con el neutro – ὅ δέδωκάς μοι – aparece colocada en el texto de tal forma que está claro que Juan quería darle un énfasis especial. Turner cree que "se nos describe el regalo primero de forma unificada = ὅ, y luego de forma individualizada = κἀκεῖνος" (M, III, p. 21).

el mundo que está por venir, y no tanto en el presente (cf. 14:3). Quiere que estén "donde yo estoy"[76] (anteriormente ya ha dicho "ya no estoy en el mundo", v. 11). Quiere que sus seguidores estén con Él para que puedan ver la gloria que el Padre le ha dado. Es posible que "gloria" se use aquí en un sentido más general, y que no se esté refiriendo a la gloria que hay en la humillación y la muerte de Cristo (concepto que vimos en los primeros versículos de este capítulo). Así, se estaría refiriendo a la majestad y al esplendor que le rodearán en la era venidera. Otra posibilidad es que Jesús esté pidiendo que sus discípulos alcancen a entender lo que la gloria verdadera implica, es decir, que lleguen a ver el servicio y la humildad como algo verdaderamente glorioso. El apóstol Pablo nos comunica una idea similar cuando dice que "nosotros todos, con el rostro descubierto, contemplando como en un espejo la gloria del Señor, estamos siendo transformados en la misma imagen de gloria en gloria" (2 Co. 3:18). La gloria que el Padre le dio al Hijo nace del amor con el que le amó antes de que el Universo existiera[77]. Así, se vuelve a apuntar a la preexistencia de Cristo, y a la grandeza del amor que el Padre tiene hacia el Hijo.

25 Los dos últimos versículos son una breve recapitulación. Por ello, quizá, podríamos considerarlos como una subdivisión más, como la parte final de esta oración. Ahora ya no aparece ninguna petición. Jesús ya no está orando por los que han de creer por el testimonio de los apóstoles. Jesús alza una afirmación diciendo lo que ha hecho, y el propósito que hay detrás de todo lo que ha hecho. El vocativo "Padre justo" es único (aunque cf. "Padre santo", v. 11). Nos recuerda el carácter de Dios. Jesús no ora esperando que Dios actúe movido por favoritismos, sino que deja claro, mientras ora por sus seguidores, que Dios, por naturaleza, es un Dios justo. Quizá sea significativo que inmediatamente después de dirigirse a Dios con el adjetivo "justo", establezca una distinción entre "el mundo" y sus seguidores. Y la razón por la que trata

---

[76] El orden de las palabras – εἰμὶ ἐγώ – es diferente a la fórmula ἐγὼ εἰμί que aparece en el resto del Evangelio (ver el comentario de 8:58, etc.). Pero el pronombre personal hace que el énfasis recaiga sobre el "yo" (ver el comentario de 1:20).

[77] Godet comenta: "Esta declaración de Jesús nos desvela una de las verdades más profundas, nos enseña a los cristianos el camino que hemos de seguir para solucionar el tema de la relación entre las personas de la Trinidad: la clave de ese misterio es el amor".

a los dos grupos como lo hace es porque Dios es justo[78]. En primer lugar compara "al mundo"[79] consigo mismo. El mundo, por su naturaleza, no conoce a Dios (cf. 8:55). Pero no ocurre lo mismo con Jesús. Él conoce a Dios de forma plena (ver el comentario de 4:18). Los discípulos, al menos, entienden la Encarnación. No se nos dice que conozcan a Dios, sino que han conocido que Dios envió a Jesús.

26 Durante el tiempo que ha durado su ministerio, Jesús ha dado[80] a conocer al Padre (cf. v. 6). En cuanto al uso de "tu nombre" en esta oración, ver el comentario del versículo 6, y en cuanto a la expresión "el nombre", el comentario de 1:12. Jesús ha revelado el Padre a sus seguidores, y en este versículo dice que lo va a volver a hacer. Puede que con estas palabras se estuviera refiriendo a la revelación en la cruz, o a la obra del Espíritu Santo, que iba a enviar en breve (15:26). Acto seguido se menciona el amor[81] de Dios, lo que nos hace pensar que es más probable que Jesús se estuviera refiriendo a la cruz. El propósito de esa revelación futura es que el amor con el que el Padre amó al Hijo esté "en" los discípulos. Teniendo en cuenta el estilo joánico, podría ser que tuviéramos aquí más de un significado: ese amor en cuestión estará "en" ellos (en sus corazones), y también estará "entre" o "en

---

[78] Cf. Dods: "Jesús apela a la justicia del Padre para que el creyente no corra la misma suerte que el mundo incrédulo". Cf. también Lenski: "Jesús cierra la oración con unas palabra de completa confianza en la justicia del Padre; sin embargo, no dice qué es lo que el Padre tiene que hacer. No es necesario que lo diga, porque seguro que el Padre actuará de forma justa".

[79] καί antecede a ὁ κόσμος, lo cual no es muy normal. "Aunque" no es una traducción muy directa, y "también" tampoco lo sería. Quizá deberíamos ver ἐγὼ δέ σε ἔγνων como un paréntesis, y entender los dos καίς como "... y ...", "el mundo no te ha conocido ... y estos han conocido...". La idea de la incredulidad del mundo y la del conocimiento de los discípulos están unidas. Moule nos recuerda que Abbott está a favor de esta interpretación y, a la vez, afirma que "el primer καί no es fácil de interpretar" (*IBNTG*, p. 167). Pero no ofrece una explicación alternativa, y prefiere creer que estamos ante un error, es decir, que καί debería estar colocado en la frase en otra posición. Turner está a favor de la interpretación que aquí adoptamos (M, III, p. 335). Muchas versiones traducen "aunque", pero algunas creen que una partícula como "ciertamente" es una traducción más fiel.

[80] El aoristo ἐγνώρισα apunta a una acción acabada.

[81] En cuanto a ἀγάπη, ver el comentario de 5:42. El acusativo con un complemento personal – ἡ ἀγάπη ἥν ἠγάπησάς με – es una combinación muy poco común. Abbott no encuentra ningún paralelo, excepto Ef. 2:4, donde el acusativo del relativo podría deberse simplemente a la influencia del caso del antecedente. Según Abbott, el evangelista "no vaciló en representar el amor de Dios como instrumental ('con lo cual')", por lo que cree que se puede relacionar con la afirmación de que Dios *es* amor (2014).

medio de" ellos (será el lazo que les unirá). Y aún hay otro propósito: que Cristo mismo esté "en" ellos (en ellos y en medio de ellos). Así, el amor de Dios está asociado con la idea de que Cristo mora en nosotros. Conocemos el amor de Dios porque el Hijo mora en nuestros corazones. Las últimas palabras de esta oración hablan de la presencia continua de Cristo en sus seguidores. Independientemente de lo que ocurra en el futuro, Jesús siempre estará con ellos[82].

---

[82] Cf. Westcott: "La última palabra de la oración de Jesús es la misma que la última palabra de su discurso: ἐγὼ νενίκηκα τὸν κόσμον (16:33). Él mismo es la fuente de la victoria y la vida".

Juan 18

V. LA CRUCIFIXIÓN (18:1-19:42)

En los otros evangelios el clímax de la narración llega con los acontecimientos en torno a la crucifixión y la resurrección. Juan trata estos acontecimientos de una forma especial, una forma que enfatiza la Soberanía
de Dios. Así, el relato del arresto de Jesús, y frases como "Consumado
es", sacan a la luz que la situación está bajo el control divino. En este
evangelio vemos la gloria de Jesús y el cumplimiento del propósito de
Dios.

A. EL ARRESTO (18:1-12)

*1 Después de haber dicho esto, Jesús salió con sus discípulos al otro
lado del torrente Cedrón, donde había un huerto en el cual entró
Él con sus discípulos. 2 También Judas, el que le iba a entregar,
conocía el lugar, porque Jesús se había reunido allí a menudo con
sus discípulos. 3 Entonces Judas, tomando la cohorte [romana], y
a [varios] alguaciles de los principales sacerdotes y de los fariseos,
fue allá con linternas, antorchas y armas. 4 Jesús, pues, sabiendo
todo lo que le iba a sobrevenir, salió y les dijo: ¿A quién buscáis?
5 Ellos le respondieron: A Jesús, el Nazareno. Él les dijo: Yo soy.
Y Judas, el que le entregaba, estaba con ellos. 6 Y cuando Él les
dijo: Yo soy, retrocedieron y cayeron a tierra. 7 Jesús entonces volvió a preguntarles: ¿A quién buscáis? Y ellos dijeron: A Jesús, el
Nazareno. 8 Respondió Jesús: Os he dicho que yo soy; por tanto,
si me buscáis a mí, dejad ir a estos; 9 para que se cumpliera la
palabra que había dicho: De los que me diste, no perdí ninguno*ª.
*10 Entonces Simón Pedro, que tenía una espada, la sacó e hirió al
siervo del sumo sacerdote, y le cortó la oreja derecha. El siervo se
llamaba Malco. 11 Jesús entonces dijo a Pedro: Mete la espada en
la vaina. La copa que el Padre me ha dado, ¿acaso no la he de beber? 12 Entonces la cohorte [romana,] el comandante y los alguaciles de los judíos prendieron a Jesús y le ataron,*

a. 9 Juan 6:39

Como en los Sinópticos, el arresto de Jesús tiene lugar en el huerto de Getsemaní. Pero existen importantes diferencias entre el relato de Juan y el del resto de los Evangelios. El cuarto evangelista no incluye la agonía que Jesús experimentó. Se han pronunciado muchas teorías para encontrar una explicación, pero no existe ningún tipo de consenso universal. Quizá la más convincente sea que Juan no escribió un informe completo de lo que allí ocurrió, y solo recogió lo que mejor servía para lograr su propósito. Y, aunque no lo incluya, textos como 12:27 y 18:11 muestran que sí recoge la enseñanza que hay detrás del incidente[1]. Gracias a Juan (los otros evangelistas no lo mencionan) sabemos que Jesús y sus seguidores iban a Getsemaní frecuentemente (aunque cf. Lc. 22:39). También utiliza una palabra técnica para referirse al grupo de soldados (Mateo y Marcos usan este término, pero no en el texto del arresto; Mt. 27:27; Mr. 15:16). Por encima de todo, enfatiza la majestad de Jesús diciendo que habló y actuó de tal forma que los soldados que fueron a arrestarle "retrocedieron y cayeron a tierra" (v. 6).

1 Las palabras que abren este capítulo chocan quizá con la teoría de que el discurso anterior había tenido lugar por el camino. Este versículo parece indicar que Jesús salió (es decir, "salió de casa") con[2] los apóstoles después de haber pronunciado el discurso anterior. Otra posibilidad es que el significado sea "salió de la ciudad", pero "salió de casa" nos parece mucho más probable. Juan es el único que nos dice que fueron a un huerto[3], aunque no especifica ni nos facilita el nombre del lugar (detalle que sí

---

[1] Cf. Murray: Juan "no tiene ninguna intención de esconder o negar el trago por el que Jesús pasó. De hecho, ya nos ha hablado de ello en 12:27. Pero quizá, al mirar lo que ya había escrito, se dio cuenta de que se había dejado un aspecto que no se puede percibir con los ojos terrenales. Ya hemos visto que la Cruz para Juan no es una derrota ni una humillación, sino que es un símbolo de gloria, de victoria. Así que decide dedicar una sola frase a la lucha que Jesús experimentó (v. 11). Prefiere prestar más atención a las palabras y a los hechos que apuntan a que Jesús vivió aquellos momentos controlando de forma absoluta la situación. Obviamente, eso también ocurre en los Sinópticos, pero se detienen en tantos otros detalles, que es fácil perder de vista la majestad de Jesús".

[2] Juan solo usa la preposición σύν tres veces (aquí, 12:2 y 21:3). Algunos creen que el significado de σύν τοῖς μαθηταῖς es distinto de lo que tenemos en el versículo siguiente (μετὰ τῶν μαθητῶν), pero es mejor verlo como otro caso de la costumbre joánica de realizar variaciones o modificaciones.

[3] La palabra que usa es κῆπος (se le han dado diversas traducciones: "huerto", "olivar", "jardín", etc.). Mateo y Marcos usan la palabra χωρίον (Mt. 26:36; Mr. 14:32), mientras que Lucas dice simplemente que fueron al "monte de los Olivos" (Lc. 22:39). Está claro, pues, que este "lugar" se encontraba al pie del monte de los Olivos, aunque

aparece en Mateo y Marcos). De todos modos, Juan nos ofrece un apunte geográfico, diciéndonos que estaba al otro lado del torrente Cedrón[4].

2 La característica que describe a Judas es, como en los demás pasajes, la traición. Juan usa el participio presente, que significaría "el que le estaba traicionando" (es decir, en aquel preciso momento"). Este es el único evangelio que nos informa de que Jesús y los discípulos solían ir a Getsemaní a menudo, aunque Lucas nos dice que durante la semana de la Pasión, al oscurecer Jesús "salía y pasaba la noche en el monte de los Olivos (Lc. 21:37). Puede que alguna noche se quedaran a dormir allí, a la intemperie. Ryle nos recuerda que "excepto el día de la institución de la cena del Señor, nunca se menciona que el Señor se quedara en *casa* de alguien en Jerusalén". Si Jesús no hubiera tenido la costumbre de visitar aquel lugar, no tendría sentido que Juan usara la expresión "a menudo". Así que lo más lógico sería entender que Jesús llevaba años visitando aquel lugar con bastante frecuencia.

3 Parece ser que Judas estaba guiando a una "cohorte"[5] o "destacamento" de soldados romanos; y como el artículo es definido, quizá Juan

no sabemos exactamente donde. De hecho, el texto nos dice "*había* un huerto" (ἦν), así que quizá el huerto en cuestión ya había sido destruido en el momento en el que Juan escribió el Evangelio. Los verbos "entrar" y "salir" apuntan a que quizá se trataba de un recinto rodeado o cercado por muros.

[4] τοῦ Κεδρών, aunque solo aparece en A *pc* lat, parece ser la escritura original, y las otras dos variantes que encontramos, τοῦ Κέδρου y τῶν Κεδρῶν, serían correcciones posteriores. Así, tendríamos que el nombre del torrente era Κεδρών, y que se trata de una palabra indeclinable. Algunos creen que el artículo correcto es el artículo en plural, y que así tendríamos "el torrente de los cedros" (τῶν Κέδρων), pero eso parece muy poco probable. Que sepamos, en aquella zona no había cedros. Κεδρών es la transliteración de la palabra hebrea קברון, que significa, parece ser, "oscuro". Creo que la asociación con el término "cedro" es fortuita. Se nos dice que el Cedrón era un χείμαρρος, es decir, que durante la época calurosa estaba seco, y que solo tenía agua en invierno. Juan es el único autor del Nuevo Testamento que menciona este torrente.

[5] La palabra es σπεῖρα. Una cohorte era la décima parte de una legión, así que normalmente estaba formada por 600 hombres (aunque en la práctica, el número podía variar considerablemente). Estaba liderada por un χιλίαρχος (cf. v. 12). No creo que Juan quiera decir que en ese momento llegaron 600 soldados para arrestar a Jesús, sino que se envió a la "cohorte" en cuestión o un destacamento para que realizara el arresto. Algunos piensan que σπεῖρα se usaba a veces para referirse a un tercio de una cohorte, es decir, 200 hombres. Pero aún eso es una cantidad demasiado elevada. No puede ser que enviaran a toda la σπεῖρα, sino que Juan usó una figura, como cuando nosotros decimos "la policía arrestó al ladrón". Sin embargo, debemos tener en mente que los romanos podían llegar a usar un número ingente de soldados para perseguir a un solo hombre (Hch. 23:23), y que quizá en este momento temían que hubiera disturbios.

está hablando de una cohorte concreta. Algunos comentaristas sostienen que aquel pelotón no estaba formado por romanos, pero Newbigin cree que "es muy posible que sí que hubiera romanos, debido a las buenas relaciones entre Caifás y Pilato... y por la obsesión que los romanos tenían por mantener la seguridad durante las grandes celebraciones". Teniendo en cuenta el objetivo último de las autoridades judías, podría ser que éstas dejaran a las tropas romanas actuar con libertad (recordemos también que los guardias del templo ya habían intentado arrestar a Jesús, sin conseguirlo: 7:44s.). Como durante las celebraciones siempre había mucha gente y mucho alboroto, los romanos debieron de recibir con agrado la petición de ayuda de los principales sacerdotes. Estos temían que Jesús y los once opusieran resistencia y más galileos se les unieran. Con los soldados, había un grupo de representantes del Sanedrín (principales sacerdotes y fariseos). Moffatt distingue entre dos grupos diferentes de personas: "las tropas" y "los ayudantes". Aquel grupo estaba armado[6] y llevaban antorchas[7]. Así que estaban preparados para cargar. Las antorchas indican que quizá creían que Jesús se iba a intentar esconder entre los arbustos y árboles del huerto[8]. Si no fuera así, no les habría hecho falta, ya que había luna llena (a menos que estuviera nublado, que podría ser el caso, ya que en el v. 18 se nos dice que hacía frío).

---

[6] Normalmente los guardias del templo no estaban armados (cf. Josefo, *G.* 4.293), pero en esta ocasión sí lo estaban, al igual que los soldados.

[7] Juan menciona φανοί y λαμπάδες. Los comentaristas citan una frase de Frínico que muestra que en tiempos antiguos esos términos eran sinónimos. Sin embargo, en tiempos del Nuevo Testamento, φανός significaba linterna. λαμπάς era una antorcha hecha de un fajo de tiras de madera resinosa. A veces, en el Nuevo Testamento se ha traducido por "lámpara", pero Plummer sugiere que esa palabra es mejor reservarla para traducir λύχνος. Encontrará más información en el artículo de Robert Houston Smith "The Household Lamps of Palestine in New Testament Times" que aparece en *BA*, XXIX (Feb. 1966), pp. 2-27. Está de acuerdo en que en este texto λαμπάς significa antorcha, aunque lo traduce por "lámpara" en la historia de las diez vírgenes (J. Jeremias también lo traduce por antorcha en este texto de Juan; "Lampades en Mt 25.1-13", en *Soli Deo Gloria*, ed. J. McD. Richards [Richmond, Va., 1968], p. 83s.). En cuanto a φανοί, cree que "eran unas vasijas de terracota más o menos cilíndricas con una apertura en uno de los lados lo suficientemente grande para poder meter las lámparas que tenían en las casas, y cuando se metía, la mecha se dejaba hacia fuera; en la parte superior tenía un mango de cerámica para poder cogerla. A veces ya construían las linternas con la lámpara en el interior" (p. 7; que sepamos, no se ha conservado ninguna linterna de este período, pero Smith describe las encontradas en períodos anteriores y posteriores).

[8] "Algunos creen que no hacía falta ningún tipo de iluminación, pero lo cierto es que en esa época del año, aún en día de luna llena, la luz era muy débil; y el sentido común apunta a que un huerto lleno de olivos era un lugar lleno de escondrijos" (Brown).

4-5 Jesús sabía perfectamente lo que iba a ocurrir (ver el comentario de 2:24; 4:18). Juan no hace referencia al beso que Judas le da a Jesús para identificarle. Vemos, de nuevo, que su interés no es recoger cada detalle de lo que ocurrió, sino demostrar que Jesús controla la situación. Jesús sabe todo lo que le va a sobrevenir y, por ello, sale[9] a encontrar a los soldados. Es decir, ¡en el fondo no es arrestado! Él es el que toma la iniciativa, el que se entrega. Cuando está frente a ellos, les pregunta: "¿A quién buscáis?". Cuando le dicen "A Jesús el Nazareno"[10], Él les contesta: "Yo soy" que, aunque quiera decir "Yo soy Jesús el Nazareno", es una respuesta que apunta a la divinidad de Jesús (ver el comentario de 8:58; Juan repite estas palabras en los vv. 6 y 8, así que esta triple repetición es significativa; cf. también 13:18-19)[11]. Esto debió de sorprender a los perseguidores. Habían venido en secreto para arrestar a un campesino fugitivo. Y allí, en medio de la penumbra, les sale al encuentro una figura con autoridad, que en vez de esconderse o escaparse, les habla como si fuera Dios. Llegado este punto, Juan nos recuerda la presencia de Judas. Como en el versículo 2, lo describe en relación con la traición. Está claro que aquella actuación causó un serio impacto en los primeros cristianos. En los Sinópticos, Judas identifica a Jesús dándole un beso; aquí solo se nos dice que estaba presente, aunque la expresión "estaba con ellos" ya es bastante significativa. Deja claro de qué parte estaba.

6 Ahora vemos cuál es el efecto de la reacción de Jesús. La combinación de la oscuridad de la noche, del misterio que encerraban sus palabras y su acción decidida, crearon una atmósfera de terror, o quizá

---

[9] ἐξῆλθεν, que corresponde con εἰσῆλθεν (v. 1), quizá signifique que salió del huerto. Otros sugieren que salió de entre la sombra a la luz de las antorchas, o de entre los árboles a la zona descampada donde estaban los soldados.

[10] Ἰησοῦν τὸν Ναζωραῖον. A Jesús se le llama así muchas veces (Ναζωραῖος aparece 13 veces y Ναζαρηνός 6 veces). Su significado no está del todo claro, y muchos dicen que lingüísticamente hablando no tiene sentido pensar en una transición de Ναζαρέτ a Ναζωραῖος. Sin embargo, parece ser que eso es lo que ocurrió, porque no hay duda alguna de que en el Nuevo Testamento Ναζωραῖος = ὁ ἀπὸ Ναζαρέτ. Ver la nota de G.F. Moore en *The Beginnings of Christianity*, I (Londres, 1920), pp. 426-32, y la bibliografía que aparece en BAGD.

[11] Dodd nos recuerda que la repetición que aquí tenemos sigue la misma estructura que la repetición de 4:50, 51, 53 (allí lo que se repetía era ὁ υἱός σου ζῇ). Añade: "Juan toma una expresión que es completamente natural en un contexto concreto, y para destacarla como importante la repite más de lo que sería natural para llamar la atención del lector" (*HTFG*, p. 75, nota al pie núm. 2).

de respeto. La cuestión es que los soldados retrocedieron y cayeron a tierra. Es posible que cuando Jesús les saliera al paso de forma inesperada, los que estaban al frente se echaran atrás para esquivar a Jesús, con lo cual los que les seguían tropezaron y cayeron. Pero sea como sea, lo que a Juan le interesa es apuntar a la majestad de Jesús. Algunos creen que no es lógico que los soldados se echaran atrás ante la presencia de un hombre desarmado, y traducen que fue "él" (es decir, Judas) el que retrocedió (p. ej., Schonfield y Torrey). Pero no hay manuscrito alguno que apoye esa traducción. Además, al optar por esa interpretación se pasa por alto que la reacción de Jesús fue algo fuera de lo normal; normalmente, si alguien está siendo perseguido y va desarmado, en el momento en el que lo encuentran el miedo se apodera de él. Pero no se apoderó de Jesús[12].

7 En este versículo se repite la pregunta de Jesús y la respuesta de los soldados (como tiene por costumbre, nuestro evangelista introduce una pequeña modificación; sustituye "ellos le respondieron" por "ellos dijeron").

8-9 Jesús repite lo que ya ha dicho sobre su identidad (usando las mismas palabras místicas), pero esta vez añade una petición: les pide a los soldados que dejen marchar a sus seguidores[13]. El Buen Pastor cuida de sus ovejas incluso cuando ya tiene encima el arresto, el juicio y la crucifixión. Puede que sea por eso mismo por lo que repite que al que están buscando es a "Jesús el Nazareno". Así, a través de las preguntas les hace decir dos veces que al que están buscando es a Él y no al resto, lo que implica que deberían dejarles ir. Juan añade una interesante expresión. Es bastante común encontrarnos con la afirmación de que algo ocurrió "para que se cumplieran las Escrituras". Pero aquí (y en el v. 32) se usa esa expresión para referirse a las palabras de Jesús: "para que[14] se cumpliera la palabra que había dicho". Para Juan era inconcebible que las palabras que Jesús pronunciaba no se

---

[12] "Normalmente alguien así intentaría escaparse o defenderse. Jesús, al mostrarse digno y decidido creó un momento de incertidumbre" (de la Potterie, p. 57).

[13] La construcción εἰ... ζητεῖτε significa: "Si me buscáis a mí (como es el caso)...". Jesús acepta que la persecución se centre en Él para poder asegurar la libertad de sus seguidores.

[14] En cuanto a ἵνα sin que le preceda un verbo principal, ver el comentario de 1:8.

cumplieran. Para él, las palabras de Jesús y las Escrituras están al mismo nivel. "La palabra" a la que se refiere aparece en 17:12 (cf. 6:39), pero como suele ocurrir en este evangelio, la repetición introduce alguna pequeña modificación. Aquí Jesús habla de los discípulos como aquellos que le han sido dados y, allí, como aquellos a los que guarda "en tu nombre" (anteriormente ya se había dicho que los discípulos le han sido dados a Jesús, en 17:6; ver también el comentario de 3:35). Aquí no se dice nada de que los va a "guardar", mientras que "no perdí ninguno"[15] sustituye a "ninguno se perdió". Estos cambios no afectan el sentido, y Juan está siendo exacto cuando dice que las palabras de Jesús se han cumplido. Algunos creen que el objeto de las palabras de Jesús cuando las pronunció por primera vez era espiritual, mientras que aquí es físico. Pero si en este momento también hubieran arrestado a los discípulos, eso hubiera supuesto una prueba de fe muy dura para ellos, y les podría haber llevado a una crisis espiritual. Por tanto, no hace falta que veamos una oposición entre los dos niveles: guardar a los discípulos físicamente supuso, en ese momento, guardarlos espiritualmente.

10 Los Sinópticos no nos dicen quién fue el que sacó la espada, pero Juan nos informa que fue Pedro[16]. No podemos saber a ciencia cierta por qué los Sinópticos prefieren no añadir esa información. A veces, se ha dicho que Marcos quiso proteger a Pedro, pero este argumento no tiene mucho sentido ya que luego sí que incluyó el episodio de la negación. Puede que estemos ante otro ejemplo de la costumbre joánica de ser muy exacto en cuanto a la información de nombres y lugares[17].

---

[15] En cuanto al pronombre redundante, ver el comentario de 1:27.

[16] μάχαιρα era un cuchillo largo o un tipo de espada de hoja corta (la espada común era ῥομφαία). En muchas ocasiones, se ha dicho que era ilegal llevar un arma como esa durante la celebración de la Pascua. J. Jeremias apunta en esa dirección, haciendo referencia a la Misná *Shab.* 6:4; mientras que R. Eliezer dice que las armas, incluida la espada, eran los "adornos" de un hombre y que, por tanto, eran legales. Jeremias responde que R. Eliezer es "el campeón de la tradición temprana" (*The Eucharistic Words of Jesus* [Oxford, 1955], p. 50). Pero sea como sea, tampoco hay que ir demasiado lejos, como algunos hacen, y argumentar que, como Pedro llevaba un arma, no podía ser la época de la celebración de aquella festividad; a un hombre que está muy preocupado por su seguridad no le importa transgredir las reglas eclesiales.

[17] Esto es más probable que lo que A.J. Droge plantea; "el autor intenta de nuevo subrayar la dificultad que tenía Pedro para comprender quién es Jesús y cuál es su misión"; "Juan apunta a que Pedro no es un ὑπηρετής de Jesús" (*JBL*, 109 [1990], pp. 310, 331). Pero Droge pasa por alto que en aquel momento de crisis, Pedro no es el único que se muestra dubitativo e inseguro: eso le ocurre a los doce.

También recoge el nombre de la persona a quien Pedro le cortó[18] la oreja: Malco (Lucas también añade esta información). No sabemos nada más de este personaje. El uso del artículo definido (*el* siervo del sumo sacerdote) nos hace pensar que Juan hace énfasis en la persona de Malco, pero nuestro desconocimiento nos impide saber cuál es la importancia o el significado de ese artículo definido[19].

11 Jesús interviene de forma inmediata. "Mete la espada en la vaina" es una expresión muy viva[20]. Entonces Jesús habla de la copa que el Padre le ha dado, y la pregunta que hace apunta a que es necesario que la beba[21]. En los otros evangelios hay varias referencias a la copa (Mt. 26:39; Mr. 14:36; Lc. 22:42), aunque en todos ellos aparece en la oración que Jesús acaba de pronunciar. Otras diferencias es que éste es el único pasaje que dice que el origen de la "copa" es el Padre. En el Antiguo Testamento, normalmente la "copa" se asocia al sufrimiento y a la ira de Dios (Sal. 75:8; Is. 51:17, 22; Jer. 25:15; Ez. 23:31-33, etc.; cf. Ap. 14:10; 16:19). No hay duda alguna de que en este solemne instante está presente esa connotación que el término suscita. Weymouth traduce "copa de dolor"[22].

12 Estas palabras de Jesús dejan claro que no va a oponer resistencia, por lo que le arrestan de inmediato. Las palabras que aquí aparecen apoyan la idea de que intervino una cohorte romana con su oficial

---

[18] D. Daube apunta a pasajes judíos que explican que existía la costumbre de cortarle a un hombre las orejas para descalificarles del servicio sacerdotal, y cree que cortarle la oreja a un siervo del sumo sacerdote era una ofensa directamente dirigida al sumo sacerdote (*JThS*, n.s., XI [1960], p. 61). Puede que esto fuera cierto, pero yo creo que la acción de Pedro no fue deliberada, sino más bien espontánea.

[19] Calvino comenta: "fue muy insensato por parte de Pedro intentar mostrar su fe usando la espada, en vez de usar las palabras (sabemos que cuando se le pide que confiese, niega su fe). Con este ejemplo, podemos aprender que debemos moderar nuestro celo. Y como nuestra naturaleza muchas veces nos empuja a ir más allá de lo que Dios nos pide, recordemos que nuestro celo tendrá consecuencias negativas si llevamos nuestras acciones más allá de la Palabra de Dios".

[20] El verbo es βάλε.

[21] El enfático οὐ μή no deja lugar a dudas.

[22] Juan no menciona la agonía en el huerto, pero de la Potterie dice que estas palabras muestran que este evangelista era bien consciente de lo que Jesús estaba experimentando (p. 46).

(v. 3)[23]. Se nos dice que en el arresto también participó un grupo de judíos. No sabemos por qué ataron a Jesús. Debía de ser lo que se solía hacer con todos los presos, ya que Jesús había dicho que no tenía ninguna intención de escapar. Podía ser simplemente por vengarse del miedo que les había hecho pasar cuando les salió al encuentro (v. 6). Los Sinópticos no mencionan este detalle. Sin embargo, Juan no menciona que todos los discípulos escaparon y abandonaron a Jesús (Mr. 14:50).

B. EL JUICIO JUDÍO Y LAS NEGACIONES (18:13-27)

Es difícil relacionar los relatos del juicio a Jesús y de las negaciones de Pedro que encontramos en los cuatro evangelios[24]. Parece ser que el juicio tuvo unas fases muy marcadas. Los cuatro evangelios nos hablan de un juicio ante las autoridades judías (que tuvo dos o tres fases) y de otro ante Pilato. Juan es el único evangelista que recoge que Jesús compareció ante Anás. Así, todo parece indicar que primero se le hizo un juicio informal, y que luego se le llevó ante el Sanedrín para llegar a una sentencia formal. Como la visita a Anás solo aparece en Juan, algunos eruditos sostienen que no debe ser tenida en cuenta. Pero si no ocurrió, ¿por qué lo incluye el cuarto evangelista?[25] La respuesta no puede ser "para que se vea que Anás condena a Jesús", pues eso no aparece por ningún lado. Además, Juan sabía que Jesús había comparecido ante Caifás

---

[23] "comandante" y "cohorte romana" = ὁ χιλίαρχος y ἡ σπεῖρα. Evidentemente, el primer término podía usarse para los oficiales que no eran el tribuno, el comandante de una cohorte; ver, por ejemplo, Mr. 6:21; Ap. 6:15; 19:18. Pero generalmente se usaba en el sentido técnico y, si además se usa junto con σπεῖρά (como aquí ocurre), las dudas se disipan.

[24] Ver J. Blinzler, *The Trial of Jesus* (Westminster, Maryland, 1969); P. Winter, *On the Trial of Jesus* (Basel, 1961). Hay un capítulo buenísimo en *Crucified and Crowned* de W. Barclay (Londres, 1961), pp. 56-78); ver también el artículo de J. Moffatt en *HDCG*; J. Juster, *Les Juifs dans l'Empire Romain*, II (Paris, 1914), pp. 127-52; S.S. Smalley en *ISBE*, II, pp. 1049-55. A.N. Sherwin-White tiene una explicación en la que hace una crítica convincente de las posiciones de Winter y Juster (*Roman Society and Roman Law in the New Testament* [Oxford, 1963], pp. 24-47). Demuestra que los detalles que aparecen en los cuatro evangelios concuerdan con las costumbres y las leyes romanas del momento. Su evaluación quizá sea la más valiosa debido a su amplio conocimiento de la práctica jurídica romana.

[25] Cf. Moffatt: "¿Para qué iba Juan a inventarse algo así? Nadie ha dado una respuesta convincente, por lo que no podemos decir nada en contra del juicio de Anás" (*HDCG*, II. P. 751).

(v. 24) y que de allí tuvo que comparecer ante Pilato (v. 28). Así que aceptar el relato de Juan no crea menos dificultades que rechazarlo[26].

Godet nos recuerda que según la ley judía no se podía sentenciar al prisionero el mismo día que se había celebrado el juicio contra él, y relaciona los dos interrogatorios con esta idea. La comparecencia ante Anás no cumplió todos los requisitos jurídicos, pero "tenían que intentar guardar las apariencias y ofrecer lo que parecía un juicio preliminar, anterior al encuentro en el que se iba a pronunciar la sentencia". Algunos creen que la casa de Anás estaba cerca del huerto de Getsemaní[27]; si eso es cierto, lo más probable es que Anás aprovechara las circunstancias para realizar un primer interrogatorio antes de enviar el preso a Caifás. También deberíamos tener en cuenta que el texto no dice que llevaran a Jesús a casa de Anás. Puede que Anás recibiera a Jesús en el templo (así lo cree Barrett; ver su comentario del v. 15). Aunque el detalle de la portera (vv. 16-17) apunta a que es más probable que Juan esté hablando de una casa privada (aunque tampoco tiene por qué tratarse necesariamente de la casa de Anás).

Nos encontramos con otras dificultades que, según algunos expertos, desaparecen si realizamos algún cambio en el orden del texto. Así, tenemos que un interrogatorio tuvo lugar ante "el sumo sacerdote" (v. 19), aunque Jesús no comparece ante Caifás hasta el versículo 24[28]. Otra diferencia entre Juan y los tres primeros Evangelios es que aquí parece ser que una de las negaciones tuvo lugar en el patio de Anás, y las otras dos, en el de Caifás, mientras que en los Sinópticos las tres negaciones se suceden. Pero esto no quiere decir necesariamente que Juan alterara

---

[26] Lord Charnwood comenta que esta escena "no tiene un propósito doctrinal, sino que es una escena llena de carácter y de vida, que complementa y enriquece la historia de los Sinópticos, haciendo una aportación más al cuadro que podemos construir cuando combinamos los cuatro Evangelios (*According to John* [Londres, n.d.], p. 99).

[27] MacGregor cree que es probable que Anás viviera en el Monte de los Olivos, es decir, muy cerca del lugar donde se arrestó a Jesús, por lo que llevarle allí hubiera sido algo muy natural. Calvino es de la misma opinión. Sin embargo, hemos de reconocer que no hay suficientes evidencias para defender esta postura de forma contundente, por lo que no deja de ser una conjetura.

[28] Pero recordemos que a los sumo sacerdotes se les designaba por un año. Josefo nos da un número de ejemplos (*G.* 4.151, 160). Así, podría estar refiriéndose a Anás (aunque la mención de Caifás en el v. 13 hace que las cosas se compliquen). En otros pasajes se dice explícitamente que Anás era sumo sacerdote (Lc. 3:2; Hch. 4:6). Recordemos también que Juan usa el plural "sumo sacerdotes" en el versículo 35. Ese plural debe incluir a Anás; si no, no se entiende. Lo mejor es mantener el orden tal cual, por lo que el término en este punto se refiere a Anás.

el orden de los sucesos. Fuera como fuera, parte de su objetivo era contrastar la determinación de Jesús con la inconstancia de Pedro. Y eso lo consigue interponiendo una de las interrogaciones entre dos de las negaciones. Se han hecho algunas sugerencias de posibles alteraciones del orden de los versículos[29], pero ninguna se tiene en pie ya que no logran explicar cómo es que la mayoría de los manuscritos contiene el orden que hoy aceptamos. No ha aparecido ninguna teoría que explique de forma convincente que un texto inicialmente ordenado y sin dificultades interpretativas en cuanto a Anás, Caifás y las negaciones, pasara a ser un texto tan corrompido y desordenado como el que hoy conocemos. Algunos también sospechan que estamos ante un intento de armonización, ya que los Sinópticos recogen el interrogatorio ante Caifás, pero Juan no. En cambio, si se coloca el versículo 24 antes del versículo 14, conseguimos una "concordancia" o parecido. Pero, desafortunadamente, esa operación trae consigo una nueva dificultad: la cuestión sobre la que se le interroga aquí es diferente a la que aparece en los Sinópticos. Así que es mejor aceptar el orden que encontramos en la mayoría de manuscritos, e intentar entender el texto tal cual.

1. Jesús comparece ante Anás (18:13-14)

13 y le llevaron primero ante Anás, porque era suegro de Caifás, que era sumo sacerdote ese año. 14 Y Caifás era el que había aconsejado a los judíos que convenía que un hombre muriera por el pueblo.

---

[29] Algunos intérpretes hacen énfasis en que la versión siríaca sinaítica contiene el orden siguiente: 13, 24, 14-15, 19-23, 16-18, 25. Este orden tiene sentido, pero es más probable que algún escriba alterara el orden que hoy tenemos debido a que era un texto que daba problemas, que éste sea el único manuscrito que queda con el orden correcto. La alternativa más sencilla es leer el versículo 24 inmediatamente después del 13. Torrey sugiere que ese era el orden original. Cree que un escriba, al escribir el v. 13 tenía en mente 11:51, así que de forma natural posó la vista en el versículo 14. Después de escribirlo, se dio cuenta de que se había saltado un versículo y, para reparar el error, insertó las palabras que había omitido en la primera oportunidad que se le presentó, es decir, después del versículo 23. Pero esta teoría no explica el hecho de que los manuscritos casi de forma unánime contienen el orden que tenemos en nuestras Biblias. ¿Por qué iba la mayoría de los escribas a cambiar el orden inteligible de los versículos para que coincidiera con el error de un solo escriba? En palabras de Torrey, "¡es ilógico!".

13 Quizá lo normal hubiera sido llevar a Jesús ante Caifás, puesto que era el sumo sacerdote en aquel momento; pero puede ser que algunos aún consideraran que Anás, anterior a Caifás, era el único sumo sacerdote legítimo. En el Antiguo Testamento este cargo era vitalicio, y las deposiciones introducidas por los romanos no eran válidas. Pero no sabemos en qué medida la gente aceptaba la autoridad de los romanos en esta cuestión. Fuese como fuese, el caso es que parece ser que Anás era un hombre muy astuto y capaz de imponerse. No solo era el sumo sacerdote, sino que además cinco de sus hijos ocuparon ese cargo, así como su yerno Caifás. Seguro que, aún y los cambios, la opinión del anciano cabeza de familia seguía teniendo peso. De hecho, puede que él siguiera siendo la máxima autoridad aunque oficialmente ya no le correspondiera ejercer el poder. Por todo lo dicho, no es extraño que Jesús hubiera de comparecer ante él, especialmente si estaba cerca del lugar donde le habían arrestado[30]. Juan es el único evangelista que nos cuenta que Caifás estaba casado con la hija de Anás; justo después de esta información añade que él era el sumo sacerdote. No debemos interpretar que si Juan dice "aquel año" (como en 11:49, 51) es porque creía que el cargo de sumo sacerdote debía durar un año. Esa expresión significa "en aquel momento", "en aquel año fatal". Juan recoge que "primero" llevaron a Jesús ante Anás. Esto apunta a que habrá un "luego" que, obviamente, se corresponde con la comparecencia ante Caifás (v. 24).

14 Para Juan, la característica más destacable de Caifás es la profecía inconsciente en la que anuncia que Jesús morirá en el lugar de los demás (11:49-50). Por eso, aquí lo describe haciendo referencia a aquella profecía. Quizá nos recuerde aquellas palabras para indicar que Jesús no podía esperar mucho de aquel juez. No está ante un idealista que quiere hacer las cosas con justicia, sino ante un cínico político que ya se ha pronunciado a favor de la muerte de Jesus[31].

---

[30] Cf. Barclay: "Si los puestos de venta del templo que Jesús tiró por tierra eran de Anás y su familia, Anás pudo usar su influencia para que Jesús compareciera primero ante él, para poder recrearse con el fin de humillar a aquel presuntuoso galileo" (*Crucified and Crowned*, p. 61).

[31] En cuanto al uso de ἄνθρωπος aplicado a Jesús, ver el comentario de 4:29.

2. La primera negación de Pedro (18:15-18)

15 Y Simón Pedro seguía a Jesús, y [también] otro discípulo. Este discípulo era conocido del sumo sacerdote, y entró con Jesús al patio del sumo sacerdote, 16 pero Pedro estaba fuera, a la puerta. Así que el otro discípulo, que era conocido del sumo sacerdote, salió y habló a la portera, e hizo entrar a Pedro. 17 Entonces la criada que cuidaba la puerta dijo a Pedro: ¿No eres tú también [uno] de los discípulos de este hombre? [Y] él dijo: No lo soy. 18 Y los siervos y los alguaciles estaban de pie calentándose [junto] a unas brasas que habían encendido porque hacía frío; y Pedro estaba también con ellos de pie y calentándose.

Los relatos de las negaciones nos plantean algunos problemas. Uno de ellos tiene que ver con el hecho de que Juan separa la primera negación (v. 17) de la segunda y la tercera (vv. 25-27) intercalando entre ellas el interrogatorio de Jesús ante el sumo sacerdote. Así, algunos creen que la primera negación tuvo lugar en el patio de la casa de Anás y las otras, en casa de Caifás (a no ser que el orden del texto haya sido modificado). Pero eso no tiene mucho sentido. Es bastante probable que Anás y Caifás vivieran en el mismo palacio (Godet, Hendriksen y Dods sostienen esta teoría). Pero solo se trata de una teoría. Independientemente del lugar donde vivieran, también es posible que aquella noche estuvieran en el mismo lugar. En cualquier caso, no es necesario interpretar que tenemos dos escenarios diferentes, dos patios diferentes. Es cierto que el versículo 24 dice que Anás envió a Jesús a Caifás, pero quizá sea tan solo la forma en la que Juan decide cerrar esta parte del relato. Así, poniendo punto y final al episodio con Anás, vuelve al relato de las negaciones para acabarlo. En ningún momento dice que Pedro se trasladara de lugar (de un patio a otro), así que no hay por qué interpretar el texto de esa manera. Aunque llevaran a Jesús a otro edificio, o a otra parte de la ciudad, eso no quiere decir que Pedro también cambiara de lugar entre una y otra negación. Sabemos que Juan no siempre narra los acontecimientos siguiendo un orden estricto, así que si ahora tampoco lo hace, no debería sorprendernos. Sin embargo, seguimos teniendo un problema: aunque los Sinópticos narran las negaciones de forma seguida, Juan interpone el interrogatorio a Jesús entre la primera y la segunda negación. En los Sinópticos se nos presenta el episodio de las negaciones como un bloque, pero eso no aclara si hubo o no hubo un intervalo de tiempo entre las negaciones. Aunque en los Sinópticos encontramos una negación detrás de la otra, eso no quiere decir que entre negación y negación no ocurriera nada. Lo único es que los Sinópticos no lo recogen, pero eso no implica que no sea posible (aunque Lucas sí dice que la segunda ocurrió "un poco después" de la primera, y la tercera, "pasada como una hora" de la segunda; Lc. 22:58-59). Así que no hay nada que apunte a que el relato de Juan no pueda ser cierto. Al contrario, parece bastante probable que hubiera un intervalo de tiempo entre la conversación con la portera y la acusación que le hace otro grupo de gente.

15 No se nos dice la razón por la que Pedro siguió a Jesús. Lo que está claro es que ni el enfrentamiento con Malco ni la huída de los discípulos habían conseguido hundir a Pedro por completo. Es probable que solo quisiera ver qué iban a hacer con Jesús, y también es natural que quisiera estar cerca de su Señor[32]. Ahora se nos habla de otro discípulo, pero no se especifica quién es. Lo único que sabemos de él es que "era conocido del sumo sacerdote"[33]. Muchos son los que han sugerido que se trataba de Juan, el discípulo amado[34]. Lo cierto es que esta teoría explicaría que nuestro evangelista conociera tantos detalles sobre lo que ocurrió en aquellos momentos. Además, nos informaría de que tenía una relación estrecha con las autoridades de Jerusalén y que tenía acceso a fuentes que normalmente no estaban al alcance de los cristianos. Pero también es cierto que no tiene mucha lógica que un hijo de Zebedeo ocupara una posición tan eminente[35]. Por eso, otros han suge-

---

[32] Cf. Crisóstomo: "Lo cierto es que es de admirar que, teniendo en cuenta el miedo que debía tener, Pedro decidiera entrar en el patio, mientras que los demás discípulos habían desaparecido" (83.2; p. 308).

[33] Cf. Dodd: "Casi todos los comentaristas hoy en día reconocen que γνωστός significa que eran algo más que 'simples conocidos'. Significa que la persona así descrita formaba parte del círculo que rodeaba al sumo sacerdote, que era de la familia, o al menos que tenía una relación muy estrecha con ella y con el poder que ésta ejercía" (*HTFG*, pp. 86-87). Horsley da referencias del uso que se hace de este término en algunos papiros en el sentido de "amigo cercano o íntimo" (*New Docs.* 4, p. 143).

[34] Murray lo da por sentado. Westcott cree que "al lector no se le puede pasar por alto las conexiones que hay entre este discípulo y Juan" (la expresión que aquí se usa, ἄλλος μαθητής, se usa aplicada al discípulo amado en 20:2, 3, 4, 8). Sin embargo, Calvin dice que lo único que podemos hacer es conjeturar, y el resultado no es más que una "conjetura sin mucho peso".

[35] Aunque se ha dicho que puede llegar a probarse, parece ser que Juan venía de una familia de sacerdotes. Salomé, la mujer que estuvo en la crucifixión de Jesús, podría

rido nombres como José de Arimatea o Nicodemo. Por su posición, ellos podrían haber entrado en la casa del sumo sacerdote, y por su relación con Jesús, también es probable que conocieran a Pedro. Pero, de nuevo, solo son teorías. Lo cierto es que no hay manera de saber de quién se trataba. Lo que sí sabemos es que conocía al sumo sacerdote lo suficiente como para que le dejaran pasar, mientras que a Pedro no le permitieron la entrada.

16 Pedro se quedó fuera, a la puerta[3 6]. Pero el discípulo del que hemos estado hablando hizo uso de sus influencias para que dejaran entrar a Pedro. Lo único que tuvo que hacer fue hablar con la portera (cf. Hch. 12:13, y las referencias que hay en MM) y asunto resuelto[3 7].

17 Aunque le dejó entrar, está claro que la portera tenía sus sospechas. Y, para salir de dudas, le pregunta a Pedro si él era uno de los discípulos de Jesús. Los cuatro evangelios coinciden en que la primera persona a que Pedro tuvo que enfrentarse fue esta criada. Esto enfatiza aún más la caída de Pedro. Quizá pensaba que iba a encontrarse con

ser su madre. Recordemos Mr. 15:40 y Mt. 27:56. Juan no menciona a Salomé, ni a su madre, pero sí que habla de la hermana de la virgen María (Jn. 19:25) de tal forma que nos lleva a concluir que se trataba de Salomé. Ahora bien, María estaba emparentada con Elisabet (Lc. 1:36), a quien se la llama también una de "las hijas de Aarón" (Lc. 1:5). Por tanto, se puede decir que Salomé estaba emparentada con una familia de sacerdotes. Por ello, Juan vendría de una familia de sacerdotes, por lo que debía de conocer al sumo sacerdote. Un pasaje de la carta de Polícrates (c. 190 dC) apoya esta idea, porque dice que Juan "era un sacerdote que llevaba τὸ πέταλον" (Eusebio, *HE* 3.31.3). El pasaje es oscuro. No sabemos exactamente qué era un πέταλον, ni si los sumo sacerdotes eran los únicos que lo llevaban. Pero está claro que Polícrates apoya la idea de que Juan era un sacerdote. No es imposible, pero lo cierto es que no tenemos pruebas suficientes para pronunciarnos de forma tajante. Otros creen que el comercio de pescado entre Galilea y Jerusalén iba muy bien y que Zebedeo tenía medios, y jornaleros bajo su servicio (Mr. 1:20). Y que sería probable que los grandes mercaderes tuvieran relaciones comerciales con el sumo sacerdote (como por ejemplo, estar contratados para abastecer de pescado a toda la familia del sumo sacerdote). Esta teoría también podría ser cierta, pero, de nuevo, no tenemos pruebas suficientes que lo demuestren. Lo único que podemos decir es que se han presentado varias teorías razonables que apuntan a que el hijo de Zebedeo conocía al sumo sacerdote.

[36] Fijémonos en la expresión πρὸς τῇ θύρᾳ, porque πρός con el dativo solo aparece en este evangelio cuatro veces: en este versículo, en 20:11, y 12 (*bis*) (sin embargo, Juan usa esta preposición con el acusativo 97 veces). En las cuatro ocasiones se usa para referirse a "el alto grado de proximidad".

[37] No está muy claro cuál es el sujeto de εἰσήγαγεν. Podría significar que "el discípulo hizo pasar a Pedro", o "la portera dejó entrar a Pedro".

una fuerte persecución. Pero, en cambio, se encuentra con la pregunta de una simple criada. La forma en que ella formula la pregunta apunta a que esperaba un "No" por respuesta. "No eres uno de los discípulos de ese hombre, ¿verdad?"[38]. Y Pedro le sigue la corriente: "No, claro que no". La pregunta le ofrecía a Pedro una escapatoria, y Pedro no se lo pensó dos veces. Seguro que no se paró a reflexionar sobre las consecuencias de su respuesta[39]. Después de contestar, ya era difícil retractarse. Tenía que seguir con la mentira.

18 Ahora se nos dan detalles sobre la escena. Está claro que era una noche fría, y los criados y los alguaciles[40] habían hecho[41] un fuego[42] en el patio. Estaban de pie, alrededor del fuego, calentándose, y Pedro se unió al corro. Eso podría parecer peligroso, pero quizá era menos peligroso y sospechoso que quedarse en el patio alejado del grupo. Y, de todos modos, Pedro también debía de tener frío. Así que se acercó al fuego para calentarse.

3. El interrogatorio ante Anás (18:19-24)

19 Entonces el sumo sacerdote interrogó a Jesús acerca de sus discípulos y de sus enseñanzas. 20 Jesús le respondió: Yo he hablado al mundo abiertamente; siempre enseñé en la sinagoga y en el templo, donde se reúnen todos los judíos, y nada he hablado en secreto.

---

[38] La pregunta está introducida por un μή, como ocurre en el versículo 25. Pero en el versículo 26 hay un cambio: se usa οὐ. Moffatt lo pasa por alto, traduciendo las tres preguntas como si se esperara una respuesta afirmativa. Rieu traduce en este versículo: "Seguro que tú no eres uno de los discípulos de ese hombre, ¿verdad?". En el versículo 25 usa el mismo tipo de estructura, pero en el 26, traduce: "¿No te vi yo con él en el huerto?". Creo que es así como debería traducirse.

[39] Temple (comentando vv. 25-27) dice lo siguiente: "Su único pecado fue hacerle creer que lo que ella pensaba era cierto. No tuvo que inventarse una gran mentira. Pero ese pequeño error fue tan fatal como una gran mentira".

[40] οἱ δοῦλοι serían los siervos del sumo sacerdote y οἱ ὑπηρέται, los miembros de la guardia del templo (cf. v. 3).

[41] El perfecto πεποιηκότες resulta un poco extraño. Pero Juan tiene predilección por el tiempo perfecto, así que no hace falta hacer un esfuerzo interpretativo especial en este caso.

[42] Juan es el único que habla de unas brasas. Usa ἀνθρακία de nuevo en 21:9, y esos son los únicos lugares en los que esta palabra aparece en todo el Nuevo Testamento. Ambas veces son una muestra de la exactitud y el detalle con el que Juan suele escribir.

21 ¿Por qué me preguntas a mí? Pregúntales a los que han oído lo que hablé; he aquí, éstos saben lo que he dicho. 22 Cuando dijo esto, uno de los alguaciles que estaba cerca, dio una bofetada a Jesús, diciendo: ¿Así respondes al sumo sacerdote? 23 Jesús le respondió: Si he hablado mal, da testimonio de lo que [he hablado] mal; pero si [hablé] bien, ¿por qué me pegas? 24 Anás entonces le envió atado a Caifás, el sumo sacerdote[a].

a. 24 O *Anás ahora le había enviado atado a Caifás, el sumo sacerdote*

Como ya hemos visto, el resto de los evangelistas no menciona que Jesús fuera llevado ante Anás. Además, Juan ya nos ha dicho que Caifás era el sumo sacerdote ese año (v. 13). Así, podría ser que fuera Caifás el que dirigiera esa interrogación, en vez de Anás (aunque tuviera lugar en casa de Anás). A veces se ha llevado esta teoría más allá colocando el versículo 24 entre el 13 y el 14 (como hace un manuscrito muy antiguo), lo que acabaría con todos los problemas. Pero el orden textual que nos ha llegado apunta a que Jesús compareció en primer lugar ante Anás (v. 13), y que estuvo allí hasta que aquella autoridad le envió a Caifás (v. 24). Como ya hemos visto, sabemos que a hombres como Anás que habían sido sumo sacerdotes, aún se les seguía conociendo por aquel cargo. Y esto era aún más cierto en el caso de Anás, porque, según la ley judía, legítimamente él seguía siendo el sumo sacerdote.

19 El sumo sacerdote interrogó a Jesús. En un juicio, hacer esto no era legal, ya que la ley judía recogía que el acusado tenía derecho a tener defensores[43]. El acusado no podía defenderse; demostrar su inocencia no era responsabilidad suya, sino que hacía falta la presencia de testigos. Quizá Anás lo vio como un interrogatorio informal, donde

---

[43] Según Barrett, no había ninguna regla explícita anterior a Maimónides. Pero está de acuerdo con Abrahams en que los textos más antiguos también contienen ese principio, aunque sea de forma implícita. Barclay dice: "Un elemento curioso del procedimiento legal del Sanedrín es que el acusado era inocente, y estaba exento de juicio, hasta que los testigos habían dado su testimonio y éste se había verificado. Y eso es lo que encontramos en Juan. 18:19-21: Jesús le está diciendo a Anás que no puede interrogarle hasta que los testigos hayan presentado pruebas fehacientes" (*Crucified and Crowned*, p. 58).

no hacía falta aplicar la normativa procesal. La pregunta acerca de los discípulos es sorprendente[44]. ¿No los conocían? ¿No los habían visto andar con Jesús? (aunque recordemos que los de la casa del sumo sacerdote no reconocieron a Pedro). No obstante, puede que la información que el sumo sacerdote estaba pidiendo no era quiénes eran, sino qué hacían y cuáles eran sus planes (esta interpretación se vuelve más lógica si tenemos en cuenta que la otra pregunta es acerca de las enseñanzas de Jesús).

20-21 La respuesta de Jesús no desvela nada sobre los discípulos. Está claro que ha decidido defenderlos hasta el final. Veamos que en tres ocasiones usa el pronombre enfático "yo": "Yo he hablado al mundo abiertamente; [yo] siempre enseñé ... [yo] nada he hablado en secreto". Desvía la atención hacia su persona para proteger a sus discípulos. Muchos creen que al dar esta respuesta, Jesús no estaba cooperando[45]. Pero eso no es del todo cierto. Jesús no se queda callado, sino que le hace saber al sumo sacerdote cuál es la situación. Jesús sabe que el sumo sacerdote no está siguiendo el procedimiento legal correctamente. Su deber es tener en cuenta a los testigos (y en la ley judía se llamaba primero a los testigos de la defensa). Además, Jesús asegura que es muy fácil encontrar testigos, ya que siempre ha hablado abiertamente[46] en lugares públicos como las sinagogas y el templo[47]. Los judíos habían tenido la oportunidad de escucharle[48] en más de una ocasión. No iba a escondidas, ni hablaba en secreto. Por tanto, las preguntas que el sumo sacerdote le hacía no tenían sentido. Si quería celebrar un

---

[44] Hendriksen cree que el orden de las preguntas, primero acerca de sus discípulos y luego acerca de sus enseñanzas, es muy significativo: "¡Eso es lo que único que puede esperarse de Anás! A él lo que le interesaba era enterarse de cuál era 'el éxito' de Jesús – ¿le sigue mucha gente? –, y no si su enseñanza era verdadera o no. Y lo mismo hace el mundo".

[45] Josefo recoge que un tal Samaías, "un hombre honrado", dijo que todo el que comparecía ante el Sanedrín "se ha mostrado humilde y ha asumido su papel: temer a las autoridades y buscar misericordia" (*A.* 14.172; Brown también menciona este pasaje). Así que el comportamiento de Jesús debió de sorprender a los presentes.

[46] παρρησίᾳ, "abiertamente". Esta palabra se traduce también por la expresión "con valentía".

[47] ἐν συναγωγῇ no lleva artículo: "en sinagoga"; así que quiere decir en las sinagogas en general. Pero solo había un templo, y por eso el sintagma siguiente es ἐν τῷ ἱερῷ.

[48] El perfecto ἀκηκοότας podría significar "escuchar y retener".

juicio tenía que seguir los pasos establecidos: arresto, presentación de testigos, y narración de los hechos por parte de los testigos[49]. No malinterpretemos lo que Jesús dice sobre hablar en secreto. No quiere decir que una vez la multitud se dispersa ya no tiene nada que enseñarles a sus discípulos. Los cuatro evangelios prueban lo contrario. Jesús se refiere a que no tiene dos enseñanzas diferentes, una enseñanza aceptable para el público en general, y otra más revolucionaria para cuando está con sus discípulos. La única diferencia es que con sus discípulos profundizaba más que en las enseñanzas que había transmitido a la multitud. Pero la esencia de la enseñanza de Jesús es igual para todo el mundo[50].

22 A uno de los alguaciles del sumo sacerdote no le gustó el tono de Jesús, y le dio una bofetada[51]. No parece tratarse de un personaje importante, pues solo se le describe como "uno de los alguaciles que estaba cerca". Esa bofetada constituye una acción ilegal más[52].

23 Jesús saca a la luz la equivocación del alguacil invitándole a dar testimonio de lo que ha hablado mal, si puede. Esa es la mejor manera de actuar. Aprovechamos para recordar lo importante que es en este evangelio el concepto del "testimonio". Ahora que llegamos al clímax de nuestra historia, Jesús les dice a sus enemigos que den testimonio. *REB* le da un colorido jurídico al traducir: "aporta alguna prueba". Y

---

[49] Se hace hincapié tanto en las palabras οὗτοι y ἐγώ, colocándolas cada una en un extremo de la frase.

[50] Lagrange opina que este interrogatorio no tiene ningún sentido. Anás acusaba a Jesús de esconder algo en su enseñanza en privado. Pero, "¿de qué servía preguntarle al mismo Jesús?".

[51] ῥάπισμα significaba originalmente "blandir un bastón o un cayado en el aire", pero pasó a definir "un golpe con la palma de la mano", especialmente dirigida a la cara. Parece ser que esto es lo que quería decir en tiempos neotestamentarios. En el Nuevo Testamento solo aparece en el relato de la Pasión (Mr. 14:65; Jn. 19:3), y Dodd cree que podría derivar del uso que se hace en Is. 50:6 (*HTFG*, p. 39, nota al pie núm. 3).

[52] Algunos comentaristas a veces citan este incidente como una evidencia de que este interrogatorio no era más que un interrogatorio informal. Argumentan que un alguacil no actuaría así si estuviera ante el Sanedrín. No obstante, en el Talmud se recoge que en un caso ante el R. Papa alguien dio una patada (el verbo es בעט) a una de las partes para obligarle a ponerse de pie (*Sheb.* 30b). Es posible que esta comparecencia ante Anás fuera informal, pero este incidente del Talmud muestra que la bofetada no prueba nada.

si no pueden ofrecer pruebas de que ha hablado mal, la pregunta es: "¿por qué me pegas?"[53].

24 Aquí acaba el interrogatorio[54]. Parece ser que Anás se dio cuenta de que no iba a sacar nada de aquel prisionero, así que lo envió[55] a Caifás, por quien tenía que pasar antes de ser enviado a Pilato. Juan nos informa de que Jesús estaba atado. Algunos comentaristas creen que estuvo atado durante todo el interrogatorio. Sin embargo, otros aseguran que la práctica normal era liberar las manos de los prisioneros cuando se les interrogaba, así que le ataron una vez finalizaron las preguntas. Lo cierto es que no podemos probar nada; solo podemos conjeturar. Juan no dice que Anás enviara a Jesús a casa de Caifás; puede que solo lo enviara a otra dependencia del mismo edificio en el que se encontraban. O a una sesión normal del Sanedrín, donde Caifás era el que presidía las reuniones. Teniendo en cuenta lo que recogen los otros evangelios, esta última opción parece la más probable. La comparecencia ante Anás era un interrogatorio preliminar después del cual venía un proceso más formal (que tampoco era estrictamente legal) ante el Sanedrín. Juan no relata lo que ocurrió en este segundo interrogatorio, lo que se deba quizá a que ya ha recogido un episodio en el que el Sanedrín condena a Jesús (11:47-53).

---

[53] A aquellos que se quejan de que Jesús no está cumpliendo su mandamiento de poner la otra mejilla (Mt. 5:39), San Agustín ya les contestó hace mucho tiempo: "Los preceptos de Jesús deben cumplirse no mediante la ostentación visible, sino mediante la preparación del corazón. Porque un hombre enfadado puede poner la otra mejilla. Pero lo correcto es tener paz interior, y ser capaz de dar una respuesta que hable la verdad, y con una mente tranquila, estar listo para enfrentarse al sufrimiento que haya de venir" (61.4; p. 420).

[54] Cf. Hamilton: "el interrogatorio es ilegal e injusto y, en el v. 22, violento".

[55] Alguna versión antigua, como la versión inglesa KJV, traducía el aoristo ἀπέστειλεν por "había enviado", para sí deshacerse de la dificultad que aquí nos surge. Es decir, aunque es ahora cuando se menciona que Jesús es enviado a Caifás, esa acción tuvo lugar antes, por lo que el interrogatorio tuvo lugar ante Caifás. Pero esta traducción no cuenta con mucho apoyo. Sí que es cierto que el aoristo a veces se puede traducir por el pluscuamperfecto, pero no hay nada en este contexto que apunte hacia ese tiempo verbal, mucho menos si aparece οὖν.

4. Las dos últimas negaciones de Pedro (18:25-27)

25 Simón Pedro estaba de pie, calentándose; entonces le dijeron: ¿No eres tú también [uno] de sus discípulos? Él lo negó, y dijo: No lo soy. 26 Uno de los siervos del sumo sacerdote, que era pariente de aquel a quien Pedro le había cortado la oreja, dijo: ¿No te vi yo en el huerto con Él? 27 Y Pedro [lo] negó otra vez, y al instante cantó un gallo.

Juan retoma el relato de las negaciones de Pedro. Como ya vimos anteriormente, la escena podría seguir teniendo lugar en el patio de la casa de Anás, o puede que Anás y Caifás vivieran en la misma casa, y en tal caso estaríamos hablando del mismo patio. Otra posibilidad, como apuntan algunos comentaristas, es que cuando llevaron a Jesús al ala de la casa donde vivía Caifás, pasaran por el patio, y ese fuera el momento en el que Jesús pudo mirar a Pedro justo antes de la tercera negación (Lc. 22:61). Pero, de nuevo, no hay forma de saber lo que ocurrió con exactitud.

25 Mientras Pedro se estaba calentando (el tiempo verbal es continuo), le volvieron a preguntar sobre su identidad. El problema es que los Evangelios no se ponen de acuerdo sobre quién formuló la pregunta. Juan no especifica, y simplemente dice "ellos". Mateo y Marcos mencionan a una sirvienta (Mt. 26:71; Mr. 14:69; Marcos parece tener en mente la misma sirvienta de la primera negación, y Mateo, a otra sirvienta distinta), y Lucas, a un hombre (Lc. 22:58). Esto puede parecer una contradicción, pero solo si pensamos que en cada ocasión en concreto la pregunta únicamente salió de la boca de una persona. Pero pensemos en la escena. Un grupo de sirvientes hablando alrededor de una hoguera. Lo más natural sería que cuando alguien preguntara a Pedro si era discípulo de Jesús, los demás también participaran de la conversación repitiéndole la misma pregunta, sobre todo si Pedro se había mostrado indeciso. Mateo y Marcos no dicen que las sirvientas se dirigieron directamente a Pedro, sino que dijeron: "Éste es...". Estaban hablando con los demás sirvientes. En Lucas y en Juan, la pregunta sí que está dirigida a Pedro. En Lucas, la respuesta que Pedro le dio a la persona que le interrogó es bastante significativa ("¡Hombre...!"), mientras que en los otros evangelios las negaciones no están dirigidas a nadie en concreto, ni a las sirvientas, ni al grupo en general[56]. Obviamente, esta teoría, que es la más probable, no debe interpretarse como si la tercera persona del plural de Juan significara que el grupo le lanzó la pregunta a coro, sino que varios sirvientes le harían la pregunta de forma diversa (diferentes construcciones gramaticales / diferente orden de palabras) y desordenada (no a la vez)[57]. Marcos dice que la segunda negación tuvo lugar en el portal (Mr. 14:68; cf. Mt. 26:71), pero, según Juan, ocurrió en el patio. Hendriksen sugiere que Juan omite la segunda negación de Marcos, y que toma la tercera negación de Marcos y la divide en dos. Sería más lógico dividir en dos la segunda negación; así Pedro se retiraría al portal después de haber sido desafiado, y allí repetiría su negación. En este caso, Marcos estaría refiriéndose al final de la segunda negación y Juan al principio de esa segunda negación. De nuevo, la forma en la que está construida la pregunta apunta a que la respuesta esperada es un "no". ¡Ese era el último lugar donde yo esperaría encontrar a uno de los seguidores de Jesús! Eso explicaría por qué no retuvieron a Pedro. Le interrogaron, pero tampoco se tomaron el asunto muy en serio. Y ahora, como en el caso anterior, recibieron una negación rápida y tajante.

26 La pregunta del tercer sirviente es distinta: la estructura de la pregunta nos dice que espera una respuesta afirmativa. Era pariente de Malco (Juan es el único que recoge ese detalle), así que es normal que tuviera un interés especial por encontrar al hombre que le había cortado la oreja a su familiar. Pero como aquello había ocurrido cuando ya estaba oscuro, puede que este sirviente no estuviera completamente seguro de que Pedro era el hombre al que estaba buscando. Además, en el momento de hacerle la pregunta tampoco había mucha luz. Las brasas encendidas se ven rojas, pero no emiten una luz brillante como las llamas de un fuego. Aún así, las palabras de este sirviente muestran que

---

[56] En la segunda negación, Marcos usa el imperfecto ἠρνεῖτο (Mr. 14:70), pero en los otros dos casos usa el aoristo. Esto podría hablar de una acción continuada. La gente le preguntaba a Pedro una y otra vez y Pedro, una y otra vez lo negaba.

[57] Milligan y Moulton creen que ésta es la explicación más lógica a todas las aparentes contradicciones del episodio de las negaciones. "Lo que había ocurrido era muy importante; los sirvientes no estarían hablando de otra cosa, así que una vez que alguien se dio cuenta de que aquel que se calentaba al fuego con ellos no era un empleado de la casa, muchos, intrigados, debieron de empezar a interrogarle. Y lo que ocurre es que Lucas y Juan solo mencionan a la persona que más gritaba" (las últimas palabras de esta cita se refieren a la tercera negación).

está mucho más seguro que los dos que han interrogado a Pedro anteriormente: menciona el incidente en el huerto, preguntándole a Pedro: ¿no te vi yo allí?

27 Por tercera vez, Pedro niega tener algo que ver con Jesús[58]. En esta ocasión, Juan no cita las palabras de Pedro, sino que simplemente dice: "Y Pedro lo negó otra vez". A continuación, añade que al instante cantó un gallo (cf. 13:38)[59], pero no nos dice si eso le afectó a Pedro o no (Mr. 14:72-73; Lc. 22:62-63). Lightfoot nos hace ver que, aparte del temor de Pilato (19:8) en los capítulos 18 y 19 no se nos habla de las emociones de los personajes que aparecen. Está claro que llegado este punto, el interés principal de Juan es centrarse en los hechos.

C. EL JUICIO ROMANO (18:28-19:16)

Si tenemos en cuenta el espacio que Juan dedica al juicio judío, está claro que le presta más atención al procedimiento ante los romanos. Primero nos ofrece un informe muy esquemático del encuentro de Jesús con Anás, y luego simplemente menciona que Caifás decidió enviar a Jesús ante Pilato. Pero una vez estamos ante este mandatario romano,

---

[58] Barclay comenta lo siguiente: "En el aposento alto, vemos al verdadero Pedro declarando que él era leal a su maestro; en el huerto, vemos al verdadero Pedro sacando su espada para luchar por su maestro; cuando arrestan a Jesús, vemos al verdadero Pedro siguiendo a su maestro, porque no podía dejar solo a su Señor; pero el que ahora tenemos delante, un Pedro indeciso que bajo la presión niega a su Señor, no es el verdadero Pedro. *Así es como Jesús lo ve...* El amor y el perdón de Jesús son tan grandes que hacen que Jesús vea nuestra personalidad a través de nuestra lealtad, en nuestro deseo de hacer el bien, y no a través de nuestra infidelidad y de nuestro fracaso ante el pecado".

[59] Algunos eruditos creen que no se refiere al canto de un gallo de forma literal, sino al cornetazo que ponía punto y final a la tercera vigilia de la noche, al *gallicinium* o, en griego, ἀλεκτοροφωνία (lit. canto del gallo; "antes del amanecer"). Esto apunta al momento concreto que Jesús había profetizado. Bernard nos recuerda que las cuatro vigilias de la noche se llamaban ὀψέ, μεσονύκτιον, ἀλεκτοροφωνία, y πρωΐ, de modo que si el cornetazo sonó en su debido momento, era apropiado usar πρωΐ en el versículo 28. Así, lo que describe ese versículo tendría lugar durante el período que técnicamente se conocía como πρωΐ. Pero creo que esta teoría no puede defenderse de forma tajante. No sabemos a ciencia cierta si los judíos dividían la noche en cuatro vigilias. El Talmud describe una discusión donde se debate si había tres o cuatro vigilias, y parece acabar concluyendo que había tres.

el relato joánico se vuelve mucho más completo y preciso. Probablemente esta parte tenía un interés especial para sus lectores, quienes cada vez tenían más contacto con los romanos. Además, a Juan le interesa mostrar que Pilato dio testimonio de la inocencia de Jesús (18:38; 19:4, 6) e intentó ponerlo en libertad. La crucifixión tuvo lugar debido a la insistencia de los líderes religiosos judíos. En este relato, encontramos algunos detalles que solo aparecen en Juan. De hecho, casi toda la información relacionada con este juicio ante Pilato se la debemos al cuarto evangelio. Los Sinópticos hablan de este juicio de forma muy esquemática. Un ejemplo de lo mucho que aporta Juan es la maravillosa escena en la que Jesús confronta a Pilato (18:33-38). Westcott cree que Juan podría haber entrado en el Pretorio y así tener la oportunidad de ser testigo de lo que ocurrió. Parece ser que lo único que impedía que los judíos entraran en el Pretorio era su propio temor a contaminarse, cosa que probablemente no iba a frenar en aquel momento a un seguidor de Jesús. Además, un hombre decidido que había entrado en casa del sumo sacerdote no iba a dudar dos veces si entrar en el Pretorio o no. Aunque todo esto es posible, recordemos que no son más que especulaciones. Lo cierto es que no sabemos cómo consiguió Juan toda esta información.

1. Jesús ante Pilato (18:28-32)

28 Entonces llevaron a Jesús [de casa] de Caifás al Pretorio. Era muy de mañana, y ellos no entraron al Pretorio para no contaminarse y poder comer la Pascua. 29 Pilato entonces salió fuera hacia ellos, y dijo: ¿Qué acusación traéis contra este hombre? 30 Ellos respondieron, y le dijeron: Si este hombre no fuera malhechor, no te lo hubiéramos entregado. 31 Entonces Pilato les dijo: Llevadle vosotros, y juzgadle conforme a vuestra ley. Los judíos le dijeron: A nosotros no nos es permitido dar muerte a nadie. 32 Para que se cumpliera la palabra que Jesús había hablado, dando a entender de qué clase de muerte iba a morir.

Juan no recoge nada de lo que ocurrió en casa de Caifás. Solo dice que lo enviaron allí (v. 24), pero eso es todo. Vemos que su fuente de información estaba ligada a la casa de Anás, pues no dice nada del juicio del que hablan los Sinópticos. Lo único que nos dice es que Caifás envió a Jesús ante Pilato. En esta escena vemos a Jesús en manos de los romanos, y a los judíos que no quieren que Pilato libere a Jesús, ni quieren entrar en la residencia romana por miedo a contaminarse.

28 El Pretorio era la residencia oficial del gobernador romano[60]. Enviaron a Jesús al Pretorio desde casa de Caifás. Juan inserta una marca temporal, como hace en otras muchas ocasiones: "era muy de mañana" (ver el comentario del v. 27; ver también el comentario de 1:39, donde se habla de la costumbre joánica de recoger el momento del día en el que ocurrían los diferentes acontecimientos; la palabra "mañana" no aparece en el griego). Si Juan se refiere a la cuarta vigilia de la noche, estaríamos hablando de antes de las seis de la mañana. Pero no resulta muy normal que todo lo aquí narrado tuviera lugar tan temprano. Esa era la primera hora del día, y había una ley judía que decía que los casos que podían acabar con la pena de muerte no podían celebrarse durante la noche. Puede que los sumo sacerdotes convocaran al Sanedrín una vez que fue de día para esconder la ilegalidad del primer interrogatorio (entonces estaríamos hablando del "segundo juicio" que aparece en Mr. 15:1). Por tanto, "era muy de mañana" se estaría refiriendo al período entre las seis y las siete de la mañana[61]. Juan es el único evangelista que nos informa de que los líderes judíos no entraban al Pretorio para no contaminarse, lo que les impedía participar de la celebración de la fiesta. Todo el mundo sabía que "las residencias de los gentiles estaban contaminadas"[62]. Cualquier judío que entraba en una de esas residencias

[60] La postura tradicional dice que la residencia de Pilato estaba en la torre de Antonia. Podría ser verdad, pero es difícil encontrar pruebas que así lo corroboren. Filón nos dice que en una ocasión Pilato colgó unos escudos en el palacio de Herodes (*Leg. Ad Gai.* 299). Años después Floro vivió en el mismo palacio cuando fue gobernador (Josefo, *G.* 2.301, 328). Estas evidencias no son suficientes para probar que Pilato debió vivir allí, así que no podemos pronunciar una conclusión contundente (aunque muchos eruditos aceptan que Herodes vivió en el Pretorio de Jerusalén) Sea como sea, habría sido tan solo una residencia de verano, ya que el gobernador romano vivía en el Pretorio de Cesarea (Hch. 23:35).

[61] Parece ser que los tribunales romanos comenzaban su jornada laboral muy temprano, por lo que no habría sido inapropiado llamar a la puerta de Pilato al alba. Séneca dice que "miles de personas se dirigían al forum al amanecer" (*De Ira* 2.7.3). Aunque Marcial habla de la hora tercera: "En la primera y la segunda hora, los clientes esperan cansados la recepción, y en la tercera los abogados se ponen a trabajar" (*Epigramas*, 4.8.1-2). Pero no podemos afirmar que eso quiera decir que los tribunales no empezaban a funcionar hasta la hora tercera.

[62] Misná *Ohol.* 18:7. Esto no es aplicable a los porches (*Ohol.* 18:9), a los lugares abiertos de los patios, ni a ninguna otra dependencia de la casa (*Ohol.* 18:10). Así, los judíos podían presentarse ante el Pretorio, pero no podían entrar en él.

se contaminaba, y la contaminación duraba siete días. Teniendo en cuenta la época del año en la que estaban, una acción así sí que les hubiera impedido participar de la festividad[63]. El comentario que este versículo nos ofrece sobre la naturaleza humana es bien curioso: para los judíos, contaminarse y no poder celebrar la Pascua en la fecha establecida era un problema enorme, mientras que participar en un juicio para ver a alguien sentenciado a muerte no les suponía ningún problema. Típico de Juan, recoge esta ironía, pero no se detiene a considerar las implicaciones que tiene. En cuanto a la relación de este versículo con el día de la crucifixión, ver la Nota Adicional H.

---

[63] Barrett, en la primera edición de su obra acusa a Juan de cometer aquí un error, diciendo: "La contaminación por entrar en el Pretorio solo duraba hasta el final del día, cuando uno podía deshacerse de ella dándose un baño. Aquel mismo atardecer (el comienzo del día siguiente) ya podía celebrarse la Pascua". Pero en la segunda edición reconoce que la cuestión no es tan simple. Ahora dice que el "pasaje regulador" de este tema es Núm. 9:7-10, donde dice que se estaba contaminado durante siete días (y los que se contaminaban de esa forma celebraban la Pascua un mes más tarde). Pero nos informa de que la división de opinión entre las escuelas de Hillel y Shammai complica la situación, y arguye que "la afirmación joánica de que los judíos no entraron para no contaminarse es bastante cuestionable". Pero la disputa entre Hillel y Shammai tenía que ver con admitir o excluir de la fiesta a alguien que el día anterior a la Pascua había sido hecho prosélito. Así que no tiene ninguna relevancia para lo que estamos comentando. De hecho, se puede decir mucho a favor de la posición de Juan, mucho más de lo que Barrett cree. Es cierto que algunas formas de contaminación solo duraban hasta el atardecer, pero en otro caso, sobre todo cuando se entraba en contacto con un cadáver, duraba siete días (Núm. 19:11). Y la contaminación podía tener lugar aunque no hubiera contacto físico. Si una persona entraba en una tienda en la que alguien había fallecido, estaba contaminado durante siete días (Núm. 19:14). Ahora bien, la razón por la cual las casas de los gentiles se veían como lugares contaminados era porque se creía que practicaban el aborto y se deshacían de los restos usando el sistema de desagüe que tenían en las casas (SBk, II, p. 839; Danby, p. 675, nota al pie núm. 10). Se trataba, pues, de una contaminación relacionada con el contacto con los cadáveres, es decir, la que duraba siete días. Richardson sostiene que los judíos simplemente querían evitar "tener que pasar por los ritos de purificación". Pero, de nuevo, esto no son más que suposiciones; ya que el texto joánico no nos da toda esta información. MiM sostienen que los sumo sacerdotes ya habían sacrificado un animal y preparado el banquete de la Pascua, pero que los acontecimientos de aquella noche no les habían permitido sentarse a la mesa y celebrar el banquete. Así, tenían que celebrarlo inmediatamente antes de que amaneciera, y por eso no podían contaminarse. Esto sigue siendo pura conjetura. Fuera como fuera, una vez que sabemos que la contaminación en cuestión duraba siete días, no nos hace falta ninguna hipótesis sobre lo que ocurrió. La conclusión es que los enemigos de Jesús estaban intentando no contaminarse para poder celebrar la Pascua, ya que si se contaminaban, tendrían que esperar un mes para poder hacerlo. Ver más en *SFG*, p. 192s.

29 Pilato entra en escena de una forma un poco brusca. Está claro que, si no hace falta mucha presentación, Pilato era una figura muy conocida. Parece que el gobernador[64] se muestra sensible ante los escrúpulos de los judíos. Como no podían entrar, él salió[65], y les preguntó de qué acusaban a aquel hombre[66]. Eso no quiere decir necesariamente que no supiera lo que estaban tramando. Simplemente está adoptando las reglas formales que una situación así requería.

30 Los enemigos de Jesús estaban en una situación complicada. No tenían ninguna acusación que sirviera en un tribunal romano, y lo sabían. Por tanto, no contestaron la pregunta de Pilato de forma directa, sino que se refugiaron tras una declaración muy general. Se contentaron con decir que Jesús era un malhechor (o un criminal)[67], sin aportar información sobre un crimen en concreto. Estaban sugiriendo que Pilato debía creerles: ¿cómo iban a traer a alguien que no fuera un malhechor? Quizá no esperaban que Pilato tomara la iniciativa de tratar aquel caso, lo que les cogió desprevenidos. Los judíos eran los que habían puesto la denuncia y habían colaborado para que se pudiera arrestar a aquel hombre, y aparentemente ahora esperaban que Pilato les creyera, y ejecutara a Jesús sin cuestionarles.

31 Pilato, sin embargo, no tiene ninguna intención de pronunciarse al respecto. Si ese hombre no ha atentado contra la ley romana, que lo juzguen los judíos[68]. Los romanos respetaban las leyes y las costumbres de los pueblos que conquistaban, y también les permitían mantener gran parte de su administración y de su sistema jurídico. El gobernador tenía el poder supremo, el *imperium*, lo que significaba que podía hacer prácticamente lo que quisiera. Pero, normalmente, permitía que la gente del lugar mantuviera sus costumbres jurídicas. Sobre todo, porque

---

[64] A Pilato normalmente se le llama "procurador", pero parece ser que la designación correcta antes de Claudio era *praefectus*, es decir, "prefecto". Ese es el título que recibe Pilato en una inscripción que se encontró en Cesarea y que aparece citada en Sherwin-White, p. 12.

[65] En este versículo, οὖν tiene todo su significado. Por un lado, ἔξω es redundante, pero ayuda a ver claramente que Pilato salió.

[66] En cuanto al uso joánico de ἄνθρωπος aplicado a Jesús, ver el comentario de 4:29.

[67] La expresión que usan es la siguiente: ἦν ... κακὸν ποιῶν, "que hace el mal habitualmente"; hacen hincapié en la *continuidad o repetición* de sus acciones. οὗτος podría ser despectivo.

[68] El ὑμεῖς que Pilato pronuncia es enfático: "Llevadle *vosotros*...".

los romanos no solían establecer una burocracia en los países que conquistaban. El gobernador tenía suficientes ayudantes para tratar estos temas cuando se solicitaba su intervención. Pero, como era más práctico, la mayoría de problemas se los dejaban a los tribunales locales.

La actitud de Pilato saca a la luz la intención de los judíos, y la poca honestidad que hay detrás de esa intención. Quieren conseguir por todos los medios que Jesús sea ejecutado. Pero no saben exactamente cómo lograrlo y van a Pilato para que les ayude. Juan dice que a los judíos no les estaba permitido dar muerte a nadie. Esta afirmación extraña a cualquiera[69], pero las evidencias parecen apoyar a Juan. Fuese como fuese, los judíos querían que Pilato lo sentenciara a morir crucificado. Este evangelista hace hincapié en que Jesús iba a morir crucificado, y no de otra forma (otra forma muy común era morir apedreado). De hecho, en dos ocasiones recoge que Jesús se libró de ser apedreado (8:59; 10:31), y los discípulos en 11:8 le advierten de que los judíos podrían acabar con él usando ese método. En cambio, habla de que Jesús será "levantado" (3:14; 8:28), lo que apunta al tipo de muerte que iba a sufrir (12:32-33) y a que "era necesario" que muriera de esa forma (12:34).

32 Este es el cumplimiento de otra de las profecías de Jesús (cf. v. 9)[70]. Es imposible que las Escrituras no se cumplan, y lo mismo ocurre con las palabras de Jesús. Está claro que la "palabra" de la que Juan habla es la declaración de 12:32: "Y yo, si soy levantado de la tierra, atraeré a todos a mí mismo". Usa exactamente la misma expresión[71]. Como sabemos lo poco común que es en Juan la repetición exacta (cuando repite, casi siempre opta por introducir variaciones), hemos de ver que lo que dice en este versículo era, para él, de suma importancia. La profecía de Jesús anunciaba que iba a morir crucificado, y Juan recoge el cumplimiento de esas palabras. El empeño de Caifás en asegurar que Jesús iba a morir en una cruz está dentro del propósito divino[72]. Esto

---

[69] Nos extraña porque los judíos sí dieron muerte a un acusado en más de una ocasión (por ejemplo, Esteban). Ver la Nota Adicional I.

[70] Cuando ἵνα aparecía al principio de una frase, a veces se traducía como un imperativo ("Dejad que se cumpla la palabra"). Pero en este caso no parece muy acertado. Ver el comentario de 1:8.

[71] σημαίνων ποίῳ θανάτῳ ἤμελλεν ἀποθνῄσκειν.

[72] Strachan cree que "el evangelista sabe ver que detrás del empeño de Caifás y de sus colaboradores para que Jesús muriera crucificado, y no apedreado, está la Mano Todopoderosa de Dios".

quizá respalda la idea de que el tema que se cuestionaba no era si los judíos podían o no dar muerte a alguien, sino la forma en que Jesús debía ser ejecutado. Los judíos *querían* crucificarle, y Juan veía que *era necesario* que fuera crucificado, lo que solo puede entenderse a la luz de la maldición veterotestamentaria: "el colgado [del árbol] es maldito de Dios" (Dt. 21:23). Para Caifás, esa era una forma de desacreditar a Jesús, y para Juan, la única forma en la que Jesús podía acabar con el pecado del mundo[73].

2. Pilato interroga a Jesús (18:33-40)

33 Entonces Pilato volvió a entrar al Pretorio, y llamó a Jesús y le dijo: ¿Eres tú el Rey de los judíos? 34 Jesús respondió: ¿Esto lo dices por tu cuenta, o [porque] otros te lo han dicho de mí? 35 Pilato respondió: ¿Acaso soy yo judío? Tu nación y los principales sacerdotes te entregaron a mí. ¿Qué has hecho? 36 Jesús respondió: Mi reino no es de este mundo. Si mi reino fuera de este mundo, entonces mis servidores pelearían para que yo no fuera entregado a los judíos; mas ahora mi reino no es de aquí. 37 Pilato entonces le dijo: ¿Así que tú eres rey? Jesús respondió: Tú dices que soy rey. Para esto yo he nacido y para esto he venido al mundo, para dar testimonio de la verdad. Todo el que es de la verdad escucha mi voz. 38 Pilato le preguntó: ¿Qué es la verdad?
Y habiendo dicho esto, salió otra vez afuera adonde [estaban] los judíos, y les dijo: Yo no encuentro ningún delito en Él. 39 Pero es costumbre entre vosotros que os suelte a uno en la Pascua. ¿Queréis, pues, que os suelte al Rey de los judíos? 40 Entonces volvieron a gritar, diciendo: No a éste, sino a Barrabás. Y Barrabás era un ladrón.

En una escena intensa y poderosa Juan recoge la majestad humilde de Jesús, que contrasta con la majestad pretenciosa del representante

---

[73] Cf. A.G. Hebert y N.H. Snaith: "Cuando Caifás decidió que Jesús tenía que ser crucificado, está claro que lo que quería era aplicarle la maldición de Dt. 21:22-23: "el colgado (de una árbol) es maldito de Dios", para que todos los judíos pudieran ver que aquel no era el Bendito de Dios, sino un impostor blasfemo con quien Dios había acabado, para que todo judío pudiera decir "Jesús es anatema" (cf. 1 Co. 12:3)" (*BT*, 3 [1952], p. 112).

romano. En este momento, el resto de personajes desaparecen del escenario: Anás, Caifás, incluso el grupo de discípulos con el impetuoso Pedro a la cabeza. Quizá había algún judío presente, para que quedara claro que el poder del estado se tambalea bajo el poder de fuerzas invisibles. Pero lo más importante es que Jesús se enfrenta al César, y el tema sobre el que discuten es "la soberanía"[74]. De forma sutil, pero a la vez muy clara, Juan saca a la luz la realeza suprema de Jesús[75]. Será asesinado, pero eso no empaña su majestad. No ha cometido ningún crimen. El representante del César interroga a Jesús, y llega a la conclusión de que es inocente. Pero llegar a esa conclusión y actuar de acuerdo con esa conclusión son dos cosas bien distintas. Pilato, aunque no de una forma muy resuelta, intenta actuar a favor de Jesús. Sugiere soltarlo según la costumbre judía por la que el día de la Pascua se liberaba a un prisionero. Pero se encuentra con que los judíos prefieren que libere a un ladrón.

33 Después de hablar con los judíos, Pilato volvió a entrar[76] en el Pretorio para interrogar al prisionero. No sabemos si llevaron a Jesús al Pretorio en ese momento, o si ya estaba allí desde el versículo 28. Sería interesante saber si Pilato hablaba arameo, o si usó el griego, la *lingua franca* del mundo romano. Si usó el griego, el relato de Juan está en la lengua original, en la lengua que los interlocutores originales usaron[77]. La primera pregunta de Pilato muestra que la conversación con los judíos había sido más extensa que lo que tenemos en los versículos anteriores. El pronombre "tú" es enfático: "¿Eres tú el Rey de los judíos?". En los cuatro evangelios la interrogación empieza con

---

[74] Cf. Barrett: "Repetiremos que Juan es quizá el autor neotestamentario que mejor ha plasmado la majestad de Jesús, el elemento clave de la historia de la Pasión".

[75] Günter Reim está de acuerdo con B.A. Mastin en que Juan ve a Jesús como Dios y ofrece la idea de que en este pasaje "lo que el Jesús del cuarto evangelio dice ante Pilato y la reacción de la gente que quiere arrestarle es el cumplimiento mesiánico del Salmo 45" (*NTS*, 30 [1984], p. 159; la cursiva es de Reims).

[76] No tiene sentido traducir πάλιν por "otra vez", ya que el texto no menciona una entrada anterior al Pretorio. Así que el sentido es que después de salir, volvió a entrar, como en 6:15; 10:40 (ver las notas al pie que aparecen en esos versículos).

[77] El texto no dice que Pilato tuviera que llamar a un intérprete. Es poco probable que el gobernador se tomara la molestia de aprender arameo, así que inferimos que Jesús debía de saber griego, y habló con Pilato en esa lengua. Aunque otra posibilidad es que la presencia de un intérprete fuera algo tan normal que Juan no vio la necesidad de añadir ese detalle.

esta misma pregunta (Mt. 27:11; Mr. 15:2; Lc. 23:3) y en los cuatro, el pronombre "tú" es enfático[78]. Pilato se mostró bastante incrédulo. ¿*Este* hombre? ¿Rey? ¡No puede ser...! Por las noticias que le habían llegado, seguro que esperaba que Jesús fuera un revolucionario, alguien que proclamaba a los cuatro vientos que él era el monarca, alguien que se hacía llamar "el Rey de los judíos". Pero Jesús no encajaba en esa descripción. Por eso la pregunta de Pilato derrocha incredulidad.

34-35 Jesús quiere saber si Pilato le hace esa pregunta por su cuenta[79], o si son otros los que le han dicho eso de Jesús. Pilcher nos hace ver la importancia de este detalle. "Si Pilato lo preguntaba por su cuenta, la pregunta significaba: ¿Eres un Rey político, que conspira contra el César? Pero si lo pregunta porque es lo que había oído de los judíos, significaba: ¿Eres el Rey mesiánico de Israel? La respuesta a la primera pregunta hubiera sido negativa y la respuesta a la segunda pregunta, afirmativa". La pregunta de Jesús hace que Pilato responda de forma despectiva: "¿Acaso soy yo judío?"[80]. Pilato no podía saber aquellas cosas si no era porque alguien le había informado. La iniciativa salió de "tu nación", más concretamente, de los principales sacerdotes. Así

---

[78] "El juicio a Cristo era peculiar ya que el acusado no intentó defenderse, lo cual no era muy común en los tribunales romanos; sin embargo, para evitar una sentencia injusta tenían la costumbre de repetirle al acusado una pregunta muy directa tres veces, para darle la oportunidad de defenderse antes de que fuera sentenciado. Por tanto, Pilato hizo un uso correcto de esa norma en Marcos, Mateo y Juan cuando le repitió la pregunta a Cristo, que había permanecido en silencio (Mr. 15:2-4; Mt. 27:11-14; Jn. 18:33-37)" (A.N. Sherwin-White, en *History and Chronology in the New Testament*, SPCK Theological Collections, núm. 6 [Londres, 1865], p. 105).

[79] Algunos editores han dicho recientemente que es mejor optar por lo que aparece en W Θ 33 etc., es decir, ἀφ' ἑαυτοῦ, en vez de optar por lo que encontramos en א B C etc, esto es, ἀπὸ σεαυτοῦ. Moulton dice que en plural los pronombres reflexivos en el griego helenista tienden a tener la misma forma: ἑαυτούς. Sin embargo, en singular, todos, menos los escribas poco cultos, mantienen las diferentes variantes del pronombre. Dice Moulton: "La ausencia o presencia de esta confusión de la forma en singular es una buena prueba para evaluar el grado de erudición de un autor griego. En los papiros encontramos algunos ejemplos de esa confusión en documentos poco cultos..." (M, I, p. 87). Cree que "los escribas más tardíos, reflejando la evolución de la lengua, introducen esa confusión" aquí, en Ro. 13:9, y quizá en Gá. 5:14 (Ibíd.). BDF, en cuanto a esta forma en cualquier texto del NT, usa la expresión "autoridad dudosa" (64 [1]).

[80] Μήτι ἐγὼ Ἰουδαῖός εἰμι; en el Nuevo Testamento μήτι suele apuntar a una respuesta fuertemente negativa. También influye en este sentido el uso de ἐγώ (ver el comentario de 1:20).

que Pilato le pregunta a Jesús qué ha hecho para que los líderes religiosos de su propia nación hablen así de Él. Eso es lo que Pilato quiere saber. Es cierto que los judíos acusan a Jesús, pero quiere saber por qué, y quiere saber si es algo que atenta contra la ley romana.

36 Jesús admite que, en cierto sentido, Él es el soberano de un "reino". Pero subraya que no se trata de un reino tal y como el mundo entiende ese concepto[81]. El origen de su reino no está en este mundo[82] y, en cierta manera, no tiene nada que ver con este mundo. Para demostrar que eso es cierto, les recuerda que sus seguidores no se han enzarzado en una lucha militar[83]. Si él hubiera estado interesado en lo que este mundo llama "reino", lo primero que tendría que haber hecho era reclutar soldados. Pero está claro que no busca un reino de este mundo. La expresión "para que yo no fuera entregado a los judíos" debió de ser bastante chocante, ya que le estaban acusando de ser "el Rey de los judíos". Los judíos están en contra de su Rey. En este diálogo con Pilato sale a la luz lo absurda que es la acusación sobre la que tiene que pronunciarse.

37 Las palabras de Pilato pueden interpretarse de varias formas[84]. Podríamos estar ante una afirmación: "Entonces (dado que hablas de un reino) eres un rey". O quizá aquellas palabras fueron pura ironía: "Así que dices que eres un rey, ¿no?". Pero lo más probable es que nos encontremos ante una pregunta; no obstante, no es una pregunta que

---

[81] βασιλεία, que probablemente significa en este versículo "reinado" (ejercicio de poder), y no "reino" (territorio físico).

[82] Este es el sentido de la preposición ἐκ, y lo mismo ocurre con el término ἐντεῦθεν en este mismo versículo. Cf. cuando Jesús rechaza tener reinos terrenales en la tentación que encontramos en los Sinópticos.

[83] Puede que el tiempo continuo ἠγωνίζοντο sea un detalle importante: "estarían peleando", es decir, ahora que estoy prisionero, y no "habrían peleado" cuando me arrestasteis. Para referirse a los discípulos usa ὑπηρέται, la misma palabra que usa para referirse a los alguaciles de los principales sacerdotes en 18:3, 18, etc.

[84] El problema está en el significado de οὔκουν. La acentuación podría ser οὔκουν, "¿Así que no eres...?", o οὐκοῦν, "¿Así que eres...?". La primera, según LS, se usa en preguntas apasionadas o exaltadas, y es casi equivalente a οὐ. Eso significaría que Pilato esperaba una respuesta negativa, pero esta opción es muy poco probable. La segunda implica que la respuesta esperada es una respuesta afirmativa: "¿Así que eres un rey?" o "Entonces, ¡eres un rey!" (Weymouth). Creo que deberíamos optar por οὐκοῦν, y que las versiones modernas están en lo cierto cuando traducen una pregunta. Moule acepta la sugerencia de Westcott: "Así que tú eres un rey, ¿cierto?" (*IBNTG*, p. 165).

solo busca recibir una información concreta, sino que también va acompañada de un tono irónico. Y el pronombre enfático "tú" subraya ese tono irónico: "¿Así que tú eres rey?". Pero, independientemente de si hay o no ironía, lo cierto es que estas palabras reafirman la majestad de Jesús, uno de los grandes temas joánicos. La respuesta de Jesús no es fácil de traducir. "Tú dices"[85] [5] no niega las palabras de Pilato, pero tampoco es una respuesta claramente afirmativa ni entusiasta. Parece querer decir: "Yo no he dicho eso exactamente, pero ya que lo pones así, no puedo decir que no"; o "Es tu palabra, no la mía"[86] [6]. La majestad que los judíos rechazaron y que Pilato afirmó de forma irónica era una realidad. Juan no quiere que se nos pase por alto, aunque es una majestad muy diferente de la que los enemigos de Jesús hablaban. Entonces Jesús lo explica de una forma que, según él, es más adecuada. Usa el pronombre en primera persona, "yo", para resaltar el claro contraste que hay entre él y Pilato. Su vida tiene un propósito, y ese propósito tiene que ver con la verdad (en cuanto a este término, ver la Nota Adicional D). Vino a dar testimonio de la verdad, para que la gente pudiera llegar a la única verdad. Y no está hablando del concepto general de la verdad, que es el antónimo de la mentira. Está hablando de la verdad religiosa que podemos ver a lo largo de todo este evangelio, una verdad estrechamente relacionada con la persona de Jesús (14:6) y con su misión. Y el testimonio que da de esa verdad resulta en una respuesta positiva por parte de aquellos "que son de la verdad"[87] [7]. Esos son los que escucharán a Jesús y aceptarán lo que Él dice.

[85] Σὺ λέγεις ὅτι βασιλεύς εἰμι. Turner dice que los pronombres personales en el Nuevo Testamento no siempre son enfáticos, pero que éste sí lo es: "los has dicho *tú*, y no yo" (M, III, p. 37; en cuanto a los pronombres personales ver el comentario de 1:20). Moffatt, C.B. Williams y otros exageran al traducir: "Ciertamente soy un rey". Jesús no recibe encantado la sugerencia de Pilato, sino que no la niega.

[86] Cassirer traduce: "Tú eres el que dice que soy rey". Obviamente, es posible entender estas palabras como una pregunta: "¿Dices que soy rey?", pero es una opción menos viable. Aún aparece una ambigüedad más, debido a la presencia de la partícula ὅτι: "Tú dices *que* yo soy un rey" o "Tú dices (*eso*) porque yo soy un rey". BDF se pronuncia diciendo que la traducción de ὅτι "no es 'que', sino 'porque o pues'" (441 [3]). Sin embargo, Westcott contesta que "esa es una traducción muy poco natural de la expresión original, una traducción ajena al contexto". En mi opinión, ὅτι debería traducirse por "que".

[87] En cuanto al sentido de la construcción ἀκούω con el genitivo, ver el comentario de 5:25. Encontramos un paralelo de ὁ ὢν ἐκ τῆς ἀληθείας en 8:47: ὁ ὢν ἐκ τοῦ θεοῦ. En cuanto a εἶναι ἐκ, ver el comentario de 3:31. Los hombres de Qumrán se asociaban a sí mismos con la verdad; ver el comentario de 5:33.

Jesús se describe a sí mismo como alguien que ha nacido y ha venido al mundo[88], una declaración muy poco común. Ambas afirmaciones aparecen en otros lugares de los Evangelios; lo que resulta poco habitual es la combinación de las dos. Además, en este preciso momento, parece algo bastante fuera de lugar. Lo más probable es que el gobernador no alcanzara a comprender todo el significado que aquellas palabras de Jesús encerraban, pero al menos pensaría que Jesús era una persona fuera de lo común. También, estas palabras de Jesús ponen de relieve su carácter preexistente, y que si está aquí es con un propósito muy concreto.

38 Pilato pone punto y final a la conversación. No sabemos con certeza si se está burlando[89], o si se queda pensativo; sus palabras podrían interpretarse tanto de una forma como de otra. Sea como sea, la pregunta de Pilato cierra el interrogatorio. No se espera a oír la respuesta, lo que indica que no esperaba que su prisionero pudiera responderle. Todo esto no quiere decir que Juan cree que esa pregunta no tiene respuesta. No recoge una respuesta explícita, pero los acontecimientos posteriores, la muerte y la resurrección de Jesús son la respuesta de Juan (ver la Nota Adicional D). Ante la cruz y el sepulcro vacío podemos aprender cuál es la verdad de Dios. Pero la pregunta de Pilato no pretendía conseguir información; no fue más que una forma de dar por concluida aquella extraña conversación. Pilato ya ha averiguado la verdad que estaba buscando. Jesús no es un revolucionario[90]. No representa un peligro para el Estado[91]. Podían ponerlo en libertad sin

---

[88] γεγέννημαι se refiere estrictamente a la acción del padre (del varón) pero aquí se usa (como en tantas otras ocasiones) de forma más general para referirse a todo el proceso del parto. "Venir al mundo" es una expresión típicamente joánica (6:14; 9:39; 11:27; 16:28), aunque no es exclusiva de él (1 Ti. 1:15). Cf. también referencias a Jesús como el que fue "enviado" al mundo (3:17; 10:36, etc.).

[89] Cf. las conocidas palabras de Francis Bacon, de su ensayo *Of Truth*: "¿Cuál es la verdad?, dijo Pilato burlándose; y no se quedó para oír la respuesta".

[90] No deberíamos pasar por alto la posición enfática de οὐδεμίαν. Pilato no ve nada malo en Jesús. El pronombre ἐγώ quizá busque establecer un contraste: "Vosotros pensaréis lo que queráis, pero *yo* no encuentro...". Sin embargo, Turner cree que no tiene mayor trascendencia, que estamos ante un ejemplo de "ἐγώ superfluo" (M, III, p. 37). Ver más en el comentario de 1:20.

[91] Ciertamente, es posible que éste sea el significado de su pregunta. Cf. McClymont. "Se trata de la pregunta de un político práctico, que no daba importancia a las especulaciones de los filósofos o los sueños de los entusiastas. Si lo único que le preocupaba era aquel Jesús era el tema de la verdad (pensaba Pilato), no había razón por la que preocuparse".

ningún temor; de hecho, según la ley, debían ponerlo en libertad. Y eso
es lo que Pilato va a proponer. Sale para hablar con los judíos. Juan
no menciona a "los principales sacerdotes" o ningún cargo semejante.
Parece ser que Pilato se dirigió a la multitud. Y anuncia que no ha encontrado "ningún delito en Él". Esta declaración aparece tres veces (en
este versículo, y en 19:4 y 6), siempre con alguna pequeña modificación
que no afecta al significado principal. Pilato quería apelar a la compasión de la multitud. Si lograba que apoyaran a Jesús, sería fácil hacer
presión para que los líderes judíos lo liberaran. Como dice Westcott,
es muy probable que la opinión de la gente estuviera dividida, pero al
final, los principales sacerdotes se salieron con la suya (cf. Mr. 15:11).

39 Pilato propone que liberen a Jesús. Propone hacer uso de una
costumbre judía (dice: "es costumbre entre vosotros"); es decir, que no
es una sugerencia inventada por él o sacada de la forma de hacer romana. La costumbre de soltar a un prisionero el día de la Pascua[92] no la
encontramos recogida en ningún otro lugar, pero eso no quiere decir
que no existiera. En otros lugares vemos que en otras ocasiones especiales también se solía liberar a algún preso. Los Sinópticos no amplían
la información que Juan nos da; simplemente mencionan que era una
costumbre bien conocida y aceptada. En Marcos 15:6 vemos que el
pueblo era el que decidía qué preso iba a ser liberado. También podríamos sacar esa información del texto joánico, pero el cuarto evangelista
no lo dice de una forma tan extensa. Es evidente que Pilato jugaba a
dos bandas. Si su plan tenía éxito, conseguiría que pusieran a Jesús en
libertad. Pero, técnicamente, él no lo había absuelto, que es lo mismo
que condenarlo indirectamente, con lo que esperaba agradar a los sacerdotes judíos. Al realizar su pregunta, Pilato se refiere a Jesús como "el
Rey de los judíos". Puede que usara este título para intentar que el pueblo se decantara a favor de Jesús.

40 El plan de Pilato, si era el que acabamos de comentar, fracasó.
Juan nos dice que la gente volvió a gritar (el concepto de que "volvió"
a gritar es bastante extraño, ya que no se dice que hubiera gritado ante-

---

[92] Marcos no menciona la Pascua, pero sí habla de que "en cada fiesta", κατὰ ἑορτήν,
se acostumbraba a liberar a un preso (Mr. 15:6). Algunos intérpretes creen que Marcos
usa esta expresión para decir "en una fiesta", pero no hay forma de justificarlo (ver
Vincent Taylor, en loc.). No hay razón alguna para dudar de la información más precisa
que Juan nos ofrece.

riormente)[93], rechazando a Jesús y pidiendo que pusieran en libertad a Barrabás[94]. Puede que algunos llevaran tiempo esperando la liberación de Barrabás, desde mucho antes que arrestaran a Jesús, y que ya hubieran planeado aprovechar la costumbre judía para pedir que lo soltaran. Aunque no fuera así, quizá el pueblo pensó que Pilato soltaría a cualquier otra persona, ya que la costumbre era soltar a un criminal, y no a un hombre al que no se había podido inculpar. El nombre de Barrabás aparece de repente, sin ningún tipo de presentación. Por eso Juan, a continuación, nos dice que el que así se llamaba era un ladrón[95]. Esa es la única información que nos ofrece, lo que muestra una vez más la capacidad que tiene para centrarse en los detalles que tienen que ver con el objetivo de su relato; ni siquiera nos dice que Barrabás fuera liberado. Marcos nos dice que Barrabás fue encarcelado con los que habían cometido homicidio en la insurrección (17:5), y Lucas añade que Barrabás mismo era un asesino (Lc. 23:18-19). Mateo dice que Barrabás era "un preso famoso" (Mt. 27:16)[96]. Si unimos toda esta información, podemos llegar a la conclusión de que Barrabás era un miembro del movimiento de la resistencia. Debido a su oposición al poder romano debía de ser un héroe para muchos judíos, y por eso no dudaron en preferirle a él antes que a un galileo. Menuda ironía: los principales sacerdotes persuadieron a la multitud para que pidieran la liberación de un hombre culpable del crimen del que se acusaba a Jesús, que era totalmente inocente[97].

---

[93] Lightfoot dice que encontramos un problema similar con la misma palabra y el mismo incidente en Marcos 15:13. La solución que él ofrece es la siguiente: πάλιν "muchas veces se usa como una partícula no enfática, y además también puede tener un sentido negativo, 'por otro lado', p. ej. Lc. 6:43; 2 Co. 10:7; 1 Jn. 2:8". Puede que la de Black sea una mejor solución; según él, estamos ante la traducción de la conjunción aramea *tubh*, "en eso" (*AA*, p. 82; se refiere al pasaje de Marcos).

[94] Βαραββᾶς = בַּר-אַבָּא "hijo de Abba" (o "hijo del padre"), o בַּר רַבָּן "hijo del señor", que es menos probable. Lo más probable es que el "hijo de Abba" tuviera un nombre propio, y quizá por eso encontramos en Mt. 27:16-17 "Jesús Barrabás". Si en verdad se llamaba Jesús, es normal que los judíos no quisieran usar su nombre y por eso simplemente gritaban "Barrabás". Pero las evidencias son ínfimas y nada convincentes. Muchos son los que han comentado el hecho curioso de que liberaran a Barrabás, al "hijo del padre", y que condenaran al verdadero "Hijo del Padre".

[95] ληστής aparece en 10:1, 8, cuando se habla del ladrón que roba al Buen Pastor. Los judíos prefirieron a un ladrón antes que al Pastor.

[96] Juan usa el artículo, pero lo más seguro es que quiera decir lo mismo: "el famoso Barrabás".

[97] Plummer cita el *Ecce Homo*: "Pilato lo condenó pensando que su reino era de este mundo; los judíos querían que fuese condenado justamente porque su reino no era de este mundo".

NOTA ADICIONAL H: LA ÚLTIMA CENA Y LA PASCUA

En los Sinópticos la última cena se nos presenta como el banquete de la Pascua (p. ej. Mt. 14:12s.), pero en Juan parece ser que Jesús fue crucificado cuando se estaban sacrificando los animales para la Pascua[98], por lo que la última cena tuvo que tener lugar antes de la Pascua (Jn. 13:1, 29; 18:28; 19:36).

Los principales argumentos en los que se basan los que creen que la última cena coincidió con la celebración de la Pascua son los siguientes:

1. Tenemos menciones explícitas de que así fue: Mt. 26:2, 17, 18, 19; Mr. 14:1, 12, 14, 16; Lc. 22:1, 7, 8, 11, 13, 15. En estos textos se dice claramente que Jesús y sus discípulos comieron la Pascua en la última cena.
2. La última cena tuvo lugar por la noche, tal y como requería la celebración de la Pascua, mientras que las otras comidas que Jesús celebraba con sus discípulos tenían lugar durante el día.
3. Todos estaban reclinados, lo cual era poco usual en una comida normal (esa era un postura típica de una celebración). Para algunos, ese argumento no tiene mucho peso, pero, unido al resto, es una indicación más a favor de que la cena del aposento alto coincidió con la Pascua.
4. Antes del partimiento del pan habían comido un plato, mientras que en una ocasión normal el partimiento del pan era la primera parte de la comida.
5. Tomaron vino, tal y como se hacía al comer la Pascua.
6. Después de la comida cantaron un himno, lo que apunta al *Hallel* que tenía lugar al final del banquete pascual.
7. Después de la cena, Jesús fue al huerto de Getsemaní, y no a Betania. Betania estaba demasiado lejos como para ir la noche de la Pascua[99].

---

[98] Solo aproximadamente. La única marca temporal que Juan no da es que poco antes de que Pilato entregara a Jesús para que fuera crucificado era "alrededor de la hora sexta" (19:14). El sacrificio que se quemaba se realizaba a la media de la hora octava a menos que la víspera de la Pascua coincidiera con la víspera del Sabat; entonces se ofrecía a la media de la hora séptima. Y acto seguido se sacrificaba la víctima de la Pascua (Misná *Pes.* 5:1).

[99] Parece ser que los límites exteriores de Jerusalén llegaban hasta Betfagé (*Men.* 11:2 y varios pasajes en el Talmud, como *Pes.* 63b, 91a, *Men.* 78b, etc.).

8. Las palabras de la institución nos recuerdan la costumbre de que el anfitrión del banquete pascual explicaba su significado.
9. Las palabras "da algo a los pobres" (13:29) podría estar relacionado con las limosnas que debían ofrecerse durante la festividad.
10. Los argumentos en contra de esta posición son, en general, fácilmente rebatibles.

Sin embargo, muchos eruditos no están del todo convencidos de que los argumentos arriba mencionados sean del todo válidos, por las razones siguientes:

1. Al pan se le llama ἄρτος, y no ἄζυμα, y en la Pascua se comía pan sin levadura. (La iglesia de oriente usa pan con levadura cuando celebra la Santa Cena; parece ser que la iglesia occidental hizo lo mismo hasta el siglo XI)[100].
2. No se mencionan los elementos característicos del banquete pascual, como el animal sacrificado o las hierbas amargas.
3. Usaron una misma copa, y en la Pascua debían usarse copas individuales.
4. Los Sinópticos nos dicen que los judíos no querían arrestar a Jesús durante la fiesta (Mt. 26:5; Mr. 14:2). Si la última cena tuvo lugar en la Pascua, sí que arrestaron a Jesús durante la fiesta.
5. Tenemos un número de acontecimientos que estaban prohibidos durante la fiesta:
    (a) Jesús fue a Getsemaní (que estaba fuera de Jerusalén)[101].
    (b) Llevaban armas.
    (c) La sesión del Sanedrín y la condena del Señor la misma noche de la Pascua.
    (d) Simón venía del campo (Mr. 15:21), lo que indicaba que había estado trabajando.
    (e) José de Arimatea compró una sábana en la víspera de la fiesta.
    (f) El entierro del cuerpo de Jesús.
6. La Pascua se comía en familia. En la última cena no hay ni mujeres ni niños. Y el que preside la ceremonia es Jesús, y no el *paterfamilias*.

---

[100] Ver A.J.B. Higgins en *NTS*, I (1954-55), p. 202 y nota al pie núm. 3.
[101] Pero este argumento no se sostiene pues se consideraba que Jerusalén llegaba hasta Betfagé (ver nota al pie núm. 99).

7. Hay una tradición judía que dice que Jesús fue ejecutado "en la víspera de la Pascua" (*Sanh.* 43a).
8. El argumento de mayor peso es la cronología joánica. Al principio del discurso de despedida, Juan dice: "Antes de la fiesta de la Pascua, sabiendo Jesús..." (Jn. 13:1). Puede que el significado de estas palabras sea que Jesús ya sabía algunas cosas mucho *antes* de que llegara la Pascua. Pero también podría significar que los acontecimientos que iba a describir a continuación ocurrieran *antes* de que comenzara la fiesta. Un poco más adelante, Juan recoge que Jesús le dice a Judas: "Compra lo que necesitamos para la fiesta" (13:29), por lo que es lógico pensar que la fiesta aún no había llegado. La siguiente referencia es aún más importante.: "Entonces [los judíos] llevaron a Jesús de casa de Caifás al Pretorio. Era muy de mañana, y ellos no entraron al Pretorio para no contaminarse y poder comer la Pascua" (18:28). De nuevo, parece ser que la Pascua aún no había comenzado, lo que está respaldado por lo que encontramos en 19:14: "era la *preparación* de la Pascua". La duda surge porque "la preparación" había pasado a significar lo mismo que "el viernes" (dado que se hablaba de "la preparación del Sabat"). Así que puede que el significado real de este término sea "el viernes de la semana de la Pascua", "el viernes de Pascua"[102].

---

[102] Encontrará más sobre el término παρασκευή en A.J.B. Higgins, *NTS*, I, p. 206s. Demuestra que ese término había pasado a significar "viernes", así que en Juan 19 se refiere más bien al día de la semana, y no a "la víspera de la Pascua". El problema surge porque no hay evidencias de que ese término se usara para referirse a la víspera de cualquier fiesta que no fuera el día de descanso (o Sabat). Barrett afirma categóricamente que no significa el viernes de la semana de la Pascua (comentando 19:14; pero no cita ningún ejemplo en el que se use para referirse a la víspera de un día que no sea Sabat). C.D. Buck también dice de forma igual de categórica: "El día anterior al Sabat se llamaba παρασκευή (*A Dictionary of Selected Synonyms in the Principal Indo-European Languages* [Chicago, 1949], p. 1008). Bernard sugiere que si el significado fuera "el día de la preparación para la Pascua", debería aparecer un artículo definido (comentando 19:14). Marcos casi nos da una definición cuando habla de Παρασκευή ὅ ἐστιν προσάββατον (Mr. 15:42). Es cierto que esto no contiene la expresión τοῦ πάσχα, pero sí que sugiere que παρασκευή por sí solo, como en Jn. 19:31, 42, significa viernes. Y en cualquier caso, Marcos está hablando del mismo día que Juan. MiM dicen que hay un pequeño problema con la idea de "el día antes de la Pascua"; "Nunca se ha demostrado que el día anterior a la Pascua recibiera el nombre de 'el día de preparación para la Pascua'. No es más que una *conjetura*, derivada de que el día anterior al Sabat se llamaba 'el día de preparación para el Sabat'" (comentando 19:14). Tenemos que aceptar que no tenemos ningún ejemplo en que παρασκευή se use para designar un día que no sea viernes. Sí que encontramos ejemplos en el que

Finalmente, Juan nos dice si un soldado le clavó a Jesús una espada en el costado, en vez de romperle las piernas, fue "para que se cumpliera la Escritura: 'No será quebrantado hueso suyo'" (19:36). Parece ser que estamos ante una referencia a la norma que decía que no se podían quebrar los huesos del animal que iba a servir como sacrificio pascual (Éx. 12:46; Núm. 9:12). Juan quería que viésemos a Jesús como el auténtico sacrificio pascual (cf. la opinión similar de Pablo, 1 Co. 5:7)[103].

Estas son las evidencias que tenemos. Es posible interpretarlas de forma que surjan muchas posiciones diferentes. Si nos centramos en las perspectivas que tienen en cuenta la historicidad de uno o más acontecimientos, las siguientes posiciones son posibles:

1. No podemos armonizar los dos relatos (el sinóptico y el joánico), y nos decantamos por el de Juan.
2. No podemos armonizar los dos relatos, y nos decantamos por el de los Sinópticos.
3. La celebración de la Pascua ocurrió como narran los Sinópticos (es decir, coincidió con la última cena), y Juan no lo contradice.
4. La celebración de la Pascua ocurrió como narra Juan, y los Sinópticos no lo contradicen.
5. Había diferentes calendarios, y los Sinópticos siguieron uno y Juan otro.

No hace falta decir mucho sobre los dos primeros posicionamientos. Ya hemos resumido las evidencias existentes. Si sostenemos que la armonización no es posible, entonces tenemos que decidir qué relato

---

se usa para 'viernes', tanto asociándolo con el Sabat (Josefo, *A.* 16.163), como, a partir del siglo II, de forma absoluta (*Didache* 8.1; *Martirio de Policarpo* 7.1). Tenemos que aceptar la evidencia de que ese término se usaba para designar el viernes.

[103] La cronología joánica está respaldada por un argumento provinente de la astronomía. Según los Sinópticos, el 14 del mes de nisán del año de la crucifixión cayó en jueves. G. Ogg menciona las evidencias, sobre todo citando a K. Schoch y a J.K. Fotheringham, para demostrar que el único año desde el 26 al 36 dC. en el que eso ocurrió (a menos que asumamos que pudo haber circunstancias anormales) fue en el año 27 dC., un año que, según la mayoría de los eruditos, no puede coincidir con el año de la muerte de Jesús. Pero el 14 de nisán fue viernes, como puede verse en Juan, tanto en el año 30 como en el 33 dC.; cualquiera de los dos podría ser probable (*Historicity and Chronology in the New Testament*, SPCK Theological Collections, núm. 6 [Londres, 1965], pp. 92-96).

nos parece más exacto. La mayoría de los autores contemporáneos optan por la primera posición[104].

Muchos eruditos han adoptado la tercera posición. Según ésta, Juan 13:1 debería interpretarse de la siguiente forma: "Antes de que comenzara la fiesta de la Pascua, Jesús ya sabía que su hora había llegado..." (Traducción de Knox; cf. otros como Moffatt, Goodspeed, etc.; Bultmann en su comentario respalda esta interpretación, aunque reconoce que en este texto hay una confusión textual). Gramaticalmente hablando, εἰδώς podría estar unido a lo que le antecede, como la traducción de Knox indica, aunque hay que tener en cuenta que también sería posible leer "Antes de la fiesta de la Pascua, sabiendo Jesús que su hora había llegado..."[105]. La principal dificultad con la que se encuentran los que así creen es la expresión "poder comer la Pascua" (Jn. 18:28; la misma expresión equivalente a "comer la Pascua" la encontramos en Mt. 26:17; Mr. 14:12; Lc. 22:15). Sería lo mismo que decir "guardar la fiesta de los panes sin levadura" o quizá referirse a una u otra de las comidas que formaban parte de la celebración. Nombres como Zahn y otros respaldan esta opinión, y más recientemente también se les ha unido Geldenhuys. No obstante, se encuentran con un problema: en la Antigüedad no hay ningún ejemplo en el que esta expresión no signifique "comer la cena de la Pascua"[106]. Geldenhuys cita ejemplos del uso de τὸ πάσχα para referirse a toda la fiesta de los panes sin levadura (Lc. 22:1; Hch. 12:1), y dice que "Juan mismo usa con frecuencia τὸ πάσχα en ese sentido, p. ej. en Jn. 2:13; 6:4; 11:55; 18:39, etc."[107]. Pero en ninguno

---

[104] N. Geldenhuys escribe un importante excursus sobre "The Day and Date of the Crucifixion" en su comentario de Lucas; *Commentary on the Gospel of Luke* (Serie NICNT, pp. 649-70). Lista los principales autores que sostienen estas perspectivas (los que optan por los Sinópticos, pp. 649-50; los que prefieren la cronología joánica, p. 650).

[105] Según G. Ogg, esa es una mejor traducción: "Lo normal es que la marca temporal colocada al principio de la frase se refiera a la afirmación que aparece a continuación, 'iba a mostrarles cuánto les amaba'. Como lo que sigue indica que 'les mostró lo que les amaba' durante la última cena, Juan apunta claramente a que tanto la cena como todo lo que Jesús hizo durante la cena e inmediatamente después, tuvo lugar *antes* de la Pascua" (*Historicity and Chronology*, p. 76).

[106] B.D. Smith está a favor de esta posición (*WThJ*, 53, núm. 1 [1991], pp. 29-45) pero, como el resto de autores que la respaldan, no ofrece ningún ejemplo de "comer la Pascua" con el sentido de "la fiesta de los panes sin levadura". Sí que cita la Misná *Hag.* 1:3 (p. 41), pero este pasaje no usa el término "Pascua" para referirse a la Fiesta de los Panes sin Levadura.

[107] *Commentary on Luke*, p. 662.

de estos pasajes queda claro que τὸ πάσχα se refiera a la Fiesta de los Panes sin Levadura, diferenciándola así de la cena pascual propiamente dicha. Este detalle es de suma importancia. Geldenhuys no se da cuenta de que su posicionamiento necesita que τὸ πάσχα no signifique la Pascua más la fiesta de los panes sin levadura, sino que, teniendo en cuenta que la cena pascual ya había tenido lugar (Jn. 18:28), signifique la fiesta de los panes sin levadura *sin la cena pascual*. Ogg nos recuerda que algunos investigadores niegan incluso la primera posibilidad: "Sostienen que la Pascua siempre ha sido una referencia a la cena pascual, nunca tuvo otra acepción; y, si no hubiera sido por el empeño de armonizar los relatos sinóptico y joánico, a nadie se le habría ocurrido jamás que 'Pascua' podía tener otro significado"[108].

Dudo que la posición tan extrema de Ogg pueda sostenerse. Las evidencias del mismo Nuevo Testamento, y otras evidencias ofrecidas por Geldenhuys y otros, son una prueba suficientemente clara de que el término "Pascua" podía usarse para más cosas aparte de la cena pascual. Pero las palabras de Zahn son importantes: "la expresión 'comer la Pascua' se usaba popularmente, como muestran las evidencias, para referirse a la fiesta que duraba siete días, o más propiamente, siete días y medio, empezando con la matanza del cordero Pascual"[109]. En mi opinión, está claro que la expresión puede aplicarse a la Pascua más la Fiesta de los Panes sin Levadura. Y, sin embargo, no está nada claro que pueda usarse para referirse a la Fiesta de los Panes sin Levadura sin la Pascua (que es lo que haría falta si queremos que Jn. 18:28 cuadre con la teoría).

Quizá no podamos descartar categóricamente esta forma de interpretar las evidencias. Ha recibido el apoyo de eruditos de gran eminencia. Sin embargo, sí que podemos decir que está muy lejos de poder demostrarse. Creo que el argumento decisivo es que no se ha encontrado ningún uso del término "Pascua" en el sentido por el que esa teoría aboga. Hasta que encontremos algún caso en el que "la Pascua" signifique "la Fiesta de los Panes sin Levadura sin la Pascua", Juan 18:28 seguirá siendo un obstáculo. Carson opina que mi argumento "tiene poco peso" porque él lo ve de otra forma: "no cree que 'la Pascua' se refiera a la Fiesta de los Panes sin Levadura, sino que se refiere a *toda la festividad de la*

---

[108] *The Chronology of the Public Ministry of Jesus* (Cambridge, 1940), p. 209.
[109] *Introduction to the New Testament*, III (Edimburgo, 1909), pp. 282-83 (la cursiva es mía).

Pascua" (p. 590). Pero sigue sin responder a la problemática que aquí se nos plantea pues, según su interpretación, los judíos ya habían celebrado la comida de la Pascua. En el momento en el que Juan escribe ya solo quedaba la Fiesta de los Panes sin Levadura. Ni Carson ni nadie, que yo sepa, ha demostrado que la expresión "la Pascua" se usara para referirse a la segunda parte de aquella "fiesta compuesta", una vez ya se había comido la primera parte. La cena pascual era el elemento más importante. Era ese banquete el que daba nombre a toda la festividad. Que el significado de "la Pascua" se ampliara para que incluyera lo que ocurría después de la comida principal es una cosa; pero que se usara para referirse solo a la parte que quedaba después de la celebración principal es otra muy diferente. Así que lo más seguro es que el significado de 18:28 sea: "poder celebrar la cena pascual"[1 10].

Si adoptamos la posición número cuatro, que la Pascua tuvo lugar según la cronología joánica, entonces la cena que describen los Sinópticos no era la cena pascual. Algunos sugieren que era el *qiddush*[1 11]. Se trataba de una pequeña ceremonia que observada por grupos religiosos que se reunían la víspera del Sabat o fiesta "para pronunciar una oración de santificación (*qiddush*) del día alrededor de una copa de vino"[1 12]. Pero para que la última cena fuera un *qiddush* tenía que haber sido veinticuatro horas antes. Así, si Jesús murió un viernes por la tarde, esa cena tuvo que celebrarse el jueves por la noche. Sin embargo, el *qiddush* del Sabat no podía celebrarse el jueves por la noche, porque la celebración se realizaba veinticuatro horas antes del inicio del día en cuestión. El *qiddush* tenía lugar cuando comenzaba el día, es decir, el viernes por la noche. Por eso, no podía tratarse del *qiddush* del Sabat. Tampoco puede defenderse que se trataba del *qiddush* de la Pascua, ya que esta oración es "la apertura de la cena pascual y se pronuncia durante la primera copa"[1 13].Así que no podía celebrarse veinticuatro horas antes. Por tanto, la teoría del *qiddush* no es válida.

---

[110] Cf. Schnackenburg: "τὸ πάσχα φαγεῖν significa 'comer el *cordero* Pascual'" (III, p. 447, nota al pie núm. 1; la cursiva es de Schnackenburg). *NEB* traduce 18:28 de la siguiente forma: "o poder participar en las ofrendas de la Fiesta de la Pascua". Pero resulta muy difícil explicar que el texto original perdiera las palabras necesarias para poder realizar esta traducción, así que no ha contado con ningún apoyo.

[111] Ver, por ejemplo, J. Stephen Hart, *A Companion to St. John's Gospel* (Melbourne, 1952), p. 152s.

[112] A.J.B. Higgins, *The Lord's Supper in the New Testament* (Londres, 1952), p. 14.

[113] Higgins, p. 15. Así lo indica la Misná *Pes.* 10:2.

Otros creen que la mejor explicación es que se trabata de una cena de *haburah*, es decir, una cena entre un pequeño grupo de gente de la misma posición. Dom Gregory Dix defiende esta idea, y cree que si fuera cierto que la Eucaristía fue instituida en la Pascua, ahora solo tendríamos que celebrar la Santa Cena una vez al año. Por eso, la celebración semanal se corresponde más bien al *Haburah*. También arguye que el relato de Marcos parece haber sido adaptado por un interés litúrgico[114]. El problema es que ninguno de los *Haburoth* que conocemos cumplen los requisitos. A.J.B. Higgins cita a E. Gaugler, quien dice que "el *haburah* era una asociación de gente de una posición concreta preocupada por la observancia de la Torá y por la realización de deberes religiosos como asistir a comidas y rituales especiales relacionados con circuncisiones, desposorios, bodas y funerales. No tenemos evidencias de que los *haburoth* celebraran otro tipo de comidas"[115]. Está claro que Jesús y sus discípulos no formaban un grupo de ese tipo. N. Clark cree que Higgins se pronuncia con un desdén exagerado, pero también ve que la hipótesis del *Haburah* es insostenible[116].

La idea de G.D. Kilpatrick es bastante parecida. Está de acuerdo en que Jeremias echa por tierra la idea de que la última cena era un *qiddush*, pero por el análisis de un romance judío, *José y Asenat*, cree que hay otras posibilidades. Hay evidencias de la existencia de una celebración religiosa judía diferente a la cena pascual y suficientemente similar a la última cena, y podría ser que éstas dos tuvieran un origen común totalmente desvinculado de la cena pascual propiamente dicha[117].

K.G. Kuhn es aún más preciso y usa como argumentos tanto el análisis del romance mencionado como las cenas de los hombres de Qumrán. Según él, la cena que celebraban los de la secta de Qumrán nos ayuda a descifrar el misterio de la última cena. Hay cuatro puntos en que la última cena difiere de la cena pascual, y en todos esos puntos concuerda con la práctica qumramita: (1) solo participaron varones, mientras que la Pascua era una fiesta familiar, donde las mujeres y los niños también estaban presentes. (2) solo participaron los doce, el círculo elegido por Jesús. (3) Jesús es el que preside, y no el *paterfamilias*. (4) Jesús bendice el pan y la copa, mientras que en la Pascua normal-

---

[114] *Jew and Greek* (Londres, 1955), pp. 100-101.
[115] Higgins, pp. 15-16.
[116] *An Approach to the Theology of the Sacraments* (Londres, 1956), pp. 45-48.
[117] *ExT*, LXIV (1952-53), pp. 4-8; ver la respuesta de Jeremias, pp. 91-92.

mente se dejaba que el invitado de honor bendijera "la copa de la bendición"[1 18]. Aunque no sean totalmente convincentes, estos argumentos
dan qué pensar. De hecho, Matthew Black rechaza todo argumento
basado en *José y Asenat*, romance que, según él, "es tardío, y además
está claro que es un documento que ha pasado por un proceso de cristia-
nización, por lo que no podemos admitirlo como prueba"[1 19].

Otra teoría sugiere que la cena era un banquete especial que precedía
a la Pascua[1 20]. Eso sería fácil de demostrar en el texto joánico, pero
no en los Sinópticos. Cualquier interpretación que niegue que los Sinópticos ven la última cena como el banquete pascual es insatisfactoria.

Pero hemos visto que tampoco podemos descartar por completo la
idea de que la última cena pudo ser una celebración diferente a la del
banquete pascual. No obstante, parece estar en conflicto con las afirmaciones que encontramos en los Sinópticos, por lo que a pocos eruditos
les convence. Los Sinópticos parecen estar hablando del banquete pascual. Como dice G. Ogg: "Según los tres Sinópticos, Jesús había ordenado que hicieran los preparativos para *celebrar la Pascua*"; y si así
lo recogieron los evangelistas, será porque querían que así lo entendie-
sen sus lectores[1 21].

Otros creen que Jesús adelantó la fecha de la Pascua: sabiendo
que estaba a punto de morir, celebró la Pascua un día antes[1 22]. Para reba-
tirles, Ogg cita a Luthardt: "Un poco de cordero y unas copas de vino
no hacen que una cena normal se convierta en la cena pascual. Había
otros elementos imprescindibles (como sacrificar el animal en el templo, etc.) en los que se requería la participación del personal del templo,
y sin los cuales, según la mentalidad judía, era imposible concebir la
Pascua"[1 23].

Estas interpretaciones no han tenido tanto éxito como las que hemos clasificado dentro del tercer apartado; sin embargo, tampoco podemos descartarlas y olvidarnos de ellas. Aunque la teoría del *qiddush*
parece insostenible, no es del todo imposible que la última cena fuera

---

[118] Ver *SNT*, cap. V, especialmente pp. 83-84.
[119] *The Scrolls and Christian Origins* (Londres, 1961), pp. 105-6.
[120] Vincent Taylor cita Chr. N. Ghiaouroff con referencia a esta forma de reconciliar
los Sinópticos y Juan (*Theology*, LVII [1954], pp. 60-61).
[121] *The Chronology of the Public Ministry of Jesus*, p. 215.
[122] R.H. Fuller, por ejemplo, *The Mission and Achievement of Jesus* (London, 1954),
pp. 70-71.
[123] *Ogg*, p. 217.

una cena de comunión distinta al banquete pascual. Como tuvo lugar muy cerca de la Pascua, y es la única Pascua que los discípulos celebraron aquel año, para ellos se convirtió en "la Pascua". Pero esta conclusión no es más que mera suposición.

El quinto posicionamiento es el que D. Chwolson planteó y Strack-Billerbeck modificó[124]. Hay alguna evidencia de que los calendarios que usaban los fariseos y los saduceos eran ligeramente diferentes. Para calcular la fecha de la Fiesta de las Semanas contaban con la instrucción siguiente: "Contaréis desde el día que sigue al día de reposo, ... contaréis siete semanas completas" (Lev. 23:15). Para los fariseos, "Día de reposo" era igual a "fiesta", es decir, "la Pascua", y contaban desde el día que sigue a la Pascua sin tener en cuenta qué día de la semana era. Los saduceos entendían "día de reposo" en su sentido literal, el séptimo día de la semana, así que contaban desde el domingo después de la Pascua (*Men.* 10:3; *Hag.* 2:4). Los samaritanos (o, al menos, algunos de ellos) hacían como los saduceos[125]; no solo los samaritanos, sino los caraítas y probablemente otros pueblos también[126]. J. van Goudoever dice lo siguiente: "Al principio de nuestra era había en Israel dos bandos rivales: los sacerdotes y el pueblo"[127]. Según él, el calendario de Juan es diferente al de los Sinópticos, y cree que se trata de una combinación de los calendarios de los fariseos y el de los saduceos[128]. En el Talmud encontramos evidencias de que la confusión cronológica existía, al igual que en la discusión entre R. José y los rabinos (Shab. 86b-87ª); el primero sostenía que la luna nueva siempre salía en domingo y, los demás, que salía en lunes. Es interesante ver que Mateo parece apuntar a otro método distinto a estos dos cuando dice: "Pasado el día de reposo, al amanecer el primer día de la semana..." (Mt. 28:1)[129]. Es difícil reconciliar entre esta teoría con la idea de que el día comenzaba cuando el sol se ponía, a no ser que traduzcamos "después del Día de Reposo".

[124] SBk, II, pp. 812-53.
[125] J. van Goudoever, *Biblical Calendars* (Leiden, 1961), p. 20s.
[126] van Goudoever, p. 22s.
[127] van Goudoever, p. 29.
[128] van Goudoever, p. 226.
[129] Cf. lo que plantea G.R. Driver, *JThS*, n.s. SVI (1965), pp. 327-31. Cree que algunos grupos, "puede que de origen galileo, se aferraran a la costumbre ancestral de contar desde el amanecer hasta el siguiente amanecer" (p. 327), y también opina que los qumramitas hacían lo mismo.

J. Morgenstern en una serie de artículos (en *Hebrew Union College Annual*) sugiere que en tiempos bíblicos había tres calendarios distintos[130]. Es cierto que esto no nos ayuda a solucionar nuestro problema, pero refuerza la teoría de que en la época de la que estamos hablando se usaba más de un calendario[131].

A. Jaubert defiende que había dos calendarios, el antiguo calendario de los sacerdotes que encontramos en el Libro de los Jubileos, y el calendario normal[132]. Esta comentarista cree que Jesús fue arrestado el miércoles de la Semana Santa, no el viernes; eso da más margen para que tengan lugar los acontecimientos entre el arresto y la crucifixión; sin embargo, no concuerda con las afirmaciones que encontramos en los cuatro evangelios (Mt. 27:62; Mr. 15:42; Lc. 23:54; Jn. 19:31, 42). Debido a esta contradicción, y también la mucha especulación que aparece en los escritos de Jaubert[133], no podemos aceptar su teoría de forma completa[134]. Pero las evidencias que nos ofrece sirven, de nuevo, para reforzar que había confusión cronológica.

A veces, se ha dicho que no hay evidencias de que hubiera una práctica diferente a la teoría. Puede que la gente discutiera sobre cuál era el calendario correcto, pero acababan siguiendo el calendario oficial. Pero la práctica de la secta de Qumrán sí que era diferente a la oficial. Tenían una visión muy propia del calendario, y se negaban a someterse a las autoridades del templo. Matthew Black dice acertadamente: "Podemos estar seguros de que los hombres de Qumrán o esenios, una minoría muy importante del ámbito palestino del primer siglo, en el año de la crucifixión, celebraron la Pascua en una fecha distinta

---

[130] I (1924), pp. 13-78; III (1926), pp. 77-108; X (1935), pp. 1-148. Ver también H.H. Rowley, *The Relevance of Apocalyptic* (Londres, 1963), p. 101s.

[131] E. Stauffer dice acertadamente: "en el judaísmo palestino en el tiempo de Jesús es normal que el calendario de las fiestas se calculara de forma distinta en las diferentes regiones y grupos – sobre todo el cálculo de la Pascua" (*Jesus and His Story* [Londres, 1960], p. 95). A. Finkel deja claro que en tiempos neotestamentarios se hacía uso de varios calendarios distintos (*The Pharisees and the Teacher of Nazareth* [Leiden, 1964], p. 70s.).

[132] *La Date de la Cène* (París, 1957). N. Walker resume sus argumentos en *ExT*, LXXII (1959-60), pp. 93-94.

[133] Ver el resumen hecho por J. Jeremias, *JThS*, n.s. X (1959), p. 131s. J.T. Milik también presenta bastantes objeciones de peso en contra de la teoría de Jaubert (*Ten Years of Discovery in the Wilderness of Judaea* [Londres, 1959], pp. 112-13).

[134] Sin embargo, J. Daniélou la respalda en *The Dead Sea Scrolls and Primitive Christianity* (New York, 1962), pp. 27-8, y también A. Gilmore, aunque de una forma más cautelosa, en *SJT*, 14 (1961), pp. 256-69.

a la establecida o promulgada por las autoridades religiosas de Jerusalén"[135]. W.M. Christie cita un ejemplo más, que es muy esclarecedor. Menciona una ocasión en la que los saduceos sobornaron a unos testigos para que aportaran unas pruebas falsas sobre la fecha en la que hubo luna nueva. No obstante, los rabinos farisaicos se enteraron de lo ocurrido y mantuvieron la fiesta en el día correcto. El resultado fue que "unos celebraron la fiesta aquel día, y los otros, al siguiente"[136]. Estamos, pues, ante una práctica divergente y también ante distintas formas de entender la fecha correcta. Un punto a favor de la perspectiva de la divergencia cronológica es que los relatos de la última cena no mencionan el cordero ni los otros platos o las hierbas amargas, características de la Pascua. Si las autoridades del templo habían establecido un día como el día correcto, y si Jesús y sus discípulos se habían adherido a la posición alternativa, entonces no podrían haber conseguido un cordero debidamente sacrificado en el templo, por lo que la cena debió de poder celebrarse como es debido[137]. Esta teoría no es del todo convincente, pero tiene ideas útiles e interesantes.

* * * *

Vemos que las evidencias con las que contamos son bastante confusas, por lo que no es de extrañar que entre los eruditos haya diferentes posicionamientos. De acuerdo con el conocimiento que tenemos, queda claro que no podemos mostrarnos dogmáticos. Una lectura directa de los Sinópticos nos hace pensar que la última cena de la que nos hablan era la celebración de la Pascua. Una lectura directa de Juan nos hace pensar que Jesús fue crucificado en el mismo instante en que en el

---

[135] *The Scrolls and Christian Origins*, pp. 200-201. Black defiende que detrás del tema de la última cena hay una confusión cronológica. Del mismo modo, F.F. Bruce cree que "un estudio del calendario que usaba la comunidad qumramita nos anima aún más a pensar que las discrepancias entre los Sinópticos y Juan por lo que a la cronología de la Semana Santa se refiere son debidas a la existencia de dos calendarios distintos" (*Faith and Thought*, 90 [1958], p. 99).

[136] *ExT*, XLIII (1931-32), p. 518; la cita es de Jer. *Rosh*. 10b.

[137] Bertil Gärtner sostiene que Jesús observó una "Pascua sin cordero", como las que debían celebrarse en el resto de lugares del país (*John 6 and the Jewish Passover* [Lund, 1959], p. 44s.). Esta podría ser otra forma de reconciliar las evidencias; creíamos, pues, que la Pascua sin cordero se celebró la noche antes de la Pascua ortodoxa.

templo se estaban sacrificando los animales para la Pascua. Aunque no cabe duda de que podemos intentar armonizar los dos relatos para conseguir que narren la misma historia, parece que lo mejor es reconocer que lo que ocurre es que siguen calendarios diferentes. Según el calendario que seguía Jesús, la última cena coincidió con el banquete pascual. Pero las autoridades religiosas seguían otro calendario, por el cual los sacrificios pascuales del templo se realizaron al día siguiente. Y parece ser que Juan se ciñe al calendario oficial para sacar a la luz el elemento sacrificial de la muerte de Jesús[138].

En torno a este tema se ha escrito mucho, pero los trabajos más importantes son los siguientes: N. Geldenhuys, *Commentary on the Gospel of Luke* (Londres y Grand Rapids, 1950), pp. 649-70; T. Zahn, *Introduction to the New Testament*, III (Edimburgo, 1909), pp. 273-83, 296-98; A.J.B. Higgins, *The Lord's Supper in the New Testament* (Londres, 1952), cap. II, también *NTS*, I (1954-55), pp. 200-209; A. Jaubert, *La Date de la Cène* (Paris, 1957); J. Jeremias, *The Eucharistic Words of Jesus* (Oxford, 1955), cap. I; N. Clark, *An Approach to the Theology of the Sacraments* (Londres, 1956), cap. IV; W.M. Christie, *ExT*, XLIII (1931-32), p. 515s.; K.G. Kuhn en K. Stendahl, ed., *The Scrolls and the New Testament* (Londres, 1959), cap. V; G. Ogg, "The Chronology of the Last Supper", en *Historicity and Chronology in the New Testament*, SPCK Theological Collections, núm. 6 (Londres, 1965), pp. 75-96; A.R.C. Leaney, "What was the Lord's Supper?", en *Theology*, LXX (1967), pp. 51-62; I.H. Marshall, *Last Supper and Lord's Supper* (Exeter, 1980), pp. 57-75.

NOTA ADICIONAL I: EL DERECHO DE LOS JUDÍOS A EJECUTAR LA PENA DE MUERTE

La declaración de Juan 18:31 es categórica: los judíos no tenían derecho jurídico para ejecutar una sentencia de muerte. Pero este tema es bastante complicado dado que los romanos no tuvieron nada que ver en la

---

[138] Cf. Bruce: "mientras que Juan coloca los acontecimientos en el calendario oficial del templo, nuestro Señor y los discípulos, siguiendo (quizá) otro calendario, celebraron la fiesta antes" (p. 279). I. H. Marshall: "Nuestra conclusión es que Jesús celebró la Pascua antes de la fecha oficial, y pudo hacerlo debido a que entre los judíos existía otro calendario" (*Last Supper and Lord's Supper* [Exeter, 1980], p. 75).

ejecución de Esteban. Aunque todo depende de cómo se entienda ese incidente: muchos dicen que no fue una ejecución oficial, sino que fue un linchamiento popular. Pero eso no concuerda con que Esteban tuvo que comparecer ante el Sanedrín (Hch. 6:12), y que la entrevista estuvo presidida por el sumo sacerdote (7:1). Sabemos que cuando Esteban acabó su discurso, los miembros del Sanedrín estaban muy enfadados y arremetieron contra él (Hch. 7:54, 57), y parece ser que estaba todo planeado y que tuvo lugar con cierto orden (los testigos pusieron sus mantos a los pies de un joven llamado Saulo; Hch. 7:58).

Josefo menciona otro apedreamiento que tuvo lugar un poco más tarde: el de Jacobo, el hermano de Jesús[139]. Pero eso ocurrió en un momento en el que no había gobernador, y Josefo deja bien claro que aquello estaba considerado como un incidente fuera de lo normal. De hecho, como resultado, el sumo sacerdote fue destituido de su cargo. La Misná, aparte de dar muchas regulaciones detalladas sobre los diferentes métodos de ejecución, nos dice que R. Eliezer habló de la ejecución de la hija de un sacerdote, que había sido acusada de adulterio[140].

Algunos dicen que la inscripción que prescribía la pena de muerte para los gentiles que entraran en los atrios interiores del templo presupone el derecho a ejecutar la pena capital. Incluso los romanos podían recibir esa pena[141]. Pero de hecho, esta evidencia prueba justo lo contrario. Se trataba de una concesión especial de parte de los romanos, debido a la delicada situación de Jerusalén. Si el Sanedrín hubiera tenido este poder, no habría hecho falta una reglamentación especial. Fuera como fuera, esta regulación hablaba de los gentiles; no le daba el derecho al Sanedrín de sentenciar a un judío a la pena capital. Además, encontramos en Josefo algunas afirmaciones que parecen apuntar a que los romanos eran los únicos que podían dictaminar la sentencia de muerte[142]. También hay una tradición judía que dice que a los judíos se les retiró el derecho a ejecutar la pena de muerte cuarenta años antes de la destrucción del templo[143]. Es probable que los romanos prohibieran a los judíos la ejecución de ese tipo de castigo, ya que, de lo

---

[139] *A.* 20.200.

[140] *Sanh.* 7:2.

[141] Josefo, *G.* 6.126.

[142] Dice que Coponio "fue enviado como procurador con plenos poderes, incluyendo la administración de la pena capital" (*G.* 2.117); es decir, desde el principio los procuradores tenían ese poder. Cf. también *A.* 20.200-203.

[143] SBk, I, p. 1027.

contrario, los judíos podían ejecutar a los defensores de Roma. Los que sostienen que los judíos podían ejecutar la pena de muerte dan un número de ejecuciones muy bajo, lo que nos lleva a concluir que se trataba de una práctica muy poco común.

Es más fácil explicar los hechos que sucedieron si opinamos como los que dicen que los romanos se reservaron el derecho de ejecutar la pena de muerte, aunque en circunstancias especiales, cuando había un apoyo popular considerable, se hacía una excepción y se permitía que los judíos se tomaran la justicia por su mano. Otra teoría, bastante similar, defiende que los judíos podían aplicar la sentencia de muerte, pero solo podían ejecutarla si las autoridades romanas les daban permiso. Sin embargo, en la ocasión de la que venimos hablando, no sabemos a ciencia cierta con cuánto apoyo popular contaban los principales sacerdotes. No se atrevían a arrestar a Jesús por miedo a que el pueblo se rebelara (Mr. 14:2). Así que, para ellos, casi fue propicio tener prohibida la ejecución de la pena, ya que así la responsabilidad quedaba toda en manos de los romanos.

Hoskyns cree que el uso del verbo ἀποκτείνω es importante. Sostiene que significa "muerte por crucifixión", y no "por apedreamiento" (digamos que para los judíos, "matar a alguien en un apedreamiento no era "matar", al igual que para los oficiales de la Inquisición, "quemar ivo a un hereje" tampoco lo era). Según él, los judíos podían apedrear a una persona, pero no crucificarla. En esta ocasión querían que lo sentenciaran por sedición, y no por blasfemia. Así, cuando Pilato dice "juzgadle conforme a vuestra ley", Hoskyns cree que les está dando permiso para que lo apedreen[144]. Puede que así fuera, pero lo cierto es que no hay manera de demostrarlo. Michaels cree que la distinción extremadamente sutil que Hoskyns hace entre "matar" y "el derramamiento de sangre" es muy poco convincente. Según él, 18:31 quiere decir que "el Sanedrín no acusó a Jesús de ningún crimen" (*NTS*, 36 [1990], pp. 474-79; las citas son de las pp.. 478 y 478-79). Pero decir eso es no tener en cuenta la fuerza de 11:53. Su planteamiento es interesante, pero tampoco es del todo satisfactorio. Por cierto, Crisóstomo decía que los judíos podían apedrear a Jesús, pero que lo que querían era crucificarlo[145]. También deberíamos mencionar a Strachan. En su opinión, los

---

[144] P. 518.
[145] 83.4; p. 310.

judíos podían apedrear a alguien que había transgredido una ley religiosa, pero no tenían ningún poder para juzgar casos de sedición. Por razones que desconocemos, querían que a Jesús se le acusara de sedición que, bajo la ley romana, se castigaba con la crucifixión.

Pero la mejor propuesta sigue siendo la de A.N. Sherwin-White[146]. Deja claro que "el gobierno guardaba celosamente para sí el poder de imponer la pena capital, castigo que no podían dictaminar ni tan si quiera los colaboradores más cercanos del gobernador"[147], y que las evidencias con las que contamos respaldan firmemente la afirmación de Juan.

[146] *Roman Society and Roman Law in the New Testament* (Oxford, 1963), pp. 36-43.
[147] *Roman Society*, p. 36.

Juan 19

3. ¡He aquí el Hombre! (19:1-6a)

1 Pilato, pues, tomó entonces a Jesús y [le] azotó. 2 Y los soldados tejieron una corona de espinas, la pusieron sobre su cabeza y le vistieron con un manto de púrpura; 3 y acercándose a Él, le decían: ¡Salve, Rey de los judíos! Y le daban bofetadas. 4 Pilato salió otra vez, y les dijo: Mirad, os lo traigo fuera, para que sepáis que no encuentro ningún delito en Él. 5 Jesús, entonces, salió fuera llevando la corona de espinas y el manto de púrpura. Y [Pilato] les dijo: ¡He aquí el Hombre! 6 Entonces, cuando le vieron los principales sacerdotes y los alguaciles, gritaron, diciendo: ¡Crucifícale! ¡Crucifícale!

Pilato ha intentado liberar a Jesús con la ayuda de la costumbre de liberar a un preso el día de la fiesta, pero ha fracasado y se dispone a probar otra táctica. Hizo que azotaran a Jesús, que lo maltrataran, que se burlaran de Él, que, humillado, caminara entre la multitud; puede que Pilato creyera que así conseguiría que los judíos tuvieran compasión de aquel pobre preso, que reaccionarían al ver que uno de los suyos era tratado de aquella forma. Además, aquello era una demostración visual de que la acusación que había caído sobre aquel hombre no tenía ningún sentido. ¿Este hombre indefenso, que no se defendía, un rey? ¡Imposible! Si es cierto que esa era la intención de Pilato, su fracaso fue rotundo y además paradójico; el efecto que consiguió fue el contrario: la gente empezó a gritar: "¡crucifícale!".

Tenemos un pequeño problema cuando nos damos cuenta de que Mateo y Marcos parecen colocar los latigazos y azotes antes de la sentencia a morir crucificado (aunque ésta no aparezca de forma explícita), mientras que en Juan parece que Pilato se lava las manos, y no llega a pronunciar dicha sentencia. No obstante, ni Mateo ni Marcos recogen que se haga una sentencia normal, así que no podemos pronunciarnos de forma tajante[1]. El relato de Juan cuenta con el apoyo de Lucas 23:16, 22 (aunque Lucas no menciona los azotes y latigazos). No creo que le

---

[1] Beasley-Murray cita a J. Blinzler, que opina que "el participio pasado que Marcos usa, φραγελλώσας ('después que le azotaran'), indica que la sentencia fue pronunciada después de que le azotaran" y, por lo tanto, no está en contradicción con el relato joánico.

azotaran dos veces[2]. Puede que los dos primeros evangelistas no siguieran de forma estricta el orden cronológico en el que ocurrió cada detalle. Sabían que Jesús había sido azotado antes de ser crucificado, y por eso incluyen ese detalle en su relato, pero al insertarlo en la secuencia de eventos, no lo colocan en el lugar adecuado. Otra opción sería que lo colocaron en el lugar correcto, y el problema surge solo porque Juan no dice con exactitud cuándo se pronunció la sentencia de crucifixión. Ciertamente, lo más probable es que el relato joánico sea el que coloca los azotes en el lugar correcto. Además, azotar a alguien antes de crucificarle era una práctica muy común y, es por eso, que los Sinópticos también lo mencionan. Pero Juan es el único que apunta a que "Jesús no fue azotado con la intención de enviarle a la cruz, sino con la intención de librarle de ella". (Lenski).

1 Parece ser que Juan quiere que entendamos que esto ocurrió acto seguido de lo que ha narrado al final del capítulo 18[3]. No dice el porqué de los azotes. Sin embargo, Lucas nos informa de que Pilato dijo: "Después de castigarle, le soltaré" (Lc. 23:16, 22), lo que indica que los azotes fueron un intento de que los judíos creyeran que ya había tenido bastante. Pero ni Lucas ni Juan dicen de forma explícita cuál fue la razón, por lo que solo podemos inferirla analizando los hechos. Los azotes que recibían los presos era un episodio brutal, violento. Se usaba un látigo de varias correas, en la que se incrustaban piezas de hueso o metal. Con un instrumento así, le dejaban a uno la espalda hecha trizas[4]. El poco detalle con el que los Evangelios describen estos horrendos

---

[2] Sin embargo, debemos recordar que había dos tipos de azotes: Sherwin-White cita fustes, flagella, y verbera (Roman Society and Roman Law, p. 27). El primer término indica algo ligero, que servía de aviso. El tercero se trataba de una serie de violentos latigazos; este castigo siempre era una fase previa a un castigo mayor, como, en este caso, la crucifixión. Podría ser que azotaran a Jesús dos veces: la primera habría sido una fustigatio, y la segunda, una verberatio.

[3] Este parece ser el sentido de τότε οὖν; cf. BDF: "Juan usa τότε οὖν ... con su significado pleno = 'ahora' (en contraste con la vez anterior)" (459 [2]).

[4] La severidad de esta forma de castigo podemos verla en otras citas. Josefo nos dice que un tal Jesús, hijo de Ananás, compareció ante Albino y "le despellejaron vivo dándole latigazos" (G. 6.304). Eusebio dice que algunos mártires en días de Policarpo "habían recibido tantos latigazos, que se les veían las venas y las arterias y, a veces, hasta los órganos" (HE. 4.15.4). Después de leer esta cita no nos sorprende que la gente muriera cuando se les daba ese tipo de azotes (cf. los pasajes de Cicerón que Godet cita). Si los azotes que recibió Jesús fueron tan brutales (no sabemos cuántos recibió), podríamos explicar por qué murió tan rápido cuando lo colgaron en la cruz.

hechos son una prueba más de que no intentan jugar con nuestros sentimientos.

2 Los soldados maltratan a Jesús, y además se burlan de Él. Lo han acusado de ser "el Rey de los judíos", así que van a hacerle "Rey". Tejieron una corona de espinas[5], que usaron para "coronarle". El manto de púrpura[6] sería el manto de escarlata (Mt. 27:28), que solo llevaban los oficiales del ejército y los altos mandos. Como los oficiales lo llevaban, no les debió de resultar difícil hacerse con uno. En Mateo, y puede que en Marcos, este episodio de la burla tuvo lugar después de que condenaran a Jesús, y se narra de una forma más completa que en el cuarto evangelio. Westcott sugiere que tuvo lugar en dos partes. Cree que Pilato organizó el evento que Juan recoge, con la idea de presentar a Jesús ante la multitud, que debía pedir la liberación de aquel galileo. Más tarde, justo antes de la crucifixión, los soldados retomaron la idea, y le dieron un aire más macabro. Podría ser cierto. Los soldados se estarían burlando no solo de Jesús, sino de los judíos en general. Los romanos habían encontrado en Jesús un blanco perfecto para mostrar su odio hacia aquella nación.

---

[5] στέφανος era más bien una corona que hablaba de victoria, y no una corona que hablaba de realeza (διάδημα). Se la daban, por ejemplo, a los ganadores de los Juegos. El στέφανος podía usarse también en las fiestas. En cuanto a la corona de espinas, cf. H. St. J. Hart en JThS. .n.s. III (1952), pp. 66-75. Hart dice que era una caricatura de la corona radial, en la que los picos apuntaban hacia fuera. Sugiere que este tipo de corona (que también podía fabricarse de hoja de palmera) indicaba que el gobernador era un ser divino. Si este es el tipo de corona que usaron, entonces Jesús "fue presentado a la vez como θεός y βασιλεύς – podía decirse que era divus Iesus radiatus. Por ello, era objeto de la burla de proskynesis" (p. 74). Cierto es que esto no se ha probado, y la teoría tradicional que dice que la corona fue un instrumento de tortura podría ser correcta. No lo sabemos a ciencia cierta. La sugerencia de Harts es interesante, y extensamente aceptada.

[6] La palabra que Juan usa es πορφυροῦν (cf. Mr. 15:17, πορφύραν). Mateo habla de una χλαμύδα κοκκίνην (Mt. 27:28). Estrictamente hablando, el escarlata era el color que se formaba sobre el cuerpo seco de un insecto que vivía en los robles, mientras que el púrpura, un color muy costoso, provenía del caparazón de los crustáceos. Sin embargo, los escritores antiguos no hacían una clara distinción entre esos dos colores, al menos por lo que a la nomenclatura se refiere. El púrpura era el color de la realeza, así que los soldados no podían tener un manto púrpura. Era más fácil conseguir un manto color escarlata, y de todos modos servía para transmitir la misma idea. Ver R.C. Trench, Synonyms of the New Testament (Londres, 1880), pp. 185-86.

3 "Acercándose a Él" parece indicar que se le acercaban una y otra vez[7], quizá con ademanes de formalidad, como si le estuvieran rindiendo homenaje a alguien de la realeza. "¡Salve!" era un saludo normal (usado, p. ej. en Mt. 28:9), pero también se usaba para aclamar a los miembros de la familia real (cf. "¡Salve, César!"). "Rey de los Judíos" nos revela de qué se estaban burlando los soldados exactamente. Y la selección léxica de esos soldados deja claro que lo que están haciendo aquellos romanos es burlarse[8]. Seguro que los soldados se consideraban a sí mismos astutos, capaces de crear una situación irónica. Pero la verdadera ironía, la auténtica paradoja está en que aquel de quien se estaban burlando verdaderamente era el "Rey de reyes y Señor de señores". Le golpearon, parece ser que con las manos[9], que podía estar sustituyendo a una expresión de homenaje, tal como lo sería un beso sumiso o la entrega de un presente. Juan dedica menos espacio que Mateo y Marcos a explicar esta escena. En esos dos sinópticos leemos que los soldados le golpeaban a Jesús en la cabeza con una caña, que anteriormente le habían hecho coger con su propia mano (puede que para simular que tenía un cetro). Si Juan se está refiriendo a lo mismo, los golpes debieron dárselos con la caña (entonces, no serían "bofetadas" como pone en nuestra traducción). Mateo y Marcos también nos dicen que los soldados se arrodillaron ante el prisionero y le escupieron.

4 Pilato salió de nuevo (como en 18:38). Parece que Juan está diciendo que Pilato salió primero para anunciar que iba a sacar a Jesús, y cuando acabó de decirle a la multitud lo que pensaba hacer, el prisionero salió. Pilato les dijo a los judíos que él no creía que aquel hombre hubiera cometido delito alguno (cf. 6; 18:38) y, para probar que eso

---

[7] Tenemos aquí tres imperfectos, ἤρχοντο, ἔλεγον y ἐδίδοσαν. Indican que los soldados repetían la misma acción una y otra vez.

[8] Ese sentido lo vemos en la expresión ὁ Βασιλεύς. Cf. Moulton: "podríamos representar ese matiz con ... '¡Salve, tú, "Rey"!'. En el último pasaje podemos apreciar lo inapropiado que es el βασιλεῦ que encontramos en א, que admitiría el derecho real, como en Hch. 26:7. Cuando aparece en Mr. 15:18, se trata tan solo de la imperfecta sensibilidad del autor ante las más delicadas sombras de la lengua griega" (M, I, pp. 70-71). Del mismo modo, BDF dice que "Ático usó el nominativo (con artículo) solo con sustantivos simples cuando se dirigía a sus inferiores, a quienes se dirigía en tercera persona" (147 [3]). Esto no se lo podemos aplicar al Nuevo Testamento de forma rigurosa, ya que uno se puede dirigir a Dios con ὁ θεός o ὁ Πατήρ. Pero en el pasaje que estamos analizando es probable que haya un elemento de desprecio.

[9] En cuanto a ῥάπισμα, ver la nota al pie del comentario de 18:22.

era cierto, saca a Jesús para que lo vean. No está muy claro por qué sacar a Jesús le iba a permitir a Pilato demostrar que era inocente. Quizá pensaba que el simple porte de Jesús bastaba para saber que aquel hombre no era culpable de todo lo que se le acusaba.

5 Así que Jesús salió fuera, llevando su "corona" y su "manto real". Era totalmente absurdo creer que aquella figura tuviera pretensiones de poder. El simple hecho de contemplarlo debía de ser suficiente para que la gente se diera cuenta, y dejara que Pilato le pusiera en libertad. Cuando hubo salido, el gobernador le presentó con las siguientes palabras: "¡He aquí el hombre!"[10]. Abbott nos informa de que en los clásicos, esta expresión significa a veces "el pobre hombre" o "la pobre criatura"[11]. Puede que Pilato estuviera usando esas palabras con un sentido despectivo. La expresión significa simplemente "He aquí el acusado", pero puede que Juan la quisiera usar con un significado concreto. Para el evangelista, Jesús era el hombre por excelencia, y en esta dramática escena la autoridad política suprema da expresión a esa verdad. Algunos han sugerido que Juan hace una alusión a la expresión "el Hijo del Hombre", pero es imposible que algo así saliera de boca de Pilato. Sin embargo, no es imposible que Juan mantenga las palabras de Pilato ("el hombre"), ya que para muchos evocaba la forma favorita de Jesús para referirse a sí mismo[12].

---

[10] Sobre el uso de ἄνθρωπος aplicado a Jesús, ver el comentario de 4:29. J.L. Houlden nos explica la sugerencia de J. Tomin: deberíamos interpretar que Jesús es el que está hablando (el griego significa tan solo: "y él dice"; gramaticalmente, el sujeto podría ser "Jesús"), y que el significado es "Ved cómo es el hombre" (ExT, 92 [1980-81], pp. 148-49). Houlden cree que este significado es "demasiado filosófico", y no ve por qué deberíamos interpretarlo con ese sentido. Estas palabras son de Pilato.

[11] 1960.

[12] Cf. Richardson: "Adán (una palabra hebrea que significa 'hombre') fue creado por Dios para reinar sobre todo lo creado, toda la creación iba a ser gobernada por un hijo del hombre (en hebreo, ben adam) (Sal. 8 ...). En Cristo, el Hijo del Hombre, se cumplía la intención original de Dios. Es el nuevo Adán, el Rey mesiánico. Así, tenemos en palabras de Pilato un sorprendente ejemplo del 'doble sentido' joánico; aunque Pilato solo quiso decir "He aquí el hombre", sus palabras contienen la verdad sobre la identidad de Cristo". Cf. también Pilcher: "reunía en su persona el ideal humano y así es como la Humanidad le trataba a Él". F.J. Moloney dice: "Si lo vemos en el contexto de todo el Evangelio, y si tenemos en cuenta el uso que Juan hacía de la expresión 'el Hijo del Hombre', es muy lógico pensar que al escribir las palabras de Pilato, Juan tuviera en mente ese título veterotestamentario" (The Johannine Son of Man [Roma, 1976], p. 207).

6a Si Pilato quería apelar a la misericordia de los judíos o a cualquier otra cosa que revertiera a favor de Jesús, su deseo fue truncado. Lo único que consiguió al sacar a Jesús ante la multitud fue que los principales sacerdotes y sus criados[13] le pidieran a gritos[14] la crucifixión de aquel hombre inocente. Éste es el primer uso del término "crucificar" en este relato, y resulta bastante significativo que los que alzan este grito no son ni "los judíos" ni "la multitud", sino los principales sacerdotes y sus alguaciles. Parece ser que Pilato les presentó a Jesús para convencer a la gente de que no era culpable. Pero los líderes religiosos no perdieron ni un segundo. Ni siquiera intentaron persuadir a la multitud. Junto a sus secuaces, comienzan a gritar: "¡Crucifícale!". Usando aquel verbo como eslogan, no fue difícil contagiar a la gran masa.

4. La decisión final de Pilato (19:6b-16)

Pilato les dijo: Tomadle vosotros, y crucificadle, porque yo no encuentro ningún delito en Él. 7 Los judíos le respondieron: Nosotros tenemos una ley, y según esa ley Él debe morir, porque pretendió ser el Hijo de Dios. 8 Entonces Pilato, cuando oyó estas palabras, se atemorizó aún más. 9 Entró de nuevo al Pretorio y dijo a Jesús: ¿De dónde eres tú? Pero Jesús no le dio respuesta. 10 Pilato entonces le dijo: ¿A mí no me hablas? ¿No sabes que tengo autoridad para soltarte, y que tengo autoridad para crucificarte? 11 Jesús respondió: Ninguna autoridad tendrías sobre mí si no te hubiera sido dada de arriba; por eso el que me entregó a ti tiene mayor pecado. 12 Como resultado de esto, Pilato procuraba soltarle, pero los judíos gritaron, diciendo: Si sueltas a éste, no eres amigo del César; todo el que se hace rey se opone al César. 13 Entonces Pilato, cuando oyó estas palabras, sacó fuera a Jesús y se sentó en el tribunal, en un lugar llamado el Empedrado, y en hebreo Gabata.

---

[13] La repetición del artículo antes de ὑπηρέται separa a los dos grupos y nos impide verlos como un todo uniforme. Contrastar con Mt. 16:21; 26:47; 27:3, 12; y Lc. 9:22; en todos estos pasajes los principales sacerdotes y sus criados son una unidad. En una ocasión, Juan une a los fariseos y a los principales sacerdotes de esta forma (7:45), pero la norma para él es presentar a los principales sacerdotes como un grupo aparte. Cf. M, III, p. 182.

[14] ἐκραύγασαν denota un grito sonoro, fuerte: "rugieron" (Dods), "chillaron" (Moffatt).

14 Y era el día de la preparación para la Pascua; era como la hora sexta. Y [Pilato] dijo a los judíos: He aquí vuestro Rey. 15 Entonces ellos gritaron: ¡Fuera! ¡Fuera! ¡Crucifícale! Pilato les dijo: ¿He de crucificar a vuestro Rey? Los principales sacerdotes respondieron: No tenemos más rey que el César. 16 Así que entonces se lo entregó a ellos para que fuera crucificado.

El último intento de Pilato de liberar a Jesús fue echado por tierra cuando los judíos le informaron de que Jesús decía ser el Hijo de Dios. La curiosidad hizo que el gobernador volviera a interrogar al prisionero. El resultado fue el mismo: Pilato estaba convencido de que aquel hombre era inocente y quería dejarlo en libertad. Pero los judíos le tocaron la fibra sensible al recordarle que aquello podía mancillar su reputación ante el César y, por fin, Pilato capituló. Les entregó a Jesús para que lo crucificaran.

6b Puede que la respuesta de Pilato resulte algo pedante, como si se estuviera burlando de los judíos. Si no, no se explica que les dijera "crucificadle". Él sabía que los judíos no podían ejecutar aquel castigo (independientemente de lo que algunos piensen sobre el derecho de los judíos a ejecutar otro tipo de pena de muerte; ver el comentario de 18:31). Además, los pronombres que Pilato usa ("vosotros", "yo") marcan un claro contraste, una clara diferencia. Es como si les hubiera dicho: "Yo no quiero tener nada que ver. Ahora bien, *vosotros*, haced lo queráis". Pero los judíos, por más que quisieran, no podían crucificarle. El método que ellos podían usar para ejecutar aquella pena era el apedreamiento. Algunos han dicho que las palabras de Pilato se podrían parafrasear de la siguiente manera: "Crucificadlo, pero entonces la responsabilidad será vuestra, no mía". Sin embargo, la forma en la que están colocados los pronombres en el texto original apuntan más bien a algo como una rápida respuesta de alguien enfadado y que no ha pensado mucho lo que va a decir: "Si no vais a tener en cuenta mi opinión, entonces, crucificadle vosotros mismos si podéis".

7 Ahora los judíos juegan con la misma carta. Pilato ha usado pronombres enfáticos para hacer hincapié en la diferencia que hay entre él y los judíos, y ellos van a hacer lo mismo. "*Nosotros* tenemos una ley" que es como si dijeran: "No nos importa lo que diga la ley romana". Está claro que "ley" se refiere a la "ley contra la blasfemia" (Lev.

24:16). Según aquella ley, Jesús tenía que morir, porque había dicho ser el Hijo de Dios (cf. 5:18; 8:53; 10:33, donde lo acusan de lo mismo). Lo que les contrariaba a los judíos de aquel galileo eran los reclamos religiosos que hacía. "Hijo de Dios" está en una posición enfática. ¡Ese era su gran delito: considerarse Hijo de Dios![15] Pero desde su punto de vista, Pilato sigue sin encontrar ningún delito en Él. Todo cambia cuando le obligan a verlo desde otro punto de vista.

8-9 Pilato era bastante supersticioso. No podemos decir que era religioso, pero cuando se enteró de que su prisionero había dicho ser el Hijo de Dios se atemorizó (no podía ser temor a los judíos, sino temor a Jesús). Quizá le había afectado el mensaje que su mujer le había transmitido sobre un sueño que había tenido (Mt. 27:19). Y todos los romanos conocían historias en las que los dioses o sus descendientes se aparecían a alguien bajo forma humana. El concepto de "hombre divino" era muy normal en la mentalidad del primer siglo. A Pilato ya le había impresionado la forma de hablar de Jesús. Ahora que oye de su posible origen sobrenatural, tiene miedo[16]. ¿Se estaba enfrentando a un "hombre divino"? Otra interpretación sería que, en vista de que al Emperador Romano se le llamaba *divi filius* ("Hijo de Dios"), puede que Pilato se diera cuenta entonces de que, a fin de cuentas, Jesús sí que estaba reclamando una posición política. Pero creo que la primera opción es más probable, esto es, que Pilato creyera que estaba ante un poder sobrenatural. Vemos que deja a los judíos y vuelve a entrar en el Pretorio para interrogar a Jesús. No queda muy claro el momento en el que Jesús había vuelto a entrar. En el versículo 5 se nos dice que salió, pero no sabemos cuándo entró de nuevo. Lo más seguro es que aún estuviera fuera durante la conversación de los versículos 6 y 7, y que después de eso Pilato lo hiciera entrar para poder hablar a solas con Él. Una vez solos, le preguntó de dónde era, una pregunta un poco extraña[17], pero que podía ser la clave para ver si de verdad estaba diciendo ser Dios. Pero Jesús no le responde.

---

[15] Υἱόν Θεοῦ quizá busca enfatizar la cualidad.

[16] μᾶλλον ἐφοβήθη es una expresión un poco extraña. No tenemos constancia de que Pilato ya se hubiera atemorizado anteriormente. Así, el significado podría ser "se atemorizó en vez de ". Los judíos esperaban que se enfadase; él, en cambio, se atemorizó. No obstante, lo más probable es que el sentido sea "se atemorizó en gran manera".

[17] El uso del pronombre enfático σύ es bastante raro. Abbott nos dice que el σύ en frases interrogativas e imperativas "a veces indica desprecio" (2403), pero prefiere,

No sabemos exactamente por qué. Antes había estado dispuesto a contestarle. Puede que entendiera que antes Pilato estaba cumpliendo con su función de juez, pero que ahora se estaba pasando. El tema a cuestionar era la inocencia o culpabilidad de Jesús, no su origen o procedencia. Sea como sea, y teniendo en cuenta la libertad con la que conversa tanto anterior como posteriormente, este silencio de Jesús tiene que ser significativo. Puede que Jesús permaneciera callado porque Pilato no iba a ser capaz de comprender la respuesta[18]. Ciertamente, ¡no se lo habría creído! O puede que no abriera la boca porque ya le había contestado (18:37). Este silencio en el episodio del juicio aparece en los cuatro evangelios (Mt. 26:63; 27:14; Mr. 14:60-61; 15:5; Lc. 23:9). Tanto San Agustín como Crisóstomo creen que aquí tenemos el cumplimiento de la profecía de Isaías 53:7.

10 A Pilato no le gusta la reacción de Jesús. Por el cargo que ostenta, y el poder que éste le confiere, exige que se le dé una respuesta. ¿Cómo se atreve Jesús a no responderle a él[19]? Así que le recuerda a su prisionero que él tiene poder[20] para decidir si soltarlo o crucificarle. Esta pregunta es reveladora. Pilato era el que tenía la última palabra; él era el único que podía sentenciar "crucificadle" o "soltadle", y este sincero reconocimiento saca a la luz que lo único que ha estado haciendo hasta ahora ha sido evitar tomar una decisión. Pero no puede hacerlo: aunque no le guste, la responsabilidad es suya, y él lo sabe.

11 Estas son las últimas palabras que Jesús le dirige a Pilato; de hecho, son las únicas palabras que pronuncia después de ser azotado.

con Epicteto, la explicación que dice que estamos ante una expresión de incredulidad: "entra en el Pretorio diciéndose a sí mismo 'Este hombre... ¿Hijo de Dios?', y entonces le dice en voz alta al prisionero: '¿Cómo puede ser posible (que seas el Hijo de Dios?'" (2404). Algunos sugieren que esta era una pregunta que se hacía normalmente al inicio de los interrogatorios, y que aquí Pilato se dispone a empezar un nuevo interrogatorio (Lucas recoge que Pilato ya le había preguntado a Jesús si era galileo, Lc. 23:6).

[18] Cf. Temple: "Las historias que él conocía eran sobre dioses que se casaban con humanas, y sobre la descendencia de aquellas uniones. ¿Cómo iba a entender la relación de Jesús, el Hijo de Dios, con el Padre?".

[19] Usa el pronombre enfático ἐμοί y comienza la frase de la siguiente manera: "¿A mí no me vas a hablar?". Teniendo en cuenta el poder casi ilimitado del prefecto romano, esta pregunta es de lo más natural.

[20] La palabra es ἐξουσία, "autoridad". Pilato repite esta palabra, dándole así un cierto énfasis, y Jesús la vuelve a usar en el versículo siguiente para sacar a la luz la naturaleza de la verdadera autoridad.

En primer lugar, corrige a Pilato. El gobernador romano no tiene[21] ninguna autoridad sobre[22] Jesús que no le venga dada "de arriba" (cf. 3:27). Obviamente, esta última expresión significa "del Cielo", no "de sus superiores romanos". Jesús está afirmando que Dios está por encima de todas las cosas y que los gobernantes solo pueden actuar según Dios se lo permita (Ro. 13:1). Entonces, como la actuación de Pilato está limitada, el mayor pecado es el de la persona que lo entrega: es decir, de Caifás ("tiene que ser el sumo sacerdote Caifás", Bruce). "El que me entregó" no puede referirse a Judas, porque él no le entregó[23] a Pilato, sino a los judíos. Fuera como fuera, en este contexto se tiene que estar refiriendo al que es el responsable último, a la cabeza de la religión judía: Caifás. Judas no fue más que un instrumento. Sin embargo, eso no significa que Pilato tenga en qué excusarse. Después de todo, la expresión "mayor pecado" implica que hay otro que ha cumplido un "pecado menor", léase el gobernador romano. No tenía todo el poder de decisión que creía tener, pero tenía ciertas responsabilidades, así que era culpable de sus acciones.

12 De alguna forma, aunque no sabemos exactamente cómo, la respuesta de Jesús convenció a Pilato. No excusó a Pilato por lo que estaba haciendo, sino que simplemente afirmó que había alguien más culpable que él, y que su decisión tenía menos importancia de la que él creía. Quizá Pilato vio en aquella respuesta algo que le hizo pensar más sobre la posibilidad de que aquel fuera el Hijo de Dios. Al menos, su respuesta revelaba cierta familiaridad con la autoridad divina. Por tanto (o "a partir de ese momento")[24], Pilato intentaba[25] liberar a Jesús. Juan no nos

---

[21] Lo más normal hubiera sido ἄν con οὐκ εἶχες. Pero parece ser que la omisión de esa expresión no afecta al sentido.

[22] κατ' ἐμοῦ probablemente debería traducirse por "sobre mí", y no por "contra mí", como traducen algunas versiones (p. ej. KJV). La preposición tiene el sentido de "respecto a", "por lo que se refiere" (LS. A.II.7). Es cierto que κατά a veces significa "contra", pero no tiene mucho sentido pensar que Jesús está pensando exclusivamente en el poder que Pilato tiene para crucificarle. También tiene poder para soltarle, y ese no es un poder "contra" Jesús.

[23] El verbo παραδίδωμι es el que se usa para la traición de Judas, a quien se le describe como ὁ παραδιδοὺς αὐτόν (18:2, 5). Pero también se usa cuando los judíos le entregan a Pilato (18:30, 35). También se usa para describir la acción de Pilato en 19:16.

[24] ἐκ τούτου. Ver también 6:66, donde aparece la misma expresión y la misma ambigüedad.

[25] Véase el imperfecto ἐζήτει.

dice la forma o formas en las que lo intentó. Pasa directamente a la oposición que aquello suscitó. Puede que el gobernador intentara convencer a los judíos, hablando con ellos. Lo que está claro es que salió del Pretorio (donde estaba en el versículo 11), ya que aquí vemos que los judíos le hablan a él directamente. Le gritan, diciéndole que o está a favor de Jesús, o está a favor del César. "Amigo del César" podía usarse en un sentido técnico[26], pero parece ser que ese no es el caso de este versículo. Estamos, más bien, ante un término general que se usaba para describir a cualquier simpatizante de Roma. Los judíos sostienen que Jesús[27] y el César eran rivales. Aquí tenemos otra ironía típica de Juan: los judíos no tienen razón, Jesús no es un revolucionario político, pero, por otro lado, sí que es cierto que Jesús y el César están en dos polos opuestos. Un juez justo podía soltar a un hombre inocente y seguir siendo amigo del César. Pero como Jesús está diciendo ser el Cristo, el Enviado de Dios, en tal caso César ya no tiene el papel principal. En ese sentido sí que son rivales. Al César se le consideraba enviado por Dios; por tanto, o se estaba a favor de Cristo, o se estaba a favor del César. Pero, una posición excluía la otra, y Juan quería que sus lectores se dieran cuenta de esta verdad. Los judíos continúan con su ataque, poniéndole nombre a la acción que acaban de describir: alta traición. "El que se hace rey se opone al César". Aunque de forma implícita, los judíos le están amenazando: si suelta a Jesús, ellos podrán demandarle ante las autoridades romanas. Cualquier político de buena reputación no se hubiera intimidado ante esta amenaza, pero se sabe que Pilato no quería que enviaran inspectores imperiales[28] a sus dominios; además, el emperador Tiberio sospechaba enseguida que le llegaban rumores, por leves que estos fueran.

---

[26] Ver BAGD sub Καῖσαρ, donde aparecen ejemplos de esta expresión como título oficial; también Deissmann, LAE, pp. 377-78; Sherwin-White, Roman Society and Roman Law, p. 47.

[27] τοῦτον se usa probablemente con un cierto matiz de desprecio.

[28] Filón escribe que en otra ocasión, cuando algunos líderes judíos mencionaron informar al Emperador Tiberio de cierto asunto, Pilato "tuvo miedo de que el Emperador enviara una embajada, y que ésta descubriera el resto de su conducta como gobernador, sacando a la luz todas las barbaries que cometía, los ataques e insultos gratuitos con los que propinaba a la población, las ejecuciones sin juicio previo que se llevaban a cabo, etc" (Leg. Ad Gai.302). Lo más probable es que Filón estuviera exagerando, pero lo que está claro es que a Pilato no le hubiera hecho ninguna gracia que vinieran con órdenes de investigarle.

13 Pilato entendió el dilema en el que le ponían[29]. Hablando desde nuestra perspectiva humana, mencionar al César fue lo que selló el destino fatal de Jesús. El prefecto no contestó a los judíos, pero sacó fuera a Jesús y se sentó[30] en el tribunal[31]. Parecía una preparación solemne para dar por terminado aquel caso. Pilato iba a pronunciar la sentencia oficial, y a acabar con todo aquel asunto. Juan nos da los nombres[32] griego y arameo del lugar[33] en el que estaba el tribunal. Esta informa-

[29] En cuanto a ἀκούω con el genitivo, ver el comentario de 5:25.

[30] El verbo καθίζω suele ser transitivo, y algunos eruditos así lo interpretan aquí. Así, tendríamos que Pilato sentó a Jesús en el tribunal (p. ej. Weymouth, Moffatt, Goodspeed, Schonfield, Haenchen y de la Potterie). Sin embargo, eso no tiene demasiado sentido. En primer lugar, es imposible imaginar al gobernador haciendo algo así (con su aprobación o no, los que se estaban burlando de Jesús eran los soldados). En segundo lugar, el uso transitivo no es muy común en el Nuevo Testamento. Juan usa este verbo solo en otra ocasión, en 12:14, donde es intransitivo (también parece en 8:2, también de forma intransitiva). Y en tercer lugar, καθίζω ἐπὶ βήματος es una expresión bastante normal para decir que una persona toma asiento "en el tribunal" (Josefo la usa para referirse a Pilato mismo, G. 2.172). Barrett descubre aquí un doble sentido, tan típico de Juan: "Podríamos suponer que Juan quiso decir que el que se sentó en el βῆμα fue Pilato, pero que para los que fueron capaces de ver más allá de esta escena terrenal, estaba describiendo al Hijo del Hombre, a quien le ha sido confiado todo juicio (5:22), sentado en su trono".

[31] Este es el único lugar en el Nuevo Testamento en el que βῆμα se usa sin el artículo como prefijo para referirse al tribunal, es decir, la única vez que tenemos "un" tribunal, no "el" tribunal. Podría indicar que se construyó en el Empedrado un tribunal provisional. Lo normal sería que el βῆμα oficial estuviera dentro del Pretorio.

[32] Λιθόστρωτον puede significar "un empedrado" o "un mosaico". Γαββαθᾶ, solo aparece aquí y no sabemos exactamente lo que significa. Algunos creen que proviene de גב ביתא, gab baitha' "la colina de la Casa", es decir, el montículo en el que estaba construido el templo. Pero los que proponen ese y otro significado, no tienen demasiadas evidencias que les apoyen. Lo cierto es que con la poca información que tenemos sobre el significado del nombre y sobre la ubicación del lugar en cuestión, reconocemos que no podemos pronunciarnos con exactitud. Obviamente, Λιθόστρωτον no pretende ser una traducción del término arameo. Parece ser que cada uno, el término griego y el arameo, tiene un significado diferente. Eran dos nombres diferentes que se usaban para nombrar el mismo lugar. Algunos eruditos creen que "Empedrado" era un decorado desmontable para colocar al lado del tribunal, y citan a Suetonio, Vit. Div. Jul., 45. Pero Suetonio habla de "suelos de mosaicos y teselas" portables, como evidencia de un lujo poco común, que era difícil de encontrar, y nunca lo relaciona con el ejercicio jurídico o judicial. W.F. Albright cree que L.H. Vincent ha demostrado que el lugar al que se hace referencia en este versículo es el patio de la Torre de Antonia, donde había un Empedrado romano que cubría al menos 2.500 m². Como estaba en un lugar elevado y rocoso, el nombre gaveta, "cumbre", es apropiado (BNT, pp. 158-59). No obstante, Robinson asegura que esta identificación es imposible (Priority, p. 54).

[33] Resulta bastante extraño que la preposición εἰς anteceda a τόπον. Podría deberse a la influencia de un ἤγαγεν anterior, o puede que simplemente sea equivalente a ἐν.

ción no es necesaria para la comprensión del significado del episodio, así que solo debemos verla como una marca personal del autor.

14 Juan introduce una característica marca temporal (ver el comentario de 1:39), pero en este caso surge algún problema. En primer lugar, "el día de la preparación para la Pascua" (de forma más literal, "preparación de la Pascua") quiere decir, con casi toda seguridad, "el viernes de la semana de la Pascua", no "la víspera de la Pascua" (ver la Nota Adicional H). En segundo, la hora del día también nos plantea un problema. Marcos dice que era la hora tercera cuando crucificaron a Jesús (Mr. 15:25)[34]. Pero Juan nos informa de que cuando era "como la hora sexta", el juicio aún no había terminado. Westcott cree que Juan usó el sistema horario romano, que empezaba a contar las horas a partir de la medianoche (como hacemos nosotros). Por tanto, la hora sexta serían las seis de la mañana. Sin embargo, Marcos usó el sistema horario palestino, que empezaba a contar desde el amanecer, por lo que la "hora tercera" serían las nueve de la mañana. Esta teoría parece bastante atractiva, pero parece ser que no hay evidencias de que el llamado método romano se usara fuera de documentos legales como por ejemplo los contratos. En Roma, como en el resto de lugares, el día empezaba cuando amanecía[35]. Cuando se da una hora concreta ("la hora primera",

[34] Esto es, si optamos por la división de la frase habitual. Sin embargo, A. Mahoney argumenta que la expresión "la hora tercera" debería interpretarse junto con el episodio anterior, en el que los soldados se repartieron sus vestidos echando suertes, y no con el episodio de la crucifixión (CBQ, XXVIII [1966], pp. 292-99). Él cree que la repartición de los vestidos tuvo lugar cuando se burlaron de Él y le azotaron, mucho antes de la crucifixión. Si aceptáramos esta teoría, entonces no habría ninguna contradicción en este pasaje.

[35] Sin embargo, Westcott nos recuerda que el martirio de Policarpo tuvo lugar "en la hora octava" (Mart. Pol. 21), que, según él, debió de ser a las ocho de la mañana, y no a las dos de la tarde. También cita el martirio de Pionius "en la hora décima", y sostiene que es imposible que se realizara a las cuatro de la tarde, dado que este tipo de ejecuciones se realizaban por la mañana. Usando estas dos referencias llega a la conclusión de que en Asia Menor se contaban las horas a partir de la media noche. No podemos decir que Juan usaba un sistema horario diferente al que se usaba en el resto de lugares, basándonos en una teoría levantada sobre unas evidencias tan escasas. Además, contamos con las palabras de W.M. Ramsay, que dice que los juegos ya habían finalizado cuando juzgaron a Policarpo, y es muy poco probable que los juegos acabaran antes del mediodía (Expositor, 4, vii [1893], p. 221s.; también recoge que Pionius murió por la tarde, p. 223). Plinio, comentando el hecho de que diferentes personas usen diferentes sistemas horarios, dice lo siguiente: "la forma de denominar las horas del día siempre ha variado de unos grupos a otros; los babilonios cuentan de ama-

"la hora cuarta", etc.) siempre parece que se calcula con referencia al amanecer, no a la medianoche. Además, lo más seguro es que Marcos y Juan solo nos estén dando el tiempo aproximado, no la hora exacta. Quizá "la hora tercera" quiera decir algo como "a media mañana", y que "la hora sexta" se refiera a que ya se acercaba el mediodía. De hecho, ambas expresiones podrían parafrasearse por "la mañana estaba avanzada", a no ser que haya alguna razón para pensar que busquen transmitir una exactitud fuera de lo normal. Pero no creo que la haya[36].

Pilato hizo salir a Jesús, y se sentó en el tribunal. Sin embargo, aunque lo normal debía de ser que en ese momento el prefecto pronunciara una sentencia, él no lo hizo; de hecho, en ningún momento Juan recoge que Pilato sentenciara a Jesús. Sus palabras son las siguientes: "He aquí vuestro Rey". Como en el caso de "He aquí el Hombre" (v. 5), estas palabras encierran una clara ironía. Para Pilato no había duda alguna; aquel prisionero andrajoso era la antítesis de todo lo que suponía ser rey. Según el concepto que él tenía de la realeza, Jesús no podía ser rey. Simplemente estaba usando el término que había oído en un último intento de convencer a los judíos de que se olvidaran de continuar con el proceso. Pero para Juan la majestad de Jesús era real.

---

necer a amanecer, los atenienses de anochecer a anochecer ... los campesinos de todos los pueblos, desde que sale la luz, hasta que reina la oscuridad, los sacerdotes romanos y las autoridades que establecieron el horario oficial, y también los egipcios e Hicarpo de medianoche a medianoche" (Natural History 5.188). Encontrará más información en HDB, V, pp. 475-79. El problema está en la falta de evidencias a favor de esa "división oficial del día" que empieza a contar a partir de la media noche. No se nos ofrece ninguna cita o evidencia que lo respalde. Ver también el comentario de 1:39.

[36] Barrett cree que quizá la dificultad esté solamente en el proceso de transcripción. Como era fácil confundir los numerales griegos 3 (Γ) y 6 (F), puede que con los caracteres hebreos ocurriera lo mismo. Sin embargo, prefiere decantarse por la teoría de que Juan alteró el horario para que la muerte de Jesús coincidiera con el momento en que se mataba a los animales que iban a servir de sacrificio pascual. Ryle ha elaborado un buen resumen de los varios intentos de solucionar este problema. C.C. Cowling cree que en Marcos ὥρα podría querer decir "vigilia", y como la tercera vigilia era a partir de la primera hora de la tarde, no habría contradicción entre el texto marcano y el joánico (ABR, V, nos. 3-4, pp. 155-60). Esta teoría resulta ingeniosa, pero no cuenta con evidencias suficientes para poder ser demostrada. W.M. Ramsay, en su artículo "About the Sixth Hour" [Sobre la hora sexta] (Expositor, 4, vii [1893], pp. 216-23) toma la línea que yo he adoptado: "Los apóstoles no tenían forma de evitar la dificultad de saber si era la hora tercera o la sexta cuando el sol casi había llegado a su posición más alta, pero tampoco les importaba demasiado (p. 218). Este comentarista ilustra que la poca precisión al hablar de las horas era normal, y lo hace contando que "en latín, 'en una hora' (horae momento) se usaba cuando nosotros ahora usamos 'en un segundo'" (Ibíd.).

El evangelista quiere que veamos a Jesús como Rey en el mismo momento en el que se enfrentó a la muerte para salvar a los pecadores.

15 Inevitablemente, al igual que los intentos anteriores de Pilato, este también fracasó. Al contrario de lo que era su intención, sus palabras provocaron la ira de los judíos, quienes empezaron a gritar[37] que se llevaran[38] a Jesús, y que lo crucificaran. Pilato hizo aún una última protesta. Cuando dice: "¿He de crucificar a vuestro Rey?", coloca la palabra Rey en una posición enfática. Pero no sirve de nada. La multitud solo quiere ver sangre. Sin embargo, la respuesta que Pilato recibe no viene de la multitud, sino de los principales sacerdotes, quienes aseguran: "No tenemos más rey que el César". ¡No hay nada más ridículo que esta declaración de lealtad de parte de los judíos! He aquí otro ejemplo de la ironía joánica. Aquellos hombres decían ser, de acuerdo con el Antiguo Testamento, el pueblo de Dios. Así, sostenían que Dios era su Rey (Jue. 8:23; 1 Sa. 8:7; Schnackenburg nos recuerda que en la décimoctava de las *Dieciocho Bendiciones*, oraban así: "Que solo Tú seas nuestro Rey"). Sus palabras no son más que fruto del oportunismo. No obstante, reflejan la pura verdad. Sus vidas mostraban que no rendían ningún tipo de homenaje a Dios. Así que si algún rey tenían, era el César, y no Dios. Repito: fueron los líderes religiosos los que pronunciaron esas palabras.

16 Pilato ya no podía hacer nada. Reconoció que había fracasado, y les entregó a Jesús para que lo ejecutaran[39]. Si, llegado este punto, hubiera insistido en liberarlo, podrían haberle acusado de infidelidad al César. Gramaticalmente hablando, "a ellos" se refiere a los principales sacerdotes. Sin embargo, está claro que la ejecución fue llevada a cabo por los romanos. Las penas de los judíos no incluían la crucifixión y, en todo caso, no les hubieran permitido realizarla. Pero la estruc-

---

[37] El aoristo ἐκραύγασαν apunta quizá a un grito puntual (y no tanto a un griterío continuo; sin embargo, es muy probable que a ese grito puntual le siguiera dicho griterío). ἐκεῖνοι enfatiza el claro contraste que hay entre los judíos y Pilato.

[38] Ἆρον suele traducirse como "¡Fuera con él!", pero Lightfoot nos recuerda que este verbo también significa "levantar". Cree que podríamos estar ante una sutil referencia joánica a la exaltación de Jesús. Curiosamente C.K. Williams traduce "¡Abajo con él!". Pero el término que estamos comentando no puede traducirse por "abajo"; ¡en todo caso sería "arriba"!

[39] Cf. Sherwin-White: "la implicación de que Pilato adoptó, o estuvo dispuesto a adoptar, la sentencia del Sanedrín, está enteramente bajo el campo de acción del procurador" (Roman Society and Roman Law, p. 47).

tura de esta frase revela que, fueran quienes fueran los que ejecutaran el castigo que cayó sobre Jesús, lo cierto es que el Señor fue entregado a voluntad de los judíos, quienes buscaban, a toda costa, su muerte (cf. Lc. 23:25). *REB* traduce: "Entonces, para satisfacerles, entregó a Jesús para que fuera crucificado".

D. MUERTE DE JESÚS (19:17-42)

A continuación, Juan narra el episodio de la crucifixión. Su narración nos aporta detalles que no aparecen en los Sinópticos: el letrero sobre la cruz estaba en las tres lenguas, los judíos se quejaron por lo que ponía en el letrero, y también las tres "palabras" del Jesús crucificado: "¡Mujer, he aquí tu hijo!" con el correspondiente "¡He ahí tu madre!", "Tengo sed" y "¡Consumado es!". También, gracias a Juan sabemos que Jesús cargó con el madero la primera parte del trayecto al Gólgota, que le traspasaron el costado, y que Nicodemo estuvo participando activamente en el entierro.

1. Jesús crucificado (19:17-22)

17 Tomaron, pues, a Jesús, y Él salió cargando su cruz al [sitio] llamado el Lugar de la Calavera, que en hebreo se dice Gólgota, 18 donde le crucificaron, y con Él a otros dos, uno a cada lado y Jesús en medio. 19 Pilato también escribió un letrero y lo puso sobre la cruz. Y estaba escrito: JESÚS EL NAZARENO, EL REY DE LOS JUDÍOS. 20 Entonces muchos judíos leyeron esta inscripción, porque el lugar donde Jesús fue crucificado quedaba cerca de la ciudad; y estaba escrita en hebreo, en latín [y] en griego. 21 Por eso, los principales sacerdotes de los judíos decían a Pilato: No escribas, «el Rey de los judíos»; sino que Él dijo: «Yo soy Rey de los judíos.» 22 Pilato respondió: Lo que he escrito, he escrito.

17 La NVI contiene "los soldados", pero Juan solo usa el pronombre de tercera persona del plural "ellos"; es bastante obvio que debe referirse a los soldados, pero es una construcción un tanto extraña[40].

---

[40] Gramaticalmente hablando, estas palabras se refieren a los principales sacerdotes (ya que son el referente más cercano), y nos recuerdan a 1:11. Westcott comenta: "Los

Era normal que el condenado de camino al lugar de ejecución carga-
ra toda o parte de la cruz en la que le iban a colgar. Una traducción
más literal sería "cargando la cruz por sí mismo", y así Juan pone cierto
énfasis en que Jesús también tiene parte en este episodio[41]. Puede que
Juan esté haciendo hincapié en que Jesús realizó la salvación de la
Humanidad Él solo. Muchos creen ver una referencia a génesis 22:6,
viendo a Isaac como tipo de Cristo. Los Sinópticos nos dicen que por
el camino, obligaron a Simón de Cirene a relevar a Jesús (Mt. 27:32;
Mr. 15:21; Lc. 23:26; Marcos y Lucas añaden que "venía del campo").
Así, Jesús tuvo que cargar con la cruz al principio, pero por el camino,
probablemente porque estaba débil después de los azotes que le habían
propinado, le libraron de aquella carga. Debía de estar muy débil ya,
pues la pieza de la cruz que hacían cargar al condenado no solía pesar
mucho[42]. Juan nos dice el nombre del lugar donde tuvo lugar la crucifixión tanto en griego como en arameo[43]. Esa palabra significa "una
calavera", pero no se sabe por qué se le dio dicho nombre[44]. He aquí

judíos recibieron a Cristo de manos del gobernador romano para muerte: no lo
recibieron cuando los profetas le hablaban de él para vida". Algunos eruditos sostienen
que "ellos" se refiere a los judíos, que fueron los que a fin de cuentas crucificaron a
Jesús, usando a los romanos como instrumento.

[41] No obstante, quizá refleja el dativus ethicus arameo, "le cargó la cruz", tal como
cree Black (AA, p. 76).

[42] Algunos creen que el verbo que se usa para describir su caminar después de que
Simón le cogiera la cruz (φέρουσιν) es otra evidencia más de lo débil que estaba (Mr.
15:22). El significado más directo de esa expresión es "cargaron con él", aunque no
debemos construir ninguna teoría en función de esta información ya que este verbo
también se usaba en el sentido de "llevar", "dirigir", "conducir".

[43] Γολγοθᾶ = גֻּלְגֹּלֶת. BAGD cree podría estar refiriéndose a la palabra aramea גֻּלְגָּלְתָּא
= גֻּלְגֹּלֶת (cf. 2 R. 9:35). La palabra Calvario, tan común entre nosotros, proviene del
latín calvaria, que también quiere decir "calavera". Es extraño que aparezca el relativo
neutro ὅ, ya que τόπος es masculino. Quizá se refiere a Κρανίου, un sustantivo neutro.
O quizá la expresión Κρανίου τόπου sea una unidad, a la que se debe tratar como topónimo neutro. Encontramos neutros en condiciones similares en Mt. 27:33 y Mr. 15:22,
refiriéndose a este mismo lugar y a su interpretación. Las expresiones ὅ ἐστιν y τοῦ
τ' ἐστιν se usan normalmente como fórmulas explicativas o aclaratorias (como la expresión latina id est), independientemente del género. (ver BDF, 132 [2]). Puede que
aquí ocurra algo parecido.

[44] La explicación más común es que Jesús fue crucificado en una colina que tenía
forma de calavera. Puede que sea cierto. Pero no hay ninguna tradición antigua que
apunte a tal información, y aunque en himnos y sermones encontramos muchas referencias a la colina en la que Jesús fue crucificado, en los Evangelios en ningún momento
se nos dice que le crucificaran en una colina o un monte. Otra explicación dice que
era un lugar donde se veía por doquier las calaveras de los que allí habían sido ejecutados. Pero para eso el nombre tendría que estar en plural, "calaveras", y no

otro ejemplo del conocimiento joánico de la topografía de Jerusalén antes de la destrucción. Pero nosotros no tenemos forma de saber la razón por la que respondía a un nombre tan extraño.

18 Juan describe el horror que suponía la crucifixión[45] en una sola palabra. Como ocurre en el caso de los azotes, solo menciona el hecho;

"calavera". Además, en aquel lugar había un huerto (v. 41), así que es casi imposible que los judíos hubiesen permitido que los cuerpos o partes de los cuerpos estuvieran por allí a la vista. Otra sugerencia, de los tiempos de Orígenes, defiende que allí es donde está enterrado Adán. Pero no hay razón para pensar que esta tradición sea precristiana. Lo cierto es que no contamos con evidencias para podernos pronunciar sobre esta cuestión. Así pues, diremos que no sabemos por qué este lugar responde a un nombre tan curioso.

[45] Los relatos de los Evangelios son las descripciones más completas de una crucifixión que nos han llegado de tiempos antiguos. La crucifixión era una pena deshonrosa, y los autores antiguos no se detenían a comentarla con detalle. Había varios tipos de crucifixión; muchos de ellos dependían de los gustos y el sadismo de los ejecutores. A veces solo se usaba un madero, o se usaba una cruz con forma de X o de Y. Otras, la madera horizontal estaba colocada al final de la madera vertical (la crux commissa o patibulata) o más abajo del extremo (la crux immissa o captitata). A la víctima la colgaban de la cruz atándola o clavándola, y en tal caso, los clavos le perforaban las muñecas o los antebrazos (no las manos, ya que estas no podían aguantar el peso del cuerpo sin desgarrarse y, si eso ocurría, el cuerpo se descolgaba). El madero se colocaba de forma que la víctima no tocara con los pies en el suelo, pero que tampoco estuviera muy elevado. El madero tenía un soporte en forma de cuerno (el sedile o sedecula) sobre el que la víctima podía reposar parte de su peso. El objetivo de este soporte no era aliviar al condenado, sino prolongar su agonía. Goguel cita la descripción que hace A. Réville: "la crucifixión era el instrumento más apreciado por los torturadores: causaba un sufrimiento físico atroz, un largo tormento, y una ignominia insufrible cuando la multitud se agolpaba para contemplar la larga agonía del crucificado. No había nada más horrible que la visión de un cuerpo crucificado, casi cadáver, sin poder moverse y sin esperanza, pero que aún respiraba, veía y sentía. De la forma en la que lo inmovilizaban, ni siquiera podía encogerse de dolor. Desnudo, incapaz de espantar las moscas que se le posaban en las heridas de los azotes que le había propinado antes de crucificarle, expuesto a los improperios de la gente, que siempre encuentra un placer enfermizo en ver sufrir a los demás, sentimiento que siempre aumenta, en vez de reducirse, al ver el dolor; la cruz representaba la miserable humanidad reducida al último grado de impotencia, sufrimiento y degradación. El castigo de la crucifixión engloba todos los elementos que el más ardiente de los torturadores pudiera desear: tortura, exposición deshonrosa, degradación, y muerte lenta y segura" (The Life of Jesus [Londres, 1958], pp. 535-36). Se han encontrado los restos de un hombre crucificado en Jerusalén en tiempos de Jesús (aprox.) (ver J.H. Charlesworth, ExT, LXXXIV [1972-73], pp. 147-50). Tenía las piernas dobladas, giradas para que las pantorrillas quedaran paralelas al madero, y así las atravesaban con un solo clavo. Le habían roto las piernas, una solo estaba fracturada, pero la otra estaba destrozada. No se sabe a ciencia cierta qué es lo que provocó la muerte de este crucificado. La tortura debió de afectarle tanto a la respiración como a la circulación, teniendo en cuenta que el

no se detiene más en ese asunto. La piedad popular, tanto católica como protestante, en muchas ocasiones ha enfatizado el sufrimiento de Jesús, ha analizado de forma exageradamente minuciosa el sufrimiento por el que nuestro Salvador tuvo que pasar. Pero eso no lo vemos en ninguno de los Evangelios. Los evangelistas mencionan el incidente, pero no se detienen a describirlo. Les importa lo que ocurrió: Jesús murió por los pecadores[46]. Pero no intentan jugar con los sentimientos de los lectores.

Juan, como los otros evangelistas, cuenta que junto con Jesús crucificaron a otros dos hombres, y que Jesús estaba colocado entre ellos. Quizá ese era otro ataque a su dignidad; Jesús murió entre criminales. Pero es posible que Juan recoja ese detalle para sacar a la luz la verdad de que Jesús, al morir, se identificó plenamente con los pecadores.

19 Pilato escribió un letrero; eso no quiere decir que lo escribiera él, de su propia mano (cf. NVI: "mandó que se escribiera... un letrero"). "También" podría querer decir "además de todos los otros golpes que había asestado a los judíos". El "letrero" contenía los crímenes del condenado[47] y se colgaba en la cruz. En el letrero de la cruz de Jesús ponía: "Jesús el nazareno[48], el Rey de los judíos", reflejando la posición

cuerpo ya debía estar débil a causa de los azotes previos a la crucifixión. Algunos sugieren que la combinación de todo esto le debió de causar una parada cardíaca. Otra posibilidad sería que el riego sanguíneo no le llegara al cerebro. O que la víctima se asfixiara porque no le llegaba aire a los pulmones. No se sabe. Tradicionalmente se ha dicho que la cruz en la que Jesús murió era la crux immissa, y podría ser cierto. Sin embargo, el τίτλος (letrero) de Pilato sobre la cabeza de Jesús prueba que no es así. Pero en una crux commissa, el cuerpo quedaba lo suficientemente bajo como para poder colocar un τίτλος. Más información en M. Hengel, Crucifixion (Londres, 1977); J.H. Charlesworth, LXXXIV, pp. 147-50; B. Smalhout, Zadok Perspectives, Junio 1985, pp. 9-10); E.M. Yamauchi, Evangelical Review of Theology, 9 (1985), pp. 136-37; J.A. Fitzmyer, CBQ, 40 (1978), pp. 493-513.

[46] Cf. Morgan: "Puede ser una opinión discutible, pero creo que la Iglesia de Dios ha sufrido más de lo necesario regodeándose en el aspecto físico de la crucifixión de Jesús. No estoy negando el dolor por el que tuvo que pasar, pero el sufrimiento físico de Jesús no fue nada comparado con el desespero que hizo necesaria la Cruz".

[47] Juan los llama un τίτλος, lo que Dods describe de la siguiente forma: "El 'título', αἰτία, era una tabla blanqueada con yeso (σανίς, λεύκωμα) como las que se utilizaban para los anuncios públicos". Suetonio habla de un esclavo al que Calígula mandó castigar cortándole las manos y colgándolo del cuello, y "llevándolo luego ante los invitados, con un letrero (título) donde explicaba la razón por la que se le había castigado" (Calig. 32).

[48] En cuanto a Ναζωραῖος, ver el comentario de 18:5.

que se había adjudicado en los versículos 14-15 y, de alguna manera, buscando vengarse de los que le habían presionado a consentir la ejecución de Jesús. Juan no se cansa de subrayar la majestad de Jesús; la enfatiza hasta el final. Para él es el tema principal, y no quiere que se nos olvide.

20 Juan añade alguna información que no aparece en los otros evangelios. Mucha gente leyó aquel letrero. Probablemente no fueron muchos los que oyeron que Pilato llamó a Jesús "Rey de los judíos" en el Pretorio. Pero las ejecuciones eran, en el siglo primero, como una función para el pueblo; la gente asistía a ver las crucifixiones, sobre todo cuando, como en este caso, se realizaba cerca de la ciudad[49]. Además, mucha gente podía llegar a saber lo que el cartel decía ya que estaba en hebreo, en latín y en griego. Cualquier persona que supiera leer tenía que saber, al menos, una de aquellas tres lenguas. Así, la descripción que Pilato hizo de Jesús se iba a extender por toda la ciudad, e iba a viajar aún más allá. Además, cada uno de esos idiomas tiene un significado concreto. El hebreo era la lengua nacional, el latín era la lengua oficial, y el griego era la lengua franca que se usaba en todo el Imperio Romano. Tenemos, de nuevo, un apunte sobre la universalidad del reinado de Jesús. El hecho mismo de que la inscripción estuviera escrita en tres idiomas sirve para explicar que los cuatro evangelios no coincidan cuando nos cuentan lo que decía el letrero.

21-22 Es natural que aquello no gustara nada a los principales sacerdotes (llamados aquí "los principales sacerdotes de los judíos")[50]. Se habían negado a aceptar a Jesús como su Rey, aunque sí que usaron que Jesús decía ser rey como uno de los puntos fuertes de la acusación ante el gobernador. Los líderes religiosos presentaron su objeción[51], aunque

---

[49] Las palabras que Juan usa significan algo así como "cerca estaba de la ciudad el lugar en el que crucificaron a Jesús". Según MiM esta forma de explicarlo se debe a que "así se establece una relación más estrecha entre el crimen cometido y la culpabilidad de la ciudad de Jerusalén".

[50] οἱ ἀρχιερεῖς τῶν Ἰουδαίων. Éste parece ser el único lugar donde encontramos esta expresión (aunque cf. Hechos 25:15). Quizá se quiera establecer un contraste con "el Rey de los judíos".

[51] Turner cree que el presente de imperativo μὴ γράφε significa "¡Deja de escribir!" (M, III, p. 76). Sin embargo, Moule lo incluye en una lista de pasajes en la que "es difícil detectar por qué se usa un tiempo verbal determinado" (IBNTG, p. 21). Ver más en el comentario de 2:16.

una vez que el título estaba escrito y erigido no había nada que hacer. Querían que Pilato añadiera que no eran ellos los que decían que Jesús era Rey, sino Él mismo[52]. Pero Pilato hizo caso omiso. Deja bien claro que no piensa alterar lo que ha escrito[53]. Así, Juan estaría apuntando a que en un sentido, Jesús es Rey, y no hay nada que pueda cambiar esa realidad. Sin embargo, no nos dice si las palabras de Pilato son un reconocimiento de esa verdad, o si son una burla dirigida a Jesús o a los acusadores de Jesús. La segunda opción parece la más plausible.

2. La repartición de la ropa de Jesús (19:23-25a)

23 Entonces los soldados, cuando crucificaron a Jesús, tomaron sus vestidos e hicieron cuatro partes, una parte para cada soldado. Y [tomaron también] la túnica; y la túnica era sin costura, tejida en una sola pieza. 24 Por tanto, se dijeron unos a otros: No la rompamos; sino echemos suertes sobre ella, [para ver] de quién será; para que se cumpliera la Escritura: "Repartieron entre sí mis vestidos, y sobre mi ropa echaron suertes"ª. 25 Por eso los soldados hicieron esto.

a. 24 Salmo 22:18

23 Era costumbre que los soldados que ejecutaban la crucifixión se repartieran las ropas de la víctima; era como una recompensa por el servicio ofrecido. De acuerdo con esta práctica, los soldados que crucificaron a Jesús se repartieron sus ropas[54] en cuatro; cada uno se quedó con una pieza. Este detalle nos revela que fueron cuatro los soldados

---

[52] Después de "No escribas" aparece un artículo, ὁ Βασιλεύς, que no encontramos cuando se repite la expresión después de "Él dijo". Abbott nos dice que los clásicos hacían una distinción entre Βασιλεύς, "el único Rey, el nombre dado al soberano de Oriente, y ὁ Βασιλεύς, 'el rey' de esta o aquella tribu". Por tanto, quizá Juan busca darle un "sentido evangelístico" (1966a). No obstante, no podemos olvidarnos del uso neotestamentario por el cual un atributo definido que precede al verbo suele ir sin artículo (ver el comentario de 1:1). Aquí Βασιλεύς precede a εἰμι. El significado es "El Rey".

[53] Esto se ve reflejado en el doble uso del tiempo perfecto: Ὃ γέγραφα, γέγραφα. En lugar del primer γέγραφα podría haber habido un aoristo, por lo que la sustitución con el aoristo incrementa el sentido de finalidad.

[54] Encontramos aquí el plural ἱμάτια, pero puede que en vez de referirse a más de una pieza de ropa sea un término que signifique ropa en general. Ver Mr. 5:27, 30 don-

que tomaron parte en la crucifixión. La túnica interior era sin costura, de una sola pieza[55]. Eso le daba un valor especial.

24-25a Así, los soldados decidieron no dividir aquella pieza y, para determinar quién era el afortunado que se la quedaba, echaron suertes sobre ella[56]. Juan ve en este incidente un cumplimiento literal de las Escrituras (Sal. 22:18)[57]. Según él, los soldados actuaron así porque "estaba escrito"[58]. Juan lo tiene muy claro: Dios está por encima de

de encontrará más sobre la intercambiabilidad del singular y el plural de este término. Estrictamente hablando, hace referencia a la pieza exterior, que era diferente a la χιτών, la túnica interior. La vestimenta típica de aquel entonces consistía en la ropa interior, una χιτών, un ἱμάτιον, un cinturón, una pieza para cubrir la cabeza, y unas sandalias (ver Daniel-Rops, Daily Life in Palestine at the Times of Christ [Londres, 1962], pp. 211-18). Es posible que dividieran el ἱμάτιον de Jesús por las costuras. O que al referirse a cuatro partes estuvieran incluyendo el cinturón y la pieza que cubría la cabeza. Si fue así, el soldado que se quedó con el ἱμάτιον se llevó la mejor parte. Quizá por eso lo echaron a suertes ("para decidir lo que cada uno tomaría", Mr. 15:24). Cada soldado tenía ya una pieza, y aún quedaba la túnica sin costuras, χιτών. Así que en vez de dividirla, volvieron a echar suertes.

[55] Josefo cuenta que la χιτών del sumo sacerdote era del mismo tipo, tejida de una sola pieza (A. 3.161). Puede que Juan estuviera pensando en la función sacerdotal de Cristo al entregar su vida. Comentaristas cristianos, tanto antiguos como modernos, han visto a veces en esta túnica de una sola pieza una referencia a la unidad de los seguidores de Cristo, unidos a través de su muerte (p. ej. de la Potterie, p. 217). Esta unidad es real, es verdadera, pero creer que podemos verla en la túnica de una pieza es casi ciencia ficción. Encontramos esta idea cuando M.F. Wiles cita a Teodoro de Mopsuesto: "La túnica sin costura de Cristo, que le sugería a Orígenes el carácter completo de la enseñanza de Cristo, a Cipriano la unidad de la Iglesia, y a Cirilo el nacimiento virginal de Cristo, recibe de Teodoro el comentario de que en los tiempos de Cristo ese estilo de costura era muy común, aunque en sus días ya no se confeccionaban más que para los soldados" (The Spiritual Gospel [Cambridge, 1960], p. 25). Por cierto, el término ἄραφος no aparece en ningún otro lugar del Nuevo Testamento, y lo mismo ocurre con ὑφαντός.

[56] El verbo λαγχάνω significa "escogido de entre un grupo o montón", como en Hechos 1:17. Sin embargo, está claro que en nuestro pasaje el significado debe de ser "echar suertes".

[57] SBk nos informa del uso del Salmo 22 en los antiguos escritos judíos (II, pp. 574-80), el cual tiene un valor destacable si tenemos en cuenta la frecuencia con la que se cita en los relatos de la Pasión.

[58] Introduce la cita del Salmo 22 con la conjunción ἵνα (en cuanto al uso de esta conjunción sin un verbo principal que la preceda ver el comentario de 1:8), y después de citar el pasaje del Salmo añade: "Por eso (οὖν) los soldados hicieron esto". Algunos eruditos creen que el detalle de "jugarse" la ropa de Jesús se introdujo para que la gente pensara que se había cumplido una profecía. El celo de estos estudiosos por encontrar el mínimo detalle que indique una manipulación por parte del evangelista sobrepasa la lógica y, a veces, el uso de la razón. Jugarse la ropa del condenado debía de ser de lo más normal.

todo, y dirige todo lo que ocurre para el cumplimiento de su voluntad y propósito. Es por ello[59] por lo que los soldados actuaron como actuaron.

3. Jesús provee para María (19:25b-27)

Y junto a la cruz de Jesús estaban su madre, y la hermana de su madre, María, la [mujer] de Cleofas, y María Magdalena. 26 Y cuando Jesús vio a su madre, y al discípulo a quien Él amaba que estaba allí cerca, dijo a su madre: ¡Mujer, he ahí tu hijo! 27 Después dijo al discípulo: ¡He ahí tu madre! Y desde aquella hora el discípulo la recibió en su propia [casa].

25b En el momento de su muerte, Jesús no fue completamente abandonado; algunas mujeres estuvieron a su lado, junto a la cruz. No sabemos exactamente cuántas había. Está claro que al menos había dos, "su madre", y "la hermana de su madre", de quienes se nos dan los nombres. Si consideramos que "la hermana de su madre" es la misma que "la mujer de Cleofas", entonces habría tres, pero eso supondría que dos hermanas respondían al nombre de María, lo cual es muy poco probable[60]. Lo más lógico es pensar que Juan se está refiriendo a cuatro mujeres: a dos primeras las describe, y a las otras dos las nombra. Así, tenemos a cuatro mujeres fieles que acompañaron a Jesús hasta el final. Teniendo en mente el estilo joánico, podrían contrastar con los cuatro soldados que crucificaron a Jesús[61]. La primera que se menciona es la

---

[59] En el Evangelio de Juan, μὲν οὖν solo aparece aquí y en 20:30. En el Nuevo Testamento suele servir para retomar una idea anterior, y muchos autores sostienen que esa es la función que aquí realiza.

[60] En griego aquí no aparece el término "esposa", sino Μαρία ἡ τοῦ Κλωπᾶ. Esta expresión podría traducirse tanto "la mujer de" como "la madre de", "la hermana de" o "la hija de" Cleofas. La traducción más natural sería, quizá, "la hija de", con el inconveniente de que parece ser que esta mujer tenía ya hijos adultos. A una mujer de esa edad se la conocía normalmente con referencia a su marido, y no con referencia a su padre. Godet sostiene que esa mujer es la misma que "la hermana de su madre", y que había tres mujeres junto a la cruz. Para responder al hecho de que es muy poco probable que dos hermanas tuvieran el mismo nombre de pila, sugiere que ἀδελφή en este caso podría haberse usado con el sentido de un término muy poco común, γαλόως (cuñada). Es posible, pero muy poco convincente.

[61] A la luz de Mt. 27:55 y Lc. 8:2-3, es probable que fueran ellas las que habían provisto a Jesús de las ropas que esos soldados se habían estado rifando.

madre de Jesús; en este evangelio nunca se la llama por su nombre. Puede que "la hermana de su madre" sea la misma que Salomé (Mr. 15:40), y "la madre de los hijos de Zebedeo" (Mt. 27:56), que estaba mirando de lejos con la otra mujer cuando Jesús murió. Si esto fuera cierto, y si el discípulo amado es Juan el hijo de Zebedeo, tendríamos una razón lógica que explicaría por qué Juan omite el nombre de esa mujer. Juan nunca menciona su nombre, ni el de su hermano, ni el de nadie de su familia. Por tanto, el hecho de que no mencione el nombre de esta mujer da qué pensar. Este es el único lugar del Nuevo Testamento en el que encontramos a este personaje llamado Cleofas[62]. Este es el primer lugar en este evangelio en el que se menciona a María Magdalena[63], pero en el siguiente capítulo Juan la vuelve a mencionar, ya que después de la resurrección, Jesús se le aparece.

26 Jesús se acuerda de su madre incluso en medio de la angustia que está viviendo[64]. La vio a ella, y al discípulo "a quien Él amaba" (ver el comentario de 13:23). El autor nos da los nombres de todos los que había al pie de la cruz, menos de este discípulo. Es muy probable

---

[62] Es muy poco probable que este hombre sea el mismo Cleofás que encontramos en Lucas 24:18. Como vemos en NBD, parece que se trata de dos nombres diferentes, ya que εο no se reduce a ω sino a ου. Además, se cree que Κλεοπᾶς es una contracción de Κλεόπατρος, mientras que Κλῶπας deriva del hebreo. Algunos identifican a Cleofás con Alfeo (Mt. 10:3, etc.), sosteniendo que ambos nombres son variantes diferentes del nombre hebreo חלפי. Sin embargo, eso es muy discutible (ver Deissmann, BS, p. 315, nota el pie núm. 2), y algunos creen que esta teoría es completamente imposible. Los que la sostienen, apuntan a que Alfeo es el padre de Jacobo (Mat. 10:3), y a que la María a la que aquí se refiere como la mujer de Cleofás es, aparentemente, la madre de Jacobo (Mr. 15:40). No podemos desechar esta teoría, pero con el conocimiento que tenemos tampoco podemos permitirnos ser dogmáticos. Según Eusebio, Hegesipo dice que Cleofás era el hermano de José (HE, 3.11.1).

[63] El nombre que aquí se nos da es Μαρία (el mismo que aparece en 20:1, 11; sin embargo, א contiene Μαριάμ en las tres citas). En 20:16 y 18, encontramos Μαριάμ, que tiene un parecido mayor a la forma hebrea (que sería la forma que usó Jesús). ἡ Μαγδαληνή significa, probablemente, "la mujer de Magdala", ciudad cerca de Tiberíades en la costa oeste del mar de Galilea. Esta mujer aparece en la narración de la Pasión de los cuatro evangelios, y en todos se la menciona tanto en el episodio de la crucifixión como en la escena de la mañana de la resurrección. Además, sabemos que de ella habían salido siete demonios (no se nos da ningún detalle más) y que era una de las mujeres que había ministrado a Jesús (Lc. 8:2-3).

[64] Cf. Barclay: "Es conmovedor pensar que en la agonía de la Cruz, en el momento en el que se estaba llevando a cabo la salvación del mundo entero, Jesús estaba pensando en la soledad con la que su madre se iba a tener que enfrentar. Jesús nunca olvidó las responsabilidades que se le habían dado".

que se trate de la descripción de alguien que estaba presente que, recordando a todos los que allí estaban, nos dice todos los nombres menos el suyo. Jesús entonces le dijo a María: "¡Mujer[65], he aquí tu hijo!". Esta es una forma de encargarle a su discípulo amado que a partir de entonces él sería el protector de su madre, el que iba a proveer para sus necesidades. Quizá es algo extraño que Jesús encomiende a su madre al discípulo amado, en vez de encomendarla a sus hermanos. Pero ellos no creían en Él (7:5) y María sí. Sin embargo, parece ser que la crucifixión y la resurrección les impactó y les hizo cambiar, ya que poco después de la ascensión los encontramos relacionados con los apóstoles y María (Hch. 1:14).

27 Las palabras que Jesús dirige a María están complementadas por las palabras que le dirige a su discípulo amado, que son muy similares[66]. Juan iba a tomar aquel encargo como una responsabilidad sagrada. Tenemos aquí una marca típica de Juan: "Desde aquella hora"[67]. El discípulo la recibió en su propia casa; eso sugiere que le dio alojamiento[68]. A partir de aquel momento se responsabilizó de ella.

---

[65] La palabra griega significa "mujer"; en cuanto a γύναι como apelativo, ver el comentario de 2:4.

[66] La exégesis católico-romana a veces ha interpretado estas palabras como si Jesús estuviera nombrando a María como madre de Juan y, también, de la Iglesia. Pero esto es hacer que el texto diga mucho más de lo que realmente está diciendo. Está claro que la preocupación de Jesús es que María no quede desprotegida, ahora que él ya no va a estar; en ningún momento dice nada que apunte a su nombramiento a un puesto de supremacía por encima de todo el resto de seguidores de Jesús.

[67] Esto podría querer decir que el discípulo amado se llevó a María inmediatamente después, por lo que no fue testigo de la muerte de su Hijo. Esta idea está respaldada por el hecho de que María no aparece entre las mujeres que allí estaban cuando Jesús murió (Mt. 27:56; Mr. 15:40). Pero es difícil explicar que el discípulo tuviera tiempo de llevarla a casa y volver a tiempo de presenciar lo sucedido en los vv. 31-37 (muchos sostienen que sí fue testigo de todo aquello independientemente de si el versículo 35 se refiere a él o no). Pero "desde aquella hora" no tiene por qué significar "desde aquel momento". Si pensamos en la forma en la que se usa el término "hora" en este evangelio, puede que la intención del autor no sea más que decir "desde el momento de la crucifixión". También se ha dicho que si la madre de Jesús llegó a ir al lugar de la ejecución, sería muy poco lógico que se hubiera marchado antes de que todo acabara, sobre todo teniendo en cuenta que las otras mujeres se quedaron hasta el final.

[68] La expresión εἰς τὰ ἴδια no significa necesariamente la residencia permanente de alguien. Se usa en relación con todos los discípulos en 16:32, y no todos tenían casa en Jerusalén.

4. La muerte de Jesús (19:28-30)

28 Después de esto, sabiendo Jesús que todo se había ya consumado, para que se cumpliera la Escritura, dijo: Tengo sed. 29 Había allí una vasija llena de vinagre; colocaron, pues, una esponja empapada del vinagre en [una rama de] hisopo, y se la acercaron a la boca. 30 Entonces Jesús, cuando hubo tomado el vinagre, dijo: ¡Consumado es! E inclinando la cabeza, entregó el espíritu.

28 "Después de esto" habla de un breve intervalo de tiempo[69]; Juan deja a un lado los pormenores, y pasa a centrarse en la consumación. Jesús sabía que había llegado el final. Juan vuelve a enfatizar el tema del cumplimiento. No sabemos si deberíamos relacionar la expresión "para que se cumpliera la Escritura"[70] con lo que le precede ("... todo se había ya consumado, para que se cumpliera la Escritura")[71] o con lo que le sucede ("para que se cumpliera la Escritura, dijo: 'Tengo sed'"). En este último caso, la cita a la que se estaría haciendo referencia podría ser el Salmo 69:21. Ambas interpretaciones son posibles; es más, teniendo en cuenta el estilo joánico, puede que el autor quisiera que tuviéramos las dos en mente[72].

29 El "vinagre" o "vinagre de vino" del que aquí se habla era un vinagre barato[73], el tipo de bebida que usarían las masas. Había allí una vasija o recipiente llena de aquel tipo de vinagre. La expresión griega que traducimos por "había allí" indica que la habían traído a propósito para la crucifixión. No era normal que la gente lo llevara consigo. El hecho de que aquel recipiente estuviera acompañado de una esponja

---

[69] La expresión es μετὰ τοῦτο ("después de esto"); ver el comentario de 2:12.

[70] Este es el único lugar del Nuevo Testamento en el que aparece el verbo τελειόω con el sentido de "cumplimiento de las Escrituras". El matiz que aporta es que se está alcanzando un objetivo o finalidad (τέλος). Así, apunta al perfecto cumplimiento de la Escritura en Cristo y probablemente, a la perfecta realización de la obra de Cristo de acuerdo con la Escritura.

[71] de la Potterie aboga por esta interpretación (pp. 137-38; 152-53).

[72] J.M. Spurrell dice que debemos interpretar "la sed" en términos de "ser cortado del conocimiento y del Espíritu de Dios" (teniendo en mente la imagen del "agua viva"). Cree que estas palabras tienen el mismo sentido que el clamor de Marcos 15:34: "Dios mío, Dios mío, ¿por qué me has abandonado?" (CQR, CLXVII [1966], pp. 12-18).

[73] ὄξος era el posca romano, vinagre diluido con agua.

y una rama de hisopo también apunta a que era para ofrecérselo al crucificado, y no solamente para los soldados. Empaparon la esponja en el vinagre, la pusieron en la rama de "hisopo"[74] y se la acercaron a la boca. La esponja servía para que el crucificado pudiera mojarse los labios o beber; dada la situación, era imposible darle el vinagre en una taza o recipiente.

30 Jesús bebió del vinagre. Mateo y Marcos nos cuentan que antes de la crucifixión rechazó beber aquel brebaje (Mt. 27:34; Mr. 15:23)[75].

[74] Este término ha suscitado mucho debate. Muchos eruditos dicen que esa planta en cuestión era una planta que podía servir para rociar agua, pero que no era lo suficientemente fuerte como para usarla del modo que aquí se describe. Eso supone llegar a la conclusión de que Juan no buscaba la exactitud, sino más bien transmitir un significado simbólico, quizá relacionado con la purificación, aunque una propuesta más adecuada sería que, como el hisopo se usaba en relación con la celebración de la Pascua (Éx. 12:22), Juan podría estar apuntando a Jesús como el perfecto sacrificio pascual. Otros autores, partiendo del hecho de que es muy complicado dar a un crucificado de beber usando una rama de hisopo, aseguran que la palabra original no debía ser ὑσσώπῳ sino ὑσσῷ (jabalina), palabra que aparece en la cursiva 476 del siglo XI. Sin embargo, estos autores no explican qué proceso pudo darse para que todos los textos antiguos fueran modificados. G.D. Kilpatrick nos recuerda que no son los comentaristas los que defienden esa conjetura, sino los traductores. Según él, podemos rechazarla por dos supuestos: no concuerda con la selección léxica joánica, y el significado de dicho término es pilum, un arma que usaban los legionarios, pero que no era común entre los que estaban destinados a Palestina (Transactions of the Victoria Institute, LXXXIX [1957], p. 99). Tasker acepta esta conjetura, y dice que los textos nos han llegado como nos han llegado debido a la ditografía (GNT, p. 429). Pero, en mi opinión, no podemos aceptar esta conjetura. La dificultad surge porque hay demasiados autores que creen estar seguros de saber cómo era el ὕσσωπος. Por ejemplo, BAGD, lo describe como "un pequeño arbusto con flores azules y hojas muy aromáticas"; al leer una definición así, uno nunca pensaría que los investigadores no saben a ciencia cierta a qué planta se refiere el término del que estamos hablando. Así, W.E. Shewell-Cooper dice lo siguiente: "Es muy difícil averiguar cómo era el hisopo" (Plants and Fruits of the Bible [Londres, 1962], p. 75). NBD explica que esta planta en este pasaje en cuestión "se trataba probablemente de la Sorghum vulgare, var. durra... una planta parecida al maíz de unos 6 metros de altura". Sabiendo esto, no hay razón para dudar de que Juan, al usar el término ὑσσώπῳ, se estaba refiriendo a una planta con un tronco lo suficientemente largo como para que pudiera usarse en la forma que este pasaje describe. Además, deberíamos tener en cuenta que no hacía falta que fuera muy largo, ya que el cuerpo del crucificado no quedaba muy elevado, así que seguro que cualquier hombre de estatura media podría alcanzar la boca de Jesús; una pequeña rama podía ser suficiente.

[75] Existía la costumbre de darle a los crucificados algún tipo de droga para mitigar el sufrimiento. Se menciona esta costumbre en Sanh. 43a: "Cuando se va ejecutar a alguien, se le da una copa de vino con un grano de incienso, para adormilarle, porque está escrito Dad bebida fuerte al desfallecido, y vino a los de amargado ánimo. Y también se nos ha enseñado: la mujer noble de Jerusalén solía traerlo y donarlo" (Soncino edn., pp. 279-80).

Puede que Jesús quisiera estar sobrio y ser totalmente consciente del sufrimiento por el que iba a pasar. Pero ahora que está a punto de morir, y quiere decir unas últimas palabras, necesita mojarse la boca y la garganta. Toma del vinagre, y dice: "¡Consumado es!"[76]. Y dicho esto, muere. Juan no nos dice el tono con el que pronunció estas palabras, pero en los demás Evangelios vemos que Jesús dio un fuerte grito justo antes de morir (Mt. 27:50; Mr. 15:37; Lc. 23:46; en los dos primeros Evangelios se dice que antes de hablar le habían dado de beber). Así, parece ser que lo que dijo gritando es esta misma frase que tenemos aquí: "¡Consumado es!". Jesús murió con un grito de victoria. Algunos lo han interpretado como una queja ante la derrota, o un suspiro resignado. Pero se trata de un reconocimiento de que ha llevado a cabo con éxito la obra que vino a realizar[77]. Después de eso, inclinó la cabeza, detalle que únicamente nos ofrece Juan y que puede usarse para argumentar que el autor de estas líneas fue un testigo ocular de lo aquí narrado. Quizá valga la pena mencionar que se usa la misma expresión para referirse a la acción de "acostarse": "el Hijo del Hombre no tiene dónde recostar la cabeza" (Mt. 8:20; Lc. 9:58)[78]. Esta idea apunta a una muerte apacible, la muerte de alguien que confía en su Padre[79]. Juan

[76] En griego es solo una palabra, τετέλεσται, que se trata de otro de los términos ambiguos de Juan. Uno de los significados es que la vida de Jesús había llegado a su final (es decir, que estaba a punto de morir). Es cierto que eso es parte del sentido, pero lo más seguro es que no sea el único. Casi más importante es la verdad que encierra: la obra de Jesús se había consumado. Jesús vino a hacer la obra de Dios, es decir, morir en la cruz para salvar el mundo. Esa poderosa obra de redención había llegado a su fin. Se había consumado. En el v. 28 se usa la misma palabra; la repetición es para darle hincapié.

[77] Anton Baumstark cree que éste es el interés principal de Juan: "Para el gran Apóstol de Asia Menor, San Juan, el discípulo amado, que estuvo presente en la ejecución de su maestro hasta el Consummatum est, ni siquiera la Resurrección podía añadir nada al grito triunfante que Jesús pudo proferir ya desde la cruz" (Comparative Liturgy [Londres, 1958], p. 174). A. Corell dice lo siguiente: "No es una exageración pensar que τετέλεσται es la palabra clave del cuarto evangelio, la clave para solucionar el problema teológico que en él se plantea". Continúa diciendo: "Todo el cuarto evangelio es, a fin de cuentas, el relato de la muerte de Jesús vista como un hecho escatológico" (Consummatum Est [Londres, 1958], p. 106). También Marsh: "Está claro que, para Juan, la cruz es el instrumento de victoria, y no la derrota que la resurrección transformará en victoria".

[78] En Mateo y Lucas leemos ποῦ τὴν κεφαλὴν κλίνῃ, mientras que la expresión que Juan usa es κλίνας τὴν κεφαλήν. En la cruz encontró ese lugar donde recostar la cabeza que no había encontrado en esta tierra.

[79] Beasley-Murray cita un comentario de Orígenes: Jesús "reclinó la cabeza y partió en un acto de reposo, como si se recostara en el regazo del Padre, quien, cercano y cariñoso, le mostraba su amor y le daba sus fuerzas".

continúa diciendo: "entregó el espíritu". Ésta no es una forma muy común de referirse a la muerte[80]. Cierto es que en ninguno de los cuatro evangelios se usa una expresión habitual para describir el final de la vida de Jesús. La muerte de Jesús no tiene nada que ver con la muerte del resto de la gente. Puede que decir algo como "despidió a su espíritu" sea ir demasiado lejos, pero lo cierto es que en la muerte del Señor parece haber un acto de voluntad que no encontramos en la muerte de las demás personas[81].

5. La herida en el costado de Jesús (19:31-37)

31 Los judíos entonces, como era el día de preparación [para la Pascua,] a fin de que los cuerpos no se quedaran en la cruz el Día de Reposo (porque ese Día de Reposo era muy solemne), pidieron a Pilato que les quebraran las piernas y se los llevaran. 32 Fueron, pues, los soldados y quebraron las piernas del primero, y [también las] del otro que había sido crucificado con Jesús; 33 pero cuando llegaron a Jesús, como vieron que ya estaba muerto, no le quebraron las piernas; 34 pero uno de los soldados le traspasó el costado con una lanza, y al momento salió sangre y agua. 35 Y el que [lo] ha visto ha dado testimonio, y su testimonio es verdadero; y él sabe que dice la verdad, para que vosotros también creáis. 36 Porque esto sucedió para que se cumpliera la Escritura: "No será quebrado hueso suyo"[a]. 37 Y también otra Escritura dice: "Mirarán al que traspasaron"[b].

a. 36 Éxodo 12:46; Números 9:12; Salmo 34:20
b. 37 Zacarías 12:10

[80] παρέδωκεν τὸ πνεῦμα. De la Potterie nos dice que ésta es la única vez que se usa esta expresión para referirse a la muerte (p. 163). Bernard comenta que el texto hebreo de Isaías 53:12 "derramó su alma hasta la muerte" podría traducirse por παρέδωκεν εἰς θάνατον τὴν ψυχὴν αὐτοῦ. Cree que Juan podría estar aludiendo a este pasaje. Además, sostiene que el verbo παραδιδόναι "expresa un acto voluntario".

[81] Otra interpretación de esta última frase de Jesús es que éste entregó su espíritu a los creyentes que estaban presentes (cf. 7:37-39). Yo creo que es muy difícil llegar a esa conclusión a partir del texto, pero Hoskyns, a la luz de 1 Jn. 5:8, cree que "no solo es posible, sino que es necesario". Sin embargo, M.F. Wiles comenta que la crítica patrística nunca interpreta πνεῦμα en este versículo "como el Espíritu Santo" (The Spiritual Gospel [Cambridge, 1960], p. 67). Sin embargo, dice que el resto de la crítica "cree casi de forma universal que esta expresión recoge la naturaleza voluntaria de su muerte" (p. 62).

Este incidente no aparece en el resto de los Evangelios. Aquí podemos ver que la muerte de Jesús fue bastante rápida; en cualquier caso, más rápida que la de aquellos que crucificaron con Él. Para Juan, el detalle de que no le quebraron ningún hueso y que le traspasaron el costado tiene una importancia especial. A pesar de todos los intentos que ha habido de darle a este último suceso un significado edificante, parece ser que no hace falta interpretar más de lo evidente: estamos ante la narración de un testigo ocular que quedó muy impactado por lo que vio.

31 "El día de la preparación" se ha convertido en un término técnico para referirse a "el día de la preparación del Sabat", es decir, el viernes (ver la Nota Adicional H). Según la ley judía, el cadáver de los criminales no podía permanecer toda la noche "en el árbol", sino que debía ser enterrado el mismo día, para "que no contamines la tierra que el Señor tu Dios te da en heredad" (Dt. 21:23). Así, tenían que descolgar el cadáver de la cruz[82] antes del anochecer, fuera el día que fuera[83]. Pero era aún más importante si se acercaba el Día de Reposo, y aún más si se trataba de un Día de Reposo[84] especial o solemne[85], es decir, que coincidía con una festividad importante (*Berkeley*, "un día especialmente importante"). Los judíos insistían en que debía quebrarse las piernas de los ejecutados[86]. La costumbre romana era dejar el cadáver

---

[82] ἐπὶ τοῦ σταυροῦ es singular, aunque "los cuerpos", τὰ σώματα, es plural. Pero la construcción es perfectamente inteligible.

[83] Josefo dice que ésta era un costumbre judía: "los judíos eran tan cuidadosos con los ritos funerarios que debían aplicarse incluso a los malhechores que habían sido ejecutados" (G. 4.317).

[84] La expresión ἡ ἡμέρα τοῦ σαββάτου, obviamente una traducción de la expresión hebrea הַשַּׁבָּת יוֹם, aparece en varios lugares (Lc. 13:14, 16, 14:5). A veces, el plural τῶν σαββάτων sustituye a τοῦ σαββάτου y tiene el mismo significado (Lc. 4:16; Hch. 13:14; 16:3). Este es el único ejemplo de esta construcción en este evangelio y el único lugar en todo el Nuevo Testamento en el que ἐκεῖνο acompaña a τὸ σάββατον.

[85] SBk comenta que este Día de Reposo podía llamarse el "gran" Sabat, ya fuera el 15 de nisán, ya que ese era el primer día de la festividad de la Pascua, o el 16 de nisán, ya que ese día, según la tradición farisaica, se ofrecía lo recogido en la cosecha (II, pp. 581-82). Así, la referencia no nos ayuda a saber si la última cena coincidió con el banquete pascual o no. De hecho, podía concordar con las dos teorías. I. Abrahams no encuentra antes de Juan 19:31 ningún ejemplo del uso del término "el Gran Sabat" y menciona una opinión que apunta a que el uso rabínico posterior deriva del uso que hacía la Iglesia (Studies in Pharisaism and the Gospels, II [Cambridge, 1924], p. 68). Pero esto parece muy poco probable; de hecho, no creo que pudiéramos explicar el uso joánico de esta expresión si aún no estaba en uso entre los judíos.

[86] Es poco común encontrar en Juan un verbo en plural con un sujeto plural neutro, y es difícil descubrir la razón por la que encontramos aquí esa construcción. Sobre todo,

en la cruz para que sirviera de aviso a los demás criminales. Por tanto, hacía falta un permiso especial para poder descolgar el cuerpo sin vida. Las víctimas de esta forma de ejecución tan cruel podían descargar algo del peso de los brazos y el tronco sobre las extremidades inferiores y los pies. Eso les ayudaba a respirar y a postergar la llegada de la muerte, pero cuando les rompían las piernas ya no había nada que pudieran hacer. Entonces, la asfixia y la muerte les llegaba en seguida. Así que a los judíos les interesaba que se les quebraran las piernas, pues así morían más rápido y podían retirar los cadáveres antes [87]. Puede que sea bastante significativo que esta sea la última acción de "los judíos" que este evangelio recoge. "Los judíos" no querían que su tierra se contaminara por culpa de los cadáveres, pero no se daban cuenta de que sus propias acciones los hacían impuros.

32-33 No se dice de forma explícita que Pilato diera su aprobación, pero está claro que debió de darla, pues los soldados se acercaron a las víctimas a quebrarles las piernas. Quebraron las piernas de los dos hombres que fueron crucificados con Jesús, lo que indica que en ese momento aún estaban vivos. Pero cuando llegaron a [88] Jesús, éste ya había muerto, por lo que ya no hacía falta quebrarle las piernas.

34 Pero uno de los soldados no se contentó con dejar el cadáver en paz. Ya fuera por brutalidad, o por cerciorarse de que Jesús estaba muerto, le traspasó[89] el costado con la lanza[90]. De inmediato, salió sangre

porque justo antes ha usado el singular μείνη con el sujeto τὰ σώματα. Es posible, claro está, que τὰ σκέλη sea acusativo, lo que nos evitaría un extraño cambio de sujeto cuando llegamos al ἀρθῶσιν siguiente. Decir que el sujeto del verbo es τὰ σκέλη es muy forzado.

[87] Plummer cita a Lactancio: "Los verdugos de Jesús no creyeron necesario romperle las piernas, como la costumbre exigía". Si esta información sobre esa costumbre es exacta, al horror de la crucifixión normalmente se le añadía el de las piernas rotas.

[88] Este es el único lugar de todo el Evangelio de Juan en el que aparece este uso de ἐπί con el acusativo para describir "movimiento hacia una persona". En los Sinópticos aparece con más frecuencia.

[89] Este es el único lugar del verdadero texto neotestamentario en el que encontramos νύσσω (aunque aparece en algunos manuscritos en Mt. 27:49, y con un sentido diferente en uno o dos manuscritos en Hch. 12:7). Quizá es tan solo otro ejemplo de variación joánica, y es solo por eso que el verbo es diferente al que se usa en la cita veterotestamentaria (v. 37): ἐκκεντέω. [N. de la T. Aunque en nuestra traducción al castellano se ha traducido por el mismo verbo: traspasar. Habría sido más adecuado "lanzar" y "horadar"].

[90] La λόγχη originalmente era solo la punta de hierro. Pero posteriormente pasó a designar toda la lanza (ver GT, LS).

y agua (cf. 1Jn. 5:6). No sabemos exactamente lo que esto significa. En vista del versículo siguiente, está claro que Juan quiere que veamos esta narración como un informe fidedigno de lo que ocurrió. Es decir, no está confeccionando una metáfora o construyendo un simbolismo, sino que está describiendo un suceso. Es, además, un suceso que le impactó, y por eso lo incluye en el Evangelio. Pero esto no excluye la posibilidad de que Juan recogiera ese incidente teniendo en mente una realidad espiritual. Algunos eruditos niegan que así sea, sosteniendo que solo es una referencia a la forma en que Jesús murió: un desgarro de corazón[91]. O puede ser que tuviera en mente la creencia judía de que el cuerpo está formado mitad de agua y mitad de sangre[92]. La herida que se abre en el costado de Jesús muestra que su cuerpo era completamente humano (esto contrasta con la enseñanza doceta, que decía que el cuerpo no era más que una ilusión). Sin embargo, algunos creen que este incidente tiene un significado místico[93] o que es una referencia

---

[91] Esto es lo que defiende William Stroud, M.D., en su libro Treatise of the Physical Cause of the Death of Christ (Londres, 1847), y lo que acepta Sir Alexander Simpson (Expositor, 8.xi [1916], pp. 74-75). J. Wilkinson está en contra de este punto de vista, como también lo están las teorías médicas de V. Taylor (muerte por embolia), de Le Bec (muerte por asfixia) y de J.L. Cameron (muerte por dilatación del estómago). Dice también que todos los evangelistas usan una expresión que "sugiere un acto deliberado en el que Jesús decide morir" (Mt. 27:50; Mr. 15:37; Lc. 23:46; Jn. 19:30). Según él, la mayoría de doctores saben de pacientes que murieron porque decidieron no seguir luchando, que murieron "sin que hubiera una razón física aparente". Concluye que "la teoría que mejor explica la muerte del Señor es la de que voluntariamente entregó su vida en la Cruz, antes que las causas físicas acabaran con Él" (ExT, LXXXIII [1971-72], pp. 104-7; las citas son la p. 107). Dodd hace referencia a un estudio de Raymond Schmittlein que concluye que Jesús murió a consecuencia de un shock traumático (HTFG, p. 136); Wilkinson también rechaza esta teoría.

[92] SBk recoge información sobre este punto (II, pp. 582-83). Cf. F.C. Burkitt: "Según 1 Jn. vv. 6-8, nuestro ser tiene tres elementos, espíritu, agua y sangre. Somos engendrados del "agua", la "sangre" nos sostiene, y el "espíritu" o soplo es el elemento inmaterial que entra en nosotros cuando nacemos, y nos deja cuando morimos. El espíritu salió de Jesús cuando murió (Jn. 19:30), dejando atrás el agua y la sangre del cuerpo humano, cuya existencia se hizo evidente ante todos los testigos cuando el soldado traspasó el costado de Jesús" (The Gospel History and its Transmission [Edimburgo, 1907], p. 233, nota al pie núm. 1).

[93] Así, Westcott dice: "El derramamiento de sangre y agua del costado de Jesús debe verse como un signo de la vida y la muerte... Aunque muerto, muerto por lo que se refiere a la vida física, el Señor estaba vivo; y allí, colgado en la cruz, quedó claro que Él era la fuente de una doble limpieza y de un poder vivificador, que emanaban de su muerte y su vida". Pero esta declaración está basada sobre una asociación entre sangre y vida que parece ser insostenible (ver mi obra The Apostolic Preaching of the Cross[3] [Londres y Grand Rapids, 1965], cap. III). Hoskyns da una lista interesante de interpretaciones patrísticas.

a los sacramentos[94]. Lo más lógico es buscar una explicación basada en el uso que Juan hace en otros pasajes de los términos "sangre" y "agua". Aparte de la frase en la que dice que los creyentes "no nacieron de sangre" (1:13), Juan solo usa ese término en el capítulo 6, donde se nos dice que la vida se obtiene apropiándose de la sangre de Cristo (6:53-56). El término "agua" se usa con más frecuencia, pero quizá las referencias más interesantes sean (a) 3:5, donde se habla de nacer "de agua y del Espíritu", (b) 4:10, 11, 14, donde vemos que el "agua viva" es un don de Cristo, y (c) 7:38-39, donde se nos dice que brotará "agua viva" de lo más profundo del ser de los creyentes, lo cual se refiere al Espíritu. Vemos que la mayoría de referencias de estos dos términos apuntan a la vida que Cristo da. Así, concluimos que Juan quiere recordarnos que la vida, la vida verdadera, viene mediante la muerte de Cristo[95].

35 Está claro que este incidente impactó en gran manera al evangelista. Hace explícito que lo que está narrando ocurrió de verdad, que puede dar fe de ello. "El que lo ha visto" se refiere, muy probablemente, al discípulo amado. Se le menciona en los versículos 26-27, donde encontramos la última referencia a los seguidores de Jesús antes de llegar al versículo 35. Además, el autor no menciona que ningún otro discípulo estuviera presente. Así, decir que aquí tenemos el testimonio del discípulo amado es la opción más plausible[96]. Sea como sea, es evidente que alguien que estuvo presente nos está dando testimonio de lo que

---

[94] P. ej., Richardson: "Estamos ante un profundo simbolismo: gracias a la entrega y al sacrificio de Cristo contamos con las aguas sanadoras del Bautismo y la sangre vivificadora de la Eucaristía". W. Marxsen cree que esas palabras demuestran que el narrador "quiere dejar claro que el Bautismo y la Santa Cena se basan en la muerte de Jesús" (Introduction to the New Testament [Philadelphia, 1974], p. 256). Estaríamos de acuerdo con este tipo de interpretación si pudiera demostrarse que la iglesia primitiva usaba el término "agua" para referirse al "Bautismo", y "sangre", para referirse a la "Santa Cena".

[95] Cf. Barrett, quien dice que Juan "no tenía interés en este o aquel detalle de la práctica o la terminología de los sacramentos, sino que lo que quería era enfatizar que la muerte de Jesús significaba la vida para la Humanidad". Algunos comentaristas creen que el agua es una referencia a la purificación, lo cual es posible. La purificación es un elemento preliminar necesario de la vida en el Espíritu. Ryle dice que eso le recuerda a Zac. 13:1: "una fuente... para lavar el pecado y la impureza".

[96] Cf. W.G. Kümmel: "Como el discípulo amado es el único que se menciona estando al pie de la cruz (junto con las mujeres), es natural que sea el sujeto de 'ver' y de 'dar testimonio' de 19:35, aunque no esté del todo claro" (Introduction to the New Testament [Londres, 1966], p. 166).

vio con sus propios ojos[97], por lo que es un testimonio fiable[98]. Esto puede entenderse en más de una forma. El autor podría estar refiriéndose a sí mismo como testigo; la traducción de Weymouth parece optar por esa interpretación: "Estas palabras son el testimonio de un testigo ocular, y es verdadero. El testigo sabe que está diciendo la verdad, y lo hace para que creáis"[99]. Otra opción es que el autor establezca una diferencia entre el autor y el testigo. Es así como Rieu lo interpreta: "Lo dicho está garantizado por el hombre que lo vio, y podemos fiarnos de su testimonio. Además, para daros más garantía, el autor sabe que el testigo está diciendo la verdad"[100]. Otra posibilidad es la que encontramos en la traducción de Moffatt, que cree que el autor está hablando del testimonio de Dios: "Aquel que lo vio ha dado testimonio (su testimonio es verdadero; Dios sabe que dice la verdad) para que vosotros creáis"[101]. Cuando los expertos tienen opiniones tan variadas, no

---

[97] El perfecto, μεμαρτύρηκεν, significaría "lo ha dejado por escrito para que exista un testimonio permanente".

[98] Plummer comenta lo siguiente: "San Juan dice, en primer lugar, que su testimonio es adecuado; luego añade que el contenido de éste es verdad. Un testimonio puede ser suficiente pero falso, o puede ser insuficiente pero verdadero. San Juan deja claro que su testimonio es tanto suficiente como verdadero". En cuanto a la importancia del testimonio en este evangelio, ver el comentario de 1:7, y en cuanto a ἀληθινός, ver el comentario de 1:9. Este es uno de los lugares en el que Kilpatrick defiende que deberíamos leer (siguiendo א 124 Chrys) ἀληθής.

[99] Lagrange nos recuerda que el autor ha recogido dos veces (5:31; 8:13) que si alguien da testimonio de sí mismo, éste no es verdadero, y que esto podría ser una objeción en contra de lo que venimos diciendo. No obstante, aunque hace este comentario, Lagrange cree que el autor es el mismo que el testigo del que aquí se habla. Esa objeción tendría sentido si este testigo estuviera dando testimonio de sí mismo. Pero no es así. Está dando testimonio de los hechos que ha visto. Barclay cree también que es una referencia al autor: "interrumpe la narración para decir que lo que acaba de mencionar es un informe de un testigo presencial que aporta información de lo que ocurrió en realidad, y para decir que Él, personalmente, garantiza que es cierto". El uso similar que Josefo hace del pronombre ἐκεῖνος demuestra que no es imposible que ἐκεῖνος en este versículo sea una referencia al autor (G. 3.202; cf. también Jn. 9:37). El fuerte énfasis que se hace en 1 Jn. 1:1-3 en el testimonio personal es otro elemento a favor de que el autor se está refiriendo a sí mismo.

[100] La principal ventaja de esta interpretación es casi la forma más natural de entender ἐκεῖνος. Torrey sostiene que este ἐκεῖνος refleja la estructura aramea hahu gabra, "una partícula judía que muy comúnmente se usaba para sustituir el pronombre de la primera persona del singular". Sin embargo, se nos hace difícil explicar cómo sabe el autor, si no es la misma persona que el testigo, que el testigo está diciendo la verdad. Los que defienden esta teoría creen que el testigo es el discípulo amado. No obstante, eso no aparece de forma explícita.

[101] A veces, se usa el argumento de que en este evangelio, ἐκεῖνος, fuera del diálogo, suele ser enfático y suele usarse para referirse a Dios o a Cristo. Lagrange cree que

es sabio mostrarse dogmático. Yo prefiero pensar que la primera sugerencia es la correcta, pero sé que no puedo estar cien por cien seguro. Lo que está claro es que Juan quiere que veamos que podemos creer en la narración que se nos acaba de ofrecer[102]. Sostiene que todo eso queda grabado "para que vosotros también creáis"[103]. El propósito principal de este evangelio es que los lectores crean, que la lectura de lo narrado produzca en ellos fe (20:31)[104]. Juan no explica de qué forma el relato sobre el derramamiento de agua y sangre del costado del Sal-

---

es una referencia a Cristo, del mismo modo que Hoskyns, quien dice que es "casi necesario" interpretar que esas palabras se refieren al Señor. No obstante, esta teoría no cuenta con el respaldo de los hechos. Dodd ha demostrado que el uso de ἐκεῖνος en este evangelio respalda la teoría de que es una referencia al testigo (HTFG, p. 134, nota al pie núm. 1). Bernard nos recuerda que Juan usa ἐκεῖνος no solo para referirse a Dios, sino también para referirse a personas: p. ej. a Juan el Bautista (5:35), a Moisés (5:46) y al hombre ciego de nacimiento (9:10). Para demostrar que estamos ante una referencia a Dios o a Cristo haría falta algo más que este pronombre. Strachan cree que estamos ante un testigo triple: el evangelista en el v. 34, el discípulo amado en el v. 35, y Cristo mismo, también en el v. 35. Es una teoría atractiva, pero no tiene mucho sentido cuando analizamos el texto. Por cierto, Juan rara vez usa καὶ ἐκεῖνος, como hace aquí, sino que suele optar por κἀκεῖνος.

[102] Es decir, si asumimos que tenemos el texto de lo que él escribió. Blass no está nada seguro, y comenta: "Según la crítica, podemos dudar de todo lo que aparece en este pasaje. Algunos se han pronunciado en contra del versículo entero (e y Cod. Fuldensis de la Vulgata), otros en contra de este sintagma en particular, otros dicen que este sintagma decía originalmente ἐκεῖνον οἶδαμεν (Nonnus), etc. ... El hecho de que tantos teólogos hayan basado sus teorías sobre el origen de este cuarto evangelio en este versículo y en su significado tradicional demuestra una completa negligencia de la Crítica textual" (Grammar of New Testament Greek [Londres, 1905], p. 172, nota al pie núm. 2). Sin embargo, también podemos poner en duda que Blass esté siendo fiel a las evidencias. Aunque deberíamos tener en cuenta las variantes textuales que comenta, no debemos darle más importancia de la que tienen. Después de todo, el valor de la combinación de e, Cod. Fuldensis, y Nonnus tiene un límite. No pueden luchar contra el peso de muchos otros documentos. Turner también muestra alguna reserva en cuanto a este versículo. Observa la variación que encontramos en el uso joánico de ἐκεῖνος y concluye: "no es recomendable construir una teoría sobre la autoría basándose en el ἐκεῖνος (=él, el testigo ocular) de Jn. 19:35" (M, III, p. 46).

[103] Si la lectura correcta es el presente de subjuntivo, ἵνα πιστεύητε podría estar apuntando a una fe continua, y no solo al primer momento en el que alguien decide depositar su fe en los que dice el Evangelio. Pero en muchos manuscritos aparece el aoristo, así que lo que acabamos de decir solo puede tomarse como una teoría.

[104] J. Ramsey Michaels relaciona este versículo con la confesión de fe del centurión que aparece en Mr. 15:39. Sugiere que el centurión podría ser el "testigo" de este versículo (CBQ, XXIX [1967], pp. 102-9). Esto no es más que pura especulación, pero al menos Michaels subraya la idea de que Juan relaciona lo que escribe con el propósito de producir fe.

vador puede hacer que la gente llegue a creer, pero, obviamente, él tiene la esperanza de que así sea[105].

36 Como ya va siendo típico de Juan, aquí vuelve a interpretar que lo sucedido es el cumplimiento de algo que se había anunciado en las Escrituras[106]. Menciona dos cosas diferentes: que no quebraron las piernas de Jesús y que le traspasaron el costado. La coincidencia con los anuncios veterotestamentarios es extraordinaria. A los otros dos crucificados sí que les quebraron las piernas, y el ataque con la lanza no era una práctica nada común (además, al traspasarle, ¡no le dañó ningún hueso!). La mayoría de los comentaristas cree que en relación con el primer cumplimiento, Juan tiene en mente los pasajes de Éxodo 12:46 o Números 9:12, que hacen referencia a la Pascua (o quizá Éx. 12:10, LXX). Cuando se instituyó ese sacrificio, se ordenó que no pudiera quebrarse un solo hueso de la víctima. Si estamos en lo cierto, entonces Juan está describiendo a Jesús como la ofrenda pascual perfecta (cf. que su muerte tuvo lugar cuando se sacrificaban en el templo las víctimas pascuales, v. 14, y el uso del hisopo, v. 29). Este motivo es bastante recurrente, y es la explicación más plausible de este pasaje. Los que no creen que se esté haciendo referencia a la Pascua, prefieren creer que Juan tiene en mente el Salmo 34:20, que habla de forma general del cuidado que Dios tiene de los suyos. Una de las cosas que ese cuidado incluye es que "Él guarda todos sus huesos, ninguno de ellos es quebrantado". Diremos que es posible, pero es mucho menos probable que la alusión a la Pascua[107].

---

[105] Westcott ha escrito una nota adicional muy valiosa sobre la interpretación que los Padres han hecho de este pasaje. Cita a muchos de ellos, tanto los que escribían en griego como los que escribían en latín.

[106] Véase la importancia de ἵνα.

[107] La correspondencia con el griego no es tan similar como en el caso de los otros dos pasajes. Por ejemplo, las palabras ὀστοῦν y αὐτοῦ no aparecen en el Sal. 34:20, aunque sí aparecen en los otros dos pasajes. En el Salmo hay un paralelismo poético, a diferencia del texto joánico y de los pasajes del Pentateuco. Además, el Salmo trata de que los justos serán preservados de la muerte; trata de 'salvarles la vida', no 'de la condición de sus huesos cuando mueran'. Los otros dos pasajes sí que se refieren al trato del cuerpo una vez muerto. A favor del texto de Salmos podemos decir que los pasajes del Pentateuco dan una orden y están en voz activa, mientras que el Salmo y el texto joánico son una predicción y están en voz pasiva. Sin embargo, estas no son razones suficientes, así que la opción del Salmo es la menos probable.

37 La otra Escritura presenta menos dificultades. Todo el mundo parece estar de acuerdo en que es una referencia a Zacarías 12:10[108] (cf. también Ap. 1:7). Para el estudioso moderno resulta una alusión bastante difícil de discernir, pero concuerda con la mentalidad del siglo primero[109]. Y este pasaje del profeta sirve para reforzar la convicción del evangelista de que a través de la crucifixión y todo lo que la rodea la voluntad de Dios está siendo hecha. Salta a la vista que Juan queda impresionado al darse cuenta de que, aunque le han traspasado el costado, no le han roto ningún hueso, ¡lo cual se corresponde de forma exacta con las Escrituras!

6. Sepultura de Jesús (19:38-42)

38 Después de estas cosas, José de Arimatea, que era discípulo de Jesús, aunque en secreto por miedo a los judíos, pidió [permiso] a Pilato para llevarse el cuerpo de Jesús. Y Pilato concedió el permiso. Entonces él vino, y se llevó el cuerpo de Jesús. 39 Y Nicodemo, el que antes había venido a Jesús de noche, vino también, trayendo una mezcla de mirra y áloe como de cien libras[a]. 40 Entonces tomaron el cuerpo de Jesús, y lo envolvieron en telas de lino con las especias aromáticas, como es costumbre sepultar entre los judíos. 41 En el lugar donde fue crucificado había un huerto, y en el huerto un sepulcro nuevo, en el cual todavía no habían sepultado a nadie. 42 Por tanto, por causa del día de la preparación de los judíos, como el sepulcro estaba cerca, pusieron allí a Jesús.

a. Como unos treinta y cuatro kilogramos

---

[108] La cita sigue el texto hebreo, no la Septuaginta, en la que dice κατωρχήσαντο ("burlado", רקד se malinterpretó por דקר) en vez de ἐξεκέντησαν, que es lo que aparece en Juan. Pero Teódoto y Aquila están de acuerdo con Juan, así que no podemos determinar que esté comprobado que Juan tradujera el texto directamente del hebreo. Pudo usar una traducción que en este punto era como la de Teódoto y Aquila, pero que está extraviada. No obstante, la forma más natural de entender lo que ocurrió es que Juan sabía hebreo, y lo usaba. Puede que los traductores de la Septuaginta no pudieran soportar el fuerte antropomorfismo del original (horadar a Dios).

[109] Calvino niega que este pasaje se refiera a Cristo en un sentido literal: "En cambio, muestra que Cristo es el Dios que se quejó a través de Zacarías, de que los judíos habían perforado su corazón (Zac. 12:10). Dios está hablando en términos humanos, y lo que quiere decir es que le duele ver los pecados de su pueblo".

38 Después de estas cosas[110], José de Arimatea[111] se puso a organizar el entierro de Jesús. Juan introduce a este discípulo de una forma un tanto abrupta. Este es el único momento de la narración en el que se nos habla de él; solo se le conoce por este episodio de la sepultura de Jesús. La única información que se nos da es que era de Arimatea, y que era un discípulo secreto. Ni Marcos ni Lucas dicen de forma explícita que era un discípulo, aunque podría inferirse de la frase "esperaba el reino de Dios" (Mr. 15:43; Lc. 23:51). Mateo sí dice que era un discípulo de Jesús, y gracias a él sabemos que era rico (Mt. 27:57). Marcos y Lucas recogen que era miembro del Concilio, y Lucas añade que era un "varón bueno y justo", y que "no había asentido al plan y al proceder de los demás" (Lc. 23:50-51). Seguro que no era fácil ser miembro del Sanedrín y confesarse discípulo de Jesús, así que la información que Juan nos da tiene mucho sentido. Pero parece ser que la muerte de Jesús le afectó de forma distinta de la que afectó a los discípulos más cercanos a Jesús, que escaparon, abandonando a su Maestro. Sin embargo, José fue ante Pilato (Marcos dice que lo hizo "llenándose de valor") y le pidió permiso para llevarse el cuerpo de Jesús. Puede que José se sintiera culpable por no haberle rendido el suficiente honor cuando aún estaba vivo, y que pensara que ahora era su última oportunidad. Para los judíos de aquellos tiempos, era muy importante darle a los suyos una sepultura adecuada. Muchos se esforzaban para que cualquier judío, estuviera donde estuviera, recibiera un entierro digno, así que lo más seguro es que José actuara movido por esta costumbre y/o preocupación. Como hemos dicho, "pidió permiso a Pilato para llevarse el cuerpo de Jesús". Normalmente, los romanos no concedían ese tipo de permiso si el condenado había sido ejecutado por sedición. Puede que Pilato accediera porque creía que Jesús no era culpable. José "se llevó el cuerpo de Jesús". Sabemos que este discípulo era rico, por lo que algunos dicen que su acción podría ser el cumplimiento de Isaías 53:9.

---

[110] μετὰ ταῦτα (ver el comentario de 2:12). No parece que la expresión denote una secuencia estrictamente cronológica, por lo que no es necesario que la visita de José a Pilato ocurriera inmediatamente después del incidente de la lanza. Podría ser que José fuera a Pilato tan pronto como la muerte de Jesús pareció inminente, pero también podría ser que fuera una vez ya había muerto.

[111] No sabemos con exactitud dónde estaba Arimatea. Podría ser el mismo lugar que Ramataim Zofim (1 S. 1:1), pero esta información tampoco es de mucha ayuda, ya que tampoco sabemos a ciencia cierta dónde estaba este lugar. Como José tenía un sepulcro cerca de Jerusalén, parece ser que aunque Arimatea era su ciudad natal, se había mudado a la capital.

39 En este episodio de la sepultura de Jesús, los otros evangelistas hablan de José de Arimatea, pero no mencionan a Nicodemo. De hecho, no lo mencionan en absoluto. Solo sabemos de él gracias al cuarto evangelio. Para identificarle, Juan dice que es "el que antes había venido a Jesús de noche" (ver el comentario de 3:2). Es evidente que aquello significó mucho para Juan. Nicodemo trajo una mezcla de mirra y áloe (en cuanto a esta mezcla, cf. Sal. 45:8; Prov. 7:17; Cantares 4:14; éste es el único lugar del Nuevo Testamento en el que se mencionan los áloes). Era costumbre colocar este tipo de especias entre las sábanas que envolvían el cadáver, así que Nicodemo estaba cumpliendo con los ritos requeridos. Lo que se sale de lo común es la cantidad que trajo, "como de cien libras" (unos treinta y cuatro kilos), aunque si lo que Nicodemo quería hacer era cubrir todo el cuerpo de Jesús, entonces no es una cantidad excesiva. Pero sabemos que en los entierros de miembros de la realeza se usaban grandes cantidades (2 Cr. 16:14), así que quizá Juan quiera que, de nuevo, pensemos en la Majestad de Jesús[1][112]. Puede que Juan tuviera en mente que cuando Nicodemo se encontró con Jesús, éste le habló del reino (3:3). La espléndida provisión podría querer mostrar que Nicodemo, igual que José, intentó rendir a Jesús el mejor homenaje posible, ya que no lo había hecho mientras su maestro estaba vivo. También muestra que Nicodemo debía de ser un hombre muy rico. Quizá en este incidente podemos ver la consecuencia de la predicción que Jesús hizo de la Pasión en aquel primer encuentro con Nicodemo. Puede que la acción de Nicodemo hubiera sido diferente Si aquella noche Jesús le hubiera dicho al fariseo que un día iba a morir por la Humanidad, nos sería fácil entender su disposición a velar por el entierro de su Maestro, dado que todos sus discípulos habían desaparecido. Los discípulos que habían seguido a Jesús de una forma abierta, llegado el momento de su muerte, le abandonaron. Sin embargo, la reacción de aquellos que le habían seguido en secreto es completamente contraria. Ahora que ya no tenían nada que ganar, salen a la luz.

---

[112] SBk cita un incidente en el que el prosélito Onkelos quemó más de 80 minas de especias en el funeral del R. Gamaliel, el Viejo. Cuando le preguntaron por qué lo había hecho, él hizo referencia a Jer. 34:5 y dijo: "¿No es el R. Gamaliel mejor que cien reyes juntos?". D.R. Sylva cree que la gran cantidad de especias "significa una falta de comprensión de la expresión 'el Hijo del Hombre será levantado'" (NTS, 34 [1988], p. 148), pero su argumentación no es muy convincente.

40 Estos hombres le dieron a Jesús un entierro digno según las costumbres judías. El cuidado del cadáver incluía el embalsamamiento, pero a diferencia por ejemplo de los egipcios, no se mutilaba el cuerpo. Primero prepararon el cuerpo envolviéndolo en telas de lino[113], que probablemente eran unas largas vendas, y no un sudario como lo conocemos hoy en día. Y a medida que iban vendando el cuerpo, entre los dobleces, iban colocando las especias aromáticas.

41 Había un sepulcro en un huerto (Juan es el único que menciona el huerto) cerca del lugar donde habían crucificado a Jesús. De hecho, Juan dice que el huerto estaba "en" el mismo lugar, así que debía de estar realmente cerca. Se nos dice que el sepulcro era "nuevo", y que "no habían sepultado a nadie" en él. Normalmente, los sepulcros se cavaban en roca sólida, y se cubrían con grandes rocas. Ahora bien, estos sepulcros eran muy caros, y solían usarse más de una vez. A veces, eso ocurría porque algunos sepulcros ya se diseñaban desde el principio para que pudieran albergar más de un cadáver, pero en esta ocasión Juan nos dice que ese sepulcro nunca[114] se había usado, un detalle que también encontramos en Lucas (Lc. 23:53). Mateo dice que era el sepulcro del propio José (Mt. 27:60).

42 Había que darse prisa, porque iba a llegar el atardecer, y con él, el Sabat. Había que sepultar a Jesús antes de que llegara. Así que, como era viernes (en cuanto a la expresión "el día de la preparación", ver el comentario del v. 31 y la Nota Adicional H), y como[115] aquel sepulcro estaba cerca, pusieron allí a Jesús.

---

[113] Según MM, ὀθόνιον, al menos en Egipto, significaba "lino fino". Citan como paralelos de nuestro texto papiros donde se usa este término para denominar "las vendas de lino fino que envolvían a las momias". Se cree que ese término, pues, designaba finas bandas de venda, mientras que σινδών (Mt. 27:59; Mr. 15:46; Lc. 23:53) era un sudario o sábana. F.N. Hepper ha escrito un útil artículo titulado "Flax and Linen in Biblical Times" (Buried History 25 Diciembre 1989], pp. 105-16). Cuenta que el lino "era un textil muy caro" que usaban los ricos, y también se usaba para ocasiones especiales como, por ejemplo, los entierros.

[114] La negación doble, οὐδέπω οὐδείς, le confiere una mayor fuerza.

[115] ὅτι (partícula causal); ver el comentario de 1:50.

Juan 20

VI. LA RESURRECCIÓN (20:1-29)

El clímax de los cuatro evangelios es el mismo: la Resurrección. Pero en cada uno de ellos se llega a ese evento de forma diferente. Todos coinciden en que cuando las mujeres se acercaron al sepulcro el domingo por la mañana, lo encontraron vacío, pero a partir de ahí, encontramos cuatro relatos distintos. Por ejemplo, Juan no incluye ninguna de las historias que los otros evangelistas recogen[1]. Nos informa de la realidad de la Resurrección y, como los otros tres, menciona el sepulcro vacío, pero no presta atención a ninguna de las historias que aparecen en los Sinópticos, e incluye otras que estos no contienen. Así que no es fácil ordenar los detalles que encontramos en los cuatro evangelios para relacionarlos y elaborar un solo relato. Pero no es imposible. Westcott, entre otros, ha trazado una secuencia de los hechos ocurridos en torno a la Resurrección. No podemos estar seguros de que su trabajo sea del todo fiel a la realidad, pero lo que sí está claro es que demuestra que podemos conciliar lo narrado en los cuatro evangelios. Las diferencias que encontramos no son más que una evidencia de que detrás de cada relato hay testigos oculares, con su correspondiente espontaneidad, y no la repetición estereotipada de una narración oficial[2].

A. EL SEPULCRO VACÍO (20:1-10)

1 Y el primer [día] de la semana María Magdalena fue temprano al sepulcro, cuando todavía estaba oscuro, y vio que [ya] la piedra había sido quitada del sepulcro. 2 Entonces corrió y fue a Simón Pedro y al otro discípulo a quien Jesús amaba, y les dijo: Se han llevado al Señor del sepulcro, y no sabemos dónde le han puesto. 3 Salieron, pues, Pedro y el otro discípulo, e iban hacia el sepulcro.

[1] Lucas 24:12 menciona la visita de Pedro al sepulcro (aunque no se incluye al discípulo amado). Algunos creen que este versículo no es auténtico porque no aparece en algunas autoridades occidentales (especialmente en D) y porque es probable que derive del presente pasaje. Pero si así fuera, es difícil comprender por qué no se menciona a Juan ni la aparición a María.

[2] *Easter Enigma*, de John Wenham (Exeter, 1984) es un estudio más reciente que también muestra que los Evangelios no se contradicen entre ellos.

4 Los dos corrían juntos, pero el otro discípulo corrió más aprisa que Pedro, y llegó primero al sepulcro; 5 e inclinándose para mirar [adentro], vio las envolturas de lino puestas [allí,] pero no entró. 6 Entonces llegó también Simón Pedro tras él, entró al sepulcro, y vio las envolturas de lino puestas [allí], 7 y el sudario que había estado sobre la cabeza de Jesús, no puesto con las envolturas de lino, sino enrollado en un lugar aparte. 8 Entonces entró también el otro discípulo, el que había llegado primero al sepulcro, y vio y creyó. 9 Porque todavía no habían entendido la Escritura, que Jesús debía resucitar de entre los muertos. 10 Los discípulos entonces se fueron de nuevo a sus casas.

Los Sinópticos nos cuentan que el domingo después de la crucifixión un grupo de mujeres fue al sepulcro llevando con ellas especies aromáticas. Mateo menciona a María Magdalena y a "la otra María" (Mt. 28:1), Marcos nombra a estas dos y a Salomé (Mr. 16:1), y Lucas, a las dos Marías y a Juana (Lc. 24:10). Esto parece indicar que el entierro del viernes debió de hacerse de forma precipitada y, por eso, una vez pasado el día de descanso, las mujeres se disponen a completar el ritual de forma apropiada. La única mujer que Juan menciona es María Magdalena. Ésta también aparece en los Sinópticos, como hemos visto, pero en ellos no se nos cuenta que vio al Cristo resucitado. Es posible que, después de ver a los ángeles tal y como se menciona en los Sinópticos, María se separara de los demás y viera entonces al Señor. Puede que a algunos les sorprenda que a la primera persona a la que Jesús se apareció después de la Resurrección fuera María, ya que ésta no ocupaba ningún cargo oficial. Lo único que se nos dice es que se encontraba entre aquellos que servían a Jesús (Lc. 8:2-3)[3]. De aquí podemos sacar una aplicación: las prioridades de Dios no son las mismas que las nuestras. Según nuestra forma de pensar, lo más normal es que se hubiera aparecido a un apóstol o a más de uno y, en el caso de aparecerse a una mujer, que se hubiera aparecido a su madre.

Vale la pena mencionar que todos los evangelistas hacen hincapié en mayor o menor grado en el sepulcro vacío. Hoy en día algunos estudiosos sugieren que no podemos mostrar tanta seguridad a la hora de

---

[3] Puede que lo que determinó que Jesús se le apareciera a María fuera la necesidad de ésta. Cf. Tasker: "Aquella que le había debido tanto al Maestro (ver Mr. 16:9) necesitaba saber lo antes posible que su muerte no suponía el fin del beneficio que podía recibir de Él".

hablar de la Resurrección ya que no sabemos con exactitud lo que ocurrió. Es cierto que el escepticismo, en cierta medida, es sano. De hecho, ante algunos de los eventos no podemos decir más que "No sé cómo explicarlo". Pero eso no significa perder de vista el énfasis del texto bíblico. Concretamente, el sepulcro vacío es una prueba del aspecto físico de la Resurrección de Jesús. Alan Richarson dice lo siguiente: "Si verdaderamente creemos que Dios resucitó a Jesús de entre los muertos, no nos preguntaremos cómo pudo hacerlo. La Resurrección del cuerpo de Cristo tiene un significado teológico importante: muestra que toda la creación será redimida, no solo a nivel espiritual, sino también a nivel físico" (comentando el v. 19).

1 María Magdalena fue temprano[4] al[5] sepulcro el primer[6] día de la semana[7], ya que Juan nos dice que "todavía estaba oscuro"[8]. Eso podría explicar por qué María no vio lo que Pedro y Juan verían más tarde. Sin embargo, puede que, independientemente de la luz que hubiera, María no se detuviera lo suficiente como para observar a su alrededor. Como llegó tan temprano, podemos ver en ella una clara determinación de hacer lo que debía lo antes posible. No sabemos por qué Juan solo la menciona a ella, cuando los otros evangelios nos dicen que no estaba sola. Quizá Juan sabía que ella había sido la primera en ver al Cristo resucitado (cf. Mr. 16:9) y por eso no prestó atención a las que no vieron a Jesús tan pronto como María[9]. Esta teoría no es muy

---

[4] En cuanto a πρωΐ, ver el comentario de 18:27-28.

[5] εἰς se usa aquí en el sentido de πρός. No es natural interpretarlo como "entró en". Sin embargo, esta misma expresión se usa más adelante con ese sentido (20:6 y 8).

[6] En vez de usar el número ordinal, se usa el número cardinal μιᾷ. Ésta no es una prueba concluyente de una influencia semítica (ver M, I, pp. 95-96), pero apunta a un trasfondo semítico, ya que este uso se encuentra tanto en el hebreo como el arameo.

[7] σάββατα, aunque está en plural, se toma como si estuviera en singular. Puede significar tanto "Sabat" como "semana". La forma plural puede deberse a que la forma aramea שבתא, cuando se transcribe, tiene la apariencia de un neutro griego en plural. Además, a esto se le añade la analogía de los plurales de las fiestas como τά ἐγκαίνια. El significado "semana" derivaría del intervalo entre Sabat y Sabat.

[8] Aquí se nos plantea un problema ya que en Marcos 16:2 "el sol ya había salido" cuando las mujeres llegaron al sepulcro. Varios comentaristas sugieren que las mujeres se acercaron al lugar por grupos, todas hacia el amanecer. Las que llegaron primero, debieron de llegar cuando aún estaba oscuro, y las que llegaron más tarde, cuando el sol ya había salido. Otros dicen que Juan está describiendo el momento en que María salió de casa, y Marcos, el momento en que llegó al sepulcro.

[9] Mateo nos dice que las otras mujeres vieron a Jesús (Mt. 28:9). Pero quizá le vieron después de dejar a María Magdalena.

convincente, pero tampoco es fácil encontrar otra explicación. Los Sinópticos nos dicen que las mujeres llevaban especias aromáticas para ungir el cuerpo del Maestro. Tampoco sabemos por qué querían hacerlo, pues Nicodemo ya había cumplido con ese ritual, usando una enorme cantidad de especias. Puede que no supieran de la acción de Nicodemo, lo cual parece poco probable, pues dos de ellas "miraban para saber dónde le ponían" (Mr. 15:47). En vista de lo tarde que era, y de lo cercano que estaba el Día de Reposo, lo más probable es que Nicodemo no tuviese tiempo de usar todas las especias que había traído, y ahora las mujeres querían finalizar aquella tarea. Juan continúa diciéndonos que María vio que la piedra había sido quitada del sepulcro[10]. De hecho, sabemos que las mujeres estaban preocupadas porque sabían que ellas solas no podían mover la piedra (Mr. 16:3).

2 La reacción inmediata de María fue ir a informar a los hombres. Fue a buscar a Simón Pedro (a pesar de las negaciones, aún le seguían reconociendo como el apóstol líder), y al "otro discípulo" (cf. 18:15-16), "el que Jesús amaba" (cf. 13:23)[11]. María había visto que el sepulcro estaba vacío, y concluyó que alguien había robado[12] el cuerpo de su Maestro (¿qué más podía haber ocurrido?). Aparentemente, la idea de la Resurrección ni si quiera se le pasó por la cabeza, por lo que les dijo a los dos hombres que se habían llevado el cuerpo del Señor. Esta tercera persona del plural no es algo definido, sino que estamos más bien ante un sentido impersonal. Se podría estar refiriendo a los enemi-

---

[10] "Había sido quitada" es la traducción de ἠρμένον. El significado del verbo es "levantar", y no es muy común usarlo en una frase como esta. Cuando colocaron la piedra, la "rodaron" (el verbo es προσκυλίω, Mt. 27:60; Mr. 15:46). Quizá Juan quiere reflejar "violencia", sobre todo porque a continuación encontramos la preposición ἐκ. Eso parece sugerir que sacaron la piedra de su lugar (*Amplified* traduce: "la levantaron sacándola [del surco donde se encontraba y la llevaron hasta]". El tiempo perfecto de este verbo es poco usual y podría ser que Juan quisiera usarlo con un sentido de finalidad.

[11] No está claro por qué la preposición πρός aparece repetida. Quizá al principio los dos discípulos no estaban juntos. La suposición más lógica es que vivían en lugares diferentes, y María fue a avisar a Pedro en primer lugar, y con él, se dirigió al hogar del otro discípulo. Pero lo cierto es que sacar todo esto de la preposición es una interpretación muy libre.

[12] Lo más normal hubiera sido el perfecto, y no el aoristo ἦραν. Pero el perfecto de este verbo es muy poco usual; el único ejemplo que encontramos en Juan es el participio del v. 1. Parece ser que el aoristo se usaba a veces con el sentido que solemos asociar al tiempo perfecto.

gos de Jesús, o a los principales sacerdotes, o podría tratarse de un plural impersonal equivalente a la voz pasiva[13]. María añade: "No sabemos dónde le han puesto"[14]. La primera persona del plural indica que en el momento del descubrimiento había más mujeres con ella, por más que Juan solo la mencione a ella (en el v. 13 usa el singular). Así que es bastante probable, teniendo en cuenta que fue al sepulcro "cuando todavía estaba oscuro" (v. 1), que estuviera acompañada. Raro sería que una mujer se aventurara sola a salir de la ciudad a esas horas, especialmente cuando la ciudad estaba llena de peregrinos que habían venido para la fiesta. En cuanto a "el Señor", ver el comentario de 4:1.

3 Parece ser que los discípulos no quisieron perder el tiempo hablando. En seguida salieron para verlo con sus propios ojos. A Pedro se le menciona primero, y quizá fue él quien tomó la iniciativa de ir hacia el sepulcro[15].

4 Fueron corriendo[16]. El que había salido en segundo lugar fue el primero en llegar al sepulcro. Muchas veces se ha dicho que era más joven que Pedro, y puede que esto sea cierto. Pero el texto no lo explicita, y debemos tener en mente que "rapidez" y "juventud" no son sinónimas. Además, es probable que el discípulo amado estuviera más familiarizado con la zona que Pedro, y que tomara un atajo para llegar al sepulcro. Pero todo esto son suposiciones, ya que el texto no nos da los detalles de la carrera hacia el lugar donde Jesús había sido enterrado.

5 Aparentemente, el discípulo amado era algo inseguro o indeciso. Cuando llegó a su destino, vaciló y no entró en el sepulcro. Se inclinó en la entrada para ver el interior, pero no se atrevió a entrar[17]. Desde

---

[13] Black defiende esta idea, y cree que se trata de una influencia del arameo (*AA*, p. 91).

[14] P.S. Minear examina la implicaciones de estas palabras en *Interpretation* XXX (1976), pp. 125-39.

[15] El imperfecto, ἤρχοντο, habla de una acción en progreso, "iban" o "emprendieron su camino" hacia el sepulcro.

[16] ὁμοῦ se ha traducido por "juntos", pero debería traducirse por "uno al lado del otro", ya que sabemos que Pedro fue el primero en salir, sin embargo, el otro le adelantó y fue el primero en llegar.

[17] παρακύπτω significa "inclinarse" (para ver algo mejor) (BAGD); Juan vuelve a usar este verbo en el v. 11 refiriéndose a María.

allí pudo ver "las envolturas de lino". En este punto no se menciona el sudario; lo más probable es que en esa posición quedara fuera del alcance de la vista, pero Pedro lo vio de inmediato cuando entró en el sepulcro (v. 6 y 7).

6-7 No sabemos cuánto tardó Pedro en llegar. Pero una vez lo hizo, no dudó como el otro discípulo: lo primero que hizo fue entrar en el sepulcro. Allí vio las envolturas de lino. Juan especifica que el sudario, la pieza que había estado sobre la cabeza de Jesús, no estaba puesto con las envolturas de lino, sino que estaba enrollado en un lugar aparte. En los últimos años algunos han interpretado que las envolturas estaban tal cual habían sido colocadas alrededor del cuerpo. Es decir, que el cuerpo de Jesús resucitó atravesando las envolturas. Esta interpretación no se contradice con lo que está escrito, pero si analizamos la escena, eso no es lo que Juan dice. El hecho de que el sudario[18] estuviera aparte contradice esta teoría, pues si fuera cierta, habría estado junto a las otras envolturas o, como mucho, a una distancia muy corta (de la longitud del cuello). Además, si la cabeza hubiese atravesado el sudario, éste no habría quedado "enrollado". Juan describe una escena dominada por el orden, no la confusión. Eso también significa que el cuerpo no se lo habían llevado unos ladrones, ya que no hubieran dejado las ropas cuidadosamente dobladas. Lo lógico es que se hubieran llevado el cuerpo con las ropas, o si se las quitaron, que las hubieran dejado caer de forma desordenada[19].

8 El otro discípulo, empujado por la iniciativa de Pedro, entró en el sepulcro. Juan vuelve a mencionar que éste fue el primero en llegar;

---

[18] σουδάριον es un préstamo de la voz latina *sudarium*, una pieza que servía para quitarse el sudor; vendría a ser una pieza de ropa parecida a un pañuelo. Aquí parece referirse a "una pieza que cubría la cara y la cabeza" (Robinson, *Priority*, p. 292) que servía para evitar que la mandíbula se separara del resto.

[19] Hace tiempo Crisóstomo dijo: "si alguien hubiera robado el cuerpo, no se habría entretenido ni en quitarle las envolturas, ni en quitarle el sudario y enrollarlo cuidadosamente y dejarlo en un lugar aparte; se habría llevado el cuerpo tal cual estaba. Juan nos ha contado que ungieron el cuerpo de Jesús con mucha mirra, la cual hace que la ropa se adhiera al cuerpo" (85.4; pp. 320-21). El saqueo o profanación de sepulcros era considerado como una enorme ofensa; Barrett cita un reglamento de Claudio que dictamina la pena capital para los que cometían dicho delito (*The New Testament Background: Selected Documents* [Londres, 1957], p. 15).

además, añade: "vio[20] y creyó". Ninguno de estos objetos va acompañado de un complemento directo. Podemos decir casi con toda seguridad
que el complemento directo del primer verbo es "las envolturas"[21].
Pero, ¿qué creyó? La respuesta más natural sería: "que Jesús había resucitado"; pero a continuación Juan nos dice que aún no habían entendido
la Escritura de que Jesús debía resucitar. Quizá el significado es que,
a pesar de no saber el alcance de aquella Escritura, el discípulo amado
creyó que Jesús había resucitado. Esta idea está respaldada por el significado que se le confiere al verbo "creer" en los versículos 25, 27
y 29. Hoskyns cree que este es el sentido, por lo que dice lo siguiente:
"la preeminencia de la fe del discípulo amado es el clímax de este relato.
Su fe no deriva de los antiguos textos proféticos; lo que le hace abrir
los ojos para ver lo que la Escritura había anunciado es ver el sepulcro
vacío"[22]. La fe en la Resurrección implica mucho más que la convicción
de que el Maestro ha resucitado; implica comprender que se está cumpliendo el propósito divino revelado en las Escrituras. Parece ser que
Juan acaba de darse cuenta de la certeza de la Resurrección, pero
que aún no llega a apreciar lo que eso supone[23]. Algunos lectores han
dicho que aquí vemos el carácter orgulloso de Juan, ya que recoge que
él fue el primero en creer. Pero a la luz del versículo 29, yo diría
que se trata más bien de una muestra de humildad. "Vio y creyó" implica que él queda fuera de los dichosos "que no vieron y, sin embargo,
creyeron". Quizá el significado de las palabras de Juan sea que creyó

---

[20] Este es el tercer verbo con el sentido de "ver" que Juan usa en este capítulo.
En el v. 1 y en el 5 encontramos βλέπει, en el v. 6, θεωρεῖ, y ahora tenemos εἶδεν. Moffat
traduce "miró" en el v. 5, "percibió" en el v. 6, y "vio" en el 1 y el 8. Pero lo más
seguro es que estas variaciones no son más que una consecuencia del estilo joánico
(ver el comentario de 1:32 en cuanto a las palabras que Juan usa para describir la acción
de "ver", y el comentario de 3:5, en cuanto a la variedad del estilo joánico). No obstante,
es probable que θεωρεῖ del v. 6 denote un escrutinio más prolongado que βλέπει.
[21] Aunque Phillips traduce así: "vio lo que había ocurrido". Esto no es traducir, sino
añadir.
[22] Schnackenburg interpreta este verbo como un aoristo ingresivo que se refiere a
"una fe plena en la Resurrección de Jesús; no concibe la posibilidad de disminuir o
reducir esa idea de plenitud". De la Potterie también ve aquí un aoristo ingresivo, pero
lo traduce de la siguiente forma: "*empezó* a creer". Continúa diciendo: "Esto aún no
es una creencia completa en la Resurrección; para ello hará falta que la mente del discípulo sea abierta, y así, entienda la Escritura" (p. 203).
[23] Bultmann dice: "La verdadera fe en la Resurrección ... consiste en comprender
la ofensa de la cruz; no se trata de la fe en una demostración palpable de que el Señor
haubiera resucitado" (p. 688).

aún sin haber comprendido la Escritura. Lo que había ocurrido en el sepulcro (fuera lo que fuera) había sido maravilloso. O puede que se refiera a que ahora creía lo que María les había contado. Su relato les debía de haber parecido inverosímil, pero ahora, ante el sepulcro vacío, no había duda alguna de que decía la verdad. Juan creyó a María[24]. Merece la pena destacar el énfasis que Juan pone en que el sepulcro estaba vacío. María ya no era la única que lo había visto vacío; ahora Pedro y el discípulo amado podían dar crédito de ello. Michaels añade un comentario referente a que cuando se habla de "creer", solo se menciona al discípulo amado: "No debemos interpretar que Pedro no creyera; lo que ocurre es que el narrador solo puede hablar de la perspectiva de Pedro desde fuera, mientras que la perspectiva del discípulo amado es la suya propia".

9 La proposición "todavía no habían entendido" parece sugerir que al final sí llegaron a entender[25]. Pero en aquel momento no conocían la Escritura que hablaba de la Resurrección. Juan suele usar la expresión "la Escritura" para referirse más bien a un pasaje concreto (y no a toda la Revelación). De ahí que surja la pregunta: ¿a qué pasaje se está refiriendo? Pablo también nos dice que Jesús resucitó "al tercer día, conforme a las Escrituras" (1 Co. 15:4), pero tampoco nos dice cuál es el pasaje que tiene en mente. Normalmente se ha apuntado a Oseas 6:2 o Jonás 1:17 por lo que al "tercer día" se refiere. Esto no convence a las mentes modernas, pero a la gente del siglo primero debía de parecerle bastante lógico. En cuanto a la idea de la Resurrección sin una mención temporal específica se suele hablar de Isaías 53:10-12 (que habla del Siervo, quien aún después de morir está vivo y sigue actuando) y Salmos 16:10. En el Nuevo Testamento está claro que los primeros cristianos creían en la Resurrección como algo que ya se había anunciado en el Antiguo Testamento. Pero este pasaje muestra que los discípulos creyeron, en primer lugar, en el hecho de la Resurrección. Es decir, los creyentes no se inventaron la historia de la Resurrección para que coincidiera con la profecía. Primero se dieron cuenta de que

---

[24] G.W. Broomfield cree firmemente en esta explicación: "Esta interpretación anula cualquier dificultad a la hora de entender el texto; es la interpretación más natural" (*John, Peter and the Fourth Gospel* [Londres, 1934], p. 49).

[25] Pero probablemente no quiera decir que la entendieron inmediatamente, como apunta *REB*: "hasta aquel momento no entendieron la Escritura".

Jesús había resucitado, y más tarde empezaron a relacionarlo con los pasajes veterotestamentarios. El verbo "debía" es importante (ver el comentario de 4:4)[26]. Como al final se dieron cuenta de que la Resurrección era una profecía cumplida, también comprendieron que todo aquello no había ocurrido por casualidad. La mano de Dios estaba sobre todo lo que estaba aconteciendo. Todo aquello tenía que pasar.

10 Juan acaba esta sección contándonos que los discípulos volvieron a casa[27]. No están presentes en la aparición a María. Una vez vieron el sepulcro se fueron a sus casas.

B. LAS APARICIONES (20:11-29)

Todos los Evangelios recogen diferentes apariciones de Jesús después de la Resurrección (a excepción de Marcos, si realmente acababa en 16:8, pero las apariciones ya se anuncian en 16:7, y hay buenas razones para pensar que desde el principio, este evangelio, como los otros, contenía apariciones del Señor resucitado). Pero si miramos cada evangelio por separado, los relatos que recogen de las apariciones son diferentes. Como es típico de Juan, él hace su propia selección. No podemos decir que Juan haya basado sus historias en los otros evangelios[28].

1. Aparición a María (20:11-18)

11 Pero María estaba fuera, llorando junto al sepulcro; y mientras lloraba, se inclinó y miró dentro del sepulcro; 12 y vio dos ángeles

---

[26] δεῖ apunta a que algo es inevitable. No se trata solo de que Jesús resucitó, sino que *tenía que* resucitar. Cf. Rieu: "la Escritura en la que está establecido que debe morir y luego volver a la vida".

[27] Algunos sostienen que πρὸς αὐτούς no significa "volvieron a casa", ya que haría falta εἰς τὰ ἴδια como en 1:11; 19:27. No obstante, la expresión que aquí se usa la encontramos en Josefo con el mismo sentido (*A.* 8.124, donde el sentido no es que todos se volvieron al mismo lugar, sino que cada uno se volvió a su casa). Black hace referencia a una construcción aramea, el uso del *dativus ethicus*. Cree que la expresión de este versículo se corresponde con el arameo 'ᵃzal leh (*AA*, p. 77). Se trata de una teoría loable, pero en vista del pasaje de Josefo, no puede decirse que la traducción que estamos usando sea incorrecta.

[28] Es imposible sostener que Juan basa su relato en Lucas 24:12.

vestidos de blanco, sentados donde había estado el cuerpo de Jesús,
uno a la cabecera y otro a los pies. 13 Y ellos le dijeron: Mujer,
¿por qué lloras? Ella les dijo: Porque se han llevado a mi Señor,
y no sé dónde le han puesto. 14 Al decir esto, se volvió y vio a Jesús
que estaba [allí,] pero no sabía que era Jesús. 15 Jesús le dijo: Mu-
jer, ¿por qué lloras? ¿A quién buscas? Ella, pensando que era el
hortelano, le dijo: Señor, si tú te lo has llevado, dime dónde le has
puesto, y yo me lo llevaré. 16 Jesús le dijo: ¡María! Ella, volviéndo-
se, le dijo en hebreo: ¡Raboní! (que quiere decir, Maestro). 17 Jesús
le dijo: Suéltame porque todavía no he subido al Padre; pero ve a
mis hermanos, y diles: «Subo a mi Padre y a vuestro Padre, a mi
Dios y a vuestro Dios.» 18 Fue María Magdalena y anunció a los
discípulos: ¡He visto al Señor!, y que Él le había dicho estas cosas.

Este primer encuentro con el Jesús resucitado es conmovedor. Por
lo que sabemos, María no era un personaje importante, y aún así Jesús
se le aparece a ella, y no a uno de los apóstoles. Esta aparición está
escrita con sencillez y convicción.

11 "Pero" marca el contraste entre María y los que se fueron a sus
casas. María se quedó fuera del sepulcro, llorando[29]. Juan no dice nada
sobre su vuelta al sepulcro, o si llegó allí antes de que los dos discípulos
se marcharan. Simplemente la describe diciendo que estaba al lado de
la entrada del sepulcro[30], llorando. Mientras seguía llorando, se inclinó
para mirar[31] dentro del sepulcro. Aunque ya había estado allí antes, esta
es la primera vez que se nos dice que miró en el interior del sepulcro.

12-13 María ve (Juan usa el tiempo presente para darle más realismo
a la narración) dos ángeles[32] vestidos de blanco, sentados donde había
estado el cuerpo de Jesús, uno a la cabecera y otro a los pies. El papel

---

[29] El verbo κλαίω no significa un sollozo silencioso, sino un lamento ruidoso típico
de los orientales de aquella época. Cf. cuando se usa para describir los gritos de dolor
en el episodio de la muerte de Lázaro (11:31).

[30] πρὸς τῷ μνημείῳ. En cuanto a πρός con el dativo, ver el comentario de 18:16.
La expresión denota proximidad.

[31] El verbo παρακύπτω aparece en el v. 5 (ver nota al pie del v. 5).

[32] En Mateo 28:2s. se nos habla solo de un ángel, en Marcos 16:5, de "un joven",
y en Lucas 24:4s. de "dos varones con vestiduras resplandecientes", a quienes más
adelante (v. 23) se les describe como ángeles. En cuanto a la cuestión de si había uno

de los ángeles no es muy importante. Lo único que hacen es preguntarle a María por qué llora[33] y, después de eso, no se les vuelve a mencionar. En cuanto a la expresión "mujer" como vocativo, ver el comentario de 2:4. Es obvio que en este contexto esta expresión no tiene ninguna connotación negativa ni ningún matiz de dureza. La respuesta[34] de María es bastante parecida a la que le da a los discípulos en el versículo 2, aunque ahora usa el singular: "no sé". Juan no menciona a ninguna otra mujer. La pregunta va dirigida a ella de forma personal y, por eso, ella responde de la misma forma. La intensidad de su dolor se debe quizá al énfasis que los judíos de aquel entonces hacían en proveer a los muertos de un entierro digno. Era una abominación faltar el respeto a un cadáver. María debía de estar destrozada preguntándose qué le habrían hecho al cuerpo de su Señor.

14 Juan no recoge una respuesta de los ángeles. Puede ser que María se alejara de ellos rápidamente. Quizá oyó a alguien moverse detrás de ella, o como muchos comentaristas desde Crisóstomo han sostenido, a lo mejor los ángeles hicieron algún movimiento al ver al Señor detrás de María. No lo sabemos. Pero ella se volvió[35] y vio a Jesús. Tampoco sabemos por qué no lo reconoció. Es posible que las lágrimas no le dejaran ver claramente, pero eso no ocurre normalmente. Por mucho que uno esté llorando, puede reconocer a un buen amigo. La razón debe de estar en el mismo Jesús resucitado; debía de tener algo diferente que hacía que la gente no pudiera reconocerle con facilidad. El encuentro en el camino de Emaús es un buen ejemplo de ello, pero vemos que lo mismo ocurre en la pesca milagrosa de 21:4, y Mateo nos cuenta

o dos ángeles, Temple comenta lo siguiente: "No podemos suponer que los ángeles son objetos físicos que percibimos con la vista. Cuando alguien 've' u oye' ángeles, debemos suponer que se trata de una intensa consciencia interior de un mensaje procedente de Dios, que se proyecta en una imagen que llega a verse y oírse. No debemos dudar de que Dios enviara ese tipo de mensajeros, ni que la gente los recibiera de tal forma; por eso, no podemos suponer que la gente percibía de igual modo la forma física que aquellos mensajes tomaban".

[33] Lenski comenta: "Exacto, ¿por qué llora? Si aquello por lo que lloraba, el cuerpo inerte de su Señor, le hubiera sido dado, nosotros tendríamos razón para llorar toda la eternidad!".

[34] El uso de ὅτι causa cierta ambigüedad. Si solo es descriptivo, debería traducirse tan solo por "se han llevado a mi Señor...". Pero como otras traducciones sugieren, podría leerse de la siguiente forma: "*Porque* se han llevado...".

[35] ἐστράφη εἰς τὰ ὀπίσω.

que cuando los discípulos vieron a Jesús en el monte de Galilea le adoraron, "mas algunos dudaron" (Mt. 28:17). Cf. también Lc. 24:37.

15 Jesús le repite a María la pregunta que los ángeles le habían hecho: "Mujer, ¿por qué lloras?". Pero además añade: "¿A quién buscas?"[36]. María estaba buscando un cadáver, pero lo que tenía que hacer era buscar a una persona. No sabemos por qué María creyó que era el hortelano. Quizá porque era lo más lógico. ¿Quién más iba a estar en el huerto a esas horas de la mañana, y quién más le iba a preguntar qué hacía allí? Lo que está claro es que lo tomó por el hortelano y la conclusión a la que llegó es que él podía haberse llevado[37] el cadáver que estaba buscando. Así que ella le pregunta si eso es lo que ha ocurrido, y le hace saber que quiere llevárselo. Aunque María no lo diga de forma explícita, podemos interpretar que se lo quiere llevar "para darle un entierro digno". Véase que no menciona de qué cuerpo está hablando; ni siquiera menciona que lo que está buscando es un cadáver. Ella responde dando por sentado que el hortelano ya tiene un conocimiento previo, que sabe lo que ha ocurrido y, por tanto, sabe a lo que ella se refiere. Esto es bastante comprensible dado el estado de dolor en el que se hallaba. Cuando alguien está sufriendo de tal modo, no se detiene a dar explicaciones. Para referirse a Jesús, usa tres pronombres personales; Él era en lo único que podía pensar en ese momento. Lo cierto es que María no habría podido llevarse al Señor sin ayuda. Pero, de nuevo, alguien en su estado no se detiene a calcular lo que puede o no puede hacer.

16 Con una gran economía lingüística Juan nos cuenta que, de repente, María se percató de que estaba hablando con Jesús. El Cristo resucitado solo pronuncia una palabra: "María". Ella se gira. Está claro que después de volverse hacia Jesús (v. 14) se había vuelto a girar hacia

---

[36] Ryle cree que esa pregunta encierra una reprimenda: "¿A quién buscas? ¿A quién buscas entre los muertos? ¿Acaso has olvidado que aquél a quien buscas es el que tiene poder para volver a tomar la vida, el que anunció que iba a resucitar?".

[37] María usa el verbo βαστάζω cuando se refiere al hortelano y αἴρω cuando se refiere a los ladrones y a ella misma (vrs. 2, 13). No creo que tengan matices diferentes, sino que estamos de nuevo ante un ejemplo de la variedad joánica. Tertuliano dice que el hortelano se llevó el cuerpo "para que no viniera una cantidad ingente de visitantes y estropeara sus lechugas" (*De Spectaculis*, 30; p. 91).

el sepulcro. El detalle de "volverse" o "girarse" subraya el hecho de que la forma en la que Jesús dijo su nombre captó su atención de una forma especial. Cuando el Buen Pastor llama a sus ovejas, éstas conocen su voz (10:3-4). Inmediatamente, le dice en hebreo: "¡Raboni!"[38], que Juan traduce para que los lectores griegos lo puedan entender. Está claro que María ha reconocido a Jesús. No obstante, parece ser que esa no era una forma muy común de dirigirse a alguien. Lo encontramos en la literatura judía antigua, pero muy raramente se usa para referirse a los hombres; como vocativo, solía usarse para dirigirse a Dios en oración[39]. Puede que Juan quiera que veamos que la reacción de María ante la presencia del Señor resucitado es parecida a la de Tomás, que dijo: "¡Señor mío y Dios mío!" (v. 28). Pero esta teoría no se sostiene si tenemos en cuenta que el ciego de Marcos 10:51 también usa "Raboni" (ahí no hay ningún indicio de que aquel hombre supiera que se estaba dirigiendo a Dios), que el Targum Palestino parece recoger un uso distinto[40], y que Juan en este mismo versículo traduce la palabra en cuestión por "maestro". En especial, este último punto es determinante. Así que concluimos que la forma en la que María entiende la persona de Jesús aún no es completa.

17 Este versículo nos plantea algunos problemas. El primero lo encontramos en la frase "Suéltame" (LBLA) o "No me sujetes" (NVI),

---

[38] En griego es Ῥαββουνι, como en Marcos 10:51. Black dice que esa es la forma en la que aparece en el Targum Palestino del Pentateuco, mientras que en el Targum de Onkelos, que es posterior, encontramos la forma רְבוֹנִי (*AA*, p. 21). Así, la forma es "Rabouni" y no "Raboni".

[39] Así lo recoge SBk, II, p. 25; G. Dalman, *The Words of Jesus* (Edimburgo, 1902), p. 324s. Muchas veces se ha dicho que esta palabra significaba más o menos lo mismo que "Rabí". Puede que eso sea cierto etimológicamente hablando. Pero podemos pasar por alto lo que W.F. Albright comenta, diciendo que se trata de un término familiar que quiere decir "mi (querido [o] pequeño) maestro" (*BNT*, p. 158). Pero el uso que se hace de un término es el que determina su significado. "Rabí" sí que se usaba para dirigirse a una persona, pero no encontramos ningún ejemplo en el que "Raboni" se use de dicho modo (a excepción de las oraciones dirigidas a Dios). Sin embargo, Black nos recuerda el uso que se hace en el antiguo Targum Palestino del Pentateuco; según él, es una guía del arameo del primer siglo mucho más fiable que el Targum de Onkelos, que es la base de la mayor parte de la argumentación de Dalman, y que "muestra que debía de ser común en el arameo de la Palestina antigua usarlo para dirigirse a un hombre a quien se consideraba como señor o maestro" (*AA*, p. 21). Pero no cita ningún ejemplo concreto para que podamos ver que está en lo cierto.

[40] Ver las dos notas al pie anteriores.

que la RVA traduce por "No me toques"[41]. ¿Por qué no iba a poder tocarle? De hecho, Mateo dice que las primeras mujeres que vieron al Jesús resucitado "acercándose, abrazaron sus pies y le adoraron" (Mt. 28:9)[42]. Quizá deberíamos ver el tiempo verbal griego en su sentido más estricto. El presente de imperativo con la partícula negativa no significa "no hagas eso", sino "deja de hacer eso"[43]. Por lo que aquí significaría "Deja de sujetarme", y no "No me toques". Es evidente que María, llena de alegría, debió de abrazar a su Señor, quizá del mismo modo que describe Mateo (28:9)[44].

No es fácil saber por qué Jesús hace referencia a la Ascensión. ¿Qué relación podía tener la Ascensión con que María se hubiera abrazado a Él? Algunos han dicho que en aquellos días no se usaba "la Ascensión" como un término técnico (así es como lo usamos hoy en día). Puede que sea cierto, pero esa información no nos ayuda demasiado. Independientemente de si el término "ascender" se usa aquí de forma técnica o no, está claro que se refiere a una partida definitiva, por la cual Jesús volvería a su Padre. También incluye la idea de que Jesús no se marchaba para volver a la vida en esta Tierra. Y María estaba actuando como si así fuera. Podía verle porque aún no había ascendido, pero no debía interpretarlo como que ahora todo iba a ser como antes (como había ocurrido en el caso de Lázaro)[45]. Pero esta frase también encierra la idea de que la Ascensión aún era algo futuro. Algunos exe-

---

[41] [*N. de la T.* El autor del comentario no se refiere a la Reina-Valera, sino a la versión inglesa *King James*, también de principios del siglo XVII. Pero hemos podido hacer el equivalente porque ambas optaron por la misma traducción.]

[42] No tiene demasiada importancia que Mateo use ἐκράτησαν y Juan ἅπτου, ya que vemos que ambos verbos se usan para describir la misma acción (Mt. 8:15; Mr. 1:31).

[43] En cuanto a este uso del presente en las prohibiciones, ver el comentario de 2:16. BDF dice de este pasaje: "μή μου ἅπτου (algo que, por lo tanto, ya ha tenido lugar)" (336 [3]).

[44] Bernard opta por enmendar μή μου ἅπτου por μή πτόου, especialmente porque en los otros evangelios los primeros que vieron a los ángeles o al Jesús resucitado tuvieron miedo o dudaron (Mt. 28:5, 10; Mr. 16:8; Lc. 24:5). Rieu, que acepta ese cambio, traduce: "No os alarméis". Pero yo creo que esta teoría no es correcta. Es más recomendable aceptar el texto que encontramos en los manuscritos y entender ese tiempo presente de la forma normal.

[45] Cf. Crisóstomo: "Hubiera sido demasiado tajante decir algo como 'No te acerques a mí como solías hacerlo, pues las cosas ya no son como antes, y a partir de ahora ya no estaré con vosotros como hasta ahora'; sin embargo, al decir 'todavía no he subido al Padre', está diciendo exactamente lo mismo, pero de una forma más suave" (86.2; p. 324).

getas sostienen que Juan pensaba que la Ascensión tuvo lugar en el mismo día de la Resurrección y citan este pasaje para respaldar su teoría. Pero eso significa ignorar los hechos que se narran a continuación, en este mismo capítulo. Los versículos del 26 en adelante, por ejemplo, demuestran que Juan cree en un Jesús que, después de su Resurrección, aún está activo en la Tierra. Las palabras que ahora estamos comentando deben entenderse a la luz de una Ascensión futura. Es como si Jesús estuviera diciendo: "Deja de sujetarme. No es necesario que lo hagas, ya que aún no ha llegado el momento de la Ascensión definitiva[46]. Podrás verme durante unos días más". En el mensaje a los "hermanos", el verbo "subo" ("vuelvo" en la NVI) está en tiempo presente. Esto podría denotar una acción futura, pero si es así, esa acción futura va acompañada o bien de inminencia o de certeza. Y en este caso se trataría de la última, de *certeza*. Probablemente deberíamos aceptar la sugerencia de Lagrange, quien dice que la conjunción adversativa que antecede a "*ve* a mis hermanos" también afecta a "*subo* a mi Padre". Así, el sentido de la frase sería el siguiente: "Deja de sujetarme. Es cierto que aún no he subido a mi Padre, pero ciertamente subiré. Di esto a mis hermanos"[47].

Otra cuestión de difícil interpretación es los "hermanos" a los que María les tiene que transmitir el mensaje de Jesús. En este contexto lo más normal es pensar que Jesús quisiera enviarles un mensaje a sus discípulos y, de hecho, es a ellos a quien María se dirige (v. 18). Pero referirse a ellos como "los hermanos de Jesús" no es muy usual (aunque cf. 21:23; Mt. 12:50). Este término también se usa para hablar de sus hermanos de sangre (2:12; 7:3, 5, 10), pero sabemos que no creían en Él (7:5), así que, ¿por qué les iba a enviar un mensaje? No obstante, Lucas nos dice que justo después de la Resurrección encontramos a los "hermanos" de Jesús entre los discípulos (Hch. 1:14). Está claro que los últimos acontecimientos les habían hecho cambiar de idea; así, sería posible decir que es a ellos a los que este versículo se refiere. Sin

---

[46] Quizá este es el sentido que el tiempo perfecto (ἀναβέβηκα) quiere plasmar. El único otro lugar en el que Juan usa el perfecto de este verbo es en 3:13, donde también se hace una referencia a "subir al cielo".

[47] Barrett recoge el sentido de la siguiente forma: "La Resurrección ha hecho posible una unión espiritual nueva y más personal entre Jesús y sus discípulos; el contacto físico característico del tiempo de antes de la Resurrección ya no tiene sentido, aunque tocar al Señor (v. 27) puede servir para probar que el Cristo glorificado es el mismo que Aquel que fue crucificado".

embargo, la aparición a María ocurre tan solo horas después de la Resurrección. El mensaje de Jesús no podía ser para sus hermanos de sangre, ya que unos momentos antes aún no creían en Él. Para poder darse cuenta de la verdad y cambiar de idea debía pasar un poco más de tiempo. En Mateo 28:10 nos encontramos con el mismo problema: el Señor resucitado les da a las mujeres un mensaje para "sus hermanos". Aquí está bastante claro que la expresión "mis hermanos" se refiere a los discípulos. No pasemos por alto el significado de que Jesús confiara estos importantes mensajes a mujeres. En el mundo judío una mujer no podía presentarse como testigo, es decir, que su testimonio no era tenido en cuenta (Misná, *Rosh Ha-Shanah* 1:8).

Por último, véase que Jesús se refiere a Dios como "mi Padre y vuestro Padre" y como "mi Dios y vuestro Dios". Parece ser que Él se considera a sí mismo como algo especial, y que la relación que tiene con el Padre es diferente a la de sus seguidores[48]. Esto tiene implicaciones importantes para una correcta comprensión de la persona de Cristo.

18 Si María tenía que comunicar aquel mensaje a los hermanos de Jesús, entonces no cumplió su misión. Les dijo a los discípulos (había entendido que Jesús se había referido a ellos al decir "mis hermanos") que había visto al Señor y que le había dicho aquellas cosas. Tenemos en este versículo un cambio de estilo directo: "He visto al Señor", a estilo indirecto: "que Él le había dicho estas cosas". El efecto de este recurso estilístico es enfatizar las palabras más importantes y la experiencia de María.

---

[48] Cf. Lightfoot: "los discípulos no deben olvidar que mientras que la relación del Hijo con el Padre es una relación natural, la de ellos solo es por adopción y por Gracia, por medio del Hijo; es por ello por lo que habla de 'mi Padre y vuestro Padre', y no de 'nuestro Padre'. Hace mucho tiempo San Agustín describió la importancia de este matiz: "Jesús no dijo 'Nuestro Padre': es 'mío' en un sentido, y es 'vuestro' en un sentido diferente; es mío por derecho, y es vuestro por Gracia... el mío es Dios, bajo el cual estoy por mi estatus humano; vuestro Dios, al cual podéis llegar a través de mí, que soy el mediador" (121.3; p. 438). C.F.D. Moule lo ve de otra forma. Según Él, esta expresión no apunta a dos tipos diferentes de relaciones, "ya que lo que quiere decir es lo siguiente: 'vuestro Padre, *que también es el mío*...'" (*Worship in the New Testament* [Londres, 1964], p. 77). También dice: "también puede interpretarse viendo la perspectiva contraria, es decir, 'mi Padre que es también vuestro Padre, mi Dios que es también el vuestro'" (*The Phenomenon of the New Testament* [Londres, 1967], p. 51). Tengamos en cuenta esta sugerencia de Moule; estas palabras no prueban que haya dos tipos diferentes de relación con el Padre, ciertamente. Pero lo más natural es que se menciona por separado de la relación de Jesús con el Padre, y la de los discípulos con el Padre. Si no hubiera ningún tipo de distinción, lo más normal hubiera sido escribir "nuestro Padre" o, simplemente, "el Padre".

2. Aparición a los diez (20:19-23)

19 Entonces, al atardecer de aquel día, el primero de la semana,
y estando cerradas las puertas [del lugar] donde los discípulos se
encontraban por miedo a los judíos, Jesús vino y se puso en medio
de ellos, y les dijo: Paz a vosotros. 20 Y diciendo esto, les mostró
las manos y el costado. Entonces los discípulos se regocijaron al
ver al Señor. 21 Jesús entonces les dijo otra vez: Paz a vosotros;
como el Padre me ha enviado, [así] también yo os envío. 22 Después
de decir esto, sopló sobre [ellos] y les dijo: Recibid el Espíritu San-
to. 23 A quienes perdonéis los pecados, [éstos] les son perdonados;
a quienes retengáis los [pecados, éstos] les son retenidos.

Lucas menciona que el Señor se apareció a los discípulos en la noche de aquel primer domingo de Resurrección (Lc. 24:36s.). Este episodio lo encontramos después de que los dos discípulos del camino de Emaús volvieran a Jerusalén y oyeran de los otros discípulos que Pedro había visto a Jesús. El relato de Juan se parece al de Lucas en el saludo, y en que Jesús les mostró las manos y el costado (en Lucas, las manos y los pies). Pero Lucas no recoge que Jesús sopló sobre los discípulos, ni dice nada sobre el Espíritu Santo ni sobre perdonar y retener pecados. Por otro lado, Juan no habla del miedo de los discípulos al ver lo que creían que era un espíritu, ni de que Jesús comió pescado asado. Aunque parece ser que los dos evangelistas están describiendo la misma escena, está claro que Juan no se basa en la versión lucana. Aquí, como en tantas otras ocasiones, su relato es bastante diferente.

19 Esta sección empieza con una marca temporal, como es típico de Juan (ver el comentario de 1:39). Era el atardecer de aquel mismo día, el primero[49] de la semana. Cuando se nos dice que las puertas[50] estaban cerradas (la NVI traduce "trancadas", es decir, cerradas con cerrojo o llave; el término griego simplemente significa "cerradas", pero quizá la NVI esté en lo cierto, sobre todo si tenemos en cuenta la

---

[49] En cuanto a μιᾷ, ver el comentario del v. 1.

[50] Como Juan solo usa el plural de θύρα aquí y en el versículo 26, parece que en verdad se refiere a más de una puerta. Quizá había una puerta doble o, lo que sería aún más común, se refiera a la puerta de la entrada de la casa, y a la puerta de la sala en la que estaban.

explicación que sigue: "por miedo a los judíos")[51]. A los que allí había reunidos se les llama simplemente "los discípulos", lo cual podía querer decir solo los apóstoles (o, mejor dicho, diez de ellos, ya que Tomás no se encontraba presente). Pero "los discípulos" es un término general, y podría incluir a otros (el texto no dice explícitamente que solo estuvieran los apóstoles). Si estamos hablando de la misma ocasión que aparece en Lucas 24:33, está claro que había más gente. Además, si en este mismo capítulo Juan usa el término "los doce" (v. 24), "los discípulos" debe de significar algo diferente. Los discípulos tenían miedo (comprensiblemente), y tomaron una serie de medidas de precaución. Entonces, dice el texto, Jesús vino y se puso en medio de ellos[52]. Parece ser, pues, que no entró por la puerta (si no, ¿por qué mencionar que las puertas estaban cerradas?). Algunos sugieren que Jesús atravesó la puerta cerrada, o que la puerta se abrió para dejarle pasar. Pero como las Escrituras no dicen nada del modo en el que Jesús entró en aquel lugar, lo mejor es no intentar describir lo que ocurrió de forma detallada. Lo que sí podemos decir es que para el Jesús resucitado, las puertas cerradas no eran un obstáculo, pero si añadimos muchos más detalles, nos los estaremos inventando. Milagrosamente, apareció en medio de ellos, pero no se nos dice la forma en la que logró hacer algo así. "Paz a vosotros" es el saludo hebreo más común (1 Sa. 25:6). No obstante, puede ser que en esta ocasión tuviera mucho más significado que el saludo convencional. Los discípulos habían abandonado a Jesús cuando le arrestaron, y quizá pensaban que les iba a amonestar. En cambio, Jesús les desea paz. En cuanto al término "paz", ver el comentario de 14:27.

20 No se nos dice por qué el Señor les mostró las manos y el costado[53]. Pero esas eran las partes del cuerpo en las que llevaba las marcas

---

[51] Esto estaría respaldado porque el verbo está en tiempo perfecto, κεκλεισμένων. Este es también el caso del v. 26.

[52] La expresión es εἰς τὸ μέσον, que incluye la idea de "movimiento hacia". Vino "hacia ellos". Pero εἰς es muy parecido a ἐν. Moule cree que esto es el ejemplo de un uso especial de εἰς, que "aparentemente combina las ideas de *movimiento* y de *quietud*". Por eso defiende la siguiente traducción: "Vino y se situó en medio de ellos" (*IBNTG*, p. 68).

[53] καὶ ... καί (si es que este es realmente el texto original; muchos manuscritos omiten el primer καί); el hecho de que mencione "tanto las manos como el costado" hace un hincapié especial en lo completo del proceso. Juan es el único evangelista que nos dice que Jesús les enseñó el costado.

de las heridas causadas por la crucifixión (Juan no menciona las heridas de los pies), por lo que enseñarlas servía para hacerles ver que Él, a pesar de haber sido transformado, era el mismo Jesús que habían conocido. Quizá deberíamos interpretar esto a la luz de lo que Lucas nos dice, que cuando Jesús se apareció en medio de los discípulos la noche del primer domingo de Resurrección, "aterrorizados y asustados, pensaron que veían un espíritu" (Lc. 24:37). Debió de ser desconcertante que, de repente, Jesús apareciera en medio de ellos cuando las puertas estaban cerradas a cal y canto. ¡Lo más lógico es que se tratara de un espíritu! *Ver* no siempre es igual a *creer*; seguro que no se les pasó por la mente que aquello que estaban viendo podía ser un cuerpo resucitado. Por eso, Jesús decide hacer algo para convencerles de que es Él mismo, y para que dejen de estar atemorizados. Tenney comenta lo siguiente: "El cuerpo resucitado tiene características diferentes a las del cuerpo de este mundo. Sin embargo, no es etéreo". La partícula "entonces" demuestra que enseñarles las manos y el costado sirvió de algo: se regocijaron[54], sabiendo que estaban viendo al Señor. Aquí podríamos ver el cumplimiento de la profecía de Jesús que anunciaba que durante un período los discípulos llorarían y el mundo se alegraría, pero que le volverían a ver y su tristeza se convertiría en alegría (16:20-22).

21 Ahora Jesús comisiona a los discípulos[55]. Vuelve a repetir el saludo, "Paz a vosotros", repetición que le confiere a esas palabras una importancia especial. Quizá resulta extraño pensar que esta paz es la paz que tenemos como resultado de su muerte y su resurrección (cf. 14:27). Después de todo, les acaba de mostrar las marcas de la Pasión. La idea de que el Padre ha enviado al Hijo es uno de los pilares de este evangelio, y por ello se repite una y otra vez. Así, no nos sorprende volverla a encontrar llegado este momento tan solemne. Ahora que

---

[54] El aoristo podría apuntar a la alegría que les sobrevino de forma repentina al darse cuenta de que el que se les acababa de aparecer era su Maestro.

[55] Bernard sostiene que estas palabras solo sirven para los apóstoles, y no para los demás presentes. Pero no aporta ninguna evidencia para respaldar su postura. Comenta que pasajes como 13:20 están dirigidos a los apóstoles, y que "este tipo de lenguaje en el cuarto evangelio sirve para dirigirse a los apóstoles de forma exclusiva". Pero cualquier lector puede ver que las palabras de 13:20 son bastante generales y que no solo están dirigidas a los apóstoles. Así que concluiremos que las palabras de este capítulo son para los creyentes en general (a los que Juan se refiere como "los discípulos"). Además, en este evangelio a ninguno de los doce se les llama "apóstol".

Jesús ha acabado la misión que vino a cumplir, la nueva misión que el Padre le da es que envíe a sus discípulos al mundo[56]. Este encargo tiene una solemnidad especial, ya que está relacionado con la misión del Hijo: la misión que les ha sido encargada deriva de la del Hijo. Como él ha cumplido su misión (es decir, precisamente porque la ha cumplido), ahora ya pueden ser enviados al mundo. Así que este versículo enfatiza la estrecha relación que hay entre la misión de Jesús y la de sus discípulos. La idea que aquí encontramos es muy parecida a la de la oración de 17:18, aunque, como es típico de Juan, allí está expresado de forma distinta[57].

22 Después de darles esa misión, Jesús les da todo lo que necesitarán para cumplirla. Sopló[58] y les dijo: "Recibid el Espíritu Santo"[59]. Es interesante ver que en la mayoría de manuscritos[60] no aparece la expresión "sobre ellos". Juan no dice que Jesús estuviera repartiendo una serie de dones a cada uno de ellos, sino que habla de un don colectivo,

---

[56] Los verbos que se usan con el sentido de "enviar" son diferentes: cuando el Padre envía al Hijo se usa ἀπέσταλκεν, y cuando el Hijo envía a los apóstoles, πέμπω. Pero parece ser que esta variación no tiene mayor importancia, pues Juan usa estos verbos indistintamente (ver el comentario de 3:17). En este pasaje la improbabilidad de que haya un cambio de significado aumenta con el uso de καθώς. Lo que llama la atención es el parecido que hay, y no la diferencia. κἀγώ (ver el comentario de 1:31) hace hincapié en la acción de Cristo. Él es el que los comisiona. El tiempo perfecto de ἀπέσταλκεν apunta, quizá, a que acaba de completar su misión en la Tierra.

[57] En 17:18 en los dos envíos se usa el mismo verbo ἀποστέλλω, y el mismo tiempo verbal, el aoristo. Aquí cuando se dice que el Padre envía al Hijo se usa el tiempo perfecto de ἀποστέλλω, y cuando se habla de que el Hijo envía a sus seguidores se usa el presente de πέμπω. En el cap. 17 se explicita que en los dos casos se envía "al mundo", mientras que en este cap. 20 no se especifica "a dónde se les envía".

[58] El verbo es ἐνεφύσησεν, y este es el único lugar del Nuevo Testamento en el que aparece. Es el verbo que encontramos en Gén. 2:7, cuando Dios "sopló en su nariz el aliento de vida; y fue el hombre un ser viviente". Así que aquí se recoge la idea de una nueva creación. Este verbo también aparece en Ez. 37:9, cuando el Señor dice: "Ven de los cuatro vientos, oh espíritu, y sopla sobre estos muertos, y vivirán". No sería extraño que Juan tuviera en mente estos textos, y estos dos conceptos: el de una nueva creación, y el de pasar de muerte a vida. San Agustín concluye que como Cristo dio el Espíritu a los apóstoles soplando sobre ellos, el Espíritu es tanto del Hijo como del Padre.

[59] Como Πνεῦμα Ἅγιον no va precedido de artículo, algunos eruditos creen que en vez de referirse al Espíritu Santo se refiere a un don del Espíritu. Pero no creo que esta conclusión sea muy acertada. La ausencia del artículo nos obliga a centrarnos en la calidad del don como Espíritu Santo, y no en la individualidad del Espíritu. No hay razón para dudar de que Jesús está hablando del "Espíritu Santo".

[60] Von Soden solo cita el Diatesaron D syr^e de Tatiano. Así que, de hecho, esta expresión no debería aparecer en nuestras Biblias.

un don que otorga al grupo. "El don fue otorgado una vez y para siempre, no de forma individual, sino al cuerpo que permanece" (Westcott). El significado original de la palabra que aquí traducimos por "espíritu" es "soplo" o "viento", pero este detalle no es importante. Lo que es importante es la presencia del Espíritu Santo en ellos. La relación de este don con el don otorgado en el día de Pentecostés es difícil de determinar. Algunos eruditos sostienen que son incompatibles: Lucas pensaba que el don del Espíritu Santo fue dado diez días después de la Ascensión, mientras que Juan dice que lo recibieron el mismo día de la Resurrección. Pero no hace falta hablar de incompatibilidad. Las circunstancias en torno a estos dos dones son completamente diferentes. Hechos 2 va seguido de una predicación extraordinariamente eficaz; pero en Juan no se describe ninguna consecuencia inmediata. En el Nuevo Testamento se enseña que "hay diversidad de dones, pero el Espíritu es el mismo" (1 Co. 12:4), así que deberíamos tratar este problema a la luz de este versículo[61]. Del mismo modo, se enseña que hay más de un don del Espíritu. El Espíritu se manifiesta de forma continua y de maneras nuevas y diversas. Después del don de Pentecostés el Espíritu vino a todos los que oyeron la Palabra en casa de Cornelio (Hechos 10:44), "tal como lo hizo sobre nosotros al principio" (Hch. 11:15). En varias ocasiones encontramos que algunos creyentes "fueron llenos del Espíritu Santo" (Hch. 4:8, 31; 9:17; 13:9; cf. Ro. 5:5; 1 Co. 2:12, etc.), donde el aoristo habla en cada ocasión de una nueva actividad del Espíritu. Juan nos habla de un don del Espíritu, y Lucas, de otro.

23 Por el don del Espíritu que el Señor Jesús ha dado a su Iglesia, ésta tiene la autoridad de declarar que algunos pecados son perdonados[62],

---

[61] Hoskyns cree que las predicciones de 14:16, 26; 16:7, 13 muestran que Juan creía en un don del Espíritu que les sería dado después de que Jesús volviera al Padre. "Así que hay una distinción entre los dos dones del Espíritu. Los relatos de la Resurrección en el cuarto evangelio son relatos de preparación para la misión. El Señor hará de forma invisible en los cielos lo que hace de forma visible en la Tierra. La misión ha sido inaugurada, aunque aún no ha empezado. Los discípulos siguen escondidos tras las puertas cerradas. El cuarto evangelio acaba justo antes de que la misión comience. Es por ello por lo que hay lugar para el derramamiento de Pentecostés ...".

[62] El orden de las palabras es interesante: ἄν τινων ἀφῆτε τὰς ἁμαρτίας. Al usar ἀφῆτε para separar τινων de τὰς ἁμαρτίας (que, en todo caso, debe verse como un todo), se hace un hincapié especial en el verbo: "a quienes perdonéis lo pecados...". Pero Barrett prefiere la versión con la partícula condicional "si" (como aparece en la NVI): "Si perdonáis a alguien sus pecados...".

y otros son retenidos[63]. Esto no ocurre de forma mecánica, sino que es consecuencia de tener al Espíritu Santo, y solo ocurre según la guía del Espíritu[64]. Este versículo a veces se ha interpretado como que los apóstoles y, por ello, los líderes cristianos, tienen el poder de perdonar o retener (no perdonar) los pecados de las personas[65]. Pero esta declaración es muy cuestionable. En primer lugar, no tiene en cuenta que allí había más gente junto con los apóstoles. Al parecer, se trata del mismo grupo de cristianos mencionado en Lucas 24:33s., en el cual debía de estar Cleofás y el amigo que iba con él hacia Emaús. El don que Cristo ofreció era para toda la Iglesia. No tenemos por qué pensar que aquellos que allí había tenían un ministerio especial, sino que eran los representantes de toda la Iglesia. Strachan comenta que estas palabras dan la autoridad en cuestión "a todo discípulo de Cristo". Tampoco podemos estar de acuerdo con esta afirmación, pues estas palabras de Jesús no son para cada discípulo (de forma individualizada o personalizada), sino que son para la Iglesia como Cuerpo[66]. Pero el posicionamiento de Strachan

[63] El verbo κρατέω es bastante inusual en una frase como esta. Significa "agarrar", "sostener", "retener", pero en este versículo parece querer decir "no perdonar los pecados". No conocemos de ningún texto paralelo. En Mt. 16:19; 18:18 el verbo es δέομαι (con λύω en la antítesis). Dodd asegura que ni esta expresión ni ἀφιέναι ἁμαρτίας vuelven a aparecer en todo el cuarto evangelio, lo que quiere decir que es casi imposible que estas palabras sean una creación del evangelista o el resultado de copiar Mt. 16:19. Más bien, diremos que Juan no se ha basado en los otros evangelios, y que transmite fielmente las palabras que había oído de su Maestro (*HTGF*, pp. 348-49).

[64] Cf. Filson: "Esto no es una promesa de que los líderes tengan un poder oficial que puedan ejercer independientemente de si son o no fieles y leales a Cristo; solo pueden hablar por el Espíritu con autoridad si son hombres llenos del Espíritu y si están guiados por el Espíritu; si lo son, no deben dudar en hablar y actuar con seguridad".

[65] R.E. Brown dice: "El poder de absolver y de retener los pecados de la gente fue dado explícitamente a (diez de) los doce en 20:23" (*Interpretation*, XXI [1967], p. 391). Pero no estamos de acuerdo con el "explícitamente" de Brown. El pasaje no menciona a los doce, y yo no veo ninguna señal de que aquel don fuera para los diez. Según Juan, los que allí estaban eran "los discípulos" (20:19, 20). Brown admite que, a veces, Juan usa el término "discípulos" para recoger el mensaje que Jesús quería transmitir a "todos los creyentes" (loc. cit.). Y no explica por qué lo interpreta diferente aquí. En su comentario dice que el significado es el siguiente: "Cuando perdonas los pecados de los hombres, Dios perdona esos pecados". ¡Pero no se da cuenta de que eso es dar la iniciativa a personas falibles! (ni tampoco aplica la misma lógica al poder de retener los pecados, ni cae en la cuenta de que esos dos poderes van de la mano).

[66] Cf. Barclay: "Esta frase no significa que el poder de perdonar pecados ha sido dado a los hombres; lo que nos ha sido dado es el poder de proclamar el perdón de pecados, y también el poder de advertir que ese perdón no está disponible para el que no se arrepiente. Así, este versículo obliga a la Iglesia a transmitir perdón al que se arrepiente de corazón, y a advertir al que no se arrepiente que se está perdiendo la misericordia de Dios".

sirve, al menos, para probar el poco sentido que tiene decir que ese don solo es para unos pocos. Los que defienden esto, normalmente se centran en el poder de absolver pecados. Creen que el sacerdote cristiano ha recibido de parte de Dios la autoridad para decirle a la gente que sus pecados le han sido perdonados. Pero no debemos pasar por alto que en este versículo el poder de perdonar pecados va de la mano del poder de retenerlos. No creo que aquí se enseñe que hay sacerdotes cristianos a quien Dios haya autorizado para decirle a un pecador: "Me niego a perdonar tus pecados", o "Tus pecados te son retenidos". Si determinamos que esto no puede ocurrir, debemos reconocer que ningún líder o cargo eclesial tiene el poder de perdonar los pecados.[67]

También hay que pensar que, según el mejor texto, los verbos "son perdonados" y "son retenidos" están en tiempo perfecto. El significado es que la Iglesia llena del Espíritu puede pronunciar con autoridad que los pecados de esta o aquella persona han sido perdonados o retenidos. Si la Iglesia verdaderamente está actuando bajo la dirección del Espíritu, lo que ella establezca revelará lo que se ha determinado en los cielos.

Además, recordemos que "a quienes" ("a alguien" en la NVI) está en plural. Jesús no está hablando de personas en concreto, sino de clases de persona. La Iglesia llena del Espíritu tiene la autoridad de declarar qué pecados son perdonados y qué pecados son retenidos[68]. Esto concuerda con la enseñanza rabínica que hablaba de pecados "atados" y de pecados "desatados"*. Con eso se hacía referencia a grupos de personas, y no a personas en concreto, y seguro que Jesús habla en ese

---

[67] Cf. Westcott: « En cuanto al poder de 'retener', es imposible concebir un ejercicio individual absoluto; buscar en el texto una autoridad directa capaz de ejercer el poder de 'remitir' es contrario al alcance de este texto. Además, el ejercicio del poder debemos entenderlo en relación estrecha con la facultad del discernimiento espiritual posible después de la recepción del Espíritu Santo ».

[68] Cf. MiM : « Este versículo no es una base para que una persona concreta – pastor o no – pueda remitir (o retener) los pecados de otra persona. El hecho de que aparezca el plural ('a quienes') anula esa posibilidad. No estamos ante unas palabras que una persona concreta pueda dirigir a otra, diciendo 'Yo, por mi autoridad, declaro que tus pecados te son remitidos o retenidos'. Se trata de una proclamación que un colectivo, un cuerpo, dirige a otro cuerpo: una proclamación que la Iglesia dirige al mundo ».

* Entre los rabinos los términos "atar" y "desatar" hacía referencia principalmente a "perdonar" y "permitir". Pero también se usaban con respecto a la excomunión, significando "excomulgar" o "recibir en comunión". Quizá esto último es lo que encontramos en este pasaje. Pero los términos que aquí se usan no son los más usuales para definir este proceso: los más usuales serían δέομαι y λύω (como en Mt. 16:19; 18:18).

mismo sentido. Obviamente, lo que se aplica a los grupos de personas, luego se aplica a casos concretos. Pero no perdamos de vista que el receptor de este don de Cristo es un receptor plural.

3. Aparición a Tomás (20:24-29)

24 Tomás, uno de los doce, llamado el Dídimo, no estaba con ellos cuando Jesús vino. 25 Entonces los otros discípulos le decían: ¡Hemos visto al Señor! Pero él les dijo: Si no veo en sus manos la señal de los clavos, y meto el dedo en el lugar de los clavos, y pongo la mano en su costado, no creeré.
26 Ocho días después, sus discípulos estaban otra vez dentro, y Tomás con ellos. Y estando las puertas cerradas, Jesús vino y se puso en medio de ellos, y dijo: Paz a vosotros. 27 Luego dijo a Tomás: Acerca aquí tu dedo, y mira mis manos; extiende aquí tu mano y métela en mi costado; y no seas incrédulo, sino creyente. 28 Respondió Tomás y le dijo: ¡Señor mío y Dios mío! 29 Jesús le dijo: ¿Porque me has visto has creído? Dichosos los que no vieron, y [sin embargo] creyeron.

Este incidente, que solo aparece en este evangelio, tiene una importancia crucial para entender la forma en la que los primeros cristianos creyeron que la Resurrección verdaderamente había tenido lugar. Algunos autores parecen comunicar que al principio nadie consideraba la idea de la Resurrección, sino que los apóstoles se fueron familiarizando con ella poco a poco. Con el tiempo, basándose en esa idea, se inventaron una leyenda y acabaron por convencer a toda la Iglesia[69]. Es cierto que la Iglesia no concebía la idea de la Resurrección tal como la que su Maestro experimentó. Pero no es verdad que llegaran a aceptarlo de forma gradual y que se inventaran un sin fin de apariciones. De hecho,

---

[69] Cf. el tan conocido comentario de A. Harnack: "El mensaje de la Resurrección nos narra el fantástico acontecimiento que tuvo lugar en el huerto de José de Arimatea, acontecimiento que nadie vio; nos narra que unas cuantas mujeres y dos discípulos encontraron el sepulcro vacío; nos narra las apariciones de Jesús ya transformado, glorificado de tal forma que incluso a los suyos les costaba reconocerle; con el tiempo, también recogió lo que el Jesús resucitado dijo e hizo; *poco a poco la narración se fue completando, tomando forma*" (*What is Christianity?* [Londres, 1958], p. 119s.). Pero esto no es lo que nos dice el Evangelio.

se nos dice que aquel día solo hubo cinco en total (a María Magdalena, a las mujeres, a los dos discípulos que iban a Emaús, a Pedro, y a los diez). Luego, durante los cuarenta días en los que Jesús permaneció en la Tierra, solo sabemos de cinco apariciones más, y después de la Ascensión, las Escrituras solo recogen la aparición a Saulo de Tarso[70]. Así que los cristianos no se fueron inventando cada vez más historias de apariciones, sino todo lo contrario: cada vez había menos. Además, tal como vemos en estos versículos, las apariciones al principio no eran algo agradable. Nadie creía que fueran ciertas. Para convencer a un escéptico como Tomás hacía falta presentarle pruebas claras y fiables. Así que las pruebas que vio debieron de ser muy convincentes, pues sabemos que creyó.

24 En primer lugar, el autor nos pone en situación. Juan nos describe a Tomás como a uno de los doce, y nos dice que se le llamaba el "Dídimo" o "gemelo" (ver el comentario de 11:16). También, que no estaba con los demás cuando Jesús llegó. No sabemos por qué, y Juan no hace ningún juicio de valor sobre la ausencia de Tomás: ni la alaba, ni la critica.

25 Los otros discípulos le decían[71] que habían visto a Jesús, pero lo único que recibieron por respuesta fue un despecho lleno de escepticismo. Tomás exigía pruebas tangibles para creer lo que le estaban diciendo. Si no podía verle en las manos las señales de los clavos[72], y

---

[70] R.H. Kennett hace mucho hincapié en la historia de Pablo. Según él, la conversión de Pablo tuvo lugar unos cinco años después de la crucifixión y dice que "en cuestión de pocos años después de la crucifixión de Jesús, la evidencia de su Resurrección ya estaba en la mente de al menos un hombre culto con estudios, lo cual la convierte en un hecho absolutamente irrefutable" (*The Interpreter*, V 1908-9, p. 267).

[71] El imperfecto ἔλεγον implica quizá que se lo decían "una y otra vez, repetidamente" (C.B. Williams; también Phillips).

[72] Algunos eruditos han sugerido que este detalle no es histórico, ya que unos clavos no sostendrían el peso de un cuerpo, y lo más lógico es que hubieran usado unas cuerdas. Sin embargo, J.A. Bailey cita a O. Zöckler, quien dice que el uso de clavos en las crucifixiones era muy común, y que Xenofón de Éfeso menciona que el uso de cuerdas era algo muy poco común (*The Traditions Common to the Gospels of Luke and John* [Leiden, 1963], p. 101, nota al pie núm. 3). La Palabra "mano" podría referirse tanto a la muñeca como al antebrazo; y los clavos atravesaban esa parte del cuerpo. J.H. Charlesworth comenta del hombre crucificado mencionado en la nota al pie de 19:18: "La fisura que tenía en el hueso fue probablemente causada por la fricción con el clavo" (*ExT*, LXXXIV [1972-1973], p, 148).

meter el dedo en el lugar de los clavos[73], y ponerle la mano en el costado, no[74] iba a creer. No podía haber un escepticismo mayor que este; en todo el Nuevo Testamento no hay nadie que, para poder creer, exija este tipo de pruebas. Esto se ha usado muchas veces para decir que Tomás era mucho más escéptico que los demás, y puede que eso sea cierto. Pero también podría ser que la crucifixión le hubiera afectado tanto que le fuera imposible imaginarse que las consecuencias de algo tan trágico pudieran desaparecer. Quizá por eso tenía tanto interés en ver las heridas de Jesús.

26 "Ocho días" según el método inclusivo de recuento significa "una semana". Así que el Evangelio nos dice que este incidente ocurrió el domingo por la noche después del domingo en el que Jesús resucitó. Los discípulos se encontraban otra vez reunidos a puerta cerrada, y esta vez Tomás sí que estaba presente. Como ya hemos dicho, las puertas estaban cerradas (usa la misma expresión que en el v. 19; ver la nota al pie en dicho versículo). Como en aquella ocasión, Jesús vino y se puso en medio de ellos y les saludó con las mismas palabras. Parece que para Juan es muy importante que nos demos cuenta de que todo ocurrió como había ocurrido la semana anterior.

27 Después de saludar, Jesús se dirigió al discípulo incrédulo. Con unas expresiones algo diferentes[75], le invita a realizar la prueba que Él mismo había pedido, meter el dedo en el lugar de los clavos y ponerle la mano en el costado. Jesús concluye pidiéndole que no sea[76] incrédulo, sino[77] creyente.

---

[73] Tenemos aquí un problema textual: no está claro si Tomás dice "meter el dedo en la señal, τύπον, o en el lugar, τόπον, de los clavos. La primera cuenta con más apoyo, pero sería fácil cambiar un τόπον original por un τύπον, que sería lo más normal. La NVI da por supuesto que el original es τόπον, pues traduce: "mete mi dedo donde estaban ellos [los clavos]".

[74] Usa la doble negación, οὐ μή.

[75] φέρε se refiere tanto a dedo como a mano, y no es el verbo más común para expresar este tipo de acción. ἴδε tampoco es la forma más usual de describir esa acción de las manos. βάλε aparece en el v. 25 cuando se habla de meter el dedo en el lugar de los clavos, y ahora se usa para "la mano" y "el costado".

[76] Aquí se usa el presente de imperativo μὴ γίνου. En cuanto a la fuerza de esta construcción, ver el comentario de 2:16.

[77] "Sino" es la conjunción adversativa ἀλλά, "pero, por el contrario..."; (ver el comentario de 1:8).

28 Pero Tomás no era tan escéptico como creía. Al ver a Jesús, todas sus dudas se disiparon, y ni siquiera tuvo que realizar las pruebas que Él mismo había ideado. Es probable que lo que le convenciera fueran las palabras de Jesús, ¡ya que el Maestro estaba al corriente de lo que Tomás había dicho! ¿Cómo era posible que lo supiera, a no ser que hubiera estado allí, invisible? Debemos mencionar que algunos creen que Tomás sí metió el dedo en el lugar de los clavos y la mano en el costado de Jesús. Sostienen que, como era una orden de Jesús, no tenía otra alternativa. Pero eso no es lo que Juan recoge; además, no parece lógico. Lo más probable es que las palabras de Jesús no hagan más que revelar lo que verdaderamente ocurrió: "Porque me has visto has creído" (v. 29). Acto seguido, Tomás pronunció unas palabras llenas de fe: "¡Señor mío y Díos mío!"[78]. Si, como muchos eruditos creen, el capítulo 21 es un apéndice y el evangelio original acababa en 20:31, esta sería la última declaración recogida en este evangelio. Es significativo que se trate de una declaración que habla de la deidad de Jesús[79], del mismo estilo que la declaración con la que este evangelio empieza: "el Verbo era Dios" (1:1). En cuanto al término "Señor", ver el comentario de 4:1. Es una expresión que la gente usa para referirse al Maestro, unas veces con más contenido, y otras con menos. Pero aquí, claramente, tiene todo el contenido que se le puede dar. "Dios mío" es un vocativo bastante nuevo. Es la primera vez que alguien se dirige a Jesús con esas palabras. Es una prueba del paso de fe de Tomás. Cuando se dio cuenta de que Jesús había resucitado de entre los muertos, también se percató de lo que eso implicaba. Un ser humano cualquiera no resucita así como

---

[78] Es normal tomar Ὁ Κύριός μου καὶ ὁ Θεός como un tratamiento, porque el nominativo se usa para el vocativo. Sin embargo, Abbot dice que ὁ Κύριος no se usa tanto, aunque ὁ Θεός sí se usa. Cita ocasiones en las que se usa κύριε ὁ θεός que parecen probar que no era muy común tomar ὁ κύριος como un vocativo. Si aceptamos que es nominativo el significado tendría que ser "Es mi Señor y mi Dios". También podríamos tomar la expresión como un sujeto, e interpretar que el resto de la frase está elidida, es decir: "Mi Señor y mi Dios [verdaderamente ha resucitado]". Abbott respalda esta última opción; cree que en la primera no se podría haber omitido ἐστιν (2049-51). No obstante, no podemos pasar por alto que las palabras de Tomás están introducidas por εἶπεν αὐτῷ, así que, de hecho, Tomás sí se está dirigiendo a Jesús, es decir, que sí es un vocativo. Tampoco debemos olvidar que las palabras que aquí tenemos se usan (en el orden inverso) en el Salmo 35:23 para dirigirse a Dios. Conclusión: debemos interpretar esta expresión como un vocativo, aunque se trate de un vocativo poco usual.

[79] B.A. Mastin cree que este es "el único versículo neotestamentario que de forma incuestionable describe a Cristo como Dios" (*NTS*, 22 [1975-76], p. 42. En aquellos lugares en los que Jesús pone reparos a declaraciones así podríamos dudar, pero aquí la acepta de forma inequívoca.

así. Aquel que estaba vivo a pesar de haber sido crucificado era digno de recibir toda la adoración y la alabanza.

29 Jesús le dirige a Tomás unas palabras de aprobación, pero expresa una aprobación mayor a aquellos que no vieron y, sin embargo, creyeron. Tomás creyó "por vista"[80]: vio a Jesús y creyó[81]. Algunos comentaristas creen que Jesús está amonestando a aquel discípulo testarudo. Podría ser cierto, pero en tal caso, se trataría de una reprimenda muy suave. Pensemos que si Tomás verdaderamente creyó por lo que vio, lo mismo ocurrió con los otros discípulos que Juan ha mencionado. No vemos que ninguno de ellos creyera por el testimonio de María Magdalena y otros. Quizá también sea importante ver que cuando Jesús dice que los que no vieron y sin embargo creyeron son dichosos (cf. 13:17), no dice que sean "más dichosos". No se trata de una comparación que deja a Tomás en peor lugar que a los demás. Pero Jesús pronuncia una bendición sobre aquellos que han creído sin haber visto. Cuando Jesús pronunció estas palabras, aún no debía de haber muchos que "hubieran creído sin haber visto", pero quizá no todos los primeros cristianos fueran tan escépticos como Tomás. Algunos habían creído a Pedro y a los otros (Lc. 24:34). Esos son dichosos. Ellos, y todos los que en el futuro iban a reaccionar de la misma forma. Aquellos quienes han recibido una fe que confía de forma absoluta y no necesita "ver" para creer, disfrutan de una dicha especial.

VII. EL PROPÓSITO DEL EVANGELIO (20:30-31)

30 Y muchas otras señales hizo también Jesús en presencia de sus discípulos, que no están escritas en este libro; 31 pero éstas se han escrito para que creáis[a] que Jesús es el Cristo, el Hijo de Dios; y para que al creer, tengáis vida en su nombre.

a. 31 Algunos manuscritos dicen *para que sigáis creyendo*

---

[80] En cuanto a la partícula causal ὅτι, ver el comentario de 1:50.

[81] [*N. de la T.* En la versión que Morris ha usado, no tenemos una pregunta, sino una afirmación; de ahí, el comentario de esta nota al pie]. Las palabras dirigidas a Tomás podrían ser una pregunta: ¿Porque me has visto has creído? (cf. *ARV* mg). Pero en este momento tan solemne, lo más probable es que Jesús no le hiciera a Tomás una pregunta, sino que pronunciara una sentencia.

30 En esta declaración de propósito, Juan deja claro en primer lugar que este evangelio no es exhaustivo, sino que ha hecho una selección. No ha escrito todo lo que sabe sobre Jesús[82], quien hizo muchas otras "señales" (en cuanto a este término, ver el comentario de 2:11 y la Nota Adicional G). Juan ha recogido lo que le ayudará a lograr su propósito, y ha omitido lo demás[83]. Dice que las señales las hizo "en presencia de sus discípulos"; es decir, los discípulos son testigos de todas ellas, lo cual nos recuerda un tema muy recurrente en este evangelio: aunque en este versículo el evangelista no usa el término "testigo", Juan ya ha declarado una y otra vez que cuenta con suficientes testigos que pueden probar y corroborar la veracidad de lo que ha escrito.

31 Ahora Juan nos comunica el propósito de su libro, el propósito que ha tenido en mente desde el principio[84]. Cuando usa el verbo "escribir", lo hace en tiempo perfecto, quizá para indicar que lo que ha escrito sigue siendo igual de válido en nuestros días. Así, le otorga a su documento un aire de permanencia. Ha escrito para que la gente crea; parece ser que tiene un objetivo evangelístico, y si aceptamos que el verbo está en aoristo de subjuntivo, no cabe lugar a dudas. No obstante, algunos creen que está en presente (lo cual podría ser acertado)[85] y de-

---

[82] Algunos eruditos no tienen en cuenta esta matización, y dicen que Juan fue incapaz, por ejemplo, de complementar los Sinópticos en aquellos temas o historias que tanto ellos como el cuarto evangelista recogen. Juan no escribe todo lo que sabe sobre cada tema que trata. Y ahora quiere dejarlo claro. Gracias a las palabras de este versículo sabemos que ha hecho una selección, incluyendo lo que servía para el propósito que tenía, y excluyendo lo que no era tan relevante para la consecución de dicho propósito.

[83] Karl Heim cree que esto es significativo. Cuando se escribe sobre un profeta, uno intenta recoger todos los datos existentes. Pero cuando uno intenta presentar a una persona viva a los demás, solo cuenta de esa persona lo necesario. Para los discípulos, y para Juan en particular, Jesús era una persona viva (*Jesus the Lord* [Londres, 1959], p. 182).

[84] Este es un detalle importante. Dodd dice lo siguiente: "Intentaré mostrar que toda la estructura de este evangelio está determinada por la idea expresada en las palabras ὁ λόγος σὰρξ ἐγένετο, teniendo en cuenta el contexto que el prólogo construye para la palabra λόγος" (*The Interpretation of the Fourth Gospel* p. 285). Pero este no es el tema principal de este evangelio. Sino, veamos las palabras mismas del autor en 20:31. De hecho, en otros escritos, Dodd reconoce el propósito evangelístico del Evangelio (*IFG*, p. 9).

[85] El presente aparece en p[66] (*vid*) א* B Θ, una combinación bastante convincente. Como el aoristo sería el tiempo más natural en una frase como esta, sería más lógico que se hubiera cambiado del presente al aoristo, es decir, que el presente podría ser el tiempo verbal original.

fienden que el significado es "para que continuéis creyendo". Según ellos, el Evangelio está escrito para creyentes. Pero en mi opinión, eso es sacar demasiadas conclusiones a raíz de un solo tiempo verbal. Así, diremos que independientemente del tiempo verbal, este evangelio tiene un claro propósito evangelístico[86]. No obstante, no podemos pasar por alto la vertiente pastoral del cuarto evangelista. A lo largo de los siglos los cristianos han usado este evangelio como alimento espiritual. Resulta inverosímil que un hombre capaz de escribir un evangelio así no fuera consciente del servicio que podía prestar a los creyentes. La fe es fundamental, y el deseo de Juan es que la gente crea. No ha buscado ser objetivo ni imparcial; no esconde cuál es su propósito, sino que abiertamente declara que quiere que la gente crea en Jesús. Da testimonio de que Dios ha actuado de forma extraordinaria para salvar a la Humanidad. Él ha sido testigo de esa actuación, actuación que puede verse en Jesucristo. Para Juan, la fe no es una confianza indefinida, sino que es una confianza con contenido (ver la Nota Adicional E). "Fe" significa creer. En este texto destaca dos características del contenido de la fe que Él proclama. En primer lugar, Jesús es el Cristo, es decir, el Mesías tan esperado. En segundo, ese Jesús es el Hijo de Dios. Para nosotros, la relación entre ambas ideas es evidente, pero para los judíos no lo era. No pensaban que el Mesías fuera a tener una relación tan estrecha con el Padre. El concepto que Juan tiene del Mesías es mucho más completo y profundo que el del judaísmo de su tiempo[87] (ver el co-

---

[86] Cf. Dodd: "el presente continuo podría justificarse, incluso si este documento estuviera dirigido a personas que aún no creían, si el autor no estuviera pensando tanto en el momento de la conversión, sino más bien en la unión continuada con Cristo, para la cual es imprescindible la fe, y gracias a la cual se obtiene la vida eterna" (*IFG*, p. 9). Bultmann niega que el tiempo verbal tenga una importancia especial en este caso: "Para el evangelista no tiene ninguna relevancia que los lectores sean cristianos o aún no lo sean, ya que para él la fe de los cristianos no es una convicción que se tiene para siempre, sino que se renueva una y otra vez, por lo que la palabra tiene que escucharse de forma continua" (pp. 698-99). Estamos de acuerdo en que la fe es una aventura que debemos vivir día tras día, e incluso estamos de acuerdo en que las palabras de Juan pueden usarse en beneficio de los que ya son cristianos. Pero eso no significa que estas palabras no puedan aplicarse a los no creyentes. Así que diremos que Juan quiere que los no creyentes lleguen a tener una fe creciente y una unión constante con Cristo. Ese es el motivo que le llevó a escribir su evangelio.

[87] En los Manuscritos de Qumrán encontramos un gran interés por el Mesías, lo que muchas veces se ha usado para compararlos con este evangelio. Pero la diferencia radica en que los qumramitas esperaban a uno o varios mesías futuros, mientras que para Juan, el Mesías ya había venido. Esa es la razón por la que escribe este evangelio.

mentario de 1:20, 41). La combinación de estas dos ideas da forma a la definición plena de la persona de Jesús; más aún si la unimos a la confesión de Tomás que Juan ha recogido unas líneas antes, en la que aclama a Jesús como su Señor y su Dios. No hay duda alguna de que para Juan, Jesús era el Dios Encarnado.

Por tanto, el carácter divino de Jesús le permite ser el Salvador que Juan dice que es. Para Juan, la fe no es un fin en sí mismo, sino que es el medio que Dios usa para dar vida a la gente, y dársela en el nombre de Cristo. "La vida" es otro de los grandes temas de Juan (ver el comentario de 1:4; 3:15). Usa la palabra "vida" de forma constante, y siempre que habla deja claro que la vida verdadera solo puede conseguirse a través de Cristo. Así que la vida solo la pueden disfrutar los creyentes, quienes la reciben en el "nombre" de Cristo (en cuanto a "nombre", ver el comentario de 1:12; 14:13). Dicho de otro modo, la vida abundante sobre la que escribe está relacionada con la persona de Cristo. La vida es el regalo que Él ha venido a traer.

Juan 21

VIII. EPÍLOGO (21:1-25)

En cuanto a este último capítulo, la opinión de los estudiosos está
dividida: están los que creen que forma parte del resto del Evangelio,
y están los que creen que se trata de una sección que se añadió a una
obra ya completa. El segundo grupo, a su vez, se divide en dos subgru-
pos; los unos creen que, aparte de los versículos 24 y 25, el autor es
el mismo que el de los capítulos del 1 al 20, y los otros, que todo el
capítulo 21 es obra de una pluma diferente. Si no formara parte del texto
original, tuvo que escribirse exactamente en la misma época ¡pues en
la antigua tradición de los Evangelios no encontramos ninguna información sobre un evangelio de veinte capítulos![1]

Las razones principales que apuntan a que podría tratarse de un añadido posterior son básicamente dos: (1) el fragmento 20:30-31 parece
un final muy apropiado, y (2) se dice que el capítulo 21 contiene indicaciones suficientes que demuestran que fue añadido a posteriori. Cuando
el discípulo amado se estaba haciendo mayor y algunos pensaban que
Jesús había dicho que iba a volver antes de que su querido seguidor muriera, algo se tenía que hacer para corregir aquel error, que podía causar
mucho dolor en la Iglesia. Así que Juan escribió este capítulo. Los que
creen que esta sección es parte integral del Evangelio dicen que no
hay un cambio de estilo. Así que las evidencias apuntan a que este último
capítulo está escrito por el mismo autor que redactó el resto del Evangelio[2]. Si sostenemos que las palabras finales del capítulo 20 son la con-

---

[1] Lightfoot habla de un manuscrito sirio que no contiene este capítulo, y Brown
hace referencia a "un manuscrito sirio del siglo V o VI ... que ..., según parece, perdió
la última parte". Sin embargo, contamos con argumentos de mucho peso como el de
Strachan, quien dice que "no hay huella de ningún manuscrito del Evangelio que no
contenga el último capítulo"; o Lenski: "no se ha encontrado ninguna copia del cuarto
evangelio en la que no aparezca el capítulo 21, ni tampoco tenemos noción de que tales
copias existieran".

[2] Así, Plummer hace una lista de veinticinco cuestiones de vocabulario, gramática,
etc. que demuestran que el cap. 21 mantiene el mismo estilo que los capítulos anteriores.
Ver también Howard, *FGRCI*, p. 279-80. Sin embargo, Moffatt cree que podemos
encontrar algunas divergencias: *An Introduction to the Literature of the New Testament*
(Edimburgo, 1927), p. 572. G.W. Bloomfield contesta diciendo que si comparamos
cualquier capítulo de este evangelio con el resto de capítulos, encontraremos muchas
diferencias. Y, de hecho, el capítulo 21 contiene menos "diferencias" que la media
(*John, Peter, and the Fourth Gospel* [Londres, 1934], pp. 147-48; también contesta a

clusión del Evangelio, significa que estamos esperando del autor un grado de coherencia que no encontramos en el resto del Evangelio. Su concepto de "estilo narrativo adecuado" no tiene por qué coincidir con el nuestro. Quizá baste con ver que 1ª Juan 5:13 es muy parecido a este versículo, y no es el final de la epístola. También se ha dicho que, mientras el capítulo 21 trata el tema del esperado retorno del Señor antes de la muerte del discípulo amado, ese no es el tema principal de esa sección. Lo más importante sería la declaración de Pedro. Hoskyns subraya que "un evangelio cristiano acaba de forma adecuada si, en lugar de finalizar con las apariciones del Jesús resucitado a sus discípulos y la fe de estos, lo hace con una clara declaración de que la misión que estos tienen en el mundo, bajo la guía y la autoridad de Jesús, será el medio a través del cual muchos serán salvos". Nos recuerda que es así como acaban los otros tres evangelios. Juan 21 aporta este tipo de conclusión, mientras que el capítulo 20 no[3]. Según Lagrange, originalmente Juan 20:30-31 estaba situado después de 21:23, siendo ese el final del Evangelio. Posteriormente se añadió 21:24, lo que obligó a reordenar el texto y, como resultado, quedó como nos ha llegado a nosotros. Es una teoría bastante ingeniosa, pero no ha contado con mucho apoyo.

Parece ser que es imposible llegar a una solución que convenza a todo el mundo. Yo mismo tengo que confesar que entiendo que los argumentos que presentan los que creen que este último capítulo es un añadido son muy lógicos. Sin embargo, me sigo inclinando por la otra opción. Si forma parte del texto original, entonces no hay duda alguna sobre su autoría. Si es un añadido, creo que lo más probable que es que el mismo autor lo escribiera y decidiera agregarlo.

algunos de los argumentos de Moffatt). En su comentario, Bultmann dice que el lenguaje del cap. 21 es una prueba de que no está escrito por el mismo autor. No obstante, Barrett, que tampoco cree que se trate del mismo autor, no cree que el argumento de Bultmann sea convincente. Comenta que las diferencias "no son evidencia suficiente para determinar que el cap. 21 fuera escrito por otro autor". Él está convencido, pero lo está por otro tipo de argumentos, no solo por los lingüísticos.

[3] Temple también cree que finalizar el Evangelio en 20:31 "sería un error. La obra del Señor, que es el fundamento de la fe en Él, y a su vez la vindicación de esa fe, quedaba, en un sentido, incompleta. Él ya había ganado la victoria, pero aún quedaba recoger los frutos que ésta iba a dar".

A. LA PESCA MILAGROSA (21:1-14)

1 Después de esto, Jesús se manifestó otra vez a los discípulos junto al mar de Tiberias[a]*, y se manifestó de esta manera: 2 Estaban juntos Simón Pedro, Tomás llamado el Dídimo, Natanael de Caná de Galilea, los [hijos] de Zebedeo y otros dos de sus discípulos. 3 Simón Pedro les dijo: Me voy a pescar. Ellos le dijeron: Nosotros también vamos contigo. Fueron y entraron en la barca, y aquella noche no pescaron nada. 4 Cuando ya amanecía, Jesús estaba en la playa; pero los discípulos no sabían que era Jesús. 5 Entonces Jesús les dijo: Hijos, ¿acaso tenéis algún pescado? Le respondieron: No. 6 Y Él les dijo: Echad la red al lado derecho de la barca y hallaréis [pesca]. Entonces la echaron, y no podían sacarla por la gran cantidad de peces. 7 Entonces aquel discípulo a quien Jesús amaba, dijo a Pedro: ¡Es el Señor! Oyendo, pues, Simón Pedro que era el Señor, se ciñó la ropa (porque se la había quitado [para poder trabajar]), y se echó al mar. 8 Pero los otros discípulos vinieron en la barca, porque no estaban lejos de tierra, sino a unos cien metros, arrastrando la red [llena] de peces. 9 Entonces, cuando bajaron a tierra, vieron brasas [ya] puestas y un pescado colocado sobre ellas, y pan. 10 Jesús les dijo: Traed algunos de los peces que habéis pescado ahora. 11 Simón Pedro subió [a la barca,] y sacó la red a tierra, llena de peces grandes, ciento cincuenta y tres; y aunque había tantos, la red no se rompió. 12 Jesús les dijo: Venid [y] desayunad. Ninguno de los discípulos se atrevió a preguntarle: ¿Quién eres tú?, sabiendo que era el Señor. 13 Jesús vino, tomó el pan y se lo dio; y lo mismo [hizo con] el pescado. 14 Esta fue la tercera vez que Jesús se manifestó a los discípulos, después de haber resucitado de entre los muertos.*

a. 1 Es decir, *mar de Galilea*

Esta es la narración más extensa sobre una aparición del Jesús resucitado en Galilea[4]. Esta expedición pesquera habla de la incerti-

---

[4] No me convencen en absoluto los intentos que algunos comentaristas han hecho para relacionar esta pesca milagrosa con la que encontramos en Lucas 5. Bultmann es uno de ellos. Según él, la historia joánica es la original: "Marcos proyecta en la 'Vida de Jesús' algunas historias posteriores a la resurrección, y Lucas hace lo mismo en 5:1-11" (p. 705). Pero en su obra *The History of the Synoptic Tradition* (Oxford, 1963)

dumbre de los discípulos, que contrasta grandemente con el propósito del día de Pentecostés. Es interesante ver que, a pesar de su caída, Pedro aún sigue ostentando su posición de liderazgo. Y, como ocurrió cuando Jesús se le apareció a María Magdalena, al principio no le reconocieron.

1 Este versículo sirve de encabezamiento descriptivo. "Después" es una marca temporal muy general, es decir, que no nos da una información concreta sobre el momento en el que sucedió este episodio (ver el comentario de 2:12). "Se manifestó", que se repite dos veces en este versículo (o "se apareció ... y sucedió"; NVI), es una expresión típicamente joánica[5]. Esta expresión nos habla de la existencia de Jesús más allá de este mundo, más allá del tiempo y del espacio. Durante aquellos días, alguna gente pudo ver la "manifestación" de la gloria del Señor; es decir, pudo verle tal y como Él es. Todo esto ocurrió "junto al mar de Tiberias" (ver el comentario de 6:1).

2 Juan procede a mencionar a los que allí estaban. En cuanto al nombre completo de "Simón Pedro", ver el comentario de 1:40; en cuanto a Tomás, ver el comentario de 11:16; en cuanto a Natanael, ver el comentario de 1:45; y en cuanto a Caná, ver el comentario de 2:1. Juan no dice cuáles son los nombres de "los hijos[6] de Zebedeo", en su línea de omitir los nombres propios. Pero de todos modos es preciso: no nos dice quiénes eran los otros dos, pero nos dice que solo había dos más.

3 Pedro propuso ir de pesca[7], a lo que todos se unieron. Parece ser que la propuesta fue totalmente espontánea. Pedro no la había preparado

se desdice: "La versión de Jn. 21:1-14 parece posterior, por lo que debe derivar del texto lucano" (pp. 217-18). F. Neirynck realiza un resumen del debate sobre esta cuestión (*NTS*, 36 [1990], pp. 321-36).

[5] φανερόω aparece 9 veces en este evangelio (3 en Marcos, dos de las cuales aparecen en el final del cap. 16, y no aparecen ni en Mateo ni en Lucas) y 9 veces en 1ª Juan. Otros autores también la usan; aparece 22 veces en las epístolas paulinas. Aparte de usarla en este capítulo, Juan no la usa en ninguna de las narraciones sobre las apariciones; pero no ocurre lo mismo en Marcos (Mr. 16:12, 14).

[6] La expresión es οἱ τοῦ Ζεβεδαίου. En otros lugares, cuando la expresión aparece en plural, siempre se inserta υἱοί y Ζεβεδαίου va sin artículo: οἱ υἱοὶ Ζεβεδαίου. Sin embargo, en singular, υἱός no se usa, y Ζεβεδαίου normalmente no lleva artículo, como en Ἰάκωβος ὁ τοῦ Ζεβεδαίου. Tenemos que ver que este pasaje de Juan se parece más a la típica construcción en singular que a una construcción donde hace falta añadir alguna otra palabra como υἱοί.

[7] Parece ser que ese es el sentido de Ὑπάγω ἁλιεύειν. Fuera cual fuera la intención última de Pedro, interpretar que con este tiempo verbal (presente) está poniendo punto

con anterioridad, y la pesca no tenía un objetivo concreto. Algunos dicen que quizá lo hizo por cuestiones económicas. Es posible que, al no tener ya a su Maestro entre ellos, los pescadores estuvieran barajando la idea de volver a su ocupación anterior. Lo cierto es que este episodio no es suficiente información para hacer una afirmación así. Es una posibilidad, pero la impresión general es que estamos ante un grupo de hombres sin un propósito claro[8]. Salieron al mar, aunque Juan no nos dice desde dónde. Lo único que nos ha dicho es que "estaban juntos" (v. 2) "junto al mar de Tiberias" (v. 1). Entraron en la barca (no "una" barca), pero no sabemos lo que eso significa exactamente. Está claro que Juan conoce los detalles de este episodio, pero no podemos adentrarnos en su mente. A continuación, nos dice que aquella noche[9] no pescaron nada.

4 Cuando ya amanecía[10], Jesús estaba en la playa. El texto no dice que llegó a aquel lugar; el lenguaje que aquí se usa apunta a que ocurrió como en los pasajes anteriores, en los que Jesús aparecía de repente. Juan añade que los discípulos no le reconocieron (cf. María Magdalena).

5 Jesús les saluda. El diminutivo "hijos" (NVI, "amigos") no es un saludo muy común, aunque sí podemos encontrarlo en otros textos[11]. Jesús les pregunta si tiene comida; la palabra que usa es un término muy general (no significa pescado concretamente), pero parece ser que

y final a su vida como "pescador" es demasiado atrevido. Este es el único lugar del Nuevo Testamento en el que encontramos el verbo ἀλειύειν.

[8] Sin embargo, Loyd saca la siguiente lección: "cuando llegamos a una pausa y la visión empieza a ser menos viva, no podemos desanimarnos ni ser holgazanes. Debemos seguir con nuestras labores cotidianas... ¡Qué sabios fueron aquellos discípulos, que de forma natural volvieron a su tarea de la pesca!"

[9] Turner y Mantey citan a Aristóteles: "Los pescadores suelen faenar antes de que amanezca, y después de que anochezca". Añaden que "ésta sigue siendo la costumbre de los comerciantes pesqueros del Mar de Galilea". Cf. Lc. 5:5.

[10] πρωΐας se refiere a la primera luz. El presente γινομένης (que aparece en AB al/bo) es preferible a γενομένης (א WΘ etc.), ya que muestra que aún estaba amaneciendo (proceso), y no que ya había amanecido (que el proceso ya había finalizado).

[11] παιδία aparece, por ejemplo, en 1 Jn. 2:14, 18. Es más usual la forma τεκνία (13:33; 1 Jn. 2:1, 12, 23, etc.). MM solo encuentra un equivalente a παιδία en el griego moderno (en la balada de Klefte, donde se usa para dirigirse a los soldados). Dicen que vendría a ser algo así como "¡chicos!" o "¡muchachos!". Los paralelos los encontramos en Aristófanes (*Las nubes* 137; *Las ranas* 33), pero queda claro que no era un saludo habitual. Algunas traducciones optan por "amigos", que nada tiene que ver con el original.

Jesús la usó para saber si ya habían pescado algo[12]. No obstante, en este contexto está clarísimo que se refiere a "pescado". La pregunta está hecha de tal forma que parece que Jesús esperaba una respuesta negativa ("no habéis pescado nada, ¿verdad?")[13], y los discípulos contestan con un "no" lacónico[14]. La brevedad de la respuesta es natural ya que los discípulos estaban apartados de la playa, y encima estaban desanimados.

6 Juan describe el milagro de forma muy reservada. En primer lugar, Jesús les dice que echen la red al lado derecho de la barca[15]. No he podido encontrar ningún tipo de información sobre el lado por el que los pescadores del mar de Galilea echaban normalmente la red, así que no podemos saber si lo que hicieron era normal, o iba en contra de la costumbre. Algunos comentaristas hacen referencia a pasajes de autores clásicos para demostrar que el lado derecho era el lado de la suerte, pero no creo que eso tenga nada que ver con el Nuevo Testamento. Lo que aquí cuenta es la obediencia a Cristo, y no la suerte[16].

---

[12] La palabra es προσφάγιον, definida en AS como "la forma helenista de ὄψον ... *una exquisitez* (normalmente, *pescado asado*), que se comía con pan". MM cita un papiro en el que dice que el salario del que cortaba piedra era ἄρτον ἕνα καὶ προσφάγιον, y otras fuentes, que muestran que este término se refiere a una de las partes de una comida; según MM no se trataba de "una exquisitez, sino de una pieza del pez *genus*". Como Jesús se está dirigiendo a un grupo de pescadores que están en la barca faenando, no hay duda alguna de que se refiere a "pescado".

[13] Abbott comenta que μή se usa en este evangelio de forma interrogativa con más frecuencia que en los otros tres juntos, pero mientras en los Sinópticos solo se usa en boca de Jesús, Juan solo lo usa de esta forma en dos ocasiones: aquí y en 6:67 (2235).

[14] En cuanto al uso de οὔ, ver el comentario de 1:21.

[15] La expresión es εἰς τὰ δεξιὰ μέρη τοῦ πλοίου, y esta es la única vez que aparece en todo el Nuevo Testamento. Robertson la incluye en la lista de plurales idiomáticos del Nuevo Testamento (Robertson, p. 408), y así podemos decir que es equivalente a nuestra expresión "al lado derecho". No descubierto ningún otro ejemplo en el que esta expresión se use para referirse a una barca. Bernard tampoco encuentra ningún paralelo lingüístico. Hendriksen dice que "simplemente se trata de un modismo", pero no cita ningún ejemplo en el que podamos ver su uso. Hermas usa μέρη unas cuantas veces para dar indicaciones. Así, εἰς τὰ δεξιὰ μέρη y εἰς τὰ ἀριστερὰ μέρη se usan para sentarse en el lado derecho o en el izquierdo (*Vis.* 3.1.9; 3.2.1). También hace referencia a las "cuatro partes" (o direcciones, *Sim.* 9.2.3) y a las "partes exteriores" ("el exterior de un edificio", *Sim.* 9.9.3). J. Schneider dice que estos pasajes son los únicos en los que μέρος se usa de esta forma (*TDNT*, IV, pp. 595-96). Así que diremos que esta expresión del Evangelio de Juan es muy poco usual. Sin embargo, el significado es evidente.

[16] "No hay necesidad de buscar simbolismos. Aquí no se está haciendo una diferencia entre el lado derecho y el izquierdo, sino entre obrar con o sin la guía de Dios" (Plummer).

Las instrucciones de Jesús fueron claras y, al parecer, nadie se las discutió. Los pescadores le obedecieron. Puede que pensaran que el hombre de la orilla había divisado algo de lo que ellos no se habían percatado[17]. Fuera como fuera, como no habían tenido éxito alguno, valía la pena probar. Cuando echaron la red como se les había dicho, no podían sacarla por la gran cantidad de peces. "Sacarla" debe querer decir "sacarla del agua para meterla en la barca"[18], ya que un poco más adelante leemos que Pedro la "sacó... a tierra" (v. 11).

7 El milagro abrió los ojos del discípulo amado. Aquella maravilla llevaba la firma de su Maestro, así que emocionado, le dijo a Pedro: "¡Es el Señor!" (En cuanto a "Señor", ver el comentario de 4:1). Pedro, siempre tan impulsivo, se puso la ropa[19] y se echó al mar. Parece ser que llegó hasta la orilla, aunque no se nos dice. De hecho, desde el momento en que Pedro se echa al mar, no se le vuelve a mencionar hasta que saca la red a tierra en el versículo 11. Juan no recoge si lo primero que hizo fue llegar a la orilla, o qué hizo una vez llegó, y Hoskyns, por ejemplo, puede decir que los discípulos de la barca llegaron a la playa antes que Pedro. Desde el momento en que Pedro se lanza al agua, la historia está narrada desde el punto de vista de alguien que estaba en la barca. Las acciones de los discípulos son características; el dis-

---

[17] H. V. Morton dice haber visto en el Mar de Galilea a un pescador echar una red de mano mientras un amigo desde la orilla le aconsejó que la echara al lado izquierdo; y que al hacerlo, pescó muchos peces. Morton comenta: "En muchas ocasiones los pescadores que pescan con redes de mano tienen que confiar en el compañero que se queda en la orilla, quien les orienta y les dice si echar la red al lado izquierdo o al derecho, porque cuando hay agua clara puede divisar un banco de peces que queda fuera de la vista del que está en el agua" (*In the Steps of the Master* [Londres, 1935], p. 199). No sé si esto será válido para un grupo de pescadores que están a muchos metros de la orilla. Pero, de todos modos, el comentario de Morton es interesante y podría ser relevante.

[18] Trench sostiene que el verbo ἑλκύω que se usa aquí y en el v. 11 significa "sacar algo para luego colocarlo en algún otro lugar" (aquí, colocarlo en la barca, y en el v. 11, en tierra), mientras que σύρω, que aparece en el v. 8, simplemente significa "arrastrar" (arrastrar la red con la barca) (*Synonyms of the New Testament* [Londres, 1880], pp. 73-74).

[19] La palabra es ἐπενδύτης, y este es el único lugar de todo el Nuevo Testamento en el que aparece. Se refiere a una pieza o túnica exterior, pero tampoco es una palabra muy concreta. Barrett menciona que para los judíos, saludar era un acto religioso, y por eso no podía realizarse si no se llevaba ropa. Es decir, por ejemplo, en los baños la gente no se saludaba porque iba desnuda. Si esta información es cierta, Pedro se ciñó la ropa para poder saludar a Jesús en condiciones.

cípulo amado es el primero en reconocer al Señor y Pedro, el primero en actuar. El detalle de que Pedro se había quitado la ropa podría estar refiriéndose a la costumbre habitual a la hora de pescar, pero como solo se menciona a Pedro, y además se especifica por qué se había quitado la ropa, puede que él fuera el único que lo hiciera. No obstante, no creo que Pedro estuviera desnudo, como algunas versiones han apuntado. Los diccionarios citan pasajes donde esta palabra significa "sin la túnica exterior", "con la ropa interior"[20]. Puede que aquí esta palabra signifique que algunas partes del cuerpo que suelen ir cubiertas estuvieran descubiertas, es decir, Pedro no estaba desnudo, sino que no llevaba mucha ropa, para poder trabajar: tan solo la ropa interior, o quizá una túnica sin mangas.

8 Nadie siguió el ejemplo de Pedro. El resto llegó a tierra de forma más decorosa en la barca[21]. Aquí tenemos otro ejemplo de la precisión joánica: tan solo estaban a doscientos codos (unos cien metros) de[22] tierra. Arrastraron la red llena de peces hasta la orilla[23].

9 Cuando llegaron a tierra desembarcaron, vieron unas brasas (ver el comentario de 18:18) y sobre ellas había pan y un pescado, que se estaba asando. En resumidas cuentas, la descripción de la preparación de un desayuno.

10 Es evidente que la comida sobre las brasas no era mucha, ya que Jesús pide a los discípulos que traigan algunos peces de los que han

---

[20] LS, BAGD; Horsley cita un papiro donde alguien pide: "Compra una túnica para Termutis; no tiene qué ponerse (γυμνή ἐστιν)" (*New Documents*, 2, p. 79).

[21] La palabra es πλοιάριον que, estrictamente hablando, es el diminutivo de πλοῖον. Pero como el mismo término se usa para denominar la embarcación de los vv. 3 y 6, parece que el significado es también el mismo. Lo más probable es que el cambio solo se deba a la típica variación joánica. Algo parecido ocurre en el cap. 6; algunos comentaristas creen que hay un cambio de significado (ver el comentario de 6:22), lo mismo que, según ellos, ocurre en este capítulo 21. Creen que πλοῖον era una barca grande de pesca, que no podía acercarse hasta la orilla. Así que los discípulos tuvieron que dejar la πλοῖον y llegar a la orilla en bote. Es posible. Pero, ¿de qué sirve interpretar que esas palabras significan algo diferente? Como no sirve de nada, lo mejor es entender que ambas se refieren a la misma barca.

[22] En cuanto a ἀπό como unidad métrica cf. 11:18; Ap. 14:20.

[23] τὸ δίκτυον τῶν ἰχθύων; literalmente, "la red de los peces". Es una expresión muy poco usual, pero no hay duda alguna de que significa "la red llena de peces".

pescado[24]. En nuestra versión, en el versículo anterior dice que había un pescado sobre las brasas, pero algunos comentaristas creen que había más de uno[25]. Fuera como fuera, el significado sería que no había suficiente para todos, y por eso Jesús les pide que traigan más. En cambio, hay los que piensan que lo único que Jesús quería era que los discípulos le enseñaran la gran cantidad que habían pescado. Prefieren pensar que Jesús, de forma milagrosa como había hecho en el capítulo 6, iba a proveer de comida para todos. Es cierto que este texto no cuenta que los discípulos se comieran lo que habían pescado, pero también es verdad que tampoco se menciona ninguna multiplicación de la comida. Así que lo más lógico es pensar que Jesús les pidió aquellos peces para asarlos y comerlos.

11 Al oír la orden del Maestro, Pedro fue el primero en actuar. Subió[26] y sacó la red a tierra. Hemos visto que la red era demasiado pesada, y que todos los discípulos no pudieron subirla a la barca; por tanto, lo más lógico es que no sacara la red él solo, sino que organizara al personal y dirigiera la operación[27]. Juan continúa diciendo que los peces eran grandes, y que había un total de ciento cincuenta y tres. Es probable que Juan nos informe del número simplemente porque esa es la cantidad de peces que habían pescado, por lo que no haría falta ver un significado profundo. A lo largo del Evangelio podemos ver que a Juan le gusta escribir con exactitud, y que añade datos numéricos en muchas ocasiones. Así, Temple dice acertadamente: "Es de mente retorcida querer encontrar un significado detrás de la cifra que Juan nos da; el evangelista recoge ese detalle porque contaron los peces, y esa era la cantidad que había". Algunos comentaristas nos recuerdan que era necesario hacer un recuento porque había que repartir la pesca entre todos los pescadores que habían acompañado a Pedro. Además, a los pescadores

---

[24] "Traed" es la traducción de ἐνέγκατε, y es el único ejemplo en el Nuevo Testamento en el que este verbo aparece en aoristo del imperativo (en el resto de ocasiones el presente es invariable, incluso en contextos en los que lo normal sería el aoristo). Quizá esto sirva para darle a la orden un sentido de urgencia.

[25] Según Bultmann, si solo hubiera habido uno, ὀψάριον tendría que haber estado acompañado de ἕν (p. 708, n. 8). En cuanto a "un pescado", ver *ARV* mg.

[26] ἀνέβη, que hace que nos preguntemos: "¿adónde subió?". No obstante, este verbo también se usa con el sentido de "embarcar" y, probablemente, ese es el significado que tiene en este versículo.

[27] No hay ni αὐτός ni μόνος, ni ninguna partícula por el estilo, por lo que Pedro es el único que se ha puesto en acción.

siempre les ha gustado recordar los detalles de las hazañas realizadas o de los sucesos fuera de lo común, para luego poder contarlas a los demás. No obstante, reconozco que eso no implica que era absolutamente necesario añadir el número (en la pesca milagrosa de Lucas 5 no dice cuántos peces pescaron). Si Juan recogió este dato es porque debía tener alguna importancia especial. Por ello, vamos a considerar las diferentes interpretaciones, pero tengamos en cuenta que en varias ocasiones Juan usa los números sin ningún significado específico (como por ejemplo, el número de las tinajas del capítulo 2).

Algunos comentaristas cuentan que en tiempos antiguos se decía que había ciento cincuenta y tres tipos de peces. Por tanto, ese número simbolizaría el alcance universal del Evangelio; las buenas nuevas son para todo el mundo, no solo para un círculo restringido. El problema es que las evidencias que usan para sostener su teoría no son muy convincentes; así que no tienen mucho donde basarse para defender su interpretación[28]. Otros han sugerido que ciento cincuenta y tres es el resultado de la suma de los números del uno al diecisiete. Es decir, es la suma de diez, el número de los mandamientos, de la ley, y de siete, que representa los siete dones del Espíritu. También, se ha dicho que se puede colocar ciento cincuenta y tres puntos dentro de un triángulo equilátero, sobre los lados del cual se pueden colocar diecisiete puntos; aunque sea un dato geométrico interesante, "nadie ha explicado de forma seria y convincente qué relación tiene eso con el número de peces" (Lightfoot). Para mí estas teorías no tienen ningún sentido, y lo mismo ocurre con otras[29]. Si Juan quería que discerniéramos un significado

---

[28] Solo podría usarse este argumento si se tratara de una creencia muy extendida, pero se han encontrado muy pocas evidencias, y todas ellas de poco peso. Algunos citan el comentario que San Jerónimo hace de Ez. 47:9-12: "Los que escriben sobre la naturaleza y las propiedades de los animales, que han aprendido ἁλιευτικά tanto en latín como en griego, entre los cuales está Opiano Cílix, un poeta muy culto, que existen ciento cincuenta y tres tipos de peces, y los apóstoles pescaron peces de cada uno de los diferentes tipos...". Pero esto parece más un intento de sacar alguna enseñanza o aplicación, que un comentario serio y objetivo. La única autoridad que San Jerónimo cita es Opiano, pero nadie más ha encontrado la cita de dicho poeta. W.F. Howard comenta: "hasta que no encontremos una evidencia más fiable que la que aporta San Jerónimo, no podemos defender esa interpretación" (*FGRCI*, p. 184). Además, Plinio dice que solo hay setenta y cuatro tipos de peces (*Natural History* 9.43), y él es un autor más cercano a la época neotestamentaria que San Jerónimo.

[29] Según otra teoría, el valor numérico de las letras de los nombres Σίμων = 76 y ἰχθύς = 77 es 153; entonces, ¡Pedro tenía que ser un pescador con poder del cielo o algo por el estilo! Otros creen que hay una referencia a la Trinidad, ya que 153 es

místico nos ha dejado muy pocas pistas. Lo más natural es verlo como el informe de un pescador sobre un hecho que ha ocurrido[30].

Juan también nos informa de que la red no se rompió (en la pesca de Lucas 5 sí se rompieron). Quizá esto tenga que ver con que la Resurrección ya había tenido lugar. La red no se rompió gracias al poder del Señor resucitado. "Esto significa que, con Cristo, los recursos de la Iglesia no tienen límite" (Strachan).

12 Jesús invita a los discípulos a desayunar[31]. Juan no recoge la respuesta a esta invitación. En vez de eso, nos dice que ninguno de los discípulos se atrevió a preguntarle a Jesús quién era, comentario que nos sorprende. Si ya sabían[32] quién era Jesús, ¿para qué se lo iban a preguntar? Uno no le pregunta a la gente que conoce bien: "¿Quién eres tú?". No obstante, hemos de reconocer que aquella aparición de Jesús no era muy normal. María Magdalena no le había reconocido, y aquella misma mañana, tan solo un rato antes de este suceso, ninguno de ellos le había reconocido, ni siquiera Pedro. Con esta pregunta resonando en las mentes de los discípulos, el ambiente durante aquel desayuno debió de ser bastante extraño, puede que incómodo.

13 Como he dicho, para los discípulos debió de ser difícil actuar con normalidad y empezar a comer. En el texto no hay una respuesta

---

3x50=150+3=153. Otros, con mentalidad misionera, han sugerido que el 100 representa a los gentiles, el 50 a Israel, y el 3 a la Trinidad. O.T. Owen defiende desde el campo de la Geometría que estamos ante una referencia a Pisgah (*ExT*, 100 [1988-89], pp. 52-54). Ver más en J.A. Emerton, *JThS*, n.s. IX (1958), pp. 86-89 (que contiene un estudio más profundo realizado por P.R. Ackroyd, *JThS*, n.s. X [1959], p. 94), donde encontrará una lista de interpretaciones, refutaciones de algunas teorías que hemos presentado, y la opinión del autor, que cree que hay una referencia a los pasajes de Ez. 47, donde los pescadores extendieron las redes. Como vemos, con algo de imaginación, las interpretaciones que podemos sacar de este número son infinitas. Pero dudo mucho que la mente de Juan fuera tan retorcida.

[30] Robinson comenta: "Lo confieso: soy lo suficientemente inocente para creer que los pescadores hacen un recuento de lo que han pescado, sobre todo si se trata de una pesca extraordinaria... y si ha participado más de un pescador" (*Priority*, p. 164).

[31] Jesús dice: ἀριστήσατε. Normalmente, los judíos del primer siglo comían dos veces al día, y la primera era el ἄριστον. Se comía antes de empezar a trabajar, aunque en alguna ocasión se comía a media mañana. La otra comida era la δεῖπνον (ver el comentario de 12:2).

[32] La construcción de la frase no es usual, ya que εἰδότες no concuerda con ninguna de las otras palabras. Pero el anacoluto es bastante eficaz. El significado del participio podría ser "porque sabían" o "aunque sabían".

a la invitación que Jesús les hace en el versículo anterior. Quizá por eso mismo, porque no respondieron, Jesús "vino" (¿vino de dónde? ¿Adónde? Él les había pedido que vinieran en el v. 12) y les dio pan y pescado[33]. Aunque Juan no lo mencione, acto seguido debieron de empezar a comer. De hecho, ya no habla más de la comida hasta que menciona que han acabado de desayunar. Y tampoco habla más de los discípulos. La narración se va a centrar en Pedro.

14 Juan concluye esta sección recordando a sus lectores que esta es la tercera vez que Jesús se manifestó a sus discípulos después de la Resurrección[34]. Los otros dos encuentros deben referirse a los encuentros con los doce (o con casi todo el grupo), pues ya ha recogido tres encuentros: uno con María Magdalena, otro con los discípulos cuando no estaba Tomás, y otro cuando Tomás estaba presente. Pero esta es la tercera ocasión en la que se apareció a un grupo considerable de discípulos.

B. RESTAURACIÓN DE PEDRO (21:15-19)

15 Entonces, cuando habían acabado de desayunar, Jesús dijo a Simón Pedro: Simón, [hijo] de Juan, ¿me amas más que éstos? [Pedro] le dijo: Sí, Señor, Tú sabes que te quiero. [Jesús] le dijo: Apacienta mis corderos. 16 Y volvió a decirle por segunda vez: Simón, [hijo] de Juan, ¿me amas? [Pedro] le dijo: Sí, Señor, Tú sabes que te quiero. [Jesús] le dijo: Pastorea mis ovejas. 17 Le dijo por tercera vez: Simón, [hijo] de Juan, ¿me quieres? Pedro se entristeció porque la tercera vez le dijo: ¿Me quieres? Y le respondió: Señor, Tú lo sabes todo; Tú sabes que te quiero. Jesús le dijo: Apacienta mis ovejas.

---

[33] En 6:11 también les dio pan y pescado, pero no creo que tenga mucha relación. Algunos comentaristas creen que relacionando este texto con el del cap. 6 tenemos una referencia a la Eucaristía. Pero como la referencia a la Eucaristía no está nada clara en el cap. 6, aquí haría falta mucho más que la mención del pan y el pescado. Otros dicen que en las primeras eucaristías se usaba pan y pescado. Pero eso no es suficiente para relacionar un desayuno típico de costa con el sacramento. Strachan dice de forma tajante: "El desayuno que se describe en los vv. 12 y 13 no es una eucaristía" (Bailey realiza el mismo tipo de comentario).

[34] El uso de ἤδη no es muy normal. Quizá, tal como Godet dice: "sirve para que supongamos que después podría haber más apariciones".

18 En verdad, en verdad te digo: cuando eras más joven te vestías y andabas por donde querías; pero cuando seas viejo extenderás las manos y otro te vestirá, y te llevará adonde no quieras. 19 Esto dijo, dando a entender la clase de muerte con que [Pedro] glorificaría a Dios. Y habiendo dicho esto, le dijo: Sígueme.

Tenemos que leer este pasaje teniendo en mente las negaciones de Pedro. Poco antes, y en presencia del enemigo, había negado tres veces toda relación con el Señor; ahora, en presencia de sus amigos, afirma tres veces que ama a su Señor. Seguro que después de las negaciones, los discípulos ya no miraban de igual forma a Pedro. Así que esta triple afirmación, acompañada por la triple comisión de Jesús, sirvió para que vieran que Pedro había sido perdonado, y que podía volver a su posición de liderazgo. Sin embargo, debemos tener cuidado con las aplicaciones que se han sacado de este pasaje. Dios no le concede a Pedro la supremacía absoluta, ni tampoco le otorga una posición superior a la de Juan. En todo este capítulo vemos que Juan tiene una relación muy estrecha con el Señor.

15 Cuando habían acabado de desayunar[35], Jesús le hizo una pregunta a Pedro. Juan usa el nombre completo de Simón Pedro, y además nos informa de que Jesús se dirigió a Pedro como Simón, hijo de Juan (cf. 1:42); estos dos detalles le dan a la pregunta un aire de solemnidad[36], el cual es necesario porque se trata de una pregunta muy importante. Jesús le pregunta: "¿me amas más que éstos?". El último término es muy indefinido. El significado podría ser "¿me amas más que estos hombres?, o "¿me amas más que a estos hombres?", o "¿me amas más que a estas cosas?"[37]. El primer sentido no nos convence,

---

[35] Parece ser que οὖν no hace más que indicar la continuación de la escena (ver el comentario de 1:21).

[36] Aunque fue Jesús el que le puso a Simón el nombre de Pedro, solo le llama así en dos ocasiones (aquí, y en Lc. 22:34). Normalmente le llama Simón. Los Sinópticos suelen referirse a él por su nuevo nombre, Pedro, y Juan usa Simón Pedro con bastante frecuencia (Pedro aparece 34 veces, y 17 veces junto con Simón). En el *Textus Receptus* aparece Σίμων Ἰωνᾶ (también en A θ f1 f13, pero en (א) BDW lat co. aparece Σίμων Ἰωάννου y, en mi opinión, es preferible).

[37] [*N. de la T.*] Las versiones en español, tanto la que estamos usando (LBLA) como la RV, como la NVI, la Biblia de Jerusalén, la Nácar-Colunga etc., optan directamente por la primera opción. Son las menos las que optan por las otras traducciones; por ejemplo, L.A. Schökel opta por la segunda.

ya que es muy poco probable que Jesús animara a uno de sus discípulos a comparar la intensidad de su amor con la de otros discípulos. No obstante, hemos de recordar que Pedro había profesado de forma explícita una devoción por Jesús que excedía la devoción del resto de los apóstoles (Mt. 26:33; Mr. 14:29; cf. Jn. 13:37; 15:12-13). Podría ser que Jesús le estuviera preguntando: a la luz de lo que ha pasado, ¿todavía crees que me amas más que todos ellos?[38]. Pocos son los que interpretan la pregunta de la siguiente forma: "¿me amas más que a éstos?"; pero es una posible traducción[39]. Pedro había negado a Jesús tres veces, así que esa devoción anterior había pasado a ser muy cuestionable. No obstante, se había mantenido al lado de los otros discípulos, y había ido a pescar con ellos. ¿A quién prefería? ¿A sus compañeros, a quienes podía recurrir, o a Jesús, a quien había negado? La tercera opción apunta a su equipo de pesca, su oficio[40]. Eso simbolizaba todo un estilo de vida. Si optamos por esta interpretación, la pregunta buscaría que Pedro reflexionara sobre su futuro. ¿Lo iba a dedicar a la pesca? ¿O amaba a Cristo más que a su medio de sostenimiento? Pero la respuesta de Pedro anula la posibilidad de que el sentido de la pregunta sea este. La respuesta de Pedro deja claro que están hablando de personas, no de cosas. Podríamos decir más sobre la traducción que mencionamos en primer lugar ("¿me amas más que éstos?"). A veces se ha dicho que una pregunta sobre el amor de Pedro resulta superflua. Pero no es así. Sabemos, por sus acciones, que Pedro no quería a un Señor crucificado. Ahora que Jesús había muerto en una cruz, ¿le seguía amando de la misma forma? Jesús no era el Señor fuerte y triunfante que él hubiese querido. ¿Estaba dispuesto a amar a Jesús tal como era? Vemos que se trata de una pregunta muy importante. Pedro tiene que enfrentarse a la verdad que ésta encierra, y tomar una decisión.

Pedro responde de forma afirmativa: "Sí, Señor, Tú sabes que te quiero". El pronombre "Tú" es enfático, con lo que el apóstol está apelando a algo que su maestro ya sabe. Sus acciones no han sido, precisamente, una prueba de ese amor, así que no puede apelar a ellas. Así que confía en que Cristo comprende la situación en la que se encuentra.

---

[38] Westcott, Bultmann, Lenski, Barclay y otros optan por este sentido. Así podemos verlo también en las traducciones de Goodspeed, Weymouth, Moffatt, *Amplified*, *GNB*, *JB*, Cassirer y otros.

[39] Ver, por ejemplo, BDF, 185(1). [*N. de la T.*]. Ver nota al pie núm. 37.

[40] Así lo interpretan C.B. Williams, Rieu y otros.

Se nos plantea un problema, al encontrar diferentes términos que describen la acción de "amar". Pedro usa en todo momento el mismo verbo, pero Jesús usa otro verbo en las dos primeras preguntas, y en la tercera, usa el mismo término que Pedro ha usado[41]. Muchos comentaristas sostienen que el cambio de palabra es significativo[42]. Algunos creen que la palabra que Jesús usa al principio denota un amor más elevado, mientras que la palabra que Pedro usa apunta a una forma de amor inferior[43]. Entendiéndolo así, Jesús le está preguntando a Pedro si le ama profundamente, y Pedro no se atreve a usar una palabra tan elevada. Entonces cuando Jesús le pregunta por tercera vez, desciende a su nivel.

---

[41] El verbo que Pedro usa es φιλέω. Jesús usa ἀγαπάω la primeras dos veces, y φιλέω la última vez.

[42] Quizá la mejor defensa de que este cambio tiene mucha importancia la encontramos en el comentario de Hendriksen (II, pp. 494-500), aunque se olvida de que Juan con mucha frecuencia alterna términos diferentes para introducir variedad lingüística, para evitar la repetición, y no para introducir un nuevo significado. Esto hace que el argumento de Hendriksen sea menos consistente. Estamos de acuerdo en que, aunque los dos verbos tienen un significado muy parecido, se diferencian en que no se usan en las mismas ocasiones. Pero, como hemos dicho, sabiendo que Juan siempre introduce pequeños cambios que no afectan de forma significativa al significado (ver el comentario de 3:5), no podemos llegar a la conclusión de que en este pasaje haya un cambio de significado. A. Marshall dice que no ha encontrado una explicación sobre la diferencia entre los dos términos que sea totalmente coherente y satisfactoria. Añade una explicación lingüística interesante: en la formación de los compuestos, la raíz que se usa para expresar amor es φιλ-, no ἀγαπ- (*BT*, 6 [1955], p. 48); Si realmente fueran diferentes, en alguna ocasión habría sido necesario usar la raíz ἀγαπ-.

[43] Entre los que creen que ἀγαπάω denota un amor más elevado están Westcott, Lenski, Plummer y Temple. Éste último defiende que no existen sinónimos que equivalgan de forma exacta y nos recuerda que en la lista elaborada por Bernard, realizada para mostrar que estos términos tienen casi el mismo significado, las palabras φιλέω y ἀγαπάω aparecen siempre de forma aislada. Pero, según él, si alguien usa las dos en un mismo pasaje tiene que ser porque quiere introducir matices diferentes. De nuevo, su argumentación se olvida de la costumbre joánica de introducir pequeños cambios para dar variedad a su narración. También podemos ver esta interpretación en algunas traducciones: la NVI, Cassirer, *Twentieth Century*, *LB*. Goodspeed traduce ἀγαπᾷς με por "¿eres alguien entregado a mí?" y φιλῶ σε por "te quiero", mientras que Schonfield invierte la traducción. Podemos ver a Hendriksen como el representante de los que creen que ἀγαπάω denota una forma de amor más elevada. Él dice: "creemos que ἀγαπάω *en este relato* (y por lo general a lo largo de los cuatro evangelios, *aunque encontramos diferentes grados de distinción en el significado*) se refiere a un amor profundo, completo, inteligente y con sentido, un amor en el que toda la persona (no solo las emociones, sino también la mente y la voluntad) juega un papel importante, que está basado en la estima por el objeto amado o en razones externas a ese objeto; mientras que φιλέω significa un afecto espontáneo, en el que las emociones juegan el papel más importante".

Sin embargo, otros comentaristas invierten el significado de estas dos palabras. Así, Jesús le estaría preguntando en primer lugar si Pedro aún siente por Él algún tipo de afecto, y Él le responde que no solo afecto, sino un amor incalculable. Entonces, en la tercera pregunta, Jesús tiene que subir al nivel de Pedro[44].

Pero es obvio que estas dos interpretaciones se excluyen. *A priori*, es lógico pensar que una variación de vocabulario como ésta es importante. Pero al defender esta teoría, surgen algunos problemas. El primero es que no es fácil discernir en qué consiste la diferencia entre las dos palabras que venimos comentando; ni siquiera los comentaristas más competentes logran ponerse de acuerdo. El segundo, ya hemos recordado la costumbre joánica de hacer pequeños cambios buscando la variedad lingüística, no buscando un significado diferente (ver el comentario de 3:5)[45]. Si tenemos en cuenta esto último, no hay razón para pensar que estos dos verbos signifiquen algo diferente. Sobre todo si pensamos que la conversación original fue en arameo (esto implicaría que la selección léxica fue obra de Juan). El tercer problema es que la respuesta afirmativa de Pedro ("Sí, Señor") no parece una correc-

---

[44] Quizá el mayor representante de este punto de vista sea Trench, que dice lo siguiente sobre ἀγαπᾷς με: "En este momento, cuando el corazón del apóstol ahora penitente está latiendo con pasión por su Señor, la palabra que sale de los labios de su Señor es demasiado fría. La pregunta de por sí ya es dolorosa (v. 17), pero el lenguaje que Jesús usa al principio la hace más dolorosa aún. Por eso cuando contesta, Pedro sustituye ἀγαπᾷς por la palabra que habla de un amor más personal, es decir, φιλῶ σε (v. 15). Y no lo hace solo en la primera ocasión, sino también en la segunda. Y por fin logra lo que quería, ya que cuando el Señor le hace la pregunta por tercera vez, ya no usa ἀγαπᾷς, sino φιλεῖς (*Synonyms*, pp. 42-43). C.B. Williams traduce ἀγαπᾷς με por "¿verdaderamente eres alguien entregado a mí?" y φιλῶ σε por "te amo de forma sincera". MacGregor cree que esta distinción es quizá la más acertada. Según él, ἀγαπάω significa "la estima que existe entre el benefactor y el beneficiado", y φιλέω, "el afecto personal que existe entre miembros de una misma familia". Cita a Strachan para respaldar su punto de vista, pero Strachan, aunque admite que en el griego clásico sí que hay esa distinción de significado, en este pasaje no hay distinción ninguna. Podríamos incluir en esta lista la Vulgata, donde vemos que ἀγαπάω se traduce por *diligo* y φιλέω por *amo*. MiM se niegan a hacer una gradación de verbos (verbos más elevados y verbos inferiores); sin embargo, comentan que ἀγαπάω "es menos expresivo, no expresa tan bien las emociones, la ternura y el afecto personal como el verbo que Pedro usa en su respuesta". Barclay dice: "*agapan* ... es un término que quizá tenga más elemento intelectual que emocional", mientras que "*filien* describe un afecto sentido y cálido" (*The Revelation of John*, I [Edimburgo, 1960], p. 183). Ver también Schnackenburg, II, p. 462, nota al pie núm. 40.

[45] Ver mis obras tituladas *Testaments of Love* (Grand Rapids, 1981), especialmente el cap. 6; y *Expository Reflections on the Gospel of John* (Grand Rapids, 1988), cap. 89.

ción. Como apunta Bernard, "¿por qué iba a contestar 'sí' si no estaba de acuerdo con la selección léxica de Jesús?". Lo que le preocupa a Pedro es que Jesús se cuestione si Él le ama o no, no cuál es la calidad del amor con el que le ama. Él acepta el término que Jesús usa. Lo más natural es ver en este cambio léxico la mano joánica, a la que le gusta recurrir a la variedad. Así, Pedro y Jesús están diciendo lo mismo[46].

En las tres sentencias de Jesús nos encontramos con un cambio léxico más complicado aún[47]. LBLA[48] refleja la variación que hay en el texto griego, ya que en la segunda sentencia cambian tanto el verbo como el sustantivo, mientras que en la tercera sentencia el verbo es el mismo que en la primera, y el sustantivo, el mismo que en la segunda. Algunos han interpretado que Jesús le encarga a Pedro más de una cosa, y que pone a su cuidado a más de un grupo: los corderos y las ovejas[49]. Pero la mayoría de comentaristas cree que se trata de cambios pura-

---

[46] Esta es la posición que toma la mayoría de comentaristas modernos, por ejemplo Barrett y Bernard. Muchas traducciones recientes como *NRSV*, Rieu, Moffatt, *REB*, *GNB*, traducen usando un solo verbo. Moffatt examina el uso joánico de los dos términos y concluye que no hay una diferencia significativa (*Love in the New Testament* [Londres, 1932], pp. 46-47). Comenta: "El uso de φιλέω y de ἀγαπάω en este diálogo responde a un estilo literario que pretende ser variado; ir más allá buscando significados recónditos es ir en contra de la sencillez característica del pensamiento y la escritura de este autor". Barrett nos recuerda que al discípulo amado en varias ocasiones se le llama ὃν ἠγάπα y, en una ocasión, ὃν ἐφίλει (20:2), y continúa diciendo: "es altamente improbable que hubiera dos 'discípulos amados', que hubiera uno al que Jesús amaba con un amor más elevado que al otro". Bernard realiza un análisis muy completo del uso de estos dos verbos y no encuentra ninguna diferencia. También nos revela que los comentaristas patrísticos – tanto sirios, griegos como latinos (a excepción, probablemente, de Ambrosio) – tampoco le dan importancia a este cambio léxico. Además, nos recuerda que las traducciones sirias y las antiguas traducciones latinas no hacen ninguna distinción (a excepción de la Vulgata). Curiosamente, Marsh defiende que ἀγαπάω "describe un amor más elevado" que φιλέω. También se olvida de la frecuente variedad joánica, y de que muchos de los que distinguen entre esos dos verbos creen que φιλέω es el que corresponde al "amor más elevado". Así que su argumentación no es muy convincente.

[47] Aquí Jesús dice Βόσκε τὰ ἀρνία μου. Existe un gran debate sobre lo que el texto original dice en los dos siguientes versículos, pero creo que en el v. 16 tenemos Ποίμαινε τὰ προβάτιά μου, y en el v. 17, Βόσκε τὰ προβάτιά μου.

[48] [*N. de la T.*] El autor menciona la NVI, que es la traducción que usa en su comentario. Pero lo mismo ocurre en la traducción que estamos usando nosotros, La Biblia de las Américas.

[49] No todos los textos apoyan la lectura por la que aquí abogamos. Cuando nosotros tenemos ἀρνία, C* D it contienen πρόβατα. En el v. 16 en B C *pc* aparece προβάτια, que podría ser correcto, y en א A D W Θ fl3 aparece πρόβατα.

mente estilísticos[50]. El encargo para Pedro es que tiene que cuidar el rebaño de Cristo. Y las mismas razones que nos hacen pensar que aquí no hay ninguna diferencia de significado entre los dos verbos y los dos sustantivos refuerzan nuestra teoría de que lo mismo ocurre con los dos términos que hacen referencia a la acción de "amar".

16 Jesús repite la pregunta, pero esta vez lo hace omitiendo "más que éstos". Ahora ya no hay ningún tipo de comparación; lo importante es si Pedro le ama o no le ama. La respuesta del discípulo es exactamente la misma que antes. De nuevo, se muestra de acuerdo con las palabras de Jesús, pues responde afirmativamente, usa el "tú" enfático, y apela a que Jesús ya debería saber lo mucho que él le ama. El encargo que Jesús le da ahora a Pedro es diferente al anterior. El verbo que usa en esta ocasión tiene un sentido más amplio. "Pastorear" implica mucho más que "apacentar" o "dar de comer", pues supone ejercer de pastor. No sabemos exactamente si aquí se debería haber traducido "ovejas" o "corderos" (ver la nota al pie núm. 49), pero sea como sea Jesús le está pidiendo a Pedro que debe ejercer una labor pastoral.

17 Ahora que es la tercera vez que Jesús le hace la misma pregunta, lo hace usando el término de Pedro, el verbo "querer". Esto no parece llamar la atención del apóstol. No es el cambio de término lo que le entristece[51], sino que Jesús le haya hecho esa pregunta tres veces[52]. Aquí tenemos una evidencia más de que no hay una diferencia de significado notable entre los verbos que traducimos por "amar" y "querer". Si la hubiera habido, Jesús le habría hecho a Pedro dos preguntas diferentes, en vez de preguntarle lo mismo tres veces. El dolor del apóstol después de oír aquellas palabras de nuevo, le empujaron a dar una respuesta más completa. Pero, aunque es más completa, no cuenta con la afirmación "Sí, Señor" que encontramos en los versículos anteriores. Pedro ya no se aventura a dar su opinión, sino que se entrega

---

[50] La Vulgata traduce los dos verbos por *Pasce*.

[51] ἐλυπήθη. Esta palabra quiere decir "triste o dolido", no "enfadado o enojado" (Barclay, Schonfield).

[52] El texto griego dice así: ὅτι εἶπεν αὐτῷ τὸ τρίτον, Φιλεῖς με; así que está claro que se refiere a que aquella era la tercera vez que Jesús le dirigía la misma pregunta, y no a que aquella vez había utilizado Φιλεῖς. Esto está respaldado por el uso de δεύτερον en el v. 16.

confiadamente a su Señor Omnisciente, que conoce cada pensamiento y sentimiento de su siervo. "Señor, Tú lo sabes todo" contiene grandes implicaciones para la Cristología (cf. 2:25; 16:30). En este contexto, lo que sugiere es que Jesús sabe lo que hay en el corazón de las personas y, en este caso, sabía muy bien lo que había en el corazón de Pedro. En este versículo tenemos otro ejemplo de cambio léxico: el término que Pedro usa para "saber" es diferente al que aparece en los versículos anteriores[53]. Como ocurre anteriormente, el cambio no afecta al significado. Ya vimos que en esta última orden el Señor usa el verbo de la primera orden y el sustantivo de la segunda[54].

No hay duda de que el objetivo de esta escena es devolverle a Pedro su posición de liderazgo. Había negado al Señor tres veces. Ahora ha tenido la oportunidad de reafirmar su amor por Él tres veces, y Jesús le ordena tres veces que cuide de su rebaño. Independientemente de sus errores pasados, Jesús estaba devolviéndole a Pedro una posición de confianza. Véase que la única cosa que Jesús quiere probar antes de encomendarle a Pedro aquella labor es si le ama o no. El amor es el requisito básico para el servicio cristiano. Hay muchas otras cualidades que son deseables, pero el amor es absolutamente indispensable (cf. 1 Co. 13:1-3).

18-19 La comisión de Pedro está seguida de una profecía, introducida por el solemne "en verdad, en verdad te digo" (ver el comentario de 1:51). Jesús no hace referencia a la posición actual de Pedro, sino a su estado anterior[55], quizá para contrastar su primera etapa con la última. Los dos detalles que menciona son que "te vestías [a ti mismo]" (o "te ceñías"; RV) y "andabas por donde querías" (o "ibas a donde querías"; RV). Siendo más joven, Pedro había vivido de esa forma. Pero no iba a ser así en el futuro, cuando fuera viejo. Encontrará impedimentos, y ya no podrá decidir cuáles serán sus movimientos[56]. A continua-

---

[53] Pedro ha usado dos veces σὺ οἶδας. Ahora, en la primera parte de la frase lo vuelve a usar – πάντα σὺ οἶδας – pero luego cambia: σὺ γινώσκεις ὅτι φιλῶ σε. En cuanto a οἶδα y γινώσκω, ver el comentario de 2:24.

[54] Aunque no podemos pronunciarnos con entera seguridad. En A B C W[c] *pc* aparece προβάτια, pero también podría ser πρόβατα, que aparece en א D W* Θ f1 f13 *pl*. Algunos eruditos dicen que originalmente había tres cambios, pero lo más probable es que tan solo hubiera dos. Es posible que los escribas sustituyeran πρόβατα, pero sería muy difícil sustituir προβάτια.

[55] El comparativo νεώτερος significa estrictamente "más joven".

[56] El singular ἄλλος llama la atención. Al hablar de cualquier forma de martirio, lo normal es usar el plural, ya que en la persecución siempre tomaba parte más de una

ción, Juan explica estas palabras tan enigmáticas. Se estaba refiriendo a la muerte con que Pedro glorificaría a Dios (en cuanto a la muerte como algo que glorifica a Dios cf. 12:33, etc.; 15:8 también puede ser relevante). Son unas palabras muy generales, pero hay evidencias de que "extender las manos" se usaba en la iglesia primitiva para referirse a la crucifixión[57]. Si ya se usaba en tiempos de Cristo, entonces estamos ante una profecía sobre la clase de muerte que Pedro iba a experimentar. Sea como sea, estas palabras apuntan a algún tipo de martirio. Algunos dicen que no pudo tratarse de una crucifixión debido al orden de las palabras, ya que "te llevará" tendría que preceder a la crucifixión (aunque puede que el orden no esté determinado por el sentido, sino que estemos ante una concesión sintáctica para poder tener un paralelismo con el versículo anterior)[58]. Esta profecía va seguida de un llamamiento de Jesús; le dice a Pedro que le siga. Quizá es importante ver que el verbo que Jesús utiliza es el presente. Significaría "continúa siguiéndome". Pedro ya ha seguido a Cristo, pero no de forma continua. A partir de ahora, debe seguir firmemente en los caminos del Señor.

---

persona. Quizá se está refiriendo a Cristo mismo o a Dios, por lo que el significado sería que la muerte por martirio de Pedro estaba dentro de los planes divinos. Pero esto es una interpretación muy forzada. Lo más natural es que estemos ante una personificación de las autoridades que perseguirían a Pedro.

[57] Barrett cree que la interpretación de ἐξεπέτασα τὰς χεῖρας μου (Isa. 65:2) apunta a la crucifixión de Bernabé (12:4), Justino (1 Apol. 35), Ireneo (*Demonstration of the Apostolic Preaching*, 79) y Cipriano (*Test.* 2.20). Algunos han hecho interpretaciones similares de las manos extendidas de Moisés (Éx. 17:12), y Barrett ha encontrado un uso de ἐκτείνω con referencia a la crucifixión en Epicteto (BAGD cita a Josefo, *Ant.* 19.94, pero es bastante discutible). Trench cita algunos pasajes de autores cristianos, el pasaje de Epicteto, y también uno de Séneca (*Notes on the Miracles of Our Lord* [Londres, 1895], p. 503 [Notas sobre los milagros de nuestro Señor]). Haenchen cita a varios autores clásicos. Si creemos que estas referencias demuestran que en este versículo se está hablando de una crucifixión, podemos ver el uso de ζώννυμι como una confirmación, ya que a los crucificados a veces se les ataba a la cruz con cuerdas. Tertuliano nos dice que Pedro fue crucificado en Roma bajo el mandato de Nerón, y cree que la crucifixión es el cumplimiento de las palabras "otro te vestirá" o "te ceñirá otro" (RV) (*Scorp.* 15). Eusebio cuenta que Pedro fue crucificado bocabajo porque él así lo pidió (*HE* 3.1.2), pero la mayoría de los eruditos rechazan esta información por falta de peso.

[58] Sin embargo, Cullmann cita a W. Bauer, quien dice que el orden es correcto, ya que "el criminal tenía que llevar la cruz al lugar de la ejecución encadenado a ella, con los brazos extendidos" (*Peter: Disciple, Apostle, Martyr* [Londres, 1962], p. 88, nota al pie núm. 87).

C. EL PAPEL DEL DISCÍPULO AMADO (21:20-23)

20 Pedro, volviéndose, vio que [les] seguía el discípulo a quien Jesús amaba, el que en la cena se había recostado sobre el pecho [de Jesús] y había dicho: Señor, ¿quién es el que te va a entregar? 21 Entonces Pedro, al verlo, dijo a Jesús: Señor, ¿y éste, qué? 22 Jesús le dijo: Si yo quiero que él se quede hasta que yo venga, ¿a ti, qué? Tú, sígueme. 23 Por eso el dicho se propagó entre los hermanos que aquel discípulo no moriría; pero Jesús no le dijo que no moriría, sino: Si yo quiero que se quede hasta que yo venga, ¿a ti, qué?

20 Pedro, contento de la nueva posición que ostentaba, se acordó de su amigo. Se volvió y vio al discípulo amado (ver el comentario de 13:23) que les seguía. Para describir de quién está hablando, lo define por la pregunta que le hizo al Señor en la última cena (cf. 13:23s.; esta forma de describir a alguien es típicamente joánica: cf. la descripción de Nicodemo, 19:39; Judas, 6:71, etc.; Caifás, 18:14)[59]. Si tenemos en mente el versículo anterior, la palabra "seguía" tiene, probablemente, un significado importante. Jesús le había tenido que pedir a Pedro dos veces que le siguiera, pero Juan ya lo estaba haciendo. "Su obediencia es evidente; era el amor de Pedro lo que se había puesto en duda" (Hoskyns). Puede que este término se use en parte de forma literal, de forma física; muchos comentaristas creen que Jesús se había adelantado un poco junto con Pedro, y Juan iba detrás de ellos. Pero el significado principal de este término a lo largo de todo el pasaje es, sin duda alguna, "seguir como discípulo".

21 Entonces Pedro vio a aquel hombre. Ahora que se ha reafirmado en su liderazgo y ha recibido una profecía sobre su martirio está animado, se siente tranquilo. Además, todo eso le da una nueva imagen. Pero quiere saber qué futuro le espera a Juan. La pregunta que hace es muy general: "¿y éste, qué?".

22 Sin embargo, Jesús se niega a satisfacer la curiosidad de Pedro. Lo que le ocurra al otro no es de su incumbencia. Incluso si Jesús decide

---

[59] De nuevo nos encontramos con otro cambio, recurso tan característico de Juan. En 13:25 la pregunta era Κύριε, τίς ἐστιν; no había ninguna referencia a la traición. Pero como esta pregunta se remonta a las palabras de Jesús en 13:21, εἷς ἐξ ὑμῶν παραδώσει με, la forma que toma en este v. 20 es bastante inteligible.

que se quede hasta[60] que Él venga, ¿a Pedro qué le importa? La pregunta de Jesús es una manera enfática de recordarle al impulsivo apóstol que aunque acaba de recibir una posición de liderazgo, la Historia y la Obra son de Dios. Y para acabar, le repite lo que ya le ha dicho en el versículo 19: "¡sígueme!"[61].

23 Acto seguido, Juan menciona que algunos interpretaron mal aquellas palabras de Jesús. Corrió la voz entre los hermanos (llamar así a los cristianos es muy común en el libro de los Hechos, pero ésta es la única vez que aparece en los Evangelios, aunque cf. Mt. 23:8, y ver la nota al pie del comentario de Jn. 20:17) de que aquel discípulo no moriría jamás[62]. Viviría hasta el día en que Jesús regresara a por los suyos. Pero Juan quiere que quede claro que eso es tan solo una interpretación, y no lo que Jesús dijo. El maestro no dijo: "No morirá"[63]. Simplemente le preguntó a Pedro qué le importaba a él si eso llegaba a ocurrir. Juan utiliza una conjunción adversativa muy fuerte[64]. Quiere que haya un claro contraste entre lo que dijo y lo que no dijo. Siendo que en casi todas las repeticiones Juan introduce pequeños cambios, cabe destacar que aquí repite de forma exacta lo que aparece en el versículo 22[65]. Es importante ver que se trata de las mismas palabras, por lo que el autor intenta, por todos los medios, ser exacto. Basándose en esta sección del

---

[60] Tanto aquí como en la repetición de esta frase que aparece en el versículo siguiente ἕως va seguido de indicativo, construcción nada común en el Nuevo Testamento. Hace hincapié en la veracidad de su venida. Es extraño que use el tiempo presente; no creo que Juan pensara en la venida del Señor como un proceso continuo, ya que eso no tendría sentido.

[61] Aunque ahora la expresión varía un poco. Esta vez el pronombre σύ pone énfasis en "tú". En ambas ocasiones Jesús usa el presente de imperativo que está en consonancia con el énfasis que hace en el proceso continuo del seguimiento. La primera vez el verbo precede a μοι y aquí, aparece a continuación. Schonfield habla de las diferencias entre "sígueme" y "tú, sígueme". De igual modo, Rieu traduce en la repetición "En cuanto a ti, sígueme".

[62] Lo normal sería tener el futuro del verbo "morir", pero Juan usa el presente, οὐκ ἀποθνῄσκει, "no muere".

[63] Tenemos aquí cierta ambigüedad. Normalmente entendemos ὅτι como la conjunción "que" ("Jesús no le dijo *que* no moriría"). Pero también podría querer decir "porque": "Jesús no le dijo (eso) porque no iba a morir". Pero la primera traducción es preferible.

[64] "PERO Jesús no le dijo que no moriría, SINO... (ἀλλ᾽)".

[65] Aunque no es así si omitimos las palabras τί πρὸς σέ como ocurre en ℵ* 565 *a e* syr^s. Pero las evidencias que apoyan que esas palabras debían estar en el original son de más peso.

capítulo, algunos concluyen que Juan ya estaba muerto cuando fue escrita. Pero, ¿qué sentido tiene sostener eso? ¿Cómo iban los cristianos a seguir diciendo que el discípulo amado "no moriría" si ya estaba muerto? Así, sabemos que, por anciano que fuera, aún estaba vivo.

D. AUTENTICACIÓN (21:24-25)

24 Este es el discípulo que da testimonio de estas cosas y el que escribió esto, y sabemos que su testimonio es verdadero.
25 Y hay también muchas otras cosas que Jesús hizo, que si se escribieran con detalle, pienso que ni aun el mundo mismo podría contener los libros que se escribirían.

Los dos últimos versículos parecen una conclusión escrita por alguien que no es el autor de lo escrito anteriormente[66]. Esta conclusión introduce a un número de personas en el texto para que autentiquen el documento. Son personas que pueden decir: "Sabemos que el testimonio del autor es verdad". Saber quiénes eran es muy difícil, pues no han dejado ninguna indicación sobre su identidad, y lo único que podemos hacer es especular que se trataba de gente respetable de la Iglesia que conocía los detalles relacionados con la escritura de este evangelio. Así que se disponen a decirnos que este discípulo "escribió estas cosas", y a certificar que su testimonio es fiable. La mayor objeción con la que nos encontramos es que el versículo 23 no parece un versículo de cierre de un evangelio. Por eso, algunos han sugerido que el mismo autor aparece aquí acompañado de otros que pueden corroborar la veracidad de su testimonio, y él mismo vuelve a tomar la pluma para escribir el versículo 25 (pero ver 1 Ts. 2:18, donde hay una transición de un plural a un singular, cuando no hay duda alguna sobre la autoría).

---

[66] Pero esto no es del todo cierto. En primer lugar, la palabra οἴδαμεν podría leerse como οἶδα μέν, que corresponde con ἔστιν δέ. Sin embargo, eso resulta en una secuencia que no es natural, por lo que quizá deberíamos rechazarla. En segundo lugar, el plural se usa en algunas ocasiones para referirse a una persona junto con sus acompañantes, como en 3:11; 6:5; 1 Jn. 1:1; etc. A favor de esta teoría diremos que, si otras personas añadieron estos dos versículos, deberíamos ser capaces de encontrar evidencias de ello, pero no es así: en el v. 25 aparece el singular οἶμαι. No obstante, esto no parece ser decisivo y el sentido apunta a que estamos ante un plural genuino, es decir, que fueron otros los que escribieron estos versículos (aunque cabe la posibilidad de que el autor de los versículos anteriores también esté incluido en ese plural).

24 Estas palabras finales son un testimonio a favor de la fiabilidad del autor del Evangelio. Las primeras palabras de este versículo dejan claro que el testimonio que narra este evangelio es el hombre del que se acaba de hablar: el discípulo amado. El tiempo presente podría ser otra indicación de que aún estaba vivo. La teoría que dice que ya había fallecido no tiene mucho sentido. "Y el que escribió esto" apunta a que además de ser el narrador, también fue el escriba[67]. Algunos sostienen que el discípulo amado es el testigo porque da fe de los hechos narrados en el Evangelio, pero no porque haya elaborado el documento. Pero eso no es lo que este versículo dice; aquí se expone claramente que el autor es el discípulo amado[68]. Pero, ¿el autor de qué? Algunos creen que "esto" o "estas cosas" solo hace referencia a este capítulo. Pero yo creo que no están en lo cierto. Las palabras de este versículo parecen estar hablando del testimonio de 19:35. Vemos, de nuevo, que no tiene mucho sentido decir que el discípulo amado escribió unos párrafos para que los añadieran al final de un evangelio escrito por otra persona. Es mucho más probable que "esto" esté haciendo referencia al documento entero. Es una pena que no se nos dé ninguna pista para poder identificar a las otras personas de las que habla ("[*nosotros*] sabemos que su testimonio es

---

[67] De hecho, así es si omitimos el ὁ que aparece delante de γράψας como aparece en ℵ* A W fl *pl* o si aceptamos el texto así, ὁ καὶ γράψας, tal como aparece en Θ fl3 33. En B D it syr encontramos καὶ ὁ γράψας.

[68] "El significado más natural de estas palabras y, por tanto, el significado que tenemos que aceptar, a menos que se aporten pruebas suficientes para demostrar lo contrario, es que el discípulo no solo da testimonio, sino que también escribe ταῦτα" (Barrett cree que la teoría de que γράψας significa "mandó escribir" es "concebible, pero muy poco probable"). A partir de esta palabra, algunos han hecho unas inferencias bastante curiosas. Así, Bernard cita cuando Pilato habla de la tabla que había *hecho escribir* sobre la cruz, y el uso que Pablo hace para referirse a lo que él mismo ha escrito (Ro. 15:15), aunque sabemos que el escriba no fue él, sino Tercio (Ro. 16:22). Por tanto, argumenta que el verbo quizá signifique "dictar" y que aquí, en el Evangelio, "el discípulo amado hizo que estas cosas se pusieran por escrito, y fue un escriba el que acabó haciendo aquella labor". Con respecto a esto, H.P.V. Nunn comenta: "Nadie supone que Pilato mismo escribiera aquella tabla, pero vemos que se identifica tanto con las palabras que mandó escribir, que asegura que si alguien las toca, se las va a tener que ver con él. No sabemos de nadie que haya sugerido que Tercio no escribiera lo que Pablo le dictaba" (*The Authorship of the Fourth Gospel* [Eton, 1952], p. 8). Robinson subraya: "se ha dicho que 'escribió' solo significa 'mandó escribir', como ocurre en 19:22 con Pilato. Pero el uso de γράφειν solo apunta a la ayuda de un amanuense (no a la existencia de un autor aparte del que aporta la información), por lo que el discípulo amado es tan autor del Evangelio de Juan como Pablo es el autor de la Epístola a los Romanos (15:15, ἔγραψα, a pesar de que Tercio ejerciera de amanuense (16:22, ὁ γράψας)" (*Priority*, p. 105).

verdadero"). Si había gente que podía hablar de la autoría de este evangelio con tanta seguridad, nos ayudaría mucho saber de quién se trataba. Pero lo único que podemos decir es que esas personas (y sus palabras) son contemporáneas al Evangelio, pues no tenemos pruebas textuales que excluyan estos versículos finales[69]. Barrett cree que el plural es un detalle muy importante: "Debemos tomarnos esa primera persona del plural muy en serio; estamos ante una iglesia apostólica cuya existencia es, en sí, una confirmación y afirmación del testimonio apostólico".

25 El Evangelio finaliza recordándonos que el autor no ha hecho más que una selección de la inmensa cantidad de material e información que poseía. No ha incluido todo lo que sabe sobre Jesús. Si así fuera, dice que el mundo no[70] podría contener[71] los libros que se escribirían[72]. Con esta magnífica hipérbole nos hace saber que hay mucha más información sobre Jesús de la que sabemos. Es bueno llegar al estudio de este evangelio siendo consciente de las limitaciones de nuestro conocimiento. También, apreciar el conocimiento que nos ha llegado, y darle gracias a Dios por lo que nos ha revelado. Pero hemos de ser conscientes: nuestro conocimiento de la verdad es parcial. Estas últimas palabras sirven para que el lector reconozca con humildad la grandeza de lo que nos ha sido dado y, también, la grandeza de lo que aún no conocemos, que saca a la luz nuestra pequeñez.

[69] Tasker cita evidencias de que este versículo originalmente no aparecía en el "Codex Sinaiticus" sino que el escriba original borró un colofón ornamental e insertó el versículo. Es un dato interesante, pero no tiene mucho peso, ya que no concuerda con lo que vemos en la mayoría de los manuscritos.

[70] La negación οὐδ' llama la atención ya que acompaña al infinitivo χωρήσειν. Puede que sea más enfática de lo que μηδ' habría sido. BDF interpreta que la negación acompaña a οἶμαι (429), pero Turner no está de acuerdo, lo cual yo secundo (M, III, p. 285).

[71] No estamos seguros de que χωρήσειν sea un infinitivo futuro, como su forma indica (M, I, p. 204, nota al pie 2); podría tratarse de la raíz del aoristo con una terminación del presente, lo que formaría un infinitivo aoristo (M, II, p. 216). El infinitivo futuro es muy poco común, pero lo mismo ocurre con la forma del infinitivo aoristo formado con la desinencia del presente. Pero tampoco es demasiado importante, pues el sentido es más o menos el mismo. Deberíamos añadir que en algunos manuscritos aparece χωρῆσαι.

[72] En Filón encontramos un paralelo interesante; *De post. Cain.* 144; "Si Dios tuviera que exponer sus riquezas, la tierra entera (aunque secáramos los mares para tener más tierra) no podría contenerlas (χωρῆσαι)". SBk cita unas palabras de Jochanan b. Zakkai (que murió alrededor del año 80 dC.): "Si todo el cielo fuera un enorme pergamino, todos los árboles fueran plumas y todos los mares tinta, aún no habría suficiente material para poner por escrito la sabiduría que he adquirido de mis maestros; sin embargo, he tenido el placer de recoger la sabiduría que una mosca que se sumerge en el océano puede abarcar" (II, p. 587).

Apéndice

LA MUJER SORPRENDIDA EN ADULTERIO (7:53-8:11)

53 Y cada uno se fue a su casa. 8:1 Pero Jesús se fue al Monte de los Olivos. 2 Y al amanecer, vino otra vez al templo, y todo el pueblo venía a Él; y sentándose, les enseñaba. 3 Los escribas y los fariseos trajeron a una mujer sorprendida en adulterio, y poniéndola en medio, 4 le dijeron: Maestro, esta mujer ha sido sorprendida en el acto mismo del adulterio. 5 Y en la ley, Moisés nos ordenó apedrear a esta clase de mujeres; ¿Tú, pues, qué dices? 6 Decían esto, probándole, para tener de qué acusarle. Pero Jesús se inclinó y con el dedo escribía en la tierra. 7 Pero como insistían en preguntarle, [Jesús] se enderezó y les dijo: El que de vosotros esté sin pecado, sea [el] primero en tirarle una piedra. 8 E inclinándose de nuevo, escribía en la tierra. 9 Pero al oír ellos [esto,] se fueron retirando uno a uno comenzando por los de mayor edad, y dejaron solo [a Jesús] y a la mujer que estaba en medio. 10 Enderezándose Jesús, le dijo: Mujer, ¿dónde están ellos? ¿Ninguno te ha condenado? 11 Y ella respondió: Ninguno, Señor. Entonces Jesús le dijo: Yo tampoco te condeno. Vete; desde ahora no peques más.

Las evidencias textuales apuntan a que, originalmente, esta sección no formaba parte del Evangelio[1]. No aparece en los manuscritos más

---

[1] Hoskyns (pp. 563-64) hace un resumen de estas evidencias. La única evidencia a favor de que sí aparece en el Evangelio que vale la pena mencionar es D, pero las evidencias en contra tienen mucho más peso. Aparte de D, no aparece en ninguno de los manuscritos antiguos; lo encontramos en documentos posteriores y occidentales; algunos testimonios occidentales también lo omiten. Generalmente se ha dicho que los únicos que se han referido a esta sección han sido los Padres de Occidente, pero Bart D. Ehrman, basándose en unos manuscritos descubiertos recientemente, muestra que Dídimo el Ciego, un alejandrino del siglo IV, conocía este relato (*NTS*, 34 [1988], pp. 24-44).

antiguos, y cuando empieza a incluirse, aparece en diferentes lugares: después del versículo 36, después del 44, al final de este evangelio[2], o después de Lucas 31:38. Parece ser que los escribas que creían que era una sección importante que no podía perderse no se ponían de acuerdo sobre dónde situarla. Además, tampoco se ponían de acuerdo sobre su forma textual. Los manuscritos donde aparece esta sección contienen textos bastante diferentes. La gran cantidad de variantes que tenemos indican que la historia textual de esta perícopa es diferente a la del cuarto evangelio. Aparte de las dificultades textuales, otros creen haber encontrado criterios de estilo para rechazar esta narración[3]. El espíritu de esta historia concuerda con el Evangelio de Juan, pero no ocurre así con el estilo ni el lenguaje. Creo que el pasaje es demasiado breve para que esto sirva de argumento definitivo, pero es un argumento a tener en cuenta. Además, a esto se añade el hecho de que este pasaje no encaja bien en el contexto, mientras que si enlazamos 8:12 con 7:52, el texto fluye de forma natural.

Aunque pensemos que esta sección no forma parte del Evangelio de Juan, no podemos negar que sí concuerda con el carácter de Cristo. A lo largo de la historia de la Iglesia se ha sostenido que, independientemente de quién la escribiera, se trata de una narración auténtica, de un suceso verídico[4]. Se trata de una historia realista, que habla de nuestra condición. Y es muy poco probable que lo escribieran componentes de la iglesia primitiva, dada la severidad con la que se reconvenía el pecado sexual. Está claro que es un relato anterior al nacimiento de la Iglesia. Muchas autoridades antiguas recogen que Papías menciona este relato[5]. También aparece en las *Constituciones Apostólicas* (2.24). Pero

---

[2] Cuando aparece en esa posición, quizá quiera ser un apéndice a los cuatro evangelios, y no solo al Evangelio de Juan.

[3] Por ejemplo, el frecuente uso de δέ, en lugar de la forma joánica οὖν; πορεύομαι εἰς (v. 53), cuando Juan prefiere usar πρός (14:12, 28; 16:28, etc., aunque usa εἰς en 7:35); ὄρθρου (v. 2) como en Lc. 24:1, mientras que Juan usa πρωΐ (18:28; 20:1); λαός (v. 2) aparece con frecuencia en Mateo y Lucas, pero apenas aparece en Juan, que prefiere ὄχλος; ἀπὸ τοῦ νῦν (v. 11) no aparece en ningún otro lugar en el evangelio joánico, aunque aparece con frecuencia en Lucas (Lc. 1:38; 5:10, etc.). Estadísticamente hablando, el estilo de esta sección tiene más que ver con los Sinópticos que con el cuarto evangelio.

[4] Tenney habla del "carácter antiguo y de la indudable veracidad histórica" de esta sección. La mayoría de eruditos acepta esta afirmación.

[5] Eusebio cuenta que Papías "explicó otra historia sobre una mujer que había sido acusada ante el Señor de muchos pecados, que aparece en el Evangelio según los Hebreos" (*HE* 3.29.17; citado en Loeb edn.). Aunque habla de "muchos pecados" y nuestro

los autores contemporáneos a Cristo y de unos pocos años después apenas lo mencionan. Quizá porque en una época en la que entre los cristianos el castigo por pecado sexual era tan severo, se pensaba que esta historia podía malinterpretarse y dar pie a pensar que la promiscuidad estaba permitida. Así, cuando la disciplina eclesiástica se relajó, este relato empezó a circular sin ningún tipo de obstáculo por parte de los estamentos religiosos oficiales.

53 Este versículo muestra que, originalmente, este fragmento iba ligado a otra narración, pero para saber cuál, el único recurso que tenemos es la especulación.

1 Los Evangelios Sinópticos nos dicen que el sistema que Jesús seguía los últimos días de su vida en la tierra era enseñar en Jerusalén durante el día, y retirarse afuera de la ciudad durante la noche. Lucas nos cuenta específicamente que se hospedaba en el monte de los Olivos (Lc. 21:37; cf. Lc. 22:39)[6]. Parece que ese era uno de los lugares favoritos de Jesús. En la ocasión que aquí se menciona, es evidente que Jesús pasó la noche en el monte de los Olivos, lugar que no aparece en el Evangelio de Juan, pero sí aparece en los Sinópticos.

2 "Otra vez" indica que en el documento en el que aparecía este relato Jesús ya había hecho una o más visitas al templo. Seguro que también incluía que Jesús enseñaba. En esta ocasión, Jesús fue al templo muy temprano. "El pueblo *venía*" y "Jesús les *enseñaba*"; aquí tenemos dos verbos en tiempo continuo. Cuando Jesús llegó a los atrios del templo, empezó a llegar gente, *y continuaba llegando más y más*, así que se sentó, y comenzó a enseñarles.

3 Al grupo se añadieron algunos líderes religiosos que traían a una mujer a la que habían sorprendido pecando. "Escribas (NVI: "maestros de la ley") y fariseos" es una conjunción que aparece con frecuencia

relato solo de uno, es posible que Papías se esté refiriendo a otra versión de este suceso. No sabemos de otra ocasión en que una mujer fuera acusada de tal forma en presencia del Señor.

[6] Marcos menciona Betania como uno de los lugares adonde Jesús se retiraba (Mr. 11:11-12), pero, como dice C.E.B. Cranfield, Lucas "no contradice esa información, ya que podría considerarse que Betania estaba en el monte de los Olivos" (comentando Mr. 11:11).

en los Evangelios Sinópticos, pero es la primera vez que Juan utiliza el término "escribas"[7]. Los dos términos se refieren a diferentes grupos de personas, ya que los escribas no pertenecían necesariamente al grupo de los fariseos (aunque también es cierto que muchos de ellos eran fariseos). En tiempos en los que la mayoría de gente era analfabeta, ser escriba era una profesión importante y muy bien considerada. Entre los judíos, el campo principal de estudio era la ley, y como ese era el gran interés de los fariseos, ambos grupos tenían mucho en común. Por eso, no era extraño que actuaran de forma conjunta[8]. No obstante, no deberíamos pasar por alto que los Sinópticos también relacionan a los escribas con los principales sacerdotes, que eran saduceos. Es decir, los escribas tenían contacto con los fariseos, pero también con otros grupos, sobre todo de la jerarquía oficial.

La mujer que trajeron ante Jesús había cometido adulterio[9]. Eso significa que los testigos habían presenciado el acto en sí[10]; sorprenderla en una situación comprometedora no habría sido suficiente. Si J.D.M. Derrett está en lo cierto y la ley judía era tan rigurosa en cuanto a los requisitos que hacían falta para poder ser testigo[11], es casi seguro que lo habían maquinado todo para poder culpar a aquella mujer[12], sobre todo porque el hombre no aparece en ningún momento. Si habían sor-

---

[7] γραμματεύς aparece 22 veces en Mateo, 21 en Marcos y 14 en Lucas, así que el hecho de que Juan no lo use es bastante sorprendente.

[8] Encontrará información sobre los escribas y fariseos en W. Barclay, *The Mind of Jesus* (Londres, 1960), p. 158s. También hace un buen resumen de las diferencias entre ambos grupos: "los escribas eran los que daban forma a las normas y reglamentos; los fariseos eran los que se desvivían por cumplirlas". (p. 161).

[9] El tiempo perfecto, κατειλημμένην, indica "sorprendida mientras estaba cometiendo adulterio", lo que apunta al carácter continuo de aquel pecado.

[10] Cf. R. Samuel: "Cuando [los testigos] investigaban a adúlteros, la única prueba que valía era haberles visto en posición de adulterar" (*B. Mes.* 91a; Soncino edn., p. 524).

[11] En el artículo sobre este incidente que aparece en *NTS*, X (1963-64), pp. 1-26, Derrett aclara que los testigos tenían que haber visto a la pareja *in coitu*. "No servía que los testigos hubieran visto a la pareja en una 'situación comprometedora', por ejemplo, saliendo de una habitación donde habían estado a solas, o incluso acostados en la misma cama. La única explicación que servía era haber visto los movimientos físicos de la pareja y, es más, los testigos tenían que ser exactos sobre los movimientos y sobre el momento en el que habían tenido lugar, tenía que haber más de un testigo, y sus declaraciones tenían que ser idénticas en todos los aspectos" (pp. 4-5). Comenta que eran tan exigentes con los requisitos, que casi nadie lograba cumplirlos.

[12] Las motivaciones detrás de aquella maquinación podían ser diversas. Muchas veces se trataba de razones materiales. Si un hombre se divorciaba de su mujer, ella se quedaba con lo que le pertenecía. Pero si moría, él se quedaba con todo.

prendido a la mujer adulterando, tenía que haber dos pecadores, no solo uno. Pero si estaba planeado, podían haberlo arreglado todo para que el hombre escapara. Además, los testigos deberían haber advertido a la mujer según la máxima "no hay castigo sin aviso previo", pero no hay nada que nos indique que la tuvieran en consideración. Todo apunta a que los acusadores querían, por la razón que fuera, vengarse de aquella mujer. Podemos verlo en que hicieron una acusación pública ("en medio"). No había necesidad de hacerle pasar algo así.

4 Se dirigen a Jesús diciéndole "Maestro" y, acto seguido, le explican lo que ha ocurrido. Llamarle "maestro" es apropiado cuando le van a pedir que se pronuncie sobre algún punto de la ley. "Ha sido sorprendida" está, de nuevo, en tiempo perfecto. No hay duda alguna de que la mujer es culpable de lo que le acusan[13]. Fue sorprendida "en el acto mismo"[14]. Esta expresión hace hincapié en la parte de culpa de la mujer.

5 Le preguntan a Jesús qué debería hacerse con aquella mujer, recordándole que la ley mosaica estipula que el castigo para estos casos es la pena de muerte. Pero fijémonos que manipulan un poco el texto de la ley. Dicen "nos ordenó apedrear a *esta clase de mujeres*" (en femenino), mientras que los dos pasajes que tratan este tema (Lev. 20:10; Dt. 22:22) hablan de la muerte tanto de la mujer como del hombre[15]. Los acusadores también añaden más detalles que el Antiguo Testamento, pues los pasajes solo hablan de matar, sin especificar el tipo de ejecución, y ellos hablan de lapidación. En el Antiguo Testamento sí se habla de la lapidación de ambos, pero es en el caso de que "la joven virgen esté comprometida a un hombre" (Dt. 22:23-24)[16]. Está claro

---

[13] BDF cree que en μοιχευομένη encontramos el uso ático (101); si se tratara de un hombre, se habría usado la voz activa. Sin embargo, BAGD nos recuerda el uso del acusativo del complemento τινά (γυναῖκα) después de la activa, que "explica el uso de la pasiva en el caso de la mujer". Cita unos cuantos ejemplos, este pasaje incluido. Cf. también Mt. 5:32: LS cree que estamos ante una voz pasiva clásica.

[14] La palabra es αὐτόφωρος. Deriva de φώρ, "ladrón", y probablemente significa "sorprendido en el acto del robo"; así, pasó a usarse para otro tipo de delitos.

[15] En la cultura judía, el hombre era culpable de adulterio solo si tenía relaciones sexuales con una mujer casada o desposada, pero la mujer era culpable si tenía relaciones sexuales con cualquiera que no fuera su marido.

[16] Según la Misná (*Sanh.* 11:1) la pena por adulterio es el estrangulamiento, aunque el método de ejecución cuando la mujer está comprometida o desposada es la lapidación (*Sanh.* 7:4). Pero antes de la caída de Jerusalén no encontramos ninguna evidencia de que el estrangulamiento formara parte del procedimiento penal judío. Ver P. Winter, *On*

que ya estaban previendo un linchamiento. En ningún momento mencionan que fuera a haber un juicio; es evidente que ya habían decidido tomarse la justicia por su mano[17]. El pronombre "tú" es enfático. Según ellos, la ley es clara: "entonces, ¿qué tienes que decir tú al respecto?". En el versículo siguiente es evidente que no eran sinceros, pero no sabemos cuál es exactamente la naturaleza de aquella emboscada. La mayoría de los intérpretes acepta la idea de que Jesús estaba entre la espada y la pared, pues tenía que optar por la ley romana, o por la ley mosaica. Si decía "Apedreadla", estaría aconsejando algo contrario a la ley romana, que no aplicaba la pena de muerte a ese tipo de casos[18]. Si decía "No la apedreéis", le podían acusar por ir en contra de la ley de Dios. Pensaban que ya le tenían, respondiera lo que respondiera. Eso era lo que aquellos escribas y fariseos creían, aunque tampoco es seguro que las autoridades romanas fueran a actuar con dureza. Otra posibilidad sería que el inclinarse a favor del apedreamiento hubiera hecho que los que secundaban la tolerancia de la época se hubiesen puesto en su contra[19], mientras que pronunciarse en contra del apedreamiento hubiese producido el descontento de los legalistas. Pero el versículo 6 de-

the Trial of Jesus (Berlin, 1961), pp. 67-74; recoge que Herodes ordenó el estrangulamiento de algunas personas (p. 188, nota al pie 21). Derrett dice: "Ahora sabemos que el castigo tradicional para un mujer casada que cometía adulterio era la lapidación" (p. 11).

[17] Es posible que no hubiera ningún tribunal judío constituido que tratara este tipo de casos. Ver las evidencias en Derrett, p. 9, nota al pie 4. Así, el linchamiento debía de ser la única manera de asegurarse la muerte del acusado, ya que los romanos no condenaban a muerte a alguien que hubiera cometido adulterio.

[18] Cf. Bernard: "aunque las autoridades romanas a veces eran muy relajadas en relación con ese tipo de actos de violencia (como en el caso de Esteban, Hechos 7:58), habría sido un buen pretexto poner a Jesús en manos de los romanos para que ellos se encargaran de Él". J. Jeremias dice que los judíos no tenían el derecho de matar a nadie, así que una respuesta que afirmara la pena de muerte podía usarse para acusar a alguien de querer usurpar las funciones de las autoridades romanas (_ZNTW_, 43 [1950-51, pp. 145-50).

[19] Hay evidencias de que un buen grupo de gente creía que la pena de muerte era un castigo demasiado severo. La razón principal que nos hace pensar así es que la pena de muerte rara vez se llevaba a cabo, aunque ese tipo de delito era bastante común. I. Abrahams habla de "lo increíblemente común que era el adulterio" (_Studies in Pharisaism and the Gospels_, I [Cambridge, 1917], p. 74); permitir la pena de muerte hubiera supuesto un número muy elevado de ejecuciones. También dice que la pena de muerte por adulterio "nunca se puso en práctica de forma frecuente" (p. 73). Parece ser que era más normal que el marido se separara de su mujer adúltera, y a cambio recibiera una compensación monetaria por parte del hombre con quien ella había adulterado. El tratado _Sotah_ de la Misná parece dar por sentado que el castigo por adulterio era el divorcio, es decir, que busca evitar la pena de muerte. Por ejemplo, recoge que puede darse que una adúltera sea perdonada por su marido y por su amante (_Sot._ 5:1), lo que implicaba que todas las partes quedaban libres de ser ejecutadas.

muestra que esta teoría no tiene sentido, pues lo que buscaban los escribas y fariseos era que se le acusara, no que perdiera la popularidad. Todo el mundo conocía las ideas de Jesús y sus acusadores estaban casi seguros de que no iba a acatar la ley, sino que se iba a mostrar tolerante, benevolente. No debemos preocuparnos excesivamente por cuáles habrían sido las consecuencias si Jesús hubiera respondido de forma diferente. Jesús podría haberse negado a responder. No tenía por qué contestar, y así se hubiese ahorrado cualquier tipo de problemas. Aunque la mujer habría muerto apedreada.

6 En este versículo vemos de forma clara cuáles eran sus motivaciones. No estaban buscando su consejo, sino que le estaban probando. Querían obtener una prueba para poder acusarle. La reacción de Jesús fue ignorarlos[20]. Lo único que hizo fue inclinarse y hacer marcas en la tierra. No sabemos por qué escribió o qué escribió. Ni siquiera es seguro que escribiera, porque el verbo en griego también significa "dibujar"[21]. Pero en este contexto el significado más natural y lógico es "escribir". Una posibilidad sería que Jesús escribió las palabras que iba a pronunciar. Es decir, aquella sentencia inolvidable, no solo la pronunció, sino que la puso por escrito[22]. Derrett cree que Jesús debió de

---

[20] Algunos piensan que Jesús no quería ver cómo unos hombres supuestamente santos acosaban a aquella mujer. Cf. Temple: "Jesús no podía soportar ver aquella horrible escena. Se inclinó para esconder el dolor en su rostro, y se desquitó dibujando en la tierra". Calvino opina que aquel gesto de Jesús sirvió para mostrar que no aprobaba lo que estaban haciendo.

[21] El verbo es κατέγραφεν, que no aparece en ningún otro lugar del Nuevo Testamento. No obstante, en el v. 8 aparece la palabra no compuesta ἔγραφεν, que apunta más bien a "escribir" (y el tiempo imperfecto habla de una acción continua). Godet y otros creen que esta acción "significa lo mismo que lo que aparece en Jeremías 17:13: 'los que se apartan de ti serán escritos en el polvo'". Este gesto implicaría, pues, que aquellos acusadores se habían apartado de Dios.

[22] T.W. Manson cree que "podemos explicar la acción de Jesús si tenemos en cuenta la conocida práctica de la ley criminal romana, por la que el juez primero escribía la sentencia, y luego leía en voz alta lo que constaba en el informe escrito ... Así, Jesús estaría diciendo: 'Me estáis incitando a usurpar la función del gobernador romano. Pues bien, así lo haré; y lo voy a hacer tal y como él lo haría'. A continuación, se inclinó e hizo como si escribiera el informe de la sentencia, que luego leyó: 'el que de vosotros esté sin pecado, sea el primero en tirarle una piedra'. ... Jesús venció a aquellos maquinadores pronunciando la sentencia al estilo romano, pero expresándola de tal forma que nadie podría llevarla a cabo" (*ZNTW*, 44 [1952-53], pp. 255-56). Pero en contra de esta teoría se dice que es muy extraño que Jesús actuara según la ley romana, y no según la ley judía. En la Antigüedad se pensaba que lo que Jesús hizo fue escribir los pecados de los acusadores (Job 13:26).

escribir palabras sacadas de la ley (mostrando así en qué se iba a basar para dar una respuesta), y que debió usar hebreo sin puntuación vocálica. Por tanto dejaba la puerta abierta a todos los significados derivados de todas las combinaciones de puntuación vocálica posibles [*N. de la T.* El hebreo bíblico se escribía solo con las consonantes. No fue hasta el s. IV que los masoretas idearon un sistema de puntuación vocálica que ayudara a leerlo, sistema que ofrece algunas variaciones posibles]. Esa era la ventaja de escribir la sentencia, porque al pronunciarla uno ya tenía que decantarse por una interpretación concreta. Derrett cree que lo que Jesús escribió es la segunda parte de Éxodo 23:1: "no te concertarás con el impío para ser testigo falso". Esto servía para recordar que todo aquel asunto era repugnante[23], y para advertir que los inocentes se vuelven culpables al asociarse con alguien que propaga un falso rumor. Pero todo esto es pura especulación; en verdad no tenemos el más mínimo indicio de lo que escribió.

7 Está claro que los acusadores creían que Jesús guardaba silencio porque quería evitar darles la respuesta que ellos esperaban. Así que siguieron preguntándole. Pero Jesús se levantó e invitó a aquel que estuviera libre de pecado[24] a que le tirara la primera piedra (normalmente, los que comenzaban el apedreamiento eran los testigos; Dt. 17:7). Esta respuesta los desarmó completamente. No podían decir que Jesús estaba rechazando la ley, pues estaba de acuerdo en que se recurriera a la lapidación. Pero el límite que estableció sobre quién podía lanzar piedras a la mujer adúltera evitó que le hicieran daño. Jesús "no está diciendo que no la apedreen, pero deja claro que el requisito indispensable para

---

[23] "Si leemos רֵשָׁע en lugar de רָשָׁע ... el resultado es increíble. Jesús está hablando de aliarse con el maligno de forma abstracta, involucrándose en un asunto malvado" (Derrett, p. 20). Si eso es lo que Jesús escribió, los que lo leyeron debían de preguntarse si Jesús estaba advirtiendo a los demás de que no se asociaran con un falso testigo o un acto delictivo, o si Él, de forma personal, se negaba a tener ningún tipo de contacto con un caso de inmoralidad. Eso sería razón suficiente para que la gente le pidiera que se expresara de una forma más clara.

[24] Algunos intérpretes creen que la palabra significa "libre de *ese* pecado en concreto". ἀναμάρτητος no aparece en ningún otro lugar del Nuevo Testamento, pero sí aparece en la Septuaginta, donde podemos ver que no tiene un significado específico. Puede referirse a estar libre de varios tipos de pecado. Lo que hacía que no pudieran tirarle la primera piedra, o lo que es lo mismo, actuar como agentes de Dios para castigar el pecado de los demás, era su pecaminosidad en general, y no un pecado en concreto.

presentarse como testigo y acusador es ser totalmente inocente"[25]. Si, por ejemplo, los testigos no advertían a la mujer (parece ser que así es como ocurrió), su testimonio no era válido, no servía para condenarla. Y si alguien se unía al apedreamiento basándose en el testimonio de esos testigos, cometía pecado por "unirse al impío". Las palabras de Jesús apelan a la conciencia de sus oyentes, pero también son una advertencia de que sus propias vidas están en juego. Si quieren apedrear a la mujer deben estar muy seguros de la inocencia de los testigos.

8-9 Jesús volvió a inclinarse, para acabar de escribir lo que había empezado[26]. A medida que sus oyentes asimilan y comprenden sus palabras, se van retirando. El tiempo continuo de este último verbo nos hace pensar en algo parecido a una procesión. Ese éxodo comenzó con los de mayor edad, aquellos a quienes todos miraban para saber cómo actuar, y aquellos que tenían mayor experiencia para captar rápidamente las implicaciones de las palabras de Jesús. Además, ellos tenían una mayor responsabilidad de ver que se hacía justicia. Si el testimonio era falso, o no era legal, y la mujer moría, los ancianos tendrían mayor parte de responsabilidad o culpa. Por tanto, se retiraron. Pero no solo ellos. Jesús había tocado la conciencia de todos y cada uno de los presentes, así que todos se retiraron[27]. Dejaron a la mujer sola. "Dejar" es una palabra muy fuerte, que podría traducirse también por "abandonar"[28]. Cuando comprendieron la fuerza de las palabras de Jesús, lo que les preocupaba ya no era el pecado de aquella mujer, sino los suyos propios.

---

[25] Derrett, p. 22. El conocido caso de Susana era un buen recordatorio sobre el destino que les esperaba a los falsos testigos.

[26] Derrett dice que esta vez Jesús escribió "Aléjate de acusación falsa", versículo que los lectores debían saber de memoria, y así podían completarlo: "y no mates al inocente ni al justo, porque yo no absolveré al culpable" (Éx. 23:7; pero, ¿podemos decir que esta mujer era "inocente y justa"?). En el libro apócrifo de *Susana*, Daniel usó este mismo texto para condenar a los falsos ancianos (v. 53). Así que se usó para matar a los injustos, y quizá este texto les traía a la memoria aquel incidente.

[27] "Uno a uno" es εἷς καθ' εἷς. BDF explica el curioso nominativo después de κατά, diciendo que deriva del uso distributivo de esta preposición, "ya que καθ' ἕνα ἕκαστον quedó establecido como καθένα ἕκ, y se creó un nominativo correspondiente". Añade que "en el Nuevo Testamento no encontramos muchos ejemplos de este vulgarismo" (305). GT dice que "o bien κατά está usado de una forma adverbial, o εἷς como si fuera indeclinable" (*sub* εἷς).

[28] La palabra es κατελέφθη. Se usa para describir cuando Leví abandonó o dejó su posición como recaudador de impuestos para seguir a Jesús (Lc. 5:28), y cuando un hombre muere y deja viuda a su mujer (Mr. 12:19).

No hicieron nada en contra de ella. La dejaron allí sola con Jesús, "en medio"[29].

10 Jesús interroga a la acusada. "Mujer" no es una forma despectiva de dirigirse a alguien (cuando estaba en la cruz también llamó así a su madre; 19:26). Le pregunta dónde están los que la acusaban, y si alguno de ellos la ha condenado. La mujer le asegura que ninguno se ha atrevido.

11 La respuesta de Jesús cierra este episodio de una forma muy acertada. Él tampoco la va a condenar. Pero eso no significa que pasa por alto su pecado, pues le ordena que no peque más. La forma en cómo se lo dice implica acabar con una acción que ya ha comenzado: "Deja esa costumbre pecaminosa"[30]. La estructura "no... más" (NVI parafrasea "deja tu vida de pecado") habla de no volver atrás. Tiene que romper definitivamente con el pecado. Jesús no está hablando solo del adulterio (aunque no hay duda que ese es el problema principal en este caso). Sus palabras tienen una aplicación general: no solo le pide que cambie su conducta sexual, sino que redirija toda su vida. Fijémonos que en ningún momento habla de perdón. La mujer adúltera aún no ha dado señal de arrepentirse o de creer en él. Lo que Jesús está haciendo es mostrar misericordia y pedirle a la mujer que viva en rectitud[31].

---

[29] En griego es ἐν μέσῳ οὖσα, así que aunque algunos han traducido "la mujer que estaba allí de pie" (p. ej., la NVI), vemos que la traducción más acertada es la que tenemos aquí, "en medio" del grupo al que Jesús había estado enseñando (v. 2). San Agustín saca el siguiente dicho: "*Relicti sunt duo, misera et misericordia*" (33.5).

[30] μηκέτι ἁμάρτανε.

[31] Cf. Hoskyns: "Aquí hay un encuentro entre la misericordia de Dios y su verdad. Jesús, que no ha cometido pecado, es el único que puede hablar de la condenación plena del pecado, y de la realización plena de la justicia de Dios, y pronunciarse con autoridad sobre la misericordia y el amor divinos".

Bibliografía en castellano

Libros acerca de Juan

Brown, R. E. *El Evangelio según Juan.* 2 vols. Madrid, 1980.
_____. *La comunidad del discípulo amado.* Salamanca, 1983.
Carson, Donald A. *Jesús y sus amigos. Juan 14-17.* Andamio.
Concordia Publishing Staff, *Juan, un Comentario Pastoral y Teológico,* Concordia Publishing House, May 2000.
Erdman, Carlos. *El Evangelio de Juan.* Grand Rapids: TELL, 1974.
Flanagan, Neal M. *El Evangelio y las Cartas de San Juan, Vol. 4.* Liturgical Press, 1989.
Grau, José. *El amor Y la verdad.* Barcelona: Ediciones Evangélicas Europeas, 1973.
Guthrie, D. ed. *Nuevo Comentario Bíblico.* Buenos Aires: Casa Bautista de Publicaciones, 1970.
Harrison, Everett F. *Juan: El Evangelio de la Fe.* Terrassa: Portavóz Evangélico, 1981.
Hendriksen, Guillermo. *El Evangelio según San Juan.* Grand Rapids: SLC, 1981.
Hovey, Alvah. *El Evangelio según Juan.* El Paso: Casa Bautista de Publicaciones, 1973.
Jaubert, Annie. *El Evangelio según Juan.* Estella, Navarra: Editorial Verbo Divino, 1987.
Käsemann, Ernst. *El Testamento de Jesús.* Salamanca: Ediciones Sígueme, 1983.
Klaiber, "Tareas de una interpretación teológica del cuarto evangelio." *Selecciones de Teología,* 104, 243ss.
Kurichianil, "La glorificación de Jesús en el Evangelio de Juan." *Selecciones de Teología,* 108, 303ss.
Le Fort, P. *Escritos de Juan y Carta a los Hebreos.* Madrid, 1985.
Leon-Dufour, Xavier. *Lectura del Evangelio según Juan.* 4 vols. Salamanca: Ediciones Sígueme, 1990-1998.
Loader, "La estructura central de la cristología joánica." *Selecciones de Teología,* 100, 323ss.
Locher, "La comunidad joánica y los judíos." *Selecciones de Teología,* 100, 334ss.

Luzarraga, J. "La función docente del Mesías en el Cuarto Evangelio." *Estudios Bíblicos* 32 (1973): 119-36.

Manson, T.W. *Cristo en la Teología de Pablo y Juan.* Madrid: Ediciones Cristiandad, 1975.

Marshall, I. Howard. *Las Cartas de Juan.* Buenos Aires-Grand Rapids: Nueva Creación, 1991.

Mateos, J. Y Barreto, J. *El Evangelio de Juan. Análisis lingüístico y comentario exegético.* Madrid, 1979.

Palau, Luis. *Comentario Bíblico del Continente Nuevo: Juan.* Editorial Unilit, 1991.

Rodríguez-Ruiz, Miguel, «Estructura del Evangelio de San Juan desde el punto de vista cristológico y eclesiológico.» *Estudios Bíblicos* 56 (1998): 75-96.

Ryle, J.C. *Juan. Los Evangelios explicados.* Terrassa: Clie, 1977.

Schnackenburg, R. *El Evangelio según San Juan.* 4 vols. Barcelona, 1980-1986.

_____. *Las cartas de San Juan.* Barcelona: Herder, 1980.

Schroeder, L. Bonnet. *Juan y Hechos.* Casa Bautista de Publicaciones, 1971.

Simpson, A.B. *Comentario al Evangelio de Juan,* TSELF.

Stott, John R. W. *Las cartas de Juan.* Buenos Aires: Certeza, 1974.

Thüsing, W. *Las cartas de San Juan.* Barcelona, 1973.

Trenchard, Ernesto y Solé, Juan. *Temas del Evangelio de Juan.* Madrid: Literatura Biblica, 1980.

Tuñi Vancells, José O. *El testimonio del Evangelio de Juan.* Salamanca: Sígueme, 1983.

_____. *Las comunidades joánicas. Particularidades y evolución de una tradición cristiana muy especial.* Bilbao, 1988.

_____. *Jesús y el Evangelio en la comunidad joánica.* Salamanca, 1987.

_____, y Alegre, Xavier. *Escritos joánicos y cartas católicas.* Estella: Verbo Divino, 1995.

Wikenhauser, Alfred. *El Evangelio según San Juan.* Barcelona: Herder, 1978.

Libros acerca de Teología y Teología joánica

Segalla, Giuseppe. *Panoramas del Nuevo Testamento.* Estella: Editorial Verbo Divino, 1994, páginas 359-419.

Bultmann, Rudolf. *Teología del Nuevo Testamento.* Salamanca, 1981.

Cordero, M. G. *Teología de la Biblia II y III: Nuevo Testamento.* Madrid, 1972.

García-Viana, L. F. *El Cuarto Evangelio: Historia, Teología y Relato.* Madrid: San Pablo, 1997.

Jeremias, Joachim. *Teología del Nuevo Testamento, Vol. I: La Predicación de Jesús.* Salamanca: Ediciones Sígueme, 1993.

Ladd, George Eldon. *Teología del Nuevo Testamento*. Colección Teológica Contemporánea, Vol 2. Terrassa: Clie, 2003.

Lohse, Eduard. *Teología del Nuevo Testamento*. Madrid: Ediciones Cristiandad, 1978.

Meinertz, M. *Teología del Nuevo Testamento*. Madrid: 1966.

Morris, Leon. *Jesús es el Cristo. Estudios sobre la Teología de Juan*. Colección Teológica Contemporánea. Terrassa: Clie, 2004.

Ramos, Felipe F. *El Nuevo Testamento: Presentación y contenido*. 2 tomos. Madrid: Sociedad de Educación Atenas, 1988, 1989.

Segalla, Giuseppe. *Panoramas del Nuevo Testamento*. Estella: Editorial Verbo Divino, 1994.

Schelkle, K. H. *Teología del Nuevo Testamento*. 4 vols. Barcelona, 1975-1978.

Stagg, Frank. *Teología del Nuevo Testamento*. Casa Bautista de Publicaciones, 1987.

Tuñí, Josep-Oriol y Xavier Alegre. *Escritos joánicos y cartas católicas*. Introducción al Estudio de la Biblia, Tomo 8, 2ª ed. Estella: Editorial Verbo Divino, 1997.

Wright, N. T. *El verdadero pensamiento de Pablo*, Colección Teológica Contemporánea, Vol. 1. Terrassa: Clie, 2003.

Printed in the USA
CPSIA information can be obtained
at www.ICGtesting.com
LVHW052257031123
762772LV00011B/6